HEINRICH GOMPERZ

DIE INDISCHE THEOSOPHIE

VOM GESCHICHTLICHEN STANDPUNKT GEMEINVERSTÄNDLICH DARGESTELLT

DIESER DRUCK DIENT AUSSCHLIESSLICH DER
ESOTERISCHEN FORSCHUNG UND
WISSENSCHAFTLICHEN
DOKUMENTATION.

Für Schäden, die durch Nachahmung entstehen, können weder Verlag
noch Autor haftbar gemacht werden.

© Copyright: Irene Huber, Graz 2015
Verlag: Edition Geheimes Wissen
Internet: www.geheimeswissen.com
E-Mail: www_geheimeswissen_com@gmx.at

ISBN 978-3-903045-10-1

FRAU FRIDA EPSTEIN

ZUM ZEICHEN FÜNFZEHNJÄHRIGER
LIEBE UND FREUNDSCHAFT
1906—1921

VORREDE

Aus Vorlesungen, die ich 1908/09 und 1917/18 an der Wiener Universität über die Geschichte der indischen Philosophie gehalten hatte, gingen 30 volkstümliche Universitätsvorträge über denselben Gegenstand hervor, die ich 1919/20 ebenfalls in Wien hielt und die in Kurzschrift festgehalten wurden. Es ist die Überarbeitung dieser Nachschrift, die ich hiermit allen Deutschen, die sich für sie interessieren mögen, vorlege. Das Wort *Theosophie* gebrauche ich dabei in demselben Sinn wie *Oltramare* in seiner „Histoire des idées théosophiques dans l'Inde" (Paris 1906) und *Speyer* in seiner „Indischen Theosophie, aus den Quellen dargestellt" (Leipzig 1914) zur Bezeichnung der indischen Anschauungen, Ahnungen und Erkenntnisse vom Göttlichen, während ich mit *Suali* in seiner „Introduzione allo Studio della filosofia Indiana" (Pavia 1913) unter indischer *Philosophie* nur die für das indische Mittelalter bezeichnenden, zu wissenschaftlicher Systematik entwickelten Gedankengänge verstehen würde.

Wenn ich mit dieser Darstellung indischer Theosophie hervortrete, ohne Indolog zu sein, so geschieht es erst nach Beiseitesetzung der lebhaftesten eigenen Bedenken. Denn niemand kann mehr als ich davon durchdrungen sein, dass auch volkstümliche Werke, wenn sie dem Leser wirklich nützen, geschweige denn wenn sie etwa auch noch die Forschung fördern sollen, *regelmäßig* auf voller, eigener Beherrschung der ursprachlichen Quellen beruhen sollen. Der einzige Grund, aus dem ich mich schließlich berechtigt glaubte, diese Regel diesmal beiseite zu setzen, ist der, dass uns die Indologen eine Darstellung, wie sie hier versucht wird, bisher schuldig geblieben sind. Der Gegenstand der indischen Theosophie ist so groß und seine Auffassung durch die Inder so erhaben, dass ein einigermaßen tieferer Einblick in ihn jedem halbwegs Gebildeten eröffnet werden sollte. Aber wer, der nicht selbst an wissenschaftliche Arbeit gewöhnt ist, könnte aus *Deussens* „Allgemeiner Geschichte der Philosophie", Erster Band (Leipzig 1894—1908), das wirklich allgemein Fördernde und Bildende aussondern, es aus der bloß geschichtlich bedeutsamen Überlieferungsmasse lösen? Wer, der von indischen Gedanken noch gar nichts weiß, vermöchte die überaus feine Zeichnung zu würdigen, die *Oldenberg* in „Die Lehre der Upanishaden und die Anfänge des Buddhismus" (Göttingen 1915) von dem Zusammenhang und der Entwicklung dieser Gedanken gegeben hat? Wem andererseits, dessen Interesse an diesen Fragen kein bloß oberflächliches ist, wird die gewiss ebenso verständliche wie zuverlässige Darstellung *Speyers* in seinem oben genannten Buch genugtun, in dem er nicht einmal den Namen *Yâjñavalkyas*, geschweige denn eine der auf ihn zurückgeführten Reden finden kann? Und wer wird aus sich selbst die überaus gewissenhaften, indes ebenso gedrängten, um nicht zu sagen trockenen Lehrgehaltsübersichten in *Schomerus* „Indischen Erlösungslehren" (Leipzig 1919) mit dem Leben erfüllen, ohne das sie sich ausnehmen wie ein Herbarium mystischer Erlösungssehnsucht? Nur für den Buddhismus wird das Bedürfnis, dem ich entgegenkommen möchte, wirklich befriedigt durch *Oldenbergs* „Buddha" (6. Auflage, Stuttgart und Berlin 1914); entschloss ich mich aber einmal, eine Gesamtdarstellung der indischen Theosophie zu geben, so konnte ich diejenige des Buddhismus darum nicht übergehen.

Dies Buch verfolgt also den Hauptzweck, möglichst viele Leser unmittelbar zu den Quellen hinzuführen, die großen Alten selbst zu ihnen reden zu lassen. Der Verfasser will insofern nichts anderes, als die Hindernisse aus dem Weg räumen, die dem Verständnis der Quellen im Weg stehen. Da aber musste dann wirklich tatkräftig durchgegriffen, jenem Hauptzweck mussten alle anderen Rücksichten geopfert werden. Daher habe ich — wohl wissend, wie viel „wissenschaftliche", „methodische" Kritik ich damit herausfordere — die Texte rücksichtslos gekürzt, schwierige Ausdrücke älterer Übersetzungen durch leichter verständliche ersetzt, Prosazeilen mit fest bestimmter Silbenzahl in deutsche Verse umzuformen gesucht. Die Übersetzung, die meiner Wiedergabe zugrunde liegt, ist dabei jedes Mal angemerkt: sie und nicht meine Wiedergabe ist daher von Lesern, die eine Stelle wissenschaftlich verwerten möchten, zu benutzen. Dafür, dass sich bei dem gekennzeichneten Verfahren der Sinn von dem der Urquelle nicht allzu weit entferne, hat nach Möglichkeit unsere hiesige Indologin Frl. Dr. *Frieda Paul* gesorgt, die die Wiedergabe aller Stellen, für die ihr dies hier möglich war, mit dem indischen Wortlaut verglich. Auch der Schreibweise hat sie ihre Fürsorge angedeihen lassen, die sich mit Rücksicht auf die große Verbreitung der *Deussenschen* Übersetzungen und Darstellungen der in diesen angewandten in der Hauptsache anschließt.

Neben dem Zweck, die alte indische Weisheit den Heutigen so

zugänglich als möglich zu machen, hab ich auch noch die Auffassung der indischen Lehren und ihres geschichtlichen Zusammenhangs einigermaßen zu fördern gesucht. *Deussens* Verdienst um die indische Theosophie kann gar nicht hoch genug angeschlagen werden, aber seine durchaus von Wertungen abhängige Anschauung, die die ältesten Upanishaden und den um mindestens 1600 Jahre jüngeren Vedânta unter dem Begriff „Idealismus" zusammenfasst und alles, was diesem nicht zugerechnet werden kann, durch „Verfall", wo nicht gar durch „Abfall" aus ihm hervorgehen lässt, ist auf die Dauer gewiss unhaltbar. Ich habe da den Weg, den *Oldenberg* in seiner „Lehre der Upanishaden . . ." eingeschlagen hatte, weiter zu verfolgen gesucht und hoffe, dass die Gewohnheit, geschichtlichen Entwicklungen nachzuhängen, mich in den Stand gesetzt hat, die Einsicht in die Fortbildung der einzelnen theosophischen Hauptfragen, ja auch das Verständnis einzelner Richtungen der indischen Theosophie wenigstens an dem einen oder anderen Punkt zu fördern.

Wien, im Mai 1921 [1])

Heinrich Gomperz.

---

1) Letzte Durchsicht des Manuskriptes April 1922.

AUSSPRACHE

In indischen Worten und Namen sprich:

â wie aa in Waage.

î wie ie in Wien.

û wie uh in Uhr.

e wie ee in Scheere.

o wie oo in Boot.

h wie h in Sehen, aber immer hörbar, also Brahman *nicht* = Braaman, sondern fast wie Brachman.

ṅ wie n in Lang,

c wie tsch in Putsch, also Caṇḍâla = Tschandaala, Châṇḍogya = Tschhaandogja.

j wie engl. j in Jam, also etwa wie dsch in Dschungel; also Arjuna = Ardschuna, Jaina = Dschaina.

ñ wie span. ñ in español, also etwa wie nj in Benjamin.

ṁ wie n in franz. an, um anzuzeigen, dass der vorangehende Selbstlaut zu näseln ist, also Samskrit = franz. Sanscrit.

ç etwa wie Sz in Szegedin (eigentlich ein Zischlaut zwischen seh, ss und engl. th, etwa durch Szh annähernd wiederzugeben), also Çiva am einfachsten = Sziwa, Çvetaketu = Szweetakeetu.

sh wie sch in Nische, also Upanishad = Upanischad, Vishṇu = Vischnu.

y wie j in Ja, also Yoga = Jooga, Yâjñavalkya = Jaadschnjavalkja.

v wie w in Gewinnen, also Veda = Weeda.

ṛ, ḷ, ṭ, ṭh, ḍ, ḍh, ṇ wie r, l, t, th, d, dh, n (da die Unterschiede verhältnismäßig unbedeutend sind und sich im Deutschen schwer wiedergeben lassen), doch ist in der Silbe ri das i besonders kurz und fast unhörbar zu sprechen, also Ṛig-Veda fast = Rg-Weeda.

Betont wird (nach der in Europa üblichen Aussprache) in zweisilbigen Wörtern immer die erste Silbe; in mehr als zweisilbigen die vorletzte, wenn sie lang ist; sonst die drittletzte. — Lang aber ist eine Silbe, wenn sie den Selbstlaut â, î, û, ai, au, e, o enthält oder wenn auf einen anderen Selbstlaut mehr als ein Mitlaut folgt, also Veda = Wéeda, Brahman = Bráhman, Çvetaketu = Szwéetakeetu, Yâjñavalkya = Jaadschnjawálkja, Ajâtaçatru = Adschaataszátru, aber Çaṅkara = Szánkara, Patañjali = Patánjdschali, Upanishad = Upánischad.

I. EINLEITUNG

INDISCHE UND MODERNE THEOSOPHIE
DIE INDISCHEN GÖTTER

Vielleicht wäre die rein geschichtliche Kenntnis davon, was die alten Inder über den Sinn der Welt und des Lebens gedacht haben, für einen geschichtlich ungeschulten und uninteressierten Menschen unserer Zeit nicht so wichtig, dass es richtig erscheinen könnte, diesem Gegenstande eine allgemein verständliche, soweit als möglich volkstümliche Darstellung zu widmen. Was mich zu einer solchen doch ermutigt, ist etwa folgendes.

Zunächst ist es wohl für jedermann, der überhaupt nach einer gewissen Erweiterung seines Gesichtskreises strebt, sehr heilsam, sich wieder und wieder davon zu überzeugen, wie vieles von dem, was bei uns als unzweifelhaft, ja selbstverständlich gilt, zu anderen Zeiten und bei anderen Völkern, die gewiss nicht weniger geleistet haben als wir, durchaus nicht als selbstverständlich gegolten hat. So zum Beispiel stellen wir uns vor, nur die Arbeit verleihe das Recht, zu leben: „Wer nicht arbeitet, der soll auch nicht essen." Da kann es doch nur nützlich sein, sich einmal in die Seele der alten Griechen zu versetzen, die doch in Künsten und Wissenschaften so viel begründet und geleistet haben und die bei alldem durchaus auf dem Standpunkt standen, die Arbeit als die größte Schande anzusehen; denn, so meinten sie, wer, um sein Leben zu fristen, arbeiten müsse, der habe weder die Muße, die zur Beschäftigung mit geistigen Dingen unerlässlich ist, noch die Unabhängigkeit, die dazu gehört, sich eine eigene Überzeugung zu bilden und für sie einzutreten.

Ähnlich nun ist in ganz anderer Beziehung unser Verhältnis zu den Indern. Wir meinen, wenn der Mensch stirbt, höre er leider zu leben auf. Freilich, so denken wir, wäre es schön, wenn er auch noch nach dem Tode weiterleben könnte, und dies nehmen dann die einen von uns auch an, während die anderen es nicht ohne Bedauern in Abrede stellen. Die alten Inder dagegen dachten darüber ganz anders. Sie meinten, dass der Mensch auch nach dem Tode weiterlebe, das sei gewiss; schön aber wäre es, wenn er endlich einmal zur Ruhe kommen könnte und nicht weiterzuleben brauchte. Ein großer Teil ihres Denkens war nun darauf gerichtet, herauszufinden, wie sich der Mensch verhalten müsse, damit sein Leben mit seinem Tode wirklich endgültig erlösche.

Wer sich gewöhnt hat, solche Gedanken mitzudenken, sich in die Seele so anders Denkender hineinzuversetzen und hineinzuleben, der wird über vieles, was an ihn herantritt, doch anders urteilen, wird sich eines weiteren Umblickes bewusst sein als früher.

Zweitens aber ist das indische Denken wohl auch seinem Inhalt nach sehr geeignet, uns in seiner eigentümlichen Sprache gewisse Wahrheiten einzuprägen, die uns gerade in den jetzigen Zeiten allzu leicht entschwinden. So vor allem die Wahrheit, dass nicht das Sichtbare, Greifbare und Stoffliche den eigentlichen, innersten Kern der Welt ausmachen kann, weil (ich drücke das jetzt nicht indisch, sondern europäisch aus) schon jede naturwissenschaftliche Zerlegung der Stoffe uns zur Erkenntnis führt, dass sie alle sich aus sehr kleinen, einander sehr ähnlichen Teilchen zusammensetzen, diese wieder aus noch kleineren, einander noch ähnlicheren, bis hinab zu vielleicht ganz gleichartigen Teilchen, so dass also das, was eigentlich das eigenartige Wesen des einzelnen Stoffes ausmacht, vielmehr in den Kräften besteht, die jene Teilchen zusammenhalten. Kräfte aber sind nichts Sichtbares, Greifbares, Stoffliches mehr. Aber auch die Wirkung eines jeden Dinges wird nicht von dem Stoff bestimmt, aus dem es besteht, sondern in viel höherem Grade von den Kräften, den Energien, die in ihm angesammelt sind. Das, was den Blitzstrahl aus den Gewitterwolken niederzucken lässt, was den Expresszug über die Schienen fortreißt, was das Geschoß durch die Lüfte treibt, all das sind nicht Stoffe als solche, sondern es sind angesammelte Spannkräfte, Energien, demnach wiederum etwas Unstoffliches. Was den Samen zum Keimen, was das Tier zum Wachsen und Kämpfen, den Menschen zum Denken und Schwärmen treibt, sind nicht Stoffe, sondern Lebens- und Seelenkräfte, so dass wir also sagen dürfen, wo immer wir in der Welt in das Wesen der Dinge hineinzublicken suchen, tritt uns nicht Sichtbares, Greifbares und Stoffliches entgegen, sondern vielmehr Unsichtbares, Ungreifbares, Unstoffliches und es macht da keinen Unterschied, ob wir Schießpulver, einen Fichtenbaum oder das Menschenherz zu zergliedern unternehmen. Überall stoßen wir auf ein gleich Unsichtbares, Ungreifbares, Unstoffliches, in der äußeren Natur wie im eigenen Innern.

Das ist nun die eine große Lehre, welche die indischen Denker in immer neuen Worten machtvoll predigen: zu allem, was wir erblicken mögen, lehren sie uns sprechen: „Das bin ich". Ihre andere große Lehre aber ist die, dass zwar das Streben nach äußeren Dingen, das Verlangen nach Besitz, nach Genuss, nach Einfluss, Macht und Ruhm nützlich und auch erfolgreich sein mag, dass es aber für diesen Willen zur Verbesserung der eigenen Lage kein endgültiges Ziel, keine endgültige Befriedigung und Zufriedenheit gibt, dass vielmehr dieser Wille immer neue Ziele setzt, immer neue Fortschritte heischt und so ins Unendliche fortgeht, während dagegen innere Zufriedenheit, endgültige Beruhigung nur aus einer inneren Wandlung des Willens hervorgehen kann, aus einer Abkehr von dem Verlangen nach äußeren Dingen, einem großen Verzicht — freilich einem Verzicht, der nicht selten mit einem Brechen der vollen Kraft, mit einem beginnenden Erlahmen oder Altern zusammenfallen mag.

Der dritte Grund, der es ratsam macht, eine gewisse Kenntnis der indischen Theosophie auch in dem Kreise der nicht geschichtlich Geschulten zu verbreiten, ist der, dass wir uns einem *gewissen* Einfluss des indischen Denkens vielleicht überhaupt nicht mehr zu entziehen vermögen; doch tritt es uns vielfach in einseitiger, verzerrter, wesentlich getrübter Erscheinung entgegen, nämlich als die heute sogenannte Theosophie oder, neuerdings, Anthroposophie. Theosophen nennen sich heute im Allgemeinen Menschen, die vorgeben, in sich andere als die gewöhnlichen Bewusstseinszustände erzeugen zu können und in diesen sich einer höheren als der uns im gewöhnlichen Leben zugänglichen Erkenntnis zu versichern. Meist fügen sie hinzu, dass sie auch anderen, wenn diese sich dafür eignen, die Bedingungen angeben können, unter denen diese ebendasselbe auch selbst erleben werden.

In den theosophischen Lehren nun von der Herbeiführung jener Zustände, von diesen Zuständen selbst und den in ihnen gewonnenen Erkenntnissen spielen indische Ausdrücke, indische Begriffe und Gedanken eine hervorragende Rolle. Allein es scheint mir, dass diese Verwendung indischer Gedanken derjenigen ziemlich entgegengesetzt ist, die wir wünschen müssten. Einmal nämlich waren die Inder nicht nur ein geniales und tief denkendes, sondern sie waren auch ein unwissendes und abergläubisches Volk. Ihre genialsten, tiefsten Anschauungen und Ahnungen sind darum mit offenkundigen Irrtümern, mit gröbstem Aberglauben vielfach durchsetzt, wobei ich aber den Indern gerechterweise das Zeugnis glaube ausstellen zu dürfen, dass sie, wenigstens in ihren bedeutendsten Erscheinungen, Irrtum und Aberglauben dem Tiefsinn doch entschieden untergeordnet haben.

Dagegen machen es von den heutigen Theosophen, das darf ich

wohl ohne Ungerechtigkeit sagen, die meisten umgekehrt: die tiefsinnigen indischen Grundlehren werden im Allgemeinen nur kurz gestreift oder angedeutet, Irrtum und Aberglauben dagegen werden für besonders heilig und tiefsinnig ausgegeben, breit und liebevoll behandelt. Ich will dafür ein Beispiel geben. Die alten Inder hatten keine Ahnung vom Bau des menschlichen Körpers, sie wussten insbesondere nicht, dass die Adern nur Blut führen; sie glaubten vielmehr, dass sich in ihnen die eingeatmete Luft durch den ganzen Körper verbreitet, und ersannen nun ein ganzes phantastisches System solcher Luftadern mit einer Hauptader, die von der Stirn in den Magen führen sollte und die man von hunderttausend Nebenadern umgeben dachte. Diese Lehre nun, die sich auch bei den ältesten indischen Ärzten rindet, ist doch heute als grundfalsch erwiesen.

Was aber behaupten nun heutige Theosophen? Sie sagen, diese Lehre sei an sich vollständig richtig, nur beziehe sie sich nicht auf unseren, uns im gewöhnlichen Leben bekannten, aus grobem Stoff bestehenden Körper, sie beziehe sich vielmehr auf den feinen ätherischen Leib, der in unserem gewöhnlichen Körper drinstecke und dessen sie sich in ihren besonderen Zuständen bewusst würden.

Ebenso glaubten die alten Inder, dass der Mensch im Schlaf, oder auch im Zustand tiefer Versenkung in sein Inneres, sich in die Luft erheben könne. Was lehren nun die heutigen Theosophen oder doch die meisten von ihnen? Sie sagen, dass auch dies für jenen feinen Leib zutreffe und dass man mit diesem feinen Leib in kürzester Frist die größten Raumstrecken zu überwinden vermöge!

Ich bezweifle ja keinen Augenblick, dass die Theosophen sich wirklich in außerordentliche Zustände versetzen. Ein solcher außerordentlicher Zustand, in den sich schließlich auch andere als Theosophen manchmal versetzen, ist ja auch der Alkoholrausch mit seiner zunächst erhöhten Leichtigkeit des Denkens und Sprechens, mit seiner Heiterkeit, mit seinem gesteigerten Selbstbewusstsein usf., und bekanntlich gibt es auch noch andere Räusche, den Morphiumrausch, den Kokainrausch, den Ätherrausch, den Lustgasrausch, und diese Räusche sind zum Teil mit so außerordentlichen Glücksgefühlen verbunden, dass die Menschen, die diese Glücksgefühle kennengelernt haben, daneben die Freuden, die das wache Erleben bietet, gering schätzen möchten. Besonders die Glücksgefühle des Lustgasrausches scheinen so überwältigend zu sein und dabei ein so überzeugendes Bewusstsein klarster Erkenntnis in sich zu schließen, dass sich in Amerika schon vor vielen Jahren eine religiöse Sekte gebildet hat, die die Erfahrungen des Lustgasrausches dogmatisch als Erkenntnisquelle anerkannte. Die im Wachen gewonnenen Überzeugungen erklärten sie für trügerisch und nur das Wissen, das sie im Lustgasrausch zu besitzen glaubten, galt ihnen als die endgültige, höchste Wahrheit. Kein Zweifel also, dass auch Theosophen unserer Zeit sich in gewissen, ungewöhnlichen Bewusstseinszuständen, die etwa der Hypnose oder dem Traum ähnlich sein mögen, glücklich fühlen und ganz ungemeiner Erkenntnisse erfreuen mögen. Auch liegt es mir vollständig fern, zu bezweifeln, dass es auf diesem Gebiete der ungewohnten Bewusstseinszustände noch sehr viel zu erforschen gibt, dass die Wissenschaft hier noch viel weniger weit vorgedrungen ist als sie hätte vordringen können und sollen, und dass auch Theosophen wirklich mancherlei erleben mögen, wovon wir sonst nichts wissen.

Allein eine ganz andere Frage ist doch die, was die in solchen Zuständen gewonnenen *Erkenntnisse* für einen Wert haben mögen, und da muss ich sagen, ich erkenne nur *einen* Beweis für den Erkenntniswert solcher Zustände an: den Beweis, den ich mit einem biblischen Worte den Beweis des Geistes und der Kraft nennen möchte; nämlich wenn das, was jemand aus einem solchen Zustand mitbringt, seinem Inhalt nach auch für mein waches, irdisches Urteil etwas taugt, dann werde ich mich damit beschäftigen; dagegen, wenn er Unsinn oder Kindereien mitbringt, so werden die Glücksgefühle, die er beim Ausdenken dieses Unsinns erlebt haben mag, in meinen Augen diesen Unsinn durchaus nicht zum Tiefsinn stempeln. Und da muss ich sagen: Was die indischen Mystiker aus ihren Versenkungen mitbrachten, gehört zum Teil zum Schönsten und Tiefsten, was ich an menschlichen Gedanken überhaupt kenne. Schon die ganze Form der Ausdrucksweise zeigt, dass der Versenkungszustand jene indischen Denker jedenfalls nicht daran gehindert hat, ihre geistige Bedeutung in ihre Worte ausströmen zu lassen. Wer in den Reden Buddhas auch nur eine Seite gelesen hat, der muss empfinden, dass dieser Mann uns allen etwas zu sagen hat, gleichgültig, ob ihm das, was er sagt, in einem Wachzustand oder in einem Versenkungszustand klar geworden ist. In dem dagegen, was die heutigen Theosophen aus ihren außerordentlichen Zuständen mitbringen, habe ich, soweit ich es kennengelernt habe, noch nicht ein Gran Vernunft gefunden, und schon darum halte ich den Kampf gegen jene Bewegung, die sich heute Theosophie nennt und zweifellos in rascher Ausbreitung begriffen ist, für eine dringende Aufgabe der Wissenschaft. Sie kann indes diesen Kampf kaum wirkungsvoller führen, als indem sie den alten indischen Lehren möglichst weite Verbreitung zu geben sucht. Denn wer die echte, alte indische Theosophie kennt, der wird die heutige Theosophie ohne weiteres selbst zum kleineren Teil als blasse Wiederholung, zum weitaus größeren aber als unverantwortlichen Missbrauch jener großen alten Gedanken erkennen. [1])

Ehe ich nun auf unseren eigentlichen Gegenstand, die alte indische Weisheit, übergehe, muss ich wohl mit einigen Worten die wichtigsten Schriften angeben, aus denen sich der Anfänger über diesen Gegenstand selbst etwas näher unterrichten kann. Da wäre nun als erste Einführung in die Beschäftigung mit indischen Dingen überhaupt das Buch des Wiener Indologen *Leopold v. Schroeder* zu nennen: „Indische Literatur und Kultur", Leipzig 1887. Was dagegen insbesondere das indische Denken und seine Entwicklung angeht, so besitzen wir nur eine einzige umfassende Darstellung dieses Stoffes in deutscher Sprache: das große Werk von *Paul Deussen* „Allgemeine Geschichte der Philosophie", Erster Band, Abteilung I—III, Leipzig 1894—1908. Freilich musste Deussen den Stoff darstellen, wie er in den alten Quellen vorliegt, d. h. er konnte nicht bloß das für uns Moderne Genießbare herauslesen, er musste auch sehr viel schwer Verdauliches oder geradezu Ungenießbares mitverarbeiten und legte überdies vielleicht ein wenig zu viel von neuerer Philosophie in die Äußerungen der Alten hinein.

Eine viel kürzere, gedrängtere Darstellung, überdies auch mit einem Anhang gegen die moderne Theosophie, gibt J. S. *Speyer* in seinem Buch: „Die indische Theosophie aus den Quellen dargestellt". (Neuauflage Verlag Edition Geheimes Wissen, Graz 2014).

Endlich will ich hier noch das schöne Buch von *Hermann Oldenberg* nennen: „Die Lehre der Upanishaden und die Anfänge des Buddhismus", Göttingen 1915. Es behandelt zwar nur die ältere Zeit, ist aber ungemein feinsinnig und belehrend; nur freilich wird derjenige, der über den Gegenstand noch gar nichts weiß, daraus noch nicht den vollen Nutzen ziehen können.

Wenn ich einen Rat geben darf, so möchte ich etwa das Buch von Speyer als Einführung in den Gegenstand, Oldenberg als abschließende Zusammenfassung empfehlen, während sich das Werk von Deussen doch immer nur für jene eignen dürfte, die sich mit dem ganzen Stoff näher vertraut machen wollen. [2])

---

1) Vgl. jetzt die ausgezeichnete Schrift von J. W. Hauer, Werden und Wesen der Anthroposophie, eine Wertung und eine Kritik, Stuttgart 1922.

2) Soeben wird mir eine neue, zuverlässige und verständnisvolle, freilich sehr knappe und nicht eben ganz leicht verständliche Darstellung unseres Gegenstandes bekannt: H. W. Schomerus, Indische Erlösungslehren. Ihre Bedeutung für das Verständnis des Christentums und für die Missionspredigt, Leipzig 1919.

Indem ich nun an die Darstellung der indischen Theosophie selbst herantrete, will ich vorweg bemerken, dass wir von einer Geschichte in Indien auf keinem Gebiete in demselben Sinn wie in anderen Ländern sprechen können. Dem indischen Geist, vorwiegend nach innen gekehrt, bot das äußere Geschehen niemals jenes Interesse, das ihn zu regelmäßig fortgeführten Aufzeichnungen, zur Anlage von Jahrbüchern oder anderen chronologischen Übersichten veranlasst hätte. Aus der ganzen älteren indischen Geschichte kennen wir keine Jahreszahl, und alle Zeitbestimmungen sind hier bloß schätzungsweise möglich. Erst im Augenblick, wo durch den indischen Feldzug Alexanders des Großen die indische Geschichte mit der griechischen in Berührung tritt, ergeben sich die ersten festen Zeitbestimmungen, und alles, was sich schon vordem abgespielt hatte, lässt sich nur ungefähr nach der Zahl der Generationen von jenem Ereignis aus nach rückwärts datieren. So können wir auch nur ganz annäherungsweise sagen, dass irgendwann im zweiten Jahrtausend v. Chr. G. ein hellhäutiges Volk aus dem Norden oder Nordwesten in das nordwestliche Indien, das Land am Strome Indus, eingewandert ist. Die Glieder dieses Volkes nannten sich selbst *Âryas*, d. h. Freie, Edle. Ihre Sprache, das Sanskrit, ist mit dem Persischen, Griechischen, Lateinischen, mit den keltischen, germanischen und slawischen Sprachen verwandt. Man hat daraus auch auf eine Blutsverwandtschaft jener „Âryas" mit den Persern, Griechen, Lateinern, Kelten, Germanen und Slawen geschlossen, hat alle diese Völker als *Indogermanen* oder, eben mit jenem indischen Wort, als *Arier* bezeichnet. Seitdem wir wissen, dass oft ein unterworfenes Volk die Sprache des erobernden, wenn auch stammfremden Volkes annimmt, müssen wir mit solchen Annahmen weit mehr zurückhalten; ob jene Sanskrit sprechenden Inder wirklich mit den Germanen verwandt, ob die europäischen Völker auch der Abstammung nach wirklich Arier sind, müssen wir dahingestellt sein lassen. Mit Bestimmtheit können wir nur sagen, dass zwischen ihren Vorfahren und denen der arischen Inder nahe Beziehungen bestanden haben müssen, und dass sie alle ein und dieselbe Sprache angenommen haben. Wie die Sprachen, so sind freilich auch die Religionen all dieser Völker bis zu einem gewissen Grade miteinander verwandt. Es sind durchweg Naturreligionen, d. h. all diese Völker verehren Gottheiten, die sie sich als menschenartige Persönlichkeiten denken, zu denen sie wie zu mächtigen, aber auch durch Bitten zu erweichenden Menschen flehen, die jedoch für sie zugleich an bestimmte Naturgegenstände gebunden sind und deren Wirksamkeit sich in bestimmten Naturerscheinungen äußert. So gibt es in all diesen Religionen eine Himmelsgottheit, eine Sonnengottheit, eine Mondgottheit, eine Gewittergottheit. Die Naturvorgänge werden als Äußerungen dieser den Naturgegenständen innewohnenden Gottheiten gedacht, und doch haben diese Gottheiten andererseits ein menschenartiges Wesen und können wie Menschen durch Bitten und Gaben beeinflusst werden. Ähnlich wie unter den Menschen gibt es auch unter diesen Gottheiten individuelle Unterschiede. Die Götter haben nicht alle die gleiche Sinnesart, sie zeigen verschiedene Charaktere, die einen zeichnen sich mehr durch Kraft, die anderen mehr durch Gerechtigkeit aus, die einen sind vorwiegend von gutem, menschenfreundlichem, die anderen von bösem, feindlichem Willen erfüllt. Alle aber sind für Bitten und Opfergaben empfänglich, antworten auf sie, indem sie Wohltaten erweisen oder Übeltaten unterlassen. In Indien sind im Allgemeinen die individuellen Unterschiede zwischen den Göttern geringer als in den anderen Religionen der sprachverwandten Völker. Dennoch heben sich aus der indischen Götterwelt einzelne Gestalten eigenartig und bezeichnend hervor, vor allem der Gewittergott Indra, eine jugendliche, kraftstrotzende Gestalt, die einerseits als höchste Macht über den Menschen thront, andererseits ganz menschenartig dem heiligen Opfertrank *Soma* zuspricht und sich mit Wonne an ihm berauscht; dann aber auch *Varuṇa*, der Gott des Rechtes, der Verfehlungen aller Art peinlich straft, aber auch gnädig vergibt.

Um auch schon diese Einleitung nicht bloß mit allgemeinen Andeutungen zu füllen, vielmehr dem Leser doch auch ein bestimmteres Bild vor Augen zu stellen, will ich zum Schluss noch einige Hymnen mitteilen, die von Indern schon in der allerältesten Zeit diesen beiden Göttern zu Ehren gedichtet worden sind. Die erste feiert Gott Indra als höchsten Herrn und lautet: [1])

> Der, kaum geboren, weisen Sinns die Götter,
> Der Gott, zuerst mit Mut und Kraft begabte,
> Vor dessen Feuer beide Welten bebten
> Und großer Kraft, das ist, ihr Menschen, *Indra*.
>
> Der festigte die Erde, als sie wankte,
> Und stehen hieß die aufgeregten Berge,
> Den weiten Raum der Luft ermaß, den Himmel
> Zusammenhielt, das ist, ihr Menschen, *Indra*.
>
> Der alles schuf, was sich bewegt hienieden,

---

1) Ṛigveda II 12; nach Graßmann I 18.

Die dunklen Mächte in die Tiefe senkte,
Dem Spieler gleich des Feindes Gut als Beute
Sich siegend nahm, das ist, ihr Menschen, *Indra*.

Der hehre Gott, von dem sie zweifelnd fragen:
„Wo ist er?", spottend sagen: „Indra ist nicht". —
Doch sieh, er streicht wie Geld des Feindes Gut ein, —
Glaubt fest an ihn —, das ist, ihr Menschen, *Indra*.

In dessen Macht die Rosse und die Rinder,
Die Wagen alle sind und alle Völker,
Der schuf die Sonne und die Morgenröte,
Der Wasser Hort, das ist, ihr Menschen, *Indra*.

Den beide Schlachtreih'n in dem Kampf anflehen,
Die Gegner beide, hüben hier und drüben, —
Ihn rufen, die auf gleichem Wagen stehen,
Verschieden an —, das ist, ihr Menschen, *Indra*.

Der alle, die da großen Frevel üben,
Eh' sie's vermuten, mit dem Pfeile tötet,
Dem Trotzenden nicht nachgibt, selber trotzend,
Des Feind's Verderb, das ist, ihr Menschen, *Indra*.

Ihm beugen sich der Himmel und die Erde,
Vor seinem Schnaufen beben selbst die Berge,
Beim Opfertrunk erscheint er blitzbewaffnet,
Den Blitz im Arm, das ist, ihr Menschen, *Indra*.

Der hilft dem Opferer und Opferkocher,
Dem Preisenden, dem Wirkenden mit Beistand,
Er, dem Gebete, Trank und Opfergaben
Zur Stärkung sind, das ist, ihr Menschen, *Indra*.

Der zweite Hymnus dagegen zeigt den Gott, wie er, durch den heiligen Trank berauscht, sich ganz wie ein Mensch hemmungslos seiner gehobenen Stimmung hingibt: [1])

Jetzt war ich in der Laune wohl
Ein Ross zu schenken, eine Kuh:
Trank ich am Ende Soma gar?

Wie Winde, stürmend ungestüm,
Hat mich der Trunk gerüttelt auf:
Trank ich am Ende Soma gar?

---

1) Ṛigveda X 119; nach Deussen, Allg. Geschichte d. Phil. I/1, S. 99.

Der Trunk hat mich gerüttelt auf,
Wie schnelle Rosse einen Karr'n:
Trank ich am Ende Soma gar?

Da brüllt ja ein Gebet mich an,
Wie eine Kuh ihr liebes Kind:
Trank ich am Ende Soma gar?

Ich wirble wie ein Drechsler rund
In meinem Herzen das Gebet:
Trank ich am Ende Soma gar?

Nicht wie ein Sonnenstäubchen groß
Erscheint mir jetzt das Menschenvolk:
Trank ich am Ende Soma gar?

So groß sind Erd' und Himmel nicht
Wie eine Schulter hier von mir:
Trank ich am Ende Soma gar?

Lang bin ich bis zum Himmel hoch,
Breit wie das ganze Erdenrund:
Trank ich am Ende Soma gar?

Jetzt will ich mal die Erde
Umschmeißen linkshin oder rechts:
Trank ich am Ende Soma gar?

Mich brennt's, der Erde eins zu hau'n,
Dass sie zerfließt nach links und rechts:
Trank ich am Ende Soma gar?

Beug' ich mich halb zum Himmel raus,
Kann bis nach unten langen ich:
Trank ich am Ende Soma gar?

Ich bin der Große, Große, ich,
Bis in die Wolken rag' ich auf:
Trank ich am Ende Soma gar?

Ich geh' nach Haus, ich hab' genug,
Den Göttern bring' ich noch was mit:
Trank ich am Ende Soma gar?

Ein weit sittlicherer Gott als Indra ist von allem Anfang an Varuṇa, die Quelle alles Rechts, der Hort der ewigen Ordnung: [1]

---

1) Ṛigveda I 24,10; nach Graßmann II 24.

Die Sterne hoch dort oben, die wir schauen
Bei Nacht, wohin verschwinden sie am Tage?
Doch Varuṇas Gesetz ist unverletzlich
Und leuchtend schreitet durch die Nacht der Mond hin.

Allein *Varuṇas* ewiger Ordnung gegenüber fühlt sich auch der Inder vor allem als Übertreter, als Sünder, und in den diesem Gott gewidmeten Liedern erklingen Töne eines rührenden Schuldgefühls und Gnadenwillens, dem auch die spätesten Zeiten wenig Ebenbürtiges an die Seite zu setzen haben. [1])

> Wie sehr wir auch, o *Varuṇa*,
> Verletzen dein Gebot, o Gott,
> Nach Menschen Weise Tag für Tag,
>
> So gib uns nicht dem Tode preis,
> Nicht preis dem Zorn der Zürnenden,
> Nicht preis der Wut der Wütenden!
>
> Zur Huld, so möcht' ich, *Varuṇa*,
> Durch Lieder lösen deinen Sinn,
> Wie Reiter ein gebundnes Ross.
>
> Und wie zum Nest ein Vogel fliegt,
> So eilen meine Lieder hin
> Zu dir, das Heil mir zu erfleh'n.
>
> O höre heute meinen Ruf,
> Und sei mir gnädig, *Varuṇa*:
> Schutzsuchend sehn' ich mich nach dir.
>
> Du bist der weise Herr des All,
> Des Himmels und der Erde auch:
> Drum höre mich auf deinem Pfad!

Und ein andermal: [2])

> Ich spreche zu mir selber diese Worte:
> „Wann werd ich doch mit *Varuṇa* vereint sein?
> Nimmt er mein Opfer an wohl ohne Zürnen?
> Wann werd ich seine Huld beseligt schauen?" [3])

---

1) Ṛigveda I 25; nach Graßmann II 24.
2) Ṛigveda VII 86; nach Graßmann I 367.
3) In den ältesten Zeiten meinten die Inder, in gewissen Erregungszuständen die beim Opfer erscheinenden, es gnädig annehmenden Götter selbst zu schauen. Vgl. J. W. Hauer, Die Anfänge der Yogapraxis im alten Indien (Stuttgart 1922), S. 127ff.

Mit Eifer such, o Gott, ich mein Verschulden.
So ging ich hin, die Kundigen zu fragen.
Einstimmig sagen dieses mir die Weisen:
„Dir zürnet wahrlich *Varuṇa*, der König."

Was, *Varuṇa*, war meine schwerste Sünde,
Dass du den Sänger, der dich liebt, willst schlagen?
Das künde mir, untrüglicher Beherrscher,
Durch dieses Lied möcht ich dich gnädig stimmen:

Lös' ab von uns das Unrecht unsrer *Väter*,
Nimm weg das Unrecht, das wir selbst begingen!
Nicht war's mein Wille, Gott: Verstrickung war es,
Rausch war's und Zorn, verwirrende Verblendung!

Dem Knechte gleich will ich dir treulich dienen,
Von Schuld befreit, dem eifervollen Gotte:
O möge dies mein Loblied, du gewalt'ger
Gott *Varuṇa*, so recht ans Herz dir dringen!

Oder endlich ganz kurz und schlicht: [1])

Nicht möcht ich in der Erde Haus
Schon fahren, König *Varuṇa*:
Sei gnädig, Herrscher, und vergib!

Hab ich einmal aus Unverstand
Vergangen mich, o Heiliger,
Sei gnädig, Herrscher, und vergib!

Was wir auch hier, o *Varuṇa*, nach Menschenart
Unrecht üben am Geschlecht der Himmlischen,
Wenn wir verletzten dein Gesetz aus Unverstand,
Um solche Sünde straf uns nicht, o *Varuṇa*!

---

1) Ṛigveda VII 89; nach Graßmann I 369.

II. DER VEDA

DIE FRAGE NACH DEM HÖCHSTEN GOTT

Irgendwann im 2. Jahrtausend vor Beginn unserer Zeitrechnung — denn genauere Zeitbestimmungen gibt es ja in der älteren indischen Geschichte nicht — wanderten in das nordwestliche Indien, in das Land am Indusstrom, jene hellhäutigen, Sanskrit sprechenden Scharen ein, die sich selbst als Âryas, d. h. Freie oder Edle, bezeichneten. Sie brachten aus ihrer uns nicht genau bekannten Urheimat ihre mit dem Persischen, Griechischen, Lateinischen, Germanischen und Slawischen verwandte Sprache und ebenso ihre mit den Religionen derselben Völker verwandte Religion mit: es war gleich all diesen Religionen eine *Naturreligion*, d. h. die Götter, zu denen die Inder beteten, dachten sie als persönliche, geistig dem Menschen ähnliche Wesenheiten, versetzten sie aber zugleich in gewisse Naturgegenstände, etwa in den Himmel, die Sonne, den Mond, und sahen die mit diesen Gegenständen zusammenhängenden Naturerscheinungen als die eigentümlichen Äußerungen jener Gottheiten an: zu den eigentlichen Naturgottheiten gesellten sich freilich schon sehr früh auch gewisse *Kulturgottheiten*.

Unter diesen Göttern nun ragten etwa *Indra*, der Gewittergott, *Varuṇa*, der Rechtsgott, mit seinem Genossen *Mitra*, auch *Rudra*, der furchtbare Gott der Stürme, hervor. Diese Götter haben aber doch nicht jene volle persönliche Lebendigkeit wie die Götter Griechenlands, wie die Götter der Germanen und der Slawen. Sie gleichen einander viel mehr, und jeder Gott, der gerade angerufen wird, ist der einzige Gott, der für den Beter in diesem Augenblick in Frage kommt. Es gibt nicht ein Nebeneinander verschieden beschaffener, zueinander im Gegensatz stehender Gottheiten wie in der Götterwelt Homers. Die Folge davon ist, dass auch die Art und Weise, wie diese Gottheiten zu den Gebeten und Opfern der Menschen sich verhalten, viel weniger von ihrer persönlichen Eigenart, von ihrer Laune und Stimmung abhängt als von Gesetzen, die man ein für alle Mal lernt und kennt und auf die man sich verlassen kann. Wenn ein griechischer Gott oder wenn in der Bibel der große Gott der Juden angefleht wird, einem etwas zu geben oder von einem etwas abzuwenden, so weiß man nicht, wie er sich verhalten wird. Es ist von seiner Stimmung und von seiner Laune abhängig; man weiß nicht, ob dieses Gebet erhört werden wird. In Indien ist das nicht so. Wenn in Indien der Gott mit dem richtigen Gebet, mit der richtigen Formel und mit dem richtigen Opfer angegangen wird, dann gewährt er das, worum er gebeten wurde. Es kommt nicht vor, dass ein Gott das nicht tut, um dessen Erfüllung man ihn geziemend angefleht hat.

Ich könnte dafür sehr viele Beispiele anführen, ich will nur eines erwähnen. In einem alten indischen Text heißt es: [1]

Jene Götter herrschen über den Regen; denen opfert er, was ihnen zukommt, und die lassen ihm den Regengott regnen; und wenn der auch nicht regnen will, er regnet *doch!*

Das hat naturgemäß zur Folge, dass dem Gebet, dem Opfer in Indien eine ganz andere, überragendere Bedeutung zukommt als in den anderen Kulturländern. Denn eigentlich sind es die Gebete und Opfer, von denen das Heil des Menschen abhängt, und die Gottheiten sind mehr und mehr zu bloß dienenden und ausübenden Organen geworden; sie unterliegen dem Zwang, den der Priester, der die richtigen Formeln und die richtigen Opfer kennt, auf diese Gottheiten ausübt. Diese ungeheure Bedeutung es Opfers geht, z. B. aus einem alten indischen Text hervor, in dem es heißt: [2]

Die Sonne würde nicht aufgehen, wenn man nicht morgens das Feueropfer vollzöge.

Da nämlich die Wirksamkeit der Götter berechenbar ist, so kann sie auch als das Vorbild jedes berechenbaren Vorganges vorgestellt werden, und dass das Aufgehen der Sonne berechenbar ist, erklärt sich am einfachsten durch die Annahme, dass es die regelmäßige und notwendige Art ist, wie der Sonnengott auf die Darbringung des Feueropfers antwortet. In einem anderen Text heißt es: [3]

Der Mensch ist das einzige Tier, welches opfert.

Also nicht etwa, wie wir erwarten würden: das einzige Tier, welches denkt, das einzige Tier, welches spricht, sondern: das einzige Tier, welches opfert!

Was hat das für Folgen? Es hat zunächst die Folge, dass sehr bald wichtiger als die Naturgötter die Gottheiten werden, von denen

1) T. S. II 4, 10, 2; nach Oldenberg, W.-A. der Brâhmanatexte, S. 155.
2) Çat. Br. II 3, 1, 5; nach Oldenberg, ebd., S. 151.
3) Çat. Br. VII 5, 2, 23; nach Oldenberg, ebd., S. 43.

die richtige Vollziehung des Gottesdienstes selbst abhängt, insbesondere die Gottheit des Feuers, *Agni*, denn das Feuer ist es, das das Opfertier verzehrt; die Gottheit des Rauschtrankes, Soma, und der Herr des Gebetes, *Brahmaṇaspati*, genauer der Herr der Gebets- und Opferformeln. Das sind die Gottheiten, von denen es abhängt, dass Gebete und Opfer richtig auf die anderen Gottheiten einwirken; das sind daher auch die Gottheiten, die man vor allem angehen muss; denn wenn sie es geben, dass die Opferformel richtig gesprochen, das Opfer richtig vollzogen wird, dann versteht es sich von selbst, dass der Gott das gewährt, worum er angefleht worden ist. Aber auch selbst diese Gottheiten unterliegen dem Zwang der Gebete und der Opferformeln. Wenn man diese Gottheiten richtig darum angeht, dass sie das Opfer gedeihen lassen, dass sich also das Opfer formgerecht vollzieht, dann ist man des Erfolges sicher.

Die zweite Folge, die sich aus jener überragenden Bedeutung der Gebets- und Opferformeln ergibt, ist der ungeheure Einfluss des Priesters. Er ist es ja, der diese Formeln kennt; er ist es, der in der Priesterschule die richtige Formel und die richtigen Gebete dem Schüler überliefert, zumeist der Vater dem Sohn oder, wenn er keinen hat, einem anderen auserwählten Schüler; der Priester ist es also eigentlich, der die Götter in seiner Hand hat. Was der Priester will, das müssen die Götter tun.

Natürlich kann man die Sache auch anders ansehen. Man kann sagen, nicht das ist das erste, dass die Götter unpersönlich sind; nicht aus diesem Grunde sind die Formeln so bedeutsam und hat der Priester so viel Einfluss, sondern umgekehrt: in Indien hatten die Priester großen Einfluss, und darum redeten sie den Menschen ein, dass das Entscheidende für ihr Sein und ihr Heil die Gebets- und Opferformeln sind, und weil sie den Menschen das eingeredet hatten, blieb für die Götter nicht viel persönliche Eigenart übrig. Alle solche Gedanken lassen sich hin und her wenden, und wir wissen viel zu wenig, um entscheiden zu können, welche dieser Wendungen die richtige ist.

Man kann die Sache auch vom wirtschaftlichen Standpunkt aus ansehen und kann sagen: eine solche Denkweise war nur bei einem Volk möglich, wo die Erde so gesegnet war und so reichlich Frucht trug, dass sie nicht der Arbeitskraft eines jeden erwachsenen Mannes zu ihrer Bearbeitung bedurfte, wo also die Priester verhältnismäßig arbeitslos umherziehen und sich diesen Einfluss sichern konnten. Aber es gibt auch sehr reiche Länder ohne einen derartigen Priesterstand, und so werden wir auch hier gestehen müssen, dass wir die letzten Ursachen, warum gerade in Indien sich diese Denkweise entwickelt hat, nicht durchschauen und werden also zu dem Schluss kommen, diese Wirkungen seien wahrscheinlich *sowohl* von der unpersönlichen Art der indischen Phantasie hervorgerufen, *wie auch* von der indischen Neigung, sich anderen Menschen unterzuordnen, und von dem Reichtum des indischen Bodens, der den Bestand eines solchen Priesterstandes ermöglichte.

Drittens aber, was das Allerwichtigste und Bedeutsamste ist, diese Gebete und Opferformeln mussten bald als das Höchste erscheinen, als die höchste Macht, die es für die Inder überhaupt gab. Es gab von diesen Formeln vier Hauptarten: Hymnen, die vor der Darbringung eines Opfers rezitativartig vorgetragen wurden, dann eigentliche Lieder, die während des Opfers gesungen wurden, dann Opfersprüche, die der opfernde Priester während der einzelnen Abschnitte der Opferhandlung murmelte, und schließlich Zaubersprüche, welche ganz außerhalb eines jeden Zusammenhanges mit dem Opfer bei den verschiedensten Anlässen zur Abwendung der bösen Geister, zur Heilung von Kranken, zum Schütze von Geburten oder Paarungen vor unheilstiftenden Einflüssen angewandt wurden.

Die Formeln jeder dieser vier Arten wurden allmählich gesammelt, und eine solche Sammlung nennt der Inder einen *Veda*, d. h. ein „Wissen"; so z. B. nannte er die Sammlung der Hymnen das Hymnen-Wissen, d. h. im Sanskrit *R̥gveda*, die Sammlung der Lieder nannte er das Lieder-Wissen, d.h. im Indischen *Sâmaveda*, die Sammlung der Opfersprüche nannte er das Opferspruch-Wissen, d. h. im Indischen *Yajurveda*, endlich die Sammlung der Zaubersprüche nannte er das Zauberspruch-Wissen oder den *Atharvaveda*. Diese vier Sammlungen insgesamt bilden „das Wissen" oder den *Veda*. Diese vier Sammlungen und die aus ihnen bestehende Hauptsammlung ist nun in Indien etwas, was man mit der Bibel vergleichen kann, was aber für den Inder naturgemäß unendlich viel mehr bedeutet, als je für einen Juden oder Christen die Bibel bedeuten konnte. Denn wenn wir auf den Grund sehen, ist eigentlich der Veda eine Bibel, die zugleich Gott ist. Wenn es auch neben diesem Wissen noch Götter gibt, so sind diese Götter doch willenlose Werkzeuge in der Hand des Priesters, der den Veda beherrscht, denn derjenige, der die Formeln und das Opfer richtig anwenden kann, dem müssen die Götter gehorchen; die höchste Macht also, die es in der Welt gibt, ist der Veda: dieser verleiht dem Priester die Macht, und eben diese Macht, die der Priester in der Hand hat, ist es, die über den Göttern thront. Wie weit das geht, das mag man aus folgendem kleinen Beispiel ersehen. Natürlich erstreckt sich die Heiligkeit dieser Sammlung auf die einzelnen Strophen und Zeilen, auf die einzelnen Worte und Silben. In einem alten Text nun, in dem der Verfasser den Begriff „Alles" umschreiben will, wo wir also erwarten würden, dass er etwa sagte: alles, was es gibt, Himmel, Erde, Götter und Menschen, oder: alles, was es gibt, Belebtes und Nicht-belebtes, Menschen, Tiere und Pflanzen, da drückt sich der Inder folgendermaßen aus: „Alles, was es gibt: die heiligen Hymnen, Lieder, Sprüche, Versfüße, Opfer, Menschen und Vieh".

Es gibt von diesen Veden auch Übersetzungen, wenigstens vom Ṛigveda , der der älteste und wichtigste unter ihnen ist und jedenfalls noch vor dem Jahr 1000 vor Beginn unserer Zeitrechnung abgeschlossen vorgelegen haben muss. Abgeschlossen bedeutet aber hier natürlich nicht schriftlich niedergelegt. Eine Schrift gab es noch nicht, sondern der Schüler lernte die ganze Sammlung auswendig und lehrte sie seinerseits wieder seinen Schüler, und in dieser Form, nicht als heilige Schrift, sondern als heiliges Wort und heilige Rede, pflanzte sich der Veda durch viele Jahrhunderte fort. Vom Ṛigveda nun gibt es mehrere deutsche Übersetzungen, [1]) aber freilich gibt es in ihnen so viel Ungenießbares, dass ich eigentlich nicht glaube, dass irgendjemand, der sich nicht mit dem ganzen Stoff selbst eingehend vertraut machen will, eine solche Übersetzung wird würdigen können. Dagegen will ich nicht unterlassen, das schöne Werk von *Hermann Oldenberg* hervorzuheben: „Die Religion des Veda", das in zweiter Auflage in Stuttgart 1917 erschienen ist und einen sehr lehrreichen und umfassenden Einblick in die Gedankenwelt dieser ältesten Inder gewährt; es bietet auch zahlreiche Ausblicke auf die Gedankenwelt verwandter Völker und auf die Gedankenwelt von Völkern gleicher Kulturstufe.

Unsere erste Aufgabe ist es nun, die Ansätze zu einer Gottes-weisheit kennenzulernen, die sich in diesen Veden finden. Schon früh regte sich bei den Indern der Zweifel, auch gegenüber dem höchsten Gott. Schon im Hymnus auf Indra, den ich im 1. Abschnitt anführte, heißt es in der fünften Strophe:

> Der hehre Gott, von dem sie zweifelnd fragen:
> „Wo ist er?", spottend sagen: „Indra ist nicht",
> Doch sieh, er streicht wie Geld des Feindes Gut ein,
> Glaubt fest an ihn —, das ist, ihr Menschen *Indra*!

Ebenso heißt es in einem anderen Lied, etwa aus derselben Zeit:[2])

> Bringt schönes Lob dem *Indra* um die Wette,
> Wahrhaftiges, weil er wahrhaftig ist;
> Zwar sagt wohl der und jener: „*Indra* ist nicht,
> Wer sah ihn je, wer ist's, dass man ihn preise?"

---

1) Und zwar die vollständigen Übersetzungen von Graßmann in 2 Bänden, Leipzig 1876—77, und von Ludwig ebenfalls in 2 Bänden, Prag 1876, sowie die ausgewählten Proben von Geldner und Kaegi, Tübingen 1875, und von Hillebrandt, Göttingen 1913.
2) Ṛigveda VIII 100, 3; nach Deussen, Allg. Gesch. d. Phil. I/1, S. 17.

Also Zweifel an dem Dasein und der Wirksamkeit der höchsten Naturgottheit finden sich schon in den ältesten Liedern des Veda. Aber der Zweifel, der uns hier besonders nahe angeht, ist ein besonderer Zweifel. Es ist der Zweifel, ob wirklich die höchste Macht ein solches Nebeneinander von vielen voneinander unabhängigen Gottheiten sein kann, ob nicht als oberste, leitende Macht der Welt etwas Einheitliches anzunehmen wäre, ein Gott oder wenigstens eine unpersönliche Macht. Diese Frage: „Gibt es nicht eine einheitliche höchste, weltleitende Macht?" spricht sich sehr deutlich in einem Hymnus aus, aus dem ich nur drei kurze Zeilen anführen will. [1]) Der Dichter sagt:

> Man nennt es *Indra, Varuṇa* und *Mitra*,
> *Agni*, den schön beschwingten Himmelsvogel:
> Vielfach benennen, was nur eins, die Dichter.

Dem Mann, der das verfasst hat, schwebte ohne jeden Zweifel die Vorstellung vor: Die Vielheit der Götter, die sich in ihren vielen Namen ausprägt, ist nur eine scheinbare, und es gibt irgendein einheitliches Wesen, welches das höchste ist; die sogenannten Götter sind nur verschiedene Benennungen oder vielleicht verschiedene Erscheinungsweisen dieses einen höchsten Gottes.

Die Frage nach dem höchsten Gott, nach dem letzten Urgrund der Welt schlägt aber für einfache, unentwickelte, kindliche Menschen fast von selbst in die Frage nach dem Entstehungsgrund der Welt um. Die Frage: von wem hängt die Welt zuletzt ab? schlägt um in die Frage: wer hat die Welt gemacht? Das hängt mit der merkwürdigen Eigentümlichkeit jedes altertümlichen, jedes kindlichen Denkens zusammen, dass es sich unanschauliche Verhältnisse und Beziehungen nur an anschaulichen Vorgängen fasslich machen kann. Es ist das dieselbe Eigenart dieses einfachen Denkens, aus der z.B. die ganze Rechtssymbolik hervorgegangen ist. — Der einfache Mensch versteht nicht auszudrücken, er versteht nicht zu denken: ich schulde meinem Fürsten Waffenhilfe. Der Fürst muss ihm das Schwert in die Hand geben, er muss sagen können: „dieses Schwert hat mir der Fürst gegeben"; er muss das gegenwärtige, aber unanschauliche Verhältnis: „ich bin ihm Hilfe schuldig", sich in einen einmaligen Vorgang übersetzen, den er mit Augen sehen kann. Aus dieser selben Geistesart geht zum großen Teile die Mythologie hervor. Man will sagen: „wir hängen von einem Gott ab", und man sagt: „dieser Gott hat uns ge-

---

1) Ṛigveda I 164, 46; nach Deussen, Allg. Gesch. d. Phil. I/1, S. 118.

26

macht", und so ist es auch in Indien. Statt zu sagen: „Gott lenkt die Welt", sagt man: „Gott hat die Welt gemacht".

Wir können das sehr schön studieren an einem der ältesten Versuche, den die Inder gemacht haben, die Frage nach dem einheitlichen Weltlenker, dem einheitlichen Weltgrund zu beantworten. Es hat zunächst nicht viele Versuche gegeben, diese Frage, wie wir es gewöhnt sind, durch den Hinweis auf eine persönliche Gottheit zu beantworten; denn es liegt ursprünglich nicht in der Richtung des indischen Denkens, sich bei einer menschenartigen Persönlichkeit als dem letzten Quell einer langen Reihe von Wirkungen zu beruhigen. Aber in der allerältesten Zeit hat man das doch versucht, und da das Gebet, die Opferformel, als die umfassende Macht galt, von der alles Menschengeschehen in der Welt abhängt, sogar das Auf- und Niedergehen der Sonne, so lag es nahe, als den obersten Gott den Gebetsherrn, Brahmaṇaspati, hinzustellen. Wie das nun eigentlich gemeint war, das sehen wir sehr schön an einer Stelle des Hymnus an Brahmaṇaspati, wo es heißt: [1])

Der du in der niederen Enge unseres Leibes, nach allen Seiten dich entfaltend, mächtig herangewachsen bist zu einem Erfreuer der großen Götter — als Gott zu den Göttern hin breitest du weit dich aus, diese ganze Welt umfassest du, o *Brahmaṇaspati!*

Hier ist der Herr der Gebetsformel eigentlich kaum etwas anderes als die Gebetsformel selbst, die im menschlichen Leib entsteht und dann, sich ausbreitend, zu den Göttern emporsteigt, um endlich durch ihre Wirksamkeit die ganze Welt zu umfassen.

Aber in einem anderen Lied drückt der Dichter denselben Gedanken bereits folgendermaßen aus: [2])

Der Götter Ursprung wollen jetzt
Wir melden zur Verwunderung
Des, der im späteren Geschlecht
Das Lied vernimmt, wenn es ertönt.
Zusammen schweißte diese Welt
Als Grobschmied *Brahmaṇaspati.*
Da ward noch vor der Götter Zeit
Aus dem Nichtseienden, was ist.

Hier also hat sich dieser Herr der Gebetsformel bereits in einen Grobschmied verwandelt, der unter seinen Hammerschlägen die Welt aus einem Nichtseienden in ein Seiendes verwandelt, sie herstellt

---

1) Ṛigveda II 24, 11; nach Deussen, ebd., S. 143.
2) Ṛigveda X 72, 1; nach Deussen, ebd., S. 145.

oder erzeugt. Aber wie ich schon sagte: das indische Denken liebte diese Lösung ursprünglich nicht. Während im Abendlande die Menschen sich vorzugsweise dabei beruhigt haben, wenn ihnen auf die Frage: woher und wozu? mit dem Hinweis auf einen möglichst menschenartigen, möglichst persönlichen Gott geantwortet wurde, so war das offenbar für den Inder nicht ebenso eine letzte Antwort. So wie ihm schon längst nicht die Gottheiten, sondern die Opfer und Gebetsformeln das Höchste waren, so verlangte er auch hier als höchste Weltmacht nicht etwas Persönliches, sondern etwas Sachliches, ein höchstes Prinzip, eine höchste Kraft. Allerdings, ehe man zu dieser Lösung gelangte, ging man durch eine Epoche hindurch, in der man einfach die Frage stellte: Wer oder was ist das Höchste, was alle diese Gottheiten, die wir anrufen und die wir doch auch zwingen, — — — wer oder was ist das Höchste, was diese Gottheiten nicht sind?

Ehe man freilich zu dieser reinen Fragestellung gelangte, versuchte man sich die Dinge auch auf eine höchst altertümliche Weise anschaulich zu machen. Wir kennen ein Gedicht, das eine Denkweise zeigt, die noch geradezu auf dem Standpunkt wilder, barbarischer Völker oder kleiner Kinder steht. In diesem Lied wird nämlich auf die Frage: woher ist die Welt gekommen? geantwortet: sie ist aus einem Ur- oder Riesenmenschen entstanden. Die ganze Welt ist entstanden, indem man den Ur- oder Riesenmenschen zerlegt hat, und aus seinen einzelnen Gliedmaßen sind dann die einzelnen Stücke der Welt geworden, wobei das Bindeglied eigentlich nur in der Proportion liegt: So wie sich dem Rang und dem Wert nach die verschiedenen Stücke der Welt zueinander verhalten, so müssen sich die Bestandteile, die Glieder des Ur- oder Riesenmenschen verhalten haben, aus denen jene Stücke der Welt gemacht worden sind. Aus dem edelsten Teil ist das Herrlichste, aus dem unedelsten Teil ist das Minderwertigste geworden. Ich führe dieses Lied nicht bloß als Kuriosität an, sondern weil sich viel von dieser Denkweise in das indische Denken aller Zeiten hinübergerettet hat: erstens die Vorstellung, dass die Welt aus dem Urgrund entsteht, indem sich der Urgrund in die Welt *verwandelt* — also keine Schöpfung wie bei uns, wo ein persönliches Wesen etwas hervorbringen will und dadurch dann die Welt entsteht, sondern eine Selbstumwandlung von etwas, was vor der Welt da war, in die Welt; und zweitens die Vorstellung, dass das Wertverhältnis der Dinge in der Welt zurückgehe auf ein entsprechendes Wertverhältnis der Bestandteile dessen, was vor der Welt da war und woraus sie entstanden ist. Auch noch in späteren Zeiten, wo die Inder den Urgrund wie eine Art von persönlicher Gottheit gedacht haben, kehrt immer der Gedanke wieder: aus seinem Haupt sind die Priester entstanden, aus seinen Füßen die Knechte usf.

Hier handelt es sich um den Ur- oder Riesenmenschen, oder, wie die Inder das bezeichnen, den *Purusha*, d. h. einfach den „Menschen". Dieses Lied, das ich mit einigen Auslassungen mitteile, schildert nun, wie die Welt aus einem Urmenschen oder Riesenmenschen, dem *Purusha*, entsteht. Weil nichts Heiliges ohne Opfer entstehen kann, entsteht die Welt dadurch, dass der *Purusha* geopfert und dabei in seine Teile zerlegt wird. Nur darf man nicht fragen, wer ihn geopfert hat? Denn die Antwort, die der Dichter so im Vorbeigehen gibt: „Selige Götter und weise Menschen", wird man nicht besonders ernst nehmen; diese Antwort gibt er wohl nur in seiner Verlegenheit. Das Lied lautet etwa so: [1])

Der Riesenmensch mit seinen tausend Häuptern,
Mit seinem tausendfachen Aug' und Ohr,
Bedeckt ringsum die Erde allerorten,
Ragt über sie zehn Finger noch empor.

Nur Riesenmensch ist diese ganze Welt,
Und was da war und was zukünftig währt;
Herr ist er über all das Göttliche,
Das sich durch frommer Opfer Speise nährt.

So groß ist diese seine Majestät,
Doch ist er größer noch als sie erhoben;
Denn alle Wesen sind von ihm ein Viertel,
Drei Viertel aber sind unsterblich droben.

Diese drei Viertel schwangen sich empor,
Ein Viertel wuchs heran in dieser Welt,
Um auszubreiten sich als alles, was
Durch Nahrung sich und ohne sie erhält.

Als Opfertier ward auf der Streu geweiht
Der Riesenmensch, der vorher war entstanden,
Den opferten die seligen Götter da
Und weise Menschen, die sich dazu fanden.

In wie viel Teile ward er umgewandelt,
Als sie den Riesenmenschen da zerstückt?
Was ward statt seines Munds, statt seiner Arme,
Statt seiner Schenkel, seines Leibs erblickt?

---

1) Ṛigveda X 90; nach Deussen, ebd., S. 156f.

Zum Priester ist damals sein Mund geworden;
Der Krieger ist aus seinem Arm gemacht,
Der Bauer aus den Schenkeln, aus den Füßen
Ward da der Knechte Schar hervorgebracht.

Aus seinem Denken ist der Mond geworden,
Das Auge ist als Sonne jetzt zu sehen,
Aus seinem Mund entstanden Blitz und Feuer,
Es ward der Wind aus seines Odems Wehen;

Das Reich des Luftraums ward aus seinem Nabel,
Der Himmel aus dem Haupt hervorgebracht,
Die Erde aus den Füßen, aus den Ohren
Die Pole, und so ward die Welt gemacht.

Ich möchte aber noch eines aus dem Gedichte hervorheben: eine Vorstellung, die sich ebenfalls durch viele Jahrhunderte, wenn nicht Jahrtausende, in Indien behauptet hat. Das ist die merkwürdige Vorstellung, dass unsere Welt nur ein Viertel der wirklichen Welt ist, während drei Viertel der Wirklichkeit im Himmel oder sonstwo jenseits unserer Erfahrung sind. Darin liegt die tiefe Überzeugung des Inders, schon in jener frühesten Zeit, dass eigentlich die uns bekannte Welt, sachlich betrachtet und soweit wir sie nicht eben als unsere Welt vor allem beachten müssen, etwas Nebensächliches ist, dass das Geheimnisvolle, das wir nicht kennen, eigentlich in der Welt überwiegt, und dass unsere Welt nur ein kleiner Anhang dieser großen, unbekannten Welt ist. Das wollen die Zeilen sagen: Denn alle Wesen sind von ihm ein Viertel, drei Viertel aber sind unsterblich droben.

Was uns aber hier noch mehr interessiert, das sind die Lieder, in denen klipp und klar die Frage aufgeworfen wird: Welches ist das einheitliche Prinzip, aus dem diese Welt hervorgegangen ist und das sie zusammenhält?

Ich möchte nun zunächst ein Lied mitteilen, das diese Frage stellt, ohne sie zu beantworten: [1])

Als goldner Keim ging er hervor zu Anfang,
Geboren kaum war einziger Herr der Welt er,
Er festigte die Erde und den Himmel:
Wer ist der Gott, dass wir ihm opfernd dienen?

Der Odem gibt und Kraft gibt, er, dem alle,
Wenn er befiehlt, gehorchen, selbst die Götter,

1) Ṛigveda X 121 nach Deussen, ebd., S. 132f.; letzte Strophe als Nachtrag abgelöst nach Oldenburg, Weltanschauung der Brâhmanatexte, S. 28.

Des Abglanz nur Unsterblichkeit und Tod sind, —
Wer ist der Gott, dass wir ihm opfernd dienen?

Der, wenn sie atmet, wenn sie schließt die Augen,
Die Lebewelt regiert als einziger König,
Zweifüßler hier beherrschend und Vierfüßler:
Wer ist der Gott, dass wir ihm opfernd dienen?

Durch dessen Macht dort die beschneiten Berge,
Das Meer, der Weltstrom ist, von dem sie fabeln,
Des Arme dort die Himmelspole sind:
Wer ist der Gott, dass wir ihm opfernd dienen?

Durch den der Himmelsraum, der Erde Festen,
Der Sonne Glanz, das Firmament gestützt sind,
Und der im Mittelreich den Luftraum ausmisst:
Wer ist der Gott, dass wir ihm opfernd dienen?

Zu dem aufschau'n die Kämpfer beider Heere,
Auf Hilfe bauend, sorgenvollen Herzens;
Aus dem aufgeht und fernhin strahlt die Sonne:
Wer ist der Gott, dass wir ihm opfernd dienen?

Als ehemals die großen Wasser kamen,
Die allkeimschwangern, die das Feuer zeugten,
Entstand er draus als Lebenshauch der Götter:
Wer ist der Gott, dass wir ihm opfernd dienen?

Der machtvoll selbst die Wasser überschaute,
Die kräfteschwangern, die das Opfer zeugten,
Er, der der einz'ge Gott war von den Göttern:
Wer ist der Gott, dass wir ihm opfernd dienen?

Nicht schädige er uns, der Erde Schöpfer,
Der Hort des heiligen Rechtes, der den Himmel
Erschuf und auch die glanzreich großen Wasser:
Wer ist der Gott, dass wir ihm opfernd dienen?

Es ist nicht viel anders, wenn ein anderes Lied diesen höchsten Gott als den Allschöpfer bezeichnet. Das ist natürlich kein Eigenname, sondern es wird nur darauf hingewiesen, dass dieser gesuchte und unbekannte Gott der Allschöpfer sein muss. Dieses Lied ist auch deshalb sehr merkwürdig, weil zum Schluss die Frage, warum dieser Gott unbekannt ist, mit einem Freimut beantwortet wird, der gewiss nicht in vielen Erzeugnissen religiöser Poesie zu finden ist: [1])

---

1) Rigveda X 82; nach Deussen, Allg. Gesch. d. Phil. I/1. S. 138f.

Der alles schuf, an Geist und Werken kraftvoll,
Der Schöpfer, Ordner ist und höchstes Wesen,
Mit Opfern jauchzt ihm zu der Menschen Wille,
Er thront, der eine, jenseits aller Sterne.

Er, unser Vater, Schöpfer, er, der Ordner,
Er kennt die Räume, kennt die Wesen alle,
Er gab allein den Göttern ihre Namen,
Von ihm erfragten erst sie alle anderen.

Der hoch erhaben über Erd' und Himmel,
Erhaben über Götter und Dämonen,
War er der Urkeim, den die Wasser bargen,
In dem die Götter all zu sehen waren?

Er war der Urkeim, den die Wasser bargen,
In dem die Götter all versammelt waren.
Der eine, Mittelpunkt der ew'gen Nabe,
In der die Wesen alle festgewurzelt.

Die Nabe ist der Mittelpunkt des Rades; die Vorstellung ist hier
also die, dass, ebenso wie die Speichen in der Nabe stecken, alle Wesen in dieser Gottheit wurzeln. Und nun schließt der Dichter mit jener Strophe, die mir so merkwürdig scheint:

Ihr kennt ihn nicht, der diese Welt gemacht hat,
Ein andres schob sich zwischen euch und ihn ein:
Gehüllt in Nebel und Geschwätz, so zieh'n
Die Hymnensänger hin und mästen sich.

Aber nicht nur die Frage nach dem letzten Grunde der Welt haben die alten Verfasser des R̥igveda aufgeworfen, es ging ihnen auch
schon eine Ahnung auf, dass mit einer persönlichen Antwort dem
letzten Sinn ihrer Frage wiederum nicht genug getan wäre, dass sie
eigentlich gar nicht nach einem neuen Gott fragten, zu dem man wieder beten könnte und der wieder unter dem Zwang der Gebetswir-
kung stünde, sondern dass sie eigentlich nach etwas fragten, das höher wäre als alle Götter, nicht nach einem Männlichen oder Weiblichen, sondern nach einem Sächlichen, wir dürfen sagen: nach einem
Sachlichen.
So ist es kein Zufall, dass es in dem folgenden Lied — es ist
vielleicht das schönste im ganzen R̥igveda — nicht heißt: *„der Eine"*, sondern *„das Eine"*. Ferner will ich zum Verständnisse dieses
Liedes vorweg bemerken, dass, wo *Deussen*, von dem die Übersetz-
zung stammt, von der Liebe spricht, darunter keine weichliche, sen-
timentale Gefühlsregung zu verstehen ist, sondern vielmehr der

Trieb, das Begehren, das zu Paarung, Fortpflanzung und Vermehrung führt. Ferner will ich kurz bemerken, dass dort, wo von Kasteiungsmacht die Rede ist, sich eine Vorstellung ausspricht, auf die ich noch ausführlich zurückkommen muss, nämlich die Vorstellung, dass der Mensch und daher auch der Gott nur dann etwas leisten kann, wenn er sich vorher in eine entsprechende Stimmung versetzt, eine zureichende Kraft in sich aufgesammelt hat durch eine vorbereitende Tätigkeit, die der Inder als Kasteiung, Sanskrit *Tapas*, bezeichnet. Wie wir hören werden, muss sich jeder Mensch, wenn er an eine große Tat geht, zunächst einmal, wir würden sagen, in Stimmung bringen; er muss sich erhitzen, er muss fasten, er muss still dasitzen, in sich Kräfte sammeln, und erst, wenn er diese Kräfte angesammelt, die Kasteiung geübt hat, dann kann er das Ungewöhnliche leisten. Daher stellt man sich vor, dass auch ein Gott, ein höchstes Wesen, die Welt nur schaffen kann, wenn es sich vorher in dieser Weise kasteit hat.

Nach dieser Vorbemerkung kann ich wohl das Lied mitteilen. Es lautet: [1])

> Damals war nicht das Nichtsein noch das Sein,
> Kein Luftraum war, kein Himmel drüber her.
> Wer hielt in Hut die Welt, wer schloss sie ein?
> Wo war der tiefe Abgrund, wo das Meer?
>
> Nicht Tod war damals noch Unsterblichkeit,
> Nicht war die Nacht, der Tag nicht offenbar.
> Es hauchte windlos in Ursprünglichkeit
> Das Eine, außer dem kein andres war.
>
> Von Dunkel war die ganze Welt bedeckt.
> Ein Ozean ohne Licht, in Nacht verloren,
> Da ward, was in der Schale war versteckt,
> Das Eine, durch Kasteiungsmacht geboren.
>
> Aus diesem ging hervor, zuerst entstanden,
> Als der Erkenntnis Samenkeim die Liebe;
> Des Daseins Wurzelung im Nichtsein fanden
> Die Weisen, forschend, in des Herzens Triebe.
>
> Als quer hindurch sie ihre Messschnur legten,
> Was war da unterhalb und was war oben?
> Es waren Keime, Kräfte, die sich regten,
> Ein Schaffen drunten und ein Streben droben.

---

1 Ṛigveda X 129; nach Deussen, ebd., S. 126f.

Doch wem ist auszuforschen es gelungen,
Wer hat, woher die Schöpfung stammt, vernommen?
Die Götter sind diesseits von ihr entsprungen!
Wer sagt es also, wo sie hergekommen?

Er, der die Schöpfung hat hervorgebracht,
Der auf sie schaut im höchsten Himmelslicht,
Der sie gemacht hat — oder nicht gemacht,
Der weiß es! — Oder weiß auch er es nicht?

III. DIE PRIESTERREDEN

PRAJÂPATI

Etwa gegen Ende des 2. Jahrtausends v. Chr. G. setzten die Âryas, also die hellhäutigen Inder, die schon Jahrhunderte vorher in das nordwestliche Indien, in das Land um den Indusstrom eingewandert waren, ihre Wanderung fort und gelangten in das nördliche Indien, in das Land um den Ganges, das seither der Hauptsitz indischer Kultur geworden und viele Jahrhunderte lang geblieben ist. Auf ihrem Wege trafen sie auf eine dunkelfarbige Bevölkerung, die sie unterwarfen und knechteten. Seither lebten die hellhäutigen Eroberer und die dunkelfarbigen Knechte in enger Lebensgemeinschaft, in denselben Dörfern, denselben Gebieten; auch nahmen die Knechte die Sprache der Eroberer an, aber die Eroberer wussten den Eintritt der Blutmischung, wenigstens als regelmäßige Erscheinung, dadurch zu verhindern, dass sie zwischen sich und den Unterworfenen die Schranke des Kastengegensatzes, der Kastengesinnung aufrichteten. Der Knecht blieb verächtlich, seine Berührung beschmutzte, besudelte und entweihte. So lebten die lichtfarbigen Eroberer und die dunkelfarbigen Unterworfenen Tür an Tür, ohne eigentliche Vermischung, in einem Gegensatz, einer Abschließung, die stärker war, als es heute die Abschließung verschiedener Völker gegeneinander ist. Das Merkwürdigste aber ist nun, dass dieser Kastengegensatz, der sich zunächst nur zwischen den Eroberern und den ihnen stammfremden Unterworfenen herausgebildet hatte, sich auch auf die einzelnen Stände des erobernden Volkes selbst übertrug. So wie der Eroberer auf den Unterworfenen, der Freie auf den Knecht herabblickte, so blickte der adelige, grundbesitzende Herr auf den Bauern und den Bürger, der wehrhafte Krieger auf den friedlichen Landwirt und Krämer herab, und so blickte wieder der in die Geheimnisse des heiligen Wissens eingeweihte Priester herab auf den nichteingeweihten Krieger und Herrn. So bildeten sich die vier großen Kasten heraus, die Kaste der Priester oder *Brahmanas*, die Kaste der Krieger und Herren oder *Kshatriyas*, die Kaste der übrigen Freigeborenen, also der „Gemeinfreien" oder *Vaiçyas*, [1]) und die Kaste der Knechte oder *Çûdras*.

Jede dieser Kasten war überzeugt, dass jede Vermischung, ja jede engere Berührung mit einer ihr nachgeordneten Kaste sie beschmutze, besudle und entheilige. Kein Priester durfte die Tochter eines Kriegers freien, kein Krieger die Tochter eines Freien, kein Freier die Tochter eines Knechtes, und so stand es von allem Anfang an fest, dass die Söhne eines Priesters wieder Priester, die Söhne eines Kriegers wieder Krieger, die Söhne eines Freien wieder Freie und die Söhne eines Knechtes wieder Knechte werden mussten, wozu als fünfte Kaste, wenn man so sagen will, die Kaste der Çaṇḍâlas hinzutrat, das ist die Kaste jener Mischlinge, die geboren wurden, wenn doch von Zeit zu Zeit die Kastenschranke durchkrochen ward und wenn doch einmal ein Knecht mit Weibern höherer, etwa gar priesterlicher Kaste Kinder zeugte; diese Kaste war natürlich die allerverachtetste, sie war ja jene, auf die sogar die Knechte mit Verachtung herabblickten. Und diese Einteilung hat sich in Indien bis auf den heutigen Tag erhalten; ja sie hat sich sogar vervielfältigt, indem bei den einzelnen Kasten noch zahlreiche Unterteilungen, Berufskasten, hinzugekommen sind.

Wir haben vor allem die Priesterkaste ins Auge zu fassen: sie war die Trägerin des heiligen Wissens, das das Volk aus seinem früheren Wohnsitz im Nordwesten Indiens mitbrachte. Dieses heilige Wissen umfasste, wie wir uns erinnern, eine große Sammlung von Opfer- und Gebetsformeln, die sich selbst wieder in drei große alte Sammlungen gliederte, in die Hymnensammlung oder den *Ṛigveda*, die Liedersammlung oder den *Sâmaveda* und die Opferspruchsammlung oder den *Yajurveda*. Zu diesen drei großen alten Sammlungen trat in der neuen Heimat die gleichfalls schon erwähnte vierte Sammlung, die der Zaubersprüche, der *Atharvaveda*.

Die poetisch-religiöse, hervorbringende Kraft dieser Priester hatte sich aber in den alten Wohnsitzen erschöpft, bis auf verhältnismäßig geringe, spärliche Nachträge wurden die großen alten Sammlungen nicht mehr erweitert, sondern die geistige Tätigkeit der Priesterkaste wandte sich nun darauf, diese alten, heiligen Sammlungen zu erklären, auszulegen und zu erläutern. So wie die heiligen Gesänge und Sprüche selbst von Lehrer auf Schüler fortgepflanzt und von den

---

1) Natürlich umfasste diese Kaste, die späterhin auch das städtische Bürgertum in sich schloss, in der älteren Zeit, in der es an städtischen Siedlungen noch fehlte, vorzugsweise die freigeborenen Bauern und Hirten.

Schülern auswendig gelernt wurden, wurde nun auch eine große Menge von Erklärungen, Auslegungen und Erläuterungen mündlich fortgepflanzt, auswendig gelernt und zu einer neuen großen, an Umfang natürlich die alten heiligen Texte weit übertreffenden Sammlung zusammengestellt.

Diese Priesterreden wurden nach der Priesterkaste, in der sie lebendig waren, mit ihrem Namen als *Brâhmanas* bezeichnet. Also das *Brâhmana* ist eine Priesterrede, eine Erläuterungsrede, durch welche der Priesterschüler in die Bedeutung und das Verständnis der alten, heiligen Texte eingeführt ward. Da gab es außerordentlich viel zu erklären und zu erläutern. Es mussten die einzelnen Arten der Opfer unterschieden werden, es musste gelehrt werden, aus welchem Anlass, an welchen Orten, zu welchen Zeiten die Opfer darzubringen waren, in welche einzelne Abschnitte sich die Opferhandlungen teilten, wie die Altäre zu bauen, wie die Butter zu zerlassen, wie der heilige Soma-Trank zu pressen, wie die Milch mit dem heiligen Löffel abzuschöpfen, wie der heilige Löffel nach dem Gebrauch abzuwischen war, in welchem Zeitmaß die heiligen Hymnen vorzutragen waren, wie die Haltung des Priesters sein muss, wenn er den Hymnus vorträgt, wenn er das Lied singt, wenn er den Spruch murmelt. Damit nicht genug, war zu erklären, warum das alles so ist, was es bedeutet und was man sich davon erhofft, was man sich dadurch von den Göttern erwirkt, wenn man die Opfer richtig darbringt, wenn man die Sprüche richtig hersagt, und welche Gefahr man läuft, wenn man diesen oder jenen Fehler begeht. Es eröffnete sich hier also ein ungeheures Feld für die Spekulation der Priester; wir dürfen sagen, es ist eine ganz eigene Welt für sich, und wir können sehr wohl begreifen, dass Geschlechter nach Geschlechtern ihr ganzes Denken und Sinnen an diese Aufgaben gewandt haben. Dazu hatte jede größere Priesterschule ihre eigenen Priesterreden, ihre eigene Erklärung der heiligen Texte; es sind elf große Brâhmanas oder Priesterreden auf uns gekommen. Soviel ich weiß, ist nur eine davon in eine europäische Sprache, und zwar ins Englische, übersetzt worden, und diese Übersetzung umfasst nicht weniger als fünf starke gedruckte Bände. [1]) Diese eigene Welt für sich ist aber eine für den Europäer wenig anheimelnde. Nicht nur, weil die behandelten Fragen für uns keine Gegenwartsbedeutung mehr haben, sondern auch weil die ganze Denkweise, die in diesen Schriften herrscht, uns außerordentlich fern liegt.

---

1) Eine kleine Auswahl einiger besonders wichtiger Stellen deutsch bei Alfred Hillebrandt, Aus Brahmanas und Upanisad, Jena 1921.

Hermann Oldenberg hat in einem ausgezeichneten kleinen Büchlein, „Die Weltanschauung der Brâhmanatexte", das 1919 in Göttingen erschienen ist, den Versuch gemacht, in ganz allgemeinen Zügen die Denkweise dieser Priesterreden zu kennzeichnen. Ich fürchte, dass selbst diese allgemeine Kennzeichnung für die meisten Menschen unserer Zeit schwer verdaulich und ungenießbar wäre; denn der Stoff weicht fast überall, wo man ihn anrührt, so weit von unseren Gewohnheiten ab, dass wir eines gewissen Aufwandes von Energie bedürfen, um uns mit ihm überhaupt zu beschäftigen. Ich muss aber wegen des Folgenden doch einen allgemeinen Zug dieser Literatur erwähnen, das ist die außerordentliche Bedeutung des symbolischen Denkens. Das symbolische Denken ist eigentlich kein anderes als das, das wir auch in den Spielen der Kinder finden. Wenn das Kind einen Stecken zwischen seine Beine steckt und nun sagt: „Das ist ein Pferd", so werden hier zwei Dinge auf Grund einer außerordentlich geringfügigen Ähnlichkeit gleichgesetzt. Die Ähnlichkeit besteht eigentlich nur darin, dass man beide Dinge zwischen die Beine nehmen kann. Das ist aber allerdings das Entscheidende: da man sie beide zwischen die Beine nehmen kann, so kann man sich eben gegen sie in gewissen Beziehungen gleich verhalten, man kann auf ihnen reiten, also in beiden Fällen gleichartige Bewegungen machen, und nur darauf kommt es beim Spiel des Kindes an. Daher hat das Kind von seinem Standpunkt aus recht, wenn es sagt: das ist jetzt für mich ein Pferd. Natürlich kann aber derselbe Stecken, wenn er ein anderes Mal geschultert wird, ebenso gut ein Gewehr sein. Diese Denkweise, dass man nämlich auf Grund einer Ähnlichkeit oder sonstiger Beziehungen zwei Dinge im Wesentlichen für gleich erklärt, ist auch die Grundlage oder wenigstens eine der Grundlagen des Zauberwesens. Es knetet sich zum Beispiel der einfache Mensch aus Ton ein Figürchen und sagt: das ist mein Feind, sticht ihm eine Nadel ins Herz und sagt: jetzt ist mein Feind getötet. Diese Art des Denkens nun überwuchert in jener alten indischen Priesterliteratur alles Maß, das wir uns überhaupt vorstellen können. Alle Dinge, deren man drei zählen kann, sind an und für sich deshalb schon dasselbe. Wenn das Jahr drei Jahreszeiten hat, Frühjahr, Sommer und Winter, so bedeutet das selbstverständlich die drei Kasten (wobei die vierte Kaste, die Kaste der Knechte, da sie nicht herpasst, diesmal nicht mitgezählt wird). Es sind nun hier drei Dinge und dort drei Dinge, die eine Wertabstufung aufweisen: der Frühling, die schönste Jahreszeit, der Sommer, wegen der Hitze schon minder angenehm, und der Winter, wegen des Regens die allerunangenehmste Jahreszeit. „Genau so" ist es bei den Kasten: die Priesterkaste ist der edelste Stand, der Krieger, weil in die heiligen Geheimnisse nicht eingeweiht, ist schon weniger edel und der Gemeinfreie, der auch kein großer Herr und nicht wehrhaft ist, ist noch unedler. Beide Dinge decken sich, die Jahreszeiten sind, wie der Brahmane sagt, die Kasten. Oder: Man soll den Opferaltar aufbauen, indem man sechs Lagen Steine übereinander schichtet und dazwischen je eine Lage Erde legt; also zwölf Lagen von Steinen und Erde übereinander bilden den Opferaltar; „genau so" hat das Jahr zwölf Monate. Wer könnte also daran zweifeln, dass der Opferaltar nicht nur das Jahr bedeutet, sondern geradezu das Jahr ist? Und wenn man am Menschen auch zwölf Hauptbestandteile unterscheiden kann (und wie könnte es schwer fallen, auch beim Menschen, wenn man seine Körperteile, ferner Blut, Knochen, Sehnen usw. zählt, auch zur Zahl 12 zu kommen?), dann ist es selbstverständlich, dass der Opferaltar nicht nur das Jahr ist, sondern auch der Mensch ist, und dass natürlich auch das Jahr der Mensch ist und der Mensch das Jahr ist. Man kann sich also denken, wie vielfältige Beziehungen zwischen den Opferhandlungen, den Opfergeräten, den Opfertieren, den Opferversen und den Menschen, Göttern und Dämonen aufzufinden sind. Man legt den Grund für die Gliederung jedes Hymnus, den Grund für die Gestaltung jedes Opferbrauches dar, indem man erklärt, was diese Gliederung auf dem Gebiet der Natur, des Rechtes, der Mythologie, der Gesundheitslehre usw. bedeutet oder „ist". Dabei dürfen wir freilich nicht vergessen, dass der Inder auf diese Weise ein leichtes Mittel in der Hand hatte, sich alles Abstrakte und Unsinnliche an Konkretem und Sinnlichem anschaulich zu machen. Da die Gleichheit zwischen den einfachsten Dingen und den entferntesten Gedankenerzeugnissen hin und her lief, so bestand für den Inder nicht dieselbe Schwierigkeit wie für ein anderes Volk, sich mit diesen Gedankendingen vertraut zu machen, sondern er hatte immer irgendeinen naheliegenden Gegenstand bei der Hand, an dem er das Gedankending bis zu einem gewissen Punkt, soweit ihn eben die Ähnlichkeit leitete, studieren konnte. Das ist gedankengeschichtlich außerordentlich bedeutsam geworden. Wir werden sehen, wie eigentlich nur auf dieser Krücke sich die indische Spekulation zu den Höhen, die sie erreicht hat, emporarbeiten konnte. Uns aber hat zunächst eine andere Frage zu beschäftigen: wie haben die Priester in ihren Erläuterungsreden jenes Problem weitergeführt, das schon im Rigveda aufgeworfen worden war, das Problem, die Frage: was ist die höchste Macht in der Welt, was ist die letzte Ursache für die Entstehung der Welt?

Wir erinnern uns, dass sich schon früh der Zweifel an den Göttern geregt hat. Nicht in dem Sinn, als ob man das Dasein der Götter angezweifelt hätte; das hat man eigentlich (mit ganz wenigen Ausnahmen) in Indien bis heute niemals getan, wohl aber in dem Sinn, dass man bezweifelte, ob diese Götter auch wirklich die höchste Macht in der Welt darstellen und ob sie den letzten Grund für die Entstehung und Bildung der Welt bedeuten. Dieser Zweifel war ja äußerst begreiflich, da diese Götter, wie wir gesehen haben, in der Hand des opfer- und gebetsformelkundigen Priesters diesem wehr- und widerstandlos preisgegeben waren. Solche Götter, die man durch eine recht angewandte Formel zu dem zwingen kann, was man will, die können doch eigentlich nicht das Höchste in der Welt und können auch nicht das Erste in der Welt gewesen sein!

Die Frage nun: „Gibt es nicht ein einheitliches Prinzip, eine einheitliche höchste Macht, einen einheitlichen Weltgrund?" hatte ja einen geradezu prägnanten Ausdruck in jenem Lied gefunden, in dem die Verse stehen:

> Er, der der einz'ge Gott war von den Göttern,
> Wer ist der Gott, dass wir ihm opfernd dienen?

Auf diese Frage ist nun in der Zeit der Brâhmanas oder Priesterreden noch einmal versucht worden, durch den Hinweis auf eine persönliche Gottheit zu antworten. Es hat nämlich irgendeiner dieser Priester zu diesem Liede, dessen Strophen alle mit dem Refrain schlossen:

> Wer ist der Gott, dass wir ihm opfernd dienen?

eine Schlussstrophe gedichtet, und diese lautet: [1])

> *Prajâpati*! Du bist es und kein andrer,
> Der alles dies Entstandene umfasst hält!
> Zuteil werd' uns, was wir, dir opfernd, wünschen:
> Uns, die dich kennen, gib, was wir begehren.

Dieser *Prajâpati* war eigentlich der Gott der Nachkommenschaft; sein Name bedeutet „Herr der Nachkommenschaft"; wir dürfen wohl auch sagen, er war ein Gott der Zeugung, und da hat man eben ganz verständlicherweise auf die Frage: wie ist die Welt erzeugt worden? geantwortet: Von jener Gottheit, mit deren Hilfe noch heute die Menschen ihre Nachkommen erzeugen! Von diesem Prajâpati wird also angenommen, dass er die Welt *erschaffen* hat, das bedeutet aber für den Inder niemals das, was wir heute darunter verstehen, nämlich:

---

1 Ṛigveda X 121, 10; nach Deussen, Allg. Gesch. d. Phil, I/1, S. 133 ; vgl. Oldenberg, Weltanschauung der Brâhmanatexte, S. 28.

durch den bloßen Willen hervorbringen, sondern Erschaffen bedeutet für den Inder einerseits etwas zwischen Zeugen und Gebären, also: aus dem eigenen Ich hervorstoßen, es bedeutet andererseits daneben allerdings auch Bilden, Verfertigen, nach Art eines Handwerkers oder Künstlers.

Ehe ich nun einen indischen Schöpfungsbericht mitteile, wie er in jener Zeit üblich war, muss ich noch einmal zu einer Vorbemerkung ausholen und an etwas schon einmal Gesagtes anknüpfen.

Jede große, außerordentliche Leistung erfordert eine besondere Vorbereitung, das ist die Kasteiung oder das Tapas. Diese Vorstellung hat offenbar verschiedene Wurzeln. Zunächst ist es ja psychologisch richtig, dass gewisse, besonders große Kraftleistungen nicht von dem ruhigen Alltagsmenschen geleistet werden, sondern dass sie eine besondere Erregung voraussetzen. In der Wut, in der Todesangst hat der Mensch mehr als gewöhnliche Kräfte und kann auch mehr als gewöhnlich leisten. Überdies fühlt sich der Mensch in Zuständen rauschartiger Erregung kraftgeschwellt, nimmt darum in seiner Einbildung die ihm bevorstehende Kraftleistung als schon erledigt vorweg[1]) und erzeugt so in sich eine bemerkenswerte Ruhe und Sicherheit. Wenn wir uns diese Grundtatsache in einer etwas abgeblassten Gestalt vergegenwärtigen, so stoßen wir auf die uns allen bekannte Erscheinung, dass man zu vielen Dingen eine gewisse Stimmung braucht, dass man nicht in jedem Moment, aus seinem Alltagsleben herausgerissen, zu denselben Leistungen befähigt ist, wie wenn man sich auf sie vorbereitet hat, wobei fast an die sportliche Vorbereitung, an das sogenannte *Training*, erinnert werden darf. Der zweite Gesichtspunkt, der hier einzunehmen ist, ist der zauberische. Für den altertümlichen Menschen erscheint nämlich die Kraft, die in solchen Ausnahmeaugenblicken wirksam wird, als eine Zauberkraft, die man sorgfältig aufsammeln und die man vor allem vor Störungen von außen behüten muss. Das Vorbild aller Zauberkraft aber ist die allgegenwärtige, unsichtbare und doch so furchtbare Hitzkraft des Feuers und der Sonne. Nun ist es weitaus das sicherste Mittel, die aufgesammelte Zauberkraft vor äußeren Störungen zu bewahren, wenn man jede Berührung mit der Außenwelt nach Möglichkeit einstellt, so wenig als möglich atmet, so wenig als möglich isst und trinkt, jede geschlechtliche Beziehung vermeidet. Daher ist unumgängliche Vorbereitung für jede große Tat, sei es ein Kriegszug oder ein besonders heiliges Opfer, dass man sich einerseits von der Sonne anglühen oder

---

1) Vgl. Hauer, Anfänge der Yogapraxis, S. 81 f.

von einem Feuer fast versengen lässt, [1]) andererseits sich hinsetzt und in sich die heiligen Kräfte sammelt, dass man den Atem, soweit es geht, anhält, dass man fastet und Keuschheit übt. Mit diesem psychologisch-zauberischen Gesichtspunkt ist aber nun offenbar auch noch ein moralischer Gesichtspunkt zu verbinden. Man hatte die Ahnung einer allgemeinen Gerechtigkeit und die Empfindung, dass der Mensch, wenn er gelitten hat, mehr Anspruch auf Entschädigung, Belohnung und Erfolg hat, als wenn es ihm gut gegangen ist. Diese Seite des Begriffs „Kasteiung" oder „Tapas" sehen wir z. B. sehr hübsch in einer kleinen Erzählung einer solchen Priesterrede. Da heißt es: [2])

Den Göttern entrann die Unsterblichkeit; sie suchten nach ihr, indem sie nichts anderes zu sich nahmen als Milch. Da hörten sie das Geräusch von ihrem Herankommen. Da sprachen sie: Da kommt sie schon, wir wollen uns noch stärker kasteien. Sie genossen Milch nur von drei Zitzen der Ziege, statt von vieren. Da sahen sie sie schon kommen. Da genossen sie nur von zwei Zitzen. Da sahen sie sie schon aus der Nähe. Da genossen sie nur von einer Zitze. Da kam sie heran, aber sie konnten sie noch nicht fassen. Endlich enthielten sie sich völlig der Milch und da fassten sie sie.

Hier liegt offenkundig der moralische Gesichtspunkt im Vordergrunde. Je mehr sich der Mensch kasteit, desto mehr wird er des Erfolges und der Erfüllung seiner Wünsche für würdig befunden. In späteren Zeiten, als noch der Gedanke hinzukam, dass man im künftigen Leben, in späteren Wiedergeburten auf der Erde, für seine Entbehrungen in diesem Leben belohnt werde, hat sich ja die Kunst der Kasteiung in Indien bis ins Ungeheuerliche ausgebildet. Ich will nur einen kurzen Abschnitt aus der Schilderung eines neueren Reisenden mitteilen, der einen einzelnen Fall andeutet, indem er sagt: [1])

Auch die Willensübungen des Asketen *Gosain Pranpuri* sind behördlich bezeugt. Volle zwölf Jahre seines Lebens brachte er regungslos, auf einem Flecke stehend, zu. In den zwölf folgenden Jahren hielt er überdies auch noch die Arme senkrecht empor. Er ließ sich dann dreiunddreiviertel Stunden lang, an den Füßen im Geäst eines heiligen Baumes hängend, über einem Kuhdüngerfeuer hin und her schwingen und schließlich

---

1) Vgl. Hauer, ebd., S. 99fr.
2) Çat. Br. IX 5, 1, 1-6; nach Oldenberg, Weltanschauung der Brâhmanatexte, S. 92.
3) Boeck, bei Rich. Schmidt, Fakire und Fakirtum, 1908, S. 141.

noch ebenso lange aufrecht in eine trockene Sandgrube ein-
scharren.

Das ist durchaus kein vereinzelter Fall, sondern solche Dinge er-
eignen sich in Indien alle Tage.

So ist es ganz begreiflich, dass auch der Weltschöpfer Prajâpati,
ehe er daran geht, die Welt zu schaffen, sich zunächst kasteien muss,
und wenn er sich nicht kasteit hätte, so könnte ihm auch die Weltschöpfung nicht gelungen sein. Es ist das umso begreiflicher, als, wie
gesagt, die Weltschöpfung sehr ähnlich gedacht wird der Erzeugung
oder Geburt eines Kindes, da ja natürlich auch die Erzeugung eines
Kindes nicht aus der ausgeglichenen Ruhe des Alltags erfolgt, sondern aus der Hitze der Geschlechtserregung.

Nun wird man einen solchen indischen Schöpfungsbericht, wie
er in außerordentlich zahlreichen Fassungen wiederkehrt, verstehen
können. Ich greife gerade nur einen solchen Bericht heraus: [1])

Prajâpati begehrte: ich will mich fortpflanzen, ich will mehrfach werden. Dann kasteite er sich. Nachdem er sich kasteit
hatte, schuf er diese Welten: die Erde, den Luftraum, den
Himmel. Diese Welten bebrütete er: aus ihnen, nachdem er sie
bebrütet hatte, entstanden die drei Lichter: das Feuer, der
Wind und der Äther. Diese Lichter bebrütete er: aus ihnen,
nachdem er sie bebrütet hatte, entstanden die drei Veden: der
Ṛigveda, der Sâmaveda und der Yajurveda . . .

Aber so zahlreich auch solche Geschichten sind, eigentlich hat
der Gott Prajâpati doch in Indien kein Glück gehabt; das Andenken
an ihn ist zwar nicht abhanden gekommen, er ist aber ein merkwürdiger Gott geblieben. Das, was der Verfasser gewollt hatte, der auf die
Frage: „Wer ist der Gott, dass wir ihm opfernd dienen?" zur Antwort
gab: „Prajâpati, du bist es!", das ist nicht in Erfüllung gegangen.
Prajâpati ist eigentlich nie ein Gott geworden, der eine wirkliche
Verehrung genossen hätte, dem geopfert worden wäre — und wäre er
das geworden, so hätte es ihm auch nichts genützt, denn dann wäre er
ja wieder in der Hand des Priesters gewesen, der ihn durch Opfer hätte zwingen können, und es wäre schließlich doch wieder darauf hin-
ausgekommen, dass nicht Prajâpati die oberste Macht in der Welt
ausübt. Tatsächlich ist Prajâpati in Indien ein Märchengott geblieben.
Wenn man erzählte, was sich in der Urzeit zugetragen hat, dann sagte
man etwa: „Damals, als Prajâpati die Götter und die Menschen erschuf, da ereignete sich folgendes." Oder wenn man weise Lehren

---

[1]) Ait. Br. V 32; nach Deussen, Allg. Gesch. d. Phil. I/1, S. 183.

darlegen wollte, so sagte man: „Das sind die Lehren, die Prajâpati den Göttern und den Menschen nach ihrer Erschaffung mitgegeben hat." Aber viel mehr ist von Prajâpati nicht übriggeblieben. Es hat sich, wenn ich mich so ausdrücken darf, noch in der Zeit der Priesterreden, der Brâhmanas, die innere Dialektik vollzogen, die dahin geführt hat, dass der Inder sich mit dem Hinweis auf einen Gott nicht zufrieden geben will. Zunächst fragte er weiter: Wie hat dieser Gott es eigentlich gemacht, die Welt zu erschaffen? Da antwortete er z. B. folgendermaßen: [1])

Wasser fürwahr war diese Welt zu Anfang, ein Gewoge; *Prajâpati* aber war der Wind und wiegte sich auf einem Lotosblatt. Da sah er im Wasser die Erde. Da ward er zu einem Eber und holte sie heraus. Da ward er zu einem Allschöpfer und rieb sie, dass sie trocken wurde. Dadurch ward sie breit und ward zur Erde und darum ist die Erde die Erde. Dann kasteite sich *Prajâpati* und dann schuf er die Götter.

Wenn wir uns nun fragen: was ist hier eigentlich Prajâpati? so müssen wir sagen: er ist hier kein Weltschöpfer mehr, er ist ein Wesen, das einen vorgegebenen Stoff bearbeitet, das diesen Stoff ordnet und bildet. Aber natürlich tritt sofort die Frage hinzu: woher kommt denn dieser Stoff? und woher kommt Prajâpati?

In einer anderen Priesterrede heißt es: [2])

Wasser fürwahr war diese Welt zu Anfang, ein Gewoge. Diese Wasser begehrten: wie könnten wir uns wohl fortpflanzen? Sie mühten sich ab, sie kasteiten sich; da sie Kasteiung geübt hatten, entstand ein goldenes Ei. Dieses goldene Ei, solange die Dauer eines Jahres ist, solange schwamm es umher, und während dieses Jahres entstand in dem Ei ein Mann, das war *Prajâpati*. Da zerbrach er das goldene Ei, aber er fand noch keinen Standort; darum schwamm jenes goldene Ei so lange, wie die Dauer eines zweiten Jahres war, umher und trug ihn. Nach einem Jahr aber verlangte er zu sprechen, und er sprach, und aus dem ersten Wort entstand die Erde, aus dem zweiten der Luftraum, aus dem dritten der Himmel.

Hier wird schon erzählt, dass Prajâpati selbst entstanden ist; wenn er selbst entstanden ist, dann ist er sicherlich nicht der erste Grund der Welt und nach indischer Auffassung dann auch sicher nicht die höchste Macht in der Welt; und ebenso gut, wie er hier aus

---

1) T. S. V 6, 4, 2; VII I, 5, 1; nach Deussen, ebd. S. 195.
2) Çat. Br. XI 1, 6, 1: nach Deussen, ebd. S. 195f.

dem Wasser hervorgeht, kann man ein anderes Mal versuchen, ihn aus einem anderen Wesen hervorgehen zu lassen. So sagt z. B. in einem Liede des *Atharvaveda*, das sich an die Zeit richtet und etwa um das Jahr 1000 entstanden sein mag, der Dichter: [1])

> Die Zeit fährt hin, ein Ross mit sieben Zügeln,
> Mit tausend Augen, ewig, reich an Samen.
> Auf ihren Wagen steigen weise Seher
> Und alle Wesen sind nur seine Räder.
>
> Es kommt die Zeit mit vollem Krug beladen.
> Wir sehen ja, wie sie reichlich ihn ergießet,
> Und weg dann geht sie wieder von den Wesen.
> Man rühmt die Zeit im höchsten Himmelsraume.
>
> Sie hat die Wesen all hervorgebracht
> Und wird auch alle Wesen überdauern.
> Ihr Vater ist sie und zugleich ihr Sohn,
> Darum ist keine höh're Macht als ihre.
>
> Die Zeit schuf einst den Himmel dort,
> Die Zeit die Erdenwelten hier,
> Die Wesen all sind in der Zeit,
> In ihr was nur das Aug' erschaut.
>
> Kasteiung auch, ja was noch höh'r,
> Das Heil'ge selbst ist in der Zeit,
> Sie ist des Weltalls Herrscherin,
> Die Mutter des Prajâpati.

Hier ist Prajâpati bereits eingereiht in eine mythologische Ahnenreihe und sehr weit davon entfernt, letzter Urgrund zu sein. Und nun könnte man weiter fragen: woraus ist die Zeit geworden? und indem man immer abstraktere, immer weniger sinnlich anschauliche Antworten zu geben sucht, kommt man schließlich dazu, Prajâpati einen gar merkwürdigen Ursprung zu geben.

Wir haben eine etwas ausführlichere Beschreibung der Weltentstehung aus dieser Zeit, und da heißt es: [2])

Diese Welt fürwahr war zu Anfang gar nichts. Kein Himmel war, keine Erde, kein Luftraum. Dieses Nichtseiende tat einen Wunsch: Ich möge sein. Es übte Kasteiung. Aus dieser Kasteiung entstand Rauch. Es übte weiter Kasteiung, aus dieser Kasteiung entstand Feuer. Es übte weiter Kasteiung, aus die-

1) Atharvaveda XIX 53; nach Deussen, ebd., S. 210.
2) Taitt. Br. II 2, 9; nach Deussen, ebd. I/1, S. 202f.

ser Kasteiung entstand Licht. Es übte weiter Kasteiung, aus dieser Kasteiung entstand Flamme. Es übte weiter Kasteiung, aus dieser Kasteiung entstanden die Lichtstrahlen. Es übte weiter Kasteiung, aus dieser Kasteiung entstanden die Nebeldünste. Es übte weiter Kasteiung, da wurde gleichsam ein Gewölk zusammengetrieben. Da zerriss die Eihaut, da entstand zuerst der Ozean und dann wurde *Prajâpati* geboren. Außer ihm aber war die Welt nur Wasser, ein Gewoge. Da weinte *Prajâpati* und sprach: „Wozu bin ich geboren, zu dieser Standortslosigkeit?" Da ward von seinen Tränen, was in das Wasser fiel, zur Erde, was er wegwischte, zum Luftraum, was er nach oben wischte, zum Himmel. Wer solches weiß, in dessen Hause weint man nicht. Das ist die Entstehung dieser Welten.

Hier ist die Entstehung der Welt auf ein sehr abstraktes Prinzip zurückgeführt, nämlich auf das Nichtseiende. Wenn auch dieses Nichtseiende noch nach Menschenart sich kasteit und Wünsche hat, so sind das die Schlacken der Anschaulichkeit, die für einen primitiven Menschen an jeder höheren Begriffsbildung kleben bleiben. Wenn man aber einmal ein so abstraktes Prinzip wie das Nichtseiende gewonnen hat, wozu braucht man dann als Zwischenglied noch den Prajâpati? Könnte man nicht gleich sagen: die Welt ist aus dem Nichtseienden entstanden? Das könnte man wohl sagen, aber die wahrhaft befriedigende Lösung der Frage wäre das noch immer nicht. Denn es wird ja nicht nur aus bloßem Wissensinteresse gefragt; es wird auch gefragt, weil man etwas kennen möchte, was man verehren, zu dem man aufblicken, das man anbeten kann. Wie soll man sich nun aus dieser Schwierigkeit ziehen? Alles Gottähnliche, und sei es ein Weltschöpfer wie Prajâpati, genügt nicht als letzter Grund; denn man kann immer fragen: woher kam er und woher kam der Stoff, aus dem er die Welt gemacht hat? Und andererseits: wenn man gar nichts Gottähnliches voraussetzt, vielmehr nur ein reines Begriffsgebilde, wie z. B. das Nichtseiende, so hat man wieder nichts, was man verehren, wozu man aufblicken kann. Da sind denn noch in jener alten Zeit die Priester, die Verfasser der Priesterreden oder Brâhmanas, auf jenen Begriff gestoßen, der auf Jahrhunderte hinaus das indische Denken beherrscht hat, einen Begriff, mit dem wir uns demnächst sehr ausführlich werden beschäftigen müssen, den Begriff des Heiligen oder des *Brahman*. Die Antwort, die die fortgeschrittensten der Priesterreden auf unsere Frage geben, lautet nämlich in aller Kürze so:

Es gibt ein Heiliges, von dem man nicht weiß, wie es näher beschaffen ist; das aber weiß man, dass dieses Heilige der Urgrund ist, aus dem die Welt zuletzt entstanden ist, und dass dieses Heilige auch jetzt noch die höchste Macht ist, von der diese ganze Welt zusammengehalten und gelenkt wird.

IV. DAS BRAHMAN

Die Versuche der Inder, die Frage nach dem letzten Entstehungsgrund der Welt und nach der höchsten in ihr leitenden Macht durch den Hinweis auf eine persönliche Gottheit zu beantworten, waren gescheitert. Noch ehe die alte Hymnensammlung, der Ṛigveda, abgeschlossen war, war das Ergebnis gereift, dass nicht die Götter des Volksglaubens, nicht der Gewittergott Indra oder der Rechtsgott Varuṇa, die Welt letztlich geschaffen haben und in ihr an höchster Stelle leitend stehen können, was ja auch auf der Hand lag, da ja diese Gottheiten nach indischem Glauben Widerstands- und wehrlos der Kunst des kundigen Priesters preisgegeben waren, der es verstand, durch die richtigen Gebets- und Opferformeln sie zu dem oder jenem zu zwingen. In der darauffolgenden Epoche, in der Zeit, da die Priester Erläuterungsreden zu den alten Sammlungen verfassten, die sogenannten Priesterreden oder Brâhmanas, scheiterte nun auch der Versuch, als letzten Entstehungsgrund und höchste Macht der Welt besondere Schöpfungsgottheiten auszugeben, wie insbesondere den Zeugungsgott Prajâpati. Einerseits trat sofort die Frage auf: woraus hat denn Prajâpati die Welt geschaffen? und wenn man nun durch den Hinweis auf einen von ihm schon vorgefundenen Stoff antwortete, so erhob sich gleich die neue Frage: woher kam dieser Stoff? und wenn man antwortete: er hat die Welt aus sich selbst herausgestoßen, gewissermaßen nach Art einer Geburt, dann kam die weitere Frage: wie kam denn dieser Prajâpati dazu, zu existieren, woher kam er, wer hat ihn in die Welt gesetzt? und so drehte sich die Frage im Kreise weiter. Es geschah nun, dass die Priester noch in derselben Zeit, in der sie die großen Priesterreden verfassten, einen neuen Versuch zur Lösung dieser Frage unternahmen und damit einen großen Wurf taten; und wie schließlich alles Große in der Welt, wenigstens auf dem Gebiete der Weltanschauung, dadurch geschieht, dass man es wagt, sich von einer veralteten Überlieferung loszureißen und das auszusprechen, was man wirklich denkt, glaubt und meint, so war es auch hier. Die Priester wagten es, sich von der überlieferten Vorstellung persönlicher Gottheiten, wie sie in der Volksreligion gegeben war, während doch der Kundige eigentlich an die

Wirksamkeit dieser persönlichen Gottheiten nicht mehr recht glauben konnte, loszureißen; sie wagten es, als das wirklich Höchste das in Anspruch zu nehmen, was sie ja wirklich für das Höchste hielten, nämlich die Gebets- und Opferformeln, die heiligen Reden oder Worte selbst. Schon die Verfasser der spätesten Lieder des Ṛigveda, der alten Hymnensammlung, waren sich über die Bedeutung der *Rede*, sanskr. *Vâc*, für den Menschen vollständig klar. In einem Lied des Ṛigveda heißt es: [1])

> Wie durch ein Sieb man das Gedrosch'ne siebet,
> So schufen Weise durch den Geist die Rede.
> Nun kann der Freund erkennen, wer ihm Freund ist,
> Er kann sein Glück im Wort zum Ausdruck bringen.

> Im Opferdienst der Rede Spur verfolgend,
> Fand man sie in die Dichter eingegangen,
> Dort hat sie sich zerteilt in viele Stimmen;
> Nun jauchzen sieben Sänger sie im Chore.

Nämlich die einheitliche Rede ist eingegangen in die Verfasser der heiligen Hymnen, Lieder und Sprüche, und noch jetzt stellen bei allen dargebrachten Opfern die einzelnen Sänger und Opferer gewissermaßen einen Chor vor, aus welchem „die Rede" an sich, in viele Stimmen zerteilt, zum Himmel hinauf klingt.

> Da lässt der eine seine Hymnen blühen,
> Der andere singt ein Lied in mächt'gen Tönen,
> Der eine Weise lehrt der Dinge Ursprung,
> Der andere misst der heil'gen Handlung Maße.

Aber nicht nur die Bedeutung der Rede für den Menschen war schon den Verfassern der alten Hymnen klar, sondern sie waren auch fortgeschritten zu dem Gedanken, dass, wenn hier in dieser Welt unter den Menschen die Rede das Mächtigste ist, das ist, was die größten Wirkungen hervorbringt, dass wahrscheinlich auch die großen Erscheinungen der Natur letztlich nur durch eine Rede hervorgebracht sein werden. Dieser Gedanke ist ja nicht auf Indien beschränkt. Vieler! wird es bekannt sein, dass auch bei den Griechen die sich in der Rede äußernde Vernunft, der sog. Logos, eine große Rolle gespielt hat, und jedermann weiß, dass bei den Juden das Schöpfungswort im Vordergrund der theologischen Spekulation gestanden hat, und durch die Verbindung dieser beiden Gedankenkreise, des griechischen und des jüdischen, ist schließlich der Eingang des Johannesevangeliums

---

1) Ṛigveda X 71; nach Deussen, Allg. Gesch. d. Phil. I/1, S. 148f.

zustande gekommen, wo es heißt:

Im Anfang war das Wort und das Wort war bei Gott und das Wort war Gott.

Wenn also in dem folgenden Hymnus die Rede auftritt und sich ihrer eigenen Macht und Herrlichkeit rühmt, so ist dieser Gedanke nicht den Indern allein eigentümlich: [1])

Was einer spricht, ich selbst bin's, die es redet,
Was lieblich ist für Götter und für Menschen;
Den, dem ich hold bin, mache ich gewaltig,
Mach ihn zum Priester, mache ihn zum Weisen;

Ich bin es, die dem Rudra spannt den Bogen
Für seinen Pfeil, den Brahmanfeind zu treffen.
Ich flöß' dem Menschen ein die Kampfbegierde
Und ich durchdring' den Himmel und die Erde.

Ich bin es, die dem Winde gleich dahinbraust,
Anpackend und erschütternd alle Wesen,
Hinausstreb' über Himmel ich und Erde,
So groß bin ich durch meine Macht geworden.

Der letzte Gedanke ist nun der, den ich eben andeutete: wenn hier das Größte durch Reden geschehen kann, so wird auch sonst in der Welt, jenseits von Himmel und Erde, durch Worte das Größte geschehen sein: Rudra ist der Gott der Stürme, der Seuchen, überhaupt der strafende Gott, der den Bösewicht trifft; aber auch dieser Rudra wird schließlich durch die Gebetsformel, durch die Opferformel des Priesters in Bewegung gesetzt, also ist es wiederum die Rede, die auch Rudra dazu veranlasst, seine Strafe über die Menschen zu verhängen.

Und da will ich noch eine Strophe aus einem anderen Liede des Ṛigveda anführen, wo dieser Gedanke sich noch steigert, sich noch erhöht: [2])

In vier der Viertel teilt sich alle Rede,
Die kennen nur die Priester, nur die Weisen.
Drei Viertel ruhen droben im Verborgnen,
Der vierte Teil ist, was die Menschen reden.

Also die Rede reicht nicht nur über die Welt der Erfahrung, über die Menschenwelt hinaus, sondern drei Viertel aller Reden, der weitaus größere Teil, ist es, der sich unerforscht, übermächtig betätigt,

---

1) Ṛigveda X 125; nach Deussen, ebd., S. 147f.
2) Ṛigveda I 164, 45; nach Deussen, ebd., S. 118.

und nur der kleinere Teil, ein Viertel aller denkbaren Reden, ist die Rede, die wirklich von Menschen, also auch von Priestern, gesprochen wird. Freilich, wenn die Rede auch einen noch so hohen Rang einnimmt, so werden wir doch nicht verkennen und konnten auch jene Priester nicht verkennen, dass doch nicht alle Rede gleich mächtig ist. Also wird wohl auch nicht irgendein beliebiges Wort die Welt aus dem Nichts hervorgerufen haben und über das Geschehen in der Welt entscheiden. Es wird noch irgendetwas zur Rede hinzukommen müssen, um sie zum mächtigsten aller Wesen zu machen. Nun steht die Rede in sehr engen Beziehungen zu drei anderen Größen, und wenn man, von der Rede ausgehend, den letzten Weltgrund sucht, so kommt man fast von selbst auf einen dieser drei Faktoren: 1. ist die Rede eine Art des Hauches oder Atems; 2. drückt die Rede etwas aus, was im Geiste gedacht worden ist, und 3. ist es doch zunächst die *heilige* Rede, also die Rede, zu der noch die Heiligkeit tritt, die nach dem Glauben des indischen Volkes all diese großen Wirkungen ausübt. Dass der Hauch, indisch Prâna, in der Welt überhaupt eine große Rolle spielt, das wusste man, auch ohne auf seinen Zusammenhang mit der Rede zu achten. Denn der Hauch ist es ja, der die lebenden Tiere von den toten Wesen trennt. Solange Tiere und Menschen lebendig sind, atmen sie; wenn der Atem sie verlässt, sind sie tot; und auch im Schlaf, wenn der Mensch die Wahrnehmung verliert, wenn ihm das Denken entschwunden ist, ist ihm doch der Atem geblieben, so dass seit frühester Zeit die Vorstellung feststeht: der Atem ist es, der die Dinge lebendig macht. In diesem Sinne ward denn auch schon früh die Bedeutung des Atems, des *Prâna* gefeiert: [1])

> Er heißt des Todes Ursach' und des Lebens,
> Er heißt der Träger und er heißt der Hüter:
> Wer ihn erkennt in Wahrheit als den Träger,
> Wird selbst von ihm getragen und behütet.

> Als Träger trägt er und wird selbst getragen,
> Der eine Gott, der einging in die vielen;
> Wenn er es müde wird, die Last zu tragen,
> Wirft er sie ab und rüstet sich zur Heimkehr.

> Manchen verlässt er, kaum dass er geboren,
> Und manchen nicht, selbst wenn er alt geworden;
> Oft rafft er viele weg an einem Tage,
> Der nimmer müd', ein übermächt'ger Gott ist.

---

1) Taitt. Âr. III 14; nach Deussen, ebd., S. 299. Die beiden ersten Strophen umgestellt.

Ganz klar waren sich die Priester auch darüber, dass der Atem es ist, der das Tier, überhaupt das Lebende, vom Unbelebten unterscheidet. So heißt es: [1])

Atem ist das Tier, denn solange es mit seinem Atem atmet, solange ist es ein Tier. Entweicht aber der Atem aus ihm, dann wird es ein bloßer Klotz und liegt unnütz da.

Wenn man sich die Lebendigkeit des Menschen durch das Sinnbild des beweglichen, zündenden Feuers vergegenwärtigt, so kann man dann auch sagen: [2])

Durch die Atemkräfte ist der Mensch entflammt, der Atem ist Feuer, der Atem ist Unsterblichkeit.

Oder es wird hervorgehoben, dass der Atem aus dem Schlafenden niemals entweicht. Ein alter Text sagt in diesem Sinne: [3])

Aufrecht stehend wacht der Atem in dem Schlafenden, er legt sich nicht nieder; dass er in dem Schlafenden schlief, das hat niemand je gehört.

So wie man nun der Rede des einzelnen Menschen eine für die ganze Welt gültige Rede an die Seite setzte, so suchte man auch dem Atem des Einzelnen einen Weltatem an die Seite zu setzen, und dieser Weltatem schien gar nicht schwer zu finden, nämlich im Winde! Umso weniger schwer, als ja der Wind in dem heißen, tropischen Klima Indiens eine offensichtliche Lebensbedingung ist, denn er ist es, der das Gewitter und den Regen bringt und so überhaupt den Pflanzen und damit den Tieren das Leben ermöglicht. So heißt es z. B. in einem Brâhmanam: [4])

Wenn der Mensch schläft, so geht in den Hauch ein die Rede, in den Hauch das Auge, in den Hauch das Denken, in den Hauch das Ohr; [5]) und wenn er erwacht, so werden sie alle aus dem Hauche wieder geboren. Soviel in Bezug auf das Ich. Nunmehr in Bezug auf die Gottheit. Was dieser Lebenshauch ist, das ist jener Wind, der dort läuternd weht. Wenn nun das Feuer ausgeht, so verweht es in den Wind, und wenn die Sonne untergeht, so geht sie ein in den Wind, und ebenso der Mond; im Winde wurzeln die Himmelsgegenden und aus dem Winde werden sie wieder geboren.

1) Çat. Br. III 8, 3, 15; nach Oldenberg, W.-A. der Brâhmanatexte, S. 66.
2) Çat. Br. I 5, 4, 1; X 2, 6, 18; nach Oldenberg, ebd.
3) Aharvaveda XI 4, 25; nach Oldenberg, ebd.
4) Çat. Br. X 3, 3, 6; nach Deussen, Allg. Gesch. I/1, S. 298.
5) Das heißt: der Mensch hört auf zu sehen, zu denken und zu hören; nichts bleibt übrig als der Atem.

Damit wird ja freilich die Analogie ein klein wenig über das Maß des logisch Zulässigen hinaus erstreckt; denn es weht ja nicht immer die Kunze Nacht hindurch Wind.

Schon wegen der Schönheit der Naturschilderung will ich hier noch in Lied des Atharvaveda, wenigstens im kurzen Auszug, anschließen, das ich frei, in poetischer Prosa, wiedergebe: [1])

Verehrung dem Prâna. [2]) In seiner Macht ist die ganze Welt, er ist des Weltalls Herr, in ihm ist alles gegründet. Verehrung sei dir, o Prâna, wenn du als Donner dröhnend brüllst, Verehrung dir als Blitz, Verehrung dir als Regen. Wenn du als Donner, o Prâna, hintosest über die Pflanzen, dann werden sie befruchtet, dann empfangen sie den Keim, da werden ihrer viele geboren. Da erschauert voll Wonne alles, was auf der Erde lebt. Der Prâna hüllt die Wesen ein, wie ein Vater den Sohn, der Prâna ist des Weltalls Herr, des Toten wie des Lebenden.

Und nun kommt das Merkwürdigste — nämlich wiederum die urindische Vorstellung, dass dieser Prâna, der Wind, sich doch gewiss nicht in seiner Gänze in diese unsere geringe Welt eingeschlossen hat, dass gewiss des Windes größter Teil außerhalb der Welt weht, und dass er in die Welt nur hineinreicht, wie ein Schwimmvogel seinen Fuß ins Wasser steckt. Aber wenn dieser Vogel seinen Fuß aus dem Wasser zöge, wenn es in der Welt keinen Wind gäbe, dann könnte die Welt nicht leben. Der Dichter sagt: [3])

Nicht darf der Wandervogel einen Fuß aus der Flut herausziehen; denn zog' er ihn heraus, so gäb's kein Heut', kein Morgen mehr, es gäbe nicht mehr Nacht noch Tag, nie mehr erschien ein Morgenrot.

Es ist also gar kein Zweifel, dass seit alter Zeit nicht nur die Rede, sondern auch der Hauch Anspruch auf die Stelle eines höchsten Prinzips machte.

Aber die Inder waren sich doch deutlich dessen bewusst, dass die Rede mehr ist als der bloße Atem. In einem Brâhmana heißt es: [4])

Atmet man, so sagt man nicht mit dem Atem: ich habe geatmet, sondern mit der Rede sagt man es.

Also nicht einmal sich selbst kann der Atem aussprechen; um

---

1) Atharvaveda XI 4; nach Deussen, ebd., S. 302.
2) Also dem Hauch oder dem Wind.
3) Vers 21.
4) K. XIX 10; nach Oldenberg, W.-A. der Brâhmanatexte, S. 79.

sich auszusprechen, bedarf er der Rede!

Anders ist natürlich das Verhältnis der Rede zum Denken, das Verhältnis zum Geist. Da kann man schwanken, was höher ist, der Geist oder die Rede? Denn es hat zu allen Zeiten, nicht nur unter indischen Priestern, sondern auch unter europäischen Denkern des 19. Jahrhunderts, solche gegeben, die ein Denken ohne Worte überhaupt für unmöglich hielten. Es gibt z. B. ein großes, dickes Buch von dem großen Sprachforscher *Max Müller*: „Die Wissenschaft des Denkens", das die Behauptung verficht, dass es ein anderes Denken als ein Denken in Worten überhaupt nicht gebe. Daher ist es gar nicht wunderbar, wenn es in einem Brâhmana heißt: [1])

Der Gedanke ist die Rede, denn durch die Rede denkt man. Aber die Inder haben schon in jener alten Zeit viel darüber hin und her gedacht und sind doch zu dem entgegengesetzten Ergebnis gekommen. Es findet sich [2]) eine Erzählung, nach der Geist und Rede um den Vorrang streiten. Die Rede sagt zum Geist:

Ich bin mehr als du, denn was du weißt, das offenbare ich und mache es bekannt.

Aber der Geist sagt:

Ich bin mehr als du, denn du redest nicht, was ich nicht gedacht habe, du tust nur nach, was ich vorgetan habe und folgst mir auf meinen Wegen. Darum bin ich mehr als du.

Hätte sich aber das Denken in dieser Richtung weiterbewegt, hätte es von Rede ausgehend geschlossen, dass noch höher und mächtiger als die Rede der Geist ist, so wäre es unvermerkt zur persönlichen Gottheit zurückgekommen, von der es ausgegangen war. Man hätte gefragt: „Wessen Geist?" und hätte wieder vor irgendeinem Weltschöpfer gestanden. Darum ist es gewiss kein Zufall, dass, wenn auch der Begriff des Geistes, der Person, des „Ich", eine große Rolle im indischen Denken spielen sollte, die Bewegung des Denkens sich zunächst in der dritten Richtung vollzogen hat, in der Richtung der heiligen Rede.

Die *heilige* Rede war ja offenbar die, von der diese ganze Spekulation ausgegangen ist. Es muss zur Rede noch etwas *dazu* kommen, damit sie stärker ist als alles andere, und das ist die *Heiligkeit*, das *Brahman*. *Brahman* ist ein Wort, das verschiedene Bedeutungen hat.

Es bedeutet Zaubermacht; es bedeutet Zaubersprüche, Gebete; es

---

1) Çat. Br. VIII 1, 2, 7; nach Oldenberg, ebd.
2) Çat. Br. I 4, 5, 8; nach Oldenberg, ebd.

bedeutet heilige Reden überhaupt; heiliges Wissen, also den Veda; heiligen Wandel, insbesondere Keuschheit; heiligen Stand, nämlich den Priesterstand, und es bedeutet schließlich die Heiligkeit oder das Heilige im Allgemeinen. Alle diese Bedeutungen hängen zusammen und die letztangeführte geht in gewissem Sinne wieder in die erstangeführte über; denn die Heiligkeit, die in den heiligen Sprüchen, Gebeten, Reden, im heiligen Wandel, im heiligen Stand enthalten ist, ist ja sehr der Zaubermacht verwandt, von der der ganze Begriff anfänglich ausgeht. Die Menschen glauben, dass es unter ihnen solche gibt, welche mehr vermögen als ihre Mitmenschen. Dieses höhere Vermögen erscheint ihnen als eine zauberische Kraft, die in diesen Menschen wohnt, und diese Kraft wird zunächst wie eine Naturkraft gedacht. Es ist z. B. eine allgemein verbreitete Vorschrift, dass man eine heilige Rede nicht an bewohnter Stätte überliefern soll; denn sie könnte daneben gehen, sie könnte wie der Blitz eine Wirkung haben, die der, der sie überliefert, gar nicht beabsichtigt; sie könnte einschlagen und ein Haus vernichten oder auch einen Menschen vertilgen; so geladen ist das heilige Wort mit zauberischer Kraft.

Mit dieser heiligen Kraft ist nun alles geladen, was mit dem Worte „Brahman" bezeichnet wird: die einzelnen Gebetsformeln und der ganze Veda als Sammlung der Formeln; der heilige Wandel, denn wenn der Mensch in Heiligkeit wandelt, so hat er diese Kraft in sich; der heilige Stand, denn der Priester ist ja der, der über diese heilige Zaubermacht verfügt. Natürlich blasst aber im Lauf der Zeit diese allzu grelle Vorstellung einer fast greifbaren Heiligkeit ab. Der Begriff der Heiligkeit nähert sich dem, was wir unter Heiligkeit verstehen. Wir können ja das auch nicht einfach erklären, wir können es vielleicht überhaupt nicht ohne einen geschichtlichen Rückblick erklären, wir können vielleicht auch nur sagen: Heiligkeit ist ein letzter Rest einer solchen mehr als menschlichen Kraft, eines mehr als menschlichen Vermögens. Vielleicht bringt es uns den Begriff des „Brahman" ein bisschen näher, wenn wir erfahren, dass es nicht das einzige solche Vermögen ist, das die Inder kennen. Wie wir uns erinnern, steht unterhalb der Priesterkaste die Adelskaste. Wenn nun der Inder über das Verhältnis von Priestern und Adeligen spricht, so sagt er häufig nicht: Brahmane und Kshatriya, Priester und Adeliger, sondern er sagt z. B.:

Dann steht es um das Volk wohl, wenn sich das *Brahman* mit dem *Kshatra* (d. h. die Heiligkeit mit dem Adel) verbindet.

In den Lebensäußerungen des Priesters zeigt sich wirksam diese eine Kraft, die heilige Kraft, die Heiligkeit, und in den Lebensäußerungen des Adeligen, des Kriegers, zeigt sich wiederum wirksam diese andere Kraft, die Adelskraft, die Adeligkeit. Je mehr nun der Begriff der Heiligkeit abblasst, desto stärker tritt dafür an ihm etwas hervor, was für die Inder ursprünglich nicht im Vordergrund stand, dass nämlich das Brahman wie das Kshatra unsichtbare, ungreifbare, unstoffliche, übersinnliche Kräfte sind. Indem man daher das Brahman für den letzten Grund der Welt erklärt, drängt diese ganze Entwicklung als zu ihrem letzten Ziel auf den allgemeinen Gedanken hin, dass das, was der Welt zugrunde liegt und woraus sie entstanden ist, etwas Unsichtbares, Ungreifbares, Unstoffliches, Übersinnliches ist, kurz: dass es eben das Heilige ist.

Man kann ja davon schließlich nicht viel anderes aussagen, als dass es einerseits ungreifbar ist, andererseits etwas Hohes, etwas zu Verehrendes, etwas, wozu man aufblicken soll, überhaupt das Höchste, was es gibt. Und das ist vielleicht die eigentliche geistesgeschichtliche Bedeutung des Begriffes Brahman, dass er Unsinnlichkeit, Unstofflichkeit in eins setzt mit Wertung, Hochschätzung, Anbetung, *ohne* dazu der Vorstellung einer persönlichen, irgendwie menschenartigen Gottheit zu bedürfen. Das ist der Punkt, wo sich, man kann beinahe sagen: für alle Zeiten, die indische Weltauffassung von der abendländischen trennt. Wir im Abendland kennen ja auch eine unsichtbare und ungreifbare, unstoffliche höchste Macht, die zugleich das Höchste, das höchst zu Verehrende ist; das ist für uns Gott. Dieser Gott ist etwas, was wir schließlich doch irgendwie nach dem Muster oder Modell einer menschlichen Persönlichkeit denken. Er ist etwas, was Macht hat, Denken hat, Liebe hat, Willen hat, er ist also ein wenn auch noch so sehr ins Große hinaufgeworfener Mensch. In Indien, weit, weithin wenigstens, ist das nicht so. In Indien ist dieses Höchste zwar auch etwas Ungreifbares, Unstoffliches, Unsinnliches, auf das höchste zu Verehrendes und Hochheiliges, aber es ist nichts Persönliches, hat mit Menschen in nichts Ähnlichkeit; es ist nicht einmal das *Wort* Brahman männlich oder weiblich — es ist sächlich: nicht der Brahmán, sondern das Brahman, das Heilige! Die Vorstellung ist etwa diese: Woraus ist die Welt entstanden, was ist sie? Man weiß nur: ein Heiliges, ein Unsinnliches und dabei außerordentlich hoch zu Verehrendes ist es, was der Welt zugrunde liegt und woraus sie entstanden ist. Wenigstens ist das der Zielpunkt, auf den hin der Begriff sich entwickelt. Er geht aus von der ausgesprochen zauberischen Macht des Zauberpriesters und entwickelt sich nun in jener Richtung, in der das zauberische Element allmählich aus dem Begriff herausfällt, so dass zuletzt nur die Heiligkeit übrigbleibt, wie sie sich eben an Zaubersprüchen, an Gebeten, am heiligen Wandel, an heiligen Männern äußert und offenbart. Wir können nun mit dem Brahman genau dort anknüpfen, wo wir bei Besprechung der *Vâc*, der Rede, abgebrochen haben. So viel hatten die Priester zu erkennen geglaubt, dass die Rede das Höchste ist; aber nicht allein hier auf Erden gibt es Rede, sondern es gibt unendlich viel Rede, und nur ein kleines Stück Rede ist die Rede, die die Menschen sprechen. Umso mehr lässt sich das vom Brahman, von der heiligen Rede oder von der ihr innewohnenden Heiligkeit behaupten. So heißt es, und das will für den Inder viel sagen, der zu allen Zeiten das heilige Wissen, den Veda, die Sammlung der Hymnen, Lieder und Sprüche, als das Höchste angesehen hat: [1])

> Beschränkt sind die Hymnen, beschränkt sind die Lieder, beschränkt sind die Sprüche, aber kein Ende ist dessen, was das Brahman ist.

Das heißt also, so heilig die Sammlungen der Hymnen, Lieder und Sprüche sind, unendlich ist doch dagegen das Reich des Heiligen, das es noch über all diese Sammlungen hinaus gibt. Das Brahman, das Heilige, tritt jetzt an die Stelle, die früher die weltschaffenden Gottheiten, etwa Prajâpati, eingenommen haben. So heißt es: [2])

> Prajâpati ist das Brahman; durch das Brahman sind Himmel und Erde gestützt worden; das Brahman ist das Höchste in der Welt.

Die Priester hatten geradezu die Empfindung, dass jetzt die Frage beantwortet sei, die in den alten Hymnen aufgeworfen worden war. Ein Dichter dieser Zeit hat auf die Frage:

> Was ist das Holz, was ist der Baum gewesen,
> Aus dem sie Erd' und Himmel ausgehauen?
> Ihr Weisen forscht im Geist danach: worauf denn
> Stützt sich der Schöpfer, wenn er diese Welt trägt?

eine Antwortstrophe gedichtet:

> Das Brahman ist das Holz, der Baum gewesen,
> Aus dem sie Erd' und Himmel ausgehauen.
> Ihr Weisen, euch, im Geiste forschend, meld' ich:
> Auf Brahman stützt sich Gott, wenn er die Welt trägt. [3])

---

1) Taitt. Samh. VII 3, 1, 4; nach Deussen, Allg. Gesch. I/1, S. 243.
2) Çat. Br. VII 3, 1, 42; VIII 4, 1, 3; XIII 6, 2, 7; nach SBE. XLI 353; XLIII 59; XLIV 409.
3) Taitt. Br. II 8, 9, 3ff.; nach Deussen, Allg. Gesch. I/i, S. 26if. Natürlich ist das Verhältnis des Brahman zu den Schöpfergottheiten ein wandelbares. Zunächst heißt es: Prajâpati schuf zuerst das Brahman und dann die Welt, dann wieder umge-

Und nun möchte ich noch einen solchen Weltentstehungsbericht mitteilen, wie wir ihn früher für Prajâpati kennengelernt haben und wie er jetzt auf das Brahman umgedichtet worden ist, einen Bericht, der schon wegen seines ungeheuer merkwürdigen Schlusses alle Aufmerksamkeit verdient: [1])

Brahman fürwahr war diese Welt zu Anfang. Dasselbe schuf die Götter. Nachdem es die Götter geschaffen hatte, setzte es sie über diese Welten: den Feuergott über die Erde, den Windgott über den Luftraum, den Sonnengott über den Himmel. Was aber die Welten betrifft, die noch höher sind als diese, so geschah es, dass es die Götter, die noch höher als diese Götter sind, über jene Welten setzte; und so wie diese Welten offenbar sind und diese Gottheiten, so sind auch jene Welten offenbar und jene Gottheiten, die es über sie setzte.

Das Brahman aber ging ein in die jenseitige Hälfte. Nachdem es in die jenseitige Hälfte eingegangen war, erwog es: wie könnte ich nun in diese Welten hineinreichen? Und es reichte in diese Welten hinein durch zweierlei: durch die Gestalt und durch den Namen; denn diese Welt reicht so weit, wie die Gestalt und der Name reicht. Diese zwei sind die zwei ungeheuren Kräfte des Brahman, diese zwei sind die zwei ungeheuren Erscheinungen des Brahman.

Der Anfang behandelt also das Brahman wie irgendeinen Schöpfergott, der sich vermehrt und zunächst Götter erzeugt und dann Welten und die Götter über die Welten setzt. Es tritt aber eine erste Steigerung ein durch den Gedanken, dass die drei Welten, die wir kennen, Erde, Luft und Himmel, wohl nicht alle Welten sind, dass es noch andere darüber geben wird; dieses Darüber mag hier wohl zunächst ganz räumlich zu verstehen sein. Aber es ist doch schon sehr merkwürdig, dass der Verfasser sagt:

Und so wie diese Welten hier offenbar sind, so sind auch jene Welten offenbar.

Obwohl sie also für uns nicht sichtbar sind, sind es doch Welten von derselben Art wie unsere Welt; wir kennen sie nur zufällig nicht; es stehen ihnen auch Gottheiten vor, die von derselben Art sind, wie die unseren, wenn wir vielleicht auch sie nicht kennen. Das Brahman aber befindet sich in der jenseitigen Hälfte, d. h. es ist ein Ding von

---

kehrt; das Brahman will sich vermehren und da gebiert es den Prajâpati und was dergleichen mythischer Ausdrucksweisen mehr sind.

1) Çat. Br. XI 2, 3; nach Deussen, ebd., S. 259f.

anderer Art als die Welten, die wir kennen, und auch als alle anderen Welten, die wir unseren Welten etwa noch gleich denken mögen. Nicht wahr, ein merkwürdiger Gedanke? „Es gibt Welten, die wir wirklich kennen, und dann andere, die wir nicht wirklich kennen, die aber nicht viel anders sind als die unseren; und dann gibt es noch das Brahman; das ist von ganz anderer Art, anders als unsere Welten und anders als jene Welten, die es noch geben mag, die wir aber unseren Welten ähnlich denken müssen."

Dieses Brahman aber, das so ganz anders ist, ganz ungreifbar, unsinnlich, unstofflich, dieses Brahman reicht doch irgendwie in unsere Welten hinein; und wodurch reicht es in sie hinein? Durch die Gestalt und durch Jen Namen! Was heißt das? Im Allgemeinen ist „Name und Gestalt" Im Indischen der Ausdruck für das Bekannte. Die Welt, die wir kennen, ist die Welt der Namen und Gestalten, es ist die Welt des Sichtbaren und Benennbaren. Wollte man den Ausdruck hier so auffassen, so käme heraus: Das Brahman reicht in diese Welten hinein durch diese Welten. Es ist doch nicht leicht zu glauben, dass der Verfasser das gemeint hat. Wenn er aber etwas anderes gemeint hat, so hat er wohl etwas höchst Merkwürdiges gemeint. Er hat dann nämlich gemeint, dass die „Gestalt" im Gegensatz zu dem Stoff, an dem sie besteht, etwas Höheres, etwas weniger Sinnliches und weniger Stoffliches ist. Er hat dann gemeint: das Brahman, das Heilige, das Letzte, das der Welt zugrunde liegt, ist etwas ganz Feines. [1] So fein ist der Stoff, aus dem dieser Tisch besteht, nicht; aber die Gestalt, die Art, wie die Stoffteile zusammengereiht sind, ist nicht greifbar, die ist schon etwas Höheres, etwas Feineres. In ihr zeigt sich schon, dass in dieser Welt nicht bloß der grobe Stoff herrscht, sondern auch etwas Unsinnliches. Das ist gewiss ein merkwürdiger Gedanke und er wird noch merkwürdiger und scheint auch noch bestätigt zu werden durch den zweiten Teil des Satzes: „und durch den Namen". Das heißt doch zuletzt: Dass die Dinge benannt, dass sie gedacht werden können, dass sie eine gedankliche Seite haben, das ist doch auch etwas Nichtstoffliches, etwas Feines, etwas Geistiges, etwas, was dafür spricht, dass diese unsere Welt letztlich auf einem nichtstofflichen, auf einem feinen, einem heiligen Prinzip beruht. Im Grunde, das hab' ich schon in der Einleitung angedeutet, glaube ich, dass der Verfasser, wenn diese Deutung seiner Worte richtig ist, recht hat. Auch unsere Wissenschaft, wenn sie die Gegen-

---

1) Wir werden das Wort „fein" in diesem Zusammenhang als Kunstausdruck kennenlernen.

stände der Erfahrung zergliedert und zerlegt, kommt schließlich darauf, dass die Gestalten, die Formen, d. h. die Zusammensetzungen des Stofflichen (so drücken wir uns aus), auf den *Kräften* beruhen; dass die Dinge eine Gestalt haben, weil in ihnen Kräfte wirksam sind, und Kräfte sind nichts Stoffliches. Sie sind von der Art des Ungreifbaren und ebenso ist doch auch das Denken, das uns dazu befähigt, die Dinge zu benennen, selbst etwas Nichtstoffliches, ja, es ist selbst wiederum eine Kraft. Ich weiß also nicht, ob wir dem Verfasser einen ihm ganz fernliegenden Gedanken zubilligen, wenn wir seine Meinung in unsere Ausdrucksweise zu übertragen versuchen und sagen: Das Geistige reicht in diese Welt herein durch zwei Dinge, durch die *Kraft* und durch den *Gedanken*!

V. SYMBOLE DES BRAHMAN

DAS ICH

Wenn der letzte Entstehungsgrund der Welt zugleich die höchste leitende Macht in ihr sein sollte, dann konnten die Inder nach der Eigenart ihrer Religion diesen letzten Grund eigentlich gar nicht in einer irgendwie gearteten bestimmten Gottheit finden, da ja nach den Voraussetzungen dieser Religion keine einzelne Gottheit wirklich über die höchste Macht verfügte, vielmehr jede den heiligen Formeln ausgeliefert war, die ein kundiger Priester zu handhaben wusste. So sind die Priester schon in sehr früher Zeit schließlich zu der Erkenntnis gekommen, dass sie als das Mächtigste in dieser Welt eigentlich nur diese Formeln selbst, also eine *Rede*, ausgeben durften, und zwar nicht *irgendeine* Rede, sondern nur eine heilige Rede, d. h. eine Rede, der etwas ganz Bestimmtes innewohnte, nämlich die Heiligkeit. Diese Heiligkeit wurde zunächst als eine zauberische Macht gedacht, eine Macht, mit der nun dasjenige geladen war, was diese Heiligkeit an sich hatte, die heiligen Worte, die heiligen Sammlungen, das heilige Wissen, der heilige Wandel und vor allem der Mensch, der diese Heiligkeit an sich hatte — der Priester. Im Verlauf der Zeit tritt dann dieses zauberische Moment in dem Begriff der Heiligkeit zurück und es tritt ein anderes Moment in den Vordergrund, das ursprünglich gewiss nur Nebensache gewesen war, nämlich dies, dass eine solche Zaubermacht sich von allen Gegenständen, die wir mit den Sinnen wahrnehmen, unterscheidet, dass sie nicht etwas Sichtbares ist, nicht etwas Greifbares, nicht etwas Stoffliches, überhaupt nicht etwas sinnlich Wahrnehmbares, sondern etwas unendlich Feines, dabei aber doch unendlich Mächtiges und auf das höchste zu Verehrendes. So bleibt vom Begriff der heiligen Rede oder des Brahman schließlich nur dies übrig, und wenn nun irgendjemand sagt: die Welt ist aus dem Brahman hervorgegangen, oder: die Welt wird vom Brahman beherrscht, so meint er damit jetzt nur mehr: die Welt wird von etwas Heiligem beherrscht, d. h. von etwas unendlich Feinem, Unkörperlichem und dabei doch Allmächtigem und im höchsten Grade zu Verehrendem. Das ist das Ziel, dem die Entwicklung des Begriffes Brahman zustrebt. Es ist aber selbstverständlich, dass ein so allgemeiner, ein des anschaulichen Inhalts so sehr entbehrender Begriff sich nie rein und ohne jede Beimischung in dieser Allgemeinheit erhalten konnte. Es ist also selbstverständlich, dass die Inder immer wieder Versuche machen, sich dieses ihr Heiliges anschaulich zu vergegenwärtigen, etwas mehr an solchem in diesen Begriff hineinzupressen, was man sich anschaulich vor die Augen des Geistes stellen kann. Und da sind im Großen und Ganzen drei Richtungen zu nennen, in denen solche Versuche gemacht worden sind. In gewissem Sinne haben wir ja einen derartigen Versuch schon kennengelernt an jener merkwürdigen Stelle einer Priesterrede, an der es heißt: „Das Brahman hat sich zurückgezogen in die andere Hälfte des Seienden, aber es reicht von dort in diese unsere Welt durch zweierlei hinein, durch die Gestalt und durch den Namen." Das schien uns zu heißen: es reicht in diese Welt durch dasjenige an den Dingen hinein, was nicht ihr Stoff ist, und durch dasjenige an den Dingen, wodurch sie benannt und gedacht werden können, so dass wir sagten, etwas frei ließe sich der Gedanke etwa so umschreiben: „Dass diese Welt letztlich auf einem Heiligen beruht, das offenbart sich darin, dass es in ihr zweierlei gibt, nämlich die Kraft und den Gedanken." Das ist ja natürlich ein Versuch, den höchst allgemeinen und zuletzt fast leeren Begriff des Brahman oder des Heiligen mit einem anschaulicheren Inhalt zu erfüllen. Es sind aber solcher Versuche viel mehr gemacht worden und, wie ich sagte, glaube ich, dass man diese Versuche zweckmäßigerweise in drei Gruppen teilen kann, ohne dass zwischen diesen drei Gruppen gerade feste Grenzlinien verliefen.

Die Versuche der ersten Art sind eigentlich Rückfälle — nämlich Versuche, das Brahman selbst wie ein Ding unserer Welt aufzufassen, es neben Götter und neben Menschen als ein besonderes Ding zu stellen. Es ist das eine Anschauungsweise, die natürlich aus der Zeit herrührt, ehe das Brahman seine überragende Stellung erlangt hatte. Aber dieser Versuch hat sich auch noch tief hinein in Zeiten behauptet, in denen man daneben schon den Begriff des Heiligen in seiner Reinheit gekannt hat. Es gibt Stellen, an denen das Brahman wie eine vergängliche Naturerscheinung behandelt wird. So heißt es z. B. einmal: [1]

Fürwahr, dieses Brahman entbrennt, wenn das Feuer flammt, und es stirbt, wenn es nicht mehr flammt.

Es gibt andere Stellen, an denen das Brahman zwar nicht wie ei-

---

1) Kaush. Up. II 12; Deussen, 60 Upanishads des Veda, S. 37.

ne vergängliche Naturerscheinung behandelt wird, aber doch wie eine Wesenheit geringeren Ranges als die Götter. So z. B. lesen wir mitten unter Erörterungen ganz anderer Art folgendes: [1])

Diese Welt hier ist eine Überschöpfung des Brahman; weil es nämlich die Götter schuf als höhere, denn es selbst ist, und weil es, obgleich sterblich, die Unsterblichen schuf, darum heißt sie eine Überschöpfung.

Hier ist offenbar der Begriff des Brahman in den Kopf eines Menschen geraten, der noch auf dem alten, überlieferten Standpunkt der Götterverehrung stand. Er nimmt wohl an, dass die Götter vom Brahman geschaffen sind, da das Brahman aber kein Gott ist, nicht männlich und nicht weiblich, und da es keine Sagen gibt, die zu ihm gehören, kann er leb doch nicht denken, dass das Brahman auch seiner Natur nach etwas Höheres wäre, und so fasst er das Erschaffen der Gottheiten durch das Brahman als das Erschaffen des Höheren durch ein Niedrigeres auf.

Die weitaus reizvollste Darstellung des Brahman als eines einzelnen Dinges, eine Darstellung, die sich geradezu mit einem Märchen vergleichen ließe, finden wir aber an einer Stelle, die folgendermaßen lautet: [2])

Einst geschah es, dass das Brahman den Sieg für die Götter über die Dämonen erfocht. Die Götter aber brüsteten sich ob ihres Sieges, denn sie dachten: unser ist dieser Sieg, unser ist dieser Ruhm. Als nun das Brahman bemerkte, dass die Götter sich so brüsteten, da gab es sich ihnen zu erkennen; aber sie erkannten es nicht und sprachen: was ist denn das für ein Wunderding? Und sie sprachen zu *Agni*, dem Feuer: „Erforsche doch, o Wesenkenner, was das für ein Wunderding ist", und er sprach: „So sei es." Und er stürmte auf das Brahman los. Da redete ihn das Brahman an und sprach: „Wer bist du?" „Ich bin das Feuer; ich bin der Kenner der Wesen." „Wenn du das bist", sprach das Brahman, „was ist deine Kunst?" „Ich vermag all dies zu verbrennen, was hier auf Erden ist." Da legte ihm das Brahman einen Strohhalm vor und sprach: „So verbrenn' ihn." Und er stürmte darauf los mit allem Ungestüm, aber er konnte ihn nicht verbrennen. Da kehrte er zurück und sprach: „Ich habe es nicht herausgebracht, was das für ein Wunderding ist." Da sprachen die Götter zu *Vâyu*, dem

1) Brih. Ar. Up. I 4, 6; nach Deussen, ebd., S. 394.
2) Kena Up. III 14ff.; nach Deussen, ebd., S. 206ff.

Wind: „Erforsche doch, o *Vâyu*, was das für ein Wunderding ist." Und er sprach: „So sei es" und stürmte auf das Brahman los. Da redete ihn das Brahman an und sprach: „Wer bist denn du?" „Ich bin der Wind." Da sprach das Brahman: „Wenn du der Wind bist, was ist deine Kunst?" „Ich vermag dies alles fortzureißen, was hier auf Erden ist." Da legte ihm das Brahman einen Strohhalm vor und sprach: „So reiß' ihn fort." Und er stürmte darauf los mit allem Ungestüm, aber er vermochte nicht, ihn fortzureißen. Da kehrte er zurück und sprach: „Ich habe es nicht herausgebracht, was das für ein Wunderding ist." Da sprachen die Götter zu *Indra*, dem Donnerer: „Erforsche doch, du Mächtiger, was das für ein Wunderding ist." Und er sprach: „So sei es" und er stürmte auf das Brahman los. Da verbarg es sich vor ihm. Er aber begegnete an demselbigen Orte einem Weibe, das war sehr schön, *Umâ*, die Tochter des *Himavat*. Zu der sprach er: „Was ist das für ein Wunderding?" „Das ist das Brahman", sprach sie, „das Brahman, das jenen Sieg erfocht, ob des ihr euch brüstet." Da erst erkannte er, dass es das Brahman war.

Hier hat ja der Dichter ohne allen Zweifel schon einen zulänglichen Begriff davon, was das Brahman ist: er weiß es, dass das Feuer nicht brennen kann, wenn das Brahman sich aus ihm zurückzieht, dass dann auch der Wind nichts fortreißen kann, weil eben das Brahman jene heilige Macht ist, die erst den Dingen ihre Fähigkeiten verleiht, und weil die Dinge, wenn es sich aus ihnen zurückzieht, macht- und kraftlos sind. Trotzdem ist hier zum Zweck der Veranschaulichung das Brahman als besonderes Wesen neben anderen Wesen dargestellt.

Aber viel wichtiger als diese Versuche sind die Versuche der zweiten Art, die ich hier besprechen muss. Es sind, um es mit einem Wort zu sagen, Versuche, sich das Wesen des Brahman durch ein anschauliches *Symbol* zu vergegenwärtigen. Ein Symbol ist mehr als ein Bild. Wenn ich mir für etwas Unsinnliches ein Bild mache, so vergegenwärtige ich mir die Eigenart dieses Bildes in einer bestimmten Beziehung und ich sage mir dann: wie sich dieses Bild verhält, so verhält sich auch jenes Abgebildete! Die Inder gehen weiter. Sie meinen, dass das Abgebildete zugleich das Bild ist. Wir würden uns eher so ausdrücken: dass in dem Bild zugleich das Abgebildete erscheint, dass also zwischen Bild und Abgebildetem nicht nur die Beziehung besteht: „so wie das eine ist, so ist auch das andere", sondern auch die Beziehung besteht, dass in dem einen das andere zu *erfassen* ist und dass das eine darum ebenso ist wie das andere, weil das andere selbst darin ist. Ich werde dafür gleich mehrere Beispiele geben.

Die Inder besitzen ein sehr deutliches Bewusstsein davon, dass das Brahman und das Symbol in gewissem Sinne dasselbe und doch nicht dasselbe sind, und sie bringen dieses Bewusstsein höchst bezeichnend durch die immer wiederkehrende Formel zum Ausdruck: man solle dies oder jenes *als das Brahman verehren*". Darin liegt einerseits, dass in diesem Ding das Brahman darin ist, dass in ihm das Brahman erscheint, dass man sich an diesem Ding die Eigenart und das Wesen des Brahman anschaulich machen kann, und es liegt doch wiederum darin, dass das Brahman eigentlich etwas anderes ist, dass es unendlich viel mehr ist. Diese Bilder, diese Symbole sind aber allem Vermuten nach zum größeren Teil nicht bloß aus dem Bedürfnis entstanden, sich das Wesen des Brahman zu veranschaulichen, sondern diese Symbole sind offenbar zum größten Teil Wesenheiten, die dem Brahman seinen Rang selbst streitig gemacht haben, die entweder schon vorher, ehe der Begriff des Brahman sich endgültig befestigt hatte, selbst den Anspruch erhoben hatten, letzter Urgrund der Welt zu sein, oder die doch nachher ihm diese seine Stellung streitig gemacht hatten und nun zwar in dem Wettkampf mit dem Brahman unterlagen, aber von den höchst klugen und auch weisen Priestern nicht wegschleudert wurden, sondern zu dienenden Hilfsbegriffen, eben zu Symbolen, des Brahman herabgesetzt wurden.

Einer der Begriffe, bei denen sich das am allerklarsten und allerschärfsten zeigen lässt, ist der schon neulich erwähnte Begriff des Lebenshauches oder des Prâna. — Der Mensch, das Tier, sie leben, solange sie atmen. Man nimmt an, dass auch die Welt am Leben erhalten wird durch ihren Atem, den Wind. Wir haben gehört: man nimmt noch weiter an, dass es sogar Hauch gibt auch außerhalb der Welt, dass der Hauch, wie der Fuß eines Vogels ins Wasser, in diese Welt hineinreicht, und wir haben eine Stelle kennengelernt, an der es heißt: „Wenn der Wandervogel seinen Fuß aus dem Wasser zöge, wenn der Hauch aus der Welt herausgezogen würde, dann gab's kein Heut', kein Morgen mehr, nie mehr erschien' ein Morgenrot" — die Welt wäre tot und müsste auseinanderfallen

Dieser Hauch oder Prâna tritt also hier zunächst als ein mit dem Brahman wetteiferndes, selbständiges Prinzip auf, und wenn sich etwa dieser Vorgang im Abendland abgespielt hätte, wo der Glaube immer zugleich ein Werkzeug der Politik bildet, wo man Glaubensverschiedenheiten fast immer ausnützt, um einen Kampf um die

Macht daran zu knüpfen, so hätte vielleicht der eine Priester den Brahmanverehrer und ein anderer Priester wieder den Prânaverehrer exkommuniziert und es hätte ein regelrechter Machtkampf oder gar Glaubenskrieg begonnen. Der Inder ist aber darin viel klüger und er ist eben damit auch viel weiser; denn die Brahmanverehrer haben zwar die Prânaverehrer besiegt, aber ganz unmerklich, indem sie sich ganz einfach auf den Standpunkt gestellt haben: „Der Prâna, der Hauch, ist das größte Symbol des Brahman; denn im Verhältnis zum Leib des Menschen ist doch sein Hauch etwas unendlich Feineres, etwas nicht Sichtbares, nicht Greifbares, viel weniger Stoffliches, viel weniger Grobes, und doch ist dieser Hauch das Mächtigste im Menschen; er ist es, der ihn lebendig erhält, er ist das an ihm am meisten zu Verehrende. Wie sich nun der Hauch, der Prâna, zum Menschen verhält, so verhält sich das Brahman zur ganzen Welt, nur dass es noch unsichtbarer, noch unstofflicher, noch feiner, noch mächtiger und noch höher zu verehren ist. Aber man darf doch wieder nicht bloß sagen: wie sich der Prâna zum Menschen verhält, so verhält sich das Brahman zur Welt. Man muss weitergehen und muss sich sagen: Nur darum verhält sich der Prâna zum Menschen wie sich das Heilige zur Welt verhält, weil ja im Prâna, dem Hauch, selbst das Heilige drinsteckt. Weil wir eben in einer Welt leben, die letztlich aus einem feinen Prinzip hervorgegangen ist, deshalb zeigt auch der Mensch, dass eigentlich das Herrschende in ihm nicht das Grobe, Stoffliche ist, sondern vielmehr das Feine, Ungreifbare und doch Mächtige."

Und weil zwischen Brahman und Prâna, dem Lebenshauch, dieses Verhältnis besteht, deshalb lässt sich die indische Formel hier anwenden und man darf sagen: „Du sollst den Prâna als das Brahman verehren. Du sollst den Lebenshauch als Symbol des Heiligen überhaupt verehren; du sollst dir den Lebenshauch vergegenwärtigen, du sollst an ihm auf das achten, was er mit dem Heiligen überhaupt gemein hat. Auf seine Feinheit und Unkörperlichkeit sollst du achten und sollst dir dabei doch dessen bewusst bleiben, dass das Heilige viel mehr ist als der Hauch, dass es noch viel feiner und mächtiger ist, aber andererseits dir doch auch wieder dessen bewusst bleiben, dass der Hauch nicht bloß durch Zufall dem Brahman ähnlich ist, sondern dass er all die Eigenschaften des Heiligen, wenn auch im herabgesetzten Maße, deshalb hat, weil in ihm selbst das Heilige drinsteckt."

So wie das Verhältnis des Hauches zum Brahman, ist nun auch das Verhältnis sehr vieler anderer Prinzipien zum Brahman. Z. B.

können wir das sehr hübsch an dem Begriffe des Weltraumes nachweisen. Es gibt eine Stelle, an der der Weltraum oder Luftraum, der Âkâça — ein von den europäischen Theosophen besonders viel missbrauchter Begriff — allen Ernstes mit dem Anspruch auftritt, seinerseits das höchste Prinzip zu sein. [1]) Auf die Frage: worauf geht die Welt zurück? wird da geantwortet:

Auf den Weltraum, denn der Weltraum ist es, aus dem alle diese Wesen hervorgehen und in den sie wieder untergehen. Der Weltraum ist älter als sie alle, der Weltraum ist ihr letztes Ziel.

Und auf echt indische Art wird dann noch hinzugefügt:

Das ist der allervortrefflichste Gesang, denn es ist der unendliche Gesang, Allervortrefflichstes wird dem zuteil, der diesen allervortrefflichsten Gesang verehrt.

Später dagegen, an einer klassischen Stelle der alten indischen Theosophie, werden wir einen Gedankengang kennenlernen, wo der Weltraum, der Âkâça, ganz bescheiden als oberstes Symbol des Brahman auftritt und wo es heißt: [2])

Worein ist die Welt eingewoben und verwoben? Sie ist eingewoben und verwoben in den Weltraum; und worein ist der Weltraum eingewoben und verwoben? Der Weltraum ist eingewoben und verwoben in das Brahman.

Das Symbol, also hier der Weltraum, ist etwas Unkörperliches, dabei aber doch etwas ungeheuer Großes, Mächtiges, zu Verehrendes; aber natürlich das Heilige, das der Welt zugrunde liegt, muss man sich noch viel ungreifbarer, unkörperlicher, noch höher zu verehrend denken; andererseits ist aber auch jene Ähnlichkeit wieder kein Zufall, sondern der Weltraum spielt in dieser Welt seine Rolle nur, weil die Welt aus Unstofflichem hervorgegangen ist, so dass man auch hier wieder die Formel geprägt hat: Man soll den Weltraum, den Âkâça, *als das Heilige, als das Brahman* verehren.

Eines der ältesten Symbole, durch das man sich das Brahman zu veranschaulichen suchte, ist die Sonne. Auch hier liegt wohl der Gedanke zugrunde, dass das Licht etwas ist, was die ganze Welt durchdringt bis in ihre letzten Verzweigungen und Eckchen, dass dieses Sonnenlicht zwar gesehen, aber doch nicht gegriffen werden kann, dass es dabei das ist, was die ganze Welt am Leben erhält, was die größten Wirkungen übt, o dass man also immerhin sagen kann: Das,

---

1) Chând. Up. I 8, 9; nach Deussen, 60 Dp., S. 79.
2) Brih. Ar. Up. III 8, 8.

was in der Natur die Sonne und das Sonnenlicht, das ist im Verhältnis zur ganzen Welt das heilige Brahman.

> Es gibt ein altes Lied, das mit den Worten beginnt: [1])
> Im Osten ward das Brahman einst geboren,
> Vom Horizont her deckt' es seinen Glanz auf,
> Die Formen dieser Welt, die tiefsten, höchsten,
> Zeigt es, die Wiege des, was ist und nicht ist.

Ein anderes Mal sehen wir wieder die gewohnte indische Verehrungsformel auf die Sonne angewandt, verbunden mit einer eigenartig mythischen Begründung. Es heißt da: [2])

> Die Sonne ist das Brahman, so lautet die Anweisung. Darüber ist diese Erläuterung:
> Diese Welt war zu Anfang nicht vorhanden, dieses Nichtvorhandene war das (einzige) Vorhandene. Dasselbige entstand. Da entwickelte sich ein Ei, das lag da, solange ein Jahr ist; darauf spaltete es sich: die beiden Eierschalen waren die eine von Silber, die andere von Gold. Die silberne ist die Erde, die goldene der Himmel, was aber da geboren wurde, das ist die Sonne dort. Als sie geboren war, da erscholl lärmendes Jauchzen hinter ihr her und es erhoben sich alle Wesen und alle Wünsche. Daher kommt es, dass bei ihrem Aufgang jeden Tag lärmendes Jauchzen erschallt und alle Wesen und alle Wünsche sich erheben. Wer, dies also wissend, die Sonne als das Brahman verehrt, bei dem ist Hoffnung, dass ihm beifälliges Jauchzen entgegenschalle und ihn erquicke — und ihn erquicke. [3])

Was nun hier erzählt wird, ist ein Mythus oder eigentlich sollte ich sagen: ein Mythologem, das die Gleichsetzung der Sonne mit dem Brahman eigentlich nicht *erklärt* — es ist ganz einfach eine Weltentwicklungserzählung, wie sie von Prajâpati oder Brahman erzählt zu werden pflegt, auf die Sonne übertragen. Der wirkliche Grund für die Formel:

> Wer die Sonne als das Brahman verehrt, bei dem ist Hoffnung, dass ihm beifälliges Jauchzen entgegenschalle . . .

muss doch in einer inneren Analogie zwischen Sonne und Brahman

---

1) Taitt. Brâhmana II 8, 8, 8; nach Deussen, Allg. Gesch. I/1, S. 251.
2) Chând. Up. III 19; nach Deussen, 60 Up., S. 116.
3) Das ist, wie wir noch oft sehen werden, die indische Art, den Schluss eines Abschnitts anzudeuten. Da man nicht schrieb und interpungierte, so bestand das stillschweigende Einverständnis, dass die Wiederholung der letzten Worte den Abschluss bedeutet.

bestehen, etwa so, wie ich sie früher angedeutet habe. Tatsächlich finden sich sogar zwei Stellen, die, gegen die Gewohnheit der Inder, das Symbol zum Bild abschwächen und lauten: [1])

Was dieses Brahman ist, das ist eben das, was dort als jene Sonnenscheibe glüht

und ein anderes Mal: [2])

Das Brahman ist ein sonnengleiches Licht.

Es ist aber in Indien wirklich sehr selten, dass ein Verfasser zugibt, dass er bloß *vergleicht*. Die indische Art ist, zu sagen:

Das Brahman ist die Sonne.

So wie nun der Hauch, der Weltraum, die Sonne mit dem Heiligen, mit dem Brahman, verglichen werden, oder wie sie als Symbole für das Brahman auftreten, so ließen sich noch sehr viele Begriffe anführen, von denen dasselbe gilt, und wir werden ihrer auch noch vielen begegnen. Z. B. heißt es: [3])

Das Brahman ist das Herz.

Womit auch wieder gesagt sein soll: die Bedeutung, die das Herz für den Körper hat, das ja nun zwar nicht unsichtbar ist, aber doch verhältnismäßig klein und dabei unbedingt lebenswichtig, ja der Mittelpunkt, dieselbe Bedeutung hat das Brahman für die Welt.

Sehr wichtig aber sind nun die Versuche der dritten Art geworden, nämlich die Versuche, näheres über das Brahman auszusagen. In gewissem Sinne ist ja jede Anerkennung eines Symbols eine nähere Bestimmung. Wenn ich sage: ich verehre den Hauch als das Brahman, so weiß ich ja über das Brahman etwas mehr als vorher. Ich weiß, dass es hauchartig ist, sich mit dem Hauch wenigstens vergleichen lässt, dass der Hauch eine Erscheinung des Brahman ist. Aber es ist doch noch etwas anderes, wenn ich nun nach einem Prinzip suche, mit dem ich das Brahman geradezu gleichsetzen kann. Und da sind schon in früher Zeit indische Priester auf einen höchst merkwürdigen, aber sehr weitreichenden und ganz in die Tiefe dringenden Gedanken verfallen, nämlich auf den Gedanken: „Wenn das Brahman, das Heilige, das ist, was allen Dingen zuletzt zugrunde liegt, wenn es das ist, was eigentlich an jedem einzelnen Ding den letzten innersten Kern ausmacht, dann muss das auch von uns selbst gelten, dann müssen wir auch in uns als letzten, tiefsten Grund und Kern dieses selbe Heilige finden, denn wir gehören mit zu der Welt, die aus Brahman

1) Cat. Br. VIII 5, 3, 7; nach Deussen, Allg. Gesch. I/1, S. 250.
2) Vâj. Samh. XXIII 48; nach Deussen, ebd.
3) Brih. Ar. Up. V 3.

hervorgewachsen ist und durch Brahman zusammengehalten wird". [1]

Was können wir denn nun in uns finden, was sich mit dem Brahman auf diese Art gleichsetzen lässt? Im Allgemeinen teilte man in jener Zeit den Menschen in eine sterbliche und in eine unsterbliche Hälfte ein, eine Einteilung, die sich, wie gleich zu zeigen sein wird, mit unserer gewohnten Einteilung in Körperliches und Geistiges nicht ganz deckt, wenn auch nahe berührt. Sowohl die sterbliche wie auch die nichtsterbliche Hälfte wird nämlich selbst wieder in fünf Teile geteilt; in der Mitte, als dritter der fünf Teile, steht in beiden Fällen der Hauptteil, der als der wichtigste gilt, während sich nach beiden Seiten je zwei, offenbar als verhältnismäßig untergeordnet beurteilte Teile anschließen. Bei der sterblichen Hälfte steht in der Mitte das Fleisch, davor stehen Haar und Haut, also die äußeren Teile, dahinter Knochen und Mark, also die innersten Teile. Bei der unsterblichen Hälfte steht in der Mitte der Hauch, das Lebensprinzip, davor stehen Denken und Rede, dahinter Gesicht und Gehör. Also die fünf sterblichen Teile sind Haar, Haut, Fleisch, Knochen und Mark, die fünf unsterblichen Teile sind Denken, Rede, Hauch, Gesicht und Gehör. Aber wie wir schon gehört haben, waren die Inder sich dessen wohl bewusst, dass der Hauch nicht das Brahman ist, dass der Hauch, der Prâna, zwar viele Ähnlichkeit mit ihm besitzt, eine Erscheinung des Brahman ist wie auch die Sonne und der Weltraum, dass er aber nicht so fein und dabei so mächtig ist wie das Heilige selbst. Man musste also versuchen, noch tiefer in den Menschen einzudringen, um das in ihm zu finden, was man geradezu für ein Stück des heiligen Brahman ausgeben konnte. Wir finden nun, dass man folgende Stufenleiter aufgestellt hat: dass man nämlich den Menschen zusammengesetzt dachte aus sechs Bestandteilen, von denen einer immer in dem anderen drinnensteckt, so dass der eine immer als die Hülle der anderen aufzufassen ist, zu denen man also erst dann gelangt, wenn man durch die Hülle hindurchgedrungen ist. Was man vor sich hat, wenn man den Menschen von außen betrachtet, das ist der erste und äußerste Bestandteil, der aus der Nahrung gebildete Mensch, wir

---

1) Es kam auch noch etwas anderes dazu. Schon in sehr alten Zeiten glaubten Inder, in Zuständen religiöser Verzückung es zu erleben, wie eine Gottheit in sie einging, sich mit ihnen innigst vereinigte. Umso leichter konnte diese Vorstellung dann auch auf das Brahman, die heilige Urkraft, übertragen werden. Die verzückte Steigerung des Lebensgefühls, eine förmliche Ausweitung des Ich ins Riesen- und Weltengroße leistete in beiden Fällen Gewähr für die Tatsächlichkeit des Vorgangs. Wie hätte da an der innersten Einheit von Ich und Weltgrund gezweifelt werden können? Vgl. Hauer, Anfänge der Yogapraxis, S. 81 f.; 125; 136; 167.

würden sagen: der Leib. Wenn man diesen Leib weg nimmt, den ja der Mensch mit allen anderen Körpern teilt, so kommt man zum lebenden Menschen oder zum Lebenshauch, dem Prâna. Wenn man nun auch das Leben wegdenkt, das ja den Menschen gemeinsam ist nicht nur mit den Tieren, sondern auch mit den Pflanzen, und noch tiefer eindringt, dann stößt man auf den Willen, den die Pflanzen nicht mehr haben, sondern nur mehr die Tiere, und wenn man nun auch den Willen wegdenkt und in den Menschen noch weiter eindringt, dann findet man das, was nur die Menschen haben und nicht mehr die Tiere, nämlich die Vernunft. Denkt man aber nun auch die Vernunft weg und dringt in den Menschen noch tiefer ein, sucht man also etwas, was der Mensch hat, auch ehe er Vernunft erlangt, und haben wird, auch wenn er sie wieder verliert, dann stößt man endlich auf die Fähigkeit, Wonne und Weh zu empfinden, oder, wie wir sagen würden, auf das Gefühl. Fragt man aber schließlich doch wieder: was ist es denn, was fühlt, was Wonne und Weh empfindet? dann gibt es nur eine Antwort, dann kann man nur mehr sagen: „Das bin *ich selbst!*" Und dieses Ich selbst, dieser *Âtman*, der muss nun doch wirklich ein Stück sein von der großen heiligen Kraft, von jenem Brahman, das eigentlich der ganzen Welt zugrunde liegt. Dasselbe Heilige, das ich finde, wenn ich in die Welt hinausgehe und dort bis zum tiefsten Grund vorzudringen suche, muss ich auch finden, wenn ich mich in mich selbst zurückziehe, um hier den innersten Kern aufzusuchen. Ja, wie ein höchst merkwürdiges Wort eines Dichters dieser Zeit lautet: „Ich kann das Wesen der äußeren Welt überhaupt nur darum erkennen, weil ich das, was ich dort erkenne, schon selbst in mir trage": [1])

Der Weise schaut das Höchste, das verborgen,
In dem die ganze Welt ihr einz'ges Nest hat,
Einheits- und Ausgangspunkt der Welt, den Wesen
Allgegenwärtig ein- und angewoben.

Umwandelnd alle Wesen, alle Welten,
Umwandelnd alle Gegenden und Pole,
Drang durch er zu der Ordnung Erstgebornem
Und ging mit seinem Ich nun in ihr Ich ein.

Mit eins umwandelt hat er Erd' und Himmel,
Umwandelt Welten, Pole und das Lichtreich;
Er löste auf der Weltordnung Gewebe,
Er schaute es und ward es, denn er war es.

1) Vâj. Samh. XXXII 8ff.; nach Deussen, Allg. Gesch. I/1, S. 294.

In diesen Schlussworten nun liegt doch, ganz ohne jede Möglichkeit, etwas Falsches hineinzudeuten, dass wir das, was wir auf diese Weise schauen, dieses Letzte, Ewige, Heilige, nur darum schauen können, weil wir es eigentlich selbst sind. Es ist genau derselbe Gedankengang, mit dem dann im 19. Jahrhundert Schopenhauer das Wesen der Welt zu ermitteln glaubte, indem er sagte: Wenn ich mich prüfe, so bin ich zuletzt Wille, und mit diesem Schlüssel schließe ich das Weltgeheimnis auf und sage mir: auch alle anderen Dinge werden zuletzt Wille sein. Und diese Einsicht, die uns ja natürlich nun noch oft und oft begegnen wird, tritt nun auch in diesen ältesten Texten öfter und öfter hervor.

Ich möchte z. B., weil das so echt indisch ist, einige Zeilen aus einem Versuch mitteilen, das Brahman durch einen rituellen Begriff zu versinnlichen, durch einen Begriff, der beim Opfern eine Rolle spielt. Wenn man nämlich von den Opferspeisen den Göttern das Gebührende dargebracht hat und wenn sich auch noch die Priester davon genommen haben, dann bleibt noch etwas übrig. Was übrigbleibt, das ist der Opferrest, und da alles beim Opfern hochheilig ist, geladen mit der größten Heiligkeit, so ist auch der Opferrest hochheilig, ja es heißt einmal, dass aus diesem Opferrest allein sechsundachtzig Götter entsprungen sind. Nun hat sich einmal ein Dichter gefunden, der diesen Opferrest zum Symbol des Brahman gemacht hat; er hat sich gesagt: Das Brahman hat sich in die Welt umgewandelt und daraus ist der Himmel, die Erde, sind die Menschen und die Götter geworden; aber das Größte davon ist doch das, was sich nicht in diese Welt verwandelt hat, das, was übriggeblieben ist, der Rest, und mit diesem Doppelsinn von „Rest" spielend, hat er seinen Hymnus gedichtet, den ich nur wegen der Worte anführe, mit denen ich auch die Anführung schließen will: [1])

Im Rest ist Name und Gestalt;
Im Rest die Welt enthalten ist,
Im Rest ist *Indra, Agni* auch,
Vom Rest umschlossen wird das All.

Im Rest sind Himmel, Erde, Luft,
Nebst allem, was geworden ist,
Im Rest die Wasser und das Meer,
Im Rest der Mond und auch der Wind.

---

1) Atharvaveda XI 7; nach Deussen, Allg. Gesch. I/1, S. 308.

> Gewurzelt ist im Rest, was ist
> Und auch was nicht ist: Kraft und Tod,
> Prajâpati, der Schöpfergott,
> Das All — und das auch, was in mir.

Das ganze Gedicht, soweit es hier wiedergegeben wurde, bedeutet natürlich, dass dieser Rest des Brahman, der sich nicht in die Welt verwandelt hat, etwa so zu denken ist, wie ein Stamm, aus dem alles andere hervor gewachsen ist. Wenn man Namen und Gestalt abzieht und Indra und Agni, Himmel und Erde, Sonne und Mond, was ist und was nicht ist, so bleibt jenes Heilige übrig, aus dem dies alles hervorgegangen ist. Besonders merkwürdig aber sind die Schlussworte: „Und das auch, was in mir." So wie alles andere aus dem Urwesen hervorgegangen ist, so ist auch etwas besonders Geheimnisvolles aus ihm hervorgegangen, und dieses besonders Geheimnisvolle ist das, was jeder von uns selbst in sich trägt, es ist sein *Âtman*, sein *Ich*! [1])

Und nun zum Schluss noch einige Verse aus einem anderen Lied, in denen das Brahman als die Stütze gefeiert wird, auf die sich die ganze Welt stützt. [2])

> Zu wem hinstrebend flammt empor das Feuer,
> Zu wem hinstrebend läutern dort die Winde?
> Sie, zu der strebend ihre Wege gehen,
> Verkünde diese Stütze, was sie wohl mag sein?
>
> Zu wem gehn Monate und Monatshälften,
> Zu wem mit ihnen geht der Lauf des Jahres?
> Sie, zu der Jahresteil' und Zeiten wandeln,
> Verkünde diese Stütze, was sie wohl mag sein?
>
> Zu wem hinstrebend wandeln zwiegestaltig
> Als Jungfrau'n Tag und Nacht in holder Eintracht?
> Sie, zu der hin auch die Gewässer eilen,
> Verkünde diese Stütze, was sie wohl mag sein?

Und darauf die Antwort:

> Begierdelos, treu, ewig durch sich selbst nur,
> Genussdurchsättigt, keinem unterlegen,
> Wer dieses kennt, der fürchtet nicht den Tod mehr,
> Das weise, ewig junge, eigne Ich!

---

1) Nach Hauer, Anfänge der Yogapraxis, S. 130f., wäre der Rest ursprünglich gegessen worden und hätte eine bezaubernde, verzückende Wirkung auf den Essenden ausgeübt. „Das, was in mir" hätte dann ursprünglich jenen Teil der dem Rest einwohnenden allgewaltigen, weltbewegenden Zauberkraft bedeutet, der beim Opfermahl in den Einzelnen eingeht und ihn außer sich bringt.
2) Atharvaveda X 7, 4-6 u. 44; nach Deussen, Allg. Gesch. I/1, S. 314 u. 324.

VI. DAS LEBEN NACH DEM TOD

WIEDERGEBURT UND ERLÖSUNG

Auf die Frage nach dem letzten Entstehungsgrund und nach dem innersten Kern der Welt hat der Inder schon sehr früh die Antwort gefunden, dieser innerste Kern sei ein unwahrnehmbares, unstoffliches, heiliges Prinzip, das Brahman. Es stecke in der Welt als ihr eigentlicher Kern drin, ähnlich wie der Hauch im Menschen, wie das Licht im Tage, nur noch unstofflicher, noch feiner und noch heiliger, und es stecke so auch jedem von uns als sein eigentlicher, innerster Kern, innerlicher und verborgener als alles Denken, und trete jedem von uns als sein eigentliches, innerlichstes Ich entgegen, als sein *Âtman*. Das sind die großen Gedanken, die nun bald nach dem Jahr 1000 vor Beginn unserer Zeitrechnung in einer eigenen Literaturgattung ihren klassischen Ausdruck gefunden haben.

Ehe wir uns aber in diese Literatur auch nur ein wenig vertiefen können, müssen wir zunächst noch eine andere Entwicklung von Anfang an kurz folgen, nämlich die Entwicklung der Vorstellungen, die sich die Inder er das Schicksal des Menschen nach dem Tode gebildet hatten. Ausgegangen ist diese Entwicklung sowohl in Indien wie auch anderwärts von der Vorstellung, dass der Abgeschiedene, wenn man seinen Leichnam in das Grab versenkt hat, damit noch nicht in jeder Beziehung zu leben aufgehört habe, sondern dass er im Grabe in gewissem Sinne noch weiterlebe, dass er von dort auf kurze Zeit auf die Erde zurückkehren könne, wo ihn ja auch die Hinterbliebenen in häufigen Träumen lebhaft zu schauen meinten. Da es bei solchen Anlässen ebenso wenig wie sonst an unerfreulichen Zwischenfällen, an Erkrankungen, an plötzlichen Todesfällen, an Diebstählen gefehlt hat, so kam schon außerordentlich früh die Meinung auf, dass der Tote sich von diesen seinen Ausflügen an die Oberwelt dasjenige mitnehme, was er brauchen könne, wenn man ihn nicht in seinem Grabe planmäßig mit allen diesen Dingen versorgt. Daher entstand einerseits die Sitte, dem Toten in sein Grab allerhand Hausrat mitgeben, andererseits die Sitte, geradezu Vorräte für ihn bereitzustellen, allem

Speis' und Trank immer wieder aufs Neue in regelmäßigen Abständen auf sein Grab zu legen oder zu träufeln, mit anderen Worten, dem Toten die Totenspende darzubringen. Es ist aber doch nicht so, ob man diese Gabe, auf Erden zu erscheinen und sich von der Totenspende zu nähren, nun einfach dem Leichnam zugeschrieben hätte. Es hat gewiss nicht an Erfahrungen darüber gefehlt, dass der Leichnam bald (und im heißen Klima Indiens doppelt rasch) vermodert, während die Erscheinungen des Verstorbenen in den Träumen seiner Nachgebliebenen deswegen doch nicht aufhörten und der Verstorbene auch die Gestalt, in der er erschien, nicht änderte. Es hat gewiss auch nicht an Erfahrungen darüber gefehlt, dass der Verstorbene, ohne doch das Erdreich über seinem Grabe zu verletzen, in weit entlegenen Landschaften erscheinen konnte, ohne dass wir doch einen Grund hätten, anzunehmen, dass der Leichnam sich aus dem Grab entfernt hat. So schreibt man denn diese Gabe, auf der Erde zu erscheinen, nicht dem Leichnam selbst zu, sondern einem Etwas, das der Mensch in sich herumträgt und das sich auch noch nach seinem Tode von ihm trennen kann — einem Etwas, das sich freilich auch schon im Leben von ihm zu trennen vermag, denn auch unter Lebenden geschieht es, dass einer nachtschlafender Zeit in weit entlegene Gegenden flieht, ohne dass doch sein auf der Ruhestätte ausgestreckter Leib sich von dort entfernt hätte; auch unter Lebenden geschieht es, dass weit entfernte Menschen uns hier — im Traum — erscheinen. Das alles erklärt man sich in Indien wie anderwärts dadurch, dass der Mensch einen kleinen Doppelgänger in sich trage, einen kleinen Mann oder Purusha, einen Geist oder eine Seele, wie wir es zu nennen pflegen, — einen kleinen Mann, den die Inder — und das ist ihnen vielleicht eigentümlich — sogar mit ihren Augen zu sehen meinten; denn wenn sie ihren Mitmenschen ins Auge sahen, so sahen sie in der Pupille das Bild eines kleinen Mannes, und weit entfernt von der Ahnung, dass dieser kleine Mann ihr eigenes Spiegelbild sein könnte, glaubten sie in ihm jenen zweiten Menschen, jenen Doppelgänger, jenen Geist ihres Gegenübers zu erblicken, der sich im Traum oder auch nach dem Tod vom Körper des Menschen lostrennt und zu Zeiten selbst in weit entfernte Gegenden flieht. Dieser Geist oder Purusha wurde aber doch als verweilend an jener Stätte, in jenen Reichen gedacht, in die auch der Leichnam nach dem Tode hinabzusinken scheint: er verweilt in den unermesslichen, dunklen Schattenreichen unter der Erde, um nur auf kurze Zeit an das Licht zurückzukehren, in diesen Schattenreichen, in die sich alle Verstorbenen, alle Ahnen, „die Väter", wie der Inder sagt, hinabbegeben haben; er verweilt nach indischer Vorstellung in der „Väterwelt", [1]) und von dort ruft ihn der fromme Nachfahre, wenn er auf seinem Grab die Totenspende darbringt, etwa mit den Worten: [2])

> Kommt, ihr Väter, ihr Freunde berauschenden Trankes, kommt auf euren tiefen, alten Pfaden! Gebt uns schönen Besitz, gebt uns Reichtum und unversehrte Knechte!

Allein, wenn auch durch die Darbringung solcher Spenden das Los eines dergestalt unter der Erde weilenden Geistes halbwegs erträglich gestaltet werden mochte, so blieb der Gedanke an jenes unterirdische Dasein dennoch ein unerfreulicher und wenig trostreicher. Frühzeitig haben daher bei den Indern neben diesem Gedanken andere Vorstellungsweisen Eingang gefunden, die den Sterblichen tröstlichere Aussichten eröffneten. Als die Welt der Väter konnte nicht nur ein unterirdisches Schattenreich gedacht werden, sondern auch die Welt, wie sie zur Zeit, da die Ahnen lebten, gewesen sein sollte: die ferne Vergangenheit pflegt man sich ja allüberall als eine Zeit versunkener und verklungener Herrlichkeit, als ein „goldenes Zeitalter" auszumalen. So entsteht die Vorstellung von einem seligen Reich, von „Bezirken des Glücks", in denen die Menschen nach dem Tod verweilen dürfen. [3]) *Yama*, der erstgeborene Mensch, soll den Zugang zu ihnen eröffnet, die Bahn dahin gefunden haben [4]) und in jenem Reich des Glückes auch jetzt noch als König walten. Bald aber verschmolz dieses Reich des Todesgottes Yama für das Denken des indischen Volkes mit dem himmlischen Reich, in das man auch den Aufenthalt der Götter versetzte: warum sollten denn auch die Götter, die, durch die Formel eines kundigen Priesters gerührt, dem Menschen alles verleihen, was er sich wünscht, ihm gerade dieses eine nicht verleihen können, nach dem Tod zu ihnen einzugehen und *mit ihnen* die Freuden des Himmels zu genießen? Nicht nur den Tod, auch die Götter hofft zu schauen, wem im Jenseits ein glückliches Los zuteil wird. [5])

> Zuerst hat Yama uns die Bahn gefunden,
> Zu jener Flur, die niemand uns entzieh'n kann,
> Zu welcher unsre Ahnen hingelangten,
> Indem sie seine Pfadspur dort erkannten.

---

1) In der Annahme, dass die Väterwelt ursprünglich unter der Erde gedacht wurde, folge ich Oldenberg, Die Religion des Veda II, S. 543-549.
2) Oldenberg, ebd., S. 550.
3) Ṛigveda X 15, 2.
4) Ṛigveda X 14, 2.
5) Ṛigveda X 14, 2 u. 7; nach Graßmann II 300.

Zieh' hin, zieh' hin auf jenen alten Pfaden,
Auf denen unsre Väter hingezogen:
Die beiden Herrscher, die in Wonne schwelgen,
Gott *Varuṇa* und *Yama* wirst du schauen!

Dass aber hier gerade Varuṇa, der Gott des Rechts, genannt ist, wird wohl kein Zufall sein. Wer nämlich hat denn Aussicht, sich im Jenseits den Göttern gesellen zu dürfen? Zunächst natürlich, wer den König Tod, [1]) dann überhaupt, wer die Götter durch rechtes Gebet und reichliche Opferspende ehrt; ja, was einer hier auf Erden opfert, ist ein Schatz, von dem er dann im Himmel zehren kann: [2])

Vereinige dich mit den Vätern, mit Yama, geh' hin in den höchsten Himmel zu dem Schatz deiner Opfer und frommen Werke.

Aber als frommes Werk, wie dieses Wort hier verstanden wird, galt doch auch schon in sehr alter Zeit nicht bloß die Verehrung der Götter im engeren Sinne, vielmehr überhaupt ein gottgefälliges, ein rechtschaffenes Leben: [3])

Die Alten, die das Recht gewahrt
Und Recht geübt und Recht gemehrt,
Zu dieser frommen Väter Schar
Und *Yama* zieh', o Seele, hin!

Jedenfalls geht nun das Sehnen des Frommen dahin, dereinst in diese lichten Himmelsräume, in diese Götterwelt einzugehen. Und ergreifend spricht sich diese Sehnsucht z. B. in alter Zeit in folgendem Gebet aus: [4])

Wo unerschöpftes Licht ist, in die Welt, in die die Sonne gesetzt ist, in die setze auch mich, o Gott, in die unvergängliche Welt der Unsterblichkeit!

Wo der Herr des Todesreiches ist, der König, des Himmels festes Gemach, dort mache mich unsterblich!

Wo man nach eigenem Willen sich bewegt, an des Himmels dreifachem Himmel, wo die Lichtwelten sind, dort mache mich unsterblich! Wo Wunsch und Begehren erfüllt werden, wo der rötlichen Sonne Stätte ist, wo Geisterspeise ist und Sättigung, dort mache mich unsterblich!

Wo Freude und Wonne weilen, Genuss und Genießen, wo des

1) Ṛigveda X 14, 1.
2) Ṛigveda X 14, 8; nach Hillebrandt, Lieder Ṛigveda, S. 118.
3) Ṛigveda X 154, 4; nach Graßmann II 420.
4) Ṛigveda IX 113, 7ff.; nach Oldenberg, Rel. d. Veda² , S. 531 f.

Wunsches Wünsche erfüllt werden, dort mache mich unsterblich!

Wenn aber besonders reichliche Spender, Lieblinge der Götter, darauf hoffen dürfen, dereinst in ein solches Reich der Wonne versetzt zu werden, — sollte dann nicht besonders kargen Verächtern des Göttlichen, Frevlern gegen alles Heilige, eine Stätte des Jammers drohen? Ja, es mag sein, dass neben der himmlischen Götterwelt, auf die man nun zu hoffen wagte, auch die alten Vorstellungen eines dunkeln, unterirdischen Todesreiches auf einen solchen Ort der Strafe und Qual hinzuweisen schienen. Und den eignen Feind an diese Stätte zu wünschen, scheute man sich nicht im Mindesten: [1]

Ihr Götter, schleudert die Missetäter in den Kerker, in haltloses Dunkel! Auch nicht einer soll von dort wieder herauskommen. Eure grimme Kraft soll sie bezwingen! Unter den drei Erden soll der wohnen, der bei Tag und Nacht Trug sinnt gegen uns!

Ja, man ging weiter und stellte sich vor, dass in diesen dunklen Reichen den Menschen geradezu das vergolten wird, was sie gegen die Götter oder gegen deren irdische Diener und Vertreter, gegen die Priester, gefrevelt haben. Es heißt im Atharvaveda: [2]

Wer einen Priester angespie'n, der sitzt in Tümpeln nun voll Blut;
Er kaut als einzige Nahrung nun, der Bösewicht, sein eigenes Haar.
Die Götter aber gönnen dir, der du den Priester hast gequält,
Als einz'gen Trank die Träne nur, die der vergoss, den du gequält!

Wir finden in den neueren Darstellungen dieser Zeit mancherlei Erörterungen über die Frage, inwieweit die Übeltaten, auf die sich die Inder diese ewigen Strafen gesetzt dachten, bloße Unterlassungen religiöser Bräuche, wieweit es auch böse Taten im sittlichen Sinne sind. Die Antwort wird wohl lauten müssen, dass die ganze Vorstellung aufgebaut ist vom Standpunkt der Priester aus. Was dem Priester tadelnswert schien, sei es nun geringes Opfer für die Götter, geringe Spende für den Priester, Verletzung der priesterlichen Standespflichten, Verletzung der unter den Priestern herrschenden Sittlichkeitsbegriffe, das alles galt als ein ungünstiges Werk, das verdientermaßen den Täter den jenseitigen Leiden und Qualen überantwortet.

Wer einen Brahmanen bedroht,
heißt es in einer alten Priesterrede, [3]

---

1) Ṛigveda VII 104, 3 u. 11; nach Oldenberg, ebd., S. 538.
2) Atharvaveda V 19, 3, 13; nach Deussen, Allg. Gesch. d. Phil, I/2, S. 290.
3) Taitt. Samh. II 6, 10, 3; nach Deussen, ebd., S. 293.

der soll es büßen mit hundert Jahren, wer sich an ihm vergreift, mit tausend; aber wer sein Blut vergießt, der soll, so viele Staubkörnchen dieses Blut hervorströmend benetzt, so viele Jahre nach dem Tode leiden;

darum soll man einen Brahmanen nicht bedrohen, nicht angreifen, nicht sein Blut vergießen, denn eine so große Versündigung ist es.

Wenn wir an einer anderen Stelle zusammengestellt finden, wovor man sich hüten soll, so spielt auch da das Vergehen gegen den Standesbegriff des Priesters weitaus die überwiegende Rolle. [1]

> Um jeden ist's geschehn, der stiehlt und sich berauscht,
> Der Priester tötet, seines Lehrers Weib verführt;
> Um den auch, der mit einem dieser Umgang pflegt.

So wie das ungünstige Werk, das den Menschen mit den Strafen des Jenseits bedroht, so wird auch das günstige Werk, das ihm die Götterwelt verheißt, durchaus vom Standpunkt der Priester beurteilt. Es besteht in allererster Linie darin, den Göttern Opfer darzubringen, den Priestern zu spenden und sonst alles zu erfüllen, was dem Standesbegriff des Brahmanen entspricht. Dabei stehen reine Opferbräuche, stehen Äußerungen innerlicher Frömmigkeit und stehen Taten, die wir geradezu sittlich nennen würden, nebeneinander, und je nach der Priesterschule, in der die Vorschrift näher ausgearbeitet wird, tritt das eine oder das andere dieser Momente stärker in den Vordergrund. Wir besitzen eine außerordentlich interessante Erklärung dessen, was die Priester jener alten Zeit unter günstigem Werk verstehen. Es wird da zunächst gesagt, was die allgemeine Meinung ist, und es werden dann drei Sondermeinungen von drei namentlich genannten Priestern angeführt, und unter diesen drei Sondermeinungen befindet sich ein extremer Ritualist, der überhaupt nur für den religiösen Brauch Sinn hat, und es befinden sich darunter zwei extreme Moralisten, die die äußeren Frömmigkeitsübungen gegenüber den sittlichen für minder berechtigt halten. Folgender Merkspruch nämlich war zum Auswendiglernen in der Priesterschule bestimmt: [2]

> Günstiges Werk ist, rechtschaffen sein und den Veda lernen und lehren,
> Wahrhaftig sein und den Veda lernen und lehren,
> Sich kasteien und den Veda lernen und lehren,
> Sich beherrschen und den Veda lernen und lehren,

---

1) Chând. Up.V 10,9; nach Deussen, 60 Up. d. Veda, S. 144.
2) Taitt. Up. I 9; nach Deussen, 60 Up., S. 221.

Die heiligen Feuer anlegen und den Veda lernen und lehren,
Den heiligen Feuern opfern und den Veda lernen und lehren,
Gastfreundlich sein und den Veda lernen und lehren,
Kinder zeugen und den Veda lernen und lehren . . .

Aber nur wahrhaftig sein, meint *Satyavacas*,
Nur sich kasteien, meint *Taponitya*,
Nur den Veda lernen und lehren, meint Nâka,
Denn dies sei eben die Kasteiung, sei eben die Kasteiung.

Je mehr man in diesem Leben geopfert hat — diese Vorstellung bildete sich ja sehr bald heraus —, desto weniger ist man in der Götterwelt auf die Totenspende angewiesen, denn was man hier dargebracht hat, das gehört einem droben: ein Glaube, den zu nähren begreiflicherweise die Priester selten unterlassen haben werden, denn jede Darbringung war für sie der Anlass, reiche Priesterspende einzufordern. Aber so viel einer auch hier geopfert und gespendet hat,

ein trefflicher Opferer und Opferkocher,

wie der Text sagt, die Kräfte des günstigen Werkes zehren sich doch einmal auf. Die geopferten Dinge nützen sich ab und irgendeinmal in der Zukunft wird doch der Augenblick kommen, wo das günstige Werk nicht mehr fortwirkt, und dann wird das Leben in der Götterwelt bedroht werden von etwas gar Furchtbarem — nämlich von dem Wiedertod. Der Fromme fürchtet sich, er wird dann noch einmal sterben, er wird herabsinken aus jener lichten und herrlichen Götterwelt. Zunächst natürlich sucht man nach besonderen Opfern und Gebeten, um das abzuwehren.

Wer ein Jahr lang Milch opfert,

heißt es einmal, [1]

der wehrt den Wiedertod ab.

Aber das ist ja eigentlich unlogisch; auch wer ein Jahr lang Milch opfert, der setzt doch nur ein neues günstiges Werk, und auch dieses günstige Werk muss sich einmal aufzehren und so leicht befreit man sich nicht von der Angst vor dem Wiedertod. Da taucht, ganz den gesellschaftlichen Verhältnissen, den Klassenverhältnissen entsprechend, der Gedanke auf: Der Opferer, der durch günstige Werke sich seinen Platz in der Götterwelt für bestimmte Zeit sichert, ist im Allgemeinen ein großer Herr, ein Adeliger. Sollten die Priester, die in die Geheimnisse der Götter eingeweiht sind, nicht mehr vermögen, sollten sie für sich selbst nicht *mehr* erwirken können, als sie jedem großen Herrn erwirken? Wenn es irgendjemanden gibt, der

---

[1] Brih. Âr. Up. I 5, 2; nach Deussen, ebd., S. 401.

sich gegen den Wiedertod sichern kann, dann muss es der Brahmane sein; aber was unterscheidet ihn denn von dem Adeligen, dem Krieger? Ihn unterscheidet das höhere Wissen. Wenn es etwas gibt, wodurch sich jemand gegen den Wiedertod sichern kann, dann kann es nur ein besonders heiliges Wissen sein. So heißt es denn von allen möglichen Erkenntnissen, von dem tieferen Erfassen aller möglichen Gebräuche: [1])

> Wer solches weiß, der wehrt den Wiedertod ab,
> Ihn überwältigt nicht der Tod.

Und so bildet sich der Glaube aus, dass es dem Menschen, nämlich dem wissenden Menschen, wohl gegeben ist, zu wahrer Unsterblichkeit zu gelangen. Wir besitzen ein schönes, altes Gebet um Unsterblichkeit — eben in dem Sinne, dass der Mensch auch im Jenseits nicht noch einmal stirbt: [2])

> Aus dem Nichtseienden führe mich zum Seienden,
> Aus der Finsternis führe mich zum Licht,
> Aus dem Tod führe mich zur Unsterblichkeit!

Diese Unsterblichkeit ist also ein Leben in einer wunderbaren, die menschliche Vorstellung fast übersteigenden Welt. Es ist etwa das, was wir ein Paradies nennen. So heißt es in einem alten Text: [3])

> Fürwahr, wenn der Mensch aus dieser Welt dahinscheidet, da gelangt er zum Wind. Dieser tut sich ihm auf, so weit wie die Öffnung eines Wagenrades ist, da dringt er durch und steigt empor und gelangt zur Sonne. Die tut sich ihm auf, so weit wie die Öffnung einer Trommel ist; da dringt er hindurch und steigt empor und gelangt zum Mond. Der tut sich ihm auf, so weit wie die Öffnung einer Pauke ist, da dringt er hindurch und steigt empor und gelangt zur Welt, die ohne Hitze und Kälte ist, daselbst verweilt er unaufhörliche Jahre.

Was also der Mensch, der das heilige Wissen besitzt, der den Wiedertod nicht mehr zu fürchten braucht, hofft, das ist mit einem Worte das, was ein solcher Priester in die Worte kleidet: [4])

> Wer solches weiß, „so unsterblich die Götter sind, so unsterblich wird auch er".

Dass das nur dem Wissenden erreichbar ist und nicht demjenigen, der Opfer bringt, der ein rechtschaffenes Leben führt, das hebt

---

1) Z. B. Brih. Ar. Up. I 2, 7; nach Deussen, ebd., S. 384.
2) Brih. Ar. Up. I 3, 28; nach Deussen, ebd., S. 390.
3) Brih. Ar. Up. V 10; nach Deussen, ebd., S. 494.
4) Chând. Up. I 4, S; nach Deussen, ebd., S. 73.

ein solcher Text sehr schön und scharf hervor: [1])

Der Wissende ist frei von Verlangen; denn er ist im Besitz alles Verlangten. Nicht lockt ihn mehr das Verlangen nach irgendetwas. Darüber ist dieser Vers:

> Durch Wissen steigst du aufwärts,
> Dorthin, wo das Verlangen schweigt,
> Dorthin, wohin kein Opfer dich,
> Wohin dich keine Buße trägt.

Denn nicht durch Opfergaben, nicht durch Kasteiung kann einer diese Welt erlangen, der dies nicht weiß; denn nur dem Wissenden gehört sie. Oder wie es ein andermal heißt: [2])

Weil er solches erkannte, ist er nach der Trennung von seinem Leibe emporgestiegen, hat in jener Himmelswelt die Erfüllung aller Wünsche erlangt und ist unsterblich geworden, unsterblich geworden.

Wissen aller Art wird so aufgefasst: z. B. haben wir einmal davon gesprochen, dass, ehe noch das Brahman, das Heilige, festgelegt war als höchste Macht der Welt, als höchstes Wesen, der Versuch gemacht wurde, dieses höchste Wesen als den unendlichen Luftraum zu bestimmen. Und an jener Stelle nun, die ich schon angeführt habe, an der es heißt: [3])

Worauf geht diese Welt zurück? Auf den Luftraum; denn der Luftraum ist es, aus dem alle diese Wesen hervorgehen und in den sie wieder untergehen, der Luftraum ist älter als sie alle, der Luftraum ist ihr höchstes Ziel –

an eben dieser Stelle heißt es zum Schluss:

Und wer diesen Luftraum, solches wissend, verehrt, dem wird in dieser Welt das allertrefflichste Leben zuteil und auch in jener Welt eine Heimstätte, in jener Welt eine Heimstätte.

Natürlich hat sich aber mit der Zeit das Wissen um das höchste Heilige, das Wissen um das Brahman, in den Vordergrund gedrängt, und da lesen wir z.B.: [4])

Das Herz, das ist das Brahman, das ist das All. . .

d. h. wie sich das Herz zum Menschen verhält, ähnlich verhält sich das Brahman zur Welt, nur dass es noch wichtiger, noch verehrungswürdiger ist. Wir lesen also:

---

1) Cat. Br. X 5, 4, 15f.; nach Deussen, Allg. Gesch. I/2, S. 291.
2) Ait. Up. II 5; nach Deussen, 60 Up., S. 19.
3) Chând. Up. I 9; nach Deussen, ebd., S. 79.
4) Brih. Ar. Up. V 3; nach Deussen, ebd., S. 490.

Das Herz, das ist das Brahman, das ist das All - der geht in den Himmel ein, der dieses weiß.

Aber in dieser Vorstellung, die so endlich erreicht wird, liegt wiederum ein Ansatz zu einem Umschlag des Gedankens.

Zunächst überträgt man ja wirklich auf das Brahman, das Heilige, und den Âtman, das innerste Ich, alles bisher Dargelegte; man sagt etwa: [1])

Nur wer das Ich kennt, entrinnt dem Reich des Todes; kein anderer Weg ist gangbar.

Oder: [2])

Wer das weise, nie alternde, ewig junge Ich kennt, wie wollte der den Tod noch fürchten?

Schließlich aber drängt sich doch der Gedanke auf: ist es möglich, dass derjenige, der den letzten, höchsten Grund der Welt erkannt hat, im Jenseits nicht mehr erreicht, als wer bloß ein Wissen hat um die richtige Vollziehung der Opferbräuche und um die Formeln, die den Wiedertod abwehren? Es macht sich, mit anderen Worten, ein Sinn für den Gegensatz geltend, einerseits zwischen dem, der nur ein günstiges Werk setzt, auch seine Bedeutung versteht und sich so in die Welt der Götter hineindient und ein Anrecht erwirbt, ewig in ihr zu verbleiben, und andererseits demjenigen, der tiefer in das Wesen der Welt hineinblickt als der bloße Götterverehrer, dessen Blick über die Götterwelt hinausreicht bis zu Brahman, dem Heiligen, der Weltseele, wenn wir uns so ausdrücken wollen. Wir lesen: [3])

Es gibt drei Zweige der Pflicht. Opfer, Vedastudium und Almosengeben bilden den ersten Zweig, Kasteiung ist der zweite Zweig und das Studium des Brahmanschülers, der im Hause des Lehrers wohnt, ist der dritte Zweig. Diese alle bringen als Lohn heilige Welten; — wer aber im Brahman fest steht, der geht zur Unsterblichkeit ein.

Mit anderen Worten, es entsteht der Gedanke: günstiges Werk und höchstes religiöses Wissen verleiht nur die höchste Götterwelt. Wer aber das Brahman als das Wesen der Welt erkennt und verehrt, der „geht selbst zu Brahman ein" oder „wird selbst in die Brahmanwelt aufgenommen". Das ist ein Gedanke, der vielleicht nicht ohne weiteres die Probe der Logik besteht und der sich auch nicht dauernd

---

1)Vâj. Samh. 31, 8; nach Deussen, Allg. Gesch. I/2, S. 308.
2) Atharvaveda X 8, 44; nach Deussen, ebd.
3) Chând. Up. II 23, 1; nach Deussen, 60 Up., S. 97.

erhalten, deshalb aber doch auf einer gewissen Stufe große Bedeutung besessen hat. Wenn das Brahman dasjenige ist, was diese ganze Welt durchdringt, wie kann man sich dann vorstellen, es gebe ein abgetrenntes Reich des Brahman, als ob das Brahman nicht auch in der Väter- und Götterwelt sein müsste? Und doch ist es wieder begreiflich, dass man sich sagte: Ich möchte doch schließlich dadurch, dass ich das Brahman erkannt und verehrt habe, etwas anderes erlangen als das Verweilen in der Götterwelt, in die ich ja auch ohne diese meine höhere Erkenntnis gekommen wäre, ich möchte über diese bloße Götterwelt hinaus gelangen bis hin zum Brahman selbst, in seine Welt. Wir müssen aber hinzufügen, dass ja — wie wir wissen — die Inder längst die Vorstellung ausgebildet hatten, dass nur ein Teil des Brahman diese unsere Welten durchdringt, dass das Brahman nur zum Teil in unsere Welten, in die Götterwelt, die Geisterwelt, die Menschenwelt und die anderen Welten eingegangen ist, [1] dass es dagegen mit seiner überwiegenden Masse außerhalb dieser Welten rein für sich verbleibt. Und insofern nun ist es wieder nicht ganz unlogisch, wenn einer hofft, wenn er das Brahman erkennt, dann werde er sich über diese Welten hinausschwingen und in jene Welt, in die reine Brahmanwelt, eingehen.

Für diesen Gedanken nun, dass derjenige, der das Heilige als Urgrund der Welt und zugleich als den eigenen Urgrund erkannt hat, hoffen darf, nach dem Tode in eine reine Brahmanwelt einzugehen, hat die erste klassische Formulierung ein gewisser *Çâṇḍilya* geliefert, unter dessen Namen diese Offenbarung, diese Botschaft unsterblich geworden ist. Das, was als seine Lehre überliefert wird, lautet folgendermaßen: [2]

Das Brahman ist das Wahre; so verehre man es. Aus Wollen nur besteht der Mensch. Welches Wollens er aus dieser Welt scheidet, solches Wollens gelangt er scheidend zu jener Welt hin. So verehre er das Ich: Gedanke ist seine Natur, Atem sein Leib, Licht seine Gestalt, der Äther sein Ich — das nach Wunsch sich Gestaltende, Gedankenschnelle, wahren Bedenkens, wahren Haltens; allduftreich, allsaftreich, alle Weltgegenden durchwirkend, dies All durchdringend, wortlos, achtlos. Wie ein Korn Reis oder Gerste oder Hirse oder ein Hirsekern, so ist dieser Geist im Ich darinnen, golden wie

---

1) So wie der Wandervogel nur seinen Fuß ins Wasser steckt, hieß es ja.
2) Cat. Br. X, 3; nach Oldenberg, Die Lehre der Upanishaden und die Anfänge des Buddhismus, s. 57.

rauchlose Flamme, größer als der Himmel, größer als der

Äther, größer als diese Erde, größer als alle Wesen. Das ist des Atems Ich, dies ist mein Ich. Zu diesem Ich werde ich, von hier abscheidend, hingelangen. Wem dies zu eigen — wahrlich, da gibt es keinen Zweifel. Also sprach *Çâṇḍilya, Çâṇḍilya.*

Und gleichzeitig tritt ein noch kühnerer Gedanke auf, nämlich der Gedanke: Wer nun dieses Brahman erkannt und damit sich die Sicherheit gewonnen hat, einmal in die Brahmanwelt einzugehen, alle Götter- und Menschenwelten hinter sich zu lassen, für den hat das günstige oder ungünstige Werk seine Bedeutung verloren. Im letzten Grunde braucht er gar nicht mehr zu opfern, gar nicht mehr zu spenden, ja, wenn man es ganz genau nimmt, kann er sich auch gegen einen Brahmanen vergehen, kann auch etwas tun, was die Menschen böse nennen; es kann ihm ja nichts mehr geschehen, weil er ja schon das Brahman erkannt hat, schon über die ganze Welt hinausgedrungen, durch sie durchgegangen ist. Und so sagt schon in dieser alten Zeit eine Priesterrede: [1])

Das Ich ist der Pfadfinder; wer diesen Pfad gefunden hat, den Mann befleckt das böse Werk nicht mehr!

Ein Gedanke, der, wie wir sehen werden, in Indien noch unzählige Male wiederholt worden ist. Und damit wäre nun die Entwicklung zu einem gewissen Abschluss gekommen, wenn sich nicht etwa um dieselbe Zeit ein neuer Gedanke geltend gemacht hätte, über dessen Ursprünge wir jedoch höchst unzulänglich unterrichtet sind.

Es ist der Gedanke, dass der Mensch (nicht nur der Brahman verehrende, sondern auch jeder gewöhnliche Mensch) nicht nur in die Götterwelt oder in das Reich des Todes eingeht, je nach seinem Verdienst, nach seinem guten oder schlechten Wirken, sondern dass er auch in diese Welt, in unsere Welt zurückgelange, dass er je nach seinen günstigen oder ungünstigen Werken zu einem mehr oder minder glücklichen oder zu einem mehr oder minder qualvollen Leben wiedergeboren werde. Das ist die Lehre, die wir als die Lehre von der Seelenwanderung bezeichnen und die in Indien plötzlich aufschießt, ohne dass wir wissen, woher sie kam. Im ganzen Ṛigveda, im Atharvaveda, in den alten Priesterreden ist von ihr mit keinem Worte die Rede und plötzlich macht sich diese Vorstellung geltend. Ich möchte glauben, dass auch in das Denken der Inder diese Vorstellung von anderen, nicht indischen oder doch nicht arischen Volkskreisen her eingedrungen sein dürfte. Übrigens ist auch in Griechenland dieselbe

1) Taitt. Br. III 12, 9, 8; nach Deussen, Allg. Gesch. d. Phil. I/2, S. 308.

Vorstellung ebenso unvermittelt, ebenso rätselhaft, plötzlich entstanden. Oft macht es den Eindruck, als ob irgendein uraltes Kulturzentrum der Alten Welt noch nicht genügend erforscht und als ob an diesem jene Lehre seit alten Zeiten überliefert worden wäre und dann von da aus nach verschiedenen Richtungen hin ausgestrahlt hätte. So könnte sie auch nach Indien gekommen sein, vielleicht durch die dunkelfarbige, vorarische Bevölkerung Indiens vermittelt. Vielleicht ist aber der Glaube an die Wiedergeburt auch bei dieser Urbevölkerung ursprünglich zu Hause. Und vielleicht verraten noch unsere Priesterreden ein deutliches Bewusstsein davon, dass diese Lehre als geheime Lehre aufgekommen ist.

Wir besitzen einen alten Bericht über ein Gespräch zweier Priester; der eine sprach: [1]

> Wenn nach dem Tode des Menschen seine Rede in das Feuer eingeht, sein Atem in den Wind, sein Auge in die Sonne, sein Leib in die Erde, sein Ich in den Luftraum, [2] seine Haare in die Kräuter, sein Blut ins Wasser — wo bleibt dann der Mensch?

Da sprach der andere:

> Fass mich, mein Teuerer, an der Hand, darüber müssen wir beide unter uns allein uns verständigen, nicht hier vor der Versammlung. Da gingen die beiden hinaus und beredeten sich, und was sie redeten, das war *Werk*, und was sie priesen, das war *Werk*. Fürwahr, gut wird einer durch gutes Werk, böse durch böses Werk.

Das, was diese beiden Priester geredet haben dürften, falls ihre Unterredung sich wirklich schon auf günstige oder ungünstige Wiedergeburt bezog, das drückt, nur viel deutlicher, aber auch urwüchsiger, ein anderer alter Text folgendermaßen aus, wobei ich zum Verständnis vorausschicke, vielmehr in Erinnerung rufe, was ein *Çaṇḍâla* ist: der elendeste aller Menschen, denn er ist ein Mischling, erzeugt aus der unerlaubten Vermischung eines Knechtes mit einem Priesterweib. Hier also heißt es: [3]

> Welche nun hier einen erfreulichen Wandel haben, für die ist Aussicht, dass sie in einen erfreulichen Mutterschoß eingehen, in den Schoß eines Priesterweibes oder eines Edelweibes

---

1) Brih. Ar. Up. III 2, 13; nach Deussen, 60 Up., S. 433.

2) Wir sehen, dass der Verfasser dieser Stelle noch auf jenem Standpunkt steht, wonach das Höchste für den Menschen nicht das Brahman, sondern der Luftraum, der Âkâça, ist.

3) Chând. Up. V 10, 7; nach Deussen, 60 Up., S. 144.

oder doch eines freien Weibes. Die aber hier einen stinkenden Wandel haben, für die ist Aussicht, dass sie in einen stinkenden Mutterschoß eingehen, in den Schoß einer Hündin oder einer Sau oder eines Çaṇḍâla-Weibes.

Der Mensch empfängt also nicht nur im Jenseits Vergeltung für seine günstigen und ungünstigen Werke, für sein Karman [1]) — vielleicht empfängt er es nach der ursprünglichen Gestalt dieser Lehre *gar* nicht mehr im Jenseits. Später freilich war man durchweg der Anschauung, dass jenseitige und diesseitige Vergeltung miteinander *wechseln*: der Mensch wird zunächst tausend Jahre lang in Himmel oder Hölle für sein irdisches Tun belohnt oder bestraft und dann wird er, gleichfalls je nach diesem Tun, hier auf Erden wiedergeboren. Die älteren Texte machen aber doch eher den Eindruck, als würden sie, wo sie von Wiedergeburt reden, zwischen Tod und Wiedergeburt keine *längere* Zeitspanne voraussetzen, mithin die Vergeltung ganz überwiegend ins Diesseits verlegen. Dabei reden sie aber von Vergeltung nicht etwa in dem Sinn, als ob sie von einem Gott zugemessen würde, sondern das Werk hat von selbst unmittelbar zur Folge, dass dem, der es tut, Vergeltung zuteil wird: wie die Flamme brennt, wie das Eis kühlt, so versetzt das günstige Werk in eine günstige Geburt, das ungünstige Werk in eine ungünstige Geburt. [2]) Und nun entwickelt sich noch dieser Gegensatz: Der gewöhnliche Mensch, ob er günstige Werke setzt oder ungünstige Werke, er kehrt in diese Welt zurück; lebte er fromm und rechtschaffen, wird er als Priester, Adeliger oder doch als freier Mann wiedergeboren, lebte er unfromm, priesterfeindlich, unredlich, dann wird er wiedergeboren, wie wir gehört haben, als Hund, Schwein oder, was das allerschlimmste ist, als Çaṇḍâla. Dagegen, wer das Brahman erkannt hat, wer die Welt durchschaut hat, wer erkannt hat, dass sie nichts anderes ist als dieses Unfassbare, Unaussprechliche, Feine, Heilige, der gelangt zu Brahman, der gelangt weder in den Himmel noch in die Hölle, er wird auch nicht wiedergeboren, nicht zu einem günstigen, nicht zu einem ungünstigen Leben. Darum heißt es: [3])

Wahrlich, wer dieses Unvergängliche nicht kennt und in dieser Welt opfert und spendet und Buße büßt viel tausend Jahre

---

1) Karman: das Werk.

2) Wenn ich von Werken rede, so rede ich immer von jener Zusammenfassung des Religiösen, des Sozialen und Sittlichen; mit dem günstigen Werk ist dabei immer das gemeint, was ein Brahmane billigt, seien es reiche Opferspenden, sei freundlicher Verkehr mit den Priestern, sei es Rechtschaffenheit und Wahrhaftigkeit.

3) Brih. Âr. Up. III 8, 10; nach Deussen, 60 Up., S. 445ff.

lang, dem bringt es nur endlichen Lohn; wahrlich, wer dieses Unvergängliche nicht kennt und aus dieser Welt abscheidet, dessen Los ist ein Bettlerlos. Wer aber dieses Unvergängliche kennt und aus dieser Welt abscheidet, dessen Los ist ein Priesterlos!

Denselben Gedanken schärfen noch zwei berühmte Stellen ein, die ich in Kürze mitteilen will. Wir sind dann in der Entwicklung der Jenseitsvorstellungen ebenso weit gekommen wie in der Entwicklung der Vorstellung vom Weltgrund, und wir können nun alsbald die klassische Formulierung und Ausprägung dieses ganzen Gedankenkreises ins Auge fassen. Von einer bestimmten Erkenntnis heißt es: [1]

Wer solches weiß, der erglänzt in allen Welten. Darum, wenn ein solcher gestorben ist, mag man ihn bestatten oder auch nicht, so geht er ein in den Strahl, aus dem Strahl in den Tag, aus dem Tag in das Frühjahr, aus dem Frühjahr in das Jahr, aus dem Jahr in die Sonne, aus der Sonne in den Mond, aus dem Mond in den Blitz, daselbst ist ein Mann, der ist nicht wie ein Mensch, der führet ihn hin zum Brahman. Das ist der Götterweg, der Brahmanweg. Die den gehen, für die ist zu diesem irdischen Strudel keine Wiederkehr, keine Wiederkehr.

Da haben wir zum ersten Mal den Gedanken, der fortan das indische Denken beherrscht und auf den ich schon in der Einleitung hingewiesen habe — den Gedanken, dass es das höchste Glück ist, nicht wiedergeboren zu werden: [2]

Wer aus der Familie des Lehrers nach vorschriftsmäßigem Veda-studium nach Hause zurückkehrt, im Hausvaterstand in einer reinen Gegend das Selbststudium des Veda betreibt, fromme Söhne und Schüler erzieht, auch kein Wesen verletzt, ausgenommen an heiliger Stätte beim Opfer, — der fürwahr, wenn er diesen Wandel die Dauer seines Lebens hindurch einhält, gehet ein in die Brahmanwelt und kehrt nicht wieder zurück — und kehrt nicht wieder zurück.

1) Chând. Up. IV 15, 4f; nach Deussen, ebd. S. 128.
2) Chând. Up. VIII 15; nach Deussen, ebd. S. 202.

VII. UPANISHADEN

In Indien wie anderwärts hat sich früh die Vorstellung durchgesetzt, dass unser nach dem Tod ein verschiedenes Schicksal harrt, je nach dem verschiedenen Grad, in dem wir unsere religiösen Pflichten erfüllt haben. Wer den Göttern reiche Opfer dargebracht und ihren irdischen Dienern, den Priestern, reiche Spenden gewidmet hat, der hat Aussicht, in die lichte Welt der Götter einzugehen, in ihrer Umgebung mit ihnen viele, viele Jahre zu verweilen. Wer dagegen an diesen Opfergaben und Spenden gekargt hat, wer sich gar gegen die Priester etwas zuschulden kommen ließ, der dämmert höchstens unter der Erde hin in einem dumpfen Reich des Dunkels und des Todes. Aber auch wer bei den Göttern seine Gaben wiederfindet, wem es vergönnt ist, in diesem lichten himmlischen Reich zu leben, der darf doch nicht hoffen, so ohne weiteres sich für immer dieser Existenz zu erfreuen, denn auch die Kraft des günstigen Werkes zehrt mit der Zeit sich auf. Später tritt dann noch die Vorstellung hinzu, dass überhaupt der Aufenthalt im Himmel oder in der Unterwelt nur eine bestimmte, begrenzte Zahl von Jahren, etwa ein Jahrtausend, währt und dass dann alle Verstorbenen auf Erden wiedergeboren werden, freilich je nach ihren günstigen und ungünstigen Werken entweder als Priester, Adelige oder Freie oder aber auch, wenn sie sich hier unfromm gezeigt haben, als Knechte, Hunde, Schweine oder gar als Mischlinge, wie es in einem der schon mitgeteilten Texte hieß.

Vor diesem Herabsinken aus der schon erreichten Götterwelt, vor diesem Wiedersterben, schützt nur eines, das Wissen. Wer den geheimen Sinn der Gebetsformeln und Opferbräuche versteht, der darf vielleicht hoffen, durch einen besonderen Wissenszauber, möchte ich sagen, sich auch vor dem Wiedertod zu schützen und für alle Zeiten in der Götterwelt zu verbleiben. Nachdem dann die Vorstellung von dem heiligen Urgrund der Welt, dem Brahman, sich befestigt hatte, gestaltete sich diese Hoffnung zu der weiteren Hoffnung aus, nach dem Tode nicht nur in die Götterwelt, sondern geradezu in die Brahmanwelt einzugehen. Da nämlich das Brahman die ganze Welt durchdringt, aber noch größer und mächtiger als diese Welt ist, da es ein Stück davon gibt, das nicht in diese Welt eingegangen ist, sondern — wie wir schon in einem alten Text gelesen haben — „die jenseitige Hälfte" erfüllt (nämlich dasjenige, was wir uns gar nicht vorstellen können, weil es mit dieser unserer Götter-, Geister- oder Menschenwelt überhaupt gar keine Ähnlichkeit mehr hat), darf derjenige, der dieses Brahman erkannt hat, vielleicht hoffen, dereinst auch selbst in diese jenseitige Hälfte, in dieses unvorstellbare Reich der Heiligkeit einzugehen. Jedenfalls geht aber diese Hoffnung nicht in Erfüllung, wenn man sich nicht im Leben der Aufgabe, für ihre Erfüllung zu wirken, ernstlich unterzieht. Man muss arbeiten, um sich im Jenseits ein günstiges Los zu sichern; man muss das günstige Werk reichlich vollbringen, man muss um das heilige Wissen mit Nachdruck und unablässig ringen. Allein zum günstigen Werk gehören nicht nur Opfer und Spenden; keine Unternehmung — das wissen wir ja schon — glückt dem Inder, zu der er sich nicht durch Kasteiung, durch das Tapas, vorbereitet hat. Wie könnte ihm die größte Unternehmung, der Aufschwung in die Götter- oder gar in die Brahmanwelt glücken, ohne dass eine Zeit harter, fortgesetzter Kasteiung vorausgegangen wäre, eine Zeit des Fastens, der Keuschheit, eine Zeit aller möglichen Bußübungen? Diese Bußübungen, ernst und emsig betrieben, passen aber nicht recht in den Rahmen des beruflichen Lebens auch des frömmsten Priesters. Dazu kommt noch, dass auch das heiße Ringen, das unablässige Streben nach der im Jenseits beseligenden Erkenntnis sich nur schlecht in den Rahmen der priesterlichen Alltagspflicht einfügt. Daher hat schon bald nach Beginn der Zeit, in der die Priesterreden entstanden sind, sich die Vorstellung durchgesetzt, dass der Mensch, jedenfalls aber der nach der jenseitigen Seligkeit strebende Priester, sein Leben in verschiedene Abschnitte einteilen, dass er seinen verschiedenen Lebensaltern auch verschiedene Aufgaben setzen müsse. In der Jugend geziemt es ihm, bei einem vielwissenden, angesehenen Brahmanen als Brahmanschüler einzutreten, viele Jahre in dessen Haus zu verbleiben und in der Zeit, die ihm frei bleibt, in der er nicht in Anspruch genommen wird durch die wirtschaftlichen, häuslichen und kultischen Arbeiten für den Lehrer, sich von diesem in den heiligen Geheimnissen, in den Gebetsformeln und Opferbräuchen unterweisen zu lassen. Wenn er dann ausgetreten ist aus dem Schülerverhältnis, dann lässt er sich im Dorfe nieder — denn Städte kennen die Inder zur Zeit der Priesterreden noch nicht —, begründet einen Hausstand, zeugt Kinder, Söhne vor allem, denen er seinerseits wieder die erlernte heilige Wissenschaft überliefern kann

— und erfüllt, wenn er ausübender Priester ist, die Pflichten dieses Amtes. Wenn aber die Zeit der Vollkraft zu Ende geht, wenn der Tod in Sicht kommt, die Söhne, die ihn ersetzen können, gezeugt sind, wenn überdies seine berufliche Leistungsfähigkeit abzunehmen beginnt, dann ist es Zeit, aus dem Dorf zu scheiden, sich in den Wald, als Einsiedler, zurückzuziehen, Kasteiungen und Bußübungen auf sich zu nehmen und unablässig seine Gedanken den heiligen Geheimnissen zu widmen. Durch diese Kasteiungen und Bußübungen, durch dieses Streben und Ringen nach dem beseligenden Wissen darf der Fromme vielleicht hoffen, auf Erden günstige Wiedergeburt zu erlangen, in die himmlische Götterwelt versetzt zu werden, vom Wiedertod verschont zu bleiben, etwa sogar in die Brahmanwelt einzugehen und in ihr ungezählte Jahre weilen. Dabei aber entsteht für den Einsiedler eine eigentümliche Schwierigkeit.

Das günstige Werk besteht in erster Linie in pünktlicher und genauer Verrichtung der religiösen Zeremonien, insbesondere in der genauen und pünktlichen Darbringung aller vorgeschriebenen Opfer. Diese Opfer erfordern aber zum Teil die Mitwirkung einer größeren Zahl von Priestern und sie erfordern fast alle einen gewissen äußeren Aufwand. Da muss frisch gemolkene Milch zur Hand sein, da muss ein großer, aus Steinen aufgeführter Feueraltar vorhanden sein, da muss eine genügende Menge von Somapflanzen zur Verfügung stehen, um den heiligen Rauschtrank Götter zu pressen — das alles übersteigt häufig genug die Mittel des Einsiedlers, der allein im Walde haust. Da tritt ein außerordentlich folgenreicher Gedanke auf, nämlich der Gedanke, dass für den Einsiedler eine vereinfachte Darbringung all dieser Opfer und Spenden genügt, wenn es dafür umso tiefer in ihre Bedeutung eindringt, wenn er das, was er an körperlicher Leistung vernachlässigen muss, durch vermehrte, vervielfältigte, vertiefte innere Hingabe an den Erlösungszweck wettmacht. So z. B. lernen wir folgenden merkwürdigen Gedanken kennen. Der fromme Inder hat im Allgemeinen jeden Abend und jeden Morgen dem Feuer ein Opfer darzubringen. Dieses Opfer besteht darin, dass er mit einem Holzlöffel zweimal frisch gemolkene Milch in das Feuer schüttet und dabei bestimmte Sprüche aufsagt. Der Waldeinsiedler hat nicht immer frisch gemolkene Milch, er hat nicht immer ein Feuer zur Hand. Da gab es Priester, die sagten: das göttliche Feuer wirkt ja in jedem von uns; wie käme in uns die Lebenswärme, wenn nicht Feuer in uns wäre? Wenn also kein Feuer und keine Milch vorhanden ist, so genügt es, wenn der Waldeinsiedler irgendeine Speise selbst genießt, sobald er nur dabei denkt, dass er damit eigentlich das Feueropfer darbringt, indem er dem ihn selbst durchwärmenden göttlichen Feuer dieses Opfer weiht. Ja, ein alter Text geht so weit — und nach dem schon bisher Gesagten können wir ungefähr ermessen, was das für einen Inder bedeutet —, zu sagen: Es genügt, wenn nur überhaupt irgendein Mensch gespeist wird, sogar wenn diese Speise einem Mischling eingeflößt würde; denn auch in diesem waltet das göttliche Feuer, sonst könnte er nicht die Lebenswärme besitzen; wenn also auch nur ein solcher Çaṇḍâla gespeist wird, so ist doch schon auf hinreichende Art das Feueropfer dargebracht worden. [1]

Vorschriften dieser Art wurden nun zu einem besonderen Abschnitt einer Priesterrede zusammengestellt. Eine Priesterrede, die vollständig sein soll, die dem Priester alles an die Hand gibt, was er zum Verständnis und zur Ausübung seines heiligen Berufes braucht, muss auch einen solchen Abschnitt enthalten, der dem Waldeinsiedler sagt, wie er sich den göttlichen Dienst vereinfachen darf und welche heiligen Gedanken er an den vereinfachten göttlichen Dienst knüpfen soll, um damit diese Vereinfachung wettzumachen. Eine solche Sammlung von Vorschriften für die Waldeinsiedler nennt man ein Waldbuch, ein Âraṇyaka. Es leuchtet von selbst ein, dass ein solches Âraṇyaka, ein Waldbuch, in der Regel die für uns bedeutsamsten Gedanken enthält, weil es ja eben den Zweck hat, durch größere Vertiefung in den religiösen Brauch, durch symbolische Aus- und Umdeutung der gewöhnlichen Opfervorschriften genugzutun für das Weniger an äußerer Genauigkeit bei dem Vollzug dieser Gebote. Allerdings spielt aber das Âraṇyaka, das Waldbuch, nicht ganz die Rolle in der indischen Literatur, die wir erwarten würden, weil in dem Waldbuch selbst wieder ein großer wichtiger Hauptteil steckt, der eigentlich seine Bedeutung in sich aufsaugt und der jene überragende Stellung in der theosophischen Literatur der Inder einnimmt, die sonst, wenn es diesen Hauptteil nicht gäbe, vielleicht dem Âraṇyaka als Ganzem zukäme. Diese Hauptteile der Waldbücher sind das, was man die Geheimlehren oder *Upanishaden* nennt.

Eine Geheimlehre oder Upanishad heißt nicht deshalb so, weil sie etwa Lehren enthielte, die sonst nicht vorkämen, sondern sie heißt so, weil sie sich an eine kurze formelhafte Zusammenfassung solcher Lehren knüpft, die so heilig, mit Heiligkeit so geladen ist, dass sie nur unter Beobachtung der nötigen Vorsicht vom Lehrer dem Schüler überliefert werden darf, wobei auch äußerliche Beweggründe mitspielen; denn wo bliebe die Unentbehrlichkeit des Lehrers, wenn die

---

1) Chând. Up. V 24,4.

se heiligsten aller Formeln durch die Dörfer weithin herumgespro-
chen würden, wenn man sie erfahren könnte, ohne dass man bei einem Lehrer als Brahmanschüler gedient hat?

Diese heiligen Formeln werden also vom Lehrer dem Schüler nur
einigermaßen zögernd mitgeteilt. Das Zeitmaß der Unterweisung
wird geradezu von wirtschaftlichen Rücksichten bestimmt. Der Lehrer kann ja dem Schüler nicht *jede* geheime Unterweisung vorenthal-
ten, weil ihm sonst der Schüler davonginge. Wenn er ihm aber mehr
sagte, als was in diesem Sinne unbedingt notwendig ist, so würde der
Schüler früher seine Lehrzeit beenden, und dem Lehrer entginge die
Arbeitskraft des Schülers, der ihm das Vieh hütet und die heiligen
Feuer anlegt und bedient. Daher sehen wir in unzähligen Erzählungen, wie der Schüler jahrelang warten muss, bis ihm endlich zögernd
und tropfenweise die heiligen Formeln nacheinander hingereicht
werden. Diese heiligen Formeln sind zunächst ganz kurz. Es ist ein
kurzer Satz, etwa noch mit Hinzufügung des Lehrers, der diesen Satz
zuerst geprägt hat. Ein solcher Satz oder eine solche Satzgruppe ist
z. B. jene Mitteilung über das Schicksal des Menschen nach dem
Tod, die ich schon einmal wiedergegeben habe. Sie ist zum Auswendiglernen bestimmt; Schriften gab es ja nicht. Der Schüler musste
sich eine solche geheime Formel fest einprägen und dann fielen ihm
die Erläuterungen, die ihm der Lehrer dazu gegeben hatte, schon von
selbst ein. Ich möchte diese kurze Formel, die das Schicksal der Seele behandelt, jetzt in diesem Sinn noch einmal wiederholen, weil sie
gleich ein gutes Beispiel für eine Upanishad, für eine solche geheime
Formel, gibt: [1])

> Fürwahr, wenn der Mensch aus dieser Welt dahinscheidet, da
> gelangt er zum Wind; der tut sich ihm auf, so weit wie die
> Öffnung eines Wagenrades ist, da dringt er hindurch und
> steigt empor und gelangt zur Sonne. Die tut sich ihm auf, so
> weit wie die Öffnung einer Trommel ist; da dringt er hindurch
> und steigt empor und gelangt zum Mond. Der tut sich ihm auf,
> so weit wie die Öffnung einer Pauke ist; da dringt er hindurch
> und steigt empor und gelangt zur Welt, die ohne Hitze und
> Kälte ist. Daselbst verweilt er unaufhörliche Jahre.

Es gibt aber auch Formeln, die noch kürzer sind. So heißt es
z. B.: [2])

> Dies ist das allverbreitete Feuer, das hier inwendig im Men-

---

1) Brih. Âr. Up. V 10; nach Deussen, 60 Up., S. 494.
2) Brih. Âr. Up. V 9; nach Deussen, ebd., S. 493.

schen ist, durch das die Nahrung verdaut wird, die man ißt. Von ihm rührt jenes Geräusch her, das man hört, wenn man sich die Ohren zuhält. Wenn die Lebenswärme im Begriff steht, auszuziehen, so hört man dieses Geräusch nicht mehr.

Es wird also hier die Lehre eingeschärft, von der ich früher gesprochen habe, dass nämlich in jedem Menschen das heilige, göttliche Feuer wirksam ist, dass man also das Opfer ohne äußeren Aufwand, ohne Milch, ohne Flamme darbringen kann, wenn man nur selbst etwas in diesem frommen Sinne verzehrt. Diese Lehre wird in ein paar kurze Sätze zusammengefasst unter Berufung auf eine höchst primitive Vorstellung, wie das in dieser Literatur recht häufig geschieht. Es wird nämlich kurz zur Bestätigung dieser Lehre hingewiesen auf jenes Ohrensausen, das man hört, wenn man sich die Ohren zuhält. Dieses sausende Geräusch hat ja eine gewisse Ähnlichkeit mit dem Luftzug, wie er etwa im Ofenrohr über einer prasselnden Flamme vor sich zu gehen pflegt. Das erschien dem Verfasser als ein hinreichender Beleg dafür, dass wirklich eine Flamme im Menschen wohnt und sein Leben bedingt und erhält. Aber vielleicht das allerbeste, weil allerkürzeste, Beispiel einer Geheimformel oder Upanishad ist das folgende: es bezieht sich schon wieder auf die hohe Lehre vom Brahman. Wir können ja überhaupt sagen, dass die große Mehrheit aller Geheimformeln oder Upanishaden irgendeine besondere Seite der Brahmanlehre ausdrückt. Es wird irgendein Gegenstand, ein Begriff oder eine Erscheinung als Symbol des heiligen Weltgrundes hingestellt, d. h. es wird darauf hingewiesen, dass man sich, indem man sich diesen Gegenstand vorstellt, einschließlich gewisser Merkmale, die er mit dem heiligen Brahman gemein hat, dessen Wesen veranschaulichen kann, und dass man das deshalb kann, weil in dem Gegenstand, in dem Symbol, tatsächlich das heilige Brahman, wie ja in der ganzen Welt, drinsteckt, dass aber das Brahman doch viel mehr ist als der Gegenstand, dass der Gegenstand das Brahman nicht erschöpft. Sehr häufig, wenn auch nicht gerade in diesem Fall, schließt dann die Upanishad mit der Anweisung: Darum soll man diesen Gegenstand als das Brahman verehren. Das Beispiel, das ich hier mitteilen möchte, lautet ganz kurz so: [1])

    „Die Weite ist Brahman, die Weite, die uranfängliche, lufterfüllte Weite", so sprach *Kauravyâyaṇîputra*.

Also dieser Priester hat für das Brahman dieses Symbol gefunden: den unendlichen Weltraum, der unendlich, unsichtbar und un-

---

1) Brih. Ar. Up. V 1; nach Deussen, ebd., S. 489.

greifbar ist wie das Brahman und doch alles in sich befasst wie das Brahman. Diesen Gedanken hält er fest, indem er die Geheimformel prägt: „Die Weite ist Brahman, die Weite, die uranfängliche, lufterfüllte Weite", und fromm fügt der Schüler hinzu — und das wird nun von Geschlecht zu Geschlecht weiter überliefert: „So sprach *Kauravyâyanîputra*."

Eine andere Formel wäre z. B. folgende: [1])

> Fürwahr, dieses ist das; nämlich diese Welten sind aus jenem Brahman hervorgegangen, denn das Brahman ist das Wirkliche; wer dies weiß, dass das Brahman das Wirkliche ist und die Welten nur sein Erstgeborenes, der überwindet diese Welten.

d. h. der geht nach dem Tode zu Brahman ein. Hier haben wir eine ganz kurze eigentliche Geheimformel, die nur aus den drei Worten besteht: Dieses ist das; und um diese allerkürzeste Geheimformel herum steht noch eine sehr kurze Erläuterung: „Dieses" ist die ganze Welt, die wir kennen, und „das" ist das Brahman. Dieses Brahman ist das eigentlich Wirkliche, denn unsere ganze Welt ist nichts als eine Ausstrahlung, könnten wir sagen, jenes Brahman. Wer das weiß, hat das heilige Wissen, und wie er das weiß, dass diese Welt eigentlich nicht etwas aus sich selbst Wirkliches ist, dass sie nur aus dem Heiligen hervorgegangen ist, so wird er auch nach dem Tod über diese Welt hinauskommen und wird in das heilige Brahman hineingelangen. Ich will noch ein Beispiel für eine kurze Upanishad geben; sie lautet: [2])

> Das Brahman ist der Blitz, so sagen sie: den bindet der Blitz vom Übel los, der solches weiß. Denn das Brahman ist der Blitz.

Wie wir aus einer anderen Stelle sehen, ist der Gedanke der: der Blitz ist eine Erscheinung von überwältigender Stärke. So würde auch der Mensch, wenn er das Brahman wahrnehmen könnte, damit einem Ding von überwältigender Macht gegenüberstehen; der Blitz ist auch eine Erscheinung, die nur einen Augenblick lang erlebt wird — so kurz, dass man sie nicht genau beobachten, nicht genau beschreiben, dass man sie gerade nur in diesem Augenblick erleben kann. So kann man auch das Brahman nicht beobachten und nicht beschreiben, sondern es kann einem sein Wesen nur gerade in einem Augenblick — wir würden sagen: intuitiv — aufgehen. Das wird in

---

1) Brih. Âr. Up. V 4; nach Deussen, ebd., S. 490.
2) Brih. Âr. Up. V 7; nach Deussen, ebd., S. 49a.

eineranderen Upanishad sehr hübsch folgendermaßen auseinandergesetzt: [1])

Über das Brahman ist folgende Unterweisung:

Was an dem Blitz das ist, dass es blitzt, und man ruft „ah" und schließt die Augen, dies, dass man „ah" ruft — so ist es. So viel in Bezug auf die Gottheit. Nun in Bezug auf die Seele. Wenn etwas gleichsam eintritt in den Geist, dass man sich dadurch erinnert an etwas anderes im Augenblick: dieses Vorstellen — so ist es. Selbiges heißet mit Namen „das, wonach man sich sehnt"; als „das, wonach man sich sehnt", soll man es verehren.

Eigentlich deutet der Verfasser hier sehr tiefsinnig an, was wir in europäischen Worten etwa so ausdrücken müssten: Das Brahman kann man nicht beschreiben, man kann es nicht in Begriffen denken, man kann es nur durch das Gefühl erfassen. Er sagt: sein Name ist

das, wonach man sich sehnt,

und als

das, wonach man sich sehnt,

soll man es verehren.

Ich füge noch eine kurze Upanishad hinzu, die für die Folge außerordentlich wichtig geworden ist, deren Grundgedanke unzählige Male wiederholt wurde: [2])

Der Geist, erkennend, lichtartig, wohnt hier innen im Herzen, nicht größer als ein Reiskorn oder ein Gerstenkorn. Aber eben derselbe ist auch des Weltalls Herr, des Weltalls Fürst, eben derselbe regiert dies alles — was es nur gibt.

d. h. dieselbe Kraft, die in uns wohnt, als unser Innerstes, die hier erscheint wie ein ganz Vereinzeltes und Persönliches, durchwaltet doch auch die ganze unendliche Welt, ja sie ist die heilige Urkraft, aus der diese ganze Welt hervorgegangen ist und auf der sie beruht. [3])

Wenn wir aber heute von Geheimlehren, von Upanishaden, sprechen, so meinen wir im Allgemeinen damit nicht in erster Reihe solche ganz kurze Geheimformeln, sondern wir meinen Sammlungen von solchen Formeln, zu deren jeder meist eine einleitende Erzählung gehört, die angibt, unter welchen Umständen diese Geheimformel

---

1) Kena-Up. III 29; nach Deussen, ebd., S. 208.

2) Brih. Âr. Up. V 6; nach Deussen, ebd. S. 492.

3) Darauf, dass dieser Gedanke ursprünglich in rauschartigen Zuständen wurzelt, in die der Inder bei gewissen Zauberhandlungen versetzt wurde und in denen er sein Ich ins Weltenstarke und Weltengroße gesteigert und erweitert fühlte, weist mit Recht nachdrücklich hin Hauer, Anfänge der Yogapraxis, S. 135 f. u. 167.

von diesem oder jenem Lehrer zum ersten Mal überliefert worden ist. Und in diesem Sinn, als eine Zusammenstellung solcher Geheimformeln mit Einleitungen und Erklärungen, ist die Upanishad ein Teil, und zwar der umfangreichste und wichtigste Teil des Waldbuches. Denn die Haupttätigkeit des Waldeinsiedlers soll sich eben darauf richten, das geheime Wissen um das Brahman und seine Symbole sich mit Hilfe solcher von ihm auswendig zu lernender Geheimformeln anzueignen. Und im Allgemeinen hatte jede Priesterschule ihre besondere Priesterrede, daher auch ihr besonderes Waldbuch und daher auch ihre besondere Geheimlehre oder Upanishad.

Später allerdings ist die Upanishad eine Literaturform geworden. Man hat jede religiöse Erzählung oder erbauliche Betrachtung in die Form einer solchen Upanishad, einer Geheimformel mit Einleitung und Erklärung, gekleidet, und es sind dann in späterer Zeit Upanishaden entstanden, die von einem und demselben Verfasser in einem Zuge hingeschrieben oder doch den Schülern vorgesprochen wurden. Dagegen hat sich in der alten Zeit die Upanishad langsam gebildet, indem ein Geschlecht nach dem anderen die zu seiner Zeit vorgefallenen, besonders weisen oder bemerkenswerten Aussprüche aufgezeichnet oder eigentlich nur in eine feste Form zum Auswendiglernen gebracht und indem nun Geschlecht nach Geschlecht diese Erzählungen und Erklärungen zu jenen Sammlungen ausgestaltet hat. In einer der größten Upanishaden sind für jeden Abschnitt die Lehrerlisten erhalten, und auf Grund dieser Listen können wir feststellen, dass diese Upanishad, nach der Zahl der Geschlechter, mindestens dreihundert Jahre gebraucht haben muss, um sich aus ihren Unterabteilungen zu dem Ganzen fortzuentwickeln, das wir heute vor uns haben; und da wir doch auch hundert bis zweihundert Jahre rechnen müssen, bis sich aus den einzelnen Erzählungen die einzelnen Unterabteilungen herausbilden konnten, so müssen wohl vierhundert bis fünfhundert Jahre für die Entstehung einer solchen Upanishad veranschlagt werden. Wir werden wohl nicht sehr weit fehlgehen, wenn wir die Entstehung dieser Upanishaden etwa in die Zeit von 1200 bis 800 vor Beginn unserer Zeitrechnung setzen.

Zu jener Zeit, wo einzelne Verfasser ganz kleine Upanishaden verfasst haben, deren Zahl natürlich sehr groß gewesen. In einer der spätesten Upanishaden werden die Titel von hundertacht Upanishaden aufgezählt; zweiundfünfzig Upanishaden waren in jener großen Sammlung enthalten, die im Jahre 1656 n Chr. G. der Sultan Muhammed *Dara Shakoh* ins Persische übersetzen ließ, und zwar unter dem aus dem indischen Wort Upanishad verunstalteten Titel: Oupnek'hat. Diese Sammlung wurde im Jahre 1801 von dem französischen Gelehrten *Anquétil du Perron*, wörtlich ins Lateinische übersetzt, in

Straßburg herausgegeben und hat eigentlich das Abendland zuerst mit der alten indischen Theosophie bekanntgemacht.

Wir werden heute, wenn wir die Upanishaden studieren wollen, uns in erster Linie an jene Sammlung von sechzig Upanishaden halten, die Deussen im Jahre 1807 in Leipzig herausgegeben hat unter dem Titel „60 Upanishads des Veda, übersetzt und erklärt". Aus diesem großen Werk hat er dann im Jahre 1909 noch einen Auszug veröffentlicht: „Die Geheimlehre des Veda. Ausgewählte Texte der Upanishads". [1]) Unter diesen hundertdacht, bzw. sechzig Upanishaden scheinen nur vierzehn jener alten Zeit anzugehören, in der die Upanishaden noch wahrhaft einen Teil einer Waldeinsiedler- und Priesterrede ausgemacht haben. Und von diesen vierzehn alten, wenn auch natürlich nicht gleich alten Upanishaden sind zwei sowohl die umfangreichsten als auch die ältesten und theosophisch bedeutsamsten; das ist die *Chândogya*-Upanishad und die *Bṛihad-Âraṇyaka-Upanishad*.

Die letztere, die auch die größere ist, dürfte im Ganzen die allerälteste sein, wenn auch vielleicht manche ihrer Teile jünger sein mögen als die ältesten Teile der Chândogya-Upanishad; eben weil sie die ältere, auch die altertümlichere, ist, ist sie vielleicht zum Teil noch etwas schwieriger verständlich, und ich möchte daher meine Mitteilungen aus den Upanishaden mit einigen Anführungen aus der Chândogya-Upanishad eröffnen und will nur noch vorausschicken, dass in manchen Fällen die anekdotische Einleitung, die Erzählung der Umstände, unter denen die Geheimlehre überliefert wurde, diese, also den eigentlichen Hauptteil, an Umfang und nicht selten auch an Interesse überragt.

1) Eine überaus freie Wiedergabe, mehr Umschreibung als Übersetzung, ausgewählter Stellen der Upanishaden, durchaus darauf bedacht, der heutigen Denk- und Empfindungsweise entgegenzukommen, findet man in dem Büchlein von *Paul Eberhardt*: „Der Weisheit letzter Schluss. Die Religion der Upanishads im Sinne gefasst", Jena 1920; eine Auswahl der Hauptstellen in neuer, wörtlicher Übertragung in den Büchern von *Joh. Hertel*, „Die Weisheit der Upanishaden. Eine Auswahl aus den ältesten Texten", München 1921, und A. *Hillebrandt*, „Aus Brahmanas und Upanisaden. Gedanken altindischer Philosophen", Jena 1921. — Wenn *Hillebrandt* sich S. 11 der Meinung anschließt, Yañiavalkya habe erst „kurze Zeit vor Buddha" gelebt, so kann ich nicht glauben, dass er recht hat: zwischen dem Gesittungszustand, den die Bṛihad-Âraṇyaka-Upanishad und jenem, den die ältesten Berichte über Buddhas Leben voraussetzen, liegt, wie *Oldenberg* hervorhob, eine Kluft, die der Gleichklang eines Königs- und Stammesnamens gewiss nicht überbrücken kann.

VIII. AUS DER CHÂNḌOGYA-UPANISHAD

Wenn der indische Priester jahrelang bei einem Lehrer als Schüler verweilt, ihm sein Vieh gehütet, seine Opferfeuer bedient hatte und von ihm den heiligen Wissenschaften unterwiesen worden war, wenn er dann jahrelang in einem Dorfe selbständig seinen priesterlichen Beruf ausgeübt, Söhne gezeugt, selbst Schüler in die heiligen Kenntnisse eingeführt hatte, dann kam für ihn die Zeit, an den Tod zu denken und für das Leben nach dem Tod Vorsorge zu treffen, sich durch Kasteiungen womöglich einen Platz in den lichten Götterwelten, im Himmel, zu sichern und durch Vertiefung in das heiligste Wissen sich vielleicht sogar den Eingang in die Welt des reinen Brahman, aus der es keine Wiederkehr gibt, zu eröffnen, während aus den anderen Welten die meisten abberufen werden, um hier auf Erden zu einem mehr oder weniger glücklichen Dasein wiedergeboren zu werden, je nach ihrem günstigen oder ungünstigen Werk. Diesen Kasteiungen, diesen Vertiefungen in die heilige Wissenschaft oblag der gealterte Priester als Einsiedler im Walde. Da ergab sich für ihn die Schwierigkeit, dass er die heiligen Opferbräuche nicht mehr in derselben Weise wie im Dorfe vollziehen konnte, denn er hatte nicht immer einen Opferaltar, Opferfeuer, Opfertiere zur Hand, vor allem hatte er fast nie die Möglichkeit zu jenen Bräuchen, an denen die Mitwirkung mehr als eines Priesters vorgeschrieben war. So musste man ihm eine vereinfachte Übung der religiösen Bräuche nachsehen, musste es ihm zugute halten, wenn er diesen Entgang für die Götter auf der anderen Seite wettzumachen suchte durch eine gesteigerte Vertiefung in den Sinn seines heiligen Tuns.

Diesen beiden Zwecken diente ein eigener Abschnitt der Priesterrede, das sogenannte Waldbuch oder Âraṇyaka, in dem die vereinfachten Formeln für die Opfer festgesetzt waren und in dem ihm eine Anleitung dazu zuteil wurde, welche tiefere Bedeutung er den überlieferten Formeln zuerkennen sollte. [1]

---

1) Ich habe schon wiederholt betont, dass die Inder der alten Zeit nicht schreiben konnten, dass also die heiligen Sammlungen, die Priesterreden und so auch die sogenannten Waldbücher, nicht in Gestalt von Manuskripten umliefen, sondern dass

Das Hauptstück eines solchen Waldbuches nun oder — wie wir eigentlich genauer sagen sollten — einer solchen Waldrede war die Upanishad oder Geheimlehre. Zunächst war es eine kurze Formel, bestimmt zur besseren Einprägung irgendeines wichtigen Lehrstückes, und zwar sollte sie meist die Erkenntnis des Heiligen, des Brahman, von einer neuen Seite her, anknüpfend an ein neues Symbol, einschärfen. Diese kurzen Formeln wurden häufig mit einer Erzählung der Umstände eingeleitet, unter denen sie zuerst geprägt wurden, und waren auch oft von einer kürzeren oder längeren Erläuterung begleitet. Diese kurzen Formeln wurden gesammelt, und solcher Sammlungen oder Upanishaden im weiteren Sinn hat es schon in alter Zeit vierzehn gegeben, von denen die ältesten, umfangreichsten und auch inhaltlich wichtigsten die *Châṇḍogya-* und die *Bṛihad-Âraṇyaka-Upanishad* waren. Es mag wohl sein, dass die *Bṛihad-Âraṇyaka-Upanishad* die ältere ist; aus manchen Gründen bereitet sie aber dem Verständnis noch etwas größere Schwierigkeiten, und ich möchte daher damit beginnen, einige wenige ausgewählte Stücke aus der Châṇḍogya-Upanishad mitzuteilen, natürlich wieder in einer sehr gekürzten und durch Auslassungen und Einsetzung verständlicherer Ausdrücke dem Verständnis nähergebrachten Form.

Ich möchte zunächst aus einem solchen Abschnitt der Châṇḍogya-Upanishad bloß die Einleitung wiedergeben. Es werden die Umstände erzählt, unter denen der Waldeinsiedler *Raikva*, genannt *Raikva* mit dem Ziehkarren, weil er in einem Schubkarren seine geringen Habseligkeiten mit sich zu führen pflegte, dem König *Jânaçruti* eine Belehrung zuteil werden ließ, nach der in der Upanishad wiedergegebenen sagenhaften Überlieferung. Die Belehrung selbst, die nichts enthält, was wir nicht schon in anderer und besserer Form kennengelernt haben, möchte ich weglassen. Ich betrachte den Abschnitt als eine Probe indischer Novellistik und als eine kleine Einführung in die indischen Zustände, weil uns ja doch der Geist einer Zeit nicht nur durch den Lehrgehalt ihrer Denker, sondern vielleicht in demselben Maß auch durch einen Einblick in ihre sonstige Denkweise deutlich wird: [1]

---

sie nirgends anders existierten als in den Köpfen der Priester. Es lernte der Priesterschüler alle diese Formeln und Erläuterungen auswendig und er überlieferte sie wieder seinem Schüler, und wahrscheinlich bis etwa um den Beginn unserer Zeitrechnung hat diese ganze Literatur ihr Dasein nur in den Köpfen der Inder und auf keinerlei Papier oder Papierersatz gefristet.

1) Chând. Up. IV 1-2; nach Deussen, 60 Up. d. Veda, S. 117ff.

Jânaçruti, der Enkelsohn des *Jânaçruti*, war ein gläubiger Spender, reich beschenkte er die Priester und große Opfer brachte er dar. Er ließ allerwärts Herbergen bauen, damit sie von überall bei ihm einkehrten. Da flogen einst Gänse in der Nacht vorüber. Da sprach die eine Gans zur anderen: „He da, siehst du nicht, dem Himmel gleich ist *Jânaçruti*, des Enkelsohnes, Glanz ausgebreitet." Zu ihr sprach die andere: „Wer ist denn der, von dem du da redest, als wäre er der Raikva mit dem Ziehkarren?" Dem hatte *Jânaçruti*, der Enkelsohn, zugehört; sobald er aufgestanden war, sprach er zu seinem Truchseß: „Geh' und such' ihn mir. Und wo man einen Brahmanwisser zu suchen hat, dorthin musst du gehen, in die Einsamkeit, in den Wald, auf eine Sandbank im Fluss, in eine abgelegene Gegend." Da saß einer unter seinem Karren und schabte sich den Aussatz. Zu dem setzte sich der Truchseß nieder und sprach: „Bist du, Ehrwürdiger, der Raikva mit dem Ziehkarren?" „Freilich bin ich der", antwortete er. Der Truchseß kam zurück und sprach: „Ich habe ihn gefunden." Da nahm *Jânaçruti*, der Enkelsohn, sechshundert Kühe, einie güldene Halskette und einen Wagen, mit Maultieren bespannt, ging zu ihm hin und sprach: „Raikva, da sind sechshundert Kühe, da ist eine güldene Halskette, da ist ein Wagen, mit Maultieren bespannt; nimm all das, aber belehre mich, Ehrwürdiger, über die Gottheit, die du verehrst." Ihm erwiderte der andere: „Oho, für ein Geschmeide und Gefährt, du Knecht! Behalte sie für dich, mitsamt den Kühen." Da nahm hinwiederum *Jânaçruti*, der Enkelsohn, tausend Kühe, eine güldene Halskette, einen Wagen, mit Maultieren bespannt, und seine Tochter; die nahm er, ging zu ihm hin und sprach: „Raikva, da sind tausend Kühe, da ist eine güldene Halskette, da ist ein Wagen, mit Maultieren bespannt, da ist ein Weib und da ist das Dorf, in dem du sitzest, nimm all das, aber belehre mich, Ehrwürdiger." Da richtete Raikva das gesenkte Angesicht des Mädchens in die Höhe und sprach: „Da schleppt er jene Kühe herbei; Knecht, durch dieses Angesicht allein hättest du mich zum Sprechen gebracht."

Ich will nun ein zweites Stück mitteilen, von dem sowohl die Einleitung als auch der Lehrgehalt bemerkenswert sind. Der Lehrgehalt schärft die Lehre vom Brahman in dem Sinn ein, dass weder der weite Raum, noch die Unendlichkeit, noch aller Glanz der Welt, noch alles Leben in der Welt an Brahman heranreicht, sondern dass man höchstens, wenn man all dies, den Raum, die Unendlichkeit, den Glanz und das Leben zusammennimmt, zu einer Vorstellung kommt, die sich etwa vielleicht mit der des heiligen Weltgrundes vergleichen lässt.

Noch merkwürdiger als dieser Lehrgehalt ist aber die Einleitung, die wohl als eine Perle der Novellistik bezeichnet werden darf.

Ich schicke zum besseren Verständnis dieser Einleitung voraus, dass nach der indischen Kastenordnung ein Brahmane, ein Priester, nur wieder den Sohn eines Brahmanen, eines Priesters, als Schüler aufnehmen, d. h. also, dass nur der Sohn eines Brahmanen als Schüler bei einem Brahmanen eintreten darf, dass also der Priester seine Pflichten gegen den Priesterstand vernachlässigen würde, wenn er einen Schüler aufnähme, nicht selbst der Sohn eines Priesters ist: [1])

Satyakâma sprach zu seiner Mutter *Jabâlâ*: „Ich will, Verehrliche, als Brahmanschüler eintreten; sage mir, aus welcher Familie ich bin." Sie sprach zu ihm: „Das weiß ich nicht, mein Junge, aus welcher Familie du bist. In meiner Jugend bin ich viel herumgekommen als Magd; da habe ich dich bekommen. Ich weiß es selbst nicht, aus welcher Familie du bist. Ich heiße *Jabâlâ* und du heißest *Satyakâma*. So nenne dich denn *Satyakâma*, den Sohn der *Jabâlâ*." Da ging er zu *Hâridrumata*, dem Brahmanen, und sprach: „Ich möchte bei Euer Ehrwürden als Brahmanschüler eintreten; wollen Euer Ehrwürden mich aufnehmen?" Der sprach zu ihm: „Aus welcher Familie bist du, mein Lieber?" Er sprach: „Das weiß ich nicht, Herr Lehrer, aus welcher Familie ich bin. Ich habe die Mutter gefragt, die hat mir geantwortet: ‚In meiner Jugend bin ich viel herumgekommen als Magd; da habe ich dich bekommen. Ich weiß es selbst nicht, aus welcher Familie du bist. Ich heiße *Jabâlâ* und du heißest *Satyakâma*. So nenne dich denn *Satyakâma*, den Sohn der *Jabâlâ*.'" Der Lehrer sprach zu ihm: „Nur der Sohn eines Brahmanen kann so offen sprechen. Hole herbei, mein Lieber, was zur Aufnahme erforderlich ist. Ich werde dich aufnehmen, weil du nicht von der Wahrheit abgegangen bist." Nachdem er ihn aufgenommen hatte, sonderte er vierhundert magere und schwache Rinder aus und sprach: „Diesen, mein Lieber, gehe nach, sie zu geleiten." Er trieb sie von dannen und sprach: „Nicht eh' es tausend geworden sind, will ich mit ihnen heimkehren." Und er blieb eine Reihe von

---

1) Chând. Up. IV 4-9; nach Deussen, ebd., S. 121 ff.

Jahren in der Fremde. Als es nun tausend geworden waren, da redete ihn ein Stier an und sprach: „*Satyakâma!*" „Ehrwürdiger?" erwiderte er. „Wir sind auf tausend gelangt, mein Lieber, so bringe uns denn zur Wohnung des Lehrers. Ich will dir auch ein Viertel des Brahman kundmachen. Der Osten ist ein Sechzehntel, der Westen ist ein Sechzehntel, der Süden ist ein Sechzehntel, der Norden ist ein Sechzehntel: dieses, mein Lieber, ist das aus vier Sechzehnteln bestehende Viertel des Brahman, das da heißt: die Weite." Und als es wieder Morgen geworden war, da trieb *Satyakâma* die Kühe weiter, und wo sie gegen Abend ankamen, da legte er ein Feuer an, pferchte die Kühe ein, legte Brennholz auf und setzte sich westlich von dem Feuer nieder, das Gesicht gegen Osten gewandt. Da redete ihn das Feuer an und sprach: „*Satyakâma*, ich will dir, mein Lieber, auch ein Viertel des Brahman kundmachen. Die Erde ist ein Sechzehntel, der Luftraum ein Sechzehntel, der Himmel ein Sechzehntel, der Ozean ein Sechzehntel: dieses, mein Lieber, ist das aus vier Sechzehnteln bestehende Viertel des Brahman, das da heißt: die Unendlichkeit." Als es wieder Morgen geworden war, trieb er die Kühe weiter. Und wo sie gegen Abend ankamen, da legte er ein Feuer an, pferchte die Kühe ein, legte Brennholz auf und setzte sich westlich von dem Feuer nieder, das Gesicht gegen Osten gewandt. Da flog eine Gans auf ihn zu, redete ihn an und sprach: „Satyakâma, ich will dir, mein Lieber, auch ein Viertel des Brahman kundtun. Das Feuer ist ein Sechzehntel, die Sonne ein Sechzehntel, der Mond ein Sechzehntel, der Blitz ein Sechzehntel: dieses, mein Lieber, ist das aus vier Sechzehnteln bestehende Viertel des Brahman, das da heißt: der Glanz." Als es wieder Morgen geworden war, trieb er die Kühe weiter, und wo sie gegen Abend ankamen, da legte er ein Feuer an, pferchte die Kühe ein, legte Brennholz auf und setzte sich westlich von dem Feuer nieder, das Gesicht gegen Osten gewandt. Da flog ein Tauchervogel auf ihn zu, redete ihn an und sprach: „Satyakâma, ich will dir, mein Lieber, auch ein Viertel des Brahman kundtun. Der Atem ist ein Sechzehntel, das Auge ein Sechzehntel, das Ohr ein Sechzehntel, das Denken ein Sechzehntel: dieses, mein Lieber, ist das aus vier Sechzehnteln bestehende Viertel des Brahman, das da heißt: das Leben." Und er gelangte zur Wohnung des Lehrers. Da redete ihn der Lehrer an und sprach:

„*Satyakâma!*" „Ehrwürdiger?" erwiderte er. „Du glänzest, mein Lieber, wie einer, der das Brahman kennt; wer kann es sein, der, dich belehrt hat?" „Andere als Menschen", antwortete er, „aber Euer Ehrwürden mögen es mir, bitte, erklären, denn ich habe Männer, die Euer Ehrwürden gleichen, sagen hören, dass das Wissen, das man vom Lehrer lernt, am sichersten zum Ziel führt." Und da legte er ihm das Brahman aus und dabei fiel nichts daneben — fiel nichts daneben.

Ich möchte nun noch eine dritte Geschichte in Kürze mitteilen: erstens, weil auch da die Einleitung recht hübsch ist, und zweitens, weil der Lehrgehalt, wenn auch dem des vorigen Stückes verwandt, die Brahmanlehre doch wieder von etwas anderer Seite zeigt. Der Grundgedanke ist wohl der, dass das Brahman die Welt unwahrnehmbar und doch als das Wesentliche in ihr durchdringt, so wie die Luft die Welt oder das Leben den Menschen oder die Freude den Glücklichen: [1])

Upakosala, der Nachkomme des *Kamala*, wohnte als Brahmanschüler bei *Satyakâma*, dem Sohne der *Jabâlâ*. Zwölf Jahre hatte er ihm seine Opferfeuer bedient; da ließ *Satyakâma* die anderen Schüler ziehen, ihn aber wollte er nicht ziehen lassen. Da sprach zu ihm sein Weib: „Schau, der Schüler härmt sich, er hat die Feuer wohl bedient; sieh zu, dass die Feuer nicht an dir vorbei zu ihm reden, lehre ihn doch die Wissenschaft." Er aber wollte sie ihn nicht lehren und zog über Land; da ward der Schüler krank und wollte nicht essen; da sprach das Weib des Lehrers zu ihm: „Iss doch, Schüler, warum issest du nicht?" Er aber sprach: „Ach, im Leibe des Menschen wirken so vielerlei Kräfte; ich bin ganz voll Krankheit." Da sprachen die Feuer untereinander: „Der Schüler härmt sich und hat uns doch wohl bedient, lasst uns ihn die Wissenschaft lehren!" Und sie sprachen zu ihm: „Brahman ist Leben, Brahman ist Freude, Brahman ist Weite." Er aber sprach: „Ich weiß schon, dass Brahman das Leben ist; aber die Freude und die Weite, die weiß ich noch nicht." Sie aber sprachen: „Wahrlich, die Weite, das ist die Freude, und die Freude, das ist die Weite." Und sie legten ihm aus, wie Brahman das Leben ist und der weite Raum.

Nachdem ich nun diese drei kurzen Stücke mitgeteilt habe, komme ich zu dem großen und berühmten Hauptstück, welches erzählt,

---

1) Chând. Up. IV 10; nach Deussen, 60 Up., S. 125f.

wie *Çvetaketu* von seinem Vater *Uddâlaka Âruni* belehrt wird: [1])
Çvetaketu war der Sohn des *Uddâlaka Âruni.* Zu ihm sprach
sein Vater: „*Çvetaketu* zieh' aus, das Brahman zu studieren,
denn einer aus unserer Familie, o Teurer, pflegt nicht unge-
lehrt und ein bloßes Anhängsel der Brahmanenschaft zu bleiben." Da ging er, zwölf Jahre alt, in die Lehre, und mit vierundzwanzig Jahren hatte er alle Veden durchstudiert und
kehrte zurück, hochfahrenden Sinnes, sich weise dünkend,
und stolz. Da sprach zu ihm sein Vater: „*Çvetaketu,* dieweil
du, o Teurer, also hochfahrenden Sinnes bist, dich weise dünkend, und stolz, hast du denn auch der Unterweisung nachge-
fragt, durch welche auch das Ungehörte gehört, das Unver-
standene verstanden, das Unerkannte erkannt wird?" „Ja, wie
lautet denn, o Ehrwürdiger, diese Unterweisung?" „Gleichwie, o Teurer, durch einen Tonklumpen alles, was aus Ton
besteht, erkannt wird, nur an Worte klammert sich die Umwandlung, ist ein bloßer Name, Ton nur ist es in Wahrheit;
gleichwie, o Teurer, durch einen kupfernen Knopf alles, was
aus Kupfer besteht, erkannt wird, nur an Worte klammert sich
die Umwandlung, ist ein bloßer Name, Kupfer nur ist es in
Wahrheit; gleichwie, o Teurer, durch eine Nagelschere alles,
was aus Eisen besteht, erkannt wird, nur an Worte klammert
sich die Umwandlung, ist ein bloßer Name, Eisen nur ist es in
Wahrheit; also, o Teurer, lautet diese Unterweisung." „Gewiss
haben das meine ehrwürdigen Lehrer selbst nicht gewusst;
denn wenn sie es gewusst hätten, warum hätten sie es mir
nicht gesagt? Du aber, o Ehrwürdiger, wollest mir solches
nunmehr auslegen."

„Im Anfang, o Teurer, war nur das Seiende, nur eines,
kein zweites. Dieses eine Seiende beabsichtigte: Ich will vieles sein, will mich fortpflanzen. Da schuf es die Glut. Diese
Glut beabsichtigte: Ich will vieles sein, will mich fortpflanzen. Da schuf sie das Wasser. Und darum, wenn ein Mensch
schwitzt, entsteht auch heute noch aus der Glut das Wasser.
Dieses Wasser beabsichtigte: Ich will vieles sein, will mich
fortpflanzen. Da schuf es die Nahrung. Und darum, wenn es
regnet, entsteht auch heute noch reichliche Nahrung. Jenes eine Seiende beabsichtigte: Wohlan, ich will in diese drei, in
Glut, Wasser und Nahrung, mit diesem meinem lebenden Ich

---

1) Chând. Up. VI; nach Deussen, 60 Up., S. 159ff.

eingehen und will auseinanderbreiten all die Namen und Gestalten. Da ging jenes eine Seiende in Glut, Wasser und Nahrung mit diesem seinem lebenden Ich ein und breitete auseinander all die Namen und Gestalten.

Lass dir nun von mir, o Teurer, den Zustand des Schlafes erklären. Wenn es heißt, dass der Mensch schläft, dann ist er eben mit dem Seienden, o Teurer, zur Vereinigung gelangt. Zu sich selbst ist er eingegangen. Denn, o Teurer, der Mensch ist gleichwie ein Schößling; ein solcher wird nicht ohne Wurzel sein; aber wo anders könnte seine Wurzel sein als in der Nahrung? Und in derselben Weise, o Teurer, gehe von der Nahrung als Schößling zurück auf das Wasser als Wurzel, von dem Wasser, o Teurer, als Schößling gehe zurück auf die Glut als Wurzel und von der Glut, o Teurer, als Schößling gehe zurück auf das Seiende als Wurzel; denn das Seiende, o Teurer, haben alle diese Geschöpfe zur Wurzel, das Seiende zum Stützpunkt, das Seiende zur Grundlage. Und scheidet nun ein Mensch dahin, dann geht seine Rede ein in das Denken, das Denken in den Hauch, der Hauch in die Glut, die Glut aber in das Seiende; zu sich selbst ist er abermals eingegangen."

„Noch weiter, o Ehrwürdiger, belehre mich", sprach er. „So sei es", antwortete jener.

„Wenn, o Teurer, die Bienen den Honig bereiten, so sammeln sie die Säfte von mancherlei Blumen und tragen den Saft zur Einheit zusammen. So wie in dieser Einheit jene Säfte keinen Unterschied behalten des bestimmten Baumes, dessen Saft sie sind, also fürwahr, o Teurer, haben auch alle diese Kreaturen, wenn sie im Schlaf oder im Tod in das Seiende eingehen, kein Bewusstsein davon, dass sie in das Seiende eingehen. Selbige, ob sie hier Tiger sind oder Löwe oder Wolf oder Eber oder Wurm oder Vogel oder Bremse oder Mücke, was immer sie sein mögen, dazu werden sie wieder gestaltet."

Nämlich wiedergestaltet zunächst, wenn sie aus dem Schlaf wieder aufwachen, und dann doch auch wiedergestaltet, wenn sie nach dem Tod wiedergeboren werden. — Die Vorstellung ist also hier die — ich will in Kürze einschalten —, dass das Brahman als das eigentlich Reale aufgefasst wird, mit dem jedes Ding zusammenhängt, weil es ja eigentlich selbst gar nichts anderes ist. Doch aber wird die Bildung der Welt aus Brahman auch wieder als eine Art Naturvorgang aufgefasst, indem aus dem Brahman zunächst das feinste aller Dinge, das Feuer, und aus diesem allmählich immer gröbere Dinge, aus dem Feuer das Wasser, aus dem Wasser die festen Körper hervorgegangen sind (die hier als Nahrung bezeichnet werden, weil der Begriff des festen Körpers noch nicht gebildet war) und aus dieser Nahrung die Körper der lebenden Wesen. Aber diesen ganzen Weg geht nun das Ich des Menschen in jeder Nacht wieder zurück, indem das Ich im tiefen Schlaf aus dieser Welt verschwindet und sich mit dem Brahman vereinigt, und es geht diesen Weg erst recht zurück nach dem Tod, wo ja die Seele zu Brahman eingeht. Dass wir aber, wie wir eben in dem letzten Abschnitt gehört haben, davon nichts wissen, das, meint der Verfasser, ist kein Beweis gegen diese Vorstellung; denn es ist so, wie mit dem Saft des Baumes, der in den Honigtopf kommt: der einzelne Tropfen weiß nicht, ob er Saft von einem Feigenbaum oder von einem anderen Baum ist. Das hindert aber nicht, dass er doch von diesem Baum kommt, und das hindert auch — wie der Verfasser meint — nicht, dass er bei entsprechender Gelegenheit zu seinem Baum auch wieder zurückgelangt.

„Diese Ströme, o Teurer, fließen im Osten gegen Morgen und im Westen gegen Abend; von Ozean zu Ozean strömen sie, sie werden lauter Ozean. Gleichwie diese nicht wissen, dass sie dieser oder jener Fluss sind, also, fürwahr, o Teurer, wissen auch alle diese Kreaturen, wenn sie aus dem Seienden wieder hervorgehen, nicht, dass sie aus dem Seienden wieder hervorgehen."

„Noch weiter, o Ehrwürdiger, belehre mich", sprach er. „So sei es", antwortete jener.

„Wenn man, o Teurer, hier diesen großen Baum an der Wurzel anschneidet, so trieft er, weil er lebt. Und wenn man ihn in der Mitte anschneidet, so trieft er, weil er lebt. Und wenn man ihn an der Spitze anschneidet, so trieft er, weil er lebt. So steht er da, durchdrungen von dem lebendigen Ich, strotzend und freudevoll. Verlässt nun das Leben einen Ast, so verdorrt der; verlässt es den zweiten, so verdorrt der; verlässt es den dritten, so verdorrt der; verlässt es den ganzen Baum, so verdorrt der ganze Baum. Also auch, o Teurer, sollst du merken", so sprach er, „der Mensch freilich stirbt, wenn er vom Leben verlassen wird, nicht aber stirbt das Leben."

„Noch weiter, o Ehrwürdiger, belehre mich", sprach er. „So sei es", antwortete jener.

„Hole mir dort von dem Feigenbaum eine Frucht." „Hier ist sie, Ehrwürdiger." „Spalte sie!" „Sie ist gespalten, Ehrwürdiger." „Was siehst du darin?" „Ich sehe hier, o Ehrwürdiger, ganz kleine

Kerne." „Spalte einen solchen Kern!" „Er ist gespalten, Ehrwürdiger." „Was siehst du in dem Kern?" „In dem Kern, Ehrwürdiger,
sehe ich gar nichts mehr." Da sprach er: „Diese Feinheit, die du
nicht wahrnimmst, o Teurer, aus dieser Feinheit, fürwahr, ist dieser große Feigenbaum entstanden. Glaube mir, o Teurer, was diese
Feinheit ist, daraus besteht das Weltall, das ist das Wahre, das ist
dein Ich, das bist du, o Çvetaketu."

„Noch weiter, Ehrwürdiger, belehre mich." „So sei es", antwortete jener.

„Hier dieses Stück Salz lege ins Wasser und komme morgen
wieder zu mir." Er tat es. Da sprach sein Vater zu ihm: „Bringe
mir das Salz, das du gestern Abend ins Wasser gelegt hast." Er
tastete danach und fand es nicht, denn es war ganz zergangen.
„Koste davon von dieser Seite! Wie schmeckt es?" „Salzig." „Koste aus der Mitte. Wie schmeckt es?" „Salzig." „Koste von jener
Seite. Wie schmeckt es?" „Salzig." „Lass es stehen und setz dich
her!" Er tat es und sagte: „Es ist immer noch vorhanden." Jener
aber sprach: „Fürwahr, so nimmst du auch das Seiende im Menschen nicht wahr und es ist doch in ihm. Was diese Feinheit ist,
daraus besteht das Weltall, das ist das Wahre, das ist dein Ich, *das
bist du*, o Çvetaketu."

„Noch weiter, o Ehrwürdiger, belehre mich." „So sei es", antwortete jener.

„Gleichwie, o Teurer, ein Mann, den sie aus dem Lande der
Gandhâras mit verbundenen Augen hergeführt und dann in der
Einöde losgelassen haben, nach Osten oder Westen, nach Norden
oder nach Süden verschlagen wird, weil er mit verbundenen Augen
hergeführt und mit. verbundenen Augen losgelassen worden war,
nachdem ihm aber jemand die Binde abgenommen und zu ihm gesprochen hat: „Dort hinaus liegen die Gandhâras, dort hinaus
musst du gehen", sich von Dorf zu Dorf durchfragend, belehrt und
verständig, zu den Gandhâras heimgelangt, also auch ist ein Mann,
der hienieden einen Lehrer gefunden hat, sich bewusst: Diesem
Leben werde ich nur so lange angehören, bis ich erlöst sein werde,
dann werde ich heimgehen. Was diese Feinheit ist, daraus besteht
das Weltall, das ist das Wahre, das ist dein Ich, das bist du, o Çvetaketu."

„Noch weiter, Ehrwürdiger, belehre mich." „So sei es", antwortete jener.

„Einen Menschen, o Teurer, führen sie heran mit geknebelten
Händen und rufen: ‚Er hat geraubt, er hat einen Diebstahl began-

gen; macht das Beil für ihn glühend.' Wenn er der Täter ist, so beweist er selbst seine Schuld. Unwahres aussagend, verfällt er selbst der Unwahrheit, fasst das glühende Beil an, verbrennt sich und wird hingerichtet. Aber wenn er nicht der Täter ist, so beweist er selbst seine Unschuld. Wahres aussagend, erzeugt er selbst die Wahrheit, fasst das glühende Beil an, verbrennt sich nicht und wird losgelassen. Das, wodurch dieser sich nicht verbrennt, daraus besteht das Weltall, das ist das Wahre, das ist dein Ich, *das bist du*, o Çvetaketu." Also wurde er von ihm belehrt — von ihm belehrt.

Das Stück, das ich jetzt mitteilen werde, dürfte aus einer etwas späteren Zeit stammen. Es zeigt sich gleich anfangs, dass damals in Indien schon eine Reihe von Wissenschaften ausgebildet war. Das Gespräch selbst spielt in einem unbestimmten Rahmen; denn es wird nicht näher erzählt, unter welchen Umständen der Priester *Nârada* von dem Gott *Sanatkumâra* belehrt wird: es fehlt auch an allen lebendigen Einzelheiten. Der Grundgedanke selbst ist aber recht tiefsinnig, wenn er auch mit übertriebener indischer Subtilität sofort zu einem ganzen System ausgebaut wird. Es wird uns vielleicht eine merkwürdige Analogie dieses Stückes auffallen mit jenem bekannten Monolog Fausts, in dem er sich überlegt, wie er den Beginn des Johannesevangeliums übersetzen soll: Im Anfang war das Wort, oder: Im Anfang war der Sinn, oder: Im Anfang war die Kraft, oder schließlich: Im Anfang war die Tat? Ähnlich nun ist es auch hier, nur dass der Gedanke gleich in fünfzehn oder zwanzig Glieder zerfällt: [1])

„Belehre mich, o Ehrwürdiger", mit diesen Worten nahte sich *Nârada* dem *Sanatkumâra*. Der sprach zu ihm: „Bringe mir vor, was du schon weißt, dann werde ich dir das darüber Hinausliegende kundmachen." Und jener sprach: „Ich habe, o Ehrwürdiger, gelernt: den Ṛigveda, den *Sâmaveda*, den Yajurveda, den Atharvaveda, die Erzählungen von Menschen und Göttern, Sprachlehre, Totendienst, Rechnen, Weissagen, Zeitrechnung, Streitkunst, Staatskunst, Götterlehre, Gebetslehre, Gespensterlehre, Kriegswissenschaft, Sternkunde, Schlangenzauber und die Künste der Musen. Das ist es, o Ehrwürdiger, was ich gelernt habe. Und so bin ich, Ehrwürdiger, zwar vedakundig, aber nicht âtmankundig; denn ich habe gehört von solchen, die dir gleichen, dass den Kummerüberwindet, wer den Âtman, das Ich, kennt. Ich aber, o Ehrwürdiger, bin bekümmert: darum wollest du mich, o Herr, zu dem jenseitigen Ufer des Kummers hinüberführen."

---

1 Chând. Up. VII; nach Deussen, 60 Up., S. 174ff.

Und er sprach zu ihm: „Alles, was du studiert hast, ist nur Name: Name ist der Ṛigveda, der Sâmaveda, der Yajurveda, der Atharvaveda ... Das alles ist Name; den Namen mögest du verehren."

„Gibt es, o Ehrwürdiger, ein Größeres als den Namen?"

„Die Rede ist größer als der Name; denn die Rede ist es, die den Ṛigveda, den Sâmaveda, den Yajurveda, den Atharvaveda kundmacht und dazu noch den Himmel und die Erde, den Wind, den Luftraum, das Wasser, das Feuer, Götter und Menschen, Haustiere und Vögel, Kräuter und Bäume, die wilden Tiere bis hinab zu den Mücken, Fliegen und Ameisen, dann Recht und Unrecht, Wahrheit und Unwahrheit, Gutes und Böses, Erfreuliches und Unerfreuliches. Wäre die Rede nicht, so könnte nicht Recht noch Unrecht sich kundmachen, nicht Wahrheit noch Unwahrheit, nicht Gutes noch Böses, nicht Erfreuliches noch Unerfreuliches; denn nur die Rede macht dies alles kund; die Rede mögest du verehren."

„Gibt es, o Ehrwürdiger, ein Größeres als die Rede?"

„Die Gedanken fürwahr sind größer als die Rede; denn gleichwie eine Faust zwei Eicheln, zwei Beeren oder zwei Nüsse umfasst, so umfassen die Gedanken die Rede und den Namen. Denn wenn einer seine Gedanken daraufrichtet, die heiligen Lieder und Sprüche zu studieren, so studiert er sie, oder Werke zu vollbringen, so vollbringt er sie, oder sich Söhne und Vieh zu wünschen, so wünscht er sie sich, oder sich diese Welt oder jene Welt zu wünschen, so wünscht er sie sich. Denn die Gedanken sind das Ich, die Gedanken sind die Welt, die Gedanken sind das Brahman; die Gedanken mögest du verehren."

„Gibt es, o Ehrwürdiger, ein Größeres als die Gedanken?" „Der Entschluss, fürwahr, ist größer als die Gedanken; denn wenn einer sich zu etwas entschließt, dann richtet er seine Gedanken darauf, dann lässt er die Rede ertönen; die zerlegt sich in die Namen, aus den Namen bestehen die Lieder und Sprüche, aus den Liedern und Sprüchen entstehen die Werke. Alle diese also haben ihren Einheitspunkt in dem Entschluss, ihr Ich in dem Entschluss, sind in dem Entschluss gegründet. Durch den Entschluss sind zustande gekommen: Himmel und Erde, Wind und Luftraum, Wasser und Feuer, die ganze Welt; den Entschluss mögest du verehren."

„Gibt es, o Ehrwürdiger, ein Größeres als den Entschluss?"

„Das Urteil, fürwahr, ist größer als der Entschluss; [1] denn wennsich einer ein Urteil bildet, dann erst fasst er Entschlüsse, dann richtet er seine Gedanken auf dies oder jenes, dann lässt er die Rede

---

1) Zu citta = Urteil vgl. Oldenberg, W.-A. der Brâhmanatexte, S. 74.

ertönen.

Darum, wenn einer auch viel weiß und er hat kein Urteil, so sagt man von ihm: er ist nicht von Bedeutung, soviel er auch wissen mag; denn wäre er wirklich weise, dann wäre er nicht so urteilslos. Wenn einer aber auch nur wenig weiß und er hat dabei Urteil, dann hören die Leute doch auf ihn; denn das Urteil ist von all jenem der Einheitspunkt, das Urteil das Ich, das Urteil die Grundlage; das Urteil mögest du verehren."

„Gibt es, o Ehrwürdiger, ein Größeres als das Urteil?"

„Das Nachdenken, fürwahr, ist größer als das Urteil; denn gleichsam nachdenklich ist die Erde, gleichsam nachdenklich ist der Luftraum, gleichsam nachdenklich der Himmel, gleichsam nachdenklich das Wasser, gleichsam nachdenklich sind die Berge, gleichsam nachdenklich die Götter und die Menschen. Darum: die unter den Menschen Großheit erlangen, die haben gleichsam die Gabe des Nachdenkens als ihren Anteil empfangen. Die aber klein sind, die sind streitsüchtig und hinterbringen üble Nachrede, während die Überlegenen gleichsam die Gabe des Nachdenkens als ihren Anteil empfangen haben; das Nachdenken mögest du verehren."

„Gibt es, o Ehrwürdiger, ein Größeres als das Nachdenken?"

„Die Erkenntnis, fürwahr, ist größer als das Nachdenken; denn durch die Erkenntnis ist es, dass man den Ṛigveda, den Sâmaveda, den Yajurveda und den Atharvaveda erkennt und dazu den Himmel, die Erde, den Wind, den Luftraum, das Wasser, das Feuer, die Götter, die Menschen. Das alles erkennt man durch die Erkenntnis; die Erkenntnis also mögest du verehren."

„Gibt es, o Ehrwürdiger, ein Größeres als die Erkenntnis?"

„Die Kraft, fürwahr, ist größer als die Erkenntnis, denn auch hundert Erkenntnisreiche macht ein Kraftreicher zittern. Durch Kraft hat die Erde Bestand, durch Kraft der Luftraum, der Himmel, die Berge, die Götter und Menschen, durch Kraft hat die Welt Bestand; die Kraft mögest du verehren."

„Gibt es, o Ehrwürdiger, ein Größeres als die Kraft?"

„Die Nahrung, fürwahr, ist größer als die Kraft. Denn wenn einer zehn Tage und Nächte nicht ißt, so bleibt er zwar vielleicht am Leben, aber er wird kraftlos; die Nahrung mögest du verehren." „Gibt es, o Ehrwürdiger, ein Größeres als die Nahrung?"

„Das Wasser, fürwahr, ist größer als die Nahrung; denn wenn es nicht reichlich regnet, werden die Lebensgeister verstört, denn man denkt, dass die Nahrung zu knapp werden wird. Und nur Wasser in festgewordenem Zustand sind Erde, Luftraum, Himmel, Berge, Götter und Menschen, Haustiere und Vögel, Kräuter und Bäume, die wilden Tiere bis herab zu den Würmern, Fliegen und Ameisen; sie alle sind nur Wasser in festgewordenem Zustand; das Wasser mögest du verehren."

„Gibt es, o Ehrwürdiger, ein Größeres als das Wasser?"

„Die Glut, fürwahr, ist größer als das Wasser, denn diese ist es, die, indem sie den Wind zurückhält, den Weltraum erhitzt; dann sagen sie: es ist drückend heiß, glühend heiß, es wird Regen geben. Die Glut also ist es, die zuerst den Regen ankündigt und dann das Wasser strömen lässt; die Glut mögest du verehren."

„Gibt es, o Ehrwürdiger, ein Größeres als die Glut?"

„Der Weltraum, fürwahr, ist größer als die Glut, denn im Weltraum sind Sonne und Mond, im Weltraum sind Blitz, Gestirne und Feuer; den Weltraum mögest du verehren."

„Gibt es, o Ehrwürdiger, ein Größeres als den Weltraum?"

„Das Gedächtnis, fürwahr, ist größer als der Weltraum; denn mit dem Gedächtnis entsinnt man sich des Fernsten wie des Nächsten; das Gedächtnis mögest du verehren."

„Gibt es, o Ehrwürdiger, ein Größeres als das Gedächtnis?"

„Die Hoffnung, fürwahr, ist größer als das Gedächtnis; denn, durch die Hoffnung entflammt, lernt man mit dem Gedächtnis die heiligen Lieder und Sprüche, vollbringt man die heiligen Werke; die Hoffnung mögest du verehren."

„Gibt es, o Ehrwürdiger, ein Größeres als die Hoffnung?"

„Das Leben, fürwahr, ist größer als die Hoffnung; denn wie die Speichen eingefügt sind in die Nabe, so ist in das Leben alles eingefügt. Das Leben geht vonstatten durch das Leben, das Leben gibt das Leben, gibt es zum Leben. Das Leben ist Vater und Mutter, das Leben ist Bruder und Schwester, das Leben ist Lehrer und Brahmane. Darum, wenn einer Vater oder Mutter, Bruder oder Schwester, Lehrer oder Priester hart anfährt, sagt man: Pfui über dich, du bist ein Vatermörder, ein Muttermörder, ein Brudermörder, ein Schwestermörder, ein Lehrermörder, ein Priestermörder. Wenn er aber eben dieselben, nachdem das Leben aus ihnen entflohen ist, auf dem Scheiterhaufen mit dem Spieß zusammenstößt und verbrennt mit Haut und Haar, so sagt man nicht mehr: Vatermörder, Muttermörder, Brudermörder, Schwestermörder, Lehrermörder, Priestermörder zu ihm, denn das Leben nur war all dies. Fürwahr, wer also sieht und denkt und erkennt, der ist ein Niedersprecher, der aber ist der rechte Niedersprecher, der durch die Wahrheit niederspricht."

„Die Wahrheit, o Herr, möchte ich also erkennen."

„Wenn man etwas erkennt, spricht man die Wahrheit."

„Die Erkenntnis, o Herr, möchte ich also erkennen."

„Man erkennt, wenn man prüft. Ohne Prüfen ist keine Erkenntnis." „Das Prüfen, o Herr, möchte ich also erkennen."

„Man prüft, wenn man (etwas voraussetzt), etwas glaubt. Ohne Glauben ist kein Prüfen."

„Den Glauben, o Herr, möchte ich also erkennen."

„Man glaubt, wenn man etwas zur Reife gebracht hat. Ohne Zur-Reife-Bringen ist kein Glauben."

„Das Zur-Reife-Bringen, o Herr, möchte ich also erkennen."

„Man bringt etwas zur Reife, wenn man schafft, ohne Schaffen ist kein Zur-Reife-Bringen."

„Das Schaffen, o Herr, möchte ich also erkennen."

„Man schafft, wenn man Wonne empfindet, ohne Empfinden von Wonne ist kein Schaffen."

„Die Wonne, o Herr, möchte ich also erkennen."

„Die Wonne, die besteht in der Unendlichkeit. Im Endlichen ist keine Wonne."

„Die Unendlichkeit, o Herr, möchte ich also erkennen."

„Wenn einer außer sich kein Anderes sieht, wenn einer außer sich kein Anderes hört, wenn einer außer sich kein Anderes erkennt, das ist die Unendlichkeit. Denn wenn er ein Anderes sieht, ein Anderes hört oder erkennt, das ist das Endliche. Das Unendliche ist das Unsterbliche."

„Aber worauf gründet sich denn die Unendlichkeit?"

„Die Unendlichkeit gründet sich auf ihre eigene Größe oder, wenn du willst, nicht auf die Größe; denn unter Größe versteht man in dieser Welt viele Kühe und Rosse, Elefanten und Gold, Sklaven und Weiber, Feld und Land. Aber das meine ich nicht", so sprach er, „denn da gründet sich immer eines auf das andere. Die Unendlichkeit aber ist unten und ist oben, im Westen und im Osten, im Süden und im Norden, die Unendlichkeit ist diese ganze Welt. Daraus folgt für das Ich: das Ich ist unten und oben, im Westen und im Osten, im Süden und im Norden, das Ich ist diese ganze Welt. Wer also sieht und denkt und erkennt, am Ich sich freuend, mit ihm spielend, mit ihm sich paarend und ergötzend, der ist Herr seiner selbst und sein ist in allen Welten Freiheit. Die es aber anders ansehen als so, die sind von Fremden beherrscht, vergänglicher Seligkeit, und ihrer ist Unfreiheit in allen Welten. Für den, fürwahr, der also sieht und denkt und erkennt, stammt aus ihm selbst das Leben, aus ihm selbst die Hoffnung, aus ihm selbst das Gedächtnis, aus ihm selbst der Weltraum, aus ihm

selbst die Glut, aus ihm selbst das Wasser, aus ihm selbst die Nahrung, aus ihm selbst die Kraft, aus ihm selbst die Erkenntnis, aus ihm
selbst das Nachdenken, aus ihm selbst das Urteil, aus ihm selbst der
Entschluss, aus ihm selbst die Gedanken, aus ihm selbst die Rede,
aus ihm selbst der Name, aus ihm selbst die heiligen Lieder und
Sprüche, aus ihm selbst die heiligen Werke, aus ihm selbst diese ganze Welt."

IX. AUS DER BRIHAD-ÂRANYAKA-UPANISHAD I

Ich bringe folgendes in Erinnerung. Unter den Veden versteht man die alten Sammlungen der Hymnen, Lieder und Opfersprüche. Zu den Veden gibt es mündlich fortgepflanzte Erläuterungen, die sogenannten Priesterreden oder Brâhmanas. Die Priesterreden enthalten zum Schluss einen Abschnitt mit den Vorschriften für den Waldeinsiedler, hauptsächlich betreffend die äußere Vereinfachung des Götterdienstes, verbunden mit seiner innerlichen Vertiefung, namentlich im Sinne der Lehre von der Einheit des heiligen Weltgrundes, des Brahman, mit dem innersten Kern des Menschen, dem Ich oder Âtman. Diese Abschnitte heißen Waldbücher oder Âranyakas und das Wichtigste in ihnen ist die sogenannte Geheimlehre oder Upanishad, das ist eine Zusammenstellung kurzer Formeln, die meist den Zweck haben, eine bestimmte Seite der Lehre von Brahman und Âtman scharf einzuprägen, etwa irgendein bestimmtes Symbol des Brahman anzugeben. Eine solche Geheimformel, umrahmt oft von einer Erzählung der Umstände, unter denen sie zuerst geschaffen wurde, und gefolgt von einer Erläuterung, das ist der Kern einer Upanishad im engeren Sinne; eine Zusammenstellung mehrerer solcher Abschnitte ist das, was wir im weiteren Sinn eine Upanishad nennen. Solcher Upanishaden hat es in alter Zeit etwa vierzehn gegeben; die beiden ältesten und auch umfangreichsten und gedanklich wichtigsten unter ihnen sind die Châṇḍogya-Upanishad und die Brihad-Âranyaka-Upanishad. Aus der ersteren habe ich das Allerunerlässlichste schon mitgeteilt, aus der zweiten, der Brihad-Âranyaka-Upanishad, möchte ich nunmehr einiges mitzuteilen beginnen.

Das erste Stück, das ich im Auszug anführen möchte, ist höchst merkwürdig schon durch seine ganz eigenartige Vereinigung einer höchst altertümlichen, mythologischen Denk- und Darstellungsweise mit einer höchst umstürzlerischen, aufklärerischen Absicht. Der Verfasser dieses Stückes spricht, wie sich besonders gegen Ende zeigt, dem überlieferten Verhältnis des Menschen zu den Göttern ein vernichtendes Urteil. Er sieht einen Beweis völliger Gedankenlosigkeit in der Auffassung, als ob die Götter irgendwie mehr Göttliches in sich enthielten als die Menschen selbst. Er geht so weit, klar auszusprechen, dass, wenn der Mensch den Göttern, als ob das Göttliche in ihnen etwas anderes wäre als das Göttliche in ihm selbst, Opfer darbringt, er sich damit eigentlich von diesen Göttern auf das allerunverantwortlichste ausnützen lässt. Und obwohl er nun so radikal, so revolutionär denkt, ist er doch ganz außerstande, seine Gedanken in einer begrifflichen Form mitzuteilen, er ist ganz außerstande, zu denken oder zu sagen: „Das Göttliche, das Heilige, das Brahman durchdringt, trägt, belebt die Welt." Er kann diesen Gedanken sich selbst und anderen nur in Form einer Erzählung klarmachen. Er erzählt, dass das Heilige, Göttliche in Menschengestalt existiert und die Welt geschaffen habe und dann nachträglich in sie eingegangen sei. Das ist das Unnachahmliche und unvergleichliche an diesem Stück, dass es so einfach wie irgendeine alte, rein sagenhafte Weltbildungslehre beginnt, um dann schließlich mit jenem geradezu umstürzlerischen Modernismus zu enden: [1])

Im Anfang war diese Welt allein ein Ich, in Gestalt eines Menschen, blickte um sich, da sah es nichts anderes als sich selbst. Da rief es zu Anfang aus: „Das bin ich." Da entstand der Name „Ich"; daher ach heutzutage, wenn einer angerufen wird, so sagt er zuerst: „Das bin ich", und dann erst nennt er den anderen Namen, den er trägt. — Da fürchtete sich das Ich; darum fürchtet sich noch heute einer, wenn er allein ist. Da dachte es: Wovor soll ich mich denn fürchten, da nichts anderes außer mir da ist? Da entwich seine Furcht; denn wovor hätte es sich fürchten sollen? Denn die Furcht ist ja Furcht vor einem Zweiten. Aber es hatte doch auch keine Freude, und darum hat noch heute einer keine Freude, wenn er allein ist. Da begehrte es nach einem Zweiten. Nämlich es war so groß wie ein Mann und ein Weib, wenn sie sich umschlungen halten. Dieses sein Ich zerfällte es in zwei Teile; daraus entstanden ein Gatte und eine Gattin; darum ist dieser Leib gleichsam eine Halbscheid. Da begattete sich der Gatte mit der Gattin und daraus entstanden die Menschen. Sie aber erwog: Er soll sich nicht mit mir begatten; ich will mich verbergen. Da ward sie zu einer Kuh, er aber ward zu einem Stier und begattete sich mit ihr, und daraus entstand das Rindvieh. Da ward sie zu einer Eselin, er aber zu einem Esel. Da begatteten sie sich und daraus entstanden die Esel. Da ward sie zu einer Ziege und er zu einem Bock, sie zu einem Schaf und er zu einem Widder und begattete sich mit ihr, und dar-

1) Brih. Âr. Up. I 4, 1-10; nach Deussen, 60 Up., S. 392-396.

aus entstanden die Ziegen und Schafe. Also geschah es, dass das Ich alles, was sich paart, bis hinab zu den Ameisen, erschuf. Da erkannte es: „Wahrlich, ich selbst bin die Schöpfung, denn ich habe diese Welt erschaffen." So entstand die Schöpfung. Die Welt nämlich hier war vorher nicht entfaltet. Ebendieselbe entfaltete sich damals in Namen und Gestalten, so dass es hieß: „Der so und so mit Namen Heißende hat die und die Gestalt." Und in diese Welt nun ist jenes Ich eingegangen bis in die Nagelspitzen hinein, wie ein Messer verborgen ist in einer Messerscheide oder das allerhaltende Feuer in dem feuerbewahrenden Holz. Darum sieht man das Ich nicht; denn es ist zerteilt: als atmend heißt es Atem, als redend heißt es Rede, als sehend Auge, als hörend Ohr, als verstehend Verstand; all das sind nur Namen für seine Wirkungen. Wer nun eines oder das andere von diesen verehrt, der ist nicht weise, denn nur teilweise wohnt das Ich in dem einen und in dem anderen. Darum soll man allein das Ich verehren, denn in diesem werden alle jene zu einem. Und darum ist dies die Wegspur des Weltalls, die man verfolgen soll, was hier in uns das Ich ist, denn in ihm erkennt man das ganze Weltall. Ja, fürwahr, wie man mittels der Fußspur ein Stück Vieh auffindet — so verhält es sich. Und darum soll dies teurer sein als ein Sohn, teurer als Reichtum, teurer als alles andere, denn es ist innerlicher, weil es dieses Ich ist. Wenn nun jemand ein anderes als das Ich für teuer erklärt und über ihn einer bestimmt: „Verlieren soll er, was ihm teuer ist!", der kann es erreichen, dass dies wirklich geschieht. Darum soll man allein das Ich als teuer verehren. Denn wer allein das Ich als teuer verehrt, dessen Teueres ist unvergänglich. Und wer nun eine andere Gottheit als das Ich verehrt und spricht: „Sie ist eines, und ein anderes bin ich", der ist nicht weise, sondern er ist gleichsam ein Haustier der Götter. Denn so wie viele Haustiere dem Menschen von Nutzen sind, so ist auch jeder einzelne Mensch den Göttern von Nutzen. Wenn auch nur ein Haustier entwendet wird, unangenehm ist es; um wie viel unangenehmer, wenn viele entwendet werden! Darum ist es den Göttern nicht angenehm, dass die Menschen dies wissen.

Ich brauche zur Erläuterung nicht viel hinzuzufügen. Wir haben bei solchen Stellen vielleicht manchmal den Eindruck, dass das Ich in dem Sinn in den Vordergrund geschoben wird, als ob damit dasjenige gepredigt werden sollte, was wir Egoismus oder Selbstsucht nennen. Ich will nicht sagen, dass gar keine Spur dieses Gedankens dem Verfasser vorgeschwebt haben mag. Aber ich glaube, und ich stütze mich dabei hauptsächlich auf viele andere, ähnliche Stellen, diese Erwägung ist ihm höchstens als eine willkommene Nebenbestätigung seines Hauptgedankens erschienen. Sein Hauptgedanke ist ganz ohne Zweifel: Wenn ich das Höchste finden will, was es gibt, so brauche ich nicht aus mir herauszugehen, ich finde dieses Höchste und Heiligste in mir selbst. Dass die Menschen im Allgemeinen auf ihr Ich so großen Wert legen, das erschien ihm dann wohl als eine unvollkommene Ahnung dieses Sachverhalts: im Vordergrund steht für ihn nicht die egoistische Seite des Ich, sondern im Vordergrund steht für ihn die Einheit seines innersten Wesens mit dem heiligen Urgrund der Welt und der Natur. Und er denkt: wenn ein Mensch das erkennt, dass er ja das Göttliche in sich selbst, in seiner eigenen Brust trägt, dass er die Götter braucht, um ein Göttliches zu erkennen, das ist ja, ob die Menschen den Göttern weglaufen würden, als ob sie ihnen die Opfergaben kündigen wollten. Wie schrecklich muss das für die Götter sein! Und da er als guter Inder daran nicht im entferntesten zweifelt, dass diese Götter wirklich vorhanden sind, so kommt er zu dem höchst paradoxen Schluss: die Götter wollen nicht, dass die Menschen „dies" erkennen — dass nämlich die Menschen auf die Götter eigentlich nicht angewiesen sind, weil sie ja das Göttliche selbst in sich tragen. —

Nun möchte ich zwei Stücke mitteilen, die sich in gewissem Sinn ergänzen. Sie handeln beide vom Lebenshauch. Ich will bei dieser Gelegenheit bemerken, dass die Inder vom Lebenshauch häufig in der Mehrzahl sprechen. Das geht zuletzt gewiss darauf zurück, dass die Inder den Einhauch und den Aushauch unterscheiden. Für sie ist das Atmen keine einheitliche Tätigkeit, sondern Einatmen ist eine Tätigkeit und Ausatmen andere Tätigkeit. Sehr häufig sprechen aber die Inder nicht von zwei, sondern von fünf Hauchen, indem sie zu Einhauch und Aushauch noch den Zwischenhauch, den Allhauch und den Aufhauch hinzufügen. Nach der häufigsten, wenn auch nicht einzigen Erklärung ist der Zwischenhauch jener nicht sinnlich wahrnehmbare Hauch, von dem man annimmt, dass er in der Zwischenzeit zwischen Einhauch und Aushauch und wieder zwischen Aushauch und Einhauch das Leben erhält, da nach dieser Vorstellung der Mensch ohne Hauch oder Atem überhaupt nicht leben kann. Da man nun in der Zwischenzeit zwischen Ein- und Ausatmen keinen Atem wahrnimmt, so setzt man voraus, dass in dieser Zwischenzeit ein besonderer, nicht wahrnehmbarer Hauch, der Zwischenhauch, den Menschen lebendig erhält. Man fragt dann weiter: Was mag das Gemeinsame sein, das eigentlich das Leben erhält, das, was gleichmäßig sowohl im Einhauch wie im Aushauch wie auch im Zwischenhauch enthalten ist? Und dieses Gemeinsame bezeichnet man als den Allhauch. Unter dem Aufhauch endlich versteht man den letzten Atemzug, mit dem der Mensch aus dem Leben scheidet. Es ist das jener Aushauch, dem kein Einhauch mehr folgt. Das ist die sehr häufig vorkommende Fünfzahl der Lebenshauche oder der Prânas. An unserer Stelle wird allerdings in einem anderen Sinne von Lebenshauchen in der Mehrzahl gesprochen, es werden nämlich alle Lebenskräfte als besondere Hauche gedacht, so dass für diese Vorstellungsweise jeder besonderen menschlichen Lebensäußerung oder Verrichtung ein besonderer Lebenshauch entspricht und man dann von den Lebenshauchen etwa in demselben Sinne spricht, in dem wir von den Lebenskräften, oder überhaupt von den Kräften, des Menschen sprechen.

Wir haben schon bei einem früheren Anlass gehört, dass es eine Zeit gegeben hat, wo der Lebenshauch oder Prâna nahe daran war, sich jene beherrschende Stellung zu erringen, die schließlich dem Brahman, dem Heiligen, zugefallen ist, indem die Inder jener Zeit den nicht ohne weiteres wahrnehmbaren, dabei so unendlich lebenswichtigen Atem als das eigentlich Wichtige, Wesentliche und Wertvolle am Menschen zu begreifen suchten und dann dementsprechend den Wind als eine Art Weltodem oder Weltseele auffassen. Wir haben auch gehört, dass sich dann doch die Vorstellung von etwas noch Abstrakterem, Allgemeinerem, nämlich die des Brahman als des heiligen Weltgrundes und Ichkernes durchgesetzt hat, und dass der Lebenshauch oder Prâna zu einem bloßen Symbol oder Veranschaulichungsmittel dieses Brahman herabgesunken ist, indem man sich sagte: Das Heilige ist das eigentlich Starke in der Welt, ebenso unwahrnehmbar und ebenso lebenswichtig wie der Atem im Menschen, nur noch unkörperlicher und noch heiliger. Es ist daher auch nicht an jeder Stelle möglich, genau festzustellen, ob der Verfasser eines Stückes noch den Hauch selbst als höchstes Prinzip verehrt oder ob er ihn nur als Symbol des Brahman zur Verehrung empfiehlt.

In dem ersten der beiden Stücke, die ich jetzt wiedergeben will, hat möglicherweise der ursprüngliche Verfasser den Prâna, den Hauch, selbst vorbehaltlos als höchstes Prinzip aufgefasst. Der Verfasser des zweiten Stückes geht über diesen Standpunkt hinaus und zeigt am Beispiel des Schlafenden, der zwar atmet und lebt, aber nicht denkt, keine Vernunft hat, dass doch nicht eigentlich der Atem das Innerste des Ich vorstellen kann. Und ich bin überzeugt, dass derjenige, der die beiden Stücke zusammengefügt, die ganze Upanishad abgeschlossen hat, auch auf diesem letzteren Standpunkt gestanden, dass er das erste Stück bloß als eine Symbolisierung des Brahman betrachtet hat, dass er hier im Lebenshauch, im Prâna, nur etwas sieht, woran man sich die Eigenart des Heiligen und seiner Beziehungen zur Wirklichkeit besonders gut veranschaulichen kann.

Das erste Stück lautet folgendermaßen: [1])

Dreifach, fürwahr, ist diese Welt: Name, Gestalt und Werk. Was unter ihnen die Namen betrifft, so ist das, was man die Rede nennt, ihr Preislied.

Nämlich der ganze Abschnitt handelt von der Auslegung einer Opferzeremonie, und es wird nun für den Waldeinsiedler dargelegt, wie er den opferdienstlichen Begriff des Preisliedes verinnerlichen kann. Er bringt ja keine Opfer mehr, er braucht auch kein Preislied mehr zu singen, er soll sich aber bei den verschiedenen Gegenständen und Kräften der Welt etwas denken und soll wissen, was sich unter ihnen mit einem Preislied vergleichen lässt:

Was unter ihnen die Namen betrifft, so ist das, was man die Rede nennt, ihr Preislied. Denn aus ihr entstehen alle Namen. Für die Gestalten aber ist das, was man das Auge nennt, ihr Preislied; denn aus ihm entstehen alle Gestalten. Für die Werke aber ist das, was man den Menschen nennt ihr Preislied; denn aus ihm entstehen alle Werke. Dieses nun, wiewohl es dreifach ist, ist eines, nämlich der Mensch, und der Mensch wiederum, wiewohl er nur eines ist, ist jenes Dreifache. Dasselbige ist das Unsterbliche, verhüllt durch die Wirklichkeit. Nämlich der Lebenshauch ist das Unsterbliche, Name und Gestalt sind die Wirklichkeit, und durch diese ist jener Lebenshauch verhüllt.

Wir haben hier ein Musterbeispiel einer Geheimformel, einer Upanishad, im engsten Sinne. Die heilige Formel lautet:

Das Unsterbliche, verhüllt durch die Wirklichkeit.

Und dazu ist die Erläuterung:

Das Unsterbliche ist der Hauch, die Wirklichkeit ist Name und Gestalt, d. h. der Leib des Menschen. Der Leib des Menschen erscheint uns zunächst als Wirklichkeit; aber diese verhüllt nur, was am Menschen unsterblich ist, und das Unsterbliche am Menschen ist der Lebenshauch. Darum sagte ich früher, ob der Verfasser auch hier ursprünglich den Lebenshauch selbst wieder nur als Symbol des Brahman gedacht hat, das kann man bezweifeln. Es ist möglich, dass er selbst noch wirklich der Meinung war: Der Atem ist das Unsterbli-

1) Brih. Âr. Up. I 6; nach Deussen, 60 Up., S. 406f.

che, ist im Menschen das Höchste, und dass diese Geheimformel. Das Unsterbliche, verhüllt durch die Wirklichkeit ursprünglich bloß als Ausdruck für den Hauch, für den Atem in seinem Verhältnis zum Leib geschaffen worden ist. Der Verfasser des nächsten Stückes bekämpft offensichtlich diese Anschauung; er prägt eine andere, neue Geheimformel, aus der deutlich wird, dass sich der Hauch zu dem eigentlichen Ich, dem Âtman oder Brahman, selbst wie ein Leib, wie eine Hülle zu einem Verhüllten, verhält. Dieses zweite Stück ist eingekleidet in ein Gespräch zwischen dem Priester *Gârgya* und dem König *Ajâtaçatru*. Dabei ist es merkwürdig, dass in diesem Stück, wie auch in einigen anderen, nicht der Priester den König, sondern der König den Priester belehrt. Wenn wir uns an Stücke wie das früher angeführte erinnern mit ihrer scharfen Verurteilung alles überlieferten Götterdienstes und Opferwesens, so kann man sich wohl denken, dass es vorgekommen sein mag, dass eine solche Belehrung ursprünglich nicht vom Priester ausging, dessen ganzes Dasein an den Opferdienst geknüpft war, sondern dass wirklich solche Erkenntnisse ursprünglich im Kreise der Krieger und Adeligen aufgekommen sein mögen. Dann müssen wir aber annehmen, dass die Priester so außerordentlich klug waren, sich diese neuen, fruchtbaren Gedanken sofort anzueignen und sie zu einer Geheimlehre für die fortgeschrittensten Priester selbst zu verwenden und auszugestalten: [1])

Gârgya, der Priester, war sehr gelehrt und sehr stolz. Der sprach zu Ajâtaçatru, dem König von Kâçî: „Lass mich dir das Brahman erklären!" Ajâtaçatru sprach: „Für eine solche Lehre geben wir dir tausend Kühe." Da sprach *Gârgya*: „Jener Geist, der in dem Mond ist, den verehre ich als das Brahman, den großen Geist im fahlen Kleide, den König." Und da schwieg *Gârgya*. Da sprach Ajâtaçatru: „Ist das alles?" „Ja, das ist alles." „Damit ist aber das Brahman noch nicht erklärt." Da sprach *Gârgya*: „Da muss ich bei dir als Schüler eintreten." Da sprach Ajâtaçatru „Das ist doch die verkehrte Welt, dass ein Priester bei einem Kriegsmann als Schüler eintritt, um sich von ihm das Brahman erklären zu lassen. Aber ich will dich belehren." Mit diesen Worten fasste er ihn bei der Hand und erhob sich. Und da kamen die beiden zu einem Menschen, der war eingeschlafen. Den redete der König mit jenem Namen an: „Du großer Geist im fahlen Kleide, du König", — er aber blieb liegen. Da weckte er ihn durch Streicheln mit

---

1) Brih. Âr. Up. II 1; nach Deussen, 60 Up., S. 407—411.

der Hand, und da stand der Mensch auf. Da sprach *Ajâtaçatru*: „Als dieser hier eingeschlafen war, wo war da sein erkennender Geist, und wo ist er jetzt hergekommen?" Das aber wusste *Gârgya* nicht. Da sprach *Ajâtaçatru*: „Wenn einer eingeschlafen ist, dann hat sein erkennender Geist durch seine Erkenntnis die Lebenshauche gefangengenommen und liegt mit ihnen in jenem Raum, der inwendig im Herzen ist; da ist gefangen der Geruch, da ist gefangen die Rede, da ist gefangen das Auge, da ist gefangen das Ohr, da ist gefangen das Denken. Wo er dann im Traume wandelt, da sind seine Welten, da ist er gleichsam ein großer König, da ist er gleichsam ein großer Priester, oder er geht gleichsam ein in Höheres und Niederes, und gleichwie ein großer König seine Untergebenen mit sich nimmt und in seinem Lande nach Belieben umherzieht, so nimmt er jene Lebenshauche mit sich und zieht in seinem Leib nach Belieben umher. Wenn er aber im tiefen Schlaf liegt, wenn er sich keines Dinges bewusst ist — die zweiundsiebzigtausend Adern, die sich vom Herzen aus in der Herzgegend verbreiten, in die schlüpft er da hinein und ruht in der Herzgegend; und wie ein Jüngling oder ein großer König oder ein großer Priester, ein Übermaß von Wonne genießend, ruht, also ruht dann auch er. Gleichwie die Spinne durch den Faden aus sich herausgeht, wie aus dem Feuer die winzigen Fünklein entspringen, also auch entspringen aus dem Ich alle Lebenshauche, alle Welten, alle Götter, alle Wesen. Sein Geheimname ist: „Das Wirkliche der Wirklichkeit" — nämlich die Lebenshauche sind die Wirklichkeit, und das Ich ist das Wirkliche in ihnen."

Diese zweite Geheimformel also, diese Upanishad

    Das Wirkliche der Wirklichkeit

lässt keinen Zweifel darüber, dass nicht der Lebenshauch das Letzte und Innerste im Menschen ist, sondern dass, so wie der Lebenshauch im Grobstofflichen, im Leibe, so auch wiederum das ganz feine, rein Geistige, das erkennende Ich, im Hauch als sein Herr, sein Ich darinsteckt.

    Das Stück nun, das ich jetzt noch mitteilen will, gibt sich ganz offenkundig als ein Nachtrag zu dem zuletzt mitgeteilten; denn es läuft in dieselbe Geheimformel.

    Das Wirkliche der Wirklichkeit

aus. Es handelt auch wiederum von dem Verhältnis des Lebenshauches zum Ich. Der Begriff des Lebenshauches wird nur ausgedehnt: es wird nicht nur der Hauch des Einzelnen, sein Atem, in Betracht gezogen, sondern auch der Hauch der Welt, der Wind, und es wird nun vom Lebenshauch zu dem eigentlichen Ich die Brücke geschlagen, indem zunächst einmal alle Wesen in die umhüllenden und in die umhüllten eingeteilt werden. Die umhüllenden Wesen, das sind die groben, die sterblichen; die verhüllten, das sind die feinen, die unsterblichen. Und es wird nun *ein* Gegenstand aus jeder dieser Klassen herausgegriffen, und von diesem wird dann gesagt, dass er das Wesen dieser Klasse am besten, am reinsten zum Ausdruck bringt. So bringt das Auge und so bringt die Sonne das Wesen des Verhüllenden zum Ausdruck; dagegen das Wesen des Verhüllten, das bringt beim Menschen der „Mann im Auge" zum Ausdruck. Ich habe ja schon einmal bemerkt, dass die Inder der Meinung waren, die menschliche Gestalt, die man in der Pupille seines Nebenmenschen sieht, das sei eigentlich die Seele dieses Nebenmenschen. Dieser „Mann im Auge" also bringt das Verhüllte, das Unsterbliche, den Kern zum Ausdruck. Und entsprechend dem „Mann im Auge" wird nun auch ein „Mann in der Sonne" vorausgesetzt, den wir uns etwa als den schwarzen Fleck vorstellen müssen, der sichtbar wird, wenn man längere Zeit in die Sonne starrt. Und dadurch, dass die Vorstellung des In-die-Sonne-Starrens aufgetaucht ist, schließt sich nun der Vergleich des Heiligen, des Brahman, mit etwas Blendendem an, das man nicht scharf ins Auge fassen kann, so dass sich also in diesem Sinn das Brahman mit dem Blitz oder überhaupt mit einer blendenden, die nähere Betrachtung ausschließenden Erscheinung vergleichen lässt. Diesem Gedanken, dass man das Heilige, das Brahman, oder auch das Ich, das Innerste, nicht betrachten, nicht ansehen und nicht ruhig beschreiben kann, entspricht dann der höchst merkwürdige Gedanke, dass man über dieses Innerste, Heiligste überhaupt keine bestimmte Aussage zu machen vermag, dass alle Eigenschaften, die wir aus der wirklichen, aus der verhüllenden Welt kennen, eigentlich jenem Innersten nicht zukommen, dass man also von ihm eigentlich nur Verneinungen aussagen darf, weil jenes Innerste uns überhaupt nur in der Art eines plötzlich Erlebten, wie wenn wir etwa, so sagte ich schon einmal, plötzlich einen Blitz sehen, veranschaulicht werden kann.

Nachdem ich das vorausgeschickt habe, wird sich hoffentlich das Stück ohne weitere Schwierigkeiten verstehen lassen; [1])

    Fürwahr, es gibt zwei Formen des Brahman, nämlich das Begrenzte und das Unbegrenzte, das Sterbliche und das Unsterbliche, das Tote und das Lebende, das Wirkliche und das Jen-

---

1) Brih. Âr. Up. II 3; nach Deussen, 60 Up., S. 413-415.

seitige. Dies ist das Begrenzte, was vom Wind und vom Luftraum verschieden ist: Erde, Wasser, Feuer, alles andere. Dies ist das Sterbliche, dies ist das Tote, das Wirkliche; von diesem Begrenzten, Sterblichen, Toten, Wirklichen drückt sie das Wesen aus, die dort glüht: die Sonne, denn das ist das Wesen des Wirklichen. Hingegen das Unbegrenzte, das ist der Wind und der Luftraum; das ist das Unsterbliche, das ist das Lebendige, das Jenseitige. Von diesem Unbegrenzten, Unsterblichen, Lebendigen, Jenseitigen drückt jener Mann, der dort in der Sonnenscheibe ist, das Wesen aus, denn das ist das Wesen des Jenseitigen. Soviel in Bezug auf die Gottheit. Nunmehr in Bezug auf den Menschen. Das ist das Begrenzte, was vom Odem und von dem Raum im Innern des Leibes verschieden ist: Erde, Wasser, Feuer und alles übrige. Das ist das Sterbliche, das ist das Tote, das Wirkliche. Von diesem Begrenzten, Sterblichen, Toten, Wirklichen ist *das* das Wesen, was das Aug' ist; denn das ist das Wesen des Wirklichen. Hingegen das Unbegrenzte, das ist der Odem und der Raum im Innern des Leibes; das ist das Unsterbliche, das Lebendige, das Jenseitige. Von diesem Unbegrenzten, Unsterblichen, Lebendigen, Jenseitigen ist das Wesen jener Mann, der hier im rechten Aug' ist, denn das ist das Wesen des Jenseitigen. Und die Gestalt dieses Mannes ist wie ein gelbes Safrangewand, wie ein weißes Schaffell, wie ein roter Käfer, wie eine Feuerflamme, wie eine weiße Blüte, wie wenn es plötzlich blitzt. Aber seine Beschreibung lautet: Nein, nein! Denn nicht gibt es außer dieser Beschreibung: Nein, nein! eine andere. Sein *Name* aber ist „Das Wirkliche der Wirklichkeit", nämlich die Lebenshauche sind die Wirklichkeit, und das Ich ist das Wirkliche in ihnen.

Dieses „Nein, nein", [1]) welches dann unzählige Male wiederholt worden ist, ist seinerseits wieder eine Geheimformel, eine Upanishad: indem man sich diese Worte: Nein, nein, vergegenwärtigt, erinnert man sich dessen, dass man das Brahman oder auch den Âtman, den heiligen Weltgrund oder den innersten Kern des eigenen Ich, nicht erklären kann durch irgendwelche Begriffe, die von dem

---

1) Neti, Neti. — Nach Hillebrandt, Aus Brahmanas und Upanisaden, S. 171, Anm. 56, bedeuten diese Silben, altertümlicher gedeutet, zugleich auch „Ja, Ja" — ein Wortspiel, das von vornherein gewiss sehr glaublich ist, indes die Bedeutsamkeit der verneinenden Auslegung so gut wie gar nicht einschränkt.

Wahrnehmbaren, von dem sogenannten Wirklichen hergenommen sind, sondern dass, wenn gefragt wird: Ist nun das Brahman stofflich, ist das Brahman unstofflich, ist das Brahman begrenzt, ist das Brahman unbegrenzt?, eigentlich geantwortet werden müsste: Nein, nein. Denn alle diese Begriffe sind von dem, was das Brahman und den innersten Kern des Ich verhüllt, hergenommen, sein Name, *seine* Beschreibung ist: Nein, nein!

So merkwürdig das aber alles ist, so geht doch die Brihad-Âranyaka-Upanishad bis zu diesem Punkt über den Gedankenkreis, den wir bisher kennengelernt haben, über den Gedankenkreis, der auch in der Chândogya-Upanishad entwickelt wird, nicht hinaus. Aber an diesem Punkt der Upanishad setzt eine Weiterbildung ein, die den allgemeinen Ich- oder Brahmangedanken in jener Richtung fortbildet, die wir als die eigentlich mystische bezeichnen dürfen. Diese Fortbildung knüpft sich, wenigstens nach dem Ausweis der Brihad-Âranyaka-Upanishad, an einen bestimmten Namen: es ist dies der Name des Priesters *Yâjñavalkya*. Überall, wo diese Gedanken, von denen ich jetzt sprechen will, auftauchen, werden sie von dem Priester *Yâjñavalkya* auseinandergesetzt, so dass man zunächst wirklich den Eindruck hat, dass dieser Priester eine geschichtliche Persönlichkeit sein muss. Allerdings verhält es sich nun so, dass diesem *Yâjñavalkya* auch besonders subtile Bestimmungen und Erläuterungen über Fragen des Opferdienstes in den Mund gelegt werden. Er stellt sich demnach nicht nur als der tiefste Mystiker, sondern auch als der gelehrteste Opferkünstler dar. Es ist also wohl möglich, dass er nur der Stifter einer Schule war, in der sich dann jener besondere Gedankenkreis entwickelt hat, und dass die Anhänger der Schule alles, was sie erdachten, diesem ihrem Stifter zugeschrieben haben. Andererseits aber ist jener Gedankenkreis doch so persönlich-eigenartig, dass man für ihn der Annahme eines bestimmten, einzelnen Urhebers doch nicht entgeht. Nur haben wir allerdings keine unbedingte Gewähr dafür, dass dieser Urheber gerade Yâjñavalkya hieß. Es erinnert mich das aber doch außerordentlich an einen Scherz *Mark Twains*, der ein Büchlein veröffentlicht hat: „Aus dem Hefte eines Schulknaben", und darin findet, sich folgender Satz: „Die homerischen Gedichte sind nicht von Homer verfasst, sondern von einem anderen Dichter gleichen Namens." Das dürfte auch das Letzte sein, was wir in diesem Fall aussagen können: die Mystik der Upanishaden ist vielleicht nicht von Yâjñavalkya erdacht worden, sondern von einem ungenannten Mitglied der Yâjñavalkyaschule. Für uns ist es doch wohl bequemer, wenn wir das ungenannte Mitglied der

Yâjñavalkyaschule als Yâjñavalkya bezeichnen.

Ich will hier noch kurz mit einigen Worten die Richtung dieses Gedankengangs andeuten. Wenn es das Höchste ist, sich dessen bewusst zu werden, dass das eigene Ich im letzten Grunde mit dem Brahman, der alles durchwaltenden Urkraft, zusammenfällt, dann braucht der Mensch eigentlich auch für die Zeit nach seinem Tode nichts anderes zu hoffen, als dass er sich dieser Identität bewusst werde. Er braucht nicht in irgendeine besondere Welt des Brahman *einzugehen*, denn er ist ja schon Brahman. Es braucht auch sonst nach dem Tode gar nichts *einzutreten*, was nicht auch jetzt schon gewiss wäre, — dass nämlich der Mensch im letzten Grunde seines Wesens das Höchste und Heiligste ist, was es überhaupt gibt.

Die Erlösung ist also nicht in irgendwelchen günstigen Werken zu suchen, sie ist auch nicht zu suchen in der Aneignung irgendeiner heiligen Formel, sondern sie besteht einfach in der Erkenntnis, dass ich zuletzt das Brahman bin. Das Bewusstsein dieser Einheit ist das Höchste, was der Mensch *in* diesem Leben oder *nach* diesem Leben hoffen kann. Aber dieses „Bewusstsein" ist eigentlich kein Bewusstsein. Denn zu einem Bewusstsein gehören *zwei*, eines, *das* sich bewusst ist, und etwas anderes, *dessen* es sich bewusst ist. Wenn aber das Ich und das Brahman eins sind und wenn eigentlich alles andere, was es noch zu geben scheint, gar nichts anderes ist als bloß eine *Ansicht* dieses einen Wesens, wenn es eigentlich gar nichts anderes gibt als dieses Ich, das zugleich das Heilige ist, dann gibt es eigentlich von diesem Sachverhalt kein Bewusstsein, sondern das Höchste, was der Mensch erhoffen kann, ist eigentlich eine Bewusstlosigkeit, ist das bewusstlose Einswerden des Ich mit dem Weltgrund — ein bewusstloses Einswerden, das wir uns etwa vorstellen mögen nach dem Muster des tiefen, traumlosen Schlafes; und wirklich, wenn wir aus einem solchen tiefen, traumlosen Schlaf erwachen, haben wir ja oft das Gefühl, dass wir im Leben kaum eine höhere Wonne erreichen können. Diese Wonne der Bewusstlosigkeit also ist eigentlich die höchste. Darin liegt nun allerdings ein gewisser pessimistischer Zug, was die Beurteilung des *wachen* Lebens angeht; denn wenn man sagt: Das Höchste, was der Mensch erreichen kann, ist die Bewusstlosigkeit des tiefen Schlafes, so liegt ja darin freilich: Alles, was wir wach und bewusst erleben, verschwindet daneben, und wir müssen, um zu diesem Höchsten zu kommen, auf alles andere verzichten. Es liegt ein erster Ansatz zu dem Gedanken darin, dass die Erlösung letztlich nur durch Verzicht möglich ist, dass das Heilige nur gewonnen werden kann durch Verzicht auf alles Irdische. Zum Abschluss will ich nun ganz kurz eine Geheimformel, eine Upanishad, mitteilen, in der dieser Gedanke sehr eindrucksvoll, allerdings mit Hilfe einer sprachlichen Spielerei, eingeschärft wird: [1])

„Das Brahman ist die Nahrung, so sagen einige. Aber dem ist nicht so; denn die Nahrung verwest ohne ein Lebendiges. Das Brahman ist das Leben, so sagen andere. Aber dem ist nicht so; denn das Leben verdorrt ohne Nahrung. So sind es wohl diese beiden: Nahrung *und* Leben, die, zu einem einheitlichen Wesen geworden, das höchste Sein vorstellen." Dies sagte einmal *Prâtṛida* zu seinem Vater; der aber antwortete ihm durch Winken mit der Hand: „Nicht doch, *Prâtṛida!*" Und er sprach zu ihm das Wort: „Vi", nämlich „Vi" bedeutet die Nahrung; und er sprach zu ihm das Wort: „Ram", nämlich „Ram" bedeutet das Leben; und er sprach zu ihm das Wort „Viram", nämlich „Viram" bedeutet die Entsagung. [2]) Wahrlich, das Brahman ist Entsagung — ist Entsagung.

---

1) Brih. Âr. Up. V 12; nach Deussen, 60 Up., S. 495.
2) Oder das Erlöschen.

X. AUS DER BRIHAD-ÄRANYAKA-UPANISHAD II

Der Grundgedanke der ältesten Upanishaden ist der, dass der Welt eine unwahrnehmbare, unstoffliche, heilige Urkraft, das Brahman, zugrunde liegt, und dass unser innerstes Ich nichts anderes ist als ein Stück dieser Urkraft, oder genauer: nichts ist als diese Urkraft selbst. Nach dem Tod nun, so heißt es an zahlreichen Stellen der Upanishaden, wird derjenige, der dem Götterdienst nur lau obgelegen hat, in eine Welt des Leidens verstoßen, derjenige, der diesen Dienst mit Fleiß und Eifer versehen hat, steigt empor in die himmlische Welt der Götter. Wer aber das heilige Wissen besitzt, wer das Brahman erkannt hat, und sein eigenes Ich *als* das Brahman, der hat Hoffnung, dass er weder in die eine noch in die andere dieser Welten eingehe, dass er auch nicht auf dieser Erde wiedergeboren werde, wenn Verdienst oder Schuld seines Erdenlebens sich im Himmel oder in der Hölle aufgezehrt haben, sondern dass er ein für alle Mal eingehe zu dem großen, heiligen Brahman und nun für allezeit mit ihm vereint bleibe. Und hier knüpft nun, wie ich schon ankündigen konnte, ein neuer Gedankengang an, ein Gedankengang, der sich nur in der einen der beiden ältesten Upanishaden findet, nämlich nicht in der Chândogya-Upanishad, sondern bloß in der Brihad-Âranyaka-Upanishad, und zwar bloß an Stellen, wo der Gedankengang mit dem Namen eines bestimmten Lehrers, des Yâjñavalkya, in Verbindung gebracht wird — ein Gedankengang, höchst merkwürdig an sich und unendlich folgenreich für die ganze Entwicklung des indischen Denkens; ja man kann sagen, dass er diesem Denken zum Teil überhaupt erst seinen eigentümlichen Weg vorgezeichnet hat, nämlich den Weg der Mystik. Dieser Gedankengang lässt sich etwa so an das frühere anknüpfen. Was heißt das: ich werde nach dem Tode zu Brahman eingehen und mit ihm *vereint* bleiben? *Bin* ich denn nicht schon das Brahman? Wenn ich das Brahman, die heilige Urkraft der Welt, selbst bin, dann brauche ich ja nicht mehr zu ihm einzugehen; es hat gar keinen Sinn zu sagen oder zu hoffen: ich werde mit ihm eins *werden*. Einen Sinn hat es höchstens zu sagen oder zu hoffen: ich werde mir meiner Einheit, meiner Dasselbigkeit mit diesem Brahman *bewusst* werden. Andererseits aber gehört zum Bewusstwerden eigentlich etwas, *dessen* man sich bewusst wird. Ich bin mir bewusst der Häuser, der Bäume, die vor mir stehen, und kann mir ihrer bewusst sein, weil sie etwas von mir Verschiedenes sind. Ich bin mir meiner Frau und meiner Kinder bewusst; auch sie sind etwas von mir Verschiedenes. Ich bin mir auch noch meines Leibes, meiner Gedanken bewusst, weil ich mich diesem Leib und diesen Gedanken wie ein Fremder, ein Zuschauer gegenüberstellen kann. Aber meines eigensten, innersten Ich, *das* sich alles anderen bewusst ist, dem kann ich mich doch nicht wie einem Fremden gegenüberstellen, dessen kann ich mir doch gar nicht bewusst werden, weil ich doch dieses Ich selbst bin, weil es mir also an einem Gegenstand fehlt, dessen ich mir bewusst werden könnte. Oder wie dieser Gedanke auch häufig gewendet wird: aller Dinge werde ich mir bewusst durch mein Ich, das sich eben dieser Dinge bewusst ist. Dieses Ich ist es, das sieht, das hört, das erkennt. Dieses Ich kann sich nun aber doch nicht sich selbst gegenüberstellen; da es das Licht ist, *mit dem* gesehen wird, so kann es doch nicht gleichzeitig etwas sein, *was* gesehen wird. Kurz, es drängt sich der Gedanke auf, dass die Einheit des Ich mit dem Brahman, mit dem die Welt tragenden Heiligen, nicht gedacht werden kann nach Art eines Bewusstseins, wie wir es im wachen Leben kennen, sondern dass diese Einheit oder dieses Einswerden eher zu denken sein möchte als eine bewusstlose Einheit oder als ein bewusstloses Einswerden. Und da kehrt dann immer der Gedanke wieder: Haben wir nicht im tiefen, traumlosen Schlaf ein Vorspiel dessen zu erblicken, was wir nach dem Tod erleben mögen? Im Schlaf, so sieht es ja wirklich aus, zieht sich das Ich von den Dingen der Welt in sich selbst zurück; indem es sich nun so zurückzieht, verschwindet zunächst die Außenwelt, und es bleiben nur die Gedanken übrig, die dieses Ich sich selbst macht; das sind die Träume, die es schaut. Wenn es sich nun Buch von diesen Gedanken auf seinen innersten, eigensten Mittelpunkt zurückzieht, dann verschwinden auch die Träume, und es bleibt überhaupt nichts übrig als volle Bewusstlosigkeit, weil das Ich mit sich selbst allein ist. Und mit sich selbst allein musste es auch sein, wenn es ganz zur Einheit geworden wäre mit dem großen Welt-Ich, wenn der Âtman des Einzelnen aufgegangen wäre in dem Brahman der Welt. Die Bewusstlosigkeit dessen, der im tiefen Schlaf liegt, die kann — so meinen die Inder — nicht darin bestehen, dass unsere Bewusstseinsfähigkeit aufgehoben wäre; denn des Morgens ist ja unser Bewusstsein wieder voll hergestellt. Diese Be wusstlosigkeit kann also nur darin bestehen, darin begründet sein, dass es für das Ich bei dieser seiner Zurückgezogenheit in sich selbst keinen Gegenstand mehr gibt, dessen es sich bewusst bleiben könnte, und so denkt sich dann der Inder auch den ewigen Zustand nach dem Tod. Er würde ihn sich aber gewiss nicht so denken, wenn ihm nicht schon der tiefe, traumlose Schlaf als erstrebenswertes Ziel erschiene, wenn er nicht das tiefe Empfinden dafür hätte, dass dieser traumlose Schlaf die Entspannung von allen Mühen und Sorgen ist, wenn also nicht ein Gran der schmerzlichen Erkenntnis in ihm waltete, dass die Bewusstlosigkeit ein größeres Gut sei als jeder bewusste Genuss.

Man darf dieses Element des schmerzlichen Verzichts in den Anfängen dieser Gedankenentwicklung nicht überschätzen. Die Inder zur Zeit der alten Upanishaden haben gewiss noch keine vorwiegend pessimistische Lebensauffassung, aber es ist ein Anfang von Pessimismus vorhanden oder, wenn man will, es ist nichts anderes vorhanden als das richtige Gefühl dafür, die unausweichliche Klarheit darüber, dass, wer sich dem Ewigen zuwendet, damit schon bis zu einem gewissen Grad die Wertlosigkeit des Irdischen einsieht, dass niemand das Einswerden mit dem Weltgrund für sein höchstes Gut halten könnte, der noch dem Streben nach den irdischen Freuden, den irdischen Leistungen und Taten, voll hingegeben ist. In diesem Sinne dringt hier schon ganz scharf die Erkenntnis durch, dass das Einswerden mit dem Brahman eine Entsagung, einen Verzicht voraussetzt. Ich erwähnte schon, dass es eine kurze Geheimformel gibt, die da lautet:

Das Brahman ist Entsagung.

Dieser Gedankenkreis, den ich hier kurz abzustecken versucht habe, den beleuchtet nun Yâjñavalkya in seinem berühmten Gespräch mit *Maitreyî*, der einen seiner beiden Frauen. [1] Er hat zwei Frauen, und es ist nun für ihn der Augenblick gekommen, das Weltleben aufzugeben und als Einsiedler in den Wald zu ziehen; da geziemt es sich für einen treuen Hausvater, dass er seine Habe zwischen seinen beiden Frauen teilt:

„*Maitreyî*", so sprach *Yâjñavalkya*, „ich werde nun den Stand des Hausvaters aufgeben; wohlan, so will ich zwischen dir und *Kâtyâyanî* die Teilung vornehmen." Da sprach Maitreyî: „Wenn mir nun, o Herr, diese ganze Erde mit all ihrem Reichtum gehörte, würde ich wohl dadurch unsterblich?" „Mitnichten", sprach Yâjñavalkya, „sondern wie das Leben der Wohl-

---

1) Brih. Âr. Dp. II 4; nach Deussen, 60 Up., S. 416-419.

habenden, so würde dein Leben sein. Auf Unsterblichkeit aber ist keine Hoffnung durch Reichtum." Da sprach Maitreyî: „Wodurch ich nicht unsterblich werde, was soll ich damit? Teile mir lieber, o Herr, das Wissen mit, das du besitzest." Yâjñavalkya sprach: „Lieb, fürwahr, bist du uns, und Liebes redest du, komm, setz dich, ich werde es dir erklären, du aber merke auf das, was ich dir sage." Und er sprach: „Fürwahr, nicht um des Gatten willen ist dir der Gatte lieb, sondern um deines Ich willen ist dir der Gatte lieb; fürwahr, nicht um der Söhne willen sind dir die Söhne lieb, sondern um deines Ich willen sind dir die Söhne lieb; fürwahr, nicht um des Reichtums willen ist dir der Reichtum lieb, sondern um deines Ich willen ist dir der Reichtum lieb; fürwahr, nicht um der Götter willen sind dir die Götter lieb, sondern um deines Ich willen sind dir die Götter lieb; fürwahr, nicht um des Weltalls willen ist dir das Weltall lieb, sondern um deines Ich willen ist dir das Weltall lieb. Das eigene Ich, fürwahr, soll man sehen, soll man hören, soll man verstehen, soll man überdenken, o *Maitreyî*; fürwahr, wer das eigene Ich gesehen, gehört, verstanden und erkannt hat, von dem wird diese ganze Welt erkannt. Damit ist es, wie wenn eine Trommel gerührt wird; da draußen kann man die Töne nicht greifen, hat man aber die Trommel gegriffen oder auch den Trommelschläger, so hat man in ihnen auch den Ton gegriffen. Damit ist es, wie wenn eine Muschel geblasen wird: da draußen kann man die Töne nicht greifen, hat man aber die Muschel gegriffen oder auch den Muschelbläser, so hat man in ihnen auch den Ton gegriffen. Damit ist es, wie wenn eine Laute gespielt wird: da draußen kann man die Töne nicht greifen, hat man aber die Laute gegriffen oder auch den Lautenspieler, so hat man in ihnen auch den Ton gegriffen. Damit ist es, wie wenn man ein Feuer mit feuchtem Holz anlegt und sich die Rauchwolken ringsumher verbreiten. Denn ebenso, fürwahr, ist aus diesem großen Wesen" — nämlich aus dem Ich — „ausgehaucht worden der Ṛigveda, der Yajurveda, der Sâmaveda und der Atharvaveda, die Erzählungen, die Geschichten, die Wissenschaften, die Geheimlehren, die Verse, die Sinnsprüche, die Auseinandersetzungen und Erklärungen; alle diese sind aus ihm ausgehaucht worden. Und gleichwie der Ozean das Gefäß alles Wassers ist, so ist auch das Ich als Haut das Gefäß alles Gefühls, das Ich als Zunge das Gefäß alles Geschmacks, das Ich als Nase das Gefäß alles Geruchs, das Ich als Auge das Gefäß aller Gestalten, das Ich als Ohr das Gefäß alles Getöns, das Ich als Wille das Gefäß alles Begehrens, das Ich als Herz das Gefäß alles Gedenkens, das Ich als Hand das Gefäß alles Wirkens, das Ich als Scham das Gefäß alles Genusses, das Ich als Fuß das Gefäß alles Schreitens, das Ich als Rede das Gefäß aller Veden.

Damit ist es wie mit einem Salzklumpen, der, ins Wasser geworfen, sich im Wasser auflöst, so dass es nicht möglich ist, ihn wieder herauszunehmen; woher man aber immer schöpfen mag, überall ist es salzig. So, fürwahr, geschieht es, dass dieses große, endlose, uferlose, ganz und gar aus Erkenntnis bestehende Wesen aus diesen Elementen sich erhebt und in sie wieder untergeht. . . Nach dem Tod ist kein Bewusstsein, so, fürwahr, sage ich." Also sprach *Yâjñavalkya*; da sprach *Maitreyî*: „Damit, o Herr, dass du gesagt hast, nach dem Tod sei kein Bewusstsein, hast du mich verwirrt", aber *Yâjñavalkya* sprach: „Nicht Verwirrung, wahrlich, rede ich, was ich gesagt, genügt zum Verständnis; denn nur wo gleichsam eine Zweiheit ist, da sieht einer den anderen, riecht einer den anderen, hört einer den anderen, redet einer den anderen an, versteht einer den anderen, erkennt einer den anderen. Wo aber einem alles zum eigenen Ich geworden ist, wie sollte er da irgendwen riechen, irgendwen sehen, irgendwen hören, irgendwen anreden, irgendwen verstehen, irgendwen erkennen? Der, durch den er dies alles erkennt, wie sollte er den erkennen, wie sollte er den Erkenner — erkennen?"

Dieser selbe Gedankenkreis, von immer neuen Seiten beleuchtet, ist es nun auch, der dem großen Streitgespräch zugrunde liegt, das Yâjñavalkya am Hofe des Janaka, des Königs der Videhas, nacheinander mit sieben Priestern und einer Priesterin geführt haben soll, und aus dem ich jetzt die allerwichtigsten Stellen und, in den allgemeinsten Umrissen, den Gedankengang mitteilen will: [1])

Janaka, der König der Videhas, veranstaltete einmal ein Opfer mit reichem Opferlohn. Daselbst hatten sich die Brahmanen aller Nachbarstämme zusammengefunden, und da entstand in *Janaka*, dem König der Videhas, die Begierde, zu erforschen, wer wohl unter diesen Brahmanen der gelehrteste sein möchte. Und er sonderte tausend Kühe aus, und an den

---

1) Brih. Âr. Up. III; nach Deussen, 60 Up., S. 428-456.

Hörnern einer jeden befestigte er zwei Pfund Gold und sprach zu jenen: „Ehrwürdige Brahmanen, wer unter euch der größte Brahmane ist, der mag diese Kühe heimtreiben." Aber die Brahmanen scheuten sich. Da sprach *Yâjñavalkya* zu seinem Schüler *Sâmaçravas*: „Also treib du sie heim, lieber *Sâmaçravas!*" Und da trieb er sie von dannen. Aber die Brahmanen zürnten und sprachen: „Wie darf er sich den größten Brahmanen unter uns nennen?" Und da war auch der Hymnensänger des Königs *Janaka*, namens *Açvala*, zugegen, der fragte ihn: „Du also, o *Yâjñavalkya*, bist unter uns der größte Brahmane?" und er antwortete: „Gern lassen wir dem Größeren die Ehre. Die Kühe freilich möchten wir gar zu gerne haben." Da unternahm es der Hymnensänger *Açvala*, ihm Fragen vorzulegen,

und er legte ihm nun eine Reihe von Fragen vor, die sich auf das Ritual des Opferwesens beziehen. Und *Yâjñavalkya* beantwortete diese Fragen zu seiner Zufriedenheit.

Da befragte ihn der Sohn des *R̥itabhâga* aus dem Stamme der *Jaratkâru*,

und der Sohn des *R̥itabhâga* legt ihm eine Reihe von Rätselfragen vor, die *Yâjñavalkya* wiederum zur Zufriedenheit des Fragestellers beantwortet.

Da befragte ihn *Bhujyu*, der Enkel des *Lahya*,

und *Bhujyu*, der Enkel des *Lahya*, legt ihm Fragen vor über gewisse in der Vergangenheit vorgefallene Ereignisse, die *Yâjñavalkya* abermals zur Zufriedenheit des Befragers beantwortet.

Da aber befragte ihn *Ushasta*, der Abkömmling des *Cakra*: „*Yâjñavalva*", so sprach er, „das vor Augen liegende, das nicht verborgene Brahman, das als Seele allem innewohnt, das sollst du mir erklären." „Es ist deine Seele, die allem innewohnt." „Welche Seele, o *Yâjñavalkya*, ist es, die allem innewohnt?" „Die durch den Einhauch einhaucht, die durch den Aushauch aushaucht, die durch den Zwischenhauch zwischenhaucht, die durch den Aufhauch aufhaucht, *das* ist deine Seele, die allem innewohnt, *das* ist deine Seele, die allem innewohnt." Da sprach *Ushasta*, der Abkömmling des *Cakra*: „Damit ist doch nur darauf hingewiesen, wie wenn einer sagt: Das ist eine Kuh, das ist ein Pferd; aber du sollst mir eben das vor Augen liegende, das nicht verborgene Brahman, die Seele, die allem innewohnt, erklären." „Es ist *deine* Seele, die allem innewohnt." „Welche, o *Yâjñavalkya*, ist es, die allem innewohnt?" „Nicht sehen kannst du den, der beim Sehen sieht, nicht hören kannst du den, der beim Hören hört, nicht verstehen kannst du den, der beim Verstehen versteht, nicht erkennen kannst du den, der beim Erkennen erkennt. *Dieser* ist deine Seele, die allem innewohnt; und was von ihm verschieden ist, ist voll von Weh." Da schwieg *Ushasta*, der Abkömmling des *Cakra*.

Da befragte ihn *Uddâlaka*, der Sohn des *Âruna*: [1]) „*Yâjñavalkya*", so sprach er, „wir weilten einst im Lande der Madras im Hause des *Pâtañcala*, des Abkömmlings des *Kapi*, als Brahmanschüler, um von ihm das Opfer zu erlernen; der hatte ein Weib, das war von einem Geist besessen. Diesen Geist fragten wir, wer er sei, und er sagte: Ich bin *Kabandha*, der Nachkomme des *Atharvan*. Und er sprach zu Pâtañcala und zu uns Opferschülern: ‚Kennst du, o *Pâtañcala*, jenen Faden, an dem diese Welt und die andere Welt und alle Wesen aufgefädelt sind?' Und *Pâtañcala* antwortete: ‚Ich kenne ihn nicht, Ehrwürdiger.' Und jener sprach zu *Pâtañcala* und zu uns Opferschülern: ‚Kennst du, o *Pâtañcala*, jenen inneren Lenker, der diese Welt und die andere Welt und alle Wesen innerlich regiert?' Und *Pâtañcala* antwortete: ‚Ich kenne ihn nicht, Ehrwürdiger.' Und jener sprach: ‚Wahrlich, o *Pâtañcala*, wer jenen Faden kennt und jenen inneren Lenker, der kennt das Brahman, der kennt die Welten, der kennt die Götter, der kennt den Veda, der kennt die Seele, der kennt alles.' Da erklärte er es uns, und so weiß ich es. Wenn nun du, o *Yâjñavalkya*, ohne dass du jenen Faden kennst und jenen inneren Lenker, die Brahman-Kühe von dannen treibst, so soll dir der Kopf zerspringen." „Wohl kenne ich, o *Uddâlaka*, jenen Faden und jenen inneren Lenker." „Das kann jeder sagen: Ich kenne ihn, ich kenne ihn; wenn du ihn kennst, so nenn' ihn." Und *Yâjñavalkya* sprach: „Der Hauch, fürwahr, o *Uddâlaka*, ist jener Faden, denn am Hauch, o *Uddâlaka*, als Faden sind diese Welt und die andere Welt und alle Wesen aufgefädelt." „So ist es, o *Yâjñavalkya*; aber jetzt erkläre auch den inneren Lenker." „Der in der Erde wohnt und doch von der Erde verschieden ist, dessen Leib die Erde ist, der die Erde innerlich regiert, das ist dein Ich, der innere Lenker, der

---

[1]) Derselbe, den wir aus der Châṇḍogya-Upanishad als den Vater des Cvetaketu Leimen.

unsterbliche; der im Himmel wohnt und doch vom Himmel verschieden ist, dessen Leib der Himmel ist, der den Himmel innerlich regiert, das ist dein Ich, der innere Lenker, der unsterbliche; der im Licht wohnt und doch vom Licht verschieden ist, dessen Leib das Licht ist, der das Licht innerlich regiert, das ist dein Ich, der innere Lenker, der unsterbliche; der im Atem wohnt und doch vom Atem verschieden ist, dessen Leib der Atem ist, der den Atem innerlich regiert, das ist dein Ich, der innere Lenker, der unsterbliche; der im Denken wohnt und doch vom Denken verschieden ist, dessen Leib das Denken ist, der das Denken innerlich regiert, das ist dein Ich, der innere Lenker, der unsterbliche; der in der Erkenntnis wohnt und doch von der Erkenntnis verschieden ist, dessen Leib die Erkenntnis ist, der die Erkenntnis innerlich regiert, das ist dein Ich, der innere Lenker, der unsterbliche. Er sieht und wird doch nicht gesehen; er hört und wird doch nicht gehört; er versteht und wird doch nicht verstanden; er erkennt und wird doch nicht erkannt. Nicht gibt es außer ihm einen Sehenden, nicht gibt es außer ihm einen Hörenden, nicht gibt es außer ihm einen Verstehenden, nicht gibt es außer ihm einen Erkennenden. .Das ist dein Ich, der innere Lenker, der unsterbliche, und was von ihm verschieden ist, ist voll von Weh." Da schwieg *Uddâlaka*, der Sohn des *Âruna*.

Da sprach Gârgî, die Tochter des *Vacaknu*: „Ehrwürdige Brahmanen, jetzt will ich ihm zwei Fragen vorlegen; wenn er mir die beantworten kann, dann wird ihn gewiss keiner von euch im Redestreit über die heiligen Dinge überwinden." „Frage, o *Gârgî*" Und sie sprach: „O *Yâjñavalkya*, gleichwie ein Mann aus dem Lande der Videhas, ein Heldensohn, den abgespannten Bogen anspannt und mit zwei Rohrpfeilen in der Hand herankommt, den Gegner zu durchbohren, so werde ich mit zwei Fragen gegen dich anrennen, die sollst du mir beantworten." „Frage, o *Gârgî*." Und sie sprach: „Was oberhalb des Himmels ist, und was unterhalb der Erde ist, und was zwischen Himmel und Erde ist, was sie das Vergangene, Gegenwärtige und Zukünftige nennen, worein ist das eingewoben und verwoben?" Und er sprach: „Was oberhalb des Himmels ist, o *Gârgî*, und was unterhalb der Erde ist, und was zwischen Himmel und Erde ist, was sie das Vergangene, Gegenwärtige und Zukünftige nennen, das ist eingewoben und verwoben in den Luftraum." Und sie sprach: „Verehrung sei

dir, o *Yâjñavalkya*, weil du diese Frage richtig beantwortet
hast; aber mach' dich gefasst auf die zweite." „Frage, o
Gârgî." Und sie sprach: „Aber worein ist nun der Luftraum
eingewoben und verwoben?" Und er antwortete: „Das ist das,
o *Gârgî*, was die Weisen das Unvergängliche nennen. Es ist
nicht grob und nicht fein, nicht kurz und nicht lang, nicht trocken und nicht nass, es hat nicht Geschmack noch Geruch,
nicht Auge noch Ohr, nicht Sprache noch Denken, nicht Lebenskraft noch Atem, nicht Mündung noch Maß, nicht Inneres
noch Äußeres. Auf dieses Unvergänglichen Geheiß, o *Gârgî*,
stehen auseinander gehalten die Minuten und die Stunden, die
Tage und die Nächte, die Wochen, Monate, Jahreszeiten und
Jahre; auf dieses Unvergänglichen Geheiß, o *Gârgî*, rinnen
von den Schneebergen die Ströme, die einen nach Osten, die
anderen nach Westen und wohin ein jeder geht; auf dieses
Unvergänglichen Geheiß, o *Gârgî*, preisen die Menschen den
Freigebigen, streben die Götter nach der Opfergabe, die Väter
nach der Totenspende. Wahrlich, o *Gârgî*, wer dieses Unvergängliche nicht kennt und in dieser Welt opfert und spendet
und Buße tut viel tausend Jahre lang, dem bringt es nur endlichen Lohn. Wahrlich, o *Gârgî*, wer dieses Unvergängliche
nicht kennt und aus dieser Welt abscheidet, dessen Los ist ein
Bettlerlos. Wer aber, o *Gârgî*, dieses Unvergängliche kennt
und aus dieser Welt abscheidet, dessen Los ist ein Priesterlos.
Wahrlich, o Gârgî, dieses Unvergängliche sieht und wird doch
nicht gesehen, hört und wird doch nicht gehört, versteht und
wird doch nicht verstanden, erkennt und wird doch nicht erkannt; nicht gibt es außer ihm ein Sehendes, nicht gibt es außer ihm ein Hörendes, nicht gibt es außer ihm ein Verstehen-
des, nicht gibt es außer ihm ein Erkennendes. Fürwahr, in dieses Unvergängliche ist der Luftraum eingewoben und verwoben, o *Gârgî*." Da schwieg die Tochter des *Vacaknu*.

Da befragte ihn *Vidagdha*, der Nachkomme des *Çakala*.
„*Yâjñavalkya*", so sprach er, „da du diese Brahmanen nieder-
geredet hast, welche heiligen Lehren weißt denn du?" „Ich
weiß nur die Himmelsgegenden mit ihren Göttern und deren
Grundlagen." „Wenn du also die Himmelsgegenden mit ihren
Göttern und deren Grundlagen kennst, welche Gottheit weißt
du in der östlichen Himmelsgegend?" „Die Sonne." „Und worin hat die Sonne ihre Grundlage?" „Im Auge." „Und das Auge?" „In den Gestalten, denn mit dem Auge sieht man die Ge-

stalten." „Und die Gestalten?" „Im Herzen, denn mit dem Herzen erkennt man die Gestalten, im Herzen also haben die Gestalten ihre Grundlage." „So ist es wohl, o *Yâjñavalkya*, aber wo hat denn das Herz seine Grundlage?" „Oh, du Tagdieb", so sprach *Yâjñavalkya*, „der du wähnst, es könne seine Grundlage in etwas anderem haben als im Ich; hätte es seine Grundlage nicht im Ich, so würden es ja die Hunde fressen oder die Vögel zerfleischen." „Und worin hat das Ich seine Grundlage?" „Das Ich ist nicht so und ist nicht so; es wird nicht gegriffen, es wird nicht zerstört, es haftet nichts an ihm, es wird nicht gebunden, es wankt nicht, es leidet keinen Schaden. Das ist die Geheimlehre, o *Vidagdha*, und der Geist dieser Geheimlehre ist höher als alle anderen Geister, höher als der Geist des Leibes, höher als der Geist der Begierde, höher als der Geist der Nachkommenschaft, höher als der Geist der Wasser, höher als der Geist der Sonne. Alle diese Geister treibt der Geist der Geheimlehre auseinander, treibt sie zurück, schreitet über sie hinaus; und nach diesem Geist der Geheimlehre, o *Vidagdha*, frage ich dich. Wenn du mir den nicht nennen kannst, so muss dein Kopf zerspringen." Den aber wusste der Nachkomme des *Çakala* nicht, und sein Kopf zersprang, und Räuber stahlen seine Gebeine, die sie für etwas Besseres gehalten hatten. Und *Yâjñavalkya* sprach: „Ehrwürdige Brahmanen, wer unter euch es noch wünscht, der mag mich befragen, oder auch ihr alle mögt mich befragen, oder wer unter euch es noch wünscht, den will ich befragen, oder auch euch alle will ich befragen." Aber die Brahmanen wagten es nicht mehr. Da befragte er sie mit folgenden Versen:

„Gleich wie ein Baum, des Waldes Fürst, so ist der Mensch, das ist gewiss.
Den Blättern gleicht des Menschen Haar, der Außenrinde gleicht die Haut,
Und aus der Haut entströmt das Blut, wie aus des Baumes Haut der Saft.
Das Fleisch vergleicht sich wohl dem Holz, dem Bast die starke Sehne sich,
Die Knochen sind das Innenholz, das Mark vergleicht dem Marke sich.
Nun wächst der Baum, wenn man ihn fällt, aus seiner Wurzel wieder neu:
Aus welcher Wurzel wächst hervor der Mensch, wenn ihn der Tod gefällt?
Sagt nicht, dass es der Same sei, denn der entspringt dem Lebenden,
Wie aus dem Samenkorn der Baum, noch eh' er tot ist, neu erwächst.
Reißt man ihn mit der Wurzel aus, so kann der Baum nicht wachsen mehr.
Aus welcher Wurzel wächst hervor der Mensch, wenn ihn der Tod gefällt?"

Die Antwort auf diese Frage fehlt, [1]) vielleicht weil eben keiner der Brahmanen sie zu finden wusste; [2]) sie lässt sich aber wohl unschwer ergänzen. Das Ich, der Âtman, ist es, der, einer Wurzel gleich, erhalten bleibt, auch wenn der Tod den aus dieser Wurzel erwachsenen Stamm, den so oder so benannten einzelnen Menschen vernichtet hat. Aber aus jener Wurzel wächst der Baum neu hervor; das Ich wird wiedergeboren als ein anderer, anders benannter Mensch, und so wachsen aus der Wurzel des Ich in immer neuen Wiedergeburten immer neue Menschen hervor — so lange, bis dieses Ich sich seiner Einheit mit dem heiligen Brahman bewusst wird und seine Unwissenheit überwindet: dann erst, so dürfen wir vielleicht hinzufügen, gleicht der Mensch jenem Baum, von dem *Yâjñavalkya* sagte:

Reißt man ihn mit der Wurzel aus, so kann der Baum nicht wachsen mehr.

1) Denn die Verse, die überliefert sind, scheinen nachträglich zugesetzt oder doch ihrem ursprünglichen Wortlaut gegenüber entstellt worden zu sein.

2) Vielleicht aber auch, weil die Verse ursprünglich einem Zweifel an der Unsterblichkeit des Ich Ausdruck geben sollten.

XI. AUS DER BRIHAD-ÂRANYAKA-UPANISHAD III

Im Allgemeinen stehen die ältesten Upanishaden auf dem Standpunkt, dass das innerste Ich des Menschen mit dem Brahman, dem heiligen Weltgrund, eins ist, und dass zwar die meisten Menschen je nach ihrem guten oder schlechten Werk in einer jenseitigen Welt Vergeltung empfangen und dann auf diese Erde zurückkehren, um hier, immer noch ihrem Werk entsprechend, ein neues, günstigeres oder ungünstigeres Leben zu beginnen, dass aber jene Menschen, die sich der Einheit ihres Ich mit dem Weltgrund bewusst geworden sind, nach dem Tod in diesen Weltgrund eingehen, mit dem Brahman eins werden, somit weder im Jenseits eine Vergeltung empfangen, noch auch auf diese Erde zu neuem Leben wiederkehren. Jene Abschnitte der Brihad-Âranyaka-Upanishad aber, in denen Yâjñavalkya als Lehrer auftritt, gehen über diesen Standpunkt etwas hinaus, und man kann vielleicht ihren Gedankengang unter Berücksichtigung einiger Stellen, die wir erst noch kennenlernen werden, folgendermaßen zusammenfassen. Der Mensch kommt dem Brahman umso näher, je mehr er sich von der Außenwelt auf sein Inneres zurückzieht. Die Seele zeigt sich schon im Traum schöpferischer als im Wachen, denn während sie im Wachen nur gegebene Gegenstände um sich sieht, schafft sie im Traum eine unermessliche Fülle von Gestalten. Aber noch näher kommt sie dem Weltgrund im tiefen, traumlosen Schlaf, der ja schon von den alten, naiven, sonst durchaus lebensfreudigen Priesterreden gelegentlich als die höchste Wonne des Menschen gefeiert wird [1]) und nun umso mehr hier dafür gilt, wo sich zum ersten Mal unverkennbare Anzeichen einer dem wachen, tätigen Leben abgewandten Stimmung zeigen. Wenn dieser tiefe, traumlose Schlaf bewusstlos ist, so erklärt sich das einfach daraus, dass zu jedem Bewusstsein zwei gehören, eines, das sich irgendeiner Sache bewusst ist, und ein anderes, dessen sich jenes erste bewusst wird; wenn aber das Ich zur vollen Einheit mit dem Weltgrund gelangt ist,

---

1 Çatap. Br. X 5, 2-11; Oldenberg, W.-A. der Brâhmanatexte, s. 203 [1].

so dass überhaupt nur Eines vorhanden ist, dann fehlt es natürlich an allem, dessen es sich noch als eines von ihm Verschiedenen bewusst sein könnte, und es tritt Bewusstlosigkeit ein, nicht als ob dieses Ich jetzt im tiefen Schlaf die Fähigkeit zum Bewusstsein verloren hätte, sondern nur deshalb, weil eben nichts anderes, von ihm Verschiedenes, mehr da ist, dem gegenüber es sich seiner Bewusstseinsfähigkeit bedienen könnte.

So, wie wir den tiefen Schlaf allnächtlich erleben, so müssen wir uns wohl auch den Zustand nach dem Tode vorstellen, in dem das Ich ebenso sehr oder sogar noch inniger mit dem heiligen Brahman eins geworden und in dem es daher gleichfalls kein Bewusstsein mehr geben wird; aber nicht deswegen, weil das Ich nicht mehr vorhanden wäre, sondern nur deswegen, weil es allein vorhanden sein wird, als das Einzige, was es in der Welt überhaupt gibt, und weil ihm schlechterdings nichts mehr gegenüberstehen wird, dessen es sich bewusst sein könnte. Als glücklich, als wonnevoll im höchsten Grade dürfen wir uns aber dieses Fortdauern nach dem Tode trotzdem denken in demselben Sinn, so meint Yâjñavalkya, in dem wir auch den tiefen, traumlosen Schlaf ungeachtet seiner Bewusstlosigkeit als im höchsten Grad glückbringend und befriedigend betrachten. Allerdings aber - und das ist nun ein uns neuer Gedanke — darf eine Fortdauer in diesem Sinn nur derjenige hoffen, der schon während seines wachen Lebens seiner Einheit mit dem Brahman innegeworden der sie aber nicht nur erkennt, sondern auch seinen Willen auf sie gerichtet hat, dem dieses Einswerden höher steht als die Genüsse und Leistungen des irdischen oder auch des jenseitigen Lebens. Denn wer noch das Verlangen hegt, weiterzuleben und die Erwartung, für seine Werke Vergeltung zu empfangen und, auf diese Erde zurückkehrend, ein neues Leben zu beginnen, dem wird dies auch zuteil werden — wobei der Gedanke etwas schillert zwischen der Vorstellung, dass auf eine, in einem gewissen Maß zauberhafte Art der Wille sich seine Verwirklichung schafft, und der anderen Vorstellung, dass eben nur derjenige, der noch empfänglich ist für irdische Freuden und irdische Leiden, eine solche Vergeltung überhaupt empfangen kann, weil ja dem, der für solche Freuden und solche Leiden nicht mehr empfänglich ist, mit der Vergeltung nichts mehr gegeben und nichts genommen werden könnte. Vielleicht schimmert dabei sogar auch schon der weitere Gedanke durch, dass das Verlangen nach dem irdischen oder auch einem jenseitigen, aber dem irdischen gleichwertigen Leben mit seinen Gütern und Genüssen die tiefste Wurzel alles bewussten Sonderdaseins des Ich überhaupt sei, so dass in dem Augenblick, wo dieses Verlangen erlischt, wo der Mensch gar nichts anderes mehr will, als mit dem Brahman eins werden, da er eben den irdischen Gütern entsagt hat, — dass in diesem Augenblick auch das Sonderdasein des Ich, seine Trennung vom Brahman, aufgehoben, das Ich mit dem Brahman ohne weiteres eins würde.

Da zu dieser Befreiung, dieser Erlösung, nicht nur von aller jenseitigen Vergeltung, sondern auch von jedem Wiederkommen auf die Erde, nicht die Erkenntnis genügt, sondern an die Erkenntnis sich auch noch eine bestimmte Willensrichtung, der Verzicht auf die irdischen Güter, schließen muss, so wird es verständlich, dass wir gelegentlich hören, nicht nur derjenige habe nach dem Tod Schlimmes zu erwarten, der unwissend sei, der seine Einheit mit dem Brahman nicht erkannt habe, sondern noch Schlimmeres jener, der sie zwar erkannt hat, der aber daraus keine Folgerung ableitet, der sich mit dem bloßen Wissen begnügt, ohne nach diesem Wissen nun auch seinen Willen zu richten. Wer aber erkannt und entsagt hat, der braucht nicht wie der Nichterkennende im Tode seinen Leib zu verlassen, um in irgendwelche himmlische oder unterirdische Welten hinüberzugehen und künftig wieder einmal aus ihnen zurückzukehren, sondern im Augenblick des Todes fließt sein Ich mit dem allgemeinen Welt-Ich zusammen, es hört gesondert zu bestehen auf, und damit ist ihm für alle Zeiten Vergeltung und Rückkehr auf die Erde erspart. Diese Erlösung ist aber auch von nichts anderem abhängig als von der Erkenntnis und der Entsagung. Wie der Mensch gelebt hat, welche Taten er verrichtet hat, ob er viel oder wenig geopfert hat, ob er, im Sinne seiner Zeit, ein den Priestern wohlgefälliges, von ihnen für gut gehaltenes oder ein ihnen missfälliges, von ihnen für schlecht gehaltenes Leben geführt hat, das macht keinen Unterschied. Unzählige Male heißt es: „Einen solchen befleckt das Werk nicht mehr", wobei ich wiederum glaube sagen zu müssen: der Gedanke schwebt etwas unsicher in der Mitte zwischen dem uns geläufigen, aber etwas plateren Gedanken, dass derjenige, der der Welt entsagt, seinen Willen ausschließlich auf die Einheit mit dem Ewigen gerichtet hat, ja keinen Beweggrund mehr hat, etwas Schlechtes zu tun, so dass ihn in diesem Sinn das böse Werk, weil er es nicht mehr tut, auch nicht mehr beflecken wird, und dem anderen, uns viel ungewohnteren, aber doch in den alten Texten — wie mir scheint — weitaus überwiegenden Gedanken, dass das böse Werk den Erlösten auch dann nicht befleckt, wenn er es getan hat — wobei die Frage, ob es ihn auch dann nicht befleckt, wenn er die erlösende Erkenntnis schon vorher gewonnen hatte, nicht ausdrücklich aufgeworfen wird. In der Fassung aber, das böse Werk hindere die Erlösung nicht, wenn nur Erkenntnis und Entsagung vorhanden seien, berührt sich der Gedanke doch schon recht eng mit dem christlichen Gedanken, dass auch die größte Sünde die Rechtfertigung nicht hindert, wenn nur der Glaube fest ist.

Das etwa sind die Grundzüge der Erlösungslehre, wie sie in Verbindung mit dem Namen des Yâjñavalkya in der Bṛihad-Âraṇyaka-Upanishad vorgetragen wird, und diese Grundzüge werden nun sehr eindrucksvoll und viel ausführlicher als an irgendeiner anderen Stelle in dem letzten der drei Gespräche zwischen Yâjñavalkya und Janaka, dem König der Videha's, zusammengefasst, von denen diese Upanishad berichtet. Das Gespräch ist vielleicht nicht durchaus in einem Zug abgefasst worden, es ist möglich, dass Einzelheiten später eingeschoben worden sind, und es ist insbesondere möglich, dass die Verse, die in nicht geringer Ausdehnung unter die Prosa gemischt sind, aus einer etwas späteren Zeit stammen. Es ist aber andererseits auch möglich, dass schon die Prosa selbst und das ganze Stück etwas jünger ist als etwa das Gespräch zwischen Yâjñavalkya und seiner Gattin Maitreyî, und so habe ich mich doch entschlossen, das ganze Stück mit den wenigen gebotenen Kürzungen, ohne zwischen Prosa und Versen einen Unterschied zu machen, so wie es uns überliefert ist, in einem Zuge wiederzugeben: [1])

Einstmals kam zu *Janaka*, dem König der Videhas, *Yâjñavalkya* mit dem Vorsatz, nicht zu reden. Da richtete der Großfürst an ihn das Wort: „*Yâjñavalkya*", so sprach er, „was dient dem Menschen als Licht?" „Die Sonne dient ihm als Licht, o Großfürst", so sprach *Yâjñavalkya*, „denn beim Lichte der Sonne sitzt er und geht umher, treibt seine Arbeit und geht heim." „So ist es, o *Yâjñavalkya*; aber, wenn die Sonne untergegangen ist, was dient dann dem Menschen als Licht?" „Dann dient ihm der Mond als Licht; denn auch beim Schein des Mondes sitzt er und geht umher, treibt seine Arbeit und kehrt heim." „So ist es, o *Yâjñavalkya*, aber wenn nun, o *Yâjñavalkya*, auch der Mond untergegangen ist, was dient dann dem Menschen als Licht?" „Dann dient ihm das Feuer als Licht; denn auch beim Lichte des Feuers sitzt er und geht umher, treibt seine Arbeit und kehrt heim." „So ist es, o *Yâjñavalkya*, aber wenn nun, o Yâjñavalkya, auch das Feuer verlöscht ist, was dient dann dem Menschen als Licht?" „Dann dient ihm die Rede als Licht; denn, o Großfürst, wenn man auch seine eigene Hand nicht mehr unterscheiden kann und es

---

1) Brih. Âr. Up. IV 3-4; nach Deussen, 60 Up., S.466-480 (IV4, 12-17, nach Deussen, Allg. Gesch. d. Phil. I/a, S. 315).

erhebt sich irgendwoher eine Stimme, so geht man auf dieselbe zu." „So ist es, o *Yâjñavalkya*; aber wenn nun auch die Stimme verstummt ist, was dient dann dem Menschen als Licht?" „Dann dient ihm sein Ich als Licht, denn auch beim Lichte des Ich sitzt er gleichsam und geht umher, treibt seine Arbeit und kehrt heim." „Was ist das für ein Ich?" „Es ist unter den Lebenshauchen der erkennende, im Herzen innerlich leuchtende Geist. Dieser durchwandert, ein und derselbe, beide Welten: diese Welt und jene Welt; denn wenn er Schlaf geworden ist, so übersteigt er diese Welt, übersteigt die Gestalten des Todes. Zwei Zustände also hat dieser Geist, den gegenwärtigen und den in der anderen Welt. Ein mittlerer Zustand aber, ein dritter, ist der Zustand des Schlafes. Und wenn er in diesem mittleren Zustand weilt, dann schaut er jene beiden Zustände, den gegenwärtigen im Traum und den der anderen Welt im tiefen Schlaf. Und je nachdem er nun seinen Anlauf nimmt gegen den Zustand dieser Welt oder den der anderen Welt, diesem Anlauf entsprechend bekommt er beide zu schauen, die Übel dieser Welt und die Wonne jener Welt."

Für einen Augenblick muss ich nun unterbrechen und zur Erläuterung anmerken: die Vorstellung ist ganz einfach die, dass wenn der Mensch schläft, er entweder träumt oder traumlos schläft. Er träumt dann, wenn sein Verlangen im Schlaf auf die Welt des Wachens gerichtet ist; dann schaut der Mensch zwar nicht diese Welt des Wachens selbst, aber er schaut sie doch in einem Bild — im Traum. Wenn aber sein Verlangen auf das Jenseits gerichtet ist, auf die Einheit mit dem Brahman, dann schaut er zwar nicht diese Einheit selbst, aber er schaut sie doch gleichsam auf einer Unterstufe: im tiefen Schlaf.

„Und wenn nun der Mensch einschläft, dann entnimmt sein Geist aus dieser Welt das Bauholz, fällt es selbst und baut es selbst wieder auf vermöge seines eigenen Glanzes, seines eigenen Lichtes. Wenn er so schläft, dann wahrlich dient dieser Geist sich selbst als Licht. Denn daselbst *sind* nicht Wagen, Gespanne und Straßen, sondern Wagen, Gespanne und Straßen *schafft* er sich; daselbst ist nicht Wonne, Freude und Lust, sondern Wonne, Freude und Lust *schafft* er sich; daselbst sind nicht Brunnen, Teiche und Flüsse, sondern Brunnen, Teiche und Flüsse *schafft* er sich; denn er ist der Schöpfer. Darüber sind folgende Verse:

> Abwerfend seinen ganzen Leib im Schlafe,
> Schaut schlaflos er die schlafbefallnen Glieder.
> Vom Licht gesättigt, kehrt zurück dann wieder
> Der goldne Geist, der ew'ge Wandervogel.

Sein niedres Nest lässt er vom Leben hüten
Und schwingt unsterblich aus dem Nest empor sich,
Unsterblich schweift er, wo es ihm beliebt, hin,
Der goldne Geist, der ew'ge Wandervogel.

Im Reich des Traumes schweift er auf und nieder
Und schafft als Gott sich vielerlei Gestalten,
Bald gleichsam wohlgemut mit Frauen scherzend,
Bald wieder gleichsam Schmerzliches erduldend.

Nur seinen Spielplatz sieht man hier,
Nicht sieht ihn selber irgendwer.

Darum heißt es auch, man soll den Menschen nicht jählings we-
cken; denn schwer ist es, einen zu heilen, zu dem sich sein Ich nicht
zurückgefunden hat. So also dient das Ich dem Menschen als Licht."
„O Heiliger", sprach *Janaka*, „ich gebe dir tausend Kühe, aber rede
nun, was, höher als dieses, zur Erlösung dient." „Nachdem nun der
Geist sich so im Traum ergötzt und umhergetrieben hat, und nachdem
er geschaut hat Glückbringendes und Unglückbringendes, so eilt er,
wenn er seinem Ausgangsort wieder nahegekommen ist, zurück zum
Zustand des Wachens; und nachdem er sich im Zustand des Wachens
ergötzt und umhergetrieben hat, und nachdem er geschaut hat Glückbringendes und Unglückbringendes, so eilt er, wenn er seinem Ausgangsort wieder nahegekommen ist, zurück zum Zustand des Traumes. Und gleichwie ein großer Fisch an beiden Ufern entlang gleitet,
bald an dieser Seite, bald an jener Seite, so gleitet der Geist an diesen
beiden Zuständen entlang, an dem des Traumes und an dem des Wachens. Aber gleichwie dort im Luftraum ein Falke oder ein Adler,
nachdem er umhergeflogen ist, ermüdet seine Fittiche zusammenfal-
tet und sich zur Niederkauerung begibt, also eilt auch der Geist zu
jenem Zustand, wo er, eingeschlafen, keine Begierde mehr empfindet
und kein Traumbild schaut. Denn solang er träumt, solang ist es, als
wenn man ihn tötete, als wenn man ihn schünde, als wenn ein Elefant
ihn bedrängte, als wenn er in eine Grube stürzte: alles, was er im
Wachen fürchtet, das hält er daselbst in seiner Verblendung für wirklich. Dagegen, wenn es ist, als wäre er ein Gott, als wäre er ein König, wenn er sich bewusst wird: Ich allein bin dieses Weltall, das ist
seine höchste Stätte, das ist ein Dasein, in dem er über das Verlangen
erhaben, von Übel frei und ohne Furcht ist; denn so wie einer, von
einem geliebten Weib umschlungen, kein Bewusstsein hat von dem,
was außen oder innen ist, so hat auch der Geist, von dem er-

kennenden Ich umschlungen, kein Bewusstsein mehr von dem, was außen oder innen ist. Das ist ein Dasein, in dem er, gestillten Verlangens, selbst sein Verlangen, ohne Verlangen ist, von allem Kummer geschieden. Da ist der Vater nicht mehr Vater und die Mutter nicht mehr Mutter; da sind die Welten nicht mehr Welten, die Götter nicht mehr Götter, die Veden nicht mehr Veden; da ist der Dieb nicht mehr Dieb, der Mörder nicht mehr Mörder, der Bastard nicht mehr Bastard, der Mischling nicht mehr Mischling, der Einsiedler nicht mehr Einsiedler, der Büßer nicht mehr Büßer, da ist Unberührtheit vom Glück und Unberührtheit vom Unglück, da hat er überwunden alle Qualen eines Herzens.

Wenn er dann nicht sieht, so ist er doch ein Sehender, obschon er nicht sieht; denn für den Sehenden ist keine Unterbrechung des Sehens, weil er unvergänglich ist, aber es ist kein Zweites außer ihm, kein anderes, von ihm Verschiedenes, das er sehen könnte. Wenn er dann nicht hört, so ist er doch ein Hörender, obschon er nicht hört; denn für den Hörenden ist keine Unterbrechung des Hörens, weil er unvergänglich ist; aber es ist kein Zweites außer ihm, kein anderes, von ihm Verschiedenes, das er hören könnte. Wenn er dann nicht denkt, so ist er doch ein Denkender, obschon er nicht denkt; denn für den Denkenden ist keine Unterbrechung des Denkens, weil er unvergänglich ist; aber es ist kein Zweites außer ihm, kein anderes, von ihm Verschiedenes, das er denken könnte. Wenn er dann nicht fühlt, so ist er doch ein Fühlender, obschon er nicht fühlt; denn für den Fühlenden ist keine Unterbrechung des Fühlens, weil er unvergänglich ist; aber es ist kein Zweites außer ihm, kein anderes, von ihm Verschiedenes, das er fühlen könnte. Wenn er dann nicht erkennt, so ist er doch ein Erkennender, obschon er nicht erkennt; denn für den Erkennenden ist keine Unterbrechung des Erkennens, weil er unvergänglich ist; aber es ist kein Zweites außer ihm, kein anderes, von ihm Verschiedenes, das er erkennen könnte. Denn nur wo ein anderes gleichsam ist, sieht einer ein anderes, hört einer ein anderes, denkt einer ein anderes, fühlt einer ein anderes, erkennt einer ein anderes. Rein wie Wasser dagegen steht der da, allein und ohne Zweites, o Großfürst, dessen Welt das Brahman ist", so belehrte ihn *Yâjñaval-kyu*, „dies ist sein höchstes Ziel, dies ist sein höchstes Glück, dies ist seine höchste Welt, dies ist seine höchste Wonne; nur durch ein kleines Teilchen dieser Wonne haben ihr Leben alle anderen Geschöpfe." So sprach *Yâjñavalkya*. Da sprach der König: „O Heiliger, ich gebe dir tausend Kühe, aber rede nun, was, höher als dieses, zur Erlösung dient."

Da fing *Yâjñavalkya* an, sich zu fürchten und dachte: Dieser kluge König hat mich aus allen meinen Schlupfwinkeln herausgetrieben! Und er sprach: „Wie nun ein Wagen, wenn er schwer beladen ist, knarrend geht, also auch geht dieses körperliche Ich, von dem erkennenden Ich belastet, röchelnd, wenn es soweit ist, dass einer in den letzten Zügen liegt. Wenn er nun in Schwäche verfällt, sei es durch Alter oder durch Krankheit, dann — so wie eine Mangofrucht, eine Feige, eine Beere, ihren Stiel loslässt, also auch lässt der Geist die Glieder los und eilt, da er seinem Ausgangsort wieder nahegekommen ist, wiederum zurück zu jener Welt. Und gleichwie um einen Fürsten, wenn er fortziehen will, die Vornehmen und die Polizeileute und die Wagenlenker und die Dorfschulzen sich zusammenscharen, also auch scharen zur Zeit des Endes alle Lebenshauche sich um das Ich zusammen, wenn es soweit ist, dass einer in den letzten Zügen liegt. Wenn nämlich das Ich in Ohnmacht verfällt und es ist, als käme es von Sinnen, dann eben scharen diese Lebenshauche sich um das Ich zusammen, das Ich aber nimmt ihre Kräfte in sich auf und zieht sich zurück in das Herz. Alsdann erkennt einer keine Gestalt mehr: weil er eins geworden ist, darum sieht er nicht mehr; weil er eins geworden ist, darum hört er nicht mehr; weil er eins geworden ist, darum denkt er nicht mehr; weil er eins geworden ist, darum fühlt er nicht mehr; weil er eins geworden ist, darum erkennt er nicht mehr. Alsdann wird die Spitze des Herzens leuchtend: aus dieser, nachdem sie leuchtend geworden ist, zieht das Ich aus, sei es durch das Auge oder durch den Schädel oder durch einen anderen Körperteil. Indem es auszieht, zieht das Leben mit aus, und indem das Leben auszieht, ziehen alle Lebenshauche mit aus; denn das Ich ist von Erkenntnisart, und was von Erkenntnisart ist, das zieht ihm nach. Da nehmen ihn das Wissen und die Werke bei der Hand und seine vormalige Erfahrung. Und wie eine Raupe, nachdem sie zur Spitze des Blattes gelangt ist, einen anderen Anfang ergreift und sich selbst dazu hinüberzieht, so auch ergreift das Ich, nachdem es den Leib abgeschüttelt hat, einen anderen Anfang und zieht sich selbst dazu hinüber. Und wie ein Goldschmied von einem Bildwerk den Stoff nimmt und daraus eine andere, neue, schönere Gestalt hämmert, so schafft auch das Ich, nachdem es den Leib abgeschüttelt hat, sich eine andere, neue, schönere Gestalt, sei es der Väter oder der Dämonen oder der Götter oder anderer Wesen. Nun aber ist ja dieses Ich das Brahman, ist das All; es besteht aus Erkenntnis, aus Denken, aus Leben, aus Aug\ aus Ohr, es besteht aus Erde, aus Wasser, aus Wind, aus Luft, es besteht aus Feuer und aus Nicht-Feuer, aus Lust und aus Nicht-Lust, aus

Zorn und aus Nicht-Zorn, aus Gerechtigkeit und aus Nicht-Gerechtigkeit, es besteht aus allem. Und je nachdem nun einer besteht aus diesem oder jenem, je nachdem er handelt, je nachdem er wandelt, danach wird er geboren: wer Gutes tat, wird als Guter geboren, wer Böses tat, wird als Böser geboren, heilig wird er durch heiliges Werk, unheilig durch unheiliges Werk. Darum, fürwahr, heißt es: Der Mensch ist ganz und gar gebildet aus Verlangen: je nachdem sein Verlangen ist, danach ist sein Wille; je nachdem sein Wille ist, danach tut er das Werk; je nachdem er das Werk tut, danach ergeht es ihm. Darüber ist dieser Vers:

> ‚Dem hängt er an, dem strebt er nach mit Taten,
> Wohin sein inn'rer Trieb und sein Begehr drängt.
> Und wem sie dann vergolten sind,
> Die Werke, die er hier vollbracht,
> Der kommt aus jener Welt aufs neu'
> Zu dieser Welt des Werks zurück.
> So geht es mit dem Verlangenden,

d. h. mit dem, der noch nicht dem irdischen Verlangen entsagt hat. Nunmehr von dem Nichtverlangenden:

Wer ohne Verlangen, frei von Verlangen, gestillten Verlangens, selbst sein Verlangen ist, dessen Lebensgeister ziehen nicht aus, sondern Brahman ist er, und in Brahman geht er auf.   Darüber ist dieser Vers:

> ‚Wenn sich von Leidenschaft der Mensch
> Befreite und sein Herz bezwang,
> Unsterblich wird, wer sterblich war,
> Und geht schon hier zum Brahman ein.‘

Wie eine Schlangenhaut tot und abgeworfen auf einem Ameisenhaufen liegt, also liegt dann dieser Körper; aber das Körperlose, das Unsterbliche, das Leben ist lauter Brahman, ist lauter Licht. Darüber sind diese Verse:

> ‚Ein Weg erstreckt, schwer sichtbar, sich, ein alter:
> In mir beginnt er, ward von mir gefunden;
> Auf diesem geh'n die weisen Brahmanwisser
> Zur Welt des Himmels aufwärts, zur Erlösung.
>
> Der fährt in blindes Dunkel, dem
> Unwissenheit genügen kann;
> Der fährt in blindres Dunkel noch,
> Dem Wissenschaft genügen kann.
>
> Ja, freudeleer ist diese Welt,
> Bedeckt von blinder Finsternis.

In sie geht nach dem Tode ein,
Wer unerlöst, unwissend ist.

Doch wer sich als das Ich,
Erfasst hat in Gedanken,
Wie mag der wünschen noch,
Dem Leibe nachzukranken?

Wem in des Leibs abgründlicher Befleckung
Zu seinem Ich geworden die Erweckung,
Den als allmächtig, als der Welten Schöpfer wisst!
Sein ist das Weltall, weil er selbst das Weltall ist.

Der Mann, der als sein eigenes Ich
Gott hat geschaut von Angesicht,
Den Herrn des, was da war und wird,
Der fürchtet und verbirgt sich nicht.

Zu dessen Füßen, rollend, hin
In Jahr und Tagen geht die Zeit,
Den Götter als der Lichter Licht
Anbeten, als Unsterblichkeit,

In dem der Wesen fünffach Heer
Mitsamt dem Raum gegründet steh'n,
Den weiß als meine Seele ich,
Unsterblich, den Unsterblichen.

Wer Odem nur als Odem, Aug' als Auge,
Ohr nur als Ohr, Verstand weiß als Verstand,

d. h., wer alle diese Kräfte nicht für sein eigentliches Ich, sondern eben für dienende Kräfte des Ich hält,

Wer diese so durchschaut, der hat das Brahman,
Das alte, uranfängliche, erkannt.

Im Geist soll man dies merken sich:
Nicht ist hier Vielheit irgendwie.
Von Tod stürzt sich in neuen Tod,
Wer mehr als eins hier meint zu seh'n.

Als Einheit soll man es erfassen,
Nie alternd, unveränderlich:
Unräumlich, ewig, ungeboren,
Unsterblich ist das große Ich.

Und dies erforsche, wer mit Fleiß

> Als Priester nach der Weisheit ringt,
> Nicht tracht' er nach des Veda Sinn,
> Was Reden nur ohn' Ende bringt.'

Wahrlich, dieses große, ungeborne Ich ist unter den Lebenshauchen jener erkennende Geist. Hier inwendig im Herzen ist ein Raum; darin liegt er, der Herr des Weltalls, der Gebieter des Weltalls, der Fürst des Weltalls. Er wird nicht höher durch die richtige Tat, er wird nicht geringer durch die unrichtige Tat; er ist der Herr des Weltalls, der Gebieter der Wesen, der Hüter der Wesen. Er ist der Damm, der diese Welten auseinanderhält, dass sie nicht verfließen. Ihn suchen durch Vedastudium die Priester zu erkennen, durch Opfer, durch Almosen, durch Büßen, durch Fasten. Wer ihn erkannt hat, der wird ein Weiser. Zu ihm auch pilgern die Pilger, die nach der Heimat sich sehnen. Dieses wussten die Altvorderen, wenn sie nicht nach Nachkommenschaft begehrten, und sprachen: ‚Wozu brauchen wir Nachkommen, wir, deren Seele diese Welt ist?' Und sie standen ab von dem Verlangen nach Kindern, von dem Verlangen nach Besitz, von dem Verlangen nach Welt und wanderten umher als Bettler; denn Verlangen nach Kindern ist Verlangen nach Besitz, und Verlangen nach Besitz ist Verlangen nach der Welt, und eins wie das andere ist eitel Verlangen. Das Ich aber ist nicht so und ist nicht so. Es wird nicht gegriffen; es wird nicht zerstört; es haftet nichts an ihm; es wird nicht gebunden; es wankt nicht; es leidet keinen Schaden. Das Ich wird nicht überwältigt von dem, was der Mensch getan hat, ob er das Böse getan hat oder das Gute, sondern das Ich überwältigt beides. Das Ich wird nicht gebannt von dem, was jener getan und nicht getan hat. Das sagt auch der Vers:

> ‚Das ist des Brahmanfreundes ew'ge Größe,
> Die nicht durch Werke zunimmt oder abnimmt.
> Man folge ihrer Spur; wer sie gefunden,
> Wird durch das Werk nicht mehr befleckt, das böse.'

Darum, wer solches weiß, der ist beruhigt, bezähmt, entsagend, geduldig und gesammelt. Nur in sich selbst sieht er sein Ich: alles sieht er an als sein Ich. Nicht überwindet ihn das Böse; er überwindet alles Böse. Frei von Bösem, frei von Leidenschaft und frei von Zweifel wird er ein Brahmanwisser, o König, er, dessen Welt das Brahman ist." Also sprach *Yâjñavalkya*. Da sprach der König: „O Heiliger, ich gebe dir mein Volk in Knechtschaft, und mich selbst dazu."

Ich habe nun so viel aus den beiden ältesten Upanishaden mitgeteilt, als mir unerlässlich schien. Ich habe mich dabei sehr bemüht, die Grundgedanken, die in diesen Upanishaden zu erkennen sind, so darzustellen, wie sie in dem alten Text oder eigentlich aus dem alten Text wirklich hervortreten, ihre Einheitlichkeit, soweit sie vorhanden ist, nicht herabzusetzen, aber auch nichts Fremdes in sie hineinzulegen, weder von europäischen Gedanken unserer Zeit, noch von indischen Gedanken einer späteren Zeit. Wenn auch nicht alleinherrschend, so doch ganz überwiegend ist in diesen beiden ältesten Upanishaden etwa folgender Grundgedanke: „Die Welt ist im letzten Grunde ein Heiliges, das Brahman; mein innerstes Ich, mein Âtman, ist diesem Brahman gleich. Wer dieser Gleichheit inne geworden ist, der ist erlöst und wird nach dem Tod mit dem Brahman eins." So, glaube ich, darf man diesen Grundgedanken vielleicht fassen, ohne dass man von ihm etwas wegnimmt oder zu ihm etwas hinzutut; wenn man aber nun versucht, diesen Grundgedanken zu Ende zu denken, ihm eine logisch unangreifbare Gestalt zu geben, dann erkennt man, wie viel Unklarheit oder doch, wenn wir uns milder ausdrücken wollen, wie viel Unbestimmtheit noch in diesem Gedanken liegt. Wenigstens mit ein paar Worten möchte ich das hier noch nach drei verschiedenen Seiten hin andeuten, um gleichzeitig auf die Richtungen hinzuweisen, in denen sich von diesen alten Upanishaden aus das indische Denken weiterentwickeln musste und weiterentwickelt hat. Die Welt ist im letzten Grunde das Brahman, oder, wie wir gelesen haben, das Brahman ist das Unsterbliche, verhüllt durch die Wirklichkeit. Aber woher kommt diese Wirklichkeit, die das Unsterbliche verhüllt; woher kommt es, dass uns die Welt nicht entgegentritt als Brahman, sondern dass sie zunächst ganz anders, dass sie wahrnehmbar, stofflich, unheilig aussieht? Ist dies Etwas, welches das Brahman verhüllt, etwas von ihm Verschiedenes, oder ist es etwas, was aus ihm selbst hervorgegangen ist, oder gibt es ein solches Verhüllendes in Wirklichkeit überhaupt nicht, besteht es bloß in unserer Einbildung? Das sind schon drei Richtungen, die weit auseinanderführen und die drei ganz verschiedene Entwicklungen indischen Denkens bezeichnen.

Dann: der Âtman, das Ich, ist gleich dem Brahman. Aber in welchem Sinn gleich? Ist das Ich ein kleines Stück jenes großen Heiligen, so dass es dem Brahman gegenübersteht, wie eine einzelne Menschenseele einer großen, göttlichen Weltseele, oder handelt es sich um wirkliche, volle Gleichheit, so dass wirklich jedes Einzel-Ich zugleich das Ich der ganzen Welt ist? Auch da haben wir wieder zwei Richtungen, nach denen das indische Denken weit auseinandergehen musste.

Und schließlich: derjenige wird zu Brahman, der der Gleichheit seines Ich mit dem Brahman inne wird; aber wie wird man dieser Gleichheit inne? Indem man sie mit dem Verstand erkennt? Oder indem man allen anderen Zielen als dieser Gleichheit entsagt und allein auf diese Gleichheit seinen Willen richtet? Oder endlich indem man diese Gleichheit oder Einheit in besonderen Zuständen, etwa dem tiefen Schlaf ähnlich, *erlebt*? Und wieder sind das drei Richtungen, nach denen das indische Denken von diesem Einheitspunkt, von der Lehre der ältesten Upanishaden aus, auseinandergegangen ist. Damit ist gleichzeitig schon das Gebiet abgesteckt und umrissen, mit dem wir uns von nun an werden beschäftigen müssen.

XII. DIE DREI HAUPTPROBLEME DER IN-DISCHEN THEOSOPHIE-BRAHMÁN

In den beiden ältesten Upanishaden herrscht eine Weltanschau-ung, zwar nicht ausschließlich, aber doch vorwiegend, die wir glaubten, in folgende Formel mit annähernder Genauigkeit fassen zu können: „Die Welt ist im letzten Grund ein Heiliges, das Brahman. Unser innerstes Ich, unser Âtman, ist diesem Brahman gleich. Wer dieser Gleichheit inne geworden ist, der ist erlöst, das heißt, er wird nach dem Tode nicht aufs Neue geboren, wie die übrigen Menschen, vielmehr wird er mit dem Brahman eins werden." Dieser Grundge-danke ist aber mehrerer näherer Ausführungen und Bestimmungen nicht nur fähig, sondern auch bedürftig. Wenn die Welt zuletzt ein unwahrnehmbares, unstoffliches Heiliges sein soll, so fragt es sich: was ist und woher kommt das, als was unsere Welt uns zunächst er-scheint? Erscheint uns doch diese ohne Zweifel zunächst als eine wahrnehmbare, stoffliche und höchst unheilige Alltagswelt. Ist diese Alltagswelt, die das heilige Brahman verhüllt, etwas von diesem hei-ligen Brahman wesenhaft Verschiedenes, so dass wir zur Erklärung der uns gegebenen Welt zwei Urwesenheiten annehmen, dass wir uns also, wie man sich auszudrücken pflegt, zu einer „dualistischen" Weltanschauung bekennen müssten? Oder ist diese Alltagswelt selbst etwas aus dem heiligen Brahman Hervorgegangenes, so dass wir doch alles Gegebene auf eine Grundwesenheit, eine Grundkraft zu-rückführen und uns für eine „monistische" Weltanschauung, für den Glauben an ein letztes Prinzip, erklären dürfen? Oder endlich: gibt es diese Alltagswelt in Wahrheit überhaupt nicht, scheint sie nur zu be-stehen, ist sie ein bloßer Wahn, ein bloßer Trug, eine bloße Idee der Menschen, so dass wir eine „idealistische" Weltanschauung für die richtige halten müssten? Das ist die eine „große Frage, die sich an die Weltanschauung der Upanishaden knüpft. Die zweite große Frage be-trifft das Verhältnis des Ich zu jenem heiligen Weltgrund. Wenn es heißt: Unser Ich, unser Âtman, ist dem Brahman gleich, ist damit wirklich gemeint, dass das Ich eines jeden Menschen, dieses Einzel-Ich, zugleich der ganze Weltgrund, das ganze Welt-Ich ist ? Oder ist damit nur gemeint, dass dieses unser Einzel-Ich ein Stück, ein Teil ist von jener großen Urkraft, von jenem Welt-Ich, welches Welt-Ich dann jenem Einzel-Ich etwa gegenüberstünde wie ein Gott einer Seele? Die dritte Frage lautet: Wie wird der Mensch der Einheit seines Ich mit dem Weltgrund inne? Ist das etwas, was man mit der Vernunft erkennt, so dass die Erlösung als ein Verstandesvorgang zu denken wäre? Oder ist das Wesentliche an diesem Vorgang eine bestimmte Einstellung des Willens, eine Abwendung des Willens von den Einzeldingen und eine Hinwendung des Willens auf den ewigen Grund der Welt, so dass die Erlösung eigentlich ein moralischer, ein Willensvorgang wäre? Oder endlich, gibt es ein solches Innewerden nur in Zuständen ganz besonderer Art, muss diese Einheit des Einzel-Ich mit dem Welt-Ich erlebt werden, so dass die Erlösung als ein, wie man sich ausdrückt, „mystischer" Vorgang zu begreifen wäre? Das sind die drei Grundfragen, und die angedeuteten Antworten bezeichnen die hauptsächlichen Denkrichtungen, innerhalb deren sich nun das indische Denken von der Zeit der ältesten Upanishaden bis zum Erlöschen seiner Schöpferkraft überhaupt fortentwickelt hat, also in runden Ziffern etwa vom achten Jahrhundert vor bis zum dreizehnten Jahrhundert nach Christi Geburt, somit noch durch nicht weniger als zweitausend Jahre.

Um die einzelnen Entwicklungsabschnitte und Haltepunkte dieser Entwicklung kennenzulernen, stehen uns hauptsächlich vier Quellen Verfügung.

Erstens einmal die jüngeren Upanishaden. Ich habe bei früherer Gelegenheit einmal erwähnt, dass von den zahlreichen Upanishaden, die uns erhalten sind, im besten Falle nur vierzehn als ursprünglich gelten können, d. h. dass im besten Fall vierzehn Upanishaden wirklich Bestandteile von Waldbüchern und als solche zum Gebrauch der Waldeinsiedler bestimmt waren. Von diesen vierzehn haben wir die zwei ältesten und umfangreichsten, die Chândogya- und die Brihad-Âranyaka-Upanishad kurz durchgesprochen. Die zwölf übrigen gliedern sich nun wahrscheinlich [1]) in drei Gruppen zu je vier Upanishaden, die voneinander doch so kenntlich abweichen, dass man zwischen je zwei solcher Gruppen doch wohl mindestens einen Zeitraum von etwa zweihundert Jahren wird setzen müssen. Wenn wir also die

---

1) Das Folgende nach Deussen, Allg. Gesch. d. Phil. I/2, S. 22ff., dessen relative Datierungen ja wohl zum größten Teile zutreffen dürften, aber freilich, streng genommen, für die einzelnen Abschnitte der fraglichen Upanishaden mehr beweisen als für diese selbst, sofern unter dem Alter einer Upanishad der Zeitpunkt ihrer abschließenden Bearbeitung verstanden werden soll.

Dinge rund und annäherungsweise ausdrücken wollen, so können wir sagen: nach den beiden ältesten Upanishaden kommt eine Gruppe von vier Upanishaden, die etwa um das Jahr oder bald nach dem Jahr 700 v. Chr. G. verfasst sein können und die ich im Folgenden als die *älteren* Upanishaden bezeichnen will. [1]) Dann kommt um das Jahr oder etwas nach dem Jahr 500 v. Chr. G. wieder eine Gruppe von Upanishaden, die ich als die der *jüngeren* Upanishaden bezeichne. [2]) Und dann wieder nach etwa zweihundert Jahren, um das Jahr oder nach dem Jahr 300 v. Chr. G. kommt wieder eine Gruppe von Upanishaden, die ich die Gruppe der jüngsten Upanishaden nennen möchte, [3]) — und dann kommen allerdings noch jene zahlreichen Upanishaden, die sicherlich nicht ursprünglich sind, die niemals Bestandteile eines Waldbuches waren, die vielmehr nach deren Muster als selbständige literarische Erzeugnisse verfasst worden sind, und die ich, wenn ich auf sie hinweise, als die späten Upanishaden kenntlich machen will. Die älteren Upanishaden, also die älteste dieser Gruppen, schließen sich an die bisher besprochenen ältesten Upanishaden sowohl der Stilform als auch dem Lehrgehalt nach recht eng an; immerhin zeigt sich doch an manchen Punkten [4]) eine entschiedene Wandlung des ganzen Geistes, so dass wir auch hier eine verhältnismäßig große Zwischenzeit voraussetzen müssen.

Das zweite Erkenntnismittel, das wir für die Entwicklung des indischen Denkens nach der Zeit der ältesten Upanishaden haben, sind die theosophischen Abschnitte des großen Heldengedichtes *Mahâbhârata*. Dies ist ein Riesenwerk, das in hunderttausend Strophen den Kampf zweier Stämme aus dem Geschlechte der Bhâratas besingt, hauptsächlich die große Schlacht auf dem Kurufeld zwischen den Kauravas und den Pândavas. In dieses Riesenwerk sind nun an mehreren Stellen längere und kürzere Erörterungen theosophischen Inhalts eingelegt, und zwar an Stellen, die sich nach unserem Gefühl dafür oft recht wenig eignen. Von diesen Einlagen sind insbesondere zwei wichtig. Die eine ist die sogenannte *Bhagavad-Gîtâ* und die andere das sogenannte *Mokshadharma*. Bhagavad-Gîtâ heißt Gesang des Erhabenen. Dieses Stück ist an folgender Stelle der Erzählung eingelegt. Die große Schlacht beginnt, die Streitwagen fahren zum Kampf auf; der Führer der einen Partei, *Arjuna*, erhebt seinen Bogen,

---

1) Taittiriya-, Aitareya-, Kaushitaki- und Kena-Upanishad.
2) Kâthaka-, Içâ-, Cvetâçvatara- und Muṇḍaka-Upanishad.
3) Mahänäräyana-, Praçna-, Maitrâyanîya- und angeblich auch die Mândûkya-Upanishad.
4) Z. B. an der Schilderung des Himmels, Kaush. Up. I.

um den Pfeil loszudrücken. In diesem Augenblick überkommt ihn ein Zweifel, ob es richtig ist, gegen seine Verwandten zu kämpfen; er wendet sich an seinen Wagenlenker *Krishna*, der eine Verkörperung des Gottes *Vishnu* ist, mit der Frage, ob er nun den Pfeil losdrücken solle. Und da entspinnt sich denn ein Gespräch, das im Druck etwa siebzig Seiten einnimmt — der Schluss ist dann, dass der Pfeil wirklich losgedrückt wird. Das *Mokshadharma*, d. h. das Gesetz der Erlösung, ist eine Sammlung von Weisheitslehren, die der tödlich verwundete König *Bhîshma*, eh' er stirbt, seinem Enkel mitteilt.

Diese Rede umfasst in der deutschen Übersetzung im Druck 780 Seiten. Wenn wir bedenken, dass die Poesie dem Traum verwandt ist, und dass jemand in fünf Minuten Ereignisse träumen kann, die zu ihrem wirklichen Vollzug Jahre brauchen würden, so werden wir vielleicht milder über diese eigenartige dichterische Technik urteilen und an sie nicht durchaus unseren gewohnten Wahrscheinlichkeitsmaßstab anlegen wollen.

Vom Mahâbhârata gibt es eine vollständige deutsche Übersetzung nicht, sondern nur eine vollständige Übersetzung ins Englische; dagegen gibt es Inhaltsangaben, und zwar eine ausführliche Inhaltsangabe in Buchform von *Jacobi* unter dem Titel: Mahâbhârata, Inhaltsangabe, Bonn 1902; eine kürzere Inhaltsangabe des ganzen Riesenwerkes bei Winternitz im 1. Band seiner Geschichte der indischen Literatur, und jetzt die schöne Gesamtdarstellung in dem nachgelassenen Buch von Oldenberg, Das Mahâbhârata, seine Entstehung, sein Inhalt, seine Form, Göttingen 1922. Die theosophischen Abschnitte, und zwar nicht nur die beiden, die ich genannt habe, sondern auch noch zwei andere, unwichtigere, sind vollständig übersetzt von Deussen: Vier philosophische Texte des Mahâbhâratam, aus dem Sanskrit übersetzt, Leipzig 1906. Aus dieser Gesamtausgabe ist die Übersetzung der Bhagavad-Gîtâ auch besonders abgedruckt erschienen unter dem Titel: „Der Gesang des Heiligen", Leipzig 1911. Von der Bhagavad-Gîtâ, die das erste Werk der indischen Spekulation war, das überhaupt in Europa bekannt geworden ist, gibt es noch recht zahlreiche andere Übersetzungen. So die von *Friedrich Schlegel* aus dem Jahre 1808, dann Übersetzungen in Versen von *Peiper* und von *Bocksberger* aus den Jahren 1834 und 1870 und ebenfalls in Versen die Übersetzung des kürzlich verstorbenen Wiener Indologen *Leopold von Schroeder* vom Jahre 1912. Von diesen glaube ich, obwohl man ja darüber verschiedener Meinung sein kann, dass die Übersetzung von Deussen, obwohl in Prosa gefasst, doch von der poetischen Kraft des Dichters den stärksten Eindruck vermittelt. Ich werde deshalb auch die Bhagavad-Gîtâ nach dieser Übersetzung zitieren. [1])

---

1) Zu erwähnen wäre ferner die Übersetzung von Lorinser, die tendenziös ist, weil sie christliche Einflüsse in dem Werk nachweisen sollte, ferner die Übersetzung von Franz Hartmann — ebenfalls tendenziös, da der Verfasser ein Anhänger der modernen Theosophie ist. Auch die Übersetzung von Richard Garbe kann ich nicht unbedingt empfehlen, da Garbe zwar ein ausgezeichneter Fachmann ist, aber als rechter

Das Heldengedicht Mahâbhârata hat sich jedenfalls langsam gebildet, und die Literarhistoriker nehmen an, dass man von den ältesten bis zu den jüngsten Bestandteilen etwa 800 Jahre rechnen kann,
sie nehmen an, dass die ältesten Bestandteile des Heldengedichtes
etwa um die Jahre 500 oder 400 v. Chr. G. und die jüngsten etwa um
die Jahre 300 oder 400 n. Chr. G. verfasst worden sind. Die Bhagavad-Gîtâ gehört zweifellos zu den älteren, das Mokshadharma zweifellos zu den jüngeren Bestandteilen. Die Bhagavad-Gîtâ weist nun
merkwürdige Berührungen mit der Gruppe der jüngeren Upanishaden
auf; beide zeigen die Gottesvorstellung auf einer genau gleichen
Entwicklungsstufe und eine dieser jüngeren Upanishaden enthält eine
Anzahl von Versen, die in der Bhagavad-Gîtâ, dem Gesang des Erhabenen, wiederkehren. [1]) Das Mokshadharma, das „Gesetz der Erlösung", ist jedenfalls später verfasst worden, und gerade deshalb ist es
für uns besonders lehrreich, weil es aus einer Zeit stammt, aus der
wir sonst fast gar keine Nachrichten über den Zustand der theosophischen Spekulation in Indien haben. Es hängt das mit folgendem zusammen.

Etwa im fünften Jahrhundert v. Chr. G. entstand in Indien die
Lehre der Buddhisten, eine Lehre, die wohl auch selbst zum großen
Teil aus dem Grundgedanken der Upanishaden hervorgegangen ist,
die sich aber doch den anderen indischen Lehren gegenüber in einem
scharfen Gegensatz fühlte, und gleich in den nächsten Jahrhunderten
in Indien durch buddhistische Fürsten zur Herrschaft gekommen ist,
zu einer Herrschaft, die achthundert bis tausend Jahre gedauert hat
und während deren naturgemäß die übrigen indischen Lehren recht
sehr zurückgedrängt wurden. Man darf es sich nicht so vorstellen, als
ob diese anderen Lehren jemals vollständig verschwunden wären.
Das ist unmöglich. Denn da es keine Schrift gab, so könnten die einmal erloschenen Lehren niemals wieder aufgelebt sein. Also der Faden der Überlieferung aller jener Lehren, die nach der buddhistischen

---

Sprachforscher ein schwieriges religionsgeschichtliches Problem, nämlich das Ne-
beneinanderstehen von scheinbar widersprechenden Vorstellungen über das Wesen
der Gottheit, dadurch zu lösen glaubte, dass er eine Unmenge von Einschaltungen
einzelner Stellen in späterer Zeit annahm und diese Einschaltungen durch kleinen
Druck von dem Texte getrennt hat, so dass also in dieser Ausgabe beinahe die Hälfte
des ganzen Gedichtes als klein gedrucktes Beiwerk erscheint. Aus Gründen, die ich
noch berühren werde, kann ich Garbes Annahme durchaus nicht für eine glückliche
Lösung dieser Frage halten. Vgl. gegen sie jetzt auch H. Jacobi, Deutsche Lit.-Ztg.
vom 14. Dez. 1921 und vom 8. April 1922.

1) Bh. G. II 19 = Kâth. Up. II 19 (!); Bh. G. II 29 = Kâth. Up. II 7; Bh. G. XV 1
= Kâth. Up. VI 1; Bh. G. XV 6 u. 12 = Kâth. Up. V 15.

Zeit wiederum vertreten wurden, kann niemals vollständig abgerissen sein. Aber es ist wohl glaublich, dass diese Lehren in verhältnismäßig kleinen Kreisen fortgepflanzt wurden und sich daher nicht besonders lebhaft erneuert haben, sondern eben gerade nur notdürftig erhalten geblieben sind. Die ältesten buddhistischen Schriftsteller nun geben manchmal Übersichten über die gegnerischen Lehren, die sie bekämpfen, und diese Übersichten sind für uns eine dritte Quelle für den Zustand des indischen Geistes in jener Zeit, und es findet sich nun, dass diese Übersichten besonders gut übereinstimmen mit gewissen Darstellungen aus der Zeit der jüngeren Upanishaden. Diese jüngeren Upanishaden, das ist dem Alter nach die zweite Gruppe unter jenen Upanishaden, die den ältesten nachgefolgt sind, dürften also etwa der Zeit der Entstehung des Buddhismus, vielleicht dem fünften Jahrhundert v. Chr. G., angehören, und nicht allzulange danach dürfte auch die Bhagavad-Gîtâ entstanden sein, die ihrerseits mit derselben Gruppe von Upanishaden verwandt ist.

Ich habe gerade gesagt, dass auch in dieser Zeit, in der das Mahâbhârata entstanden sein wird und in der die buddhistischen Fürsten in Indien herrschten, die Schrift noch nicht erfunden war oder doch jedenfalls noch nicht allgemein verwendet wurde. Das sehen wir daraus, dass mit dem allmählichen Zurückdrängen des Buddhismus die alten indischen Lehren wieder hervortraten, aber zugleich eine bestimmte Gestalt annahmen: die Gestalt von *Merksprüchen*, sogenannten *Sûtras*. Im Verlauf dieser Jahrhunderte wurden nämlich die einzelnen indischen Denkrichtungen, deren Ansatzpunkte ich vorhin angedeutet habe, festgelegt. Sie kristallierten sich zu bestimmten Lehrmeinungen, die als theosophische Systeme bezeichnet werden können. Da man aber noch nicht schreiben konnte, schlug sich ein solches System nicht in zusammenhängenden, für jedermann verständlichen Erörterungen nieder, sondern in kurzen Sprüchen, die zum Auswendiglernen bestimmt waren und die Aufgabe hatten, dem Schüler, der sie sich im Zusammenhang eingeprägt hatte, auch dasjenige, was er vom Lehrer zur Erläuterung vernommen hatte, wieder ins Gedächtnis zu rufen. Ohne eine solche Erläuterung sind die *Sûtras* im Allgemeinen unverständlich. Ich will z. B. einen solchen Merkspruch mitteilen. Es ist die Rede von der Darbringung des Neumondopfers, und der Verfasser sagt, dass man das Neumondopfer an jenem Tag darbringen soll, an dem der Mond nicht mehr gesehen wird. Dann fährt er folgendermaßen fort: [1] „Auch wenn nur einmal

---

[1] Gobhila-Grihyasûtra I 5. 8-9; nach Winternitz, Gesch. d. ind. Lit. I, S.230f.

gesehen wird, dass seinen Weg zurückgelegt hat." Das ist der Spruch, und der ist doch für sich allein vollständig unverständlich. Nur derjenige wird ihn verstehen, der einmal folgenden Gedankengang gelernt hat: „*Auch wenn* der Mond *nur einmal* des Tages gerade noch ein wenig *gesehen wird*, kann man an diesem Tage das Neumondopfer darbringen; dann sagt man nämlich, *dass* der Mond bereits *seinen Weg zurückgelegt hat.*" Nur der, der das einmal gelernt hat, wird sich, wenn er jenen Merkspruch hört, des Zusammenhanges erinnern, und es ist ganz klar, dass das eine Überlieferungsform ist, auf die kein Mensch, der schreiben kann, verfallen wird. Was wir an geschriebenen theosophischen Werken besitzen, sind vielmehr erst die Erläuterungen zu diesen *Sûtras* oder Merksprüchen; diese Erläuterungen, die etwa in der Zeit seit dem sechsten oder siebenten Jahrhundert n. Chr. G. in Indien verfasst wurden, wurden aufgeschrieben, und damit beginnt das indische Mittelalter. Und diese Sûtras, diese Merksprüche, an deren Stelle übrigens manchmal auch Merk-Verse, sogenannte *Kârikâs*, traten, sind das vierte Erkenntnismittel, das wir für die Fortentwicklung des indischen Denkens haben. Das erste sind die Upanishaden, die jünger sind als die ältesten; das zweite sind die theosophischen Abschnitte des großen Heldengedichts; das dritte sind die kurzen Übersichten der Buddhisten über die ihnen gegnerischen Lehrmeinungen, und das vierte sind die Merksprüche oder Sûtras, die aber zum größten Teil das indische Denken schon in festgewordenem Zustand zeigen, in dem Zustand, in dem es sich nach dem Ablaufen der buddhistischen Flut befunden hat.

Die Aufgabe des Geschichtsschreibers der indischen Theosophie wäre es nun eigentlich, den Weg sich rückschließend wieder zu vergegenwärtigen, den diese einzelnen Denkrichtungen von der Zeit der ältesten Upanishaden bis zu den Zeiten der festgewordenen theosophischen Systeme, die uns durch die Sûtras und ihre Erklärungen vermittelt werden, eingeschlagen haben. Hier werde ich das natürlich nur in ganz kurzen Zügen tun können, musste aber doch ein für alle Mal auf diese Lage unserer Nachrichten hinweisen, um es wenigstens einigermaßen klarzumachen, wie wenig wir über diese Dinge eigentlich wissen, und wie viel des Interessanten schon darum fraglich bleiben muss, weil über diese ganze Zeit unsere Nachrichten so lückenhaft sind.

Ich will nun zunächst die Besprechung der zweiten Frage beginnen, auf die ich früher hingedeutet habe, der Frage: Was haben wir unter der Gleichheit zwischen dem Ich des einzelnen Menschen und dem heiligen Weltgrund zu verstehen? Es ist mit anderen Worten die

Frage: Ist das Brahman und ist der Âtman immer etwas Unpersönliches geblieben, oder hat sich aus ihnen wieder eine neue Art von Gottheiten entwickelt? Anläufe zu einer solchen Entwicklung sind sowohl vom Begriff des Brahman als auch von dem des Âtman aus unternommen worden. Das erstere lag natürlich sehr nahe. Wenn man ein heiliges Urwesen annimmt, das die ganze Welt hervorgebracht hat, das in diese hervorgebrachte Welt dann eingedrungen ist und, wie es heißt, „bis in die Haare, bis in die Nagelspitzen hinein" diese Welt erfüllt, da liegt es der menschlichen Natur gewiss sehr nahe, sich dieses Urwesen als eine Gottheit vorzustellen. In der Tat wird auch schon in einer der beiden ältesten Upanishaden, in der Chândogya-Upanishad, an zwei Stellen [1]) ein „Brahmangott" genannt, das heißt auf Sanskrit *Brahma-Deva* oder in abgekürzter, gebräuchlicherer Form: *Brahmán*. [2]) Und dieser *Brahmán*, der schon in der Chândogya-Upanishad vorkommt, treibt dann sein Wesen auch in den jüngeren Upanishaden und in den theosophischen Abschnitten des Heldengedichts. Eine von diesen jüngeren Upanishaden [3]) beginnt gleich mit seinem Namen:

> Brahmán entstand als erster von den Göttern.
> Er, der dies Weltall schuf und es behütet.

Aber dieser, Schöpfergott Brahman hatte bei der merkwürdigen Eigenart des indischen Geistes kein viel besseres Schicksal als sein Vorgänger, der Schöpfergott Prajâpati. Für alle Zeiten hat sich zwar in Indien die Vorstellung erhalten, dass die Welt von diesem Brahman erschaffen worden ist, und unzählig sind die Darstellungen in Wort und Bild, die den Gott Brahmán schildern, wie er, nachdenkend über die Erschaffung der Welt, in einer Lotosblüte sitzt mit vier Gesichtern, weil aus jedem seiner vier Münder einer der vier heiligen Veden hervorgegangen ist; aber bei dieser Vorstellung des in der Lotosblüte sitzenden und über die Weltschöpfung nachdenkenden Brahman ist es eigentlich geblieben. Als dann später andere Gottheiten auftraten und sich wieder die Vorstellung von die Welt lenkenden und beherrschenden Göttern ausbildete, da blieb doch Brahmán auf dieser Stufe seiner Entwicklung stehen. Er wird jetzt gedacht als aus diesen höheren, mächtigeren Göttern hervorgewachsen und wird dargestellt als eine vollständig rat- und tatlose Gottheit — tatlos bis auf

---

1) III II, 4 und VIII 15.

2) Es ist derselbe Name wie der des Brahman, nur dass er nicht sächlich, sondern männlich ist und auf der zweiten Silbe betont wird.

3) Mundaka-Up. I 1; nach Deussen, 60 Up., S. 546.

die eine Tätigkeit, dass er die Welt erschaffen hat. Wir meinen ja vielleicht, dass das eigentlich eine ungeheure Tat ist, die Welt zu erschaffen, aber für die Inder scheint das nicht ebenso festzustehen. Ich will zwei Stellen aus dem Mahâbhârata anführen, aus denen zu ersehen ist, wie der Gott Brahmán, obwohl er der Weltschöpfer bleibt, dabei doch für *unser* Gefühl fast zu einer komischen Figur herabsinken kann; nur ist gewiss nicht anzunehmen, dass auch die Verfasser dieser Abschnitte für diese Komik Sinn gehabt hätten. So heißt es einmal: [1])

Als die Wesenschöpfung herannahte, da ließ der unermesslich glänzende Gott aus seinem Nabel zuerst den Gott Brahman hervorgehen; als dieser in Erscheinung getreten war, sprach zu ihm Gott folgende Worte: „Aus meinem Nabel bist du geboren als der mächtige Wesenschöpfer; so schaffe denn, o *Brahmán*, die mannigfachen Wesen, die ungeistigen wie die geistigen!" Auf diese Worte senkte *Brahmán* mit sorgenerfülltem Geist sein Antlitz, verneigte sich vor dem gabenspendenden Gott und sprach: „Welche Kraft hätte ich, die Geschöpfe zu schaffen, o Gottherr — Verehrung sei dir! —, mir fehlt ja die nötige Einsicht; o Gott, bestimme, was geschehen soll." Nach diesen Worten zog sich Gott in die Verborgenheit zurück und erdachte die Weisheit; in leibhaftiger Gestalt stellte sich darauf die Weisheit dem mächtigen Gott vor, und er, der über alle Aufgaben Erhabene, gab ihr eine Aufgabe, indem der unvergängliche, mächtige Gott zur zielbewussten, trefflichen Weisheit also sprach: „Gehe du ein in den Gott *Brahmán*, damit der Zweck der Weltschöpfung erreicht wird." Und auf Befehl des Herrn ging die Weisheit alsbald in jenen ein. Als nun Gott ihn mit der Weisheit ausgestattet sah, sprach er abermals das Wort: „Nun schaffe die mannigfachen Geschöpfe." „So sei es", sprach jener und verneigte sich, dem Befehl Gottes entsprechend, mit dem Haupte, worauf Gott in die Verborgenheit zurückging.

Wir stellen uns gewöhnlich einen göttlichen Weltschöpfer anders vor. Ich will noch eine zweite Stelle ähnlicher Art mitteilen. [2])

Der allumschützte mächtige Gott hatte sich auf dem Wasser gelagert, dem Schlummer hingegeben, indem er die mannigfaltige, aus vielen Kräften entsprießende Schöpfung der Welt erdachte; indem er sie überdachte, erinnerte er sich an seine große Selbstkraft. Dadurch entstand der Gott *Brahmán* mit vier Gesichtern, der Urvater aller Welten. Da geschah es, dass der lotosäugige, glanzreiche Ewige in

---

1) Mokshadharma 351/17; nach Deussen, Vier ph. Texte des Mah., S. 851f.
2) Ebd. 349/19; nach Deussen, ebd., S. 834f.

der tausendblättrigen Lotosblume sitzend, der Herr, einem Wunder vergleichbar, sich anschickte, die Scharen der Wesen zu schaffen. Aber vorher hatten sich schon auf dem sonnengleichen, strahlenden Blatt der Lotosblume zwei von Gott geschaffene Wassertropfen angesetzt. Der eine Tropfen wurde geboren als der Dämon *Madhu* auf Befehl Gottes, der andere wurde zum Dämon *Kaitabha*; die beiden stürmten heran, gewalttätig, keulenschwingend und klommen an dem Lotosstängel empor. Da sahen sie, wie in der Lotosblume der unermesslich glänzende Gott *Brahmán* saß und als Erstes die vier Veden in schöner Leibhaftigkeit schuf. Als die beiden Dämonen die Veden sahen, bemächtigten sie sich ihrer vor den Augen des Gottes *Brahmán*, und sie packten die ewigen Veden und tauchten mit ihnen schleunigst in den nordöstlichen Ozean zur Unterwelt nieder. Als ihm so die Veden entrissen waren, geriet Gott *Brahmán* in Verzweiflung und sprach, der Veden beraubt, zu Gott das Wort: „Die Veden sind mein höchstes Auge, die Veden sind meine höchste Kraft, die Veden sind mein höchstes Eigentum. Alle meine Veden sind mir hier von zwei Dämonen mit Gewalt weggenommen worden; nun sind die Welten für mich verfinstert, da sie der Veden beraubt sind. Wie kann ich ohne die Veden die treffliche Weltschöpfung vollbringen?" . . .

In der ältesten Zeit, in der Zeit der älteren Upanishaden, ist es allerdings anders. Da ist der Gott Brahmán nichts anderes als ein in göttlicher Gestalt vorgestelltes Brahman; aber eben deswegen hat er auch dem Menschen gegenüber nicht jene übergeordnete Stellung, die eigentlich zum en eines Gottes gehört. Das zeigt sich sehr deutlich an einer sehr schönen Stelle einer dieser älteren Upanishaden. Da heißt es: [1])

Alle, die aus dieser Welt abscheiden, gehen sämtlich zum Mond, und wenn einer zum Mond kommt, so fragt ihn der: Wer bist du? Dann soll er antworten: Du bin ich. Wenn er so zum Mond spricht, dann lässt ihn der Mond über sich hinaus gelangen. Und wenn er nun diesen Götterweg antritt, so gelangt er zur Brahmanwelt. Da gehen ihm fünfhundert Genien entgegen, hundert mit Früchten in den Händen, hundert mit Salben, hundert mit Kränzen, hundert mit Gewändern und hundert mit wohlriechenden Pulvern. Die schmücken ihn aus mit dem Schmuck des *Brahmán*, und nachdem er mit dem Schmuck des *Brahmán* ausgeschmückt ist, geht er, der Brahmanwisser, hin zu *Brahmán*; da kommt er zum Ruhebett des *Brahmán*, das ist das Leben. Auf diesem Ruhebett sitzt *Brahmán*, zu dem steigt,

1) Kaishitaki Up. I 2–6; nach Deussen, 60 Up., S. 24ff.

wer solches weiß, den Fuß vorsetzend hinan, und da fragt ihn Brahmán: Wer bist du? Und da soll er antworten: Eines jeglichen Wesens Ich bist du, und was du bist, das bin ich . . .

Wir dürfen also wohl in Kürze sagen, dass die Vergöttlichung des Brahman den Indern misslungen ist. Es ist keine Gestalt zustande gekommen, die sich als ein wirklicher, auf Verehrung Anspruch machender Gott hätte bewähren können. Es sind nun aber auch viele Versuche einer wirklichen Vergöttlichung auf anderem Wege gemacht worden. Diese Versuche sind nicht von dem unpersönlichen Brahmân ausgegangen, das sich zu einer solchen Vergöttlichung am allerwenigsten eignet, sondern sind ausgegangen von dem Begriff des Ich oder des Âtman, einem Begriff, der von allem Anfang an etwas von Persönlichkeit an sich hat, da ja schließlich jedes Ich eine Persönlichkeit ist. Von hier aus ist ein neuer indischer Gottesglaube erwachsen, über den ich zunächst nur einen ganz kurzen, vorläufigen und oberflächlich orientierenden Überblick gebe.

Wenn es in den ältesten Upanishaden heißt: In uns selbst liegt der höchste Urgrund der Welt, mein Ich ist dasselbe, woraus die ganze Welt entstanden ist, so heißt das vielleicht ursprünglich wirklich: In jedem von uns steckt als sein Ich das ganze heilige Welt-Ich. Aber es war unvermeidlich, dass sich mit der Zeit dieses Welt-Ich dem Einzel-Ich gegenüber erhoben hat, dass es einrückte in die Stellung, die ein Gott einer Seele gegenüber einnimmt. Nur hat dieser Gott dieser Seele gegenüber niemals oder doch erst in der allerspätesten Zeit jene Stellung eingenommen, die bei uns Gott der Seele gegenüber zukommt. Bei uns ist Gott etwas von der Seele Verschiedenes, ihr Gegenüberstehendes. Diesen Gedanken hat, wenn wir von den alten Göttern des Ṛigveda absehen, in Indien beinahe niemand mehr gedacht, bis in das tiefste Mittelalter hinein. Fast dürften wir sagen, dass in all diesen zweitausend Jahren vom Abschluss der ältesten Upanishaden bis zu den letzten schöpferischen Vertretern eines spekulativen Gottesglaubens *alle* indischen Denker, die überhaupt an einen Gott in diesem Sinne glaubten, sich vorgestellt haben, dass die Seele des Menschen *ein Stück Gottes* ist: dass Gott gleichzeitig die Seele der ganzen Welt und die Seele eines jeden einzelnen Dings in dieser Welt ist, und dass jede einzelne Seele, sei es eine menschliche, sei es eine tierische, sei es sogar das Ich eines unbelebten Dinges, nichts anderes sei als ein Stück oder ein Strahl dieses obersten Gottes. Abgesehen etwa von den Denkern einzelner Sekten [1]) ist erst

---

1) Gewissen Anhängern der Çiva-Lehre sowie des Yoga-Systems.

ganz spät, im dreizehnten Jahrhundert nach Christi Geburt, vielleicht schon unter dem Einfluss des Islam, in Indien eine Richtung aufgekommen, die Gott der Seele als etwas von ihr Verschiedenes, als eine ganz andere Persönlichkeit gegenübergestellt hat, und es ist dabei sehr kennzeichnend, dass diese Denker sofort auch wieder Gott die schöpferische Kraft abgesprochen haben. Sie haben sich auf den Standpunkt gestellt, dass Gott nur ein Weltordner sei, der die von ihm ganz unabhängige Welt in ihre jetzige Form gebracht hat. Solange nämlich die Inder glaubten, dass die Welt aus Gott hervorgegangen ist, dachten sie Gott und die Welt auch gleichartig. Sie nahmen also an, dass sich der Stoff der Welt aus dem Körper Gottes und der Geist der Welt aus dem Geist Gottes entwickelt habe. Erst als sie dann die Verwandtschaft Gottes mit den einzelnen Dingen aufgaben, da stellten sie die Welt mit den einzelnen Seelen auf die eine und Gott auf die andere Seite. Und das ist die große Schwierigkeit, die unserem Verständnis des indischen Gottesglaubens entgegensteht, dass wir, wenn wir von einem Gott hören, immer zu dem Glauben neigen, dieser Gott sei etwas außerhalb des Menschen Gegebenes. Wenn wir dann lesen, dass dieser Gott in dem Menschen ist und das Ich des Menschen ein Stück Gottes, dann ist es uns, als würden wir wieder vor einem anderen System, vor einer anderen Lehre stehen, und so kommt es, dass dann die Gelehrten einen Text vor sich zu haben glauben, der zu verschiedenen Zeiten von Anhängern verschiedener Lehren zusammengestoppelt worden ist; denn es scheint ihnen, dass da Monotheistisches und Pantheistisches unvermittelt nebeneinander steht und durcheinander geht. Aber die genaue Betrachtung der Quellen zeigt, dass da für den Inder gar kein Widerspruch besteht, ja dass es seine Grundvorstellung ist, dass Gott zugleich die Seele der ganzen Welt ist, und dass die einzelnen Stücke oder Strahlen Gottes die Seelen der einzelnen Dinge, Wesen und Menschen in dieser Welt sind.

Soviel wollte ich als allgemeinen Überblick über die Entwicklung des indischen Gottesglaubens vorausschicken, um es dann weiterhin noch etwas näher im Einzelnen auszuführen.

XIII. DER „HERR"

VISHṆU UND ÇIVA

Nach der Lehre der ältesten Upanishaden soll der Âtman, d. h. das innerste Ich eines jeden Menschen, dem Brahman, d.h. dem eigentlichen, letzten Grund der Welt, gleich sein. Es fragt sich, wie diese Gleichheit zu verstehen ist? Gar kein Zweifel ist *daran* möglich, dass an manchen Stellen der ältesten Upanishaden auf diese Frage irgendeine Antwort weder gegeben noch vorausgesetzt wird, dass der Verfasser an diesen Stellen lediglich die Tatsache zum Ausdruck bringen will, dass das Wesen des Menschen seiner tiefsten Eigenart nach dasselbe ist wie das Wesen der Welt. Wenn es z. B. an einer Stelle, die wir kennengelernt haben, in häufiger Wiederholung heißt:

Es ist deine Seele, die allem innewohnt,

so ist es ziemlich klar, dass der Verfasser sich noch gar keine Gedanken darüber macht, ob nun das Ich jedes einzelnen Menschen dem ganzen Weltgrund gleich ist oder ob das Ich des einzelnen Menschen nur ein Stück dieses allgemeinen Weltgrundes ist. Ebenso, wenn es in der Bṛihad-Âraṇyaka-Upanishad einmal heißt: [1]

Wahrlich, diese Welt war im Anfang das Brahman, das wusste allein sich selbst, und es erkannte: ich bin Brahman. Dadurch ward es zu diesem Weltall. Und auch heutzutage: wer eben dies erkennt: ich bin Brahman, der wird zu diesem Weltall, und auch die Götter haben nicht die Macht, zu hindern, dass er es werde, denn er ist selbst ihr Ich,

auch an dieser Stelle ist es ziemlich klar, dass der Verfasser keine Antwort zu geben wüsste auf die Frage, wie er sich diese Gleichheit denkt; er ist voll von seiner großen Erkenntnis, dass alle Dinge, die Welt außer und die Welt in uns, zuletzt eins sind; ob das aber eine Einheit ist, die in der Gleichheit zweier Ganzen besteht, oder eine Einheit, die nur in der Gleichartigkeit eines Ganzen und eines Teiles

---

1) I 4, 10; nach Deussen, 60 Up., S. 395.

besteht, darüber macht er sich gewiss noch keine Gedanken.

Trotzdem ist es ebenso gewiss, dass es Stellen von gleichem Alter gibt, an denen von dem Ich des einzelnen Menschen unterschieden wird ein Ich der ganzen Welt, also, annäherungsweise ausgedrückt, etwas, was wir eine Weltseele oder einen göttlichen Weltgeist nennen würden. So heißt es z. B. an einer Stelle, die ich aus der Bṛihad-Âraṇyaka-Upanishad mitgeteilt habe: [1]

Im Anfang war diese Welt allein ein Ich in Gestalt eines Menschen. Das blickte um sich, da sah es nichts anderes als sich selbst. Da rief es zu Anfang aus: Das bin ich. Daraus entstand der Name „Ich".

Im weiteren Verlauf verwandelt sich dieses „Ich" in alle möglichen Arten von tierischen und menschlichen Wesen, erzeugt auf diese Weise die ganze Welt und geht dann in die Welt ein, „bis in die Nagelspitzen hinein", wie es dort heißt. [2] Dieses Wesen, das uns hier entgegentritt, heißt zwar „Ich", verhält sich aber doch eigentlich wie ein Weltschöpfer. Es ist also ein Ich, das als Welturheber gedacht wird, somit offenbar als etwas anderes, als es das Ich eines jeden Einzelnen von uns ist. An Stellen, die vielleicht ein wenig jünger sein mögen und die wir schon kennengelernt haben, ist dieses Ich schon ein Gott. So z. B. hab' ich einmal Verse angeführt, die da lauten: [3]

Der Mann, der als sein eignes Ich
Gott hat geschaut von Angesicht,
Den Herrn des, was da war und wird,
Der fürchtet und verbirgt sich nicht.

An einer anderen Stelle wieder haben wir gehört: [4]

Hier inwendig im Herzen, da ist ein Raum, darin liegt er, der Herr des Weltalls, der Gebieter des Weltalls, der Fürst des Weltalls.

Gewiss denkt auch hier noch der Verfasser, dass dieses Wesen, von dem er spricht, den eigentlichen Kern jedes Einzelnen von uns ausmacht, aber er spricht von ihm doch schon als von einem großen weltbeherrschenden Wesen, und wir können natürlich gar nicht sagen, welche Antwort er auf die Frage gegeben hätte: ob nun unser eigenes Ich ein Teil dieses großen, weltbeherrschenden Wesens ist oder ob dieses große, weltbeherrschende Wesen wirklich in seiner Gänze in jedem einzelnen Menschen steckt.

---

1) I 4, 1; nach Deussen, ebd., S. 392.
2) I 4,7.
3) Brih. Âr. Up. IV 4, 15; nach Deussen, Allg. Gesch. I/2, S. 315.
4) Ebd. t, 22; nach Deussen, 60 Up., S. 479.

Es ist ein weiterer Schritt auf dem Wege dieser Entwicklung, wenn nun diesem Ich ein besonderer göttlicher Name gegeben wird. Im Gegensatz zu den Göttern der alten vedischen Mythologie, im Gegensatz zu einem *Indra*, einem *Varuṇa*, einem *Agni*, dem Gewitter-, dem Rechts-, dem Feuergott, die alle zweifellos und zu allen Zeiten den Menschen als von ihm *verschiedene* Wesen gegenüberstehen und die gleichzeitig doch nur beschränkte, wenn auch sehr große Macht haben, im Gegensatz zu diesen Göttern des Ṛigveda, die mit dem indischen Namen *Deva* heißen, wird nun dem Ich ein neuer Name gegeben, der Name „Herr", das ist Îça oder *Îçvara*, und eine der ältesten Stellen der jüngeren Upanishaden beginnt gleich mit den Worten: [1])

> Im Herrn versenke diese Welt
> Und alles, was auf Erden lebt!

Trotzdem wäre es ganz unrichtig, sich vorzustellen, dass der Verfasser unter diesem „Herrn" *nicht* eben jenes Wesen verstanden hätte, das in jedem von uns lebt. Im Gegenteil, gleich in den nächsten Versen sagt er: [2])

> Doch wer die Wesen allesamt
> Erkannt hat als sein eignes Ich
> Und sich in allem, was da lebt,
> Den ängstigt nichts mehr auf der Welt.

> Der, dessen Ich sich wandelte
> In alle diese Wesen hier,
> Wo wär' ein Kummer noch für den,
> Ein Wahn, der so die Einheit schaut?

Der Gedanke ist hier also dieser: es gibt ein großes, allmächtiges, unstoffliches, heiliges Wesen, und dieses Wesen durchwaltet wie die äußere, so auch die innere Welt und lebt in jedem von uns als sein innerster Kern. Und doch macht sich in dieser selben kleinen Upanishad auch schon der Gedanke geltend, dass dieses Wesen, dieser Herr, in gewissem Sinn doch wieder etwas von uns, nämlich von jedem von uns, Verschiedenes ist. Denn in der Strophe vor den soeben mitgeteilten lesen wir:

> Er ist in Ruh' und nicht in Ruh',
> Er ist uns fern und doch auch nah.
> Er wohnt den Wesen allen ein
> Und ist doch außer ihnen da.

---

1) Îçâ-Up. 1; nach Deussen, ebd., 524.
2) Ebd. 6; S. 525.

Nun könnte man glauben, es sei damit nur gemeint: er ist auch außer ihnen da, weil er nicht nur in mir ist, sondern auch in jedem anderen. Aber es zeigt sich bald, dass in dem Gedanken doch noch etwas anderes steckt. Zum Beispiel in einer der jüngeren Upanishaden heißt es: [1])

> Nicht durch Belehrung wird erkannt der Âtman,
> Nicht durch Verstand und viele Schriftgelehrtheit;
> Nur wen er wählt, von dem wird er begriffen,
> Ihm macht der Âtman offenbar sein Wesen.

In dieser Weise, als eine Gottheit, die sich nach ihrem Wohlgefallen diesem oder jenem offenbart, pflegt man doch das eigene Ich nicht aufzufassen; und bei folgenden schönen Versen derselben Upanishad wird dieser Sachverhalt noch deutlicher: [2])

> Das eine Feuer, diese Welt durchdringend,
> Schmiegt jeder Form sich an und bleibt doch draußen;
> So schmiegt das eine, inn're Ich der Wesen
> Auch jeder Form sich an und bleibt doch draußen;

> Die Luft, die eine, diese Welt durchdringend,
> Schmiegt jeder Form sich an und bleibt doch draußen;
> So schmiegt das eine, inn're Ich der Wesen
> Auch jeder Form sich an und bleibt doch draußen.

> All-Auge Sonne leidet nicht Befleckung
> Von ird'scher Augen äußeren Gebrechen;
> So wird das eine, inn're Ich der Wesen
> Vom Weltleid nicht befleckt, es bleibet draußen.

Hier sehen wir, dass eine Kluft sich aufzutun beginnt zwischen den einzelnen Menschen und dem allgemeinen Ich, allerdings nicht, indem zwischen meinem Ich und dem göttlichen Ich ein Spalt gerissen würde, sondern indem zwischen dem an mir, was nicht mein Ich ist, zwischen meinem Leib, meinen Gedanken, meinen Leiden einerseits und dem, was in mir Göttliches ist, andererseits, unterschieden wird. Aber doch, scheint es, schwankt der Verfasser schon ein wenig, ob ich nicht eigentlich mehr das erstere bin, so dass dann der Âtman, der in meinem Leibe steckt, doch nicht mehr ganz eigentlich und in jeder Beziehung mein Ich, sondern eher nur etwas Göttliches wäre, das wohl in mich hineinreicht, aber doch von mir unterschieden werden sollte. Jedenfalls muss man gestehen, dass ein Ich, von dem

---

1) Kâthaka-Up. II 23 ; nach Deussen, 60 Up., S. 275.
2) Kâth. Up. V 9; nach Oldenberg, Die Lehre der Upanishaden u. d. Anfänge des Buddhismus, S. 235.

man behaupten kann: Es bleibt draußen, ein höchst wunderbares Gebilde ist, ein Gebilde, das den Weg zu einem vom Menschen verschiedenen göttlichen Wesen mindestens bis zur Hälfte, wenn nicht weiter als bis zur Hälfte, zurückgelegt hat.

In der Tat hat das indische Denken in Bezug auf diese Frage sehr verschiedene Stellungen eingenommen. Es haben sich Richtungen entwickelt, in denen Gott von dem Ich des einzelnen Menschen vollständig unterschieden wurde, in denen Gott dem einzelnen Menschen gegenübertreten ist. Es haben sich auch Richtungen entwickelt, in denen sich wenigstens der Zusammenhang zwischen dem Ich und Gott gelockert hat, und in denen nur daran festgehalten wurde, dass beide aus dem Brahman, dem einheitlichen Urgrund, hervorgegangen sind und auch wieder in Brahman zurückkehren werden, indem nämlich, sooft eine Welt aus dem Brahman ausgehaucht wird, mit dieser Welt sowohl ein göttlicher Herr als auch einzelne Seelen entstehen und indem jedes Mal, wenn die Welt in Brahman zurückgenommen wird, sowohl dieser göttliche Herr wie die einzelnen Seelen in das Brahman zurückgehen. Daneben hat sich aber die Stellung des göttlichen Herrn zum Ich, die ich durch die zuletzt mitgeteilten Anführungen zu kennzeichnen suchte, erhalten, ja sie ist die Grundlage alles dessen geworden, was wir im engeren Sinn indischen Gottesglauben nennen; denn gerade dieses Schweben zwischen Einheit von Gott und Ich und Verschiedenheit von Gott und Ich ist das für diesen indischen Gottesglauben Kennzeichnende und zugleich das, was uns Europäern zu erfassen so schwer wird. Die sogenannten gottgläubigen indischen Denker entscheiden sich nämlich eigentlich alle — oder doch fast alle, bis tief in das indische Mittelalter hinein — für die Lösung, dass sie das Ich, die Seele des einzelnen Menschen, für ein Stück, für eine Ausstrahlung Gottes halten, doch aber Gott als Ganzes der einzelnen Seele gegenüberstellen wie eine übermächtige Persönlichkeit einer kleinen und ohnmächtigen. Nichts kann falscher sein, als wenn man deswegen, weil man diese beiden Auffassungen in einem Text nebeneinander findet, glaubt, der Text müsse von verschiedenen Verfassern herrühren und nachträglich zusammengestoppelt sein. Diese einheitliche Auffassung: „Es gibt ein heiliges Wesen, dieses heilige Wesen ist der Herr, dieser Herr durchdringt alle Dinge, die ganze Welt, er ist die Seele der Welt und jedes einzelnen Dinges in der Welt, und auch wir selbst sind unserem innersten Kern, unserer Seele nach nur ein Stück, nur ein Strahl dieses göttlichen Herrn" — diese Auffassung ist unabhängig davon, wie die Inder dieses ihr göttliches Wesen, ihren Herrn benennen, und ist auch ziemlich unabhängig davon, mit welcher von den volkstümlichen Göttergestalten dieser Begriff eines göttlichen Herrn verschmilzt.

Die große Wandlung nämlich, die etwa in der Zeit der jüngeren Upanishaden in Indien sich an dem Begriff des Ich oder des Herrn vollzogen hat, ist die, dass dieser Begriff mit einer Göttergestalt der alten Mythologie verschmolzen ist, und zwar sind es zwei Gestalten, die miteinander wetteifern, und nach denen sich ja auch heute noch die gottesgläubigen indischen Religionen trennen. Wir unterscheiden im Allgemeinen einen indischen Gottesglauben, der sich an die Gestalt des Gottes *Vishṇu*, und einen indischen Gottesglauben, der sich an die Gestalt des Gottes *Çiva* knüpft. Diese Bezeichnungen sind allerdings recht sehr abgekürzt; genauer steht die Sache so, dass wir eigentlich, statt hier einfach einen Namen auszusprechen, eine Gruppe verwandter Gottheiten unterscheiden müssten, die erst allmählich zu einer Einheit verschmolzen sind. Was die Gruppe „Vishṇu" betrifft, so sind miteinander folgende Göttergestalten verschmolzen. Erstens eine Gottheit *Nârâyana*, das heißt eigentlich: der Männerhort. Diese Gottheit findet sich schon in den alten Stücken des Heldengedichts Mahâbhârata, sie wird als der Sohn des Rechtes und der Milde bezeichnet und wird — wie wir bei Gelegenheit noch hören werden - durch unblutige Opfer geehrt. Es kommt dann zweitens die ebenfalls im Mahâbhârata gefeierte Gottheit *Vâsudeva* hinzu, deren auffallendste Eigentümlichkeit darin besteht, dass sie sich in einem bestimmten Menschen, nämlich in dem Hirtenkönig *Kṛishṇa*, verkörpert. Dieser Kṛishṇa ist ein Held der Vorzeit, dessen Taten im Mahâbhârata und insbesondere auch in der Bhagavad-Gîtâ, dem Gesang des Erhabenen, besungen werden, und der eben zugleich als die Verkörperung dieses Gottes Vâsudeva gilt. Mit diesen Gestalten verschmilzt schließlich drittens der Gott *Vishṇu*, der schon im Ṛigveda vorkommt, von dem wir aber nicht genau sagen können, was ursprünglich seine Naturbedeutung war. Er heißt der „Herr der weiten Flächen", und es werden ihm „drei Schritte" beigelegt, von denen der dritte in eine den Menschen unzugängliche Sphäre führt, und es ist strittig, ob dabei etwa an den Umlauf der Sonne oder des Mondes zu denken ist und insbesondere an ihr Hinuntersinken in die Welt unter dem Horizont. Jedenfalls scheint es mir, dass schon zur Zeit der Entstehung der Bhagavad-Gîtâ diese drei Gestalten eine mehr oder weniger feste Verbindung eingegangen sein müssen, denn gerade auf dem Höhepunkt des Gedichtes wird die Gottheit, die sich in Kṛishṇa verkörpert, auch mit dem Namen Vishṇu angesprochen. [1]) Die Gottheit, die sich aus diesen Elementen zusammengesetzt hat, hat außer dem, dass sie unblutig verehrt wird, das Besondere, dass sie als die *welterhaltende* Gottheit aufgefasst wird und hat weiter auch noch das Besondere, dass ihr eine Neigung eignet, wenn sie mit dem Brahman verglichen wird, sich noch über das Brahman zu erheben. Eigentlich ist sie ja der Herr, das allgemeine Ich, und nach den Voraussetzungen der ältesten Upanishaden müsste sie mit dem Brahman zusammenfallen. Das ist aber in der Regel nicht die Auffassung unserer Texte, vielmehr wird meist so gesprochen, als ob der Herr etwas noch Größeres, noch Heiligeres, noch Ursprünglicheres wäre als das Brahman, so etwa, als ob das Brahman etwas wäre, was dieser Gott Nârâyana oder Vishṇu sich ausgedacht hat, etwas, was in seinem Geist oder durch die Kraft seines Geistes entstanden wäre. [2])

Zu der anderen Gruppe von Gottheiten, die wir gewöhnlich durch den Namen „Çiva" bezeichnen, gehört vor allem der Gewittergott *Rudra*, der im Rigveda vorkommt und schon dort ein zerstörender, ein tötender Gott ist.

Insofern man aber zu ihm betet, und insofern dieser tötende Gewittergott doch jene, die ihm die gebührende Ehre erweisen, verschont, heißt er auch ein verschonender, ein heiliger, ein seliger Gott, und von dieser Eigenschaft der Seligkeit hat er seinen Beinamen *Çiva* angenommen, sowie er auch von seiner Eigenschaft, Herr zu sein über Leben und Tod des Viehs, den Beinamen *Paçupati* empfängt. Mit diesem Gott, den man *Rudra, Çiva* oder *Paçupati* nennt, ist aber nun eine weitere Gestalt verschmolzen: *Mahâdeva*, d. i. der große Gott, ein Gott der Fruchtbarkeit, der insbesondere unter dem Sinnbild des aufgerichteten Zeugungsgliedes verehrt wird. Von diesem Gott *Mahâdeva* hat man wohl den Eindruck, dass er nicht arischen Ursprungs ist: der Hauptsitz seiner Verehrung hat immer im südlichen Indien gelegen, in dem Land der dunkelfarbigen Ureinwohner, und in den alten Teilen des Mahâbhârata, geschweige denn in den älteren und ältesten Upanishaden, findet sich von dieser Seite im Wesen des

1) Bh. G. XI 24 u. 30.

2) Vielleicht klingen hier Erinnerungen aus der Zeit nach, wo Brahman noch nicht das über die ganze Welt erhabene Urwesen war, sondern nur „heilige Zaubermacht", die schließlich auch aus einem göttlichen Herrn vorgegangen sein, sich von ihm abgelöst haben kann. — Auch das Verhältnis von Ich und Gott erinnert häufig noch an jene Vorstellungsweise, für die irgendeine einzelne Gottheit zauberisch in einen Menschen eingehen, ihn ganz und gar erfüllen, geradezu zu seinem Ich werden konnte. Vgl. Hauer, Anfänge der Yogapraxis, S. 125 u. 167.

Rudra oder *Çiva* noch keine Spur.

Jener große, göttliche Geist also, der die Welt und jeden Einzelnen von uns beseelt, wird [1]) einsgesetzt bald mit dem erhaltenden Gott Nârâyaṇa oder Vishṇu, bald mit dem zerstörenden Gott Rudra oder Çiva. Aber auf die Ausbildung und Entwicklung des Gottesglaubens, der Gottesvorstellung und der Frömmigkeit nimmt diese Verschiedenheit einen sehr geringen Einfluss. Man sieht das insbesondere an einer der jüngeren Upanishaden, die nach ihrem mythischen Verfasser *Çvetâçvatara*-Upanishad heißt, wenn man sie mit der Bhagavad-Gîtâ vergleicht. Die Bhagavad-Gîtâ ist von einem Anhänger der Vishṇu-Religion, die Çvetâçvatara-Upanishad von einem Anhänger der Çiva-Religion verfasst; wenn wir aber vergleichen, was hier und dort über Gott ausgesagt wird, so werden wir in allen grundsätzlichen Fragen volle Übereinstimmung finden. [2])

Insbesondere zunächst eine Übereinstimmung darüber, dass Gott die Seele aller einzelnen Wesen und jedes einzelnen Menschen ist. So heißt es in der Upanishad: [3])

> Er ist der Herr in allen Weltenräumen,
> Er wird gebor'n aus jedem Mutterleibe,
> Er ward geboren, wird geboren werden,
> Er wohnt den Menschen ein allgegenwärtig.

> Dem Gott, der in das Feu'r und in das Wasser,
> Der in die ganze Welt ist eingegangen,
> Der in den Kräutern weilt und in den Bäumen,
> Dem Gott sei Ehre, ihm, dem Herrn, sei Ehre.

Oder an einer anderen Stelle: [4])

> Der eine Gott, verhüllt in allen Wesen,
> Durchdringend alle, aller innere Seele.

Das also wird von Rudra gesagt, und was sagt nun die Bhagavad-Gîtâ von Vâsudeva in seiner Erscheinungsform als Krishna?: [5])

> Der Glanz, der, in der Sonne weilend, die ganze Welt erleuchtet und der im Mond, im Feuer weilt, dieser Glanz,

so spricht nämlich Gott

---

1) Wenn wir eine Ziffer aussprechen wollen, so können wir vielleicht sagen: etwa seit dem sechsten Jahrhundert v. Chr. G.
2) Diese Übereinstimmung jetzt auch hervorgehoben bei Oldenberg, Das Mahabharata, S. 72, nur dass ich die übereinstimmende Gottesvorstellung beider Schriftdenkmale nicht als eine so „wirre" bezeichnen möchte.
3) Çv. Up. II 16; nach Deussen, 60 Up., S. 296.
4) VI 11; nach Deussen, ebd., S. 308.
5) Bh. G. XV 12-13; 1\ !S! nach Deussen, 1 Texte, S. 93f.

wisse, er ist der meine. In die Erde eingehend, erhalte ich die Wesen durch meine Kraft. Ich bringe alle Pflanzen zum Gedeihen; ein unvergänglicher Teil von mir ist das, was in der Welt des Lebendigen zur einzelnen Seele wird. Ich bin eingegangen in das Herz eines jeden; von mir stammt Erinnerung und Erkenntnis sowie ihr Verlust; auch bin ich es, der durch alle Veden zu erkennen ist; ich bin der Schöpfer der Upanishad und der Kenner des Veda.

Obwohl also Gott in jedem von uns als sein Ich steckt, so ist er es doch auch, der durch seine Zauberkraft diese ganze Welt gebildet hat, der sie aus sich schafft und der sie wieder in sich zurücknimmt. In der Upanishad heißt es darum von Rudra oder Çiva: [1]

> Als Zauberwerk erkenne die Natur,
> Als Zauberer den höchsten Gott.

Und ganz dementsprechend heißt es nun auch ein anderes Mal in der Upanishad von Çiva: [2]

> Der Gott, der vielfach ein Netz nach dem ander'n
> Im Raume hier ausspannt und wieder einzieht . . . [3]

Und auch ein drittes Mal heißt es von Rudra: [4]

> Das, was er schuf, nimmt er zurück dann wieder,
> Zur Einheit werdend mit des Wesens Wesen.

Und ganz dem entsprechend heißt es nun auch von Vishṇu in der Bhagavad-Gîtâ: [5]

> Zahlreich sind meine vergangenen Geburten und auch deine, o *Arjuna*; mir sind sie alle bewusst, dir aber sind sie nicht bewusst, o Bezwinger der Feinde. Ungeboren bin ich und unvergänglichen Wesens, bin der göttliche Herr der Geschöpfe; aber indem ich eingehe in die Natur, entstehe ich neu durch meine Zauberkunst.

Und an einer anderen Stelle: [6]

> Wenn man erkannt hat, dass ein Tag des Brahman die Dauer von tausend Weltaltern hat, und dass seine Nacht ebenfalls tausend Weltalter dauert: die Menschen, die das erkannt ha-

---

1) IV 10; nach Deussen, 60 Up., S. 302.
2) V 3; nach Deussen, ebd., S. 304.
3) Gott wird hier also mit einer Spinne verglichen, die aus sich heraus ihr Netz schafft.
4) VI 3; nach Deussen, 60 Up., S. 307.
5) IV 5; Bach Deussen, Vier Texte, S. 50.
6) VIII 17; nach Deussen, ebd., S. 68.

ben, wissen in Wahrheit, was Tag und Nacht ist. Bricht der Tag an, so gehen aus dem Unentfalteten alle Entfaltungen hervor, bricht die Nacht an, so zergehen sie wieder in jenem, was das Unentfaltete heißt. Diese ganze Schar der Wesen, die da wird und immer wieder wird, zergeht, wenn die Nacht anbricht, o *Arjuna*, und sie entsteht wieder beim Anbruch des Tages, beides ohne eigenen Willen. Aber jene andere Wesenheit, die höher als jenes Unentfaltete, selbst unentfaltet und ewig ist, die geht nicht zugrunde, wenn auch alle Wesen zugrunde gehen. Diese unentfaltete Wesenheit ist es, welche man unvergänglich nennt und als das höchste Ziel bezeichnet, zu dem gelangt, man nicht mehr zurückkehrt, und das ist meine höchste Stätte. Das ist, o *Arjuna*, jener höchste Geist, der durch eine nur ihm zugewandte Verehrung ergriffen wird, der alle Wesen in sich befasst und durch den dieses ganze Wesen ausgebreitet ist.

Beide Götter, sowohl Rudra als auch Vishṇu, nehmen für sich in Anspruch nicht nur die Welt, sondern auch den eigentlichen Weltschöpfer Brahman erschaffen zu haben. Wir wissen ja, die Inder halten an der Vorstellung fest, die Welt werde zunächst von dem vierangesichtigen Schöpfergott Brahmán geschaffen, der dereinst in der Lotosblüte saß und über die Weltschöpfung nachdachte. Indem die anderen Weltherren neben ihm aufkommen, übernehmen sie es, zunächst den Schöpfergott Brahmán und dann durch ihn die Welt zu schaffen. So z. B. finden wir im Mahâbhârata eine lange Erzählung, wie Nârâyana-Vishṇu und Çiva miteinander in einen Kampf geraten.[1]) Die ganze Welt gerät in Unruhe, die Erde erbebt, der Himmel zerreißt, die Sterne verlieren ihren Glanz, und auch Gott Brahmán gerät auf seinem Sitz ins Schwanken; der Ozean vertrocknet, der Himalaja birst, und Brahmán begibt sich nun zu den Kämpfenden

und mit ausgestreckten, hohlen Händen spricht der Vierangesichtige zu Rudra das Wort: „Strecke die Waffen, o Allherr, aus Liebe für das Wohl der Welt; denn was jenes Unvergängliche, Unoffenbare, Gottherrliche, Weltbildende, Allerhöchste, Wirkende, Gegensatzfreie ist, das erscheint als diese eine schöne Gestalt, als *Nârâyana*, welcher im Hause des Rechtes geboren wurde. Ich bin aus seiner Gnade geboren aus einem bestimmten Anlass, und du, o Freund, bist aus seinem Zorn entstanden in einer früheren Schöpfungsperiode. Mit mir im

---

1) Mokshadharma 344/118; nach Deussen, Vier Texte, S. 816f.

Verein, mit den Göttern und den großen Geistern, söhne dich alsbald mit jenem aus, und Friede möge sogleich den Welten werden."

Also aus Nârâyana-Vishṇu ist, wie Çiva, so auch der Schöpfergott Brahmán hervorgegangen. In der Upanishad heißt es nun umgekehrt: [1])

> Zu ihm, der Gott Brahman dereinst erschaffen
> Und der ihm auch die Veden überliefert,
> Dem Gott, der sich erkennen lässt aus Gnade,
> Nehm' ich, Erlösung suchend, meine Zuflucht.

Aber nicht nur, wenn ich so sagen soll, die theoretischen Vorstellungen von Gott sind dieselben, ob nun dieser Gott Vishṇu oder Çiva heißt, auch die Stellung des Menschen zu diesem Gott ist wesentlich dieselbe. Obwohl nämlich dieser Gott mit dem innersten Ich in uns zusammenfällt, so obliegt uns ihm gegenüber doch eine Haltung, wie sie sonst vorwiegend einem fremden Wesen gegenüber am Platz wäre. Die Haltung, die dem Menschen Gott gegenüber obliegt, bezeichnen nämlich die Inder durch Wort *Bhakti*, das häufig und gewiss nicht ganz mit Unrecht durch „Liebe" wiedergegeben wird, das aber doch eigentlich Treue, Anhängerschaft und Verehrung bedeutet, nämlich das Verhältnis, wie es für einen Untertanen, wie es besonders für einen Vasallen seinem Fürsten gegenüber am Platz ist. Das Ziel, das der Mensch erreichen soll, die Erlösung, ist das vollständige Einswerden mit dieser Gottheit. Er soll nicht immer wieder geboren werden, sondern er soll schließlich in dieser Gottheit aufgehen. Entscheidend dafür ist, dass er sich seiner Einheit mit dieser Gottheit bewusst wird. Er wird sich aber dieser Einheit mit ihr nur bewusst, wenn er an ihr festhält. Durch das Wort „Bhakti", Verehrung, Anhängerschaft, soll nun das Festhalten der einzelnen menschlichen Seele an der großen göttlichen Weltseele bezeichnet werden. So heißt es z. B. am Schluss dieser kleinen Upanishad, immer in Bezug auf Rudra-Çiva: [2])

> Wer treu vor allem hängt am Herrn
> Und nach dem Herrn am Lehrer hängt
> Dem werden, wenn er hohen Sinns,
> Erleuchtung diese Lehren sein —
> Erleuchtung diese Lehren sein.

In der Bhagavad-Gîtâ aber heißt es in Bezug auf Vishṇu-

---

1) VI 18; nach Deussen, 60 Up., S. 309.
2) VI 23; nach Deussen, ebd. S. 310.

Nârâyaṇa: [1])

Wer Brahman geworden, dessen Geist ist heiter, der trauert nicht und verlangt nicht; gleichmütig gegen alle Wesen ergreift er meine Verehrung als Höchstes. Durch die Verehrung erkennt er mich, meine Größe und wer ich bin, dem Wesen nach; hat er mich aber dem Wesen nach erkannt, so geht er sogleich in dieses Wesen ein; und indem er allezeit alle seine Werke tut im Hinblick auf mich, erlangt er durch meine Gnade die ewige, unvergängliche Stätte. An mich denke, mir hänge an, mir huldige, mich verehre, und du wirst zu mir gelangen; ich verspreche es dir wahrhaftig, denn du bist mir lieb; lass alle Satzungen dahinten, nimm zu mir allein deine Zuflucht: ich werde dich von allen Übeln erlösen; traure nicht!

Das ist also das der Vishṇu- und der Çiva-Verehrung in der ältesten Zeit Gemeinsame; verschieden ist, wie ich schon sagte, fast nur dies, dass die Anhänger der Vishṇu-Religion, wenn sie den Herrn mit dem Brahman vergleichen, Gott noch über diesen Urgrund stellen, indem sie gewissermaßen den Urgrund aus dem Geist Gottes hervorgehen lassen, [2]) während die Anhänger der Rudra- oder Çiva-Religion das Brahman zwar noch über den höchsten Gott stellen, es aber dafür gewissermaßen eintrocknen lassen zu einer bloßen Mutterlauge, aus der sich der göttliche Herr mit der ganzen Welt herausentwickelt, worauf sich dann dieses Brahman überhaupt zu einer bloßen *Summe* von Gott, Welt und Seele verflüchtigt. So z. B. heißt es in der Upanishad: [3])

Was mich erfreut, ich selbst, und der mir's zuteilt —
Dies Dreifache heißt insgesamt das Brahman.
Denn Lieder singen, dass im höchsten Brahman
Als ew'gem Grund enthalten diese Dreiheit.
Und wer in ihr als Kern das Brahman findet,
In ihm als Ziel verweht, entflieht dem Leiden.

Das Brahman ist hier wohl nur mehr eine Hülle für Gott und die Welt, aber immerhin eine Hülle, die Gott und die Welt umfasst. Im Gegensatz zu dieser Auffassung steht die Auffassung der Bhagavad-Gîtâ, [4]) in der es ausdrücklich heißt:

Es gibt in der Welt einen zweifachen Geist, einen vergängli-

---

1) XVIII 54-56; 65-66; nach Deussen, Vier Texte, S. 105f.
2) Etwa so, als ob Gott, um diese ganze Weltveranstaltung zu eröffnen, sich erst einmal diesen heiligen Welturgrund, das Brahman, ausgedacht hätte.
3) I 12; 7; nach Deussen, 60 Up., S. 293f.
4) XV 16; nach Deussen, Vier Texte, S. 94.

chen und einen unvergänglichen: der vergängliche — das sind alle Wesen, der unvergängliche wird auch der anfangslose genannt.

Das sind also einerseits die einzelnen Dinge, andererseits das Brahman.

Der höchste Geist aber ist ein anderer, er wird das höchste Ich genannt; eingehend in die drei Welten trägt er sie als unvergänglicher Gottherr. Weil ich dem Vergänglichen überlegen und auch über das Unvergängliche erhaben, also das Höchste bin, darum werde ich in der Welt und im Veda gefeiert als der höchste Geist.

Und in einem anderen Verse sagt Nârâyaṇa: [1])

Ich bin die Grundlage des unsterblichen, unvergänglichen Brahman, der ewigen Satzung und der fleckenlosen Seligkeit.

Wie ich schon angedeutet habe, hat dieser kleine Unterschied in der theoretischen Auffassung das praktische Verhalten des Menschen zu Gott, das heißt die eigentliche Frömmigkeit, wenig berührt, und man kann sagen, dass bis tief in das indische Mittelalter hinein, also etwa über ein Jahrtausend, sich diese Gottesvorstellung und die entsprechende Art der Frömmigkeit erhalten haben, eine Gottesvorstellung, die wir sofort aus den Händen verlieren und ganz missverstehen, wenn wir sie in unser geläufiges Schema: Theismus oder Pantheismus? pressen wollen. Sie ist nämlich zwar der Lehre nach etwas, was wir Pantheismus nennen, aber das ihr entsprechende Verhalten des Menschen zu Gott ist ein solches, wie wir es eigentlich nur einem persönlichen Gott gegenüber erwarten: die Vorstellung ist zwar die, dass jede einzelne Seele ein Stück des weltdurchwaltenden Gottes ist, dieser wird aber dabei als eine selbständige Persönlichkeit gedacht, zu der jeder einzelne Mensch so aufblicken kann, wie etwa bei uns im Abendland der Mensch zu Gott aufblickt, der doch nach unserer Theorie ein von ihm *verschiedenes* Wesen ist. Wie nah dabei trotz strengen Festhaltens an der Wesenseinheit von Gott und Seele die indische Frömmigkeit der europäischen kommen kann, das möchte ich zum Schluss noch an dem Anfang eines Gebetes zeigen, das um das Jahr 1000 n. Chr. G. von einem gewissen *Yâmuna* verfasst worden ist. Über dessen theoretische Lehre sind wir zwar nicht besonders genau unterrichtet, wohl aber über die seines Schülers *Râmânuja*, und in dieser Lehre ist kein Schatten eines Zweifels an der vollen Einheit zwischen Gott und Ich wahrzunehmen, kein Schatten eines Zweifels

1) XIV 27; nach Deussen, ebd., S. 92.

an der Lehre, dass Vishṇu die Seele nicht nur der Welt, sondern auch jedes einzelnen Dinges ist. Und doch stellt sich der einzelne Mensch, der gläubige Beter, hier seinem Gott fast ganz so gegenüber, wie wir es im Abendland gewohnt sind, und spricht aus der Tiefe seines Sündenbewusstseins heraus den Herrn folgendermaßen an: [1])

Endelosen, anfangslosen, unaufheblichen, übermächtigen Sündenwandels bin ich,
Ein Tier in Menschenform, des Unrechts Stätte.
O Gnadenflut, o Vater, o unerschöpfter Güte Meer,
Dein gedenken, dein gedenken, des Tugendreichen, möchte ich, frei von Furcht.
Und da ich möchte so und möchte wieder nicht,
Hab ich, in Leidenschaft und Dunkelheit verhüllt,
Dies schlechte Lied mit Stammeln dir verfasst.
So schlecht es ist: nimm es in Gnaden an
Und kläre du, des Grundes Grund, mir den so ganz verwirrten Sinn!

---

1) Gebet des Yâmuna; nach Rud. Otto, Texte zur ind. Gottesmystik I, S. 51ff.

XIV. ERLÖSUNG UND WISSEN

DIE INDISCHE MORALITÄT

Die unendlich feine und unendlich heilige Urkraft, die die alten Inder als das Brahman verehrten, ward für einen großen Teil von ihnen schon früh zu einer mehr oder weniger persönlichen Gottheit; sie hieß der „Herr", *Îça* oder *Îçvara*, und war für alle Zeiten durch eine breite begriffliche Kluft geschieden von den Gottheiten der Mythologie, von den Gottheiten des R̥igveda, an deren Dasein zwar kaum ein Inder gezweifelt hat, die aber doch nur beschränkte Macht haben und sich eingliedern in diese unsere Welt, während der Herr, d. h. die Seele, das Ich der Welt und aller einzelnen Dinge und Wesen in der Welt, zeitlich und räumlich über diese Welt hinausreicht und ungemessene Vorzüge, ungemessene Heiligkeit und ungemessene Macht besitzt. Das Nebeneinander des Brahman, einer unpersönlichen, sächlichen Kraft, und des „Herrn", einer persönlichen und doch irgendwie seelenartig gedachten Macht, haben sich viele Inder so zurechtzulegen gesucht, dass sie den Herrn, Gott, zwar nicht mit dem Brahman gleichsetzen, wie es an und für sich ist, aber doch mit jenem Teil des Brahman, der in die Welt eingegangen ist, in dieser Welt als ihr innerster Kern steckt. Man stellte sich etwa vor: ehe die Welt vorhanden war, war überhaupt nichts vorhanden als ein unendlich feines, unendlich heiliges Etwas — oder auch ein unendlich feines, unendlich heiliges Nichts, das ist in diesem Fall fast dasselbe —; und dieses Urbrahman ließ nun aus sich eine Welt hervorgehen — und zwar, wie wir später einmal sehen werden, indem immer weniger und weniger feine, immer weniger und weniger unwahrnehmbare, immer weniger und weniger heilige Substanzen sich aus diesem ganz feinen, ganz unwahrnehmbaren und ganz heiligen Urwesen ausscheiden. So also lässt jenes Urbrahman aus sich eine Welt hervorgehen: diese Welt ist jetzt so beschaffen, wir sie mit unseren Sinnen wahrnehmen, sie wird sich aber später, künftig einmal, wieder verflüchtigen und in jenes Urbrahman auflösen; solange sie jedoch besteht, solange reicht auch das Urbrahman in sie hinein: es ist nicht nur dasjenige, was diese Welt erzeugt hat, sondern es geht auch in sie ein, es reicht in sie hinein, es steckt in ihr drin als ihr eigentlicher Grund und Kern. Insofern es nun in dieser Welt steckt, insofern es den einzelnen Dingen in dieser Welt gegenübersteht, insofern es von diesen einzelnen Dingen und Wesen verehrt werden kann, insofern ist es und heißt es „der Herr" oder „Gott". Wenn aber diese Welt nicht mehr bestehen wird, wenn also auch in ihr kein Teil, kein Stück des Urbrahman mehr enthalten sein wird, dann wird es auch keinen Herrn, keinen Gott mehr geben, sondern es wird nichts mehr geben als jenes unendlich feine, unwahrnehmbare Heilige, das es seit jeher gegeben hat. Dieses letztere, das unpersönliche, sächliche Urbrahman, ist daher ewig, und sofern es ewig ist, kann es auch das höhere Brahman heißen. Dagegen Gott, der „Herr", der nichts anderes ist als das Urbrahman, sofern und solang es in der Welt drin steckt und ihr gegenübersteht, sofern und solang es also in diesem Sinn ein Sein hat wie ein Einzelwesen, das anfängt und wieder aufhört zu sein — dieser „Herr" ist und heißt nun das niedere Brahman, eben weil dieses in die Welt eingegangene, zu ihrem „Herrn" gewordene Brahman nun auch einen Anfang und ein Ende hat, ebenso wie sie. Das ist das Ergebnis der Auseinandersetzung zwischen dem eigentlichen Brahman-glauben und dem Gottesglauben, wie wir es z. B. ausgereift finden in einem großen Werk, in den Merksprüchen oder Sûtras des hochberühmten Veda-Erklärers *Bâdarâyaṇa*, der wohl noch während der buddhistischen Herrschaft auf diesen Grundgedanken seine lehrhafte Erklärung oder, wie er das nannte, seine „Brahmanerklärung" des Veda aufgebaut hat, als Ergänzung und Gegensatz zu der bloß opferdienstlichen „Werkerklärung", die nur das dem einzelnen Opferpriester vorgeschriebene Verhalten darlegen will, welche Werkerklärung selbst wieder ihre Sûtras, ihre Merksprüche, hat, die vielleicht nicht viel früher von einem gewissen *Jaimini* verfasst worden waren. An diese Weltauffassung, wie sie in den Merksprüchen des *Bâdarâyaṇa* niedergelegt ist, haben sich dann ihrerseits wieder einige der bedeutendsten theosophischen Systeme des indischen Mittelalters angeschlossen.

Es ist aber sehr begreiflich, dass dieser bedingte, halbe Gottesglaube, der zwar einen göttlichen Herrn anerkennt und verehrt, ihn aber — und das gilt im wörtlichen Sinne — nur „auf Zeit" anerkennt und verehrt, weil ja dieser göttliche Herr nur solange dauern soll, als die Welt dauert — es ist sehr begreiflich, dass dieser gewiss gedanklich hochstehende, aber doch so bedingte und von Vorbehalten belastete Gottesglaube die Masse überhaupt niemals befriedigen konnte und auch die Denkenden doch nur zum Teil befriedigt hat. Daher haben ja, wie wir schon hörten, andere namhafte Teile nicht nur des indischen Volkes, sondern auch der indischen Denker die Ausgleichung zwischen dem Brahmanglauben und dem Gottesglauben anders vollzogen, sie haben Gott gleichgesetzt mit einer schon aus dem Veda bekannten persönlichen Gottheit, entweder mit Vishṇu bzw. einer Gottheit seines Kreises oder mit Çiva bzw. einer Gottheit seines Kreises, und sie haben nun diesen Gott nicht bloß als einen zeitweisen gedacht, sondern als einen ewigen, wobei die Vishṇu-Verehrer zu der Vorstellung neigten, das Brahman sei selbst gar nichts anderes als eine von Gott dem Herrn erdachte Ursubstanz, während die Çiva-Verehrer wieder zu der Deutung neigten, Brahman sei nur ein Name für die ganze von Gott dem Herrn durch waltete und innerlich beseelte Welt. In beiden Fällen, auch das haben wir schon gehört, steckt in jedem einzelnen Ding und Wesen der Welt Gott, der Herr, als sein innerster Kern, als sein eigentliches Ich drin; es ist also auch das Ich jedes von uns nichts anderes als eine Ausstrahlung dieses göttlichen Herrn, eine Ausstrahlung, die nun Gott entweder in ihrer Einzelheit bestehen lassen kann oder aber in sich zurücknimmt, etwa so, wie ein Strahlentierchen einen seiner Scheinfüße in sich zurückzieht; im letzteren Fall hört die Seele, das Ich, überhaupt auf, selbständig, gesondert zu bestehen, geht in Gott dem Herrn auf, gelangt zu ungetrennter, unterschiedsloser Seinsgemeinschaft mit ihm, lebt überhaupt nicht selbständig weiter, sondern lebt nur weiter als ein ununterscheidbarer Teil von Gott. Im ersteren Fall besteht diese bestimmte Seele, dieses Stück von Gott, diese Ausstrahlung Gottes weiter und überdauert als solche auch die Zeit irgendeines irdischen Lebens. Vielmehr wird dann ein solcher Gottesstrahl nacheinander in unzähligen Geburten wieder und wieder verkörpert; denn nichts wäre irriger als zu glauben, dass der indische Gottesglaube mit dem Glauben an die Seelenwanderung, an den Kreislauf der Geburten unverträglich wäre. So wie alle anderen indischen Denker haben auch die Vishṇu- und Çiva-Verehrer an dieser Lehre festgehalten wie auch an dem Glauben an das Walten eines unerbittlich strengen Gesetzes der Vergeltung, dem zufolge jedes einzelne Ich je nach den Werken, die es in seinem Leben getan hat, also je nach seinen günstigen oder ungünstigen Werken, zu einem günstigen oder ungünstigen Leben wiedergeboren wird. Nur wenn Gott beschließt, einer Seele das weitere Wiedergeborenwerden zu *ersparen*, sie zu begnadigen, sie dieses auf ihr lastenden Verhängnisses, dass sie immer weiter und weiter fortleben und immer wieder und wieder die Folgen dessen tragen muss, was sie im vorigen Leben begangen hat, zu entledigen und sie in sich aufzunehmen, *dann* geht die Wanderung oder der Kreislauf oder, wie die Inder das nannten, der Samsâra, zu Ende, und die Seele gelangt zur vollen, unterschiedslosen Seinsgemeinschaft mit dem göttlichen Herrn.

Wann aber beschließt das Gott? Was ist die Bedingung dafür, dass die Seele erlöst wird? Mit der Aufwerfung dieser Frage mündet die ganze Erörterung der Göttlichkeit des Ich oder des Brahman, die ja nur eines der Probleme betrifft, die die Lehre der ältesten Upanishaden ungelöst zurückgelassen hatte, in die Erörterung eines zweiten dieser Probleme ein, nämlich in die der Frage: Was heißt das eigentlich: ich werde mit dem Brahman oder mit Gott eins? Was ist an diesem Einswerden, an diesem Erlösungsvorgang, das Wesentliche? Solange wir dieses *Erlösungsproblem* nicht wenigstens bis zu einem gewissen Punkte verfolgt haben, können wir auch die verschiedenen Antworten auf die Frage nach der Göttlichkeit des Ich oder des Brahman nicht vollständig verstehen und überblicken.

Was nun das Wesen der Erlösung überhaupt, nicht nur bei den gottesgläubigen, sondern bei allen von den Upanishaden abhängigen Indern betrifft, so versteht es sich nach der ganzen Entstehung des Erlösungsgedankens von selbst, dass die Inder von der Voraussetzung ausgehen, die Erlösung könne niemals die Belohnung sein für günstige Werke — weder für günstige Werke im opferdienstlichen, noch auch für solche im sittlichen Sinn; denn die Vergeltung für das gute oder schlechte Werk besteht ja in der Art der Wiedergeburt im künftigen Leben. Wenn jemand gute Werke vollbracht, nicht nur oft geopfert, reichlich gespendet, sondern auch im täglichen Leben ein sittlich tadelloses Verhalten beobachtet hat, so kann ein solcher vielleicht verdienen, als Priester, ja sogar als eine Gottheit wiedergeboren zu werden, [1] aber er kann nicht verdienen, überhaupt *nicht* mehr geboren zu werden; denn umgekehrt. je besser er ist, desto größere Ehre gebührt ihm in der Welt — so wie dem Schlechten Unehre und Schimpf gebührt; wenn er aber gar nicht mehr wiedergeboren werden, wenn er aus dem Samsâra ausscheiden soll, dann darf er weder Schimpf noch Ehre erfahren, er muss überhaupt aufhören, als besonderes Wesen zu bestehen. Daher ist, wie schon längst erwähnt, der Grundsatz, von dem diese ganze Betrachtung ausgeht: Das Werk bestimmt die Wiedergeburt, das Wissen bestimmt die Erlösung. Wenn

---

[1] Natürlich nicht als Gott der Herr, sondern als eine der vielen Gottheiten, die es sonst noch in der Welt gibt.

der Mensch weiß, was das Brahman ist, und wenn er weiß, dass er im Innersten mit diesem Brahman eins ist, dass er nichts anderes ist als das Brahman, dann geht er zu Brahman ein, dann gibt es für ihn keine Vergeltung des bösen und des guten Werkes. So sagt noch eine späte Upanishad, die eine Sammlung von Erklärungen theosophischer Grundbegriffe enthält: [1])

> Das Zunichtewerden des Wahnes ist die Erlösung; was jenen Wahn bewirkt, ist das Nichtwissen; das, wodurch der Wahn zunichte wird, ist das Wissen.

Dass wirklich die Erlösung unabhängig ist von dem Verdienst oder der Schuld, von dem guten oder bösen Werk, das sprechen ja die Upanishaden vielfach aus. In der großen Rede des *Yâjñavalkya* in der Brihad-Âraṇyaka-Upanishad haben wir gelesen: [2])

> Nicht wird das Ich überwältigt von dem, was der Mensch getan hat, ob er das Böse getan hat oder das Gute, sondern das Ich überwältigt beides; das Ich wird nicht gebrannt von dem, was jener getan und nicht getan hat. Das sagt auch der Vers:

> > Das ist des Brahmanfreundes ew'ge Größe,
> > Die nicht durch Werke zunimmt oder abnimmt;
> > Man folge ihrer Spur: wer sie gefunden,
> > Wird durch das Werk nicht mehr befleckt, das böse.

Noch viel schärfer drückt das eine der älteren Upanishaden aus, in der Gott *Indra* auftritt und einem Helden, der ihn gebeten hat, ihm seine Weisheit mitzuteilen, folgendes eröffnet: [3])

> Obgleich ich den Dreiköpfigen erschlagen und viele meiner Feinde den wilden Hunden vorgeworfen habe, und obgleich ich, viele Verträge brechend, im Himmel, im Luftraum und auf Erden die Dämonen durchbohrt habe, so wurde mir dafür auch nicht ein Haar gekrümmt; und so auch wer mich kennt, dem wird fürwahr durch kein Werk sein Platz in jener Welt geschmälert, nicht durch Diebstahl, nicht durch Fruchtabtreibung, nicht durch Muttermord, nicht durch Vatermord; und hat er auch Böses vollbracht, so entflieht doch nicht die dunkle Farbe von seinem Angesicht: keine Furcht macht ihn erblassen,

wobei vorwiegend wohl an den Fall gedacht sein wird, dass alle diese Missetaten vor der Gewinnung der erlösenden Erkenntnis liegen, ob

---

1) Sarva-Upanishat-Sâra 2-4; nach Deussen, 60 Up., S. 623.
2) IV 4, 22.
3) Kaushitaki-Up. III 1; nach Deussen, 60 Up., S. 43f.

wohl die Ausdrucksweise in dieser Beziehung jedenfalls von bemerkenswerter Unbestimmtheit ist. Dasselbe gilt wohl auch von der Bhagavad-Gîtâ, wenn es dort heißt: [1])

> Und wenn du unter allen Bösewichtern der ärgste wärest, so wirst du doch auf dem Schiff der Erkenntnis über alles Schlimme hinausgelangen. So wie das angezündete Feuer das Brennholz zu Asche macht, so macht auch das Feuer der Erkenntnis alle Werke zu Asche.

Das heißt also: während nach dem Seelenwanderungsglauben jede üble Tat, ob sie nun nachher bereut wird oder nicht, der ehernen Notwendigkeit gemäß in einem folgenden Leben gebüßt werden muss, so gilt doch diese eherne Notwendigkeit nicht für den, sondern zerschellt an ihm, der seiner Einheit mit dem Weltgrund inne geworden ist; denn ein solcher hört überhaupt auf, als einzelnes Wesen zu bestehen, und damit gibt es für ihn keine Wiedergeburt und keine Vergeltung.

Das wäre ja nun alles einfach, wenn es nur so sicher wäre, dass man vom Brahman wirklich ein eigentliches, rechtes *Wissen* haben *kann*. Aber wir haben ja gehört, dass schon nach der Bṛihad-Âraṇyaka-Upanishad das Brahman, der heilige Urgrund, über die Welt so sehr erhaben und allen menschlichen Begriffen und Namen so weit entrückt ist, dass es sich in diesen Begriffen und Namen gar nicht beschreiben lässt, und dass es dafür keine andere Beschreibung gibt als diese: „Nein, nein! Was immer du von ihm aussagen mögest: so ist es nicht!" Wir haben auch gehört, dass das Brahman, als unser innerstes Ich, dasjenige ist, was alles erkennt, dass es der Erkenner ist, und dass man diesen Erkenner nicht selbst wieder erkennen kann, weil man kein zweites Ich hat, keinen zweiten Erkenner, der jenem ersten gegenübertreten könnte. Es heißt in einer anderen Upanishad:[2]) Das Brahman übersteigt alle Erkenntnis. So ist es begreiflich, dass, wenn auf der einen Seite alles dafür spricht, zu sagen, was die Erlösung bewirkt, sei die Erkenntnis, doch auf der anderen Seite sich die Schwierigkeit erhebt: Gibt es denn eigentlich eine solche Erkenntnis? Daher lasen wir schon in einer Rede des Yâjñavalkya den merkwürdigen Vers: [3])

> Der fährt in blindes Dunkel, dem
> Unwissenheit genügen kann,

---

1) IV 36f.; nach Deussen, Texte, S. 54.
2) Muṇḍ. Up. II 2, 1.
3) Brih. Ar. Up. IV 4, 10.

Der fährt in blind'res Dunkel noch,
Dem Wissenschaft genügen kann.

Denn wenn ihm Wissenschaft genügt, dann verzichtet er auf Brahman, von dem es keine Wissenschaft gibt. Eine der jüngeren Upanishaden wiederholt wörtlich diesen Vers des Yâjñavalkya und fügt, merkwürdig genug, hinzu: [1])

Es gleicht nicht dem, wovon 's ein Wissen gibt,
Doch gleicht es auch nicht dem, was man nicht weiß.
Nur wer es weiß, dass Brahman mehr als Wissen
Und doch auch mehr ist als Unwissenheit,
Der überwindet, eben durch dies Wissen,
Den Tod, gewinnt sich die Unsterblichkeit.

Auch in einer älteren Upanishad wird ein sehr verwandtes Zwiegespräch zwischen einem Lehrer und einem Schüler mitgeteilt. [2]) Der Lehrer sagt:

Wenn du, das Brahman verehrend, vermeinst, dass du es schon kennst, so betrügst du dich. Auch so kennst du nur seine Erscheinungsform.

Darauf der Schüler: Und ich meine doch es zu wissen:
Zwar weiß ich es nicht ganz, doch weiß
Ich auch nicht, dass ich es nicht weiß.
Wer etwas weiß, der weiß es doch:
Nicht weiß er, dass er es nicht weiß.

Darauf der Lehrer:

Nur jener kennt es, der es nicht erkennt;
Wer's zu erkennen glaubt, der kennt es nicht.
Nicht wird erkannt es vom Erkennenden,
Es wird erkannt vom Nichterkennenden.

Und so sagt schließlich in einer der jüngeren Upanishaden der Verfasser kurz: [3])

Nicht durch Belehrung wird erlangt der Âtman,
Nicht durch Verstand und viele Schriftgelehrtheit.

So ist es begreiflich, dass man das Schwergewicht doch wieder nach der anderen Seite, nach der Seite des Willens und des Lebens, gelegt und sich gesagt hat: das Wissen ist nicht das Entscheidende, weil es vom Brahman eigentlich kein Wissen gibt, sondern das

---

1) Içâ-Up. 10/11; nach Deussen, 60 Up., S. 526.
2) Kena-Up. II 9-11; nach Deussen, ebd., S. 206.
3) Kâthaka-Up. II 23; nach Deussen, ebd., S. 275.

Entscheidende ist, dass jemand das Brahman, das Übersinnliche, das Jenseitige anerkennt, dass er mit ihm eins werden will, dass er seinen Willen von den Dingen dieser Welt abkehrt und ihn hinwendet auf das Heilige, Übersinnliche und Ewige. In diesem Sinn sagt ja schon Yâjñavalkya, dass nur der Nichtverlangende nicht wiedergeboren wird, in diesem Sinne heißt es in der Bṛihad-Âraṇyaka-Upanishad:

Das Brahman ist Entsagung;

in diesem Sinn heißt es in einer der jüngsten Upanishaden, wie übrigens ähnlich auch schon in einer alten Priesterrede: [1])

Die Freiheit von Wünschen ist die Hebung des vortrefflichsten Schatzes, wobei unter Wünschen natürlich die Wünsche gemeint sind, die sich auf die einzelnen Güter dieser Welt richten, auf Gesundheit, Reichtum, langes Leben oder auch auf eine günstige künftige Wiedergeburt. Und in eben demselben Sinn sagt ganz scharf eine späte Upanishad: [2])

> So sagt die Lehre: Zwiefach ist das Denken,
> Entweder ist es unrein oder rein,
> Und zwar ist's unrein, wenn's den Wünschen dienet,
> Rein ist es, wenn es frei von Wünschen ist.

In eben diesem Sinne, dass das Einswerden mit Brahman oder Gott nur jenem in Aussicht steht, der seinen Willen von den Dingen der Welt zurückzieht, ist aber auch das berühmte Gleichnis gemeint, das sich in einer der jüngsten Upanishaden befindet: [3])

> Gleichwie ein Tugendhafter auch in einem leeren Hause, wo keine Zeugen sind, die Buhlerinnen nicht anrührt, die zu ihm eingehen — wer ebenso die Bilder dieser Welt, die durch die Sinne zu ihm eingehen, nicht berührt, das ist ein Entsagender, *das* ist ein Hingebender, das ist ein Selbstaufopfernder.

Somit wird hier als das Entscheidende für die Erlösung des Menschen doch wieder die ganze Richtung seines Wollens und Lebens aufgefasst, man kann sagen: seine Lebensanschauung, seine moralische Gesinnung und Haltung, und da möchte ich nun, ehe ich die weiteren Folgerungen betrachte, die hieraus für die Erlösungslehre und für das Verhältnis des Menschen zu Gott gezogen worden sind, einmal einen Blick auf die Gedanken über Moralität werfen, die sich die Inder auch unabhängig von der Erlösungslehre gemacht haben — Gedanken, wie sie uns namentlich in dem großen Heldengedicht

---

1) Maitr. Up. VI 30; nach Deussen, ebd., S. 351.
2) Brahmabindu-Up. 1; nach Deussen, ebd., S. 646f.
3) Maitr. Up. VI 10; nach Deussen, ebd., S. 338.

Mahâbhârata entgegentreten.

Die Inder haben ja schließlich nicht nur aus erlösungsbedürftigen Menschen bestanden, sie haben sich auch über die menschlichen Dinge ihre Gedanken gemacht, ebenso wie andere Völker. So ist es ihnen z. B. nicht verborgen geblieben, dass man die Gebote der Sittlichkeit auf das gründen kann, was wir die goldene Regel nennen; auf das Gebot, dass man anderen das nicht antun soll, wovon man wünscht, dass auch sie es einem nicht antun. So findet sich z. B. im Mahâbhârata folgende philosophisch recht merkwürdige Auseinandersetzung: [1])

Unter besonderen Umständen halten auch die schrecklichsten Bösewichte zur Wahrheit und bewahren unter sich Treue und Eintracht. Würden sie auch in ihre Vereinigung Zwiespalt tragen, so müssten sie ja zugrunde gehen. Aber dass man fremdes Gut nicht raubt, das ist eben ein ewiges Gesetz. Die Starken freilich halten das für ein Gesetz, das von den Schwachen aufgestellt worden ist; aber wenn dann auch sie durch das Verhängnis in Schwäche geraten, dann leuchtet auch ihnen das Gesetz ein; denn sie bleiben nicht ewig stark und glücklich. Zum Beispiel, man soll freigebig sein; diese Forderung ist aufgestellt worden von solchen, die sich am Wohlsein der Geschöpfe freuen; nur die Reichen glauben, dass dieses Gesetz von den Bedürftigen aufgebracht worden sei. Wenn aber auch sie durch das Verhängnis in Bedürftigkeit geraten, dann leuchtet auch ihnen das Gesetz ein; denn sie bleiben nicht ewig reich und glücklich. Was ein Mensch sich nicht von einem anderen angetan wünscht, das fügt er auch anderen nicht zu, da er an sich selbst erfahren hat, wie schmerzlich es ist. Wer mit eines anderen Weib buhlt, wie kann der einem anderen Vorwürfe machen? Wer selbst das Leben liebt, wie mag der eines anderen Leben vernichten? Was er sich selbst wünscht, das bereite er den anderen.

Auch die Spruchliteratur ist sehr reich; ich will aus ihr eine einzige Stelle mitteilen: [2])

Wer keinen Tadel gegen andere äußert und sich nicht darin gefällt, seine eigene Ehre ins Licht zu stellen, ein solcher Weiser, wenn er reich an Tugend ist, gelangt zu großem Ruhm. Ohne von sich zu reden, streicht der reine Duft der

---

1) Mokshadharma 260/11 ff.; nach Deussen, Vier Texte, S. 414f.
2) Ebd. 289/285.; nach Deussen, Vier Texte, S. 544.

Blume dahin, und ohne sich zu rühmen, glänzt die wolkenlose Sonne vom Himmel. Diese und andere Naturerscheinungen, die des Bewusstseins ermangeln und nicht von sich reden machen wollen, erglänzen herrlich in der Welt. Und auch der Tor wird nicht schon darum in der Welt erglänzen, weil er sich selbst rühmt, sondern der Weise glänzt hervor, auch wenn er in einer Höhle verborgen ist; auch der lauterschallende Ton fällt in das Nichts zurück, aber das gute Wort, auch wenn es leise gesprochen wird, leuchtet durch die Welt.

Im Großen und Ganzen war ja die indische Moralität von der anderer Völker und auch von der unseren nicht gar zu sehr verschieden. Aber *einen* Zug hat sie früh angenommen, der sie von der unsrigen recht sehr unterscheidet, das ist ein Abscheu vor Blutvergießen (und zwar nicht nur vor dem Vergießen menschlichen, sondern auch vor dem tierischen Blutes), der weit hinausragt über alles das, was wir selbst heutigen Tages empfinden. Dieser Abscheu hat sich in dem Begriffe der Nichttötung oder Nichtschädigung oder, wie wir einfacher, kürzer sagen wollen: der *Schonung* niedergeschlagen, der bei den Indern durch das Wort „Ahimsâ" bezeichnet wird. Die Entstehung dieses Begriffes, oder eigentlich dieses Gebotes der Schonung dürfte ursprünglich wohl die sein, dass das Blutvergießen beim Opfer als heilige Handlung und daher jedes Blutvergießen, das nicht beim Opfern stattfindet, als eine Entheiligung dieses heiligen Brauches aufgefasst wurde. So heißt es z. B. in den Schlussworten der Chândogya-Upanishad, wo die Bedingungen dafür angegeben werden, wer erlöst wird und nicht mehr in die Welt zurückzukehren braucht: [1])

Wer aus der Familie des Lehrers nach vorschriftsmäßigem Studium des Veda . . . nach Hause zurückkehrt, im Hausvaterstand das Selbststudium des Veda betreibt, fromme Söhne und Schüler erzieht, *auch kein Wesen verletzt, ausgenommen an heiliger Stätte* . . .

In diesem Sinn wird es wohl auch zu verstehen sein, wenn an einer anderen Stelle der Chândogya-Upanishad [2]) ein Lehrer, der merkwürdigerweise Kṛishṇa heißt, demnach ebenso, wie späterhin die Verkörperung des Gottes Vishnu, in dessen Anhängerschaft dieses Gebot der Schonung besonders verbreitet war und für alle Zeiten verbreitet geblieben ist — wenn dieser Lehrer Kṛishṇa als die fünf

---

1) VIII 15; nach Deussen, 60 Up., S. 202.
2) III 17, 4; nach Deussen, ebd., S. 114.

Haupttugenden anführt: Kasteiung, Mildtätigkeit, Rechtschaffenheit, *Schonung* und Wahrhaftigkeit. Dieses Gebot, diese Gepflogenheit der „Schonung" ist dann die ständige Eigenheit des Waldeinsiedlers geworden, der ja kein Opfer mehr darbringt, daher überhaupt nicht mehr in die Lage kommt, Blut zu vergießen. Und insbesondere, als sich im Lauf der Entwicklung von diesem Leben des Waldeinsiedlers, der immerhin noch einen verhältnismäßig dauernden Aufenthaltsort hatte, das noch höher und heiliger geachtete Leben des *Bettlers* unterschied, des sogenannten *Sannyâsin* oder *Bhikshu*, da wurde es das ganz eigentliche Kennzeichen dieser als Bettler herumziehenden Heiligen, die nicht mehr in die Lage kommen konnten, ein Opfer darzubringen, dass nur sie von der Notwendigkeit befreit waren, die Opfertiere zu töten. So sagt das Mahâbhârata an einer Stelle, an der von den vier Lebensabschnitten die Rede ist, nämlich erstens vom Brahmanschüler, zweitens vom Hausvater, drittens vom Waldeinsiedler und Büßer, der aber noch in Gemeinschaft mit anderen lebt, nun von diesem vierten Lebensabschnitt, dem des Bettlers, folgendes: [1]

Vom Greisenalter geplagt und von Krankheit gequält, soll einer in dem vierten, noch übrigen Teil seines Lebens das Dasein des Waldeinsiedlers verlassen, indem er als Opfer nur mehr das darbringt, was sich jederzeit herstellen lässt, und sein ganzes Vermögen hingibt. Allein, ohne Gefährten soll er weiterhin der Vollkommenheit nachstreben, ohne Feuer und ohne Behausung möge er das Dorf nur um der Nahrung willen aufsuchen, ohne Sorgen für den morgigen Tag die Nahrung beschränken, nur einmal täglich Speise zu sich nehmen. Eine Almosenschale, Baumwurzeln als Behausung, Lumpengewand, Alleinsein, Gleichgültigkeit gegen alle Wesen, daran erkennt man einen solchen Bettler. In einen solchen sinken alle Reden ein, gleichwie gescheuchte Elefanten in ein Brunnenloch und kehren nicht wieder zu dem, der sie ausgesprochen hat, zurück,

d. h. er gibt keine Antwort.

Wer nicht zürnt, wenn er verachtet wird, sich nicht freut, wenn er geehrt wird und allen Wesen Furchtlosigkeit gewährt, den wissen die Götter als wahren Brahmanen. Er freue sich nicht auf den Tod, er freue sich nicht auf das Leben, sondern er warte auf seine Zeit, wie der Diener auf den Befehl. Der, der sich vor keinem Wesen fürchtet und vor dem sich kein

---

1) Mokshadharma 224/22—245/20; nach Deussen, Vier Texte, S. 377-380.

Wesen fürchtet, der ist von der Verblendung erlöst, und keine Angst kann ihn mehr anwehen. Wie in dem Elefanten weg alle anderen Wege verschwinden
— so breit ist er —,
so verschwindet alles andere Gute in der Schonung. Der lebt ewig als Unsterblicher, der nicht den Weg der Schädigung betritt. Der Schonungsreiche, Gleichmütige, Wahrhafte, Feste, seine Sinne Beherrschende, alle Wesen Schützende erlangt das höchste Ziel.

Nachdem sich einmal dieses Ideal der Schonung ausgebildet hatte, musste ihm natürlich eine ungeheure Verstärkung aus dem Seelenwanderungsglauben zuwachsen, denn nach diesem Glauben ist es ja möglich, dass in jedem lebenden Wesen die Seele eines früher verstorbenen Menschen wohnt. Und eine weitere Verstärkung musste diesem Glauben noch zuwachsen aus der Vorstellung von einem Urwesen, das durch alle einzelnen Wesen und Menschen hindurchgeht oder von dem einen Gott, der als innerstes Ich in allen Menschen und allen Wesen steckt; denn aus diesem Glauben folgte ja, dass, wenn einer einen anderen verletzt oder tötet, er in ihm eigentlich dasselbe Wesen verletzt, das auch sein eigenes, des Täters, innerstes Ich ist. Und in diesem Sinne finden wir die schönste Begründung für das Gebot der Schonung an einer Stelle der Bhagavad-Gîtâ, an der es heißt: [1])

Wer in allen Wesen den höchsten Gott wohnen sieht, der nicht vergeht, wenn *sie* vergehen; wer *den* sieht, der ist wahrhaft sehend. Und indem er allerwärts denselben Gott wohnen sieht, wird er sich nicht selbst durch sich selbst verletzen, und so geht er den höchsten Weg.

---

1) Bh. G. XIII 27f.; nach Deussen, Vier Texte, S. 88.

XV. DAS IDEAL DER „SCHONUNG"

INDISCHER STOIZISMUS

Die indische Moralität, die indischen Anschauungen über das, was gut und schlecht, edel und unedel ist, haben sich ähnlich wie die unsern aus mannigfachen glaubens- und standesmäßigen Anschauungen entwickelt. Sie sind schon sehr früh zu einer gewissen Reife, ja sogar zu einer recht zugespitzten, fast überfeinerten Vollendung gediehen; im Allgemeinen aber sind sie inhaltlich von unseren Anschauungen nicht gar zu weit abgewichen. Einer der kennzeichnendsten Züge, in denen sie von unseren Anschauungen abweichen, ist, wie ich schon hervorhob, die außerordentlich große Bedeutung, die der Begriff der Schonung fremden Lebens, und zwar nicht nur menschlichen, sondern auch tierischen Lebens, schon frühzeitig bei den Indern angenommene hat. Unblutiger Gottesdienst war zunächst das notgedrungene Teil der Waldeinsiedler und noch mehr der Bettler, die ohne Familie und ohne Besitz heimatlos das Land durchzogen. Diese Kreise kamen aber bald zur Anschauung, dass ihre unblutige Art der Gottesverehrung die richtigere, die sittlichere, die gottgefälligere sei, und sie konnten sich dabei nicht nur auf den ganz Indien durchdringenden Glauben an die Seelenwanderung stützen, da ja nach diesem in jedem lebenden Wesen eine ehedem menschliche Seele hausen mag, sondern auch auf die fast ebenso verbreitete Vorstellung von der Einheit des innersten Kerns, der innersten Seele aller Dinge, von der aus gesehen ja jedes Blutvergießen als eine Selbstverstümmelung des einen Allwesens erscheinen musste. So also bildete sich hier ein Ideal der Schonung fremden Lebens aus, und dieses Ideal scheint sich recht bald über weitere Kreise verbreitet zu haben, besonders über solche, die an der Verehrung einer der Gottheiten aus jenem *Nârâyana*, *Vâsudeva* und *Vishṇu* Gottheitskreis teilnahmen, den die Namen bezeichnen. Insbesondere gab es unter diesen Verehrern des Gottes Vishṇu eine Richtung, die sich selbst als die der Einheitslehrer oder Monisten

bezeichnete [1]) und die unblutige Verehrung Gottes, d. i. das Unterlassen tierischer Opfer als ihr besonderes Kennzeichen ansah — wie
es scheint darum, weil Gott Nârâyana seit *jeher* durch unblutige Opfer verehrt worden war.

Mit der überlieferten Vorschrift, dass der Gläubige tierische Opfer darzubringen habe, fand man sich, da an die geheiligte Autorität
des Veda niemand Hand zu legen wagte, auf eine eigentümliche Weise ab. Allerdings, sagte man, schreibt der Veda Tieropfer vor, nämlich als Mittel zur Sicherung einer günstigen Geburt in einem künftigen Leben. Aber der Mensch hat eben nicht das Recht, sich eine
günstige Geburt in einem künftigen Leben auf Kosten anderer leben-
der Wesen zu sichern. Gerade das ist es, was Tadel verdient, wenn
jemand die Selbstsucht so weit treibt, dass er dieses Tieropfer darbringt, und sich dadurch in einem künftigen Leben eine günstige Geburt sichert, ohne auf die armen Tiere, die nun deswegen geopfert
werden müssen, Rücksicht zu nehmen. Dabei wird, wie es scheint,
die für uns natürlich unabweisbare Frage, warum denn die Götter auf
ein so verabscheuungswürdiges Tun, auf das Hinschlachten der Tiere,
eine günstige Geburt als Preis setzen, überhaupt nicht aufgeworfen,
ja sie ist den Gläubigen offenbar überhaupt nicht zum Bewusstsein
gekommen. Jedenfalls lesen wir im Mahâbhârata einen ausgesprochenen Kampfabschnitt gegen den Gebrauch des Tieropfers. Es heißt
da: [2])

> Als einst König *Vicakhnu* sah, wie einem Stier die Gebeine
> zerschlagen wurden und die Kühe laut jammerten, da sprach
> er: „Nur von maßlosen, betörten, ungläubigen, zweifelhaften
> und ganz unmaßgeblichen Menschen ist die Tiertötung ver-
> herrlicht worden; denn das Gesetz befiehlt, bei keinem Werk
> zu töten. Nur aus eigenem Gelüste töten die Menschen auf
> dem Opferplatz die Tiere, aber die Schonung aller Wesen
> steht höher als alle anderen Pflichten. Wer durch Fasten sein
> Gelübde geschärft hat, der geht ab von der im Veda gegebe-
> nen Vorschrift und sagt: ‚Der Brauch ist ein Missbrauch, er-
> bärmlich sind, die sich treiben lassen von der Hoffnung auf
> Lohn.‘ Aus Hochmut, Verblendung und Begierde ist das Ge-
> lüste nach solchen Dingen aufgekommen; aber ein wahrer
> Brahmane sieht in allen Wesen nur den einen Vishnu, und
> dem werden als Opfer dargebracht, nach der Überlieferung,

---

1) Ekântin; Mokshadharma 350/55—62.
2) Mokshadharma 266; nach Deussen, Vier Texte, S. 436 f.

nur Milchspeisen und Blumen, und wenn etwa noch opfer-
würdige Bäume dafür im Veda vorgesehen sind; oder was
sonst noch an geweihten Dingen von Lauteren, Tüchtigen aus
reinem Herzen dargebracht werden mag, all *das* ist des Gottes
würdig."

Nicht nur die gottesdienstliche Vorschrift, tierische Opfer darzubringen, wurde von diesem Kreis von Menschen- und Tierfreunden
angefeindet, sondern auch die rechtliche Satzung, die Todesstrafe zu
verhängen und zu vollziehen. Es heißt im Mahâbhârata: [1])

Noch niemals Ausgesprochenes sprach *Satyavant* aus, als einige auf Befehl seines Vaters abgeführt wurden, um hingerichtet zu werden: „Das Recht wird zum Unrecht und das Unrecht zum Recht; mag auch die Hinrichtung ein Recht sein, so
sollte doch dergleichen nicht geschehen. Der König tötet den
Räuber, aber zugleich mit dem Räuber viele Unschuldige;
denn mit dem Verbrecher wird auch seine ganze Familie, seine Gattin, seine Mutter, sein Vater und sein Sohn mitgetötet.
Darum möge der König, wenn sich einer gegen ihn vergeht,
sich die Sache sorgfältig überlegen. Auch ein nichtguter
Mensch kann mitunter einen guten Charakter sich aneignen.
Nicht nur von einem Guten, auch von einem Nichtguten kann
edle Nachkommenschaft erzeugt werden. Man braucht nicht
gleich die ganze Wurzel auszurotten; das befiehlt kein ewiges
Gesetz. Auch wenn man von der Todesstrafe keinen Gebrauch
macht, kann eine Sühnung der Verbrechen erreicht werden;
durch Einschüchterung, durch Gefangenschaft, durch Ver-
stümmelung, durch Prügel soll man die Verbrecher strafen.
Aber wenn sie die versammelten Priester um Schutz angehen
und sagen: ‚Wir wollen das Verbrechen nicht wieder begehen,
o Priester', dann verdienen sie losgelassen zu werden. Das ist
das Gesetz des Herrn."

Den schönsten Ausdruck hat aber diese ganze Gedankenrichtung
in dem uns gleichfalls in dem großen Heldengedicht erhaltenen Gespräch gefunden zwischen dem großen Büßer *Jâjali* und dem Krämer
Tulâdhâra: [2])

Ein Brahmane mit Namen Jâjali, der im Wald als Waldbe-
wohner lebte, hatte sich gar furchtbar kasteit. Er pflegte
pünktlich seine Feuer und schätzte als wahrer Brahmane den

---

1) Mokshadharma 286/3-15 nach Deussen, ebd., S. 445f.
2) Mokshadharma 262-265; nach Deussen, Vier Texte, S. 418-434.

Veda über alles, und indem er die Regeln der Waldeinsiedler beobachtete, strahlte er von Schönheit. Im Walde beharrte er bei seiner Kasteiung und achtete keine Satzung gering. In der Regenzeit lag er im Freien, im Winter steckte er im Wasser, im Sommer ertrug er Wind und Sonnenglut, allein er tat sich nie genug. Manchmal stand der große Büßer ohne Nahrung, nur vom Wind zehrend, da wie ein Stück Holz, ohne sich umzusehen, ohne sich irgendwie zu bewegen, und wie er nun so, einem Baumstamm gleich, unbewegt dastand, bauten zwei Kuliṅga-Vögel auf seinem Haupt ihr Nest, und der Weise duldete es aus Mitleid, dass das Pärchen aus Grashalmen und Fäden in seinem Haarschopf ein Nestchen baute. Und da der große Büßer sich so wenig wie ein Baumstamm rührte, fassten die beiden Vögel Vertrauen und wohnten beglückt auf ihm. Als nun die Regenzeit vorüber war und der Herbst sich einstellte, da geschah es, dass nach den Satzungen des Schöpfers, von Liebe verführt, das Vogelpärchen vertrauensvoll auf seinem Haupt Eier legte, und obwohl es der gewaltige *Jâjali* bemerkte, rührte er sich doch nicht. Dann aber wurden aus den bebrüteten Eiern kleine Vögel geboren und wuchsen heran; aber *Jâjali* rührte sich nicht. Und darauf im Verlaufe der Zeit wurden die Jungen flügge, und *Jâjali* bemerkte, dass die Kuliṅga-Vöglein Federn bekommen hatten, und da wurde er von großer Freude erfüllt. Er beobachtete die Vögel, wie sie, flügge geworden, ausflogen und allabendlich wieder zurückkehrten, und er rührte sich noch immer nicht, der weise *Jâjali*. In dieser Weise flogen die Vögel bei Tag weg und kehrten am Abend zurück, um auf ihm zu übernachten. Manchmal flogen die Vögel für fünf Tage weg und kamen erst am sechsten Tag wieder zurück. *Jâjali* aber rührte sich nicht. Nach und nach pflegten die Vögel, nachdem ihre Lebenskraft erstarkt war, viele Tage nicht heimzukehren, und einmal flogen sie davon und kehrten einen ganzen Monat lang nicht zurück. Als nun der große Büßer erkannte, dass die Vögel ihn verlassen hatten, bewunderte er sich selbst, und indem er sich bewunderte, wurde er von großer Freude erfüllt, und weil er auf seinem Kopfe Spatzen gepflegt hatte, brach er laut in den Ruf aus: „Wahrlich, ich habe mein Gelübde erfüllt, habe meine Pflicht getan!" Da kam aus dem Luftraum eine Stimme, und *Jâjali* hörte sie *sagen*: „O *Jâjali*, du bist an Pflichterfüllung doch noch nicht dem Tulâdhâra gleichgekommen! In Benares wohnt er, der hochweise *Tulâdhâra*, der Krämer, und selbst er darf nicht so sprechen, wie du, o Brahmane, gesprochen hast."

Da wurde *Jâjali* von Unmut übermannt und, begierig den *Tulâdhâra* kennenzulernen, wanderte er in die Welt hinaus, und lange Zeit wanderte er, bis er zur Stadt Benares gelangte. Da sah er den *Tulâdhâra*, wie er seine Waren feilhielt. Als aber der Krämer den Brahmanen herankommen sah, erhob er sich voll Freude und ehrte ihn durch den Willkommgruß: „O Brahmane, schon von weitem, wie du herbeikamst, habe ich dich erkannt. Was kann ich dir zuliebe tun, das sage mir, mein Bester." In dieser Weise von dem verständigen Tulâdhâra angeredet, sprach der verständige *Jâjali* , der Meister des Gebets, das folgende Wort: „Als Kaufmann bist du der Sohn eines Mannes, der allerlei Säfte und Wohlgerüche, Baumholz und Kräuter nebst Wurzeln und Früchten verkaufte, und doch sollst du zu einer festen Erkenntnis gelangt sein. Woher ist dir die gekommen?, das berichte mir vollständig." *Tulâdhâra* sprach: „Ich kenne, o *Jâjali*, die Pflicht, die allen Wesen heilsam und wohltätig ist und die als uralt unter den Menschen gilt. Das Verhalten, das ohne Falsch, oder doch möglichst ohne Falsch gegen alle Wesen ist, das ist die höchste Pflicht, und ihr lebe ich nach, *Jâjali*. Siehe, o *Jâjali*, aus abgeschnittenem Holz und Stroh habe ich mir diese Hütte gebaut. Feine und geringe Wohlgerüche und vielerlei Saft, mit Ausschluss berauschender Getränke, kaufe ich aus anderer Hand und verkaufe sie wieder, mit Ehrlichkeit. Wer stets ein Freund der Menschen ist und wer das Wohlsein der Menschen in Worten und Gedanken fördert, der kennt die Pflicht, o *Jâjali*. Ich begünstige nicht, ich übervorteile nicht, ich hasse nicht und liebe nicht und bin unparteiisch allen Wesen gegenüber. Da hast du, o *Jâjali*, meinen Wahlspruch. Meine Wage wägt für alle Wesen gleichmäßig, und was andere tun, das lobe ich nicht und tadle ich nicht und blicke auf das bunte Treiben der Welt, o Fürst der Brahmanen, wie auf die Wolkenspiele im Himmelsraum. Wenn einer sich nicht mehr fürchtet und wenn man sich vor ihm nicht mehr fürchtet, wenn er nicht mehr wünscht und nicht mehr hasst, dann erlangt er das Brahman. Wenn einer keine böse Gesinnung betätigt in Werken, Gedanken und Worten, dann erlangt er das Brahman. Es gab, es wird geben und gibt keine andere Pflicht als diese, o *Jâjali*. Durch alle Kasteiungen, Opfer, Gaben und weisheitsvolle Reden erreicht man nicht mehr als durch die Erfüllung der Pflicht. Wer allen Wesen in der Welt die Opfergabe der Furchtlosigkeit spendet, der ist so gut, als wenn er alle Opfer darbrächte und erlangt auch für sich als Opfergabe die Furchtlosigkeit.

Es gibt keine edlere Pflicht als die Schonung der Wesen. Vor wem niemals und in keiner Weise irgendein Wesen zittert, der erlangt auch selbst Furchtlosigkeit vor allen Wesen. Vor wem aber alle Wesen zittern wie vor einer ins Haus geschlüpften Schlange, der gelangt nicht ans Ziel, weder hienieden noch im Jenseits. Die, welche jungen Stieren die Hoden ausschneiden und die Nasenwände durchbohren, die mit ihnen große Lasten fahren, sie ihnen aufbinden und sie zähmen und lebende Wesen töten und verspeisen, wie solltest du die nicht tadeln? Ja, sogar den Menschen macht der Mensch zum Sklaven und nützt ihn aus und zwingt ihn durch Schläge, Fesseln und Gefangenschaft zur Arbeit, Tag und Nacht. Und von sich selbst weiß er doch, wie schmerzlich Schläge und Fesseln sind! Dagegen, welches Bedenken könnte bestehen gegen den Verkauf von Sesamöl und zerlassener Butter, o Brahmane, von Honig und Kräutersäften? Da wuchsen Tiere fröhlich auf in einer Gegend, wo es keine Bremsen und Fliegen gibt, und obgleich der Mensch weiß, wie lieb sie ihren Müttern sind, kommt er doch oft einher und führt sie fort in Gegenden voll von Bremsen und Schmutz, und andere wieder schmachten als Jochtiere, gegen die göttliche Ordnung durch Ziehen gequält. Das Pflügen des Ackers hält man für etwas Gutes, und doch ist auch das ein grausames Geschäft, denn das Pflugholz verletzt mit seiner eisernen Spitze die Erde und alles, was in ihr lebt. Und gedenke auch der vorgespannten Ochsen, o *Jâjali!* Das größte Unrecht aber verübt, wer einen Stier oder eine Kuh opfert. Diese unseligen, gräulichen Bräuche, wie sie in der Welt geübt werden, verurteilst du nur darum nicht, weil sie als guter Wandel überliefert sind. Aber von Grund aus soll man die Pflicht erforschen und nicht dem überlieferten Wandel der Menschen folgen."

Jâjali sprach· „Diese Pflichterfüllung, wie du sie da mit der Krämerwaage in der Hand empfiehlst, würde den Eingang zum Himmel und auch das Leben auf Erden unmöglich machen. Durch das Pflügen des Ackers wird ja die Nahrung erzeugt, und von ihr lebst auch du, von Viehzucht und Kräutern leben die Menschen, o Krämersohn, und da durch das Genannte auch das Opfer erst möglich wird, so redest du sogar der Ungläubigkeit das Wort. Aber auch die Welt könnte nicht bestehen, wenn sie auf den Erwerb ganz und gar verzichten müsste."

Tulâdhâra sprach: „Ich will dir sagen, wie die Geschöpfe leben können, und von Unglauben kann bei mir keine Rede sein. Ich tadle nicht das Opfer; aber die Priester haben das ihnen angestammte Opfer aufgegeben und haben sich dem Opfer der Krieger ergeben. Die Götter aber haben ihre Freude an einem Opfer, das in rechter Weise dargebracht wird mit Verehrung als Opferspeise und mit Vedastudium als Kräutersaft. Der auf die rechte Weise ins Feuer gegossene Opfertrank, o *Jâjali*, der geht hinauf zur Sonne, aus der Sonne stammt der Regen und aus dem Regen die Nahrung. Darum haben die Altvordern die Erfüllung all ihrer Wünsche erlangt: ungepflügt ließ die Erde ihre Früchte reifen, durch bloße Gebete gediehen die Pflanzen, damals aber fassten sie für das Opfer noch keinen Lohn ins Auge. Sie verlangten nicht nach dem Himmel, sie brachten nicht reiche, prunkende Opfer dar, sondern sie wandelten den Pfad des Guten und brachten als Opfer dar die Schonung aller Wesen. Und dieser Weg, er soll dir recht anschaulich gemacht werden. Du siehst diese Vögel, die hier überall herumfliegen: es sind die auf deinem Haupt geborenen. Rufe sie herbei, o Brahmane, wie sie hier und dort sich niedergelassen haben: sieh, wie sie dabei die Flügel und die Füße von allen Seiten ihrem Leib anschmiegen! Von dir wurden sie großgezogen, und nun begrüßen sie dich als Vater, o *Jâjali*!" Und da geschah es, dass die von *Jâjali* herbeigerufenen Vögel in Worte ausbrachen und ihm die Pflicht erklärten: „Das ohne Schonung unternommene Werk tötet, hienieden und im Jenseits, den Glauben und dieser, wenn getötet, tötet den Menschen. Wenn aber billig Denkende, Gläubige, Bezähmte, Wohlverständige opfern, *das* heißt ein wahres Opfer, dies Opfer ist nie unerwünscht."

Ich habe schon erwähnt, dass diese ganze Anschauung eine Hauptstütze in dem allgemein indischen Glauben an die Seelenwanderung gefunden bat; denn in jedem lebenden Wesen kann ja nach diesem Glauben eine Seele wohnen, die früher einen Menschen beseelt hat. Aber *dieser* Einfluss des Seelenwanderungsglaubens ist natürlich nicht der einzige, den dieser Glaube auf die Lebensauffassung der Inder ausgeübt hat. Im allgemeinen gilt ja das Gesetz, dass der

Mensch immer und immer wieder geboren wird, wenn ihm nicht, in seltenen Ausnahmefällen, Erlösung zuteil wird, als ein drückendes und belastendes. Die ganze indische Lebensauffassung ist ja von der Vorstellung beherrscht, dass das Unheil des Menschen eben darin besteht, dass er immer und immer weiter leben muss, dass jeder Tod nur ein Scheintod ist, dass nach jedem Tod ein neues Leben beginnt und dass das Einzige, was den Menschen aus diesem „Rad der Wiedergeburt" befreien kann, eben die Erlösung ist, das Einswerden mit dem Weltgrund. Daher erscheint in den meisten Texten das ganze Leben in all seinen Fortsetzungen bloß als Mittel zu dem einen Ziel der Erlösung, wie es gerade wieder ein Spruch des Mahâbhârata ausdrückt: [1])

> Je nachdem es das eigene Werk bedingt, geht man aus einem Leib in den andern über. Wanderer sind wir auf dem Wege der Erlösung und kehren dabei ein von Haus zu Haus.

Allein wie die menschliche Natur nun einmal ist, könnte man es ja gar nicht fassen, wenn die Aussicht, unbegrenzt fortzudauern, nur als eine Gefahr, als eine Drohung empfunden würde. Es ist daher gar nicht verwunderlich, dass gleichsam nebenher dieses Bewusstsein, ohne weiteres fortzuleben, das Bewusstsein, dass der Tod nicht ein wahres Ende ist, den Menschen doch vielfach auch eine gewisse innerliche Festigkeit gegeben hat, ein gewisses Gefühl der Unabhängigkeit von äußeren Schicksalen, die Empfindung: „was kann mir eigentlich ein anderer tun?, ich lebe fort; und wie ich fortlebe, ob geachtet oder missachtet, ob als seliger Geist oder als unseliges Getier, das hängt ausschließlich von meinen Werken ab, und kein anderer kann mir meine Werke vorschreiben: so wenig daher ein anderer mich wahrhaft töten kann, so wenig kann er auch mein künftiges Leben vorbestimmen oder verderben. Meine Zukunft hängt von mir allein ab, von mir selbst und von meinem Werk." Dadurch entsteht dann eine gewisse kalte Verachtung des Äußeren, eine Lebensstimmung, die sich recht sehr mit derjenigen berührt, durch die sich in Griechenland die Stoiker ausgezeichnet haben. Als Denkmal dieser Gesinnung sind uns im Mahâbhârata namentlich zwei Gespräche gestürzter Größen mit dem siegreichen Götterkönig Indra erhalten. [2])

Das eine Mal spricht ein gestürzter Fürst, namens *Namuci*, das

---

1) Mokshadharma 299/12; nach Deussen, Vier Texte, S. 578.
2) Freilich fällt gerade für die Verfasser dieser Gespräche die Schicksalsnotwendigkeit vielleicht nicht durchaus mit der Wirksamkeit des Vergeltungsgesetzes (des Karman) zusammen.

andere Mal ein gestürzter Dämonenhäuptling, namens Bali. Beide hat, wie es scheint, Gott Indra selbst gestürzt, und nun möchte er sich weiden an den Leiden seiner Opfer.

So redet er [1]) den ins Elend gestürzten *Namuci* an, der, wie es hier heißt, vom Glück verlassen dasaß, still wie ein unbewegtes Meer, und das Entstehen und Vergehen der Wesen kannte. Zu diesem sprach er folgendermaßen:

> Mit Stricken gebunden, aus deiner Stellung verstoßen, in die Hände deiner Feinde gegeben und vom Glück verlassen, o *Namuci*, beklagst du dich jetzt oder beklagst du dich nicht?

Namuci sprach:

> Durch unabwendbares Leid wird der Körper gequält und die Feinde freuen sich; im Leid hat man keine Genossen. Dennoch, o Indra, klage ich nicht, denn alles auf dieser Welt ist vergänglich. Wer aber den Schmerz darüber von sich fernhält, in dessen Geist tritt das Ewige hervor. Je nachdem einer dazu bestimmt ist, etwas zu erlangen, dementsprechend erlangt er es, und wie etwas bestimmt ist, zu geschehen, dementsprechend geschieht es auch; und wozu immer einer vom Schöpfer bei jeder neuen Geburt bestimmt worden ist, darin verharrt er und nicht in dem, was er selbst wünschen mag. Durch die Zeitläufte werden die Menschen herumgestoßen, und es gibt keinen, der sie beschuldigen dürfte. Aber darin besteht das Leid, dass der Unzufriedene wähnt, er hätt' es zu wenden vermocht: nicht durch Zaubersprüche, durch Kraft oder Tapferkeit, nicht durch Weisheit und Mannhaftigkeit, nicht durch Charakterfestigkeit, nicht durch sein Verhalten noch auch durch Glück in seinen Unternehmungen kann der Sterbliche erlangen, was ihm zu erlangen versagt ist. Was hilft es da, zu klagen? Man empfängt nur, was man empfangen sollte, man geht nur dorthin, wohin man gehen sollte, man kommt nur zu dem, wozu man kommen sollte, mag es nun Lust sein oder Leid. Der Mann, der dies völlig erkannt hat und nicht in Verwirrung gerät, vielmehr gefasst bleibt in allen Leiden, das ist der alles besitzende Mann.

Noch großartiger wird dieselbe Anschauungsweise von *Bali* ausgesprochen, einem gestürzten Dämonenhäuptling, der jetzt in einen Esel verwandelt ist. Zum Verständnis seiner Worte muss ich noch eines vorausschicken. Zu der Zeit, als der Seelenwanderungsglaube bei

---

1) Mokshadharma 226; nach Deussen, Vier Texte, S. 303-306.

den Indern nie volle Ausbildung gefunden hatte, ward er auch auf die Götter ausgedehnt: man stellte sich vor, dass an Verdienst besonders reiche Menschen als Götter wiedergeboren würden. Freilich, bei jenen obersten Göttern, deren Leben eine ganze Weltperiode ausfüllt, dauert ein solches Leben eben ein ganzes Weltalter. Wenn einer in einem früheren Weltalter sich besonders ausgezeichnet hat, wird er in dem folgenden Weltalter als der Gott Indra, als der Gott Varuṇa oder als einer der anderen Götter geboren, so dass ein späterer indischer Denker [1]) einmal sagt, ein Name wie „Indra" bedeute eigentlich nur so viel wie etwa das Wort „General"; es bezeichnet nämlich nicht eine bestimmte Seele, sondern es bezeichnet einen Posten in der Welt, wir möchten beinahe sagen: eine systemisierte Stelle, die nun in jedem Weltalter von einer anderen Seele ausgefüllt wird. Von diesem Gedanken macht nun Bali, der Esel, Gebrauch, indem er gleichzeitig die Auffassung entwickelt, dass alles in der Welt durch die Macht des Schicksals geschieht, oder, wie die Inder das einfacher sagen, durch die Macht der Zeit: [2])

Der große *Indra* durchstreifte auf dem Rücken seines Elefanten die Erde, von Herrlichkeit umgeben. Da sah er den *Bali*, in die Gestalt eines Esels gehüllt, in einem menschenleeren Hause wohnen. *Indra* sprach: „Der du in den Mutterschoß einer Eselin geraten bist und jetzt Getreidehülsen verzehrst, wird diese deine niedrige Geburt jetzt von dir beklagt oder nicht? Wie war dir doch damals, als du Reichtum an deine Angehörigen verteilen konntest, zumute, als vor dir, zu Tausenden geschart, göttliche Frauen tanzten, alle mit Lotos bekränzt, alle von goldgleichem Glanz, wie war dir damals und wie ist dir heut' zumut? Du hattest einen sehr großen Sonnenschirm aus Gold, mit Edelsteinen besetzt, und vor dir tanzten siebenmal sechstausend Engel. Und einen mächtig großen Opferpfosten hattest du, ganz von Gold, wenn du opfertest und dabei zehntausendmal zehntausend Kühe verschenktest, je tausend auf einmal; wie war dir wohl damals zumut? Und jetzt sehe ich deinen goldenen Trinkbecher nicht mehr, nicht mehr den Sonnenschirm und die beiden Fächer, ich sehe, o Fürst der Dämonen, den Kranz nicht mehr, den Gott *Brahmán* dir schenkte." *Bali* sprach: „Nicht siehst du mehr meinen gol-

---

1) Cankaraa zu Sûtra I 3, 28; Deussen, Die Sûtras des Vedânta . . . 1887, S. 170.

2) Mokshadharma 223/12-224/60; nach Deussen, Vier Texte, S. 291-298.

denen Trinkbecher, nicht mehr den Sonnenschirm und die beiden Fächer, nicht wirst du den Kranz mehr sehen, den Gott *Brahmán* mir schenkte. Doch es geziemt nicht deinem Ruhm und deiner hohen Abkunft, dass du, der du im Glück bist, mir, der ich nicht im Glück bin, dies prahlend in Erinnerung bringst. Denn nicht trauern im Leid und nicht freuen sich im Glück die, die Erkenntnis erlangt und sich am Wissen gesättigt haben." *Indra* sprach: „Dass du so mit tausend Wagen, von Angehörigen umgeben, alle Welten erwärmend, dahinzogst, und dass du jetzt diesen deinen so kläglichen Zustand siehst, o *Bali*, von Angehörigen und Freunden verlassen, beklagst du das oder beklagst du es nicht?" *Bali* sprach: „Weil ich in dieser Welt nur Vergängliches sehe, infolge des Gesetzes des Umschwungs der Zeit, darum, o *Indra*, klage ich nicht, denn alles hienieden ist endlich. Der Tod ist das Endziel der Wesen, wie der Ozean das Endziel der Flüsse. Die nun, welche dies nicht erkennen und der Leidenschaft und Verblendung huldigen, verzagen, wenn sie ins Elend geraten, denn ihr Verstand lässt sie im Stich. Wen aber sein Verstand nicht verlässt, der stößt alle Sünde von sich ab, und frei vom Bösen ergreift er das Gute und kommt in ihm zur Ruhe. Glück und Unglück, Leben und Tod, die Früchte der Lust und des Leides verabscheue ich nicht und begehre sie auch nicht. Aus Erde, Feuer, Luftraum, Wasser und Wind, aus diesen sind die Wesen entsprungen: was wäre da zu beklagen? Der sehr Weise und der Unweise, der Starke und der Schwache, der Ansehnliche und der Unansehnliche, der Glückliche und der Unglückliche — alles verleiht ihnen die Zeit, die tief gegründet ist in ihrer eigenen Kraft, und da dies alles unter der Herrschaft der Zeit steht, wie sollte ich mich beunruhigen, da ich dies weiß? Der Mensch verbrennt nur nochmals, was schon verbrannt war, getötet wird von ihm nur, was schon getötet war, vernichtet wird von ihm nur das schon vorher Vernichtete und ergriffen nur das, was zu ergreifen ihm vorher bestimmt war. Hier sehe ich keine Insel, kein jenseitiges Ufer und kein diesseitiges, erblicke keine Grenze für diese göttliche Ordnung, so sehr ich über sie nachdenke. Du aber, der du mich Hülsen kauen, in einem menschenleeren Haus wohnen und Eselsgestalt tragen siehst, du kommst zu mir und beschimpfst mich? Ehemals zitterte alles, wenn ich zürnte, o Städtebezwinger, jetzt aber erkenne ich, o *Indra*, dass ein ewiges Gesetz diese Welt beherrscht. Es ist nicht mein Werk, und es ist nicht dein Werk, o *Indra*, dass es dir so ergeht und dass es mir so ergangen ist; sei es Glück oder sei es Unglück, es wird bewirkt durch den Umschwung der Zeit. Ich sehe dich als Herrscher und Götterkönig feststehen, in Glück und Glanz, donnernd, über mir; aber hätte nicht die Zeit mich in dieser Weise übermannt, so würde heute ich dich niederstrecken mitsamt deinem Donnerkeil. Allein jetzt ist nicht die Zeit zu tapferen Taten, jetzt ist die Zeit der Beruhigung gekommen. Nicht ich bin der Täter und nicht du bist der Täter und auch kein anderer ist der Täter: durch den Zeitumschwung werden die Welten, o *Indra*, beherrscht, wie der Zufall es fügt. Tief und unergründlich aber ist das Brahman, wie ein großer Wasserozean, anfangslos und endlos. Es ist das Ziel aller Wesen; denn wohin könnte einer gehen, wenn nicht zu ihm? Wahrlich, viele tausend Indras, die mit Kraft und Mannhaftigkeit ausgestattet waren wie du, sind schon vorübergegangen, und auch dich, den Übermächtigen, den Götterkönig, den Kraftstrotzenden, wird, wenn der Augenblick da ist, die großmächtige Zeit zur Ruhe bringen, die diese ganze Welt verschlingt. Darum betrage dich nicht wieder, wie du es jetzt getan hast, o *Indra*, denn auch von dir wird, wenn die Zeit dich sieht in deinem Stolz, bald die Herrlichkeit übergehen auf einen andren.

Diese Geringachtung alles dessen, was das Leben, das Schicksal bringen kann, spitzt sich nun manchmal noch mehr, spitzt sich zu einem uns befremdenden Gedankengang zu — zu dem Gedankengang, dass überhaupt alles, was uns äußerlich ist, uns eigentlich im Tiefsten gar nichts angeht: nicht nur Leben und Gesundheit, nicht nur aller Besitz, sondern auch die Menschen, die uns nahestehen, Eltern, Frauen, Kinder — alles das kann weder unser Dasein verlängern oder verkürzen, noch unser Leben in den zukünftigen Geburten bestimmen; denn dieses wird ja nur durch unsere Taten bestimmt. Allein nicht nur deshalb sind die uns umgebenden Menschen für uns eigentlich bedeutungslos, sie sind auch bedeutungslos, weil ja im Verlauf der unendlichen Zeitdauer jede Seele mit ungezählten anderen Seelen in Berührung kommt, so dass im Vergleich mit dieser unendlichen Zeitdauer auch die Gemeinschaft eines ganzen Menschenlebens eigentlich nur eine kurze, flüchtige Begegnung darstellt. So heißt es z. B.: [1])

---

[1]) Mokshadharma 331/290.; nach Deussen, Vier Texte, S. 729.

Lass alles, was dir angehört, fahren. In Schuld verwickelt dich, was dir angehört; wird ja doch auch die Seidenraupe gebunden durch das, was ihr angehört. An Kindern, an Weibern, an ihrer Familie hängend, ermatten die Menschen wie alte Waldelefanten, wenn sie in ein Meer von Schlamm geraten, und wie Fische in einem großen Netz gefangen und aufs Trockene gezogen werden, so lassen sich die Menschen in dem Netz der Weltliebe fangen und geraten dadurch in großes Leid. Familie, Kinder, Weiber, Leib und Vermögen, dies alles erkenne als dir fremd, als unbeständig; denn was ist dein? Allein das gute und das böse Werk!

Und ein andermal: [1])

Tausende von Müttern und Vätern, Hunderte von Söhnen und Weibern werden uns noch angehören und haben uns schon angehört; wem könnten sie, wem könnten wir in Wahrheit angehören? Ich bin allein; keiner gehört zu mir, und zu keinem gehöre ich! Ich sehe den nicht, dem ich angehören könnte! Du hast nichts mit ihnen, sie haben nichts mit dir gemein: alle diese Wesen entstehen durch ihre *eigenen* Werke, und auch *du* wirst den Weg *deiner* Werke gehen.

Diese merkwürdige Lebensstimmung ist es nun auch — und damit möchte ich diese Auseinandersetzung abschließen —, die die erste, vorläufige Antwort bestimmt und eingibt auf die in der Bhagavad-Gîtâ gestellte Frage, eine Antwort, die nun allerdings in einem merkwürdigen Gegensatz steht zu jenem Ideal der Milde und der Schonung, von dem unsere augenblickliche Betrachtung ausgegangen ist. Es sind eben die meisten Dinge in der Welt zweiseitig. Der Glaube an die Seelenwanderung führt allerdings auf der einen Seite dazu, dass wir in allen Wesen rings um uns ehemalige Menschenseelen erblicken und daher dazu neigen, auch diese Wesen zu schonen, als ob sie Menschen wären. Derselbe Glaube an die Seelenwanderung führt aber auf der anderen Seite auch wieder zu der Anschauung, dass dem Menschen von außen her überhaupt nichts Ernstes zustoßen kann, und dass wir daher auch eigentlich keinen besonderen Grund haben, andere Menschen zu schonen. Das Problem, wie es in der Bhagavad-Gîtâ aufgeworfen wird, ist nun dieses. Die große Schlacht zwischen den zwei feindlichen Zweigen des Geschlechts der Bhâratas soll beginnen, und da fragt sich nun Arjuna, der junge Führer des einen Zweiges, ob er nicht eine große Sünde begeht, indem er, wenn auch

---

1) Mokshadharma 223/85ff.; nach Deussen, ebd., S. 700.

in Verfolgung eines Rechtes, doch mit Gewalt gegen diese ihm verwandten Fürsten zu Felde zieht. Und da gibt ihm nun sein struppiger Wagenlenker Kṛishṇa, in dem sich der Gott *Nârâyana-Vâsudeva-Vishṇu* verkörpert, eine Antwort, die, in einen kurzen Gedanken zusammengezogen, eigentlich besagt: „Warum scheust du dich, diese Verwandten zu töten? Wird es denn ihrer Seele, ihrem Ich schaden, wenn sie dieses Leben verlassen und zu einem anderen Leben übergehen?" Diese Antwort hat freilich, wie sich bald zeigen wird, aus besonderen Gründen auch dem Verfasser der Bhagavad-Gîtâ nicht genügt, und er hat ihr viele weitere Auseinandersetzungen folgen lassen. Ich muss aber doch das Gespräch, das jene erste Antwort enthält, wenigstens seinen Hauptzügen nach mitteilen, ist es doch die berühmte Einleitung zu dem berühmten Gedicht und überdies die notwendige Voraussetzung für das Verständnis alles folgenden: [1])

Als die Schlacht in Gang zu kommen versprach,
da erdröhnten mächtig die Muscheln, die Pauken, die Trommeln und Trompeten, und ein gewaltiger Lärm erhub sich. Da geschah es, dass auch *Kṛishṇa* und *Arjuna*, auf einem großen, von weißen Rossen gezogenen Streitwagen stehend, ihre himmlischen Muscheln bliesen. Der König von *Kâçî*, der gewaltige Bogenschütze, und *Çikhaṇḍin* auf seinem großen Streitwagen, dann *Dhrishtadyumna* und *Virâta* und der unüberwindliche *Yuyudhâna, Drupada* und die Söhne der *Draupadi* und *Abhimanyu* mit den großen Armen, diese bliesen von allen Seiten her, jeder einzelne seine Muschel. Als nun *Arjuna* die Anhänger des *Dhritarâshtra* sich gegenüber in Schlachtordnung aufgestellt sah, und als schon die Geschosse herüber und hinüber flogen, da machte auch er seinen Bogen bereit und sprach zu dem Struppigen dieses Wort: „Halt' an, o Unerschütterlicher, meinen Streitwagen in der Mitte zwischen beiden Heeren, damit ich jene mustere, die kampfbegierig einander gegenüberstehen, und sehe, mit wem ich zu kämpfen haben werde." Als *Kṛishṇa* von *Arjuna* in dieser Weise angeredet worden war, da hielt er mitten zwischen beiden Heeren den trefflichen Streitwagen an. Da sah *Arjuna*, der Fürst der Pândava's, einander gegenüberstehen Väter und Großväter, Lehrer, Oheime, Brüder, Söhne, Enkel und Genossen, Schwiegerväter und Freunde in den beiderseitigen Heeren. Als er nun diese sah, wie sie alle sich feindlich gegenüber-

---

1) Bh. G. I 13—II 37; nachgelassen, Vier Texte, S. 34—41.

standen trotz ihrer Verwandtschaft, da wurde er von tiefem Mitleid ergriffen, und verzagend sprach er dieses Wort: „Wenn ich, o *Krishna*, dort mein eigenes Blut zum Kampf bereit aufgestellt sehe, dann versagen meine Glieder, mein Mund wird trocken, mein ganzer Leib beginnt zu zittern, und meine Haare sträuben sich. Mein Bogen gleitet mir aus der Hand, und meine Haut brennt, nicht kann ich mich aufrecht halten, und mein Sinn verwirrt sich. Widrige Vorzeichen sind dies, o Struppiger, und ich sehe kein Heil darin, meine eigenen Verwandten im Kampf zu töten. Ich verlange nicht nach Sieg, o *Krishna*, nicht nach Herrschaft, nicht nach Freuden. Was soll mir das Reich, was sollen mir Genüsse, was soll mir das Leben? Denn diejenigen, *um derentwillen* Herrschaft, Genüsse und Freuden mir erwünscht wären, die stehen mir dort als Feinde gegenüber und sollen nun durch mich ihr Vermögen, ja ihr Leben verlieren. Diese mag ich nicht töten, sollte ich auch selbst getötet werden, auch nicht, um die Herrschaft über die drei Welten zu gewinnen, viel weniger die über die Erde. Und wenn auch solche, deren Geist von Begierde geblendet ist, nicht einsehen, welche Schuld wir durch Vernichtung unseres Geschlechtes, welche Sünde wir durch Verrat an unsern Freunden auf uns laden, wie sollte ich nicht erkennen, dass ich mich dieser Sünde enthalten müsse, ich, der ich die Schuld voraussehe, o *Krishna*, die aus der Vernichtung meines Stammes hervorgeht? O weh! Ich bin im Begriffe, eine große Sünde zu begehen, aus Begierde nach den Freuden der Herrschaft meine eigenen Verwandten zu töten." So sprach *Arjuna* im Schlachtgetümmel, setzte sich auf den Sitz seines Wagens nieder und ließ Pfeil und Bogen fallen, im Geist von Kummer erschüttert.

Als er ihn so, von Mitleid durchdrungen, die Augen von Tränen erfüllt und getrübt, in seiner Verzagtheit sah, da war es, als ob der Struppige lächelte, und mitten zwischen den beiden Heeren sprach er zu dem Verzagenden dieses Wort: „Du beklagst solche, die nicht zu beklagen sind, wenn auch deine Reden verständig klingen; allein über Tod und Leben klagt der Weise nicht. Nie war eine Zeit, da ich nicht war, da du nicht warst und alle diese Fürsten, und nie in Zukunft wird eine Zeit kommen, da wir alle nicht sind. Was für den Träger eines Leibes in diesem seinem Leib Kindheit, Mannheit und Greisenalter bedeutet, das bedeutet für ihn auch die Erlangung eines neuen Leibes; das ist dem Weisen klar. Nur die Verbindung mit dem Stofflichen bewirkt Kälte und Hitze, Lust und Schmerz; diese aber kommen und gehen und sind vergänglich. Ertrage sie, o *Arjuna*, mit Geduld! Der Mann, den diese nicht erschüttern, der gleichmütig bleibt bei Lust und Leid, nur der ist reif für die Unsterblichkeit. Das Nichtseiende kann nicht werden, das Seiende kann nicht vergehen; den Unterschied dieser beiden erkennen die Weisen. Vergänglich sind diese Leiber, ewig ist das, was den Leib beseelt; unvergänglich ist es und unermesslich: *darum kämpfe, o Arjuna*! Wer da meint, dass einer tötet, wer da meint, dass einer getötet wird, die erkennen beide nicht die Wahrheit: es tötet keiner, und es wird keiner getötet. Gleichwie ein Mann die alten Kleider ablegt und neue anzieht, so legt das Ich die alten Leiber ab und geht in neue ein. Das Ich verwunden nicht Schwerter, brennt nicht das Feuer, netzen nicht die Wasser, trocknet nicht der Wind. Das Ich ist unverwundbar und unverbrennbar, nicht zu benetzen und nicht zu trocknen, das Ich ist ewig und allgegenwärtig, beständig, unbeweglich, immerwährend. Dem Geborenen ist der Tod gewiss, dem Gestorbenen die Geburt; darum darfst du über Unvermeidliches nicht Trauer empfinden. Das Ich ist ewig und unverletzlich in dem Leib eines jeden, o Fürst; darum sollst du kein Wesen betrauern. Sondern entweder du fällst und gehst zum Himmel ein, oder du siegst und genießest die Herrschaft über die Erde. Darum steh' auf, o *Arjuna*, ermanne dich und kämpfe."

XVI. ERLÖSUNG UND TAT

DIE BHAGAVAD-GÎTÂ

Die alltägliche Lebensanschauung der Inder hatte sich mit der Vorstellung einer ins Unendliche ausgedehnten Seelenwanderung, eines nie endenden Kreislaufs der Geburten mehr oder weniger abgefunden. Diese Vorstellung hat auf der einen Seite zu dem Ideal der Schonung alles Lebenden geführt, da man in jedem Lebenden eine ehemalige menschliche Seele voraussetzen durfte, sie hat aber auf der anderen Seite auch zu einer kalten Erhabenheit und zu einer gewissen schonungslosen Härte geführt, weil man sich schließlich sagen musste: Was können wir denn eigentlich einem anderen lebenden Wesen antun? Wenn es auch in diesem Leben zugrunde geht, so ändert das nichts daran, dass es weiter lebt, dass es wiedergeboren wird und dass sich sein Schicksal nicht danach richten wird, was wir ihm antun, sondern sich ausschließlich richten wird nach seinen Werken, nach seinem Verdienst und seiner Schuld. Das war ja die Antwort, die in der Bhagavad-Gîtâ zunächst *Krishna*, die Verkörperung des Herrn, dem *Arjuna* auf die Frage gab, ob er an dem Kampf gegen seine Verwandten teilnehmen solle oder nicht: „Kämpfe, o *Arjuna*, denn du kannst keinen wahrhaft töten. Du kannst nur die Hüllen, in denen die Seelen jetzt stecken, zerbrechen. Aber sie werden eingehen in neue Leiber und werden ihr Schicksal leben, wie ihre Werke es ihnen bestimmen."

Gegen diese Antwort, sofern sie aus dem Gedanken der Seelenwanderung ein Verhaltungsprinzip, ein moralisches Grundgebot ableiten will, ist nun allerdings einzuwenden, dass, wenn freilich *Arjuna* niemand schädigt, wenn er kämpft und die Gegner tötet, er ja aber auch niemand schädigt, wenn er nicht kämpft und auf sein Recht und seine Herrschaft verzichtet. Wenn das Äußere schlechthin bedeutungslos ist, so kann man aus dieser Einsicht eine Richtschnur dafür, wie man sich nun in diesen äußeren Dingen zu verhalten habe, doch eigentlich nicht gewinnen. Tatsächlich hat sich ja der Verfasser der Bhagavad-Gîtâ bei dieser ersten Antwort des *Krishna* auf die Frage

des *Arjuna* nicht beruhigt, und ebenso haben sich auch die Inder mit
einer Moralität, die bloß auf die Vorstellung endloser Seelenwanderung gegründet gewesen wäre, nie zufrieden gegeben, sondern im
Mittelpunkt der indischen Weltanschauung hat ja, wie wir wissen,
immer das Problem der Erlösung gestanden, das heißt die Frage: Wovon hängt zuletzt unsere Befreiung aus diesem Kreislauf immer neuer
Wiedergeburten ab? Was ist es zuletzt, was uns die Gnade verleiht
oder erwirkt, nicht mehr geboren zu werden? Einen schönen Ausdruck für diese beherrschende Mittelpunktstellung des Problems der
Erlösung bietet uns das in einer der jüngeren Upanishaden erhaltene
Gespräch des *Naciketas* mit dem Todesgott *Yama*, eines der schönsten Stücke lehrhafter Dichtung, bei dem allerdings zweierlei zu bedauern bleibt: erstens und vor allem, dass die Antwort, die dann auf
die gestellte Frage gegeben wird und die offenbar in späterer Zeit
überarbeitet und erweitert wurde, der Fragestellung nicht voll ebenbürtig ist, und zweitens, dass die Fragestellung selbst ihren Gegenstand nicht mit vollkommener Deutlichkeit bezeichnet; denn die gestellte Frage lautet zunächst nur: Was geschieht mit dem Menschen
nach dem Tode? Allein der Zusammenhang, insbesondere auch die
Antwort, die dann gegeben wird, stellen es außer Zweifel, dass nicht
nur gefragt werden soll: Was geschieht nach dem Tod mit dem Menschen, sondern vielmehr: Wie kann der Mensch das Höchste erlangen, nämlich, eins zu werden mit dem Urgrund der Welt, dem Brahman, und der Wiedergeburt zu entfliehen? Die Erzählung besagt nun,
dass der Jüngling *Naciketas*, dem sein Vater in einem Augenblick
unbedachten Unmuts den Tod gewünscht hat, zwar in das Haus des
Todesgottes *Yama* gelangt, dass ihn aber dieser wieder auf die Erde
entlässt und ihm überdies die Erfüllung dreier Wünsche freistellt. [1]
Naciketas wünscht sich nun erstens, dass er seinem Vater nicht un-
willkommen auf der Erde wieder erscheine; er wünscht sich zweitens
die Kenntnis eines Opfers, das ihm nach dem Tod den Eingang in die
Himmelwelt sichert, auf die Frage aber, was er sich nun als dritten
Wunsch wünsche, entwickelt sich das folgende Gespräch: [2]
Naciketas:

> Ein Zweifel waltet, wenn der Mensch dahin ist;
> Er ist! sagt dieser; Er ist nicht! sagt jener:

---

1) Dass es sich in der Sage von Naciketas ursprünglich um bloßen Scheintod,
die zeitweilige Bewusstlosigkeit des bei der Männerweihe in Verzückung geratenen
Jünglings, handelte, macht sehr wahrscheinlich Hauer, Anfänge der Yogapraxis, S.
96.
2) Kath. Up. I 20-II 9; nach Deussen, 60 Up., S. 270-272.

Das möchte ich, von dir belehrt, ergründen,
Das sei die dritte Gabe, die ich wähle.

Yama:

Auch von den Göttern ward hier einst gezweifelt;
Schwer zu erkennen, dunkel ist die Sache;
Wähl' einen andern Wunsch dir, Naciketas,
Bedränge mich nicht, diesen Wunsch erlass' mir.

Naciketas:

Auch Götter haben, sagst du, hier gezweifelt,
Und sagst es selbst, dass schwer es zu erkennen;
Kein andrer kann es so, wie du, erklären,
Kein andrer Wunsch kommt diesem gleich an Werte.

Yama:

Wähl' hundertjähr'ge Kinder dir und Enkel,
Viel Herden, Elefanten, Gold und Rosse,
Erwähle großen Grundbesitz an Land dir
Und lebe selbst so viel du willst der Herbste.

Wenn dies als Wunsch du schätzest gleich an Werte,
So wähle Reichtum dir und langes Leben;
Ein Großer, Naciketas, sei auf Erden;
Ich mache zum Genießer aller Lust dich.

Was schwer erlangbar ist an Lust hienieden
Erbitte nach Belieben *alle* Lust dir.
Schau' hier, auf Wagen holde Frau'n mit Harfen,
Wie solche nicht von Menschen zu erlangen:
Ich schenke sie dir, dass sie dich bedienen,
Nur frag' nicht, Naciketas, nach dem Sterben!

Naciketas:

Was uns, o Tod, gegönnt an Kraft der Sinne,
Die Sorge für das Morgen macht es welken.
Auch ganz gelebt, ist doch nur kurz das Leben:
Behalte deine Wagen, Tanz und Spiele!

Durch Reichtum ist der Mensch nicht froh zu machen;
Wen lockte Reichtum, der dir sah ins Auge?
Lass leben uns, solang' es dir genehm ist,
Als Gabe aber wähle ich nur jene:

Wer, der geschmeckt hat, was nicht stirbt, nicht altert,
Hier unten steht und weiß sich altern, sterben,
Und wägt die Farbenpracht und Lust und Freuden,
Wer mag an langem Leben Freude haben?

Worüber jener Zweifel herrscht hienieden,
Was bei dem großen Hingang wird, das sag' mir:

208

Yama:

Der Wunsch, der forschend dringt in dies Geheimnis,
Den wählt, und keinen andren, Naciketas!

Ein andres ist das Bess're und ein andres
Das Lieb're; beides aber lockt die Menschen.
Wer sich das Bess're wählt, dem ist's zum Heile,
Dem, der das Lieb're wählt, gereicht's zum Fluche.

Das Bess're und das Lieb're naht dem Menschen;
Umwandelnd beide, scheidet sie der Weise:
Das Bess're zieht der Weise vor dem Lieb'ren;
Der Tor ergreift das Liebere und hält es.

Du hast die holden, scheinbar holden, Lüste,
Erwägend, Naciketas, abgewiesen.
Nach Wissen seh' ich *Naciketas* trachten,
Der Lüste Heerschar hat dich nicht zerrüttet.

Von dem zu hören vielen nicht beschieden,
Was viele, von ihm hörend, nicht *begriffen* —
Ein Wunder, wer es lehrt und wer es auffasst,
Ein Wunder, wer es kennt, belehrt von Kund'gen!

Nicht, wenn verkündet von gemeinen Menschen,
Ist leicht es fassbar, selbst bei langem Sinnen
Und ohne Lehrer ist hier gar kein Zugang:
Zu tief ist es für eignes, tiefes Denken.

Nicht fassest du durch Grübeln diese Lehre,
Du fass'st sie nur, wenn einer dich sie lehrt, Freund.
Dich lehr' ich sie, denn treu war dein Beharren!
Ja, solche Frager *wünschen* wir, wie du bist!

Dieser Drang, das Wesen und die Bedingungen der Erlösung
kennenzulernen, war demnach schon so stark in einer Zeit, wo das
einzelne Leben noch genossen und geschätzt wurde, wo der Abscheu
vor der endlosen Reihe der Wiedergeburten doch vor allem von einem Grauen vor diesem endlosen Einerlei, vor dieser scheinbar ziel-
losen, ermüdenden Fortspinnung des Daseins sich ableitete, ohne
Aussicht, zur Ruhe zu gelangen. Aber wie viel heftiger musste nicht
erst dieses Verlangen, dieser Drang nach Erlösung in späterer Zeit
werden, als mit fortschreitender Verfeinerung auch die Empfindlich-
keit für die Schmerzen des Lebens wuchs und die Vergänglichkeit
alles Irdischen mehr und mehr durchschaut und als unerträglich beurteilt wurde!
Aus dieser späteren Zeit besitzen wir in einer der jüngsten Upa-

nishaden eine ganz ähnliche Bitte um die zur Erlösung führenden Belehrungen, die sich von jener ersten sehr charakteristisch unterscheidet und die in Ausdrücken abgefasst ist, die, wenn sie nicht schon geradezu den Einfluss des Buddhismus verraten, jedenfalls doch seiner Geistesart außerordentlich verwandt sind: [1])

Es begab sich, dass ein König mit Namen *Brihadratha*, nachdem er seinen Sohn in die Herrschaft eingesetzt hatte, in der Erkenntnis, dass dieser Leib vergänglich ist, sich der Entsagung zuwandte und in den Wald hinauszog. Dort ergab er sich der höchsten Kasteiung, indem er, in die Sonne schauend, mit emporgestreckten Armen dastand. Nach Ablauf von tausend Tagen nahte sich ihm, leidenschaftslos wie eine Flamme ohne Rauch, der des Âtman kundige, ehrwürdige *Çâkâyanya*: „Steh' auf, steh' auf, o *Brihadratha*, und wähle dir einen Wunsch." So sprach er zum König; der bezeigte ihm seine Verehrung und sprach: „Ich bin nicht des Âtman kundig; du kennst seine Wesenheit, die sollst du mir erklären!" „Ach, es ist schwer, diese Frage zu beantworten", sprach *Çâkâyanya*. „Wähle dir, o *Brihadratha*, andere Wünsche." Da neigte sich der König mit seinem Haupt bis zu den Füßen des Büßers und sprach zu ihm: „O Ehrwürdiger, in diesem aus Knochen, Haut, Sehnen, Mark, Fleisch, Samen, Blut, Schleim, Tränen, Augenbutter, Kot, Harn, Galle und dergleichen zusammengerüttelten, übelriechenden, bestandlosen Leib, wie mag da einer Freude genießen? [2]) In diesem mit Leidenschaft, Zorn, Begierde, Wahn, Furcht, Verzagtheit, Neid, Trennung von Liebem, Bindung an Unliebes, Hunger, Durst, Alter, Tod, Krankheit, Kummer und dergleichen behafteten Leib, wie mag da einer Freude genießen? Auch sehe ich, dass diese ganze Welt vergänglich ist gleich diesen Bremsen, Stechfliegen und dergleichen, diesen Kräutern und Bäumen, die da entstehen und wieder verfallen. Aber was rede ich von ihnen? Gibt es doch Anderes, Größeres: mächtige Kriegshelden, einige von ihnen Welteroberer [3]) wie *Sudyumna, Bhûridyumna, Indradyumna*, Könige wie *Marutta* und *Bharata*, und sie alle mussten vor den Augen ihrer Verwandten ihre große Herrlichkeit aufgeben und aus dieser Welt in jene Welt hinüber-

---

1) Maitr. Up. I 2ff.; nach Deussen, 60 Up., s. 315ff.
2) Vgl. die „32 Unreinheiten" Digh. Nik. XXII = II 427 Neumann.
3) Vgl. Digh. Nik. III 1, 5; XVI 5,11; XXVI 2 usw.

wandern! Aber was rede ich von ihnen? Gibt es doch Anderes, Größeres: Geister, Dämonen, Halbgötter, Götter, Kobolde, Unholde, Drachen und dergleichen, deren Ausrottung wir sehen. Aber was rede ich von ihnen? Gibt es doch Anderes, Größeres: Vertrocknung großer Meere, Einstürzen von Bergen, Wanken des Polarsterns, Reißen der Himmelsketten, Versinken der Erde, Sturz der Götter von ihrem Sitz — und in einem Weltlauf, wo solches vorkommt, wie mag da einer Freude genießen? Zumal auch, wer ihrer satt ist, doch immer wieder und wieder zurückkehren muss! Darum errette mich, Ehrwürdiger; denn ich fühle mich in diesem Weltlauf wie der Frosch in einem wasserlosen Brunnenloch. Du aber, o Ehrwürdiger, bist meine Zuflucht — bist meine Zuflucht."

Das also ist die Frage, die immer wieder gestellt wird, und eigentlich wird auch immer wieder dieselbe Antwort gegeben, eine Antwort, die uns ja nicht mehr ganz fremd ist: Das Leiden rührt schon in dieser Welt davon her, dass sich unserem Willen, unserer Sehnsucht, unserem Verlangen etwas entgegensetzt. Würde die Welt unserem Verlangen nicht entgegenlaufen, so würden wir keinen Schmerz empfinden. Den Weltlauf nun können wir nicht ändern, wohl aber können wir unser Verlangen ändern. Wenn wir nicht mehr verlangen, so kann die Welt unserem Verlangen nicht entgegenlaufen, und dann werden wir schon in diesem Leben keinen Schmerz empfinden. Freilich auch keine Lust. Allein da es mehr Schmerz gibt als Lust, so wird unser Zustand schon in diesem Leben ein besserer sein. Dazu aber setzt sich nun mehr und mehr auch der Geil anke durch, dass das Verlangen, der Wille, fortzudauern, der Durst nach Leben nicht nur die unerlässliche Bedingung sei für das Leiden in *diesem* Erdenleben, sondern dass er auch die unerlässliche Bedingung sei für die Rückkehr des Menschen auf die Erde, für seine Wiedergeburt. Denn nur wo ein Wille zum Leben ist, nur dort verkörpert sich auch dieser Wille in einem neuen Leben, und wo der Mensch bei seinem Abscheiden keinen Drang zu neuer Verkörperung, keinen Durst nach neuem Leben zurücklässt, da tritt auch kein neues Leben ein, da ist kein Hindernis mehr vorhanden, das den Menschen an seiner Einswerdung mit dem Ewigen, mit dem Brahman, hindern könnte. Denn was uns abzieht von dieser unserer eigenen, innersten Natur, von unserem eigenen, ewigen, innersten Ich, das sind die Dinge der Welt, die uns umgeben. Wenn wir nach diesen Dingen kein Verlangen mehr tragen, dann tritt rein und ohne Ablenkung der Zug in uns hervor, der uns zu unserer eigenen, inneren Natur, zu unserem innersten Ich, zu unserem Âtman und damit zum Urgrund der Welt, zum Brahman, hinzieht. So heißt es etwa im Mokshadharma: [1])

Der Schmerz überwiegt im Leben die Lust, daran ist kein Zweifel; denn an den Dingen, die wir wahrnehmen, zu hängen, das beruht nur auf Täuschung, und das Sterben ist unerwünscht. Der Mensch, der beides, Leid und Lust, hinter sich lässt, der geht zu dem unendlichen Brahman ein, und ihn betrauern weise Menschen nicht.

Sehr schön und kurz ist dieser Gedanke, dass das Wichtigste für Zeit und Ewigkeit das Ausrotten des Verlangens nach dem Irdischen sei, auch in den Versen ausgedrückt, die das große Heldengedicht dem König *Ambarisha* in den Mund legt: [2])

Kenner der Vorzeit rühmen die Verse, die einstmals von dem König *Ambarisha*, als er zur Ruhe gelangt war, gesungen wurden: . . . „Solange der Mensch mit Durst behaftet ist, läuft er Gemeinem nach und ist nicht weise. Sie, mit der behaftet der Mensch hienieden treibt, was er nicht treiben sollte, die Begierde, müsst ihr mit scharfen Schwertern ausrotten und immer wieder ausrotten, denn aus der Begierde entspringt der Durst, und aus dem Durst entwickelt sich die Sorge. Die Begierde will etwas erlangen, und was sie erlangt, sind zumeist die Gaben der Leidenschaft. Hat man aber erst diese angenommen, so erlangt man zumeist auch die Gaben der Verblendung. Und durch diese Gaben knüpft sich neu des Körpers Bindung; immer und immer wieder wird der Mensch geboren und strebt nach Werken. Geht der Lebenslauf zu Ende, wird sein Leib von ihm getrennt und zerstreut, so muss er wieder durch neuen Lebenslauf zu neuem Tode eilen. Darum soll man die Begierde ganz durchschauen, sie mit Festigkeit zügeln und sich ein Reich im Âtman gründen. Das ist das wahre Reich, kein anderes gibt es hienieden, und der Âtman ist der König, wenn er nach Gebühr erkannt ist." So wurde von *Ambarisha*, dem ruhmbegabten König, dieser Spruch gesprochen; die Oberherrschaft hat er sich errungen, indem er die Begierden ausgerottet hat.

Und in einem ganz kurzen Spruch drückt dies an einer anderen Stelle das Mahâbhârata aus, indem es sagt: [3])

---

1) 332/16f.; nach Deussen, Vier Texte, S. 733.
2) Anugitâ 31/4ff.; nach Deussen, ebd., S. 936f.
3) Mokshadharma 301/13; nach Deussen, Vier Texte, S. 588.

Des Veda verborgener Sinn ist Wahrhaftigkeit, der Wahrhaftigkeit verborgener Sinn ist Bezähmung, der Bezähmung verborgener Sinn ist Erlösung. Damit ist alles gesagt. Derselbe Gedanke tritt dann noch in rührender Weise zutage in der Geschichte vom klugen Manki und seinen Öchslein: [1])

Manki strebte nach Reichtum und war in diesem Streben ein um das andere Mal gescheitert. Da kaufte er mit dem geringen Reste seines Vermögens ein paar Öchslein. Diese jungen Ochsen waren, fest aneinandergebunden, ins Freie gebracht worden, um eingefahren zu werden. Da rannten sie plötzlich auf ein Kamel zu, das gerade niederkniete, und nahmen es in die Mitte. Als sie sich nun an die Schultern des Kamels herandrängten, wurde das Kamel ungeduldig, sprang auf, riss die beiden Öchslein in die Höhe und lief mit großer Geschwindigkeit davon. Da *Manki* sah, wie seine beiden Öchslein von dem wütenden Kamel fortgeschleppt wurden und den Erstickungstod starben, da sprach er folgende Worte: „Es hilft wohl nichts, nach Reichtum zu streben, der einem vom Schicksal nicht gegönnt wird, selbst wenn man tüchtig ist und mit Glauben ausgerüstet und sein Ziel mit aller Macht verfolgt. Als wären sie zwei Schmuckstücke des Kamels, so baumeln da meine lieben Öchslein! Es ist eine Fügung des Schicksals, und wenn das Schicksal Gewalt braucht, dann ist die Menschentat für nichts. Darum muss wohl einer, der in dieser Welt glücklich zu werden wünscht, sich der Weltentsagung zuwenden. Der schläft ruhig, der entsagt und die Hoffnung auf Zwecke und Mittel aufgibt. Darum sollen Wunsch, Begierde, Durst und Jammer von mir weichen; denn ich habe Grund gefunden, ich habe mich gegründet auf die Wahrheit. Aufgebend Wunsch und Begierde, habe ich das Glück gefunden; von nun an werde ich nicht mehr unter der Herrschaft der Begierde stehen und Schmerz erleiden wie vorhin, da ich noch nicht Herr war meiner selbst. Ich habe in Brahman meinen Grund gefunden, bin wie ein kühles Wasser mitten in der Sommerhitze, bin beruhigt und völlig ausgelöscht, lauteres Glück umfängt mich. Was in der Welt vorhanden ist an Glück, und was an *himmlischem* Glück vorhanden ist, diese beiden wiegen nicht den sechzehnten Teil auf von *dem* Glück, das aus der Vernichtung des Durstes entspringt. Die Begierde,

---

1) Mokshadharma 177/5ff.; nach Deussen, ebd., S. 125ff.

unsern ärgsten Feind, werde ich niederwerfen und die unbezwingliche Burg des Brahman erobern und glücklich wie ein König in ihr sein." Zu dieser Erkenntnis durchgedrungen, erlangte *Manki* die Weltentsagung, indem er auf alle Begierden verzichtete und das Brahman, das größte Glück, erreichte. Weil ihm seine Öchslein verloren gingen, erwarb sich Manki die Unsterblichkeit; er schnitt die Wurzeln der Begierde durch, dadurch erlangte er das Glück.

Und das ist nun auch die Antwort, die in der Bhagavad-Gîtâ *Kṛishṇa* weiterhin dem *Arjuna* auf seine Frage gibt, ob er an dem Kampf teilnehmen und seine Verwandten töten solle? Die erste Antwort: „Du kannst sie töten, denn es schadet ihnen ja nichts, sie leben weiter und verkörpern sich wieder" ist offenbar unbefriedigend, weil ja *Arjuna* auch dann niemand schädigt, wenn er sich an dem Kampf *nicht* beteiligt. Die zweite Antwort, die nun *Kṛishṇa*, die Verkörperung des *Vishṇu*, dem *Arjuna* gibt, besagt im Wesen dasselbe, was wir soeben hörten, besagt es aber in etwas anderer und, wie man wohl sagen darf, besonders glücklicher Form. Wir erinnern uns ja, die große Schwierigkeit, die das Problem der Erlösung dem Inder darbot, war die, dass es auf der einen Seite eine wirkliche *Erkenntnis* des Brahman, des Welturgrundes, nicht gibt, dass man aber andererseits auch schwer sagen konnte: Die Erlösung ist abhängig von dem, was der Mensch tut, von seinem Verhalten, von seiner Moralität, — weil ja doch für noch so gutes, verdienstliches Verhalten nur günstige Wiedergeburt im Veda verheißen war, nicht aber die Befreiung von jeder Wiedergeburt überhaupt. Die Lehre des *Kṛishṇa* in der Bhagavad-Gîtâ besagt nun: „Wohl kommt es darauf an, was der Mensch will und tut; er soll *dasselbe* tun, wie der verdienstvolle, moralische Mensch, der im Jenseits und in einer künftigen Geburt für seine guten Werke belohnt wird. Aber wer nach der Erlösung strebt, der soll es *nicht aus dem Beweggrund* tun, im Jenseits belohnt zu werden. Wer gut handelt, um im Jenseits belohnt zu werden, der wird im Jenseits belohnt, aber auch nur belohnt. Wer aber im Jenseits nicht belohnt werden will, wer gar keinen Willen mehr hat zu irgendeinem weiteren Fortleben, daher auch nicht zu einem günstigeren Fortleben, dem wird auch kein Fortleben mehr zuteil, der wird erlöst werden." Die Formel, die *Kṛishṇa* dafür prägt, ist die, dass er sagt: Wer auf den Lohn, auf die Frucht seiner Werke verzichtet, der wird der Erlösung teilhaft: [1])

---

1) Bh. G. III 4-25; nach Deussen, Vier Texte, S. 46ff.

Nicht durch Enthaltung von allen Werken erlangt der Mensch die Vollendung. Der Mensch kann doch nie auch nur einen Augenblick lang bestehen, ohne irgendwelche Werke zu vollführen. Darum vollbringe das notwendige Werk, denn das Tun steht höher als das Nichttun. Vollführe das Werk, o *Arjuna*, aber vollführe es ohne Anhänglichkeit an seinen Lohn. Der Mensch, der am Âtman sich ersättigt, am Âtman sein Genügen findet, der hat keinen Zweck mehr im Auge bei dem, was er tut. Sieh mich an, o *Arjuna*:

— es spricht Kṛishṇa, die Verkörperung des göttlichen Herrn — nicht liegt in allen drei Welten mir etwas ob, was ich zu tun hätte, und doch betätige ich mich in Wirkungen. Denn sollte es je geschehen, dass ich nicht tätig wäre, so würden alle Welten in Untätigkeit verharren, ich würde Verwirrung veranlassen und die Geschöpfe zugrunde richten. Darum, wie die Nichtwissenden handeln mit Anhänglichkeit an den Lohn ihrer Werke, so soll der Wissende handeln ohne Anhänglichkeit.

Oder wie es ein andermal heißt: [1]

Dem Opfern, dem Schenken und der Kasteiung, diesen drei Werken ist nicht zu entsagen, sondern sie sind zu betreiben; denn Opfern, Schenken und Kasteien sind Läuterungsmittel der Weisen. Aber diese Werke sind nur in der Weise zu betreiben, dass man der Anhänglichkeit an ihren Lohn entsagt.

Oder wieder ein andermal: [2]

Wer, ohne auf des Werkes Frucht zu rechnen, das Werk freudig vollbringt, das ihm obliegt, der ist ein Entsagender, nicht aber wer ohne Opferfeuer, ohne Werke lebt. Wenn einer nicht mehr an den Dingen, nicht mehr an den Werken hängt, wenn er allen Wünschen entsagt hat, dann ist er ein Entsagender. Man reiße das Ich heraus aus der Welt durch das Ich: nicht lasse man es in ihr versinken; ein jeder ist sein eigener Helfer, aber ein jeder ist auch sein eigener Feind.

Und eine ganz kurze Formel dafür sagt: [3]

Höher als „sich kasteien" steht „erkennen"; höher als „erkennen" steht „sich versenken"; höher als „sich versenken" steht „dem Lohn der Werke entsagen"; dieser Entsagung folgt auf dem Fuß der Friede.

---

1) Bh. G. XVIII nach Deussen, ebd., S. 100.
2) Bh. G. VI 1-5; nach Deussen, ebd., S. 58.
3) Bh. G. XII 12; nach Deussen, ebd., S. 85.

So antwortet denn auch *Kṛishṇa* dem *Arjuna* für seine Person, in seiner Angelegenheit auf die Frage, wie er sich zu den Feinden verhalten solle: [1])

Dein Beruf, o *Arjuna*, ist es, das Werk zu tun, aber nicht nach seinen Früchten zu streben. Denn die Weisen, der Erkenntnis hingegeben, verzichten auf der Werke Frucht, und erlöst von der Fessel der Geburt gehen sie dann ein zur leidlosen Stätte.

So folgerecht das nun aber bis zu einem gewissen Punkt gedacht ist, so muss man doch wiederum sagen: wenn man es als einen Versuch betrachtet, eine bestimmte Art des praktischen Verhaltens zu begründen, hier insbesondere, dem *Arjuna* eine Richtschnur in die Hand zu geben, nach der er sich aus seinem schwierigen inneren Kampf zwischen Rechtsgefühl und Verwandtschaftsgefühl herausfinden soll, so genügt es eigentlich doch nicht. Denn wenn das Erlösende das ist, dass man nichts tut, um dafür im Jenseits belohnt zu werden, so ist es doch eigentlich ziemlich gleichgültig, was man tut, ob man etwas erkämpft oder nicht erkämpft, ob *Arjuna kämpft*, ohne Rücksicht auf jenseitige Belohnung, oder ob er *nicht kämpft*, ohne Rücksicht auf jenseitige Belohnung. In *beiden* Fällen hat er Aussicht auf Erlösung aus dem Kreislauf der Wiedergeburten. Aber was er jetzt tun soll, das weiß er darum noch nicht.

Nun ist folgendes merkwürdig. An zwei Stellen nimmt der Verfasser der Bhagavad-Gîtâ einen Anlauf, ein wirklich zureichendes, inhaltlich bestimmtes Moralprinzip auszusprechen, indem er namentlich hinweist auf die aus der gesellschaftlichen Stellung, aus der Kastenzugehörigkeit des Menschen entspringenden Standespflichten und auf die aus seiner Abstammung ihm angeborene Naturanlage. Es ist, als ob wir einen Augenblick lang ein Moralsystem vor uns sähen, das da sagte: „Erlöst wirst du, wenn du nichts tust mit Rücksicht auf Lohn oder Strafe in diesem oder jenem Leben; *handeln* aber sollst du so, wie es deine angeborene Anlage und die Pflichten deines Standes von dir verlangen." Denn *Kṛishṇa* sagt: [2])

Wenn du an die dir obliegenden Pflichten denkst, dann wirst du nicht schwanken, was du zu tun hast; denn für den Sohn eines Kriegers gibt es nichts Höheres als einen pflichtgemäßen Kampf.

Und ein andermal: [3])

---

1) Bh. G. II 47-51; nach Deussen, ebd., S. 42f.
2) Bh. G. II 31; nach Deussen, ebd., S. 41.
3) Bh. G. XVIII 45; 48; 59f.; nach Deussen, ebd., S. 104f.

Die Vollendung erreicht der Mensch, wenn er sich an der ihm gewordenen Aufgabe erfreut, und die angeborene Aufgabe, o *Arjuna*, die soll man nicht fahren lassen, auch wenn sie mit Leid behaftet ist; denn alles Tun ist von Leid umhüllt, so wie das Feuer von Rauch. Und wenn du dich auf deinen Willen versteifst und dir vorsetzt, nicht zu kämpfen, so wird doch deine Natur dich dazu zwingen, und weil du durch die aus deiner eigenen Natur entspringende Aufgabe gebunden bist, darum wirst du, o *Arjuna*, das, was du aus Verblendung nicht tun willst, auch wider deinen Willen tun müssen.

Allein diese Stellen sind ganz vereinzelt. Der Verfasser der Bhagavad-Gîtâ lebt viel zu sehr in einer von religiösen Antrieben beherrschten Welt, als dass er sich auf die Dauer einer so weltlichen Vorstellungsweise hingeben könnte, und auch die Inder, soviel ich wenigstens sehe, oder sagen wir genauer: die von theosophischen Gedanken erfüllten Inder haben bei solchen Gedanken nicht länger verweilt. Es mag wohl sein, dass diese Lösung der Frage: „Für die Erlösung sorge, indem du dich um Lohn und Strafe nicht kümmerst, handeln aber sollst du als Sohn der Kriegerkaste" jenen, die einst die Sage von *Arjuna* erdacht und ausgebildet hatten, als die eigentlich zutreffende erschienen ist; in der Fassung aber, in der uns das Gedicht vorliegt, ist diese Lösung fast gänzlich von einer anderen überdeckt.

Diese andere Lösung, die sich in Indien überhaupt viel größerer Verbreitung erfreut, geht davon aus, dass ja *Kṛishṇa*, der dem *Arjuna* alle diese Belehrungen erteilt, nicht ein Mensch ist wie ein anderer, nicht einfach sein struppiger Wagenlenker, sondern vielmehr die Verkörperung des Gottes *Nârâyana*, des ewigen Urgrunds aller Dinge in der Welt, des Herrn *Vishṇu*. Daher es denn zuletzt genügt, wenn der Herr dem Menschen sagt, was er tun soll, d. h. es genügt zuletzt die Berufung auf den Willen Gottes und die hingebungsvolle Verehrung des göttlichen Herrn erscheint schließlich als die höchste Pflicht. Und das ist denn, wie ich schon früher einmal hervorhob, auch die Auffassung, die *Kṛishṇa* am Schluss der Bhagavad-Gîtâ mit dem größten Nachdruck vertritt: [1])

Wer Brahman geworden ist, dessen Geist ist heiter; der trauert nicht und verlangt nach nichts; gleichmütig gegen alle Wesen ergreift er meine Verehrung als Höchstes. Durch die Verehrung erkennt er mich, erkennt meine Größe und wer ich bin,

---

1) Bh. G. XVIII 54-56, 65-66; nach Deussen, Vier Texte, S. 105f.

dem Wesen nach; hat er mich aber dem Wesen nach erkannt, so geht er sogleich in dieses Wesen ein, und indem er allezeit all seine Werke vollbringt im Hinblick auf mich, erlangt er durch meine Gnade die ewige, unvergängliche Stätte. An mich denke, mir hänge an, mir huldige, mich verehre, und du wirst zu mir gelangen. Ich verspreche es dir wahrhaftig, denn du bist mir lieb: lass alle Satzungen dahinten, nimm zu mir allein deine Zuflucht, ich werde dich von allem Bösen erlösen, trauere nicht!

Auch schon in der Mitte des Gedichtes sagt Krishna: [1])

Was du tust, was du isst, was du opferst, was du schenkst, was du dir als Kasteiung auferlegst, das mache, o *Arjuna*, zu einer Gabe an mich. Auf diese Weise wirst du erlöst werden von den an die Werke geknüpften guten und schlechten Früchten und wirst erlöst zu mir eingehen. Und wäre einer gewesen von sehr bösem Wandel, der mich verehrte und nichts andres außer mir, so müsste er doch als ein Guter gelten, weil er sich zur rechten Gesinnung entschlossen hat. Er geht ein zu ewigen Freuden, denn die, die auf mich vertrauen, auch wenn sie von schlechter Gesinnung sind, auch wenn es Weiber sind oder Unadelige oder Knechte, auch sie gehen den höchsten Gang.

Und diese Auffassung nun, dass die oberste Bedingung der Erlösung und zugleich auch ihre einzige und letzte Bedingung, sowie der Inbegriff dessen, was der Mensch tun soll, darin besteht, dass er sich einfach dem göttlichen Herrn unterwirft, ihm treu anhängt, ihm jene verehrungsvolle Anhänglichkeit beweist, die *Bhakti* genannt wird, sie wird dem Leser der Bhagavad-Gîtâ auch auf ihrem Höhepunkt vorgeführt, in jener großartigen Szene, in der *Vishnu* seine Verkörperung im Menschen *Krishna* aufgibt und sich dem *Ajruna* in seiner eigentlichen, höchsten Gestalt offenbart. Indem ich nun mit einigen Kürzungen diese Szene wiedergebe, beschließe ich zugleich meine Mitteilungen einerseits über den älteren indischen Gottesglauben, andererseits über die Versuche der Inder, die Erlösung als abhängig von einem praktischen, moralischen Verhalten zu begreifen und schicke nur noch die Bemerkung voraus, dass die absonderliche Gestalt, die Gott dem *Arjuna* hier zeigt, anscheinend einerseits zu verstehen ist als Ergebnis einer Anlehnung an volkstümliche Vorstellungen, andererseits aber doch wohl auch zu erklären ist aus der Rücksicht auf den Ge-

---

1) Bh. G. IX 27-32; nach Deussen, ebd., S. 72.

danken, dass der Gott, der das innerste Wesen, das Ich der Welt ist, auch in seiner Erscheinung die ganze Welt aufzeigen muss, dass man in ihm alle Teile, alle Seiten der Welt, alle sie zusammensetzenden Wesen muss schauen können: [1])

Nachdem so der Herr gesprochen hatte, zeigte er dem *Arjuna* seine höchste, göttliche Gestalt. Mit vielen Mündern und Augen, mit vielen wunderbaren Anblicken, mit vielem himmlischen Schmuck, mit himmlischen, gezückten Waffen von mancherlei Art, den mit himmlischen Kränzen und Gewändern angetanen, mit himmlischen Wohlgerüchen gesalbten, alle Wunder in sich befassenden, unendlichen, seine Angesichter nach allen Seiten kehrenden Gott. Wenn am Himmel auf einmal der Glanz von tausend Sonnen sich erhöbe, ein solcher Glanz würde ähnlich sein dem Glänze jenes Hochsinnigen. Daselbst schaute *Arjuna* im Leibe des Gottes der Götter die ganze Welt, in Eins gefasst, in ihren mannigfachen Teilen, und von Erstaunen erfüllt, mit gesträubtem Haar, verneigte sich der Held mit seinem Haupte, legte seine Hände zusammen und sprach: „Ich sehe, o Gott, in deinem Leib alle Götter und die Schar der mannigfachen Wesen; ich sehe den Gottherrn *Brahmán* auf seinem Lotossitz und alle Weisen der Vorzeit und die himmlischen Schlangengötter. Ich sehe dich mit vielen Armen, Leibern, Mündern und Augen, deine Gestalt nach allen Seiten ins Unendliche erstreckend. Kein Ende, keine Mitte, keinen Anfang deiner sehe ich, o Allgott, Allgestaltiger! Mit dem Diadem, mit der Keule und der Sonnenscheibe in einer Fülle von Glanz nach allen Seiten hinflammend sehe ich dich, den schwer zu Schauenden, den nach allen Seiten wie flammende Feuer und Sonnen Strahlenden, den Unermesslichen. Du bist das höchste Unvergängliche, bist der höchste Hort der ganzen Welt, der unwandelbare Hüter der ewigen Gesetze, bist von mir erkannt worden als der unvergängliche Geist. Ich sehe dich ohne Anfang, ohne Mitte und ohne Ende, von unendlicher Tapferkeit, mit unendlichen Armen, mit Sonne und Mond als Augen, mit lohendem Opferfeuer als Mund, mit deiner Glut das ganze Weltall durchglühend. All dies hier, was zwischen Himmel und Erde liegt und alle Welträume sind erfüllt von dir, dem Einen. Die drei Welten sehen diese deine wunderbare, furchtbare Gestalt und

---

1) Bh. G. XI 9ff.; nach Deussen, ebd.,S. 77-83.

erzittern. Diese Scharen von Göttern hier gehen ein in dich und andere, voll Furcht, lobsingen dir mit zusammengelegten Händen: ‚Sei uns gegrüßt‘, so sprechen Scharen von großen Weisen, von Vollendeten, und preisen dich mit überströmenden Lobgesängen. Deine große Gestalt, deine vielen Münder und Augen, deine vielen Arme, Schenkel und Füße, deine vielen Leiber, deine vielen klaffenden Zähne, die Welten sehen sie und erbeben und so auch ich. Wenn ich dich sehe, wie du bis zum Himmel aufragst, flammend und vielfarbig, mit aufgerissenem Rachen, mit glühenden, großen Augen, da erzittert meine innerste Seele, o *Vishnu*, und ich finde keine Fassung und keine Ruhe. Und wenn ich deine Münder mit klaffendem Gebiss sehe, vergleichbar dem Weltuntergangsfeuer, da unterscheide ich die Himmelsrichtungen nicht mehr und weiß mir keine Errettung. Sei gnädig, o Herr der Götter, der du die Welt der Lebenden erfüllst. Auch sie gehen ein in dich, die Söhne dort des *Dhritarâshtra* mit allen ihren Scharen und ebenso auch die auf unserer Seite stehenden herrlichen Kämpfer. Sie alle stürzen eilig in deine zähneklaffenden, furchtbaren Rachen und manche von ihnen scheinen schon zwischen deinen Zähnen zu hängen, mit zermalmten Häuptern. Wie Mücken sich zu ihrem Verderben mit beschleunigter Eile in ein flammendes Feuer stürzen, so stürzen sich die Welten zu ihrem Verderben mit beschleunigter Eile in deine Rachen. Du züngelst, indem du ringsum alle Welten in deine glühenden Rachen hineinschlingst, und deine furchtbaren Flammen, o *Vishnu*, erfüllen mit ihrem Lichtglanz die ganze Welt und setzen sie in Flammen. Erkläre mir, wer du bist, der du diese furchtbare Gestalt trägst. Verehrung sei dir, du höchster Gott, sei mir gnädig. Dich, den Uranfänglichen, möchte ich erkennen; denn ich begreife nicht, wie du dich betätigst.“

Der Heilige sprach:

„Ich bin der Tod, der in seinem Fortschreiten den Untergang der Welt bewirkt, und betätige mich darin, dass ich die Menschen hinwegraffe, und auch ohne dich würden sie alle nicht am Leben bleiben, die, die hier in Schlachtreihen als Kämpfer einander gegenüberstehen. Deshalb erhebe dich, erwirb dir Ruhm, besiege die Feinde, genieße die glückliche Herrschaft; denn schon längst sind jene dort von mir erschlagen, und du sollst nur mein Werkzeug sein. So erschlage sie denn ohne Zagen, kämpfe, und du wirst die Widersacher in der Schlacht besiegen."

Als der Fürst diese Worte des Struppigen mit zusammengelegten Händen und zitternd angehört hatte, da sprach er in Ehrfurcht weiter zu *Krishṇa* mit stammelnder Stimme, voll Angst und Schrecken, indem er sich verneigte: „Du bist der Vater der Welt, des Beweglichen und des Unbeweglichen, du bist von ihr zu verehren als Meister und mehr als Meister. Dir ist keiner gleich, viel weniger überlegen, in den drei Welten, o unvergleichlich Gewaltiger! Darum neige ich mich, werfe meinen Leib vor dir nieder und bitte dich, den preiswerten Gottherrn, um Gnade. Wie der Vater mit dem Sohn, wie der Freund mit dem Freund, wie der Liebende mit der Geliebten, so mögest du, o Gott, Nachsicht haben mit mir! Ich bin entzückt, indem ich dich sehe, dich, den ich nie gesehen, und doch ist zugleich mein Geist von Furcht erschüttert."

Der Heilige sprach: „Aus Gnade, o *Arjuna*, habe ich dir diese meine höchste Gestalt gezeigt, durch meine Zauberkraft, die aus Glanz bestehende, volle, unendliche, uranfängliche, die außer dir keiner je geschaut hat. Nicht durch Hersagen der Veden, nicht durch Kasteiungen, nicht durch Gaben, nicht durch Opfer kann einer es erreichen, mich in *der* Gestalt zu schauen, in der du mich erblickt hast; aber durch Verehrung die mir *allein* gewidmet ist, kann einer, o *Arjuna*, in dieser Weise mich erkennen, kann mich schauen, wie ich bin. und kann in mich eingehen, o Schrecken deiner Feinde! Wer meine Werke vollbringt, mich als das Höchste hält und mich verehrt, ohne Anhänglichkeit an die Welt, und dabei ohne Feindschaft ist gegen irgendein Wesen, der kommt zu mir, o *Arjuna*."

XVII. DIE INDISCHE MYSTIK

DER YOGA

Der Grundgedanke der ältesten Upanishaden war der, dass der Mensch, der sich der Einheit seines innersten Ich mit dem heiligen Grund der Welt bewusst wird, dann auch nach dem Tode zu diesem heiligen Weltgrund eingeht, vollends mit ihm eins wird, in ihm aufgeht, also weder auf Erden wiedergeboren wird, noch auch im Himmel oder in der Hölle für sein irdisches Tun Vergeltung empfängt, wie dies das Schicksal aller anderen ist, die sich dieser Einheit mit dem heiligen Urwesen noch nicht bewusst geworden sind. Wenn man das nun so hört, so klingt es recht klar und einfach und doch liegt darin ein Gedankenknäuel verborgen, den eigentlich die indischen Denker in all den vielen seither verflossenen Jahrhunderten niemals völlig aufzuwickeln vermochten. Denn was heißt das, sich der Einheit des Ich mit dem heiligen Weltgrund *bewusst werden*? Die alte Formel lautet: Man muss diese Einheit *erkennen*, denn eben durch die Erkenntnis geschieht die Erlösung. Und das kann ja auch, so scheint es, gar nicht anders sein. Denn durch irgendetwas, was der Mensch *tut*, durch ein Werk, kann er sich im besten Fall eine Belohnung im Himmel, eine günstige Wiedergeburt auf Erden sichern, dagegen ein Ausscheiden aus dem Kreislauf der Geburten, ein Eingehen zu Brahman kann ihm nur die Erkenntnis bringen. Aber *gibt* es denn eine Erkenntnis von Brahman? Das Brahman ist etwas Unwahrnehmbares; wie könnte man nun das Unwahrnehmbare wahrnehmen? Es ist das Ich, das alles erkennt; wie könnte man nun den Erkenner erkennen? Schon die Bṛihad-Âraṇyaka-Upanishad sagte ja vom Brahman:[1] Es gibt von ihm keine andere Beschreibung als nur durch die Worte: Nein, nein! D. h. der heilige Weltgrund ist so hoch erhaben über alles, was wir in unserer Erfahrung kennen, was wir mit unseren Begriffen denken können, dass keine von allen Aussagen, die wir machen können, auf das Brahman, den heiligen Weltgrund, zutrifft. Gibt

---

1) Brih.-Âr.-Up. II 3, 6.

es also von diesem Brahman eine Erkenntnis? Wir haben gehört, dass schon in den alten und in den jüngeren Upanishaden, ja sogar schon in den ältesten, gelegentlich gesagt wird: Es gibt vom Brahman kein Wissen; nur der erkennt es, der da weiß, dass er es nicht erkennt. Wer es zu kennen glaubt, der kennt es nicht. Wenn niemand erlöst wird von dem Schicksal des Wiedergeborenwerdens, der sich damit abfindet, von dem heiligen Urgrund der Welt kein Wissen zu haben, so kann doch auch niemand erlöst werden, der da glaubt, von diesem Urgrund ein *Wissen* zu haben. Was bleibt demnach übrig? Wenn es doch möglich sein soll, dass der Mensch sich der Einheit seines eigenen Wesens mit diesem letzten Urgrund der Welt bewusst wird, so kann das nur geschehen, wenn es andere Arten des Bewusstseins als das Wissen, als die Erkenntnis, wenn es mit anderen Worten ein unmittelbares Erleben dieser Einheit gibt, also das, was wir im Abendland eine intuitive Erkenntnis zu nennen pflegen. An derselben Stelle, an der die Bṛihad-Âraṇyaka-Upanishad sagt, dass man das Brahman nur durch das Wort „Nein, nein" beschreiben könne, braucht sie auch einen merkwürdigen Vergleich. Sie sagt: [1]) Die Gestalt des Brahman ist

> wie ein gelbes Safrangewand, wie ein weißes Schaffell, wie ein roter Käfer, wie eine Feuerflamme, wie eine weiße Blüte, wie wenn es plötzlich blitzt.

Und noch deutlicher heißt es an einer anderen Stelle, die wir auch schon kennen: [2])

> Über das Brahman ist folgende Unterweisung: Was an dem Blitz das ist, dass es blitzt und man ruft: „ah!" und schließt die Augen, dies, dass man „ah!" ruft, — so ist es! Und wenn etwas gleichsam eintritt in den Geist, so dass man sich dadurch erinnert an etwas anderes im Augenblick, dieses Vorstellen — so ist es!

Also die Bewusstseinsart, in der sich der Mensch seiner Einheit mit dem heiligen Weltgrund bewusst werden kann, ist nur zu vergleichen mit einem augenblicklichen Aufblitzen. Es ist ein plötzliches Schauen, nicht ein Denken, Schließen, Verstehen und Begreifen, und ähnlich sagt eine andere Upanishad: [3])

> Nicht durch Reden, nicht durch Denken,
> Nicht durch Seh'n erfasst man ihn;

---

1) Brih.-Âr.-Up. II 3, 6; nach Deussen, 60 Up., S. 414.
2) Kena-Up. 29ff.; nach Deussen, ebd., S. 208.
3) Kâth. Up. VI 12; nach Deussen, ebd., S. 286.

„Er ist", er wird nur durch dies Wort
Und nicht auf andre Art erkannt.

Also ein unmittelbares Erleben eigener Art ist der einzige Weg, auf dem sich der Mensch seines eigentlichen Wesens, seiner Einheit mit dem Heiligen, bewusst werden und sich damit zugleich seiner künftigen Erlösung versichern kann. Erkenntnisse, die auf solch plötzliche, unmittelbare Erlebnisse sich gründen, nennen wir, und das ist der eigentliche Sinn des Wortes, *mystisch*, und daher ist diese Gedankenrichtung die Eingangspforte zur indischen Mystik, die ja in gewissem Sinne vielleicht überhaupt das Hauptgebäude des Tempels der indischen Weisheit darstellt.

Es ist klar, dass, wer einmal auf dem Standpunkt steht, dass er sich seiner zukünftigen Errettung und Erlösung in solchen augenblicklichen Erlebnissen blitzartiger Natur versichern kann, dann diese Erlebnisse nicht tatlos abwarten, sondern das Bestreben haben wird, sie herbeizuführen, zu wiederholen; und so bildet sich ein Verfahren aus, absichtlich und planmäßig solche unmittelbare Erlebnisse in sich zu erzeugen, in denen sich der Mensch des Inhalts der höchsten Erkenntnis unmittelbar versichert. Auch welches das hauptsächlichste Mittel dieses Verfahrens sein muss, lässt sich leicht einsehen: da es sich darum handelt, dass das tiefste und innerste Wesen der eigenen Persönlichkeit rein hervortreten soll, so muss man aus dem Bewusstsein alles entfernen, was jenes innerste Wesen verdeckt oder umhüllt. Man muss also alles, was nicht das innerste Wesen, alles, was dem Ich äußerlich ist, aus dem Bewusstsein wegräumen; man muss die Aufmerksamkeit ablenken von den äußeren Dingen, man muss sie auch ablenken von dem sinnlichen Wahrnehmen der äußeren Welt, ablenken von den Vorstellungen der menschlichen Phantasie und auch ablenken von allen Gedanken, die sich im Menschen bilden, man muss sie schließlich auch ablenken von den Gefühlen, die das menschliche Herz erfüllen, so dass zuletzt, wenn alle diese Hüllen, eine nach der anderen, gefallen sind, der eigentliche innerste Kern der menschlichen Persönlichkeit, das Ich, rein hervortritt, denn dann wird sich ja sein Wesen und seine Verwandtschaft mit dem innersten Kern der Welt dem unmittelbaren Erleben ohne weiteres darbieten.

Es besteht also dieses Verfahren im Wesentlichen darin, dass der Mensch nacheinander, von außen nach innen fortschreitend, die Inhalte des Bewusstseins hemmt oder, wie der Inder oft sagt, „fesselt", und dass auf diesem Weg seine Aufmerksamkeit, sein Erleben, allmählich von außen nach innen vordringt, um schließlich in die Nähe des Mittelpunkts der eigenen Persönlichkeit zu gelangen, wo das eigentliche, innerste Ich anzusetzen ist.

Diesem Grundgedanken, dass derjenige, der sich auf den Weg der Mystik begibt, die gewohnte Tätigkeit seines Ich geradezu umkehren muss, dass er nicht mehr wie früher seine Aufmerksamkeit auf die Welt richten darf, sondern sie umgekehrt richten muss auf sein eigenes Innerstes — diesem Grundgedanken gibt eine der jüngeren Upanishaden ebenso treffenden wie ergreifenden Ausdruck in den beiden folgenden Strophen: [1])

> Die Toren laufen nach den Lüsten draußen
> Und geh'n ins Netz des ausgespannten Todes.
> Doch Weise, wissend, was unsterblich, werden
> Im Wechsel dort das Bleibende nicht suchen.
> Nach auswärts bohrte Gott der Sinne Tore,
> Darum sieht man nach außen, nicht nach innen.
> Ein Weiser nur, der Ew'ges sucht, versenket
> Den Blick in sich und schaut das Ich im Innern.

Freilich, wenn nun von der menschlichen Persönlichkeit alles weggeräumt ist, die Wahrnehmung der äußeren Welt, die Vorstellungen der Phantasie, die Gedanken des Kopfes, die Gefühle des Herzens, alles Begehren, Verlangen und Wollen, bleibt dann noch etwas übrig? Ist, was dann übrig bleibt, nicht das Nichts, die Bewusstlosigkeit? Gewiss ist es die Bewusstlosigkeit, und der Inder erwartet gar nicht, dass es etwas anderes sein könnte; denn schon die älteste Upanishad zeigte das Wesen der Einheit von Ich und Brahman gerade am traumlosen Schlafe auf. Und zu allen Zeiten hat sich in Indien die Vorstellung erhalten, dass alles, was das Bewusstsein füllt, alles, was *Inhalt* des Bewusstseins ist, alle Vorstellungen, alle Gedanken, alle Empfindungen nicht zum Ich gehören, dass dies alles dem Ich *gegenübersteht*, das Ich nur dasjenige ist, was alle diese Dinge empfindet, wahrnimmt, erkennt, fühlt, dass es also nichts anderes ist als die *Bewusstheit* aller dieser Dinge. Zu allen Zeiten hat sich daher auch in Indien die Vorstellung erhalten, dass Bewusstlosigkeit nicht gleichbedeutend sei mit dem Aufhören oder Zugrundegehen des Ich: denn es gibt eine Bewusstlosigkeit, die nur darauf beruht, dass dem Ich nichts mehr gegenübersteht, dessen es sich bewusst sein konnte, weil es mit all den Dingen, deren es sich bewusst sein könnte, ihrem innersten Wesen und Grund nach eins geworden ist. Alle Dinge, deren ich mir bewusst sein kann, sind nur Formen und Erscheinungen des letzten Weltgrunds, des heiligen Brahman. Wenn ich mich nun mit diesem heiligen Brahman vereinigt habe, wenn ich — sozusagen —

---

[1]) Kath. Up. IV 2-1; nach Deussen, 60 Up., S. 279.

Gott geworden bin, dann sind diese Dinge nur mehr meine Erscheinungsformen, sie stehen mir nicht mehr als ein Fremdes, dessen ich mir bewusst sein könnte, gegenüber! So lehrt ja schon die Upanishad:[1]) Dieser tief Schlafende erkennt nicht, weil ihm nichts mehr gegenübersteht, was er erkennen könnte, er ist aber bei alledem ein Erkennender geblieben. Und natürlich, so wie sich der Inder den Schlaf zurechtlegt, so muss er sich auch die Fortdauer in einem seligen Jenseits zurechtlegen. Diese Fortdauer wird er ebenso als eine Art von Bewusstlosigkeit denken wie den tiefen, traumlosen Schlaf, und so wird er keineswegs enttäuscht sein, wenn man ihm sagt: Was übrig bleibt, nachdem du alles Bewusstsein fortgebracht hast, ist nur mehr die volle Bewusstlosigkeit!

Aber allerdings: kein Mensch und auch kein Inder wird sich mit einer solchen Seligkeit der Bewusstlosigkeit abfinden, wenn er nicht wenigstens „von ihr irgendein Bewusstsein hat, so wie ja auch die sogenannte Seligkeit des tiefen, traumlosen Schlafes doch nur von uns gedacht, erfasst, gerühmt werden kann, weil wir auf irgendeinem Umweg doch von ihr irgendetwas zu wissen, irgendein Bewusstsein von ihr zu haben glauben. Und diese Forderung, ein Bewusstsein von einer Bewusstlosigkeit zu haben, ist nicht gar so widersprechend und unerfüllbar, wie sie klingen mag, denn allnächtlich erleben wir es ja am Beispiel des Schlafes, dass, wenn wir auch in der Bewusstlosigkeit kein Bewusstsein haben, wir doch ein Bewusstsein behalten können von dem Hinübergehen zur Bewusstlosigkeit und wieder von dem Hervorgehen *aus* der Bewusstlosigkeit; schon daran zeigt sich doch, dass es nicht gar so unsinnig ist, wenn jemand sein höchstes Glück in Zusammenhang bringt mit einem Zustand vollster Bewusstlosigkeit. Es ist jedoch hinzuzufügen, dass unter ungewöhnlichen Bedingungen dieser Forderung vielleicht *noch mehr* als beim gewöhnlichen Schlaf Genüge geschehen kann. Es gibt Zustände des Halbschlafes, der Hypnose, der rauschartigen Ekstase, in denen der Mensch einer bewussten Bewusstlosigkeit oder einem Bewusstsein seiner Bewusstlosigkeit noch näher kommen kann, als er ihr schon ist, wenn er sich nur des Einschlafens und des Aufwachens erinnert; und so müssen wir sagen: wenn alle indischen Erlösungslehren sich jahrtausendelang an dem Begriff einer bewussten Bewusstlosigkeit abgequält haben, so konnten sie das doch nur tun, weil dieser Begriff nicht so sinn- und gegenstandslos, so inhaltslos ist, wie er beim ersten Anhören dieser Worte erscheint.

---

1) Brih.-Âr.-Up. IV, 3, 30.

Es ist also keineswegs unmöglich, sich durch ein planmäßiges Verfahren diesem Zustand einer immerhin noch einigermaßen bewussten Bewusstlosigkeit zu nähern, aber es ist allerdings außerordentlich mühevoll. Es ist ein Verfahren, das im Widerspruch steht zu jener ganzen Lebensweise, die wir von Geburt an gewohnt sind: wir müssen statt nach außen nach innen blicken, wir müssen in uns, statt uns an Erkenntnissen, an Empfindungen zu freuen, diese Erkenntnisse und Empfindungen unterdrücken, bekämpfen, wir müssen unser ganzes Wesen umschalten, und dieses ganze Verfahren wird sich vom ersten Anfang an als ein Verfahren des Kampfes mit dem eigenen Ich, als ein Verfahren der Selbstunterdrückung, der Selbstüberwindung erweisen.

Zu eben diesem selben Ergebnis kam aber der erlösungsgläubige Inder auch von einer anderen Seite her. Wer die Erlösung nicht abhängig dachte von einer Erkenntnis, der dachte sie doch vielfach abhängig von einer neuen Einstellung des Willens. Wir haben ja gesehen, dass die Inder schon frühzeitig zu der Einsicht gekommen sind, dass das, was vor allem dem Bewusstsein der Ewigkeit des eigenen Ich im Wege steht, die Interessen und Wünsche sind, die sich auf das Einzelne, das Zeitliche, Irdische richten, dass also vor allem der Wille nach dem Äußeren, nach den Freuden und Genüssen, aber auch nach den Taten und Leistungen dieses irdischen Lebens abgetötet, dass der Durst nach Leben verlöscht und erstickt werden muss, damit die Wiedergeburt aufhöre, der Mensch fähig werde, ohne neue Verkörperung in dem ewigen Weltgrund aufzugehen. Diese Ausrottung der Wünsche und Begierden, diese Ertötung des eigenen Lebenswillens ist aber nun im Grund dasselbe wie die Ablenkung der Aufmerksamkeit von den äußeren Dingen, nur von einer anderen Seite her gesehen. Denn beides hängt ja zusammen: wir wünschen die Dinge, die wir erblicken; wenn wir sie sehen, schenken wir ihnen Aufmerksamkeit; und umgekehrt: wir sehen die Dinge, schenken ihnen Aufmerksamkeit, wenn wir von ihnen etwas erwarten, wenn an ihnen etwas ist, was uns reizt und verlockt. Ob ich daher sage: „Wir wenden die Aufmerksamkeit von allem Äußeren ab und wenden sie nur dem innersten Ich zu", oder ob ich sage: „Ertöte deinen Willen zu den irdischen Dingen, wende ihn deiner Seele zu", es ist im Wesentlichen dasselbe, und es hat auch beides mit den gleichen Schwierigkeiten zu kämpfen. Ob ich nun meinen Willen, meine Wünsche, mein *Begehren* abwenden will von den Dingen, die mich umgeben, oder meine *Aufmerksamkeit*, immer stoße ich auf die gleichen Hemmnisse.

Ein Handbüchlein der indischen Mystik sagt: [1])

Die fünf Hemmnisse sind: *Unwissenheit, Icherweiterung, Liebe, Hass, Lebenswille.*

Nämlich Unwissenheit, weil ich den innersten Kern meiner Persönlichkeit, mein Ich, nicht zu unterscheiden weiß von dem, was ihm äußerlich, was bloß Inhalt seines Bewusstseins, Gegenstand seines Wollens oder Erkennens ist; *Icherweiterung*, weil ich diese Dinge, die eigentlich nicht zu meinem Ich gehören, ihm zurechne und dadurch den Begriff, den Kreis des Ich über Gebühr erweitere; *Liebe*, weil ich auf die Dinge Wert lege, die ich zum Ich rechne, obwohl sie eigentlich nicht zu ihm gehören; *Hass*, weil ich Dinge fürchte, von denen ich wissen sollte, dass sie mein Ich dem Wesen nach nicht bedrohen können, sondern höchstens solches gefährden, was mir nur äußerlich anhängt; *Lebenswille*, weil es zuletzt dieser ist, der uns den Wahn einflößt — so meinte der Inder —, dass es für das Ich ein Vorteil ist, in enger Verschwisterung mit diesen äußeren Dingen zu leben, ein Bewusstsein von ihnen — und d. h. überhaupt ein Bewusstsein — zu haben, während ja in Wahrheit das Wesen des Ich viel deutlicher hervorträte, wenn es sich von diesen Dingen löste, wenn es keine Wahrnehmungen, keine Vorstellungen, keine Gefühle, keine Gedanken mehr hätte und jene reine Bewusstheit, jene bloße Fähigkeit zum Bewusstsein bliebe, die es an sich ist.

Diese fünf Hemmnisse nun, sagt unser Text, müssen überwunden den durch Anstrengung und Kampf. Und dieser Kampf muss durchgekämpft werden, sagt er weiterhin, [2]) bis zum Sieg

durch Übung und Leidenschaftslosigkeit.

Und in diesem Kampf gibt es allerdings auch moralische Waffen, weil auch die Hemmnisse zum Teil moralischer Natur sind. Solche moralische Waffen sind Schonung, Wahrhaftigkeit, Ehrlichkeit, Armut und Keuschheit, [3]) sofern dies nämlich alles Mittel sind, um die Begehrlichkeit, das Haften an Dingen, die nicht das Ich sind, den Durst nach Dingen, die nicht das Ich sind, zu unterdrücken. Solche moralische Mittel sind ferner auch Wohlwollen, Milde, Heiterkeit und Gleichmut: [4]) der Mystiker soll darauf bedacht sein, das Wohl seiner Mitmenschen zu fördern, ihre Leiden zu lindern; er soll alles, was ihm begegnen mag — das Gute wie das Üble — heiter und

---

1) Yoga Sûtras II 3fr.; nach Deussen, Allg. Gesch. d. Phil. I/3, S. 520f.
2) Yoga Sûtras I 12; nach Deussen, Allg. Gesch. d. Phil. I/3, S. 512.
3) Yoga Sûtras II 30.
4) Yoga Sûtras I 33.

gleichmütig ertragen. Er soll allen Menschen billiges, gleichmäßiges Wohlwollen entgegenbringen — ein Wohlwollen, wie es einem Menschen natürlich ist, dessen menschenfreundlichen Antrieben keinerlei Eigeninteresse, kein Wille zu eigenem irdischem Wohlsein mehr entgegensteht, der aber andererseits auch alle persönliche Vorliebe für diesen oder jenen unter seinen Mitmenschen von sich abgetan hat und darum ihnen allen leidenschaftslose, gleichmäßig-ruhige Freundlichkeit entgegenbringt. Und umgekehrt: indem sich der Mystiker darum bemüht und daran gewöhnt, allen Menschen gegenüber diese Haltung unterschieds- und leidenschaftslos ruhigen Wohlwollens einzunehmen, unterdrückt er immer entschiedener und erfolgreicher alles Eigeninteresse, sowohl allen Willen zu eigenem irdischem Wohlsein wie auch alle persönliche Vorliebe, alle leidenschaftliche Zu- und Abneigung und kommt so der Verwirklichung seiner eigentlichen, letzten Absicht immer näher. Denn diese — das hebt der Verfasser des Handbüchleins ausdrücklich hervor — richtet sich auch bei der Befolgung dieser menschenfreundlichen Vorschriften ganz allein auf „die Beschwichtigung des Bewusstseins"; ist nämlich dieses erst „beschwichtigt", der Einwirkung jedes selbstischen, ja überhaupt jedes leidenschaftlichen Interesses, jeder persönlichen Zu- und Abneigung entzogen, dann wird es dem Mystiker sehr viel leichter fallen, es weiterhin aller seiner Inhalte überhaupt zu entleeren und so endlich das von ihm ersehnte Ziel vollends zu erreichen.

Moralische Waffen also spielen in dem Kampf um die Erlösung wohl *auch* eine Rolle, allein das eigentlich *Entscheidende* ist doch etwas anderes. Das Handbüchlein erklärt kurz und scharf: [1]) Das Streben nach Erlösung

ist Unterdrückung der Bewusstseinstätigkeit,

denn nur durch die Unterdrückung [2])

tritt das Ich in seiner eigentlichen Natur hervor,

und [3])

daraus erwächst eine Gemütsregung, die alle anderen Gemütsregungen niederhält.

Und so schließt dieser Text: [4])

Ist sodann auch noch diese Gemütsregung, somit das gesamte Bewusstsein unterdrückt, so erfolgt die vollkommene, auch

---

1) Yoga Sûtras I 2.
2) Yoga Sûtras I 3.
3) Yoga Sûtras I 50.
4) Yoga Sûtras I 51.

nicht einmal mehr eine Spur von Bewusstsein zurücklassende Versenkung.

Unter dieser Versenkung aber ist hier eben das Erreichen des Zieles verstanden, das vollständige Aussondern alles dessen, was nicht Ich ist, wodurch dann, ohne Bewusstsein, das eigentliche Wesen des Ich in seiner Einheit mit dem Wesen und Urgrund aller Dinge hervortritt.

Diese Zustände der tiefen Versenkung, in denen wir uns doch irgendwie unseres Ich und damit der bloßen Bewusstheit, oder, anders ausgedrückt, unserer Bewusstlosigkeit bewusst sind, sind das Vorgefühl, in dem wir uns unserer künftigen Erlösung und unseres Schicksals nach dem Tod versichern. Denn die endgültige Erlösung kann natürlich nur erfolgen, wenn sich das Ich ein für alle Mal von unserer Welt losgelöst, aus ihr herausgerissen hat, um überhaupt nie mehr ein Bewusstsein anzunehmen, sondern für immer in dem Meer des göttlichen Brahman zu verschwinden. Aber wir haben davon ein Vorgefühl in jenen Zuständen, in denen wir uns, durch unmittelbares Erleben, des Wesens unseres Ich und seiner Einheit mit dem Brahman bewusst werden und die Zustände, die uns dieses Vorgefühl geben, planmäßig herbeizuführen, ist eben der eigentliche Zweck des mystischen Verfahrens, und so kann uns dieses Verfahren einen Vorgeschmack dessen geben, was wir nach dem Tod zu erwarten haben. Eine der jüngsten Upanishaden sagt: [1]

> Wer, durch Nachsinnen rein gewasch'nen Geistes, sich
> Versenkt im Âtman, was für Seligkeit der fühlt,
> Das auszudrücken sind imstande Worte nicht,
> Das muss der Mensch im inn'ren Herzen selbst erfahr'n.

Dieses planmäßige Verfahren nun, sich in derartigen Zuständen halb bewusster, halb bewusstloser Versenkung der künftigen Erlösung zu versichern, nennt der Inder den Yoga und den Mann, der dieses Verfahren übt, einen *Yogin*. Und damit sind wir auf ein außerordentlich schlüpfriges Gebiet getreten, das ja wohl den Mittelpunkt der indischen Theosophie ausmacht, auf dem es aber fast unmöglich scheint, sich aufrecht, im Gleichgewicht, zu erhalten, ohne nach der einen oder der anderen Seite hin zu stürzen; denn der Yoga ist einerseits die Heimat der erhabensten und tiefsten Gedanken, der innigsten und zartesten Empfindungen des Indertums und andererseits der Tummelplatz des wüstesten Aberglaubens und des unverschämtesten Schwindels. Daher ist es außerordentlich begreiflich, dass fast jeder

---

1) Maitr. Up. VI 34; nach Deussen, 60 Up., S. 358.

Europäer, der sich mit diesem Gegenstand beschäftigt, entweder in Überschätzung oder in Unterschätzung des Yoga verfällt, dass auf der einen Seite die Theosophen und Halbtheosophen unserer Zeit uns einreden möchten, dass die Inder durch den Yoga sich Erkenntnisse mehr als menschlicher Art verschaffen, von denen wir nur einfach andächtig zu lernen oder vor die wir uns geradezu hinzuknien hatten, und dass auf der anderen Seite der durchschnittliche Sprach-, Kultur- oder Religionsforscher in dem ganzen Yoga einen Schwindel sieht, mit dem es eigentlich kaum lohnt, sich zu beschäftigen, und der höchstens als eine Kuriosität des menschlichen Geistes die Aufstellung in einem Raritätenkabinett verdient.

Es kommt dazu, dass es, wenigstens in deutscher Sprache, fast keine ernstzunehmende Literatur über den Yoga gibt. Das Handbüchlein, von dem ich früher gesprochen habe und das einen Yogin namens *Patañjali* zum Verfasser hat, heißt *Yoga Sûtras*, d. i. „Merksprüche des Yoga". Man weiß nicht genau, wann es verfasst worden ist, und nimmt jetzt an, dass es etwa dem fünften oder sechsten Jahrhundert n. Chr. G. entstammt. Dieses Büchlein ist noch am besten übersetzt im dritten Band von *Deussens* Geschichte der indischen Philosophie. [1]) Dann hat Markus im Jahr 1886 im Anschluss an einen indischen Kommentar zu diesen Merksprüchen „Das Yoga-System" dargelegt, das Büchlein ist aber längst vergriffen; ebenso das Büchlein von Walter, das in München 1893 erschienen ist und die Übersetzung eines in späterer Zeit verfassten Yoga-Werkes enthält. 1908 endlich ist in Berlin ein Buch von Richard *Schmidt*, „Fakire und Fakirtum", erschienen, das auch einige Yoga-Texte deutsch wiedergibt, wobei jedoch nicht zu verkennen ist, dass der Verfasser der ganzen Erscheinung völlig verständnislos gegenübersteht. Die Darstellung bei Deussen und die kurzen Andeutungen in dem schönen Buch von *Oldenberg* „Die Lehre der Upanishaden und die Anfänge des Buddhismus" sind jedenfalls das Verständnisvollste, was wir über diesen Gegenstand in deutscher Sprache besitzen.[2]) Wenigstens zu nennen ist aber auch noch das Büchlein von Friedrich *Heiler* „Die buddhistische Verjüng", München 1918, das unter anderm auch auf den Yoga eingeht. Übrigens gilt das auch von dem Buche von Hermann Beckh über den Buddhismus, über das später noch einmal zu sprechen sein wird.

Eine halbwegs befriedigende Gesamtdarstellung des Yoga gibt es überhaupt nicht, so dass, wer über diesen Gegenstand sprechen will, sich den Stoff recht mühsam selbst zusammentragen muss. Zunächst aber wird es zweckmäßig sein, noch einige einleitende und vorbereitende Bemerkungen vorauszuschicken.

Der Yoga ist eine Welt für sich. *Heiler* versucht (in dem eben

---

1) Vor anderen, theosophisch gefärbten Übersetzungen möchte ich hier ausdrücklich warnen.

2) Dazu kommt neuerdings das lehrreiche Buch von *J. W. Hauer*: Die Anfänge der Yogapraxis im alten Indien, Stuttgart 1922, das sich indes fast ausschließlich mit der Vorgeschichte des Yoga beschäftigt.

genannten Büchlein), nicht durchaus mit Erfolg, aber bis zu einem gewissen Grad mit Recht, den indischen Yoga mit dem christlichen Gebet zu vergleichen. Das kann einigermaßen einen Begriff davon geben, wie weit das Gebiet des Yoga ist, denn welchen Sinn hätte es, wenn hier im Abendland, bei uns, jemand das Gebet lobte oder tadelte, ohne dabei einen Unterschied zu machen zwischen dem Gebet der heiligen Therese und dem Gebet eines alten Kerzelweibs, ohne einen Unterschied zu machen zwischen dem Gebet *Luthers* und dem *Tartuffes*. Ähnlich ist es in Indien. Der Yoga ist ein Verfahren; es kommt aber alles darauf an, wer das Verfahren übt und *wie* es geübt wird. Nun haben den Yoga jene großen, religiös-schöpferischen Geister geübt, die ursprünglich in dem Drang nach Jenseitigkeit, Unsterblichkeit und Erlösung diesen Weg zuerst gegangen sind; dann haben den Yoga Theologen geübt, die dieses von ihren Vorgängern erfundene Verfahren in ein System brachten — ein System, das sie mit unendlicher indischer Gründlichkeit fortwährend durch neue Einteilungen und Benennungen erweitern und abändern zu müssen glaubten; schließlich haben aber den Yoga auch ausgeübt, ja üben ihn noch heute aus, jene armen Schacher, die auf den indischen Landstraßen und Jahrmärkten ihre durch hypnotische Beeinflussung oder auch mir durch Übung und Abhärtung erworbene Empfindungslosigkeit gegen Geld zur Schau stellen.

Der Yoga ist aber auch eine Welt für sich, insofern er alle Teile des Versenkungsverfahrens umfasst. Daher auch eine Menge äußerlicher Verhaltungsweisen zum Yoga gehören: die Bedingungen der Versenkung, die Körperhaltungen, die ihr günstig sind, der Ort, den man sich dazu aussuchen soll. Die Yogalehrer geben z. B. in echt indischer Weise eine Systematik jener Körperhaltungen, sie zählen erst zwölf, dann vierundzwanzig, dann gar zweiundsiebzig Arten auf, auf die dieses Verfahren geübt werden kann. Das klingt ja nun außerordentlich lächerlich, aber doch muss man auch wieder bedenken, dass, wenn bei uns jemand eine Lehre von den Formen des Gebets aufstellen wollte, er auch die Körperhaltung des Beters nicht übersehen dürfte, und da ist es dann rein eine Frage größerer oder geringerer Neigung und Begabung für Klassifikation, ob man nur sagt: Die Menschen beten meistens kniend, oder ob man sagt: Man kann beten entweder auf einem Knie kniend oder auf zwei Knien kniend, ferner entweder mit aufrechtem oder mit vorgebeugtem Oberkörper, weiter entweder mit offenen oder mit geschlossenen Augen usw. Also die Äußerlichkeiten und Bedingungen der Versenkung gehören zur Lehre vom Yoga; es gehören aber zu ihr dann auch die Bilder, in denen sich der Yogin seine Hauptlehren vergegenwärtigt, und das ist ja wohl für uns der wichtigste und interessanteste Teil dieser Lehre. Aber es gehört zu ihr doch auch die Lehre von dem, was der Yoga einbringt, von den Früchten des Yoga: von den Fähigkeiten, die die Menschen durch ihn erwerben, und hier ist natürlich ein unermessliches Feld für Aber- und Zauberglauben.

Schließlich erstreckt sich der Yoga über das ganze ungeheure Gebiet Indiens und, was noch wichtiger ist, er erstreckt sich auch über fast alle Richtungen indischen Denkens und indischer Andacht; denn es gibt einen Yoga rein auf Grundlage des Brahmanglaubens der alten Upanishaden, und so habe ich ihn hier zunächst entwickelt, aber auch auf Grund des Dualismus, d. i. auf Grund der Lehre, dass das Ich eine Existenz, ein Dasein für sich hat und wesenhaft verschieden ist von der Welt, die es umgibt. Es gibt ferner einen Yoga der *Vishṇu*-Anhänger, die sich durch den Yoga ihrer Einheit mit dem Herrn *Vishṇu* versichern wollen, und ebenso einen Yoga der Çiva-Anhänger, und es gibt schließlich, wenn auch meist nicht unter diesem Namen, einen Yoga im Buddhismus. Allerdings darf man sich aber durch alle diese Verschiedenheiten auch wieder nicht über die wesenhafte Einheit des Yogaverfahrens hinwegtäuschen lassen.

Ich sage: des *Yogaverfahrens*, um gleich auf den Unterschied zwischen zwei Begriffen hinzudeuten, die sehr häufig miteinander verwechselt werden, nämlich zwischen dem *Yogaverfahren* und dem Yogasystem. Das Yogasystem ist eine Lehre vom Yoga, die sich auf jene vorhin erwähnten Yogins dualistischer Weltansicht beschränkt. Das Lehrbuch *dieser* Yogins ist es, das von *Patañjali* verfasst und uns überliefert ist. Es ist aber natürlich für uns nicht nur interessant als Hilfsmittel zur Kenntnis dieser einen Yogalehre, sondern auch zur Kenntnis des Yogaverfahrens überhaupt.

Dieses Yogaverfahren nämlich ist doch im Wesentlichen eine Einheit, denn sein Hauptstück, der Kampf gegen den Alltagsinhalt des Bewusstseins, das Streben des Yogin, seine Aufmerksamkeit von den Wahrnehmungen, den Vorstellungen, den Gefühlen abzuziehen, sich in sich selbst zu versenken, das Wesen des eigenen Ich rein hervortreten zu lassen — das bleibt sich überall gleich und wird fast nicht davon berührt, ob es theoretisch ausgedeutet wird als ein Streben, die Einheit des Ich mit dem Brahman zu erfassen, oder als ein Streben, sich die Verschiedenheit des Ich von den Dingen der Welt zu vergegenwärtigen, oder als ein Streben, der Einheit des Ich mit dem Herrn *Vishṇu* inne zu werden, oder als ein Streben, dass das Ich sich voll durchdringen lasse von der Kraft des Herrn Çiva. Ob das so

oder so gedeutet wird, das macht wohl einen Unterschied der Beschreibung aus, bedingt dagegen nur einen sehr geringen Unterschied
des Verfahrens. Die *Erlebnisse* des Yogin sind in all diesen Fällen
wesentlich dieselben, und darum erscheint es mir notwendig oder
doch berechtigt, von dem Yoga als von einer Erscheinung des indischen Geisteslebens zu handeln, ihn als das in sich einheitliche
Hauptverfahren der indischen Mystik darzustellen.

XVIII. DIE HAUPTTEILE DES YOGA

Wenn es nicht möglich ist, sich der Einheit des tiefsten eigenen Wesens mit dem Urgrund der Welt durch Erkenntnis bewusst zu werden, weil es von diesem Urgrund, der jenseits aller Erfahrung liegt, keine wahre Erkenntnis geben kann, dann gibt es eine unmittelbare Vergegenwärtigung dieser Einheit, einen Vorgeschmack der künftigen Erlösung, die ja im vollen Einswerden des Ich mit diesem Urgrund bestehen soll, nur auf doppelte Art. Einerseits kann unser Wille umgewandt werden vom Zeitlichen auf das Ewige, von den Dingen, die uns in der Welt entgegentreten, von den Freuden, die diese Welt uns zu bieten hat, von den Leistungen, die wir in ihr zu verrichten vermögen, auf jene tiefe Einheit des innersten Ich in uns mit dem Innersten der Welt: dann muss der Mensch verzichten auf alles, was diese Welt ihm, und zwar nicht nur in diesem Leben, sondern auch in allen künftigen Leben, zu bieten vermag, d. h. also, er muss auf den Lohn seiner guten Werke verzichten; denn nur die guten Werke könnten ihm ja nach indischer Auffassung eine günstige Wiedergeburt erwirken. Auf diesen Lohn der guten Werke muss demnach der menschliche Wille verzichten, muss sich ausschließlich darauf richten, dass die Seele dereinst aus dem Kreislauf der Wiedergeburten ausscheide und eingehe zu Brahman. Wenn aber der Wille das soll, so muss er alle irdischen Antriebe, alles, was ihn zu den Dingen drängt, die dieses Leben oder ein künftiges Leben bieten kann, niederkämpfen, er muss also einen planmäßigen Kampf gegen diese äußeren, irdischen, weltlichen Antriebe führen. Andererseits gibt es aber für den Menschen noch eine zweite Möglichkeit, sich seiner künftigen Erlösung zu versichern, indem er nämlich seine Einheit mit dem Brahman, dem Weltgrund, in unmittelbarer Erfahrung erlebt. Aber auch diese Möglichkeit lässt sich jedenfalls nur dann verwirklichen, wenn wir das ganze Bewusstsein des Alltags, alle Wahrnehmungen der Dinge um uns, alle Vorstellungen und Träume von der äußeren Welt, wie sie sich gestalten könnte, alle Gedanken und Erkenntnisse, die sich auf diese Gestaltung der äußeren Dinge beziehen, alle Gefühle, durch die wir an diesen Dingen hängen — nur dann, wenn all das unterdrücken, so dass schließlich das, was alle diese Wahrnehmungen und Vorstellungen hat, das, was erkennt und empfindet, also das *Ich*, heraustritt in seiner Eigenart und alles das, was ihm nur anhängt, alle die Erlebnisse, die es zwar hat, die aber nicht das Ich selbst *sind*, von sich abstreift. Um aber das tun zu können, muss das Ich erst recht wieder einen planmäßigen Kampf gegen dies gesamte Alltagsbewusstsein führen.

Einen Vorgeschmack der künftigen Erlösung gibt es demnach nur durch einen planmäßigen Kampf gegen das Alltagsbewusstsein sowohl seiner erkennenden wie auch seiner wollenden Seite nach. Und dieser planmäßige Kampf gegen das Alltagsbewusstsein, gegen unsere alltägliche Erfahrung von der Welt, die uns umgibt, und gegen das Bewusstsein, das sich mit dieser uns umgebenden Welt beschäftigt, das ist der *Yoga*. Yoga heißt eigentlich Anspannung, das Wort drückt somit aus, dass, wer sich auf diesen Weg begibt, sich damit anschickt, ein ernstes Unternehmen durchzuführen, zu dem die volle Anspannung seiner Kräfte erforderlich ist. [1])

Ich sagte schon einmal: sobald wir uns auf das Gebiet des Yoga begeben, stehen wir vor zwei einander entgegengesetzten Gefahren. Auf der einen Seite raunen unsere Theosophen und Halbtheosophen uns zu, dass der Yoga einen außerordentlichen Wahrheitsgehalt habe, dass hier eine höhere Erkenntnis den Menschen zugänglich sei, und dass wir eigentlich gar nichts Besseres tun könnten, als selbst Yogins zu werden und den Yoga, ähnlich wie es die Inder seit alter Zeit getan haben, selbst zu betreiben, da sich hier Übermenschliches auf die einzige Weise, die ihnen zugänglich sei, den Menschen offenbare. Auf der anderen Seite sagt die große Mehrheit der Europäer, die vom Yoga überhaupt etwas erfahren, laut und deutlich, dass der ganze Yoga eine Summe von Aberglauben und Schwindel sei, von dem man sich möglichst fern zu halten habe. Ich glaube nun, wir sollten versuchen, in der Mitte zwischen diesen beiden einander entgegengesetzten Urteilen hindurchzugehen und im Yoga nicht das Übermenschliche, aber auch nicht das Untermenschliche, sondern das Menschliche zu ergreifen, das er enthält. Unsere Aufgabe sollte sein, zu verstehen,

---

1) Genauer „spannt" oder „jocht" der Inder vor seinen Wagen alle Zauberkräfte und Gottheiten, deren er sich bedienen möchte, und sogar das Brahman selbst (Ath. Veda VIII 9, 3), aber auch sich selbst vor den Wagen, der die Götter herbeitragen soll, auf dass sie dem Opferer erscheinen (Ṛigveda V 46, 1). So „jocht" er aber auch die Gedanken an, die den Gott herbeiholen sollen (Rigv. I 18, 7; vgl. X 43, 1) und dies mag wohl die spätere Bedeutung des Wortes vor allem bestimmt haben. Vgl. Hauer, Anfänge, S. 190 ff..

wie sich menschliche Empfindungen und menschliche Gedanken, und zwar zum großen Teile *wertvolle* menschliche Gedanken und Empfindungen, gerade auf diese uns so fremdartige Weise ausdrücken konnten und mussten.

Ich möchte ferner noch eines wiederholen: der Yoga, in dem jetzt bestimmten Sinn, ist ein Verfahren, das von den Anhängern aller Richtungen, aller möglichen theoretischen Lehren geübt wird und geübt worden ist. Die einen haben dann das Ziel des Yoga, jene den Menschen beglückenden, in Bewusstlosigkeit umschlagenden Zustände, auf deren Erzeugung es dabei eigentlich abgesehen ist, ausgedeutet als das Innewerden der Einheit des Ich mit dem Brahman, dem unpersönlichen Weltgrund. Andere haben eben diesen Seelenzustand ausgedeutet als das Innewerden der Einheit unseres Ich mit dem Herrn *Vishṇu* oder mit dem Herrn *Çiva*. Wieder andere als das Innewerden der eigenen Natur des Geistes, im Gegensatz zu allem ihm bloß anhängenden Ungeistigen, somit nicht als das Innewerden einer Gleichheit — „Ich = Brahman" —, sondern vielmehr als das Innewerden einer Verschiedenheit — „Ich nicht = Welt" —. Die Buddhisten endlich haben eben dieselben Seelenzustände ausgedeutet als das Innewerden des Verwehens und Verlöschens der Persönlichkeit überhaupt. Nach den Schilderungen, die uns die Anhänger all dieser Richtungen vom Yoga und seinem Endziel geben, haben wir allen Grund, anzunehmen, dass diese Unterschiede wirklich nur Unterschiede der Ausdeutung sind, und dass die Erlebnisse, die Zustände selbst, bei all diesen Vertretern des Yoga so ziemlich dieselben gewesen sein dürften. *Patañjali* , der in den ersten Jahrhunderten der christlichen Zeitrechnung die Yoga-Merksprüche, *Yoga Sûtras*, verfasst hat, war ein Anhänger jener Richtung, die die bewusste Bewusstlosigkeit, auf die der Yoga abzielt, nicht als Erlebnis der Gleichheit des Ich und des Brahman, sondern als Erlebnis der Verschiedenheit des Ich von der Welt ausdeutete, und daher nimmt auch das System, das auf diesen Merksprüchen beruht, ja das wohl diesen Merksprüchen schon selbst zugrunde lag, eben diese Stellung ein. Das sogenannte *Yogasystem* ist also eine bestimmte theoretische Ausdeutung der beim Yoga gemachten Erfahrungen, aber durchaus nicht der Inbegriff aller Lehren, die von indischen Yogins überhaupt vertreten worden sind und noch vertreten werden. Denn der Yogin kann jedes beliebige theosophische System vertreten, wenn er dann nur seine Erfahrungen beim Yoga im Sinne dieses Systems deutet; das sogenannte *Yogasystem* aber, wie es in den Merksprüchen *Patañjalis* vorliegt, ist festgelegt auf die eine Ausdeutung, dass dem geistigen Ich des Menschen vor allem die negative Aufgabe gesetzt ist, sich seiner Nichteinheit mit allem Ungeistigen bewusst zu werden, dass seine Erlösung in der Einsicht besteht, dass alles, was dem Ungeistigen widerfährt, nicht wahrhaft ihm widerfährt. Auf diese Theorie also, die wir noch näher kennenlernen werden, ist das *Yogasystem* festgelegt; das *Yogaverfahren* dagegen hat ein viel weiteres Feld und wird von Anhängern fast aller Richtungen indischen Denkens und Glaubens geübt.

Ehe wir uns mit der Entwicklung und Würdigung des Yoga beschäftigen, müssen wir doch einen Begriff davon bekommen, was denn der Yoga eigentlich ist. Ich will zunächst im Anschluss an die Merksprüche des *Patañjali* einen kurzen vorläufigen Überblick über die Hauptteile oder, wie *Patañjali* sich ausdrückt, über die Kettenglieder des Yoga geben. Er unterscheidet [1]) acht solcher Hauptteile, von denen allerdings, wie wir sehen werden, nicht alle „Hauptteile" in unserem Sinne heißen dürften, indem gleich die ersten mehr vorbereitender Art sind.

Der erste Hauptteil des Yoga nach *Patañjali* ist das Wohlverhalten nach außen, und dieses besteht [2]) in Schonung, Wahrhaftigkeit, Ehrlichkeit, Keuschheit und Besitzlosigkeit. Wer sich nämlich noch nicht einigermaßen von den Dingen dieser Welt entfernt hat, wer noch fremde Wesen tötet, wer noch lügt, am Geld hängt, wer seiner Sinnlichkeit noch nicht Herr geworden ist, und wer noch durch Vermögensbesitz in die Interessen der Welt verflochten ist, der kann überhaupt nicht hoffen, zur Erlösung zu gelangen, für den ist daher, solang er diese Vorbedingungen nicht erfüllt hat, der Weg des Yoga überhaupt verschlossen.

Der zweite Hauptteil ist die eigene Vorbereitung; sie besteht [3]) in Reinheit, Genügsamkeit, Kasteiung, Studium des Veda und Gottergebenheit. Zu diesem letzteren Punkt möchte ich gleich eine Bemerkung machen. *Patañjali* gehört zu einer Richtung, die einen Gott, einen göttlichen Herrn, anerkennt. Aber es ist sehr bezeichnend für die indische Gedankenwelt, dass auch ein gottgläubiger Inder die Gottergebenheit nur unter den Vorbereitungen zur Erlösung nennt. Wir überzeugen uns so aufs Neue davon, dass indischer und europäischer Gottesglaube zwei wesentlich verschiedene Dinge sind. Auch die anderen Bestandteile der „eigenen Vorbereitung" bedürfen wohl

---

1) Y. S. II 29.
2) II 30.
3) II 32.

noch einer gewissen Erläuterung. Wenn die Rede von der Reinheit ist, so ist damit, wie es scheint, hauptsächlich körperliche Reinheit gemeint, und wenigstens in späterer Zeit enthalten die Lehrbücher des Yoga außerordentlich ins Einzelne gehende Anweisungen über die vorgeschriebenen Arten der Reinigung. Es werden alle möglichen Arten von äußerlichen und innerlichen Waschungen und Spülungen vorgeschrieben, ja der Yogin geht, wenigstens im Mittelalter, so weit, dass er uns ganz unbekannte Arten der Reinigung vornimmt. [1]) So reinigt er die Nase, indem er kleine Schnürchen durch die Nasenlöcher und durch den Verbindungsgang zürn Rachen in den Mund steckt und sie dann wieder herauszieht. Ja er verschluckt sogar kleine zusammengedrehte Zeugstreifen und zieht sie dann wieder aus dem Magen, um so die Speiseröhre zu reinigen. Erst wenn auf diese Weise der Inder das, was er die Reinigung der Kanäle nennt, vollzogen hat, scheint er sich hinreichend vorbereitet, um sich überhaupt mit den göttlichen Dingen zu befassen.

Wenn weiter von Genügsamkeit die Rede ist, so ist darunter die richtige Mitte zu verstehen zwischen einer zu großen Hingabe an irdisches Behagen und einen Abbruch, der der Widerstandskraft und Leistungsfähigkeit des Menschen schaden könnte. Der Mensch soll, z. B. nicht um des Vergnügens willen, das ihm das Essen bereitet essen, denn das wäre ausgesprochenes Hängen am Irdischen; er soll aber andererseits auch nicht nur so wenig zu sich nehmen, dass er den frommen Übungen, in denen der Yoga besteht und die zum Teil ansehnliche Anforderungen an seine Kräfte stellen, schließlich nicht mehr voll gewachsen wäre. Er soll so viel Nahrung und Getränk zu sich nehmen und so viel Schlaf genießen, als notwendig ist, um die vorgeschriebenen Übungen durchzuführen, aber nicht mehr, um sich nicht auf diese Weise mehr als unbedingt nötig in Abhängigkeit von den Freunde des Daseins zu begeben.

Wenn es dann heißt, dass auch Kasteiungen zu den Vorbereitungen des Yoga gehören, so überrascht uns das vielleicht im ersten Augenblick, weil ja die Kasteiung eine der wichtigsten Arten der guten Werke ist und der Yogin, da er nicht wiedergeboren zu werden wünscht, auch keinen Grund hat, sich eine günstige Wiedergeburt zu sichern — also auch, könnte man meinen, keinen Grund, sich zu kasteien. Es ist das aber so zu verstehen, wie es auch die Bhagavad-Gîtâ[1]) erklärt: Der Yogin soll sich zwar kasteien, soll aber auf die

---

1) Gheranda-Samhitâ I 40 u. 50; nach Schmidt, Fakirtum, S. 182—184.
2) XVIII 5.

Frucht, die Belohnung dieses guten Werkes verzichten. Warum soll er sich aber kasteien? Vor allem, weil das uralte Überlieferung ist und der Inder sich Heiligkeit ohne einen gewissen Grad von Selbstqual überhaupt nicht vorstellen kann. Das Kasteien lässt sich aber auch verstandesmäßig rechtfertigen, sofern das willkürliche absichtliche Erdulden von Mühen, ich will nicht sagen von Qualen, aber doch jedenfalls von Härten, natürlich eine gute Waffe im Kampf gegen das Haften am Irdischen ist.

Der dritte Hauptteil des Yoga ist das Sitzen, d. h. das Einnehmen der für die eigentlichen Versenkungsübungen förderlichsten Stellung. *Patañjali* sagt darüber nur: [1])

Das Sitzen sei fest und bequem, indem man die Spannung lockert und sich zum Unendlichen erhebt.

In einer späteren kleinen Upanishad [2]) werden dagegen schon drei verschiedene Arten des Sitzens unterschieden, darunter jene auch bei uns bekannte Figur des sogenannten *Swastika* oder Hakenkreuzes, die — ihrer einen Hälfte nach — dadurch zustande kommt, dass man das eine Bein ausstreckt und das andere darüber legt, so dass dann die Füße zueinander stehen wie zwei Hämmer, die um 90 Grad gegeneinander gedreht sind. Spätere Lehrbücher des Yoga aber begnügen sich nicht mehr damit, drei Arten des Sitzens bei der Yogaübung zuzulassen, da heißt es vielmehr z. B., dass Çiva, der Herr, achtmillionenviermalhunderttausend Arten des Sitzens ausgedacht habe, [1]) was vielleicht auf einer mathematischen Überlegung beruht, insofern hier die Zahl aller denkbaren Kombinationen sämtlicher möglichen Gliederstellungen angenommen ist, etwa acht Stellungen des linken Arms kombiniert mit acht Stellungen des rechten Armes, acht Stellungen des linken Beins mit acht Stellungen des rechten Beines usw. So lassen sich nämlich allerdings Zahlen herausrechnen, die der angeführten nahekommen. Freilich sind nicht alle diese Haltungen miteinander zu vereinigen, und das muss wohl auch der Verfasser gefühlt haben, denn er fügt hinzu, von diesen achtmillionenviermalhunderttausend Arten seien vierundachtzig die besten und von diesen zweiunddreißig den Menschen förderlich und empfehlenswert, und diese zweiunddreißig Arten zählt er dann im Einzelnen auf. Ja in einer der Handschriften, in der dieses Lehrbuch überliefert ist, sind diese zweiunddreißig Arten des Sitzens sogar in feinen Miniaturen abgebildet.

---

1) Y. S. II 46f.; nach Deussen, Allg. Gesch. d. Phil. I/3 S. 527.
2) Amritabindu Up. 18.
3) Gher. Samh. II 1-45; nach Schmidt, S. 185fr.

Der vierte Hauptteil des Yoga, und das ist jener, der uns am aller-fremdesten anmutet, ist die Regelung des Atmens. *Patañjali* erklärt sie mit folgenden Worten: [1])

Die Regelung des Atmens ist die Hemmung des Ganges der Ein- und Ausatmung; sie besteht in dem gehörig verlangsamten Ausblasen, Einziehen und Einbehalten des Atems, geschieht unter Bedachtnahme auf die rechte Weise nach Ort, Zeit und Zahl und ist langgezogen und zart.

Wie wir aus anderen Texten wissen, [2]) geschieht diese Regelung des Atmens zwar manchmal ohne Rücksicht auf bestimmte Zahlen, bloß in der Weise, dass der Mensch möglichst langsam aus- und einatmet und den Atem möglichst lang in sich zurückhält, [3]) in der Regel aber mit Rücksicht auf bestimmte, vorgeschriebene Zahlen. Der Vorgang ist im Wesentlichen der, dass bei fest geschlossenem Mund der Yogin den ersten und vierten Finger der rechten Hand an die beiden Nasenlöcher legt und sie abwechselnd verschließt. Es wird nun zunächst durch das eine Nasenloch geatmet; nachdem vollständig ausgeatmet ist, beginnt das Einatmen durch das andere Nasenloch; wenn also rechts ausgeatmet wurde, wird links eingeatmet. Das Einatmen soll sechzehn Zeiteinheiten lang dauern, dann soll der Atem vierundsechzig Zeiteinheiten lang einbehalten, und dann soll er zweiunddreißig Zeiteinheiten lang durch das andere Nasenloch ausgeblasen werden. Die Zeiteinheit wird dabei durch Vedasprüche gemessen, die der Yogin zugleich im Geiste hersagt, indem, wie es scheint, jeder langsam und feierlich, wie die Übung es fordert, hergesagten Silbe je eine Zeiteinheit entspricht. Sechzehn lange Silben also soll das Einatmen dauern, dann soll vierundsechzig lange Silben lang überhaupt nicht geatmet und endlich zweiunddreißig lange Silben lang ausgeatmet werden usf.

Das berührt uns zunächst natürlich außerordentlich fremdartig, wir fragen uns: was in aller Welt soll das mit Heiligung und Erlösung zu tun haben? Nun möchte ich den letzten Grund für die Entstehung dieser Übung erst im Zusammenhang mit der Entstehung des Yoga überhaupt besprechen, umso mehr, als er den Indern zur Zeit der Blüte des Yoga eigentlich meist gar nicht mehr bewusst war. Was ihnen bewusst war, das war *einerseits,* dass diese Regelung des Atmens ein

---

1) Y. S. II 49f.; nach Deussen I/3, S. 527.

2) Amritabindu Up.; Gher. Samh. V 38fr.; vgl. Deussen, Allg. Gesch. d. Phil. I/3, S. 566f.; Oltramare, Histoire des Idées théosophiques I 327; Speyer, Die indische Theosophie, S. 248. (Neuauflage Verlag Edition Geheimes Wissen, Graz 2014).

3) Hathayogapradipikâ III 19; bei Schmidt, S. 197.

Mittel ist, die unbewussten Körperverrichtungen der Herrschaft des Bewusstseins und des Willens zu unterwerfen. Sie standen nämlich überhaupt auf dem Standpunkt, dass man den Kampf gegen die Herrschaft des Körpers über den Geist nur führen könne, wenn der Körper dem bewussten Willen auf den Wink gehorcht, und auf den Wink gehorchen kann er nur dann, wenn auch dasjenige im Körper, was in der Regel unbewusst vor sich geht, dem bewussten Willen unterworfen wird. In späterer Zeit ist denn auch diese Unterwerfung des Unbewussten unter das Bewusstsein weit über das Gebiet des Atmens hinaus ausgedehnt worden. So z. B. lesen wir in einem mittelalterlichen Lehrbuch des Yoga folgende Vorschriften, die uns ja vielleicht teilweise zunächst zum Lachen reizen mögen; wir müssen aber bedenken, dass es sich dabei um Dinge handelt, die durch viele Jahrhunderte von Menschen mit dem höchsten Ernst und dem größten Nachdruck geübt worden sind, so dass, wenn wir darüber lachen, es nicht sehr viel anders ist, als ob wir über einen uns ungewohnten gottesdienstlichen Brauch lachen würden: [1]

Man ziehe ganz langsam mit dem Mund wie mit einem Krähenschnabel Luft ein, lasse sie in den Bauch dringen und stoße sie langsam auf dem hinteren Pfade wieder aus.

Ferner:

Man fülle den Mund bis an den Hals mit Wasser, trinke es langsam, lasse es auf halbem Wege sich bewegen und stoße es nach unten aus dem Leibe aus ... Man fülle den Mund durch das linke Nasenloch mit Luft und atme durch das rechte Nasenloch aus; dann wieder fülle man ihn durch das rechte Nasenloch und atme durch das linke aus; man ziehe mit den Nasenlöchern Wasser ein und stoße es dann wieder mit dem Munde aus; man mache Çit, trinke mit dem Mund Wasser und stoße es aus den Nasenlöchern wieder aus ... Wo auch immer der Yogin weilen mag, immer und bei allen Handlungen soll er die Zunge nach oben strecken und den Atem anhalten ... Man schneide das Band unterhalb der Zunge ein, bewege sie beständig hin und her, glätte sie mit frischer Butter und ziehe sie mit einem eisernen Werkzeug in die Länge; indem man das beständig so ausführt, wird die Zunge verlängert, bis man sie zu den Augenbrauen strecken kann; dann lasse man die Zunge sich ganz allmählich an den Gaumen anlegen, bis die

---

1) Gher. Samh. I 15 u. 17, 56-59, 25-37; III 2 u. 25-27; Hathayogaprad. III 38; Gher. Samh. III 35 u. 84; nach Schmidt, Fakire und Fakirtum, S 180-207.

Zunge, verkehrt gerichtet, in die Schädelhöhle eindringt,
das ist in den Nasenraum,

wobei der Blick zwischen die Augenbrauen gerichtet sei . . .
Mit der Zunge in der Höhlung oberhalb des Gaumens verweile man zwei Minuten lang . . . Man stelle den Kopf auf die
Erde und ebenso das Händepaar und verweile aufmerksam
mit hoch gerichteten Beinen, standhaft; mit dem Kopf nach
unten und den Füßen nach oben bleibe der Yogin am ersten
Tag vier Minuten stehen; jeden Tag übe er dies zwei Minuten
länger, so wird er nach sechs Monaten an seinem Körper weder Runzeln noch graue Haare haben . . . Man tue die Füße in
fester Umschlingung, wie eine Schlinge, um den Hals.

Alle diese Übungen, die dem Menschen das Bewusstsein geben,
dass er seinen Körper beherrscht, dass er auf ihm spielt wie ein Mu-
siker auf seinem Instrument, haben ohne Zweifel die Macht des Leib-
lichen über den Geist bei den Yogins in der Tat wesentlich herabge-
mindert und dazu beigetragen, ihnen ein Gefühl der Freiheit, der
Leichtigkeit und des Glückes zu geben, wie ja auch wir es ähnlich als
Wirkung von Leibesübungen, von Turnen, Fechten, Reiten, Bergstei-
gen kennen — Übungen, über die nun vielleicht der Inder ebenso lachen möchte, wie wir über die Übungen des Yogin; denn er würde
wahrscheinlich nicht begreifen, warum einer ohne Not mit einem
schweren Gewicht in der Hand alle möglichen, ihm vollkommen
zwecklos erscheinenden Bewegungen ausführen sollte, ja es würde
ihm vielleicht das Verhalten eines europäischen Turners überhaupt
nur als das eines sich kasteienden, nach Erlösung strebenden Yogins
verständlich sein. Bei diesen Dingen muss man eben gegenseitig eine
gewisse Duldsamkeit beobachten, wenn man sich überhaupt verständigen will.

Das wäre also *eine* Bedeutung, die der Regelung des Atmens zukommt; diese hat aber gewiss noch eine zweite Bedeutung, nämlich
die, dass durch das verlangsamte Atmen ein leichter Kohlensäurerausch eintritt, der eine gewisse Benommenheit hervorruft, gegen
Müdigkeit und Schmerz abstumpft und auch dazu beiträgt, den Geist
gegen störende Einwirkungen von außen zu schützen, ohne doch so
stark zu sein, dass er die Klarheit des Denkens oder die Energie der
Unterdrückung unerwünschter geistiger Regungen aufheben würde.

Der fünfte Hauptteil des Yoga ist das Zurückziehen der Sinne
von den Dingen. Das ist ja von vornherein so ziemlich verständlich,
und eines der mittelalterlichen Lehrbücher des Yoga gibt davon eine

ganz hübsche Beschreibung: [1])

> Wohin auch immer der bewegliche, unbeständige Geist abschweift, man lenke ihn von dort ab und bringe ihn unter die eigene Botmäßigkeit. Wohin auch immer der Blick sich richtet, dorthin eilt auch der Geist; daher ziehe man ihn zurück und bringe ihn unter die eigene Botmäßigkeit. Hervortretendes oder Verdunkeltes, lieblich Anzuhörendes oder Furchtbereitendes — man lenke den Geist davon ab und bringe ihn unter die eigene Botmäßigkeit. Was kalt oder warm ist, wenn man es berührt — man ziehe den Geist davon ab und bringe ihn unter die eigene Botmäßigkeit. An welchen Düften der Geist hängt, sei es an wohlriechenden oder übelriechenden — man ziehe ihn davon zurück und bringe ihn unter die eigene Botmäßigkeit. Und wenn der Geist sich irgendeinem Schmecken zuwendet, sei es von Süßem oder Saurem, so ziehe man ihn davon zurück und bringe ihn unter die eigene Botmäßigkeit.

Mit einem Wort also: Der Mensch zieht sich in sich selbst zurück, er achtet nicht mehr auf das, was um ihn vorgeht, er beschränkt sich auf sein geistiges, bewusstes Innenleben.

Der sechste Hauptteil des Yoga ist die Konzentration, [2]) und Patañjali erklärt sie [3]) als die Bindung des Bewusstseins an einen Ort. Sie ist natürlich die Voraussetzung für jede nachdrückliche und eingehende Beschäftigung mit geistigen Dingen; ob sie aber lediglich geistig zu verstehen oder ob sie auch im körperlichen Sinn, als die starre Richtung des Blicks auf einen bestimmten Punkt, gemeint ist,[4]) darüber kann man vielleicht verschiedener Meinung sein. Keine Meinungsverschiedenheit ist dagegen darüber möglich, dass auch diese starre Richtung des Blicks, das Fixieren eines Punktes, dem Yogin außerordentlich nachdrücklich empfohlen wird. Und zwar wird dabei nicht nur das Fixieren glänzender Gegenstände, sondern auch insbesondere das eines Gegenstandes genannt, auf den wir in diesem Zusammenhang nicht gefasst sind und der daher wieder Anlass zu etwas voreiliger Heiterkeit geben könnte: der eigenen Nasenspitze! Die gewöhnliche Art, wie der Yogin sich — so dürfen wir das ja wohl ausdrücken — hypnotisiert, ist die, dass er seinen Blick starr auf die ei-

---

1) Gher. Samh. IV 2-7; nach Schmidt, S. 208f.
2) Dhâranâ.
3) Yoga Sûtras III 1.
4) So Schmidt, S. 221.

gene Nasenspitze richtet. Dadurch wird das Blicken nach außen ausgeschlossen, es wird die Beschränkung auf das geistige Innenleben durchgeführt, und es wird zu gleicher Zeit ein halbschlafartiger Zustand, wie ihn eben die Hypnose mit sich bringt, hergestellt, in dem sich nun auch alles Folgende abspielt.

Der siebente Hauptteil des Yoga ist die Meditation, [1]) das ist das eifrige und andächtige Überdenken einer Heilslehre. [2]) Dazu ist gleich zu bemerken, dass in der Praxis die einzelnen Hauptteile des Yoga nicht immer ganz streng geschieden werden. Auch während des Ein- und Ausatmens soll ja der Yogin Vedasprüche im Geist hersagen und soll sie auch nach ihrem Inhalt überdenken; wenn daher von Meditation die Rede ist, so pflegen auch die alten Texte nicht ausdrücklich hervorzuheben, ob damit die Betrachtung religiöser Wahrheiten während des bloßen Ein- und Ausatmens gemeint ist oder das konzentrierte und andächtige Überdenken derartiger Heilslehren in einem schon einigermaßen dem Halbschlaf oder sagen wir der Hypnose angeglichenen Zustand. Diese Meditationen sind natürlich das denk- und glaubensgeschichtlich Wichtigste und Interessanteste am Yoga, und wir werden uns mit ihnen noch eingehend beschäftigen müssen.

Der achte Hauptteil des Yoga endlich ist die Versenkung, [3]) das ist das völlige Aufgehen in dem, was man meditiert, bis zum Auslöschen der eigenen Person oder, wie *Patañjali* sagt: [4])

> Die Meditation, die nur mehr den betrachteten Gegenstand spiegelt und in der sich nichts mehr findet von der Natur des Betrachters, heißt Versenkung.

Das ist wohl eine höchst merkwürdige Erklärung, die wir ja auf der einen Seite ganz folgerecht finden werden, indem eben schon auf dieser Stufe gewissermaßen das Auslöschen des Bewusstseins sich ankündigt, der Verzicht auf ein persönliches Fortleben, wie ihn der indische Begriff der Erlösung nun einmal in sich schließt; andererseits aber ist eben dies doch auch der Hauptgrundsatz der Wissenschaft, sich in den Gegenstand zu versenken, lediglich seine Eigenart zu Wort kommen zu lassen und alles, was dem Betrachter anhaftet, seine Zu- und Abneigungen, seine Stimmungen auszuschalten. Und in der Tat werden wir sehen, dass die Anwendung dieses Grundsatzes

---

1) Dhyânam.
2) Vgl. Heiler, Die buddhistische Versenkung, S. 10f.
3) Samâdhi.
4) Yoga Sûtras III 3; nach Deussen, Allg. Gesch. d. Phil. 1/3, S. 528.

zwar zum Teil zu höchst phantastischen, zum Teil aber auch zu höchst tiefsinnigen und wahrheitshältigen Anschauungen geführt hat.

Wer nun Konzentration, Meditation und Versenkung üben gelernt hat, der hat, wie *Patañjali* sagt, [1]) sein Ich ausgeschaltet. [2]) Damit verfügt er über die Gabe der das Ich ausschaltenden „selbstlosen" oder, wie ich lieber sagen möchte, der „geistesfreien" Betrachtung, und wer diese sein eigen nennt, der wird alle möglichen Dinge in der Welt, wenn er sie überdenkt, überdenken nach ihrem wahren Wesen und wird darum die Wahrheit erkennen. Weil er aber die Gabe hat, die Wahrheit zu erkennen, wird er vor allem auch die große Heilswahrheit erkennen: es wird ihm das Wesen des Ich aufgehen, die Verschiedenheit des rein geistigen Ich-Kerns, der in jedem von uns steckt, von allem, was diesen Kern verhüllt, von allen Wahrnehmungen, allen Gedanken, allen Gefühlen.

Indem ihm aber diese Verschiedenheit einleuchtet, werden die Bewusstseinserscheinungen, wie Patañjali sagt, [3])

den Bergabhang der Erlösung hinabströmen,

das Ich wird nur mehr

in seiner eigenen Natur verharren,

es wird für dieses Ich jene

völlige Abgelöstheit

eintreten, [4]) in der eben nach dieser Anschauung die Erlösung besteht.

An diesen vorläufigen Überblick über die Hauptteile des Yoga möchte ich nun noch eine kurze Betrachtung schließen. Ich möchte nämlich auf die Frage zurückkommen: ist der Yoga etwas Abnormes, etwas Krankhaftes, oder nicht? Oder fragen wir vorsichtiger: ist er mehr etwas Abnormes, ist er mehr etwas Normales, oder ist er mehr etwas Übernormales? Das Abnorme, das Krankhafte, lässt sich ja im Yoga unmöglich übersehen. Wir finden hier den starren Blick, die starre Haltung, kurz eine regelrechte Hypnose, wir finden die verlangsamte Atmung, die zu einer leichten Vergiftung oder wenigstens Berauschung führt. Auch den wir noch hören, dass, ehe sich die erlösende Erkenntnis einstellt, ganz regelmäßig Sinnestäuschungen auftreten, dass Schweißausbrüche vorkommen, Betäubungszustände bemerkt werden, und dass schließlich das Bewusstsein erlischt — auf

---

1) III 4.
2) Er hat Samyama, eigentlich Selbstbezwingung, errungen. Vgl. Kaushitaki-Up. II 5; Deussen, 60 Up., S. 32.
3) Y. S. IV 25.
4) IV 33.

eine Art, die wir auch nicht als eine normale beurteilen können. Wir werden auch hören, dass der Yogin sich übernatürliche Fähigkeiten zuschreibt, was sicher zum Teil auf derartige krankhafte Erlebnisse zurückgeht. Er meint, dass er in der Luft fliegen, dass er sich in mehrere Persönlichkeiten spalten, dass er mit seiner Seele in diesen oder jenen anderen Menschen eingehen könne. Das sind aber lauter Erscheinungen, die uns aus der Psycho-Pathologie, aus der Lehre von den Seelenstörungen, geläufig und bekannt sind. Wenn demgegenüber unsere Theosophen und Halbtheosophen uns überreden möchten, dass das, wie sie sich ausdrücken, vielmehr „rein geistige" Erscheinungen seien, womit sie sagen wollen, dass hier eine höhere als die menschliche Welt in diese hineinstrahle und sich in ihr einen Ausdruck zu schaffen strebe, so müssen wir demgegenüber betonen, dass unsere Quellen uns gar keinen Anlass geben, daran zu zweifeln, dass wir hier Vorgängen einer uns recht geläufigen Art aus dem Gebiet krankhafter Seelenstörungen gegenüberstehen.

Trotzdem halte ich eigentlich die entgegengesetzte Gefahr für die größere, nämlich die Gefahr, bei dem Eindruck stehenzubleiben, als ob wir uns bei unserer Beschäftigung mit dem Yoga im Wesentlichen im Dunstkreis eines Narrenhauses befänden. Meine Überzeugung ist die, dass der Yoga seinen wesentlichsten Bestandstücken nach keine krankhafte Erscheinung ist, und diese Überzeugung gründe ich vor allem auf die Erlebnisse und Gedankengänge, mit denen die Yogins aus ihren Versenkungszuständen zurückkehren. Diese Gedankengänge, die wir ja, zum größten Teil wenigstens, noch näher kennenlernen werden, sind uns nämlich im Wesentlichen völlig verständlich; sie sind völlig vernünftig, zum Teil von großer gedanklicher Feinheit und von hoher poetischer Schönheit, und das ist das, was ich den Beweis der Tat für den Erkenntniswert seelischer Zustände nenne. Und gegenüber diesem Beweis der Tat dafür, dass das, was der Yogin während seiner Yogaübungen denkt, zwar nicht übermenschlich ist, aber auch nicht untermenschlich, vielmehr wahrhaft menschlich, gegenüber diesem Beweis der Tat hat sowohl das Geraune unserer Theosophen von rein geistigen Welten, die sich hier erschließen sollen, als auch der Spott der Unverständigen zu schweigen, die uns weismachen möchten, dass hier nichts anderes vor uns stehe als ein Narrenhaus. Ich komme somit zu dem Schluss, dass das Abnorme, dass die starken Erregungen, die Sinnestäuschungen, die Wonneschauer und Schweißausbrüche, von denen in den Yoga-Schriften gelegentlich die Rede ist, dass das eigentlich nur Mittel sind, durch die der Yoga Erlebnisse steigert, die ein Mensch auch ohne diese pathologischen Nebenerscheinungen erfahren könnte. Warum aber bedarf der Yogin dieser pathologischen Nebenerscheinungen? Warum kann er die feinen und zum Teil schönen Gedankengänge nicht so denken, wie wir sie denken? Da möchte ich auf folgendes aufmerksam machen. Wir haben eine jahrhunderte-, eine jahrtausendelange Schulung des Körpers und des Geistes hinter uns, der Inder hatte sie vor sich. Wir können Leistungen auf Befehl in wenigen Sekunden vollführen, die man dem Inder erst höchst umständlich erklären und einprägen musste. Unter den Reinigungen, die dem Yogin vorgeschrieben werden, sind einige ja eigentlich körperliche Reinigungen, und unter diesen führt ein Lehrbuch des Yoga auch folgende als heilige und geheime Übungen an: [1])

Man soll sich die Zähne abreiben und soll dann das Wasser ausspucken; man soll sich die Ohren mit den Fingern reinigen; man soll nach dem Essen Wasser in den Mund nehmen, es hin und her bewegen und soll es dann wieder ausstoßen.

Das alles wird als hochheilige, geheim zu haltende, religiöse Übung dargestellt. Bei uns sagt man: Putz' dir die Zähne, spül' dir den Mund aus, wasch' dir die Ohren! Aber wie auf körperlichem, so gilt das nun auch auf geistigem Gebiet. Bei uns sagt man: Bilde den Begriff des leeren Raumes! Buddha will einmal dasselbe sagen, [2]) da gibt er eine lange, lange Erklärung. Er sagt etwa: Hier ist ein Zimmer, in diesem Zimmer sind Menschen; dagegen sind in diesem Zimmer keine Elefanten, keine Ochsen, keine Pferde, keine Edelsteine; das Zimmer ist also leer von Elefanten, Ochsen, Pferden und Edelsteinen, nur von Menschen ist es nicht leer. So denke dir nun einen Wald; dieser Wald sei leer von Menschen und von Häusern, von Elefanten, Ochsen, Pferden, Edelsteinen, er sei von allem leer, nur nicht von Wald. Und nun denke dir die Erde, und sie sei leer von Wäldern, von Häusern, von Menschen, von Elefanten, von Ochsen, von Pferden und Edelsteinen, leer von allem, nur nicht von Erde. Und nun denke dir einen Raum, der sei leer von Erde, leer von Häusern, Menschen, Elefanten, Ochsen, Pferden, Edelsteinen, leer von allem, nur nicht leer von Raum: einen solchen Raum nenne ich einen leeren Raum. — So umständlich musste man dem Inder ein Wort erklären, das wir ohne weiteres verstehen. Aber freilich, wenn ich sage „wir", so ist das vielleicht schon zu viel gesagt, denn auch heute würde sich vielleicht ein Bauer bei dem Ausdruck „leerer Raum" nichts Be-

---

1) Gher. Samh. I 27; 33; 39; nach Schmidt, S. 181 f.
2) Majjhima Nikâja 127; nach Oldenberg, Buddha, S. 365.

stimmtes zu denken wissen, und wir müssten ihm diesen Ausdruck auf eine ähnlich umständliche Weise erklären. So wie nun hier der Ungeschulte sich eine Menge mühsamer Überlegungen auferlegt, die ihn dabei dem Ziele kaum näher bringen, so dürften wir vielleicht überhaupt vieles von den krankhaften Erlebnissen des Yogin, die ihm als unerlässliche Vorbedingungen der erlösenden Erkenntnisse erschienen, den Nebenbewegungen vergleichen, die einer ausführt, der Schwimmen oder Klavierspielen lernen soll. Bekanntlich liegt das Schwierige der Erlernung solcher Bewegungen nicht nur darin, dass man sich das Richtige und Nötige angewöhnen, vielmehr fast ebenso sehr auch darin, dass man sich das Unrichtige und Unnötige abgewöhnen muss. Wer etwa Klavierspielen lernt, macht eine große Menge unnötiger Bewegungen, senkt etwa die Ellbogen, hebt das Knie, beugt den Körper vorwärts usw. Ähnlich mag es nun auch hier stehen bei Menschen, die noch nicht gelernt haben, abstrakte Begriffe zu bilden und auf ihre eigenen Gefühle und Empfindungen zu achten. Sie arbeiten mit einem ganz unnötig großen Aufwand von Erlebnissen, mit allen möglichen Nebenerscheinungen, mit Schweißausbrüchen, Gesichts- und Gehörstäuschungen. Allein all diese Erscheinungen sind gar nicht das eigentlich Wesentliche. Das, worauf es ankommt, sind ganz andere, allgemein menschliche Dinge, die auch wir verstehen und begreifen. Ein merkwürdiger Beleg dafür ist es, dass *Patañjali*, wo er davon spricht, dass im Verlauf der Versenkung übernatürliche Lichterscheinungen und Klänge auftreten, hinzufügt: [1])

Aber diese übernatürlichen Lichterscheinungen und Klänge wären zwar Vorzüge für einen Wachen, bei der Versenkung aber sind sie Hemmnisse und müssen überwunden werden.

Wenn wir uns aber fragen, zu wessen Gunsten sie überwunden werden sollen, so müssen wir antworten: doch eben zugunsten jener feinen Gedanken und schönen Empfindungen, die das Menschliche im Yoga darstellen und die wir mit etwas gutem Willen sehr wohl aus den Yoga-Schriften herausheben und würdigen können.

---

1) Yoga Sûtras III 37; nach Deussen, Allgem. Gesch. I/3, S. 533; vgl. Mokshadharma 240/24.

XIX. DIE ENTSTEHUNG DES YOGA

Der Yoga ist das planmäßige Verfahren, mittels dessen der Inder seinen Alltagszustand, insbesondere seine alltäglichen Interessen und alltäglichen Gedanken unterdrückt, um auf diese Weise das eigentliche, ewige Wesen seines Ich hervortreten, hervorleuchten zu lassen. Er hofft, dass dann auch nach dem Tod, da er mit den Alltagsinteressen die Wurzelfäden durchschnitten hat, aus denen allein neue Geburten in diesen Welten hervorwachsen könnten, dieses eigentliche, ewige Wesen seines Ich sich in seiner Reinheit erhalten wird, und er hofft, dass ihm auch schon in diesem Leben, als der Ertrag seines Kampfes mit dem Alltagsbewusstsein, dieses sein eigentliches, ewiges Wesen aufleuchten wird. Freilich, da dieses eigentliche, ewige Wesen seines Ich nichts enthalten darf von all dem, was nicht zu seinem Ich gehört, also Nicht-Ich ist, und da alles, dessen sich der Mensch bewusst sein, alles, was Inhalt seines Bewusstseins sein kann, ein solches Nicht-Ich ist, so kann jenes eigentliche, ewige Wesen des Ich streng genommen erst dann hervortreten, wenn das Bewusstsein erlischt. Es kann also das Bewusstsein von diesem ewigen Wesen des Ich eigentlich nur sein ein Bewusstsein einer Bewusstlosigkeit oder, wenn wir es anders ausdrücken wollen, es kann das, was den Yogin für seine Mühe und seinen Kampf belohnt, nur ein Widerschein des Bildes sein, das die Bewusstlosigkeit auf die Spiegelfläche seines Bewusstseins wirft.

Diese Unterdrückung des Alltagsbewusstseins, des Nicht-Ich, von dem nach der indischen Vorstellung das eigentliche, innerste Ich umhüllt ist, äußert sich nun einerseits als Unterdrückung des körperlichen Lebens, als Erwerbung der vollen Herrschaft des Geistes über den Leib, und zwar nicht nur über den Leib, soweit er von vornherein der Herrschaft des bewussten Willens unterliegt, sondern auch über den Leib, sofern er für gewöhnlich unter der Herrschaft unbewusster Lebenskräfte steht, wie das vor allem von der Atmung gilt. Es geht aber diese Herrschaft des Geistes noch weiter, sie geht sogar so weit, dass in einzelnen Fällen kaum daran gezweifelt werden kann, dass sich Yogins aus freiem Willen in einen starrkrampfartigen Zustand des Scheintods versetzt haben, in dem sie bis zur Dauer von mehreren Wochen geblieben sind. Die Zeugnisse für dieses Lebendbegrabenwerden der Yogins sind zwar nicht sehr zahlreich, aber wenigstens für einen Fall scheinen sie ausreichend zu sein; [1]) es ist das der Fall eines gewissen *Haridâs*, der um das Jahr 1830 gelebt hat und von dem eine ganze Reihe europäischer Zeugen, unabhängig voneinander, bestätigt, dass er sich willkürlich in einen Zustand versetzen konnte, in dem er einer Leiche glich, und sich dann unter Beobachtung vieler Vorsichtsmaßregeln begraben ließ; das Grab wurde versiegelt, nach drei bis vier Wochen, einmal sogar erst nach sechs Wochen geöffnet, und es gelang jedes Mal, den Yogin wieder zum Leben zu erwecken. Das Bild dieses *Haridâs* steht als Titelbild vor dem Buch von Richard *Schmidt*: „Fakire und Fakirtum", und es gibt einen merkwürdigen Begriff von dem Wesen eines solchen Yogin. Sein Ausdruck deutet auf große und echte Milde und Demut hin, ist aber durchaus nicht frei von einem gewissen Zug von — ich möchte fast sagen: pfäffischer — Klugheit, Findigkeit und Anschmiegsamkeit an die Verhältnisse.

Einen noch größeren Raum als die Unterwerfung des Körpers unter den Geist nimmt aber im Yoga die Unterwerfung der niedrigeren Geistesvermögen unter die höheren ein. Die Stufenleiter dieser Vermögen wird dabei verschieden beschrieben, je nach dem psychologischen System, dem der Verfasser gerade anhängt; das Wesentliche aber ist immer, dass die Geistesenergie abgelenkt werden soll von der sinnlichen Wahrnehmung des Äußeren auf die inneren Vorstellungen und Gedanken, dann wieder von diesen inneren Vorstellungen und Gedanken auf gewisse Erkenntnisse von den höchsten Dingen und schließlich von diesen Erkenntnissen auf das bloß gefühlsmäßige, unmittelbare Erleben der Einheit des Ich mit dem letzten und höchsten Prinzip, mit dem Urgrund der Welt, mag nun dieser Urgrund als Ich oder Brahman oder als göttlicher Herr aufgefasst werden. Der Weg dieser Unterdrückung ist bald ein mehr gedanklicher, indem der *Yogin* fortgeführt wird von anschaulicheren zu immer unanschaulicheren Vorstellungen, immer abstrakteren Begriffen, bald ein mehr gefühlsmäßiger, indem er dazu angeleitet wird, seine Aufmerksamkeit immer innerlicheren Erlebnissen zuzuwenden und durch Selbstbeobachtung, Selbstwahrnehmung bis zur Erfassung des innersten Kerns seines eigenen Wesens, des Ich, vorzuschreiten. Wir dürfen vielleicht sagen, insofern der Yogin seinen Leib der Herrschaft des

---

1) Schmidt, Fakire und Fakirtum, S. 74ff.

bewussten Willens unterwirft, macht er eigentlich eine Entwicklung durch, die sich in gewissem Sinn mit unseren körperlichen Übungen, mit dem Sport, vergleichen lässt; insofern er gedanklich zur Abwendung von der Anschaulichkeit und zur Hinwendung zum Abstrakten erzogen wird, macht er eine Entwicklung durch, die der *logischen* Schulung entspricht; insofern er sich endlich daran gewöhnt, immer innerlichere Erlebnisse zu erfassen, ähnelt seine Entwicklung in mancher Hinsicht der *psychologischen* Schulung, ist gleich ihr auf die Erweckung der Selbstbeobachtung angelegt. Im Verlauf dieser Schulung, dieser Entwicklung tritt nun eine ganze Reihe von abnormen, krankhaften Erscheinungen auf, die aber, wie ich schon andeutete, zum größten Teil als Gewaltmittel begriffen werden können, wie sie bei ungeschulten Menschen dort erforderlich sind, wo ich ganz ähnliche Ergebnisse bei geschulteren Menschen durch viel mildere Mittel erzielen lassen. So z. B. bedarf es bei dem Ungeschulten, um ihn zu gesammeltem Nachdenken zu bringen, eines wenigstens halb und halb hypnotischen Zustands, während wir zweifellos ein ebenso gesammeltes Nachdenken bloß durch den ernsten Vorsatz, konzentriert zu denken, erzielen. Ebenso: wo wir ohne besondere Veranstaltungen vom Anschaulichen zum Abstrakten fortschreiten, z. B. von der Anschauung eines räumlich ausgedehnten Gegenstandes zum abstrakten Begriff des leeren Raumes, da verlangt der Yoga einen Vorgang, der mit starrem Hinblicken auf eine leuchtende Fläche oder mit starrem Fixieren irgendeines Gegenstandes beginnt, um dann erst, gewissermaßen durch diesen hypnotischen Zustand geschützt und umhegt gegen alle störenden Eindrücke von außen, diese Erhebung des Geistes zu einem unanschaulicheren Betriff zu vollziehen. Auch die körperlichen und gefühlsmäßigen Erlebnisse, die sich bei derartigen Vorgängen ergeben, werden vom Yogin nicht immer als etwas bloß Inneres, sich im Bewusstsein Abspielendes beurteilt. Während es z. B. in einem mittelalterlichen Lehrbuch des Yoga [1]) ganz schlicht und rein beschreibend heißt:

> Man ziehe die äußere Luft mit aller Kraft durch das rechte Nasenloch ein und halte sie mit vielem Eifer solange zurück, bis der Schweiß aus Zehen und Haaren herausbricht,

sagt eine viel ältere Upanishad, [2]) wie wir gleich hören werden, dass der Yogin einen Feuerleib erwirbt, womit gewiss nichts anderes gemeint ist, als dass derartige Empfindungen der Erhitzung und An-

---

1) Gher. Samh. V 61; nach Schmidt, S. 214.
2) Cvet. Up. II 12.

strengung auftreten, die aber eben nicht bloß als innere Erlebnisse beurteilt, vielmehr als äußere Erlebnisse in die Welt der Wirklichkeit hinaus verlegt werden. Das Entscheidende bleibt bei alledem doch, dass die Gedankengänge des Yogin inhaltlich unserem Verständnis durchaus zugänglich sind, dass sie inneren Wert haben, sich uns als tief und schön, aber durchaus nicht als übermenschlich darstellen. Das berechtigt uns, auf der einen Seite mit aller Sicherheit zu sagen, dass der Yoga seinem innersten Wesen nach nicht aus krankhaften Vorgängen besteht, denn dann müssten die in den Yogazuständen gewonnenen Erkenntnisse unsinnig oder doch irgendwie verzerrt sein; es berechtigt uns aber auch, mit derselben Bestimmtheit zu sagen, dass der Yoga nicht ein Eindringen in eine höhere, wahrere Welt ist, denn dann müssten die Erkenntnisse, die dort gewonnen werden, auf uns wie eine höhere Offenbarung wirken, und das ist durchaus nicht der Fall.

Nach diesen Vorbemerkungen können wir uns der Frage zuwenden, wie der Yoga entstanden sein dürfte. Nun sind ja, besonders in Verbindung mit zauberischen und gottesdienstlichen Verrichtungen, Zustände zeitweiliger Entrückung und Verzückung fast bei allen Naturvölkern verbreitet. Auch im R̥igveda begegnen wir [1]) solchen „Wildekstatikern urältester Zeit", die ihr „Schamanentum", ihre an keinen Opferdienst gebundene „ekstatische Praxis" bewahrt und fortgebildet haben. [2]) Aber auch der ehrsame Priester und Krieger versetzt sich von Zeit zu Zeit in ähnliche Zustände. Der Übergang von einem Lebensabschnitt zum andern, etwa vom Jünglings- ins Mannesalter, bei den Indern insbesondere der Eintritt in die Priesterschaft, wird ursprünglich vielfach aufgefasst all ein Sterben und ein darauf folgendes Wiedergeborenwerden. Zwischen diesen beiden Vorgängen liegt eine, meist dreitägige, Zwischenzeit, in der der Geist des angehenden Priesterschülers dem Leib entrückt ist und, wie man annimmt, im Jenseits sich frei ergeht, während sein Körper in der Stellung einer ungeborenen Leibesfrucht, regungslos dasitzend, der Wiedergeburt entgegenharrt. [3]) Aber auch der längst in seinem Beruf tätige Priester kann nur in Zuständen der Entrücktheit das höchste

---

1) X 136.
2) Hauer, Anfänge, S. 169. — Dagegen erscheint mir die Annahme Hauers (S. 184ff.), als ältester Yogin sei der Vrâtya, Atharvav. XV, anzusehen, einigermaßen fraglich. Denn der Vrâtya ist ein „tanzender Derwisch", den Yogin bezeichnet vor allem regungsloses Stillsitzen; da ist doch auch ein „langsamer" Übergang (Hauer, S. 188) von der einen zur anderen Erscheinung nicht ohne weiteres denkbar!
3) Hauer, Anfänge, S. 87.

Ziel seines Tuns wirklich erleben, es selbst schauen, wie die Götter, dem Zauber der heiligen Formeln folgend, auf dem Opferplatz erscheinen und von der heiligen Speise essen, den heiligen Rauschtrank schlürfen: eine Stelle des Rigveda [1]) lässt es als nicht undenkbar erscheinen, dass ein solcher Zustand verzückter Schau schon in jenen uralten Zeiten durch nachhaltiges Anstarren des Opferfeuers eingeleitet wurde. [2]) Und im Grunde sind ja dies alles nur besondere Anwendungen einer allgemeineren, uns längst vertrauten Erscheinung, der Kasteiung, des Tapas: der Inder, wenn er irgendein bedeutendes Unternehmen vorhat, setzt sich hin, erhitzt sich, sammelt Kraft an, und nun erst, nachdem er auf diese Weise seine Kräfte gesteigert hat, geht er daran, sein Vorhaben auszuführen. Nichts weniger als wunderbar, dass er an das allerbedeutsamste Unternehmen, an das Unternehmen, in seinem eigenen Innern die höchste Wahrheit unmittelbar zu erleben, auch erst nach solcher Vorbereitung herantritt!

Aus dem Tapas also — das wird allgemein anerkannt — ist der Yoga zuletzt entstanden. Wann und wie hat sich aber aus dieser so vielfältigen Erscheinung das besondere Yogaverfahren herausgebildet, als dessen eigentümlichstes Kennzeichen wir doch vielleicht die „Atemregelung" werden ansehen dürfen?

In den beiden ältesten Upanishaden, der Chândogya-Upanishad und der Bṛihad-Âraṇyaka-Upanishad, sowie in den vier alten, ihnen der Zeit nach am nächsten stehenden Upanishaden, findet sich eine *unzweideutige* Beziehung auf den Yoga noch nicht. Es wird allerdings das Brahman, wie wir uns erinnern, mit dem Blitz oder einem andern leuchtenden Gegenstand verglichen, [3]) was ja an die hypnotischen Zustände, die das Yogaverfahren so oft einleiten, unleugbar erinnert. Es wird aber daran eine Anweisung, wie man mit Hilfe derartiger Zustände das Brahman zu erfassen habe, nicht geknüpft, und da die Upanishaden ja schon an und für sich geheime Unterweisungen sind, lässt sich kaum annehmen, dass sie selbst irgendetwas als noch geheimer verschweigen sollten. In der Bṛihad- Âraṇyaka-Upanishad findet sich allerdings eine merkwürdige Stelle. Es heißt dort einmal: [4])

Man soll nur ein Gelübde befolgen, man soll einatmen und ausatmen und dabei wünschen: Möge mich das Übel, der Tod nicht packen!

1) VI 8, 5.
2) Hauer, ebd., S. 154f.
3) Br. Âr. Up. II 3, 6; Kena Up. 29.
4) Br. Ar. Up. I 5, 22; nach Deussen, 60 Up., S. 406.

Das sieht natürlich zunächst so aus, als ob hier schon die bewusste Regelung der Atmung, wie sie wesentlich und als Hauptmerkmal zum Yoga gehört, empfohlen würde. Doch lässt sich einwenden, man dürfe diese Stelle nicht anders auffassen als eine zweite, ähnliche, in einer anderen, gleichfalls alten Upanishad, [1]) wo es heißt:

> Solang ein Mensch ausatmet, solang kann er nicht einatmen, da opfert er also den Einhauch in dem Aushauch. Und solang ein Mensch einatmet, solang kann er nicht ausatmen, da opfert er also den Aushauch in dem Einhauch. Und diese beiden Opferungen sind unendlich und unsterblich; denn man bringt sie dar ohne Unterlass im Wachen wie im Schlaf. Hingegen die anderen Opferungen sind endlich, denn sie bestehen nur aus einzelnen Werken.

Hier soll doch, scheint es, bloß der Waldeinsiedler darüber beruhigt werden, dass er keine Opfer darzubringen braucht, dass sein bloßes Ein- und Ausatmen schon ein Opfer ist, indem er — wie der priesterliche Verfasser nicht ohne Künstlichkeit ausrechnet —, wenn er einatmet, auf das Ausatmen, und wenn er ausatmet, auf das Einatmen verzichtet. Trotzdem glaube ich, dass sich wahrscheinlich beide Stellen schon auf den Yoga beziehen. Die Stelle über das Opfer des Ein- und Ausatmens bezeichnet nämlich dieses Opfer als Ausfluss der „Selbstbezwingung", [2]) mit demselben Wort, mit dem *Patañjali* in seinen Merksprüchen des Yoga [3]) die höchsten Stufen des Yoga, Konzentration, Meditation und Versenkung, zusammenfasst. Und an der Stelle der Brihad-Âranyaka-Upanishad, wo es heißt:

> Man soll nur ein Gelübde befolgen, man soll einatmen und ausatmen, da folgt noch ein Satz, der besagt:

> Wer dieses Gelübde befolgt, der suche es auch durchzuführen; denn er wird dadurch mit dem Windgott Verbindung und Zusammensein erlangen.

Von dem bloßen Ein- und Ausatmen kann man nun doch eigentlich nicht sagen, man solle dieses Gelübde durchzuführen suchen; denn wie könnte denn ein Mensch leben, ohne immer ein- und auszuatmen? Überdies muss man, glaube ich, auch auf den Zusammenhang achten, in dem diese ganze Stelle steht. Vorher aber müssen wir uns klar machen, dass doch eigentlich alle bisherigen Versuche, begreif-

---

1) Kaush. Up. II 5; nach Deussen, 60 Up., S. 32.
2) Samyama.
3) Yoga Sûtras III 4.

lich zu machen, warum denn letztlich die Regelung, insbesondere die Verlangsamung des Atmens und ganz besonders das lange Einbehalten des Atems im Körper eine solche Mittelpunktstellung im Yoga einnimmt, zwar etwas taugen mögen, sofern sie diese Vorstellung einigermaßen verständlich machen können, aber doch nichts taugen als eigentliche, letzte Erklärung.

Es ist ja richtig: wer seine Atmung dem bewussten Willen unterwirft, der dehnt nicht nur seine Herrschaft über seinen Körper aus, er gewinnt auch ein gewisses Gefühl der Freiheit und Leichtigkeit und mag auch durch einen leichten Kohlensäurerausch sich gegen Unlustempfindungen abstumpfen. Das sind also immerhin Vorteile, die jenes Verfahren mit sich bringen kann. Denkt man andererseits an die alte, ursprüngliche, noch durchaus im Aberglauben wurzelnde Kasteiung, so begreifen wir wohl auch, dass das Einbehalten des Atems als Schutz gegen das Eindringen böser Mächte von außen verstanden werden, und dass absichtlich herbeigeführtes Keuchen dazu dienen konnte, die Empfindung der Hitze zu erzeugen, dem Menschen ein Kraftgefühl zu geben. Soviel verstehen wir ja; aber warum nun im Mittelpunkt des ganzen Heiligungs- und Erlösungsverfahrens gerade das regelmäßig verlangsamte Ein- und Ausatmen stehen und so viel Gewicht gerade darauf liegen soll, dass der Yogin die Luft so lang wie nur möglich in seinem Körper behält, das verstehen wir bei alledem doch eigentlich nicht.

Wenn wir aber nun die Stelle der Bṛihad-Âraṇyaka-Upanishad, die vom Ein- und Ausatmen handelt, ansehen, so finden wir, dass sie den Schluss eines Abschnitts bildet, der den *Lebenshauch* als das Höchste darstellt, und zwar sowohl den Lebenshauch des Einzelnen als seine höchste Lebensäußerung verherrlicht wie auch den Lebenshauch der Welt, den Wind, als die Seele der Welt. Und nun werden wir uns erinnern, dass der Lebenshauch, Prâna, schon in sehr alter Zeit bei den Indern eine überaus bedeutungsvolle Rolle gespielt hatte. So haben wir in der Bṛihad-Âraṇyaka-Upanishad gelesen: [1]) Die Welt ist das Unsterbliche, verhüllt durch die Wirklichkeit; denn, so hieß es dort,

> der Lebenshauch ist das Unsterbliche, Name und Gestalt sind die Wirklichkeit.

Also schon dort bestand die Vorstellung, dass der Lebenshauch der innerste Kern des Menschen wie der Welt, dass er die Seele, das

---

1) I 6, 3.

Ich sei. Wir haben ferner in derselben Upanishad gelesen, [1] dass der Lebenshauch, und zwar sowohl der Atem wie auch der Wind, das Unbegrenzte, das Unsterbliche, das Lebendige, das Jenseitige heißt. Wir werden uns endlich erinnern, dass in noch früherer Zeit, in der Zeit, in der die ersten Priesterreden entstanden sind, Hymnen an den Wind als den Lebenshauch, den Prâna, der Welt, gedichtet wurden, und dass wir dort ein Lied kennenlernten, das begann: [2]

Verehrung sei dir, o Prâna, in deiner Macht ist diese ganze Welt, du bist des Weltalls Herr, in dir ist alles gegründet.

Und in einem anderen Lied [3] hieß es vom Hauche:
Als Träger trägt er und wird selbst getragen,
Der eine Gott, der einging in die vielen;
Wenn er es müde wird, die Last zu tragen,
Wirft er sie ab und rüstet sich zur Heimkehr.

Hier wird also der Hauch als das Höchste in der Welt aufgefasst, und das Lied hat sogar eine Fortsetzung, in der dieser einheitliche Hauch zerspalten wird in Ein- und Aushauch. Es heißt dort". [4]

Verehrung sei euch, höret auf mein Rufen,
Einhauch und Aushauch, die ihr rasch dahinstreicht!
Ich rufe betend euch, schnell herzukommen:
Den, der mich hasst, verlasst, ihr ewig Jungen!

Verlasst ihn beide, Einhauch du und Aushauch,
Vereint euch nicht mit seinem Lebensodem;
Erhöret mein Gebet und übergebt ihn
Dem Tod, o Götter, den ich hiermit töte!

In der ältesten Zeit also galt der Hauch selbst als das höchste Prinzip, [5] als der Urgrund der Welt und des Menschen, gewissermaßen als das Brahman, der Âtman. Und wenn wir das bedenken, werden wir, denke ich, ohne weiteres verstehen, was denn die Regelung des Atmens ursprünglich bedeutet. Sie bedeutet ursprünglich, dass der Mensch sich mit diesem höchsten Prinzip, mit diesem Ich seiner Selbst und der Welt, erfüllen will, dass er diese höchste, brahmanartige Kraft einziehen, sie in sich aufspeichern will, solange er nur kann. Und noch eine späte kleine Upanishad [6] sagt, wo sie von der Regelung des Atmens spricht, ausdrücklich:

---

1) II 3, 3 u. 5.
2) Atharvaveda XI 4, 1; nach Deussen, Allg. Gesch. d. Phil, I/1, S. 302.
3) Taitt. Âr. III 14, 1; nach Deussen, ebd., S. 299.
4) Ebd. Vers 7-8; S. 300.
5) Vgl. Oldenberg, Die Lehre der Up., S. 261.
6) Amritabindu Up. 19.

Der Yogin staut in sich das Kraftfeuer auf.

Also zutiefst wurzelt der Yoga wohl in der Sehnsucht, sich zu erfüllen mit dem Prâna selbst, mit dem Hauch, der die Seele des Menschen und der Welt ist. Ein wenig später, zu der Zeit, als der Hauch nicht mehr selbst als das höchste Wesen gilt, aber doch noch gewissermaßen als der Leib des Heiligen, des Brahman, zu der Zeit, wo es hieß: der Hauch umhüllt das Brahman, [1]) glaubte man, dass man mit der Luft, dem Hauch, dem Wind, das Brahman in sich aufnehme und dann nur mehr die Aufgabe habe, aus diesem Hauch das Brahman selbst herauszufühlen: da der Yogin in dem eingezogenen Lebenshauch das höchste Lebensprinzip, das lebendige Ich, den heiligen Weltgrund schon in sich hat, so braucht er sich nur noch in diesen Hauch mit allen Kräften seiner Seele zu versenken: so wird er das eigentliche Wesen dieses höchsten Lebensprinzips, seines eigenen Ich, sozusagen erfühlen, er wird davon Bewusstsein und Erkenntnis und dann auch alle für solche Erkenntnis verheißenen Belohnungen erlangen. Das dürfte die ursprüngliche Entstehung des Yoga sein, soweit in ihm die Atemregelung eine Mittelpunktstellung einnimmt. [2]) Darauf weist ja übrigens auch die technische Bezeichnung dieser Atemregelung hin: *Prânâyâma*, ein Ausdruck, der auch in der Theosophie unserer Zeit viel gebraucht und missbraucht wird, jedoch nichts anderes bedeutet als „Bezwingung des Hauches", wobei den

---

1) Br.-Âr. Up. II 1, 20.

2) Die hier geäußerte Vermutung, dass der Atem für den Yogin ursprünglich das Lebensprinzip bedeutet, scheint bestätigt zu werden durch die entsprechende Anschauung der chinesischen Taoisten. Vgl. Dschuang Dsi VI 1 (S. 46 d. Übers, v. R. Wilhelm): „Die wahren Menschen holen ihren Atem von ganz unten" (eigentlich von den Fersen!) „herauf, während die gewöhnlichen Menschen nur mit der Kehle atmen . . . Je tiefer die Leidenschaften eines Menschen sind, desto seichter sind die Regungen des Göttlichen in ihm"; XV (S. 116 W.): „. . . Ausatmen und einatmen, die alte Luft und die neue einziehen . . ., das ist die Kunst, das Leben zu verlängern. So lieben es die Weisen, die Atemübungen treiben und ihren Körper pflegen, um alt zu werden . . ."; XXVI 9 (S. 204 W.): „Das Bewusstsein der Geschöpfe ist durch das Atemholen bedingt. Ist der Atem nicht reichlich, so ist das nicht die Schuld des Himmels denn Himmel entsendet ihn Tag und Nacht ohne Aufhören, und nur der Mensch selber ist es, der darauf bedacht ist, seine Zugänge zu verstopfen. Der Mensch hat in seinem Leib genügend Raum (um Atem zu holen)." Nun scheinen zwar bei Dschuang Dsi gewisse buddhistische Einflüsse aufzuscheinen (II 9—10; VIII 1: „Schwimmhäute", vgl. die buddhistische Lehre vom „Mahâpurusha"; XII 4; XVIII 2; vgl. die Lehre des Yin Wen, S. XIX W., ferner zu VI 3 Ende die indische Seelenwanderungs- und zu XIX 10 die Tapas-Lehre), allein an den angeführten Stellen wird die Beziehung der Atemregelung zum Lebensprinzip viel unverhüllter ausgesprochen als in der buddhistischen und in der älteren Yoga-Literatur. Somit dürfte hier eher die Wurzel bloßliegen, aus der auch die Atemregelung der Yogins erwachsen ist.

„Hauch" ebendasselbe Wort „Prâna" bezeichnet, das schon in den ältesten Zeiten dem Lebenshauch, diesem den Menschen wie die Welt belebenden, ja das heilige Brahman selbst in sich tragenden, halb oder auch ganz göttlichen Wesen den Namen gegeben hat. Dazu stimmt auch, dass, wie *Oldenberg* gezeigt hat, [1]) schon in einer Priesterrede [2]) von einer bestimmten Art, den Veda herzusagen, gerühmt wird, man erwerbe durch sie Anspannung des Geistes, Unterdrückung der Sinne und Konzentration des Denkens — lauter Ausdrücke, die später dem Sprachschatz des Yoga angehören. So dürfen wir also vermuten, dass die Ausbildung des Yoga schon bis in die Zeit der jüngsten Priesterreden und der ältesten Upanishaden zurückreicht, dass aber die ursprüngliche Bedeutung, die die Atemregelung dabei gehabt haben wird, dann bald in Vergessenheit geriet und nur gewisse Nebenvorteile dieses Verfahrens dem Bewusstsein gegenwärtig blieben. Bei alledem kann freilich der Yoga zur Zeit der ältesten und alten Upanishaden nur in sehr beschränkten Kreisen geübt worden sein, da er ja z. B. in der großen Lehrrede des *Uddâlaka Âruni* an seinen Sohn *Çvetaketu* sowie in all den großen Lehrreden des *Yâjñavalkya* überhaupt nicht erwähnt wird.

Dagegen muss sich der Yoga bald nach dieser Zeit allmählich ausgebreitet haben, und er tritt für uns, ausgebildet, zuerst hervor in zwei jüngeren Upanishaden [3]) sowie in der Bhagavad-Gîtâ, die jenen zeitlich recht nahestehen dürfte. Und zwar wird wohl mit Recht angenommen, dass sich die älteste Stelle, an der der Yoga ausdrücklich genannt und auch beschrieben wird, in jener Upanishad findet, die mit dem Gespräch zwischen *Naciketas* und dem Tod beginnt. Hier wird nun das Yogaverfahren als stufenweise Unterwerfung der niedrigeren Bewusstseinstätigkeiten unter die höheren aufgefasst, wobei als das höchste Prinzip, das als letztes hervortritt und in dem der Yogin endlich aufgehen soll, der „Geist" bezeichnet wird. Wir haben aber allen Grund zu der Annahme, dass unter diesem Geist ebenso wie in der Bhagavad-Gîtâ der göttliche Herr, vermutlich Vishṇu, zu verstehen ist. [4]) Diese Verse lauten: [5])

1) W. A. der Brâhmana-Texte, S. 1492.
2) Çatap. Br. XI 5,7,1.
3) Kâthaka- und Çvetâçvatara-Upanishad, auf deren Beziehungen zur Bhagavad-Gîtâ schon mehrfach hingewiesen wurde.
4) Zu Kâth. Up. III 13; vgl. Maitr. Up. V 1 und Oldenberg, Die Lehre der Up., S. 356, Anm. 170.
5) Kâth. Up. III 10-13; nach Deussen, 60 Up., S.277; vgl. auch Kâth. Up. VI 7ff.

Höher als die Sinne sind die Dinge,
Höher als die Dinge ist das Denken,
Höher als das Denken ist Erkenntnis,
Höher als Erkenntnis ist der Ichgeist,

Höher als der Ichgeist ist der Urgrund,
Höher als der Urgrund ist der Geist;
Höher aber als der Geist ist nichts mehr:
Er ist das Ziel, ihm gilt der letzte Schritt.

In allen Wesen weilt der Geist,
Versteckt und unsichtbar, als Ich,
Dem schärfsten Denken sichtbar nur,
Dem feinsten, des, der Feines sieht.

Drum lösche seine Reden wie Gedanken
Der Mensch durch die Erkenntnis aus;
Dann bring' er diese noch im Ichgeist,
Zuletzt auch den im Geist zur Ruh'!

Damit ist, dem Skelett nach, das Verfahren des Yoga für alle Zeiten vorgezeichnet. Etwas ausführlicher äußert sich die wahrscheinlich etwas spätere Upanishad, von der ich früher einmal zeigte, dass ihre Gottesvorstellung von ganz derselben Art ist wie die der Bhagavad-Gitâ, nur dass der göttliche Herr dort *Çiva*, hier dagegen *Nârâyana* oder *Vishṇu* heißt: [3])

Leib, Hals und Kopf nach einer Richtung wendend,
Im Herzen bergend Sinne wie Gedanken,
So mag der Weise auf dem Brahmanschiffe
Die fürchterlichen Fluten überfahren.

Den Atem hemmt, bewegungslos, und erst
Nach langer Frist blast aus ihn durch die Nase!
Wie schlechte Rosse, die am Wagen reißen,
So fesselt unablässig die Gedanken!

Rein sei der Ort und eben, von Geröll und Sand,
Von Feuer, von Geräusch und Wasserlachen frei.
Hier, wo den Geist nichts stört, das Auge nichts verletzt,
In windgeschützter Höhlung, treibt den Yoga!

Erscheinungen von Nebel, Rauch und Sonnen,
Von Wind und Feuer, Leuchtkäfern und Blitzen,
Von Bergkristall und Mondglanz, sind beim Yoga

---

3) Çvetâçvatara-Up. II 8-17; nach Deussen, 60 Up., S. 295 f.

Der Brahmanoffenbarung Vorbereitung.

Aus Erd- und Wasser-, Feu'r-, Luft-, Raum-Betrachtung
Entwickeln fünffach sich des Yoga Gaben.
Der weiß nichts mehr von Krankheit, Alter, Leiden,
Der einen Feuerleib erlangt im Yoga.

Behändigkeit, Wunschlosigkeit, Gesundheit,
Ein klares Antlitz, Lieblichkeit der Stimme,
Ein süßer Duft, nur wenig Exkremente,
Darin betätigt sich zuerst der Yoga.

Gleichwie ein Spiegel, der mit Staub bedeckt war,
Wie Feuerschein erglänzt, wird er gereinigt,
So wird nur, wer erkennt der Seele Wesen,
Des Ziels teilhaftig und befreit von Kummer.

Wem seiner Seele Wesen ward zur Fackel,
Im Yoga Brahmans Wesen zu erschauen:
Fest, ewig, rein von allen Seinsgestalten —
Wer so Gott weiß, wird frei von allen Banden.

Er ist der Herr in allen Weltenräumen,
Er wird gebor'n aus jedem Mutterleibe,
Er ward geboren, wird geboren werden,
Er wohnt den Menschen ein, allgegenwärtig.

Der Gott, der in das Feu'r und in das Wasser,
Der in die ganze Welt ist eingegangen,
Der in den Kräutern weilt und in den Bäumen,
Dem Gott sei Ehre, ihm, dem Herrn, sei Ehre!

Ganz ähnlich lautet nun auch die Anweisung für den Yogin in der Bhagavad-Gitâ: [1])
Als Yogin übe er die Anspannung, immerwährend in der Einsamkeit verharrend, die Regungen seines Herzens bändigend, frei von allem Wünschen und Hoffen. An einem reinen Ort errichte er für sich einen festen Sitz, nicht zu hoch, nicht zu niedrig, überdecke ihn mit einem Gewand, einem Antilopenfell und *Kuçagras.* Daselbst richte er seinen Geist auf einen Punkt, unterdrücke die Tätigkeit des Denkens und der Sinne, setze sich nieder auf seinen Sitz und spanne den Yoga an zur Läuterung seines Ich. In einer und derselben Richtung Rumpf, Kopf und Hals unbeweglich haltend, blicke er unentwegt auf

---

1) VI 10-31; nach Deussen, Vier Texte, S. 59-61.

seine Nasenspitze, ohne nach den Seiten hinzusehen. Beruhigten Geistes und frei von Furcht, seine Gedanken bezähmend und an mich denkend,

dies sagt *Kṛishṇa* die Verkörperung *Vishṇus*,

sitze er da im Yoga, einzig mir ergeben. In dieser Weise allezeit sich anspannend und seine Gedanken bändigend, erlangt der Yogin den in mir wurzelnden Frieden, dessen süßeste Frucht das Verlöschen ist. Nicht dem, der übermäßig isst, wird der Yoga zuteil, auch nicht dem, der ganz und gar nichts isst, auch nicht dem, der übermäßig zu schlafen pflegt oder zu wachen; wer aber mäßig ist in Nahrung und Erholung, mäßig in Wandel und Handel, im Schlaf und im Wachen, dem wird der Yoga zuteil, der schmerzstillende. Wie eine an windstillem Ort stehende Lampe nicht flackert, — dieses Gleichnis gilt vom Yogin, der seine Gedanken unterdrückt hat und seine Seele dem Yoga hingibt. Wenn das Denken, unterdrückt, durch den Yoga zur Ruhe kommt, wenn man, nur das Ich durch das Ich schauend, am Ich seine Lust hat, wenn man jene unendliche, nur durch die Erkenntnis zu erlangende, über die Sinne erhabene Wonne empfindet, wenn man das ergriffen hat, von dem man weiß, dass es nichts anderes, Höheres mehr zu ergreifen gibt und in ihm beharrend auch durch schweres Leiden nicht erschüttert wird, — das, soll man wissen, ist der Zustand, den man den Yoga nennt. Indem man durch die Gedanken die Rotte der Sinne von allen Seiten her niederkämpft, soll man vermittels der mit Festigkeit ergriffenen Erkenntnis mehr und mehr zur Ruhe kommen, die Gedanken im Âtman zum Stillstand bringen und gar nichts mehr denken. Wohin auch immer die Gedanken, die wankelmütigen, unbeständigen, ausschwärmen mögen, von überallher möge man sie zwangsweise in den Âtman, zum Gehorsam, zurückführen. Einen solchen Yogin, der seine Gedanken zur Ruhe gebracht hat, erfüllt die höchste Wonne, ihn, dessen Leidenschaft beschwichtigt, der zu Brahman geworden ist. Er schaut sein eig'nes Ich in allen Wesen und alle Wesen in dem eigenen Ich; mit seinem Ich dem Yoga hingegeben, erblickt er überall das gleiche Wesen. Wer mich in allem sieht und alles in mir sieht, dem gehe ich nicht verloren und der geht mir nicht verloren; in welcher Lage er auch sein mag, er ist in mir.

Das also ist die indische Beschreibung des Yoga, wie er zuerst auftritt und gedeutet wird, nämlich als der Vorgang, in dem sich das

Ich seiner Einheit mit dem göttlichen Herrn, mit dem hier *Vishnu*, dort *Çiva* genannten Welt-Ich, bewusst wird. Das Yogaverfahren hat sich aber von da aus über fast *alle* Richtungen und Schulen Indiens ausgedehnt und ist überall ziemlich gleichartig geblieben, ob man sich nun dadurch der Einheit des Ich mit dem göttlichen Herrn oder mit dem Brahman oder auch seiner Verschiedenheit von allem Nicht-Ich zu versichern glaubte.

Ich darf vielleicht hier noch die Beschreibung anfügen, die ein mittelalterliches Yoga-Lehrbuch von dem äußeren Leben des Yogins gibt. Wir ersehen daraus, dass dieses Leben mit dem eines abendländischen Klosterbruders recht viel gemein hat. [1])

Man mache mit dem Yoga keinen Anfang in einem von der Heimat weit entfernten Land oder im Wald oder in der Residenz des Königs oder mitten unter den Leuten. Geschieht es aber doch, so wird es nicht zum Erfolg führen; denn in einem fernen Land fehlt das Vertrauen, im Wald mangelt es an Beschützern, und inmitten der Leute herrscht die Öffentlichkeit. Darum soll man diese drei meiden. Vielmehr in einer schönen Gegend, in einem gerecht regierten Land, wo es Almosen genug gibt und keine Störungen, baue man sich eine Hütte, die mit einer Einfriedung umgeben sei. Innerhalb der Einfriedung sei ein Brunnen und ein Teich. Die Zelle sei mit einer kleinen Tür versehen, aber ohne Fenster, Vertiefung oder sonstige Öffnungen. Sie sei weder zu hoch, noch zu tief, noch zu lang, vorschriftsmäßig mit Kuhmist dick bestrichen und frei von jeglichem Ungeziefer. Außen sei sie durch Laub und Altar verschönt. So wird von den Vollendeten, die dem Yoga mit Inbrunst obliegen, das Aussehen einer Yogazelle geschildert.

Nachdem wir nun so Leben und Übungen des Yogin, von außen gesehen, einigermaßen kennengelernt haben, ist es Zeit, dass wir wenigstens den Versuch unternehmen, uns auch in sein Inneres zu versetzen, die Gedankengänge kennenzulernen, mit deren Hilfe er sich vom Alltagsbewusstsein bis zum Bewusstsein seiner vollen Einheit mit dem Herrn, mit dem letzten Weltgrund, glaubt erheben und durchringen zu können.

---

1) Gher-Samh. V 3-6 u. Hathayogapradipikâ I 13; nach Schmidt, S. 209f.

XX. MEDITATION

Das Yogaverfahren besteht in dem Versuch, das ewige Wesen des Ich rein hervortreten zu lassen, indem alles, was nicht Ich ist, alles, was nur Inhalt des Bewusstseins ist oder werden kann, gewaltsam unterdrückt wird, somit das sinnliche Wahrnehmen zugunsten des Vorstellens und Denkens, das Vorstellen und Denken zugunsten des Erkennens, das Erkennen zugunsten des unmittelbaren Erlebens, das freilich ein nur mehr halb oder kaum bewusstes sein kann, weil ja eben alles, dessen sich das Ich bewusst sein könnte, aller Bewusstseinsinhalt, alles Nicht-Ich, unterdrückt worden ist.

Das Mahâbhârata fasst einmal den ganzen Vorgang so zusammen: [1])

Wenn bei einem Yogin von den fünf abgesperrten Sinnen auch nur einer einen Riss bekommt, dann fließt seine Erkenntnis weg wie Wasser aus einem geplatzten Schlauch. Vor allem muss er die Gedanken festhalten wie der Fischer einen bösen Fisch, der entschlüpfen will, und so auch Ohren, Augen, Zunge und Geruch. Zusammenzwängen soll er sie und in sich einschließen, und wenn sie zusammengedrängt zum Stillstand kommen, dann leuchtet das Brahman auf wie eine glänzende, rauchlose Flamme, wie die glanzreiche Sonne. Und wie der Blitz im Raum, so erscheint dann der Âtman in seinem Ich, dann treten auf Verblendung, Verwirrung, Schwindel, Gerüche, Töne und Gesichte, Wundererscheinungen, Geschmäcke und Gefühle, Kälte und Wärme und Windeseile. Und wenn ihn dann Anfälle von übernatürlicher Rückerinnerung und Besessenheit überkommen, so soll er nicht auf sie achten, sondern nur in das Ich sich vertiefen. Leere Berghöhlen, verlassene Göttertempel oder Häuser soll der aufsuchen und bewohnen, der sich der Konzentration hinzugeben gesonnen ist. Wer als ein Tüchtiger in dieser Weise selbständigen Wesens geworden ist, überall das gleiche sieht,

---

1) Mokshadharma 240/15-34; nach Deussen, Vier Texte, S. 364.

nämlich das Ich,
> und sechs Monate hindurch beständig den Yoga übt, der ge-
> langt zum höchsten Brahman. Und mag es auch ein seiner
> Kaste Entfremdeter, mag es auch ein strebendes Weib sein, —
> selbst solche können auf diesem Weg zum höchsten Ziel ge-
> langen.

Wenn nun einer dieses höchste Ziel erlangt hat, dann sieht es
aus, al wären alle seine Beziehungen zur Außenwelt unterbrochen, er
sitzt da, fast wie tot. Und wiederum sagt das Mahâbhârata: [1])

> Die Versenkung besteht in der Konzentration der Gedanken
> und in der Regelung des Atmens. Nur während des Harnens
> und der Kotentleerung und während des Essens, in diesen drei
> Zeiten soll man den Yoga unterlassen. In der übrigen Zeit da-
> gegen soll man ihn betreiben. Nachdem der Yogin die Schar
> der Sinne durch die Gedanken und die Gedanken durch die
> Erkenntnis zum Stillstand gebracht hat, soll er unbeweglich
> wie ein Fels, unerschütterlich wie ein Baumstamm, regungs-
> los wie ein Berg verharren. Dann hört er nicht, dann riecht er
> nicht, dann schmeckt er nicht und sieht nicht, dann fühlt er
> keine Berührung mehr und stellt nichts mehr vor; dann be-
> gehrt er nicht nach irgendetwas und denkt so wenig wie ein
> Stück Holz: dann erst nennen ihn die Weisen einen wahrhaf-
> ten Yogin.

Und etwa so, wie dieser vollendete Yogin von außen aussieht,
schildert er sich auch selbst. Eine kleine Upanishad sagt über einen
solchen: [2])

> Wenn frei von jedem Sinn und jedem Zustand
> Das Denken in sich selbst zergeht,
> Wenn es nichts mehr vergleicht und nichts mehr vorstellt,
> Das ist die rechte Yogakunst.
>
> Dem Yoga dienend und ihm treu ergeben,
> Löst, der ihn übt, vom Leib sich los;
> Den Yoga übend, wie es vorgeschrieben,
> Befreit er ganz sich von der Welt.
>
> Dann löst sich endlich auch die letzte Fessel
> Und lauter, unbefleckt und frei
> Vereinigt er mit Brahman sich und geht
> Dadurch zur höchsten Wonne ein —

---

1) Mokshadharma 308/8-17; nach Deussen, Vier Texte, S. 624f.
2) Nâdabindu Up. 18-20; nach Deussen, 60 Up., S. 645.

Dadurch zur höchsten Wonne ein.

Nun möchten wir aber doch auch gerne wissen, wie einem solchen Yogin innerlich zumut ist, was eigentlich in ihm vorgeht, *worauf* er denn eigentlich so gewaltsam, beinahe krampfhaft, seine Vorstellungen, sein Denken, sein Erleben konzentriert? Die alten Quellen sind in dieser Beziehung im Gegensatz zu den modernen Okkultisten recht mitteilsam. Wir erfahren aus ihnen sehr viel und so vor allem auch dies, dass es ganz verschiedene Wege gibt, auf denen der Yogin diesem höchsten Ziel nachstreben kann. Zwar geschieht es immer durch fortschreitende Konzentration des Bewusstseins, allein es gibt ja sehr verschiedene Arten der Konzentration; und doch führen alle diese Wege zu demselben Endziel: dazu, dass das Bewusstsein des Yogins sich mehr und mehr seines Inhalts entleert, und dass er endlich den Augenblick gekommen glaubt, in dem sich *aller* Inhalt des Ich vom Ich abgetrennt hat, so dass nunmehr das tiefste Wesen seines Ich rein hervorzutreten vermag.

Eine dieser Methoden ist die, die ich die Methode der immer abstrakteren Phantasietätigkeit nennen möchte. Denn es handelt sich dabei um ein Verfahren, das jenem sehr ähnlich ist, nach dem wir allgemeine Begriffe bilden. Das tun wir bekanntlich, indem wir aus einem Begriff ein Merkmal nach dem anderen weglassen; eben dadurch *werden* ja die Begriffe immer allgemeiner. Denken wir z. B. an eine Begriffsreihe wie diese: Berg, Erde, Stoff, Raum, Irgendetwas, so ist in jedem dieser Begriffe, an je späterer Stelle er in dieser Reihe steht, desto weniger an Merkmalen gedacht; dafür bezieht er sich auf *mehr* Dinge; darum nennen wir ihn ja einen allgemeineren Begriff. Es ist leicht einzusehen, dass, wenn man ein ähnliches Verfahren auf die Phantasievorstellungen anwendet, man zu immer inhaltsloseren Bewusstseinszuständen gelangen muss, somit zu einem Ich, das sich seines Inhalts, des Nicht-Ich, mehr und mehr entleert hat. Dieses Verfahren findet sich voll ausgebildet wohl erst bei den Buddhisten, wir haben aber allen Grund, anzunehmen, dass es weit älter ist. Wir müssen bei ihm eine Unterstufe und eine Oberstufe unterscheiden. Die Oberstufe, der zweite Teil des Verfahrens, steht im Ganzen fest; die Unterstufe kann auf sehr verschiedene Art beschriften werden. Das Ziel der Unterstufe, des ersten Teils des Verfahrens, ist, den Yogin dahin zu bringen, dass er sich ganz in die Vorstellung des unendlichen Raumes versenke, nichts anderes als sie mehr im Bewusstsein habe — ein Zustand also, der ja gebildeten Europäern so ziemlich geläufig ist, dem indischen Heilsbeflissenen dagegen offenbar ganz ungeläufig war und in den er daher auf höchst umständliche

Art, selbst unter Gebrauch der Hypnose, versetzt werden musste.

Das älteste Verfahren, den Yogin zu dieser Vorstellung des unendlichen Weltraums hinzuführen, ist wohl jenes, das schon die bereits mitgeteilte Upanishadstelle kennt, wenn sie sagt: [1])

> Aus Erd- und Wasser-, Feu'r-, Luft-, Raum-Betrachtung
> Entwickeln fünffach sich des Yoga Gaben,

d. h. wie wir aus den buddhistischen Parallelstellen schließen dürfen: Der Yogin geht von dem gröbsten, stofflichsten aller Elemente, der Erde, aus, vertieft sich nacheinander in die Vorstellung immer feinerer Elemente und kommt so, nachdem er durch die Vorstellungen des Wassers, des Feuers und der Luft hindurchgegangen ist, zur Vorstellung des Raumes, der in Indien immer als ein fünftes Element, als die feinste, unstofflichste Art des Stofflichen, gegolten hat. [2])

Ein zweites Verfahren, das *Buddha* gelegentlich empfiehlt, [3]) ist das, bei dem der Yogin damit beginnen soll, einen auffällig gefärbten Gegenstand, etwa einen grellroten Kreis oder das Abbild der Sonne im Wasser, starr anzublicken, und zwar solange, bis das Nachbild, das ihm von diesem Anblick bei geschlossenen Augen zurückbleibt, ebenso lebhaft wird wie die äußere Wahrnehmung selbst. Nachdem nun auf diese Weise die sinnliche Wahrnehmung zugunsten der Phantasie unterdrückt ist, zieht sich der Yogin an seinen gewöhnlichen Aufenthaltsort zurück und fixiert im Geiste dieses Gesichtsnachbild. Und nun ist es seine Aufgabe, auch dieses Nachbild wieder zu unterdrücken und sein Bewusstsein ausschließlich mit dem Gefühl von der Schönheit dieses Nachbildes oder doch seiner Färbung zu erfüllen, und wenn er von diesem sehr unstofflichen Bewusstsein der Schönheit erfüllt ist, dann wird es ihm auch keine Schwierigkeit mehr bereiten, zur Vorstellung von etwas noch Unstofflicherem, nämlich zur Vorstellung des unendlichen Weltraums überzugehen.

Es gibt auch noch ein drittes Verfahren, ebenfalls von *Buddha* gelegentlich empfohlen, [4]) dessen Eigenart von *Oldenberg* etwa folgendermaßen wiedergegeben wird. [5]) *Buddha* spricht:

> Gleichwie dieses Haus leer ist von Elefanten und Rindern, leer von Hengsten und Stuten, leer von Silber und Gold, leer von Scharen der Männer und Weiber, und nur in einer Bezie-

---

1) Çvetâçv.-Up. II 12.
2) Heiler, Die buddhistische Versenkung, S. 45; Beckh, Buddhismus II, S. 51.
3) Dighanikâya XVI 3, 33 Franke; vgl. Oldenberg, Buddha[6], S. 364.
4) Majjh. Nik. 121 = Neumann III 227ff.
5) Buddha[6], S. 365.

hung nicht leer ist, nämlich nicht leer von Büßern, so auch abstrahiert der Büßer von der Vorstellung „Mensch" und denkt allein an die Vorstellung „Wald". Dann sieht er, dass in seinen Vorstellungen Leerheit eingetreten ist in Bezug auf die Vorstellung „Stoff" und Leerheit eingetreten ist in Bezug auf die Vorstellung „Mensch"; nicht Leerheit ist allein vorhanden in Bezug auf die Vorstellung „Wald".

„Und auch von der Vorstellung ‚Wald' wird nun abstrahiert, so dass die Vorstellung ‚Erde' mit Weglassung aller Mannigfaltigkeit der Erdoberfläche erreicht wird, und von da an steigt der Geist in ähnlicher Weise weiter auf zur Vorstellung des unendlichen Raumes."

Wir sehen, dass das ein Weg ist, der unserem Weg der Verallgemeinerung genau entspricht. Es wird hier die Entleerung des Bewusstseins lediglich dadurch herbeigeführt, dass von der weniger allgemeinen, daher inhaltsreicheren, zu der allgemeineren, daher inhaltsleereren Vorstellung übergegangen wird: Wald, Erde, Raum.

Wenn nun mit der Vorstellung des unendlichen Raumes und mit der Versenkung in sie die Unterstufe des besprochenen Verfahrens erreicht ist, dann beginnt der Aufstieg zur Oberstufe: nachdem sich der Yogin in die Vorstellung des unendlichen Raums versenkt hat, lässt er aus ihr das Merkmal des Raumes weg; dann bleibt nur mehr das Bewusstsein der Unendlichkeit, oder wie die Inder das nennen: die Vorstellung der Bewusstseinsunendlichkeit übrig. Und indem er nun aus diesem Bewusstsein von der Unendlichkeit überhaupt auch noch das Merkmal der Unendlichkeit weglässt, bleibt ihm überhaupt nichts mehr übrig, oder anders ausgedrückt: es bleibt ihm nur übrig die Vorstellung oder das Bewusstsein „nichts". Dies scheint nun eine Zeitlang bei gewissen Yogins als der höchste Zustand, den Menschen erreichen können, gegolten zu haben. *Buddha* wenigstens hatte einen Lehrer mit Namen *Âlâra Kâlâma;* dieser lehrte, [1]) es sei das höchste Ziel des Menschen, sich ganz in die Vorstellung des Nichts zu vertiefen, dann werde er erlöst. *Buddha* aber schien es, dass das nicht genügen könne, weil in dem Bewusstsein des Nichts doch noch ein Bewusstsein übrig sei, und er suchte daher nach einem anderen Lehrer. Er fand ihn in einem gewissen *Uddaka,* dem Sohn des *Râma,* und dieser setzte noch eine Stufe auf die bisherige Stufenleiter auf. Er ließ nämlich aus dem Bewusstsein des Nichts auch noch das Merkmal des Bewusstseins weg, und so kam er zu der Vorstellung des „Nicht

---

1) Majjh. Nik. 36; Dutoit, Leben des Buddha, Leipzig 1906, S. 33.

bewusstseins", somit zum Bewusstsein der Bewusstlosigkeit, und dieses nannte er, ganz verständig, „weder bewusst noch unbewusst". Er lehrte, [1]) das sei das höchste Ziel des Yogins, dass er sich in einen Zustand des weder bewussten noch unbewussten Daseins versetze, dann werde er erlöst. Aber Buddha war der Meinung, dass auch diese Stufe noch nicht die höchste sei, [2]) weil in dem Bewusstsein der Bewusstlosigkeit doch immer noch etwas von Bewusstsein stecke, und er setzte daher entweder selbst eine letzte Stufe auf die Stufenleiter auf oder - und das ist wohl noch glaublicher — er fand einen Lehrer, der ihn auf sie hinwies. Diese letzte Stufe war aber die Unterdrückung jedes Bewusstseins und ihr Name darum: „Ende des Bewusstseins". Auf dieser Stufe angelangt, verfällt der Yogin in einen starrkrampfartigen, todesähnlichen Zustand. Zurückblickend auf eigene Erfahrungen dieser Art, sagt der Verfasser eines Yogalehrbuchs: [3])

> Nachdem man mit Leichtigkeit den Hauch einbehalten, den Sinn auf die Stelle zwischen den Augenbrauen gerichtet und sich von allen Gegenständen der Sinne abgewandt hat, ergibt sich die Glück verleihende Geistesbetäubung. Infolge der Verbindung des Geistes mit dem höchsten Ich entsteht Wonne. Durch beständige Übung entsteht mannigfache Wonne, und so gelangt man auf Grund der Übung zur Vollkommenheit der Versenkung. Von allen Zuständen befreit, von allen Gedanken verlassen, gleicht nun der Yogin einem Toten, aber er ist erlöst. Der Yogin, der die Versenkung erreicht hat, kennt weder Geruch, noch Geschmack, noch Farbe, noch Tastgefühl, noch Klang, noch sich selbst, noch einen anderen; sein Geist schläft nicht, aber wacht auch nicht und ist von Erinnerung wie von Vergessen befreit. Er geht nicht zugrunde und entsteht auch nicht: wer das erreicht hat, der ist erlöst.

Eine noch viel größere Rolle als die bisher besprochene Art der Entleerung des Bewusstseins spielt aber dasjenige, was wir im engeren Sinn dieses Wortes *Meditation* zu nennen pflegen, nämlich der Versuch, von *anschaulichen* Phantasievorstellungen ausgehend zur „Entleerung des Bewusstseins" zu gelangen. Die Verwendung der Phantasievorstellungen zu diesem Zwecke kann dabei wieder eine außerordentlich verschiedene sein. Es gibt Anwendungen dieses Ver-

---

1) Majjh. Nik. 36; Dutoit, ebd., S. 34.
2) Nicht etwa, dass er sie verworfen hätte, wie Heiler, Die buddhistische Versenkung, S. 43, behauptet.
3) Gher. Samh. V 86f. u. Hathayogapradipikâ IV 107fr.; nach Schmidt, Fakire, S. 218, 227.

fahrens, die unserem abendländischen Gefühl näher liegen; dahin gehört es, wenn der Yogin sich mit seiner ganzen Vorstellungs- und Gefühlskraft in irgendein höheres, göttliches Wesen einfühlt und dadurch so sehr mit ihm eins wird oder doch zu werden glaubt, dass ihm darüber das natürliche Bewusstsein seiner selbst als eines Sonderwesens entweicht. [1]) Dazu leitet etwa die folgende Vorschrift an: [2]) Man stelle sich im Herzen seines eigenen Leibes ein Meer von Nektar vor, in dessen Mitte aber eine Insel aus Perlen, deren Sand aus Edelsteinen besteht. In allen vier Ecken je einen mit vielen Blüten bedeckten Baum und rings um die Insel eine Menge von Hainen, wie einen Wall, die mit ihrem Duft alle vier Himmelsgegenden erquicken. Mitten darunter stelle sich der Yogin einen herzerfreuenden Zauberbaum vor mit vier Zweigen, entsprechend den vier Veden, beständig von Blüten und Früchten bedeckt. Bienen sollen dort summen und kleine Vöglein singen. Dort nun stelle er sich beharrlich ein Lusthaus aus kostbaren Edelsteinen vor, darin aber sei nach seiner Vorstellung ein reich verziertes Ruhebett, und auf diesem ruhe seine Schutzgottheit — alles, wie es ihm sein Lehrer angegeben hat. Und darüber, wie die Gestalt dieses Gottes ist, wie sein Schmuck und sein Zubehör, darüber denke er beständig nach. Dann aber wende er sich dem Wesen dieses Gottes zu, versenke sich liebevoll darein und stelle sich seine erquickende, beglückende Wirksamkeit vor. Unter Wonnetränen und Wonneschauern verschwinden dann die Zustände des Bewusstseins, und daraus erfolgt Versenkung und Erlösung.

Diese, sich vor allem der Einfühlung in ein heiliges Wesen und des Einswerdens mit ihm bedienende Meditation ist aber eine verhältnismäßig seltene und wahrscheinlich auch eine verhältnismäßig späte Erscheinung. Die häufigste Art der Meditation ist jene, die wir vielleicht als die symbolische bezeichnen dürfen. Der Yogin konzentriert sein Bewusstsein auf eine anschauliche Vorstellung, deren Beschaffenheiten oder Verhältnisse sich mit gewissen höchsten Heilswahrheiten vergleichen lassen, so dass der Yogin, indem er sich in jene anschauliche Vorstellung versenkt, sich gleichzeitig in der Überzeugung von der Wahrheit dieser Heilslehren bestärkt. Eine sol-

---

1) „Konzentration" des Geistes „auf die herzurufende Gottheit" wird auch schon bei dem Opferer der altindischen Zeit die Bedingung dafür gewesen sein, dass er das Erscheinen dieser Gottheit wirklich zu sehen glaubte (vgl. Hauer, Anfänge S. 160f.).
2) Gher. Samh. V 2-8 u. VII 14f.; nach Schmidt, S. 221 u. 225.

che Meditation z. B., bei der es vor allem darauf abgesehen ist, dem Yogin einzuschärfen, dass die übernatürlichen Zauberkräfte, die er sich nach indischem Glauben durch den Yoga erwirbt, doch nicht das Wesentliche an diesem sind, dass er vielmehr auf die Ausübung dieser Kräfte verzichten muss wie auf alles Weltliche — denn sie stellen nur eine Wirksamkeit in der Welt und auf die Welt dar —, wenn anders er sich vor allem der Vertiefung in das heilige Urwesen und damit der Erlösung widmen will — eine Meditation, sage ich, bei der es auf die Einprägung dieser Verhältnisse durch ein anschauliches Bild abgesehen ist, wird folgendermaßen angegeben: [1])

Stelle dir auf deinem Handrücken eine Lotosblüte von zwei Zoll Größe vor und als ihr Zentrum die Tugend, als ihren Stengel das Wissen. Die acht Blumenblätter des Lotos sind die acht Kräfte des Yogins. Wenn der Yogin die äußeren Kräfte verwirft, wird er zum Heile gelangen, und so sind zwar die acht Blumenblätter des Lotos die acht Kräfte, aber die im Inneren befindlichen Staubfäden und Stempel sind der Verzicht auf ihre Ausübung. Drinnen im Lotos aber denke dir den Goldenen, Allmächtigen, Unberührbaren, ihn, dessen Namen unaussprechlich ist, umgeben von strahlendem Licht. Darüber meditiere!

Das ist gleich eine recht verständliche Anweisung zur Meditation. Ein kleiner Teil dieser Meditation wird etwa in folgendem bestehen. Der Yogin wird darauf achten, dass die Blüte die Tugend, das Wissen der Stängel ist, d. h. er wird sich einprägen, dass die Tugend nur durch Wissen erworben und bewahrt werden kann, so wie die Blüte nur durch den Stängel getragen wird. Wir sehen schon daran allein, was das Wesen einer Meditation ist: Versenkung in eine anschauliche Vorstellung, nicht um ihrer selbst willen, sondern um sich gleichnisweise eine Heilswahrheit einzuprägen. Allerdings gilt in Indien in noch höherem Grad, was ja in geringerem natürlich auch bei uns gilt: es liegt in solchen Fällen die Versuchung sehr nahe, das Symbol mit demjenigen, dessen Symbol es ist, gleichzusetzen, das Symbol selbst im fast ebenso heilig oder geradezu für ebenso heilig zu halten wie das, dessen Symbol es ist.

Doch auch das Symbol, das wir jetzt kennenlernten, die Lotosblüte, ist noch nicht das, dem die größte Bedeutung zukäme. Das Symbol, das alle anderen Symbole an Bedeutung überragt, ist vielmehr ein solches, das uns zunächst höchst fremdartig anmutet. Es ist,

1) Swâmi Vivekânanda nach Schmidt, Fakire, S. 165f.; vgl. Hamsa Up. 8.

und damit berühre ich eines *der* heiligsten Yogasymbole und Yoga-
geheimnisse, die heilige Silbe AUM, die übrigens „Om" geschrieben
und etwa wie „Oum" ausgesprochen wird. Wir müssen auf die geschichtliche Entwicklung zurückgreifen, um die Bedeutung dieses
Symbols zu verstehen.

AUM bedeutet eigentlich Ja, Wahrlich, Wohlan! Mit diesem Ruf
„Aum" beginnen nun die drei Veden, sowohl die Hymnen des Ṛigveda wie die Gesänge des Sâmaveda und die Opfersprüche des Yajurveda. Da sich nun für den Inder in den Veden alle Heiligkeit ver-
dichtet, die es in der Welt überhaupt gibt, so ist es ganz begreiflich,
dass sich ihm in dieser Silbe, die am Anfang aller drei Veden steht,
die also gewissermaßen ihre gemeinsame Wurzel darstellt, alle
Vedaheiligkeit in höchster Steigerung zusammenzudrängen scheint,
dass diese Silbe „Aum" für ihn sozusagen die eigentliche Essenz der
Heiligkeit bedeutet, aus der dann erst der ganze übrige Veda seine
Heiligkeit zieht. Und sehr, sehr früh schon heißt darum diese Silbe
„Aum" das heilige Wort, das Brahmanwort oder auch das Wortbrahman, indem man nämlich zwischen dem Brahman, dem Grund
der Welt, und dem Brahman, wie es in der allerheiligsten Silbe
„Aum" verborgen ruht, gerade nur noch ein wenig unterscheidet. Das
Weltbrahman heißt das höchste Brahman, aber gleich darnach reiht
sich das Wortbrahman, die heilige Silbe „Aum".

Schon in einer alten Priesterrede, die wahrscheinlich älter ist als
die ältesten Upanishaden, werden diese drei Zeilen angeführt: [1]

Was war und sein wird, preis' ich,
Brahman, das eine Silbe nur:
So groß und eine Silbe nur!

Und die Verherrlichung der Silbe „Aum" zieht sich nun durch
die ältesten, die jüngeren, die jüngsten Upanishaden hindurch.
Schon die Chânḍogya-Upanishadbeginnt mit einer solchen Verherrlichung: [2]

„Aum!" Als diese Silbe soll man den heiligen Sang verehren,
denn in ihr bewegt sich die dreifache Wissenschaft des Veda.
Denn „Aum" ruft der *Opferpriester*, „Aum" ruft der *Hymnen-*
sager, „Aum" singt der *Liedersänger*, um dieser Silbe Ehrfurcht zu zollen wegen ihrer Majestät. Und mit ihr verrichten
zwar beide das Opferwerk, wer dies weiß und wer es nicht

---

1) Die doch wohl ursprünglich auf die Silbe Om zu beziehen sind: Çatap. Br. X
4, 1,9; nach Deussen, Allg. Gesch. d. Phil. I/1, S. 257.
2) I 1; nach Deussen, 60 Up., S. 68f.

weiß, denn der Gebrauch der Silbe „Aum" ist in der Opfer-
ordnung vorgeschrieben auch für den, der nicht über sie nachgedacht hat,
aber doch ist ein Unterschied zwischen Wissen und Nichtwissen,
denn was man mit Wissen verrichtet, mit Glauben, mit Kenntnis
der Upanishad, das ist wirkungskräftiger.
Und bald darnach sagt dieselbe Upanishad: [1])
Gleichwie durch einen Nagel Blätter zusammengebohrt werden, also ist durch den Laut „Aum" alle Rede zusammengebohrt. Der Laut „Aum" ist diese ganze Welt — diese ganze
Welt,
d. h. in ihm ist alle Heiligkeit, die es gibt, gesammelt, und die ganze
Welt ist nichts als ein Ausfluss, eine Verdünnung und Verwässerung
dieser Heiligkeit. Und in jener Upanishad, die mit der Frage des *Na-
ciketas* an den Tod beginnt, sagt der Verfasser, wo er mit seiner Ant-
wort zu Ende kommt: [2])
Das Wort, das alle Veden uns verkündet,
Das sich in jeglicher Kasteiung ausdrückt,
Um das in Brahmanschülerschaft sie leben,
Dies Wort vernimm in einem Inbegriffe:
„Aum", so lautet dies Wort.
In einer der jüngsten Upanishaden aber heißt es: [3])
Dies Brahmanwort „Aum" ist der Weg, ist das Unsterbliche,
ist die Vereinigung und die Seligkeit. Nämlich gleichwie eine
Spinne, an ihrem Faden emporklimmend, aus einem Loch ins
Freie gelangt, so, fürwahr, gelangt der Meditierende, durch
den Laut „Aum" emporsteigend, zur Freiheit.
Und so ist es ganz begreiflich, ja für den Inder selbstverständ-
lich, dass auch bei der Meditation das Hauptsymbol der Heiligkeit
kein anderes sein kann als die heilige Silbe „Aum". Nun wird sich
mancher fragen: ja, was kann man denn über diese kurze Silbe viel
meditieren? Aber wo ein Wille ist, da ist auch ein Weg, und wir dürfen ruhig sagen, dass Generationen und Generationen von indischen
Weisen eigentlich nichts anderes getan haben, als die heilige Silbe
„Aum" zu meditieren — aber natürlich heißt das, wenn wir es auf unsere Art ausdrücken wollen, nur, dass sie alles, was sie empfunden
und gedacht haben, in irgendeine Beziehung zu dieser heiligen Silbe

1) II 22, 3; nach Deussen, ebd., S. 97f.
2) Kâth. Up. II 15; nach Deussen, ebd., S. 274.
3) Maitr. Up. VI 22; nach Deussen, ebd., S. 345.

zu bringen verstanden. Eine ganz einfache Meditation ist es z. B., wenn es in einem allerdings späteren Yogalehrbuch heißt: [1]

> Man setze sich mit dem Gesicht nach Osten oder Norden auf einen bequemen Sitz, gedenke an den Gott *Brahmán*, den Rotfarbigen, in Gestalt des Lautes „A" und ziehe die Luft mit dem linken Nasenloch ein, während man sechzehnmal den Laut „A" wiederholt. Man meditiere darauf über den Gott *Vishnu*, den Schwarzfarbigen, in Gestalt des Lautes „U" und halte den Atem an, während man vierundsechzigmal den Laut „U" wiederholt. Indem man dann an den weißfarbigen Gott *Çiva* in Gestalt des Lautes „M" denkt, atme man, während man zweiunddreißigmal den Laut „M" wiederholt, nach Vorschrift wieder aus. Immer wieder und immer wieder führe man dies aus, der Reihe nach.

Hier ist demnach der Sinn der Meditation der, dass man die drei größten Götter: *Brahmán, Vishnu* und *Çiva*, vergleicht mit den drei Lauten: A, U, M, somit, indem man die Zusammensetzung der Silbe „Aum" sich wieder und wieder vergegenwärtigt, sich zugleich immer aufs Neue das hochheilige und rätselvolle Zusammenwirken der drei Gottheiten einprägt, von denen Brahman die die Welt schaffende, *Vishnu* die die Welt erhaltende und *Çiva* die die Welt zerstörende Gottheit ist.

Aber auch das ist noch nicht das eigentliche, innere Meditationsgeheimnis. Diesem kommen wir vielmehr erst nahe, wenn wir folgende Anweisung zur Meditation vernehmen: [2]

> „Aum!" Diese Silbe ist die ganze Welt, ihre Erläuterung ist wie folgt: Das Vergangene, das Gegenwärtige und das Zukünftige, dieses alles ist der Laut „Aum" . . .

Das Bisherige bedeutet nun etwa: Wenn du die drei Laute A, U, M dir vergegenwärtigst, so vergleiche sie mit Vergangenheit, Gegenwart und Zukunft und sage dir, dass erst Vergangenheit, Gegenwart und Zukunft *zusammen* die Welt ausmachen sowie nur A, U und M *zusammen* die heilige Silbe bilden. — Aber ist das Brahman nicht eigentlich mehr als die Welt? Ist das Brahman nicht mehr als Vergangenheit, Gegenwart und Zukunft? Wie können wir es aber dann mit der Silbe „Aum" vergleichen, wenn zu dieser Silbe doch nur die drei Laute A, U, M gehören? Und doch fährt der Verfasser an unserer Stelle fort:

---

1) Gher. Samh. V 49fr.; nach Schmidt, Fakire, S. 213t.
2) Mând. Up. I 1; nach Deussen, 60 Up., S. 577f.

Und was außerdem noch über die drei Zeiten hinausliegt, auch das ist der Laut „Aum", denn dies alles ist Brahman.

Wieso ist der Laut „Aum" mehr als die drei Laute A + U + M? Dieser merkwürdige Gedankenblitz beleuchtet folgende Aussicht: So heilig die drei Laute A, U und M sein mögen, sind sie doch eigentlich immer noch etwas sinnlich Wahrnehmbares und insofern etwas verhältnismäßig Grobes. Das Brahman aber soll doch das Unwahrnehmbare, das Allerfeinste sein. Was ist es also eigentlich an dem „Aum", das dem Brahman entspricht? Es ist weder das A noch das U noch das M, sondern es ist die Stille, die Pause, die auf diese drei Laute folgen muss, wenn sie ein Wort ausmachen sollen. Denn ein Wort bilden Laute nur dann, wenn sie von anderen Worten durch eine Pause abgetrennt sind. So wie also diese drei Laute A, U, M eigentlich nur auf die Stille hinweisen, die kein Laut ist, die aber doch zu ihnen gehört, die sie erst einigt, erst ein Wort aus ihnen macht, so weisen auch Vergangenheit, Gegenwart und Zukunft nur auf jenes unwahrnehmbare Heilige hin, das zu ihnen gehört, das sie zu einer Welt einigt, aus ihnen erst eine Welt macht. Daher ist an der Silbe „Aum" das Heiligste, das, worauf die Meditation sich vor allem zu richten hat, das, was nach ihr kommt und was bald als ein Nachhall, bald als tonloses Nachklingen des M, bald als Stille bezeichnet wird.

Und da will ich denn ein paar Stellen aus einigen kleinen Yoga-Upanishaden anführen, an denen dieser Gedanke aufs feinste und poetischste Ausdruck gefunden hat. Es wird dann wohl auch noch deutlicher werden, warum ich so oft und nachdrücklich betont habe, dass uns, wenn wir nur erst in die Gedankenwelt der Yogins eindringen, ihre Gedanken weder übermenschlich noch krankhaft erscheinen: [1])

Ein blüh'nder Lotos nimmt den Raum
Des Herzens ein, gesenkt den Kelch
Und hoch den Stiel; es tropft der Tau
Abwärts, in dem das Denken wohnt.

Hier wird also das Herz mit einer Lotosblüte verglichen und das Blut, in dem das Denken wohnt, mit dem herabtropfenden Tau.

Der wird nun leuchtend bei dem A,
Dann bei dem U schließt er sich auf
Und leis' erklingt er bei dem M·
Der halbe Laut ist regungslos.

---

1) Yogatattva Up. 9—11; nach Deussen, 60 Up., S. 671.

> Dann aber, wie im Bergkristall
> Der Sonne Widerschein erglänzt,
> So leuchtet in dem Yogin auf
> Der höchste Geist, der ihn beseelt.

Zur Erklärung des Ausdruckes „halber Laut" ist noch beizufügen, dass damit natürlich nicht wirklich ein „halber *Laut*" gemeint ist. Vielmehr sprechen die Inder in diesem Zusammenhang statt von den drei Lauten meist von den drei Zeiten, die das Aussprechen der drei Laute erfordert; dann rechnen sie die Pause, die den drei Lauten folgen muss, als halbe Zeit, und eben diese ist dann das unwahrnehmbare und darum wahrhaft angemessene Symbol des Brahman.

In einer anderen kleinen Yoga-Upanishad heißt es: [1])

> Der Weise, welcher Buch auf Buch
> Las und studierte um und um,
> Wenn er das Brahmanwissen fand,
> Wirft er sie fort, als brennten sie.

> Das „Aum" besteigt als Wagen er,
> Vishṇu sein Wagenlenker ist.
> Er strebt zu Brahmans heil'ger Welt,
> Um Rudras Gnade müht er sich.

> Allein ein Wagen dient uns nur,
> Solang wir auf dem Fahrweg sind.
> Wer an des Fahrwegs Endpunkt kommt,
> Der lässt ihn steh'n und geht zu Fuß.

> So lass auch ich die Worte steh'n;
> Denn nur mit dem lautlosen M
> Von „Aum" komm ich an jenen Ort
> Der lautlos ist und unsichtbar.

Noch eine kleine Upanishad möchte ich, und zwar fast vollständig, mitteilen, in der aber nicht nur die Entsprechungen zwischen der Silbe „Aum" und der Welt zu beachten sind, sondern auch andere, höchst merkwürdige Gedanken über das Verhältnis des Brahman oder des höchsten Herrn zu den einzelnen Seelen, insbesondere die später oft wiederholte Erläuterung dieses Verhältnisses durch seine Vergleichung mit dem Verhältnis des *einen* Monds zu seinen zahlreichen Spiegelbildern in irdischen Gewässern und mit dem des einen Weltraums zu den unzähligen, von irdischen Gefäßen umschlossenen

---

1) Amritabindu Up. 1-4; nach Deussen, 60 Up., S. 651.

Raumstücken: [1])

So spricht der Lehrer: Zweifach ist das Denken;
Entweder ist es unrein oder rein,
Und zwar ist's unrein, wenn's den Wünschen dienet,
Rein ist es, wenn es frei von Wünschen ist.

Darum ist Denken denn der Grund
Der Bindung und Erlösung uns:
Der Bindung, wenn's an Dingen hängt,
Der Erlösung, wenn es frei davon.

Solange hemm' dein Denken drum,
Bis es im Herzen wird zunicht:
Nur das ist Wissen, das erlöst;
Das andre ist gelehrter Kram.

So knüpf durch „Aum" den Yoga an,
Denn lautlos denkt das Höchste man:
Wo alle Worte überwunden,
Erst dort wird wahres Sein gefunden.

Dort ist das heil'ge Brahman bloß,
Das anfangs-, grenzen-, wandellos,
Ein ewig Ganzes, ohne Teil:
In ihm liegt unser höchstes Heil.

Da ist kein Sterben, ist kein Werden mehr,
Kein unerlöstes, kein erlöstes Ich —
Nicht mehr Erlösung noch Erlösungswille,
Nur mehr die höchste Wesenheit!

Ein Ich nur wohnt in allem Lebenden,
Nur eine Seele haben die Geschöpfe;
Als Einheit und als Vielheit doch zugleich
Erscheint sie, wie der Mond im Teich.

Das Ich ist wie der Raum im Krug,
Denn wenn der Krug zerbrochen wird,
Bricht nur der Krug, nicht bricht der Raum;
Das Leben ist dem Kruge gleich.

---

1) Brahmabindu Up.; nach Deussen, 60 Up., S. 646ff. Die Hindeutung auf
Vâsudeva = Vishnu am Schluss lasse ich weg, da Deussen ihre „metrische Un-
möglichkeit" hervorhebt. An und für sich kann aber der Verfasser trotz sei inbrünstiger Brahman-Verehrung doch sehr wohl Vishnuit gewesen sein.

Ja, alle Formen gleichen ihm,
Zerbrechen ohne Unterlass,
Ihr Wissen stirbt, wenn sie dahin,
Sein Wissen währt in Ewigkeit.

Das Brahman ist die Silbe „Aum":
Wenn sie verhallt, was dann besteht,
Wer dieses Ew'ge sucht, der ist
Ein Weiser, dem der Frieden wird.

Wie Butter in der Milch verborgen ist,
So lebt in allen Wesen wahres Wissen,
Doch wie, wer buttert, eines Quirls, bedarf
Der Mensch des Geistes, um es zu befrei'n.

Dann erst erscheint ihm, der den Yoga treu
Geübt, die wahre, ungebroch'ne Stille,
Von der ein Weiser sagt: „ich bin dies Brahman:
Das, worin jedes Wesen wohnt.

Und was in allen Wesen wohnt,
Was alle liebend in sich fasst,
Das bin ich selbst — das bin ich selbst."

Rufen wir uns den Grundgedanken der eben besprochenen Meditationsart ins Gedächtnis zurück! — Man verglich die drei Zeiten, die das Aussprechen der drei Laute A, U und M erfüllt, mit Vergangenheit, Gegenwart und Zukunft, hat sie aber wohl auch einmal mit Erde, Luftraum und Himmel verglichen. Die drei letzteren ergeben zusammen den unendlichen Raum, die ersteren die unendliche Zeit. Aber so wie die Welt mehr ist als der Raum oder die Zeit, ja auch mehr als das, was Raum und Zeit erfüllt und wahrgenommen wird, weil noch etwas Unwahrnehmbares dazukommen muss, der heilige Grund der Welt, das Brahman oder, nach anderen, der göttliche Herr, — so muss auch das Wort „Aum" mehr sein als nur die drei Zeiten, die das Aussprechen seiner drei Laute erfüllt, und auch mehr als diese drei Laute selbst. Dieses Mehr findet der Yogin nun in der Zeit, die nach dem Aussprechen des Wortes verfließen muss, damit das Wort „Aum" sich aus dem Zusammenhang der Rede als Ganzes heraushebt, findet er also in der lautlosen oder stillen Zeit, in dem tonlosen Nachhall (oder tonlos nachhallenden M), der auf die drei Laute A, U, M folgt: so wie dieser tonlos, still und unwahrnehmbar ist und doch erst die drei wahrnehmbaren Laute zur Einheit einer Silbe, eines Wortes einigt, so ist auch das Brahman oder, was dasselbe ist, das eigentliche, wahre Ich jedes einzelnen Wesens unwahrnehmbar und einigt doch erst alles Wahrnehmbare in der Welt und an den einzelnen Wesen zur Einheit einer Welt oder eines Wesens. Allerdings wird es nun mit der Tonlosigkeit dieses Nachhalls nicht immer streng genommen. Wir dürfen ja nicht vergessen, dass auch die tiefsten und schönsten Gedanken den Yogins in der Regel doch nur in einer Hülle mehr oder weniger krankhafter Art zum Bewusstsein kommen. So war auch dieser Begriff eines Nachhalls ein außerordentlich geeigneter Ansatzpunkt für Erscheinungen der Gehörstäuschung. In einer späteren kleinen Upanishad lesen wir z. B. eine förmliche Lehre von den zehn Arten von Klängen, die der Yogin in seinem Versenkungszustand nach dem Verklingen der heiligen Silbe zu hören glaubt und die dann auch gleich noch zehn anderen Anzeichen körperlicher, nervöser Überreizung entsprechen sollen. Es heißt da: [1])

Der Hauch ist ein Überhauch und leuchtet wie zehn Millionen Sonnen und durchzieht diese ganze Welt. Wenn aber der Hauch in den Nachhall hingeschwunden ist, dann tritt das ein, was mehr als Schlaf, mehr als Gedanke, mehr als Andacht heißt, und der Yogin genießt in zehnmillionenfacher Andacht diesen Nachhall. Dieser Nachhall kann aber zehnfach hervorgebracht werden: der erste klingt wie *Çinî*, der zweite wie *Çiñcinî*, der dritte wie Glockenton, der vierte wie Muschelblasen, der fünfte wie Saitenspiel, der sechste wie Händeklatschen, der siebente wie Flötenton, der achte wie Trommelschall, der neunte wie Paukenschlag, der zehnte wie Donnerhall

und nun folgen Verse:

> Beim ersten horcht auf *Çiñcinî*,
> Sein Leib, beim zweiten krümmt er ihn;
> Beim dritten wird er müd' und schlaff,
> Beim vierten schüttelt er den Kopf.
>
> Beim fünften fließt der Speichel ihm,
> Beim sechsten trinkt den Nektar er. [2])
> Beim siebten wird Geheimes klar,
> Beim achten lallt er heil'ges Wort

---

1) Hamsa Up. 7; nach Deussen, 60 Up., S. 676f.
2) Dies bezieht sich auf einsog. „Khecari", die im nächsten Abschnitt zu besprechen sein wird.

Beim neunten wird er unsichtbar,
Sein Götterblick durchdringt das All,
Beim zehnten wird zum Brahman er:
Sein Ich und Brahman werden eins.

In ihm schwindet das Denken, und im Denken verbrennen Wunsch und Zweifel, Gutes und Böses. Er aber wird ewig, selig, kraftdurchdrungen, allgegenwärtig, leuchtet durch sein eignes Licht, rein, weise, ewig, fleckenlos und beruhigt. „Aum", das ist Vedaerklärung, Vedaerklärung. [1])

Darin liegt nicht nur ein starkes Hervortreten des krankhaften Elements, sondern doch wohl auch eine eigenartige Vorstellung, die Vorstellung, dass, je lauter es zugeht, je mehr sich das, was der Yogin hört, dem Donner nähert, desto näher er seinem eigentlichen Ziele kommt, — während es doch nach der besseren alten Überlieferung umgekehrt sein müsste: je feiner die Töne sind, die der Yogin hört, je mehr sie sich der Unwahrnehmbarkeit nähern, desto näher kommt er der Vereinigung mit dem Brahman. Und in der Tat, in einem mittelalterlichen Lehrbuch findet sich auch diese, vermutlich aus älteren und besseren Quellen geflossene Schilderung: [2])

Der Yogin hält die Ohren mit den Händen zu, und wenn er einen Laut hört, so konzentriert er seinen Geist darauf, bis er unbeweglich wird. Dieser Laut, in den er sich versenkt, schließt jeden äußeren Laut aus. Zu Anfang der Übung wird ein lauter, verschiedenartiger Laut vernommen, bei fortgesetzter Übung aber wird der Laut feiner und feiner. Zuerst klingt es wie vom Meer, von Donner, von einer großen Trommel, dann wie von einer Muschel oder einer Glocke und endlich wie der Ton eines Glöckleins, eines Rohres, einer Laute, einer Biene. Diese mannigfachen Laute hört man in der Mitte des eigenen Körpers. Nachdem man die groben Laute wie die von Wolke und Trommel gehört hat, empfindet man immer feinere und feinere. Auf welchen Laut aber sich der Geist zuerst richtet, in den soll er sich ganz versenken, mit dem soll er vernichtet werden. Wie die Blütensaft trinkende Biene sich nicht um den Duft kümmert, so verlangt der in den Laut versenkte Geist nicht nach den Gegenständen der äußeren Welt. Im Holz ist das Feuer tätig, mit dem Holz hört es auf. Auf den Laut ist das Bewusstsein gerichtet, mit dem Laut

---

1) Vgl. auch Gher. Samh. V 81-85.
2) Hathayogaprad. IV 82-101; nach Schmidt, S. 225ff.

wird es vernichtet. Erst die lautlose Stille ist das höchste Brahman, das höchste Ich.

Die erleuchtetsten Geister unter den Yogins waren sich freilich immer darüber klar, dass die Erlangung eines solchen Gehörs und auch Gesichts für den Yogin eher ein Hemmnis bei der Erreichung seines Ziels ist als eine Förderung, da ja sein Ziel nur sein kann, sein Bewusstsein allmählich vollständig zu unterdrücken, sich in eine bewusstlose Einheit mit dem letzten Grund aller Dinge zu versetzen, nicht aber sich durch irgendwelche einzelne Erscheinungen von seiner höchsten Aufgabe abziehen zu lassen. [1]) Diese höchste Aufgabe bleibt für den Yogin doch immer die, sich einem Zustand jenseits allen Bewusstseins zu nähern, einem Zustand, der sich am ehesten dem tiefen, traumlosen Schlaf vergleichen lässt, aber wohl noch jenseits des traumlosen Schlafes liegen, also ein Zustand sein muss, noch bewusstloser als der tiefe, traumlose Schlaf, aber dafür auch um so viel beseligender als dieser! Und das findet seinen klarsten Ausdruck wohl in einer weiteren Art, die heilige Silbe „Aum" zu meditieren, die für den Yoga vielleicht noch bezeichnender ist als die schon besprochenen Meditationsarten. Es gibt nämlich drei Zustände, die jedem Menschen aus seiner Erfahrung bekannt sind: der wache Zustand, der träumende Zustand und der Zustand des tiefen Schlafes. Der Yogin kann nun natürlich auch diese drei Zustände mit den drei Lauten A, U und M, beziehungsweise mit den von diesen Lauten erfüllten Zeiten vergleichen und wird sich dann sagen, dass ja sein eigentliches Ziel der Zustand der Erlöstheit ist, somit ein Zustand, in dem das Ich ganz allein und für sich ist, in dem es kein Nicht-Ich mehr bei sich führt, daher auch keinen Zustand, dessen es sich bewusst sein könnte. So kann es dem Yogin scheinen, als sei dieser Zustand der Erlöstheit ein vierter Zustand neben Wachen, Träumen und tiefem Schlaf und verhielte sich zum tiefen Schlaf ebenso, wie sich dieser zum Wachen verhält. Mit diesem vierten, allerbewusstlosesten, allerbeseligendsten Zustand wird er aber dann eben jene tonlose Stille vergleichen, die nach dem Aussprechen des „Aum" eintritt — eben jene Zeit oder halbe Zeit, die zu den Zeiten der drei Laute A, U und M hinzutreten muss, um sie zu einem Wort, eben zur heiligen Silbe „Aum", zu einigen. Das ist der Gedanke, den eine eigens zu diesem Zweck verfasste ganz kurze Upanishad ausspricht, die, wenn auch nicht gerade „alt", so doch verhältnismäßig früh sein dürfte. Es heißt

---

1) Yoga Sûtras III 37; Mokshadharma 240/24.

da: [1])

Das Ich ist vierfach. Das im Zustand des Wachens befindliche, nach außen erkennende, das Grobe genießende Wach-Ich ist sein erstes Viertel. Das im Zustand des Träumens befindliche, nach innen erkennende, das Auserlesene genießende Traum-Ich ist sein zweites Viertel. Der Zustand, wo es, eingeschlafen, keine Begierde mehr empfindet und kein Traumbild schaut, ist der tiefe Schlaf. Das im Zustand des tiefen Schlafs befindliche, eins gewordene, durch und durch aus Erkenntnis oder Wonne bestehende, die Wonne genießende Schlaf-Ich ist sein drittes Viertel. Nicht nach innen erkennend, und nicht nach außen erkennend, noch auch nach beiden Seiten erkennend, auch nicht durch und durch aus Erkenntnis bestehend, weder bewusst noch unbewusst, unsichtbar, unbetastbar, ungreifbar, undenkbar, unbezeichenbar, nur in der Gewissheit des eigenen Ich gegründet, die ganze Weltausbreitung auslöschend, beruhigt, selig, all-eins, das ist das vierte Viertel, das ist das höchste Ich, *das* soll man erkennen.

Das Ich nun ist unter den Lauten die Silbe „Aum", und die Viertel des Ich sind die Zeiten dieser Silbe, nämlich die Zeiten des „a"-Lauts, des „u"-Lauts und des „m"-Lauts. Das im Zustande des Wachens befindliche Wach-Ich ist der „a"-Laut, die erste Zeit. Das im Zustand des Träumens befindliche Traum-Ich ist der „u"-Laut, die zweite Zeit. Das im Zustand des Tiefschlafs befindliche Schlaf-Ich ist der „m"-Laut, die dritte Zeit. Zeitlos aber ist das vierte Ich, das unbetastbare, die ganze Weltausbreitung auslöschende, selige, all-eine. In dieser Weise ist die Silbe „Aum" das Ich. Der geht mit seinem Ich in das höchste Ich ein, der solches weiß — der solches weiß.

Bei dieser Meditation bereitet sich mithin der Yogin nicht nur darauf vor, in den höchsten Zustand, in den Zustand der erlösenden Bewusstlosigkeit, der Einheit mit dem Weltgrund, einzugehen, sondern indem er sein ganzes Bewusstsein in die Vorstellung der vollendeten Stille als des Sinnbilds des vierten Zustands, der vollendeten Bewusstlosigkeit, vertieft, leitet ihn die Meditation unmittelbar zu seinem Ziel, zu jenem Zustand erlösender und beglückender Bewusstlosigkeit selbst hinüber.

---

1) Mândûkya Up. I 2-IV 12; nach Deussen, 60 Up., S. 578ff.

XXI. ZAUBERKRÄFTE

ENTARTUNG DES YOGA

Nach *Patañjali* zerfällt das Yogaverfahren in acht Hauptteile oder Kettenglieder. Die drei letzten unter ihnen, die den Yogin unmittelbar zu seinem höchsten Ziel, der beglückenden Bewusstlosigkeit, hinleiten, sind Konzentration, Meditation und Versenkung. Diese fasst nun *Patañjali* [1]) zu einer Einheit zusammen, die als „Selbstbezwingung", [2]) „Selbstlosigkeit", „Ausschaltung des Ich" oder, wie wir sagten, als „Geistesfreiheit" bezeichnet werden kann. Wer nämlich gelernt hat, sich auf die von ihm meditierten Bilder und Vorstellungen, sagen wir kurz: auf die Anschauungen seines geistigen Auges, zu konzentrieren und sich in sie zu versenken, und zwar so, dass für ihn nur mehr diese Anschauungen vorhanden sind, die eigene Persönlichkeit, die eigenen Sinne, die eigenen Gedanken, die eigenen Neigungen aber wegfallen, der hat sich selbst bezwungen, sich selbst ausgeschaltet, der ist von sich selbst frei geworden, hat Geistesfreiheit erlangt. Diese Geistesfreiheit ist es nun auch, die ihn in den Stand setzt, das wahre Wesen seines Ich, unterschieden von allem anhängenden Nicht-Ich, zu erkennen. Aber diese Geistesfreiheit wird zugleich gedacht als eine Eigenschaft, die der Yogin ein für alle Mal erwirbt; er besitzt also diese Eigenschaft auch dann, wenn er nicht gerade den Yoga betreibt: er besitzt sie auch in seinem gewöhnlichen, weltlichen Dasein. Welchen Gebrauch wird er da von ihr machen?

Uralt ist in Indien die Vorstellung, dass moralische und geistige Vollkommenheit untrennbar ist von höchster körperlicher, oder sagen wir: äußerer, Macht. Ursprünglich gab sich ja der Inder der Kasteiung, dem Tapas, eben zu dem Zweck hin, um Zaubermacht zu erwerben, und von dieser Zeit her verband für das indische Bewusstsein ein unlösbares Band diese beiden Begriffe. Wer über die Dinge dieser

---

1) III 4.
2) Samyama.

Welt erhaben ist, der muss auch die Herrschaft über sie haben; wer ihnen überlegen ist im geistigen Sinn, der muss ihnen auch überlegen sein im Sinne äußerliche! Macht. Wer sich von der Welt innerlich befreit hat, der muss auch durch seinen Willen die Welt beherrschen — d. h. er muss zaubern können! Oder richtiger: nur ein Zauberer, dessen Wille die Welt beherrscht, kann sich von ihr auch innerlich befreien! Finden wir doch schon in den ältesten Hymnen, im R̥igveda, zu einer Zeit, wo es gewiss keinen Yoga gegeben hat, diese Vorstellung, dass jeder heilige Mann übermenschlich n Kräfte besitzt. Es heißt dort z. B.: [1])

Heilige Männer, nur mit dem Wind umgürtet, kleiden sich in gelbe Schmutzgewänder: sie folgen des Windes Bahn, da die Götter in sie eingegangen sind. Nach heiliger Männer Art verzückt, haben wir die Winde bestiegen. Ihr Menschen freilich seht nur unsere Leiber.

Wir dürfen wohl sagen, dass seit diesen Urzeiten die Lehren von den übernatürlichen Kräften, die sich der Mensch durch Kasteiung und andere heilige Übungen erwirbt, ein wesentliches Bestandstück der indischen Erlösungslehre sind, und so ist auch die Lehre von den übernatürlichen Fähigkeiten und Kräften des Yogins ein wesentliches Bestandstück der Yogatheorie, über die auch wir nicht wortlos weggehen können.

Da wird nun wahrscheinlich hie und da die Frage laut werden, was denn an dieser Rede von übernatürlichen Kräften des Yogins sein mag? Wir hören ja davon fast alle Tage in Wort und Schrift. Ich kann darauf nur folgendes erwidern. Dass der Yogin Zustände der tiefsten Geistesabwesenheit erlebt, dass daher bei ihm auch Zustände höchster Empfindungslosigkeit vorkommen mögen, steht fest; ebenso dass sein Wille planmäßig dazu erzogen wird, seinen Körper zu beherrschen, sich auch die unwillkürlichen Vorgänge des Lebens zu unterwerfen. Was demnach in dieses Bereich gehört, das kann ohne weiteres als wirklich und tatsächlich begründet zugegeben und angenommen werden, inbegriffen sogar die freilich sehr seltene Erscheinung des willkürlichen Starrkrampfs oder Scheintods, wie er bei jenen Yogins vorauszusetzen ist, die sich auf gewisse Zeit lebend begraben lassen — mag dieser Vorgang auch nur in sehr wenigen Fällen tatsächlich nachweisbar sein. Ferner führten indische Bettelheilige zu allen Zeiten außerordentlich zahlreiche Kunststücke aus, die

---

1) X 136, 2f.; nach Hillebrandt, Lieder des Rigveda, S. 150; vgl. die lehrreiche Erklärung dieses Liedes bei Hauer, Anfänge, S. 169ff.

sich mit den Leistungen unserer abendländischen Taschenspieler außerordentlich nahe berühren, und es besteht natürlich kein Grund, für jene eine andere Erklärung anzunehmen als für diese. Mit all dem will ich aber natürlich keineswegs behaupten, dass alle Fähigkeiten und Kräfte des Menschen von uns bereits erforscht seien, und dass nicht unter gewissen Bedingungen, auf Grund einer gewissen Selbsterziehung, Menschen auch noch Kräfte entwickeln können, von denen wir bisher sehr wenig wissen. So sind es gar nicht viele Jahrzehnte her, dass wir von Suggestion und Hypnose so gut wie nichts wussten; und bei jenen Erscheinungen der Fernwirkung, die man Telepathie nennt, ist es zum mindesten sehr fraglich, ob nicht doch ein gewisser Bruchteil dieser Erscheinungen eine tatsächliche Grundlage hat, was mich, nebenbei gesagt, nicht besonders wundern würde; denn da doch, wie wir heute wissen, ein Zeichengebeapparat von London aus nach New York wirken und dort einen Zeichenempfangsapparat beeinflussen kann, ist grundsätzlich gar nicht einzusehen, warum nicht auch ein menschliches Gehirn über eine gewisse Entfernung hin auf ein anderes Gehirn unmittelbar wirken und es in bestimmter Weise beeinflussen sollte. Wenn indes gefragt wird, wie es mit diesen angeblich übermenschlichen oder doch übernormalen Kräften des Yogin im Großen und Ganzen stehe, so möchte ich doch sagen: so wie die übernatürlichen Erkenntnisse sich in Wahrheiten äußern müssten, die von Menschen sonst nicht erkannt werden und ihnen dabei doch mit unwiderstehlicher Überzeugungskraft einleuchten, so müssten sich schließlich auch übernatürliche Kräfte in übernatürlichen Leistungen äußern, die auch ihrer Größe nach einigermaßen greifbar oder doch aufzeigbar wären. Yogins sind im Allgemeinen für Geld zu vielem zu haben. Wenn sie sich wirklich in Zustände versetzen können, in denen sie die unbelebte Natur zu beeinflussen imstande sind, ähnlich etwa wie sich in der griechischen Sage dem Orpheus durch seinen Gesang die Steine zusammenfügten, so müsste man die Gebäude aufweisen können, die von diesem Yogawillen aufgebaut worden sind. Man müsste auch die Feldzüge namhaft machen können, bei denen durch die übernatürliche Hellsehkunst eines Yogins der Feldzugsplan des Gegners erraten wurde und die Siege aufzuzeigen vermögen, die durch den suggestiven Einfluss des Yoginwillens auf den Willen der gegnerischen Feldherren und Krieger herbeigeführt worden sind. Das kann man aber, wie es scheint, nicht, und so wird man damit rechnen müssen, dass diese Yogakräfte doch wohl nicht von jener entschiedenen, dem Zweifel entrückten Art sind, die von ihren Verherrlichern für sie in Anspruch genommen werden.

Es gibt eine andere Erklärung, die auch von Indern selbst nicht selten gegeben wird: das meiste, sagt man, was Yogins an scheinbar Übermenschlichem leisten, beruht auf Suggestion. Der Yogin hat eine so große suggestive Kraft, dass er den Zuschauer in seinen Bann zwingt, ihn dahin bringt, etwas vor sich zu sehen, was eigentlich nicht da ist. So findet sich z. B. in dem schon angeführten Buch von Schmidt: „Fakire und Fakirtum", etwa folgende Darstellung: [1)]

So lesen wir in einem Bericht, wie ein Fakir ein Garnknäuel in die Luft warf. Es flog so hoch, bis es vor den Augen des bestürzten Publikums verschwand. Während seines Flugs wickelte sich das Knäuel auf: ein Ende blieb am Erdboden, während das andere anscheinend bis in die Wolken reichte. Nun gebot der Fakir einem Knaben, hinaufzuklettern. Der Knabe gehorchte und kletterte anscheinend so schnell, dass man ihn bald nicht mehr sehen konnte. Sofort befahl der Fakir dem Knaben, umzukehren, ohne Gehorsam zu finden. Da erfasste der Fakir wütend ein Messer und kletterte dem Knaben nach. Nach einer kurzen Pause erwartungsvollen Stillschweigens hörte man von oben einen entsetzlichen Schrei, und aus den Lüften kamen die blutigen Glieder, Kopf und Rumpf des Knaben, einzeln heruntergeflogen. Das Publikum nahm eine drohende und entrüstete Haltung an, so dass sich der inzwischen zurückgekehrte Fakir, anscheinend um sein Leben besorgt, bewogen fühlte, sein Verbrechen wieder gutzumachen. Er setzte die Glieder des Knaben wieder zusammen, murmelte einige heilige Sprüche und beschrieb mit dem Finger magische Figuren in der Luft. Sogleich setzte sich der Leichnam wieder zusammen, und der Knabe richtete sich, fröhlich lachend, wieder auf. Diese Vorstellung wurde in einem Protokoll bis in jede Einzelheit beschrieben und dasselbe von den Zuschauern nach genauer Durchsicht unterzeichnet. Wie überrascht waren aber alle, als ein amerikanischer Journalist mehrere fotografische Aufnahmen derselben Vorstellung zeigte: auf diesen konnte man nämlich den Fakir wie den Knaben behäbig schmunzelnd auf einer Matte sitzen sehen. Von anderen Dingen war nichts zu entdecken. Der Fakir war während der ganzen Sitzung nicht von seiner Matte aufgestanden, hatte in Wirklichkeit den Vorgang nur unter Anspannung seiner Aufmerksamkeit erzählt, und das faszinierte Publikum hatte alle

---

1) S. 167f.

Wunder nur in der eigenen Phantasie leibhaftig geschaut. Nur auf die tote fotografische Platte konnte sich der Einfluss des Zauberers nicht erstrecken.

Da möchte ich aber nun doch fragen: wer bezeugt denn diese Geschichte? Denn so ohne weiteres einleuchtend erscheint sie mir eigentlich nicht. Es heißt wohl: Der Fakir hatte die Sache *erzählt*; aber in welcher Sprache? War die Zuhörerschaft eine europäische, so ist doch nicht leicht anzunehmen, dass der Fakir irgendeine europäische Sprache so glänzend beherrschte, dass die Zuhörer seiner Suggestion widerstandslos preisgegeben waren. Waren die Zuhörer aber Inder, so ist die Glaubwürdigkeit der ganzen Erzählung natürlich von vornherein eine recht geringe. Frage ich nun aber: wer die Erzählung bezeugt, so zeigt sich folgendes: *Schmidt* hat die Stelle übernommen aus dem Buch eines Inders, [1]) und in diesem indischen Buch heißt es nun: „So lesen wir in einem Bericht", ohne dass aber gesagt würde, was für ein Bericht und wessen Bericht? Und ganz ähnliche Geschichten von der Suggestionskraft der Yogins höre ich nun schon seit dreißig Jahren; denn schon vor so langer Zeit hat mir jemand, der in Indien war, erzählt, er habe dort *gehört*, es sei *vorgekommen*, dass sich solche Dinge ereignet hätten. Solange aber die vorgebrachten Beweise nicht ganz andere sind, sollten wir, glaube ich, den Erzählungen von der überwältigenden suggestiven Kraft der Yogins und Fakire fast ebenso zurückhaltend gegenüberstehen wie den Berichten über ihn-zauberischen Leistungen selbst.

Eine Tatsache scheint mir aber vor allem merkwürdig. Wenn wir uns fragen, was denn die Yogalehrer selbst, etwa *Patañjali*, der Verfasser des wichtigsten Yogalehrbuchs, über die Zauberkräfte der Yogins aussagen, so finden wir, dass dieser eigentlich fast keine Leistungen nennt, die man sich nur durch wirklichen Zauber erklären könnte, sondern die wunderbaren Vorgänge, von denen er spricht, spielen sich entweder überhaupt nur im Innern des Yogins ab oder lassen sich doch aufs leichteste durch das Hinausversetzen seiner inneren Erlebnisse in die Außenwelt erklären. Wenn es heißt, [2]) dass aus Kasteiung Vollkommenheit von Leib und Sinnen entspringt, dass aus Gottesdienst Vereinigung mit der verehrten Gottheit erfolgt, [3]) so sind das im Rahmen einer religiösen Weltanschauung Selbstverständ-

---

[1]) Vairagyânanda, Hindu-Hypnotismus. (Neuauflage Verlag Edition Geheimes Wissen, Graz 2010).
[2]) Yoga Sûtras II 43.
[3]) II 44.

lichkeiten. Aber auch wenn das Vergeltungsprinzip angewandt wird, wenn es etwa heißt: wer Schonung übt, wird selbst geschont; wer nicht stiehlt, gewinnt Schätze; wer keusch ist, nimmt zu an männlicher Kraft; der Enthaltsame gewinnt sich unendliche Lust, [1]) — so sind das Wirkungen, die nach der einfachsten Zauberlogik vor sich gehen, deren Behauptung sich also von selbst erklärt.

Interessanter und wichtiger ist, was über die Anwendung der „Selbstbezwingung", [2]) „Selbstlosigkeit" oder Geistesfreiheit auf verschiedene Gegenstände und Zustände behauptet wird. Diese Geistesfreiheit, erinnern wir uns, besteht darin, dass jemand die Gabe besitzt, sich in einen Gegenstand auf solche Art zu versenken, dass für ihn nur mehr die Natur des Gegenstands in Betracht kommt, aller entstellende Einfluss seiner eigenen Persönlichkeit dagegen wegfällt. [3])

Es ist dies die Fähigkeit zu einem Verhalten, das in gewissem Sinn dem Hauptgrundsatz der Wissenschaft entspricht, die Erscheinungen so hinzunehmen, wie sie sind, und alle persönlichen Zutaten, alle aus eigenen Meinungen, Neigungen, Interessen hervorgehende Stellungnahme, Bewertung, Auffassung auszuschalten. Wenn es nun heißt:

Durch Anwendung geistesfreier Betrachtung auf das Wesen des Geistes erfolgt Erkenntnis des Wesens des Geistes und damit die Erlösung, [4])

so ist das natürlich die eigentliche und rechtmäßige Anwendung der geistesfreien Betrachtung: dazu betreibt ja der Yogin den Yoga, damit er das wahre Wesen des Ich unterscheiden lerne von dem, was an dem Ich nur hängt, wie z. B. seine Neigungen, seine Gedanken, seine Vorstellungen, sein Körper. Auch wenn gesagt wird: [5])

Aus geistesfreier Vergegenwärtigung der eigenen Gemütsregungen erfolgt Kenntnis der früheren Geburten,

so darf man das nicht ohne weiteres als bloßes Zaubergeschwätz von der Hand weisen; im Gegenteil muss ich gestehen, dass für mich eigentlich erst durch dieses Lehrstück eine Seite des Seelenwanderungsglaubens klargelegt worden ist, die sicherlich sehr viel dazu beigetragen hat, diesen Glauben auch bei hochstehenden und erleuchteten Menschen einzubürgern und zu erhalten. In jener Behauptung liegt nämlich folgendes. Wenn ich in mir eine Regung, eine Neigung

---

1) II 35, 38, 42.
2) Samyma.
3) III 1-4; vgl. I 43.
4) III 5 und 35.
5) III 18.

finde, die zu meinem jetzigen, meinem gegenwärtigen Charakter, meinem ganzen Dasein nicht zu passen scheint, dann sage ich: Das muss aus einem früheren Leben herrühren, den Überrest eines früheren Daseins bedeuten. Und was sagen wir im gleichen Fall? Wir sagen: das muss von einem *Ahnen* herrühren, *ererbt* sein! Es stützt sich demnach der Glaube an ein Vorleben, an frühere Geburten zu einem gewissen, nicht unbeträchtlichen Teil auf dieselben Erfahrungsgrundlagen, die bei uns den Glauben an die Vererbung begründen. So wie wir etwa sagen: Trotz guter Anlagen ruhte auf diesem Mann durch seine Abstammung ein Verhängnis, er wurde schließlich hingerissen von seinem ererbten Jähzorn, seiner ererbten Abenteuerlust, so hätte der Inder in dem gleichen Fall gesagt: Hier äußern sich die Werke einer früheren Geburt. Und wenn daher *Patañjali* sagt:

Aus geistesfreier Vergegenwärtigung der eigenen Gemütsregungen erfolgt Kenntnis der früheren Geburten,

so ist das, wie mir scheint, in der Hauptsache noch eine rechtmäßige Anwendung des Grundsatzes, rechte Erkenntnis gehe hervor aus geistesfreier, die Dinge rein sachlich erfassender, durch keinerlei Neigungen getrübter Betrachtung. Wenn es nun heißt: [1])

Aus geistesfreier Versenkung in das Wesen der eigenen Kehle erfolgt Sättigung und Stillung des Durstes,

so befinden wir uns hier offenbar bereits auf dem Gebiete dessen, was wir Autosuggestion nennen dürfen: wir versenken uns in die Vorstellung davon, wie uns zumut wäre, wenn wir essen, wenn wir trinken würden, und damit tritt auf sehr begreifliche Art das Gefühl der Sättigung, das Gefühl der Stillung des Durstes ein — nämlich für unser augenblickliches Bewusstsein. Von einer in die äußere Welt hinein wirkenden Zauberei sind wir dabei sehr, sehr weit entfernt.

Aus geistesfreier Vergegenwärtigung des eigenen Unterleibs erfolgt Kenntnis des Baues des menschlichen Körpers. [2])

Auch hierin werden wir vielleicht ein Körnlein Wahrheit erkennen dürfen: bei sehr empfindlichen Nerven, bei sehr ausschließender Vertiefung in die Empfindungen, die aus unserem eigenen Leibe stammen, kann sich der Mensch vielleicht gewisse Vorstellungen von dem Bau dieses Körpers bilden. Mit der Kenntnis, die wir erlangen, wenn wir ganz prosaisch die menschliche Leiche öffnen, können sich naber solche Vorstellungen natürlich auf keine Weise

---

1) III 30.
2) III 29.

messen; [1]) das geht denn auch unwidersprechlich aus dem Inhalt jener anatomischen Vorstellungen hervor, die den Yogins eigentümlich sind. [2]) Die Yogins, wenigstens die der späteren Zeit — aber auch diese späteren Vorstellungen dürften aus früheren Ansätzen hervorgewachsen sein —, meinten z. B., dass die Luft, die durch das linke Nasenloch eingezogen wird, durch die linke Halsschlagader in den Leib komme, während die Luft, die durch das rechte Nasenloch eingezogen wird, durch die rechte Halsschlagader in den Leib gelange. Diese Adern vereinigen sich im Unterleib, halbwegs zwischen Nabel und Geschlechtsorgan, zur Hauptröhre, und durch diese Hauptröhre, die von der Mitte des Bauches durch den Darm und den Magen bis in jenes Gefäß reicht, das nach dieser Vorstellung Luft- und Speiseröhre zugleich ist, entweicht dann die Luft nach oben, um endlich durch den Mund wieder ausgeatmet zu werden. Dieser Kreislauf des Atems reinigt den Körper und ist daher eine wesentliche Vorbedingung für die Gewinnung der höheren Zustände des Bewusstseins und die Erlösung. Und das ist ein Hauptgrund, warum der Yoga auf die Regelung der Atmung solches Gewicht legt: nur sie vermag die gewaltigen Hindernisse zu beseitigen, die sich dem freien Kreislauf des Atems in den Weg stellen. Im unteren Ausgang des Hauptrohrs nämlich, in der Mitte des Bauches, liegt ein massives Wesen, das als eine Art weiblichen Dämons aufgefasst wird, der den Menschen am freien Atmen hindert. Dieses Wesen heißt Kuṇḍalî, und es ist nun eine Hauptaufgabe der Atemregelung, durch heftiges Atmen diese Kuṇḍalî dazu zu bringen, dass sie ausweiche, sich in die Länge strecke, so dass die Luft an ihr vorbei durch das Hauptrohr streichen und endlich beim Mund ausströmen könne.

Nach manchen Andeutungen scheint dieses unheimliche dämonische Wesen nichts anderes zu sein als die Empfindung der Verdauung, die nach den Mahlzeiten eintritt und dem Menschen das Gefühl der vollen Freiheit in der Herrschaft über seinen Leib nimmt. [3]) Denn am Morgen und am Abend, heißt es, [4]) macht sich die Kuṇḍalî durch

---

1) Freilich entgeht dafür dem Auge des Anatomen wieder manche physiologische Feinheit, die sich empfindlicher Selbstbeobachtung erschließen mag.

2) Schmidt, Fakire, S. 172-177.

3) Hauer, Anfänge, S. 170f., glaubt, dass schon Ṛigveda X 136, 7 mit den „Gekrümmten" (*kunamnamâ*) die windungsreiche Kuṇḍalî gemeint sei. Keinesfalls wäre es unglaublich, wenn diese urtümliche Vorstellung schon in vorbrahmanische Zeit zurückreichte. Vgl. auch ihr chinesisches Gegenbild bei Dschuang Dsi XXVI 9 (S. 204 Wilhelm).

4) Schmidt, Fakire, S. 175.

einige Stunden nicht bemerkbar, *da* braucht man sie nicht zum Ausweichen zu bewegen. — Die Kenntnis des Baues des menschlichen Körpers, die man durch geistesfreie Versenkung in das Wesen des eigenen Unterleibs erwirbt, hält also, wie mir scheint, doch nicht durchaus gleichen Schritt mit den anatomischen Kenntnissen, die wir im Abendland auf andere Weise gewonnen haben.

Ähnlich sind aber nun doch auch die weiter folgenden Sätze aus dem Lehrbuch des *Patañjali* zu beurteilen.

Aus geistesfreier Versenkung in die eigenen Vorstellungen von einem Anderen erfolgt Erkenntnis seiner Denkart. [1]

Wenn ich ein sachlich zutreffendes Bild von dem Charakter eines anderen Menschen gewinnen will, so muss ich mich unbefangen in die Eindrücke, die ich von ihm empfangen habe, versenken, ich darf Liebe und Hass keine Einwirkung vergönnen, muss mich bemühen, von allem derartigen abzusehen und mir jenen Menschen vorzustellen, wie er wirklich ist. Aber dadurch allein kann ich mir doch auch wieder keine zutreffende Kenntnis seines Inneren verschaffen: ich muss erst etwas von ihm wissen, muss ihn einigermaßen kennen, meiner Vorstellung von ihm darf es an einer zureichenden Grundlage nicht fehlen.

Aus geistesfreier Unterscheidung des Klanges verschiedener Wörter erfolgt Verständnis der Sprache aller Tiere. [2]

Hier müssen wir doch sagen: wenn sich überhaupt von einem Körnlein Wahrheit sprechen lässt, — jedenfalls bedeutet es außerordentlich wenig. Es mag ja sein, dass jemand, der sich mit aller Kraft seines Geistes in ein Tier einzufühlen versucht, sich wirklich durch diese Einfühlung ein gewisses intuitives Verständnis auch jener Seelenregungen verschaffen kann, die das Tier beim Ausstoßen gewisser Laute beherrschen. Wie viel mehr Zauber- und Aberglauben steckt aber doch in einer solchen Behauptung! Und in derselben Richtung geht es mit gesteigerter Geschwindigkeit weiter:

Aus geistesfreier Versenkung in das Wesen des Mondes erfolgt Kenntnis des Himmelsgebäudes. [3]

Aus geistesfreier Versenkung in das Wesen der Sonne erfolgt Kenntnis des gesamten Weltalls. [4]

Hier hat sich auch das letzte Körnlein Wahrheit aufgelöst in ei-

---

1) III 19.
2) III 17.
3) III 27.
4) III 26.

nem ungeheuren Meer von Aberglauben; denn obwohl sich Yogins scharenweise und jahrhundertelang in das Wesen der Sonne und des Mondes versenkt haben, haben sie sich doch dadurch nicht die geringsten astronomischen Kenntnisse erworben.

Die interessantesten Anwendungen des Grundsatzes von der Bedeutung der geistesfreien Versenkung als Erkenntnisquelle sind aber wohl jene, die durch Missdeutung innerer Empfindungen und deren Verlegung in die Außenwelt entstehen. Das schönste und, wie mir scheint, unzweideutigste Beispiel dafür gibt etwa folgende Stelle eines mittelalterlichen Yogalehrbuchs ab: [1])

> Das Einatmen, Anhalten und Ausstoßen der Luft dauert von einer bis zu hundert Wiederholungen des heiligen Spruches. Die beste Zahl ist zwanzig, die mittlere sechzehn, die geringste zwölf Wiederholungen. So ist die Regelung der Atmung als dreifach bekannt. Bei der geringsten entsteht Hitze, bei der mittleren Schwanken des Körpers, bei der besten verlässt man den Fußboden; infolge von Anhalten des Atems schwebt man in der Luft, die Krankheiten verschwinden, man erweckt die Energie, im Herzen entsteht Wonne: glücklich wird, wer den Atem anhält!

Ich glaube, niemand, der diese Beschreibung liest, wird ernstlich bezweifeln, dass es sich nicht um eine Naturerscheinung handelt — als ob etwa der Yogin, der zwanzig Spruchzeiten lang den Atem anhält, wirklich in die Luft hinaufschwebte; vielmehr ist es klar, dass er unter diesen Umständen in sich ein Gefühl der Leichtigkeit, des Schwebens verspürt und nun dieses innere Erlebnis, diesen inneren Zustand als äußeres Erlebnis, als äußeren Vorgang auffasst und beschreibt. Und dasselbe Erlebnis wird es wohl auch sein, das schon dem älteren Yogalehrbuch des *Patañjali* den Anlass zu der Aussage gab, [2]) dass aus geistesfreier Versenkung in die Berührung von Leib und Luft und in die Leichtigkeit von Baumwolle „Gehen in der Luft" erfolge, — gewiss nicht, weil für den Yogin ein besonderes Naturgesetz gelten würde! Sondern es wird wohl so sein, dass, wenn er an die Leichtigkeit der Baumwolle, an eine leicht durch die Luft dahinfliegende Baumwollflocke denkt und sich ganz in diese Vorstellung versenkt, dabei in ihm das Bewusstsein entsteht, als flöge er selbst in der Luft, und er nun dieses Bewusstsein für das eines wirklichen Vorgangs nimmt. — Dieselbe Erfahrung kann übrigens auch anders aus-

---

1) Gher. Samh. V 57-60; nach Schmidt, Fakire, S. 214.
2) III 42.

gesprochen werden; es heißt dann etwa:

Der Yogin kann seinen Geist aus dem Leib ziehen wie einen Grashalm aus seinem Schaft,

ein Satz, der sich schon in einer Upanishad [1]) und mit ganz ähnlichen Worten auch im Buddhismus findet. [2]) Auch schien diese Vorstellung von einem den Leib verlassenden Geist wohl bestätigt zu werden durch die Beobachtung des sich in kühler Luft verdichtenden Atems; denn eines der späteren Yogalehrbücher sagt, [3]) dass der Geistleib, der den gewöhnlichen Leib verlässt, eine verschiedene Länge habe, je nachdem der Mensch sich eben mehr oder weniger anstrengt; der Geistleib eines Laufenden oder heftig Arbeitenden sei länger als der eines Ruhenden — was doch wohl kaum etwas anderes bedeuten wird, als dass, wenn der Mensch heftig ausatmet, sein Atem auf eine größere Strecke hin sichtbar ist.

Das merkwürdigste dieser inneren, jedoch in die Außenwelt verlegten Erlebnisse ist aber wohl das, dass der Yogin zuzeiten seine ganze Bewusstseinsenergie auf den geistigen Zustand eines anderen Menschen verwendet und dann überzeugt ist, mit seinem Geist in diesen anderen Menschen eingegangen zu sein, [4]) ja dass er sogar durch angespannteste Versenkung in seine Vorstellung von einem gar nicht wirklich vorhandenen Menschen einen neuen Menschen zu schaffen glaubt, und zwar, wie *Patañjali* meint, —

aus der Überfülle seiner eigenen Natur —

wobei jedoch der etwas pedantische Verfasser des Lehrbuchs es nicht unterlässt, zu betonen, dass diese neue Persönlichkeit eigentlich kein wahres Ich hat, da sie ja nur geschaffen wird aus jenen Bestandteilen des Yogins, die sein Nicht-Ich ausmachen, aus seinem Körper, seinen Empfindungen, seinen Gedanken und Gefühlen, so dass also — in unserer Sprache — dieser vom Yogin neu geschaffene Mensch eigentlich ein seelenloser Automat ist. Der Inder bringt denselben Gedanken dadurch zum Ausdruck, dass er sagt: Die neu geschaffene Persönlichkeit erzeugt durch ihre Taten weder Verdienst noch Schuld, auch bleibt von ihr nichts übrig, was in eine künftige Geburt eingehen könnte, ja auch in diesem Leben ist in gewissem Sinne all ihr Tun abhängig von dem Bewusstsein des Yogins. [5]) Offenbar handelt es sich hier also um eine Erscheinung der Persönlichkeitsspal-

---

1) Kâth. Up. VI 17.
2) Digh. Nik. II 86 Franke.
3) Gher. Samh. V 91ff; nach Schmidt, Fakire, S. 219.
4) Yoga Sûtras III 38.
5) V 2-6.

tung, wie sie ja in Zuständen geistiger Überreizung oder Störung gar nicht so selten ist.

Um schließlich jeden etwa noch möglichen Zweifel an dieser wesentlich gefühlsmäßigen Natur der zauberischen Yogakräfte zu bannen, will ich noch anführen, dass nach demselben Yogalehrer aus geistesfreier Versenkung in die Kraft von Elefanten der Yogin selbst Elefantenkraft erwirbt, [1]) und dass ihm die geistesfreie Erkenntnis des Wesens der Welt in ihrer Verschiedenheit vom Geist Beherrschung und Erkenntnis der Welt, demnach Allmacht und Allwissenheit verleiht. [2]) Elefantenkraft, Allmacht und Allwissenheit sind uns ja durchaus verständlich als Inhalte eines erhöhten Bewusstseinszustandes. Es würde aber doch alle unsere Einbildungskraft übersteigen, wenn wir annehmen müssten, dass ein Yogin sich durch derartige Übungen wirklich die Kräfte eines Elefanten, ja sogar Allmacht und Allwissenheit erwerben könnte.

Es kann aber kein Zweifel daran bestehen, dass in späteren Zeiten die abergläubische Seite des Yoga stärker hervorgetreten ist, und das macht sich nun in eben diesen Zeiten auch noch auf andere Art bemerklich, besonders seit man dem altüberlieferten Yoga einen zweiten Yoga, den gewaltsamen oder *Hatha-Yoga*, an die Seite stellte, der es dem Yogin ermöglichen sollte, sich in kürzerer Zeit mit geringerer Anstrengung der Erlösung zu versichern.

Wenn etwa in der Vorschrift, die Atmung zu regeln, den Yoga seit jeher ein gewisser medizinischer Zug kennzeichnete, so geht in diesem späteren (damit freilich vielleicht nur auf uralte, volkstümliche Vorstellungsweisen zurückgreifenden) Yoga die Bedeutung dieses Zuges so weit, dass auch mechanische Mittel zur Beförderung der Atmung angewandt und als wichtige Hilfsmittel zur Erlösung empfohlen werden. Wir erinnern uns, dass die Theorie des Yoga von einer dämonischen Macht, der *Kuṇḍalî*, spricht, die im Unterleib sitzt und das Hauptatmungsrohr an seinem unteren Ende verstopft, und die daher beseitigt werden muss, wenn der Atem, der durch die beiden Seitenrohre — nämlich die Nasenlöcher und die angeblich ihre Fortsetzung bildenden Halsschlagadern — eingezogen wird, den Körper hemmungslos durchkreisen soll. Dazu wird nun ein Tuch verwandt, das auf eigentümliche Art um den Leib geschlungen wird und dessen Druck jenes dämonische Wesen, die *Kuṇḍalî*, dazu veranlassen soll, den Eingang des Hauptatmungsrohres freizugeben. Wir lesen darüber

---

1) III 24.
2) III 49.

294

etwa folgendes: [1])

Die höchste Göttin *Kuṇḍalî* ruht schlafend im Gedärm; sie hat die Gestalt einer Schlange,

was jedenfalls vom Darm selbst auf sie übertragen ist,

und besitzt drei und eine halbe Windung. Solang sie im Leibe schläft, ist die Seele wie ein Vieh, solang kommt kein Wissen, ob man schon zehn Millionen Yogaübungen vollbrächte. Wie man aber den Torweg mit einem Schlüssel gewaltsam öffnet, so bringt man durch Aufwecken der *Kuṇḍalî* die Türe Brahmans zum Klaffen. Den Nabel mit einem Tuch umwunden und nicht draußen befindlich, sondern in einem geheimen Gemach verweilend, nehme man diese Übung vor. In der Länge eine Elle messend, in der Breite vier Zoll, weich, weiß und zart, das sind die Merkmale des Tuches zum Umgürten . . . usw.

Ein andermal wird eine sehr verwandte, im Wesentlichen ebenfalls rein mechanische Übung als Hauptmittel zur Gewinnung der Erlösung hingestellt: [2])

Man strecke die beiden Füße stockgleich auf den Boden aus, wobei die Stirn mitten auf die Knie gelegt wird, und halte die Füße sorgsam mit den Händen; dabei führe man oberhalb des Nabels die Einziehung des Bauches aus. Weil infolgedessen der Atem unermüdlich geht, ist diese Übung vor jeder anderen ausgezeichnet: wenn man sie gehörig ausführt, ergibt sich die Erlösung ganz von selbst.

Ein weiteres Merkmal dieses späteren Yoga, der es unternimmt, die Erlösung zu automatisieren, ist die außerordentliche Bedeutung, die er einem seltsamen Verfahren beilegt, das wenigstens seinen Grundzügen nach schon in eine weit ältere Zeit zurückreichen dürfte. Ich erwähnte, dass der Yogin mit jener souveränen Beherrschung aller Körperteile, auf deren Aneignung viele seiner Übungen zielen, es auch zuwege bringt, sich die Zunge durch den Verbindungsgang zwischen Mund- und Nasenhöhle in den Nasenraum zu stecken. Und schon die Betäubung, die dann durch das erzwungene Anhalten des Atems und die damit verbundene Kohlensäurevergiftung einhergeht, erklärt es wenigstens zum Teil, dass der Yogin von diesem Zustand in geradezu verzückten Ausdrücken spricht, ja sich in der Verherrlichung dieser hochheiligen Übung, die er *Khecarî* nennt, nicht genug-

---

1) Gher. Samh. III 49-53; nach Schmidt, Fakire, S. 203.
2) Gher. Samh. II 26 u. III 10; nach Schmidt, Fakire, S. 190 u. 194.

tun kann. Wenn aber der Yogin, die Zunge in der Nasenhöhle, halb-
betäubt dasitzt, so begegnet ihm etwas recht Alltägliches, das *ihm* indes durchaus nicht alltäglich erscheint und das ich, so fremdartig es
uns auch berührt, doch erwähnen muss, um doch auch von den
Nachtseiten des Yoga eine Vorstellung zu geben. Die Schleimhaut
der Nase nämlich sondert unter der Einwirkung dieses Reizes eine
Flüssigkeit ab, und der Yogin glaubt in seiner Verzückung, dass diese
Flüssigkeit ihm übermenschliche, himmlische Geschmacksempfin-
dungen vermittle, dass diese Absonderung Nektar, der Trank der Götter, sei. Ich finde in den mittelalterlichen Lehrbüchern folgende Verherrlichung dieser hochheiligen Übung: [1])

> Man schneide das Band unterhalb der Zunge ein, bewege sie
> beständig, glätte sie mit frischer Butter und ziehe sie mit ei-
> nem eisernen Instrumente lang. Indem man das beständig aus-
> führt, wird die Zunge verlängert, bis sie zwischen die Augen-
> brauen reicht. Dann lasse man die Zunge ganz allmählich sich
> an den Gaumen anlegen, bis sie, verkehrt gerichtet, in die
> Schädelhöhle eindringt, wobei der Blick zwischen die Augen-
> brauen gerichtet wird. Das ist die Übung Khecari. Dann gibt
> es keine Ohnmacht mehr, keinen Hunger, keinen Durst, keine
> Lässigkeit, keine Krankheit, nicht Alter noch Tod; der Men-
> schenleib wird ausgetauscht gegen einen Götter leib, der Kör-
> per wird vom Feuer nicht mehr verbrannt, Wind trocknet ihn
> nicht, Wasser feuchtet ihn nicht, keine Schlange beißt ihn.
> Anmut des Körpers stellt sich ein, Versenkung überkommt
> den Yogin, das ist gewiss, die Zunge kostet Nektar an der
> Vereinigungsstelle des Rachens und des Schädels. Und weiter
> dann Tag für Tag die Wonne, die sich aus den verschiedenen
> Geschmacksarten ergibt, zuerst salzigen und scharfen, dar-
> nach bitteren und zusammenziehenden, aus dem Geschmack
> von frischer Butter, von Tee, Milch, saurer Milch, Butter-
> milch, Honig, dem Geschmack von Weinbeeren, und schließ-
> lich entsteht Nektargeschmack auf der Zunge. Wer die *Khe-*
> *carî* kennt, wird von Krankheit nicht geplagt, von seinen Ta-
> ten nicht befleckt, vom Tode nicht getötet.

Schon diese ganze verzückte Art, von den Geschmacksempfin-
dungen zu sprechen, weist den Kundigen darauf hin, dass hier ver-
schobene und verkannte Geschlechtsempfindungen mitspielen, und in

---

1) Gher. Samh. III 25—32 u. Hathayogaprad. III 40; nach Schmidt, Fakire, S.
198f.; vgl. Mich Hamsa Up. 10 unter „Sechstem", doch auch schon Maitr. Up. VI 20.

der Tat fehlt es auch nicht an Anweisungen, beim Yoga eine solche Stellung einzunehmen, dass dabei ein Druck auf die Geschlechtsteile ausgeübt wird. [1]) Aber auch ganz unmittelbar verschiebt sich das Verhältnis des Yoga sowohl zu dem alten, überlieferten Keuschheitsgebot als auch zur Moralität überhaupt. In der alten Zeit war strenge Sittlichkeit in jedem Sinn die unerlässliche Voraussetzung des Yoga; der ganze Yoga erschien als eine moralische Veranstaltung, und in einer Upanishad hieß es sogar: [2])

Die Elemente, aus denen der Leib besteht, die Sinneswerkzeuge und die Gegenstände der Sinne soll der Yogin dahinten lassen, soll den Bogen ergreifen, dessen Sehne Ausdauer, dessen Bügel Charakterstärke heißt, und soll mit dem Pfeil „Wahnfreiheit" jenen ursprünglichen Versperrer der Pforte zu Brahman, den Ich-Wahn, niederschlagen! Auf dem Haupt trägt dieser Ich-Wahn die Krone der Verblendung, in den Ohren die Ringe der Begierde und des Neides, in der Hand den Stab der Schlaffheit, Trunkenheit und Arglist: er ist des Wahnes Oberherr, und indem er den Bogen ergreift, dessen Sehne Zorn und dessen Bügel Habgier heißt, ermordet er mit dem Pfeil „Verlangen" seine Mitgeschöpfe. Wer nun diesen niederschlägt und sodann auf dem Schiff „Aum" überfährt über den Ozean des Herzens, der wird nach und nach, wie der erzsuchende Bergmann in der Grube vordringt, vordringen bis zu der Halle des Brahman.

Jetzt, im indischen Mittelalter, kann man sich mit Unsittlichkeit viel leichter und billiger abfinden. So kann man z. B. durch rein mechanische Übungen Sünden abbüßen. Wir lesen: [3])

Die beiden Handflächen auf den Boden stützend, schlage man mit der Ferse langsam gegen die beiden Hinterbacken. Ist nun der Atem aus den beiden Seitengefäßen schon herausgetreten, so wird er durch das mittlere Gefäß wieder ausströmen.

Es wird also die Atmung erleichtert und befördert werden.

Diese Übungen sollen täglich ausgeführt werden, achtmal alle drei Stunden. Sie verleihen dem Übenden großes Verdienst, und wenn sie anfangs mit Maß ausgeführt werden, vernichten sie jedes Mal eine Menge von Sünden bei denen, die die richtige Art und Weise kennen.

---

1) Gher. Samh. II 7; III 14ff.
2) Maitr. Up. VI 28; nach Deussen, 60 Up., S. 349.
3) Hathayogapradipikâ III 27ff.; nach Schmidt, Fakire, S. 197.

Ebenso kann man sich jetzt auch mit dem Gebot der Keuschheit abfinden, wenn es nur der Yogin durch seine Zauberkraft zu bewirken versteht, dass ihm bei aller Unkeuschheit seine Manneskraft, und damit auch seine Lebenskraft, nicht verloren geht. Wird das bewirkt, dann ist die Unkeuschheit nicht nur kein Hindernis der Erlösung, sondern sie kann unter Umständen sogar ihr Eintreten befördern. [1]

> Nach dem Beischlaf, bei dem der Same des Mannes seinen Leib nicht verlassen hat oder in ihm zurückgekehrt ist (!), sollen sich Mann und Weib mit Asche einreiben und dann in beliebiger Stellung kurze Zeit müßig dasitzen. Diese immer zuverlässige Übung verleiht Schönheit und führt, *obgleich* sie mit Genuss verbunden ist, zur Erlösung.

Unter diesen Umständen wird es uns nicht wundern, wenn der Yogin, der es so weit gebracht hat, auch auf den altväterischen Veda mit Verachtung herabblickt, indem er von einer seiner neumodischen Übungen folgendermaßen spricht: [2]

> Das ist die Übung, die in allen Schriften geheim gehalten wird. Die Veden und die von Menschen verfassten Schriften sind wie öffentliche Dirnen, diese Übung aber bleibt verborgen wie eine ehrbare Frau.

Und ganz in demselben Geist ist es schließlich, wenn als das, was eigentlich die Hauptbedingung der Erlösung ist, die nötige Verehrung des Lehrers hingestellt wird; denn es heißt: [3]

> Die Versenkung ist der Höhepunkt des Yoga und wird nur durch einen großen Glücksfall erreicht. Man erreicht sie dank dem Mitleiden des Lehrers, wenn man ihn innig verehrt.

Ich habe mich bemüht, die Lichtseiten des Yoga aufzudecken: umso weniger durfte ich seine Nachtseiten oder auch nur die Anzeichen seiner allmählichen Entartung, seines Zurücksinkens in uraltertümlichen Aberglauben, verhüllen.

1) Hathayogapradipikâ III 93f.; nach Schmidt, Fakire, S. 201 f.
2) Gher. Samh. III 64f.; nach Schmidt, Fakire, S. 204.
3) Gher. Sam. VII 1; nach Schmidt, Fakire, S. 223. Doch vgl. auch schon Kât. Up. II 7-9.

XXII. DUALISMUS, MONISMUS, IDEALISMUS IN DEN UPANISHADEN

Der Grundgedanke der alten Upanishaden war dieser: Die Welt ist ihrem letzten Grund nach ein Unwahrnehmbares, Heiliges, das Brahman. Mein innerstes Ich ist diesem Heiligen, diesem Brahman, gleich. Wer nun dieser Gleichheit inne wird, der wird nicht aufs Neue geboren, wie die übrigen Menschen, sondern er wird mit Brahman eins für alle Zeiten.

Bei diesem Grundgedanken blieben aber drei Fragen offen. Erstens die Frage: Ist die Gleichheit zwischen dem Ich und dem heiligen Weltgrund so zu verstehen, dass wirklich in jedem einzelnen Wesen als sein Ich der ganze heilige Weltgrund enthalten ist, oder aber so, dass das Ich jedes einzelnen Wesens nur ein Teil dieses heiligen Weltgrunds ist, dass ihm also dieser heilige Weltgrund als ein unendlich Höheres, Heiligeres, als ein göttlicher *Herr* gegenübersteht? Wir haben gesehen, wie aus der Entscheidung für diese zweite Auffassung der sogenannte indische Theismus hervorgegangen ist.

Die zweite Frage lautete: Wie ist das Innewerden jener Gleichheit zu begreifen? Handelt es sich dabei um eine *Erkenntnis*? Handelt es sich um eine bestimmte Einstellung und Richtung des *Willens*? Oder handelt es sich darum, dass diese Gleichheit unmittelbar in mystischer Erfahrung *erlebt* werden soll? Es hat sich gezeigt, dass wohl alle drei Antworten Zustimmung, Befürwortung gefunden haben, dass aber der indische Geist sich doch erst bei der letzten Antwort mehr oder weniger beruhigt hat; und der Yoga war nichts anderes als eben dieses Verfahren, die Einheit des Ich mit dem Heiligen, oder wenigstens seine Verschiedenheit von allem Unheiligen, unmittelbar zu erleben.

Die dritte Frage ist noch offen: Wenn die Welt *zuletzt* ein Heiliges ist, das Brahman, was ist sie denn *zunächst*? D. h. wie kommt es, dass uns die Welt nicht überhaupt gleich von vornherein als das Brahman erscheint, wie kommt es, dass dieses feine, unwahrnehmbare, heilige Brahman verhüllt ist, oder doch verhüllt zu sein scheint, durch eine grobe, wahrnehmbare, höchst unheilige Welt? Auf diese

Frage gibt es nun im ganzen drei Antworten. Entweder führt man die Verhüllung des heiligen Brahman durch die unheilige Welt auf eine zweite, neben Brahman bestehende, von ihm unabhängige Macht zurück, dann glaubt man an *zwei* Urwesen oder Urmächte — hier das Brahman, dort die verhüllende Macht —, und darum wird man eine solche Auffassung als *Dualismus* bezeichnen dürfen.

Die zweite Antwort würde lauten: Allerdings ist das heilige Brahman durch eine unheilige Welt verhüllt, aber diese unheilige Welt ist doch selbst aus dem Brahman hervorgegangen, so dass zwar letztlich nichts anderes besteht als das Brahman, dass aber dieses aus sich gewisse andere Mächte entlässt, heraussetzt, hervorbringt, die dann eine Hülle darum bilden und uns daran hindern, es schon auf den ersten Blick als das, was es ist, zu erkennen. Insofern nach dieser Auffassung doch eigentlich nur ein Urwesen, *eine* Urmacht besteht, kann man diese Auffassung eine *monistische* nennen.

Es gibt aber noch eine dritte Auffassung, und die würde dahin gehen, dass jene unheilige Welt, die das heilige Brahman zu verhüllen scheint, sie eben nur zu verhüllen *scheint*, dass sie überhaupt nur als eine scheinbare Welt existiert, in Wahrheit aber gar nicht vorhanden ist, — so dass nach dieser Auffassung in Wahrheit überhaupt nur das heilige Brahman vorhanden wäre und sich die Annahme, dieses Brahman sei verhüllt durch die Welt, als nichts anderes erwiese denn als ein leerer Schein, ein Trug, ein Wahn. Und da nach dieser letzteren Ansicht die Welt nicht in Wirklichkeit, sondern nur in unserer *Idee* besteht, so nennt man diese Auffassung die *idealistische*. [1])

Wenn wir nun fragen: Welche dieser drei Auffassungen ist denn die Auffassung der Verfasser der ersten Upanishaden?, so dürfen wir wohl viererlei feststellen. Wir dürfen sagen: Mit irgendwelcher Bestimmtheit hat keiner von ihnen diese Frage beantwortet, ja es hat sie auch keiner aufgeworfen. Jenen Alten war es genug, erkannt zu haben, dass die Welt zuletzt das Brahman ist; das war für sie das Wichtige. Darüber, weshalb man das nicht gleich erkennt, weshalb es zu

---

1) Oder man kann auch die beiden zuletzt dargelegten Lehren als realistischen und idealistischen Monismus bezeichnen, sofern sie zuletzt beide nur ein Urwesen anerkennen, wobei aber die erstere aus diesem Urwesen eine wirkliche, das Brahman verhüllende Welt hervorgehen lässt, während die zweite aus dem Brahman überhaupt nichts hervorgehen lässt, sondern nur einen bloßen Schein, Trug oder Wahn annimmt, der uns an der sofortigen, unmittelbaren Erkenntnis des Brahman hindern soll. Denn das bedenken die Inder meist nicht, dass ja im Grunde auch ein solcher Schein, Trug oder Wahn entweder aus einer vom Brahman unabhängigen Wurzel oder aber aus diesem selbst hervorgewachsen sein müsste.

dieser Einsicht erst einer *besonderen* Erkenntnis bedarf, dachten sie offenbar meist gar nicht nach. Soweit aber doch Ansätze zu einem solchen Nachdenken zu bemerken sind, bewegen sie sich *in allen drei Richtungen:* Wir finden Ansätze zu einer dualistischen, zu einer monistischen und auch zu einer idealistischen Weltansicht schon in den ältesten Upanishaden. Trotzdem darf man wohl behaupten, dass damals die Ansätze zu einer monistischen Weltansicht vorwogen: an den meisten Stellen wird der Sachverhalt doch am ehesten noch so gedacht, dass die Welt, die das Brahman umgibt und verhüllt, wirklich besteht, jedoch nicht etwa als ein vom Brahman Unabhängiges, vielmehr gerade als ein aus ihm Hervorgegangenes. Dagegen lässt sich aber nicht verkennen, dass mit dem Fortschreiten der Zeit gerade diese monistische Auffassung mehr und mehr zurücktritt, mehr und mehr einerseits einer dualistischen, andererseits einer idealistischen Weltauffassung Platz macht.

Ich will dies nun in Kürze durch einige Beispiele belegen. Wenn es in der Br̥had-Âranyaka-Upanishad heißt: [1])

Die Welt ist das Unsterbliche, verhüllt durch das Wirkliche,

so liegt gewiss der Gedanke nahe, dass dieses Wirkliche, dessen Wirklichkeit ja noch ganz besonders betont und unterstrichen wird, etwas vom Unsterblichen wurzelhaft Verschiedenes, von ihm Unabhängiges sei; man kann sagen: es liegt schon darin der Ansatz zu dem späteren Dualismus. Und wenn es in der Châṇdogya-Upanishad einmal heißt: [2])

Gleichwie einer einen verborgenen Goldschatz nicht findet, wenn er die Stelle nicht kennt, ob er auch immer wieder über sie hingeht, ebenso finden all diese Wesen die Welt des Brahman nicht, obwohl sie tagtäglich im Schlaf in sie eingehen, *denn durch die Unwahrheit werden sie abgedrängt,*

so wird gewiss jeder Unbefangene den Eindruck haben, dass hier diese Unwahrheit als eine vom heiligen Brahman vollkommen verschiedene, von ihm unabhängige, ihm sogar feindlich gegenüberstehende Macht erscheint, dass hier, wenigstens in allgemeinen Umrissen, dem Verfasser eine dualistische Weltansicht vorschwebt. — In einer der jüngsten Upanishaden gibt es sogar eine merkwürdige Darstellung, [3]) nach der zunächst auf der einen Seite das Höchste, auf der andern Seite die lähmende Macht der Finsternis und Verblendung bestehe.

---

1) I 6 3.
2) nach Deussen, 60 Up., S. 191.
3) Maitr. Up. V 2.

Erst aus dieser letzteren gehen unter der Einwirkung des Höchsten nacheinander zunächst Glut und Qual, dann Licht und Glück hervor. Verblendung, Qual und Glück zusammen bilden die Welt, und darum wird sie auch heute noch von den drei göttlichen Herren *Rudra, Brahmán* und *Vishṇu* beherrscht. Hier bleibt kein Zweifel, dass die lähmende Macht der Finsternis und Verblendung als ein zweites, vom heiligen Brahman unabhängiges Urwesen gedacht ist. Diese Darstellung steht aber freilich für sich, und wir dürfen wohl überhaupt sagen, dass sich in den älteren Upanishaden nur *wenige* Stellen finden, an denen die Zweiheitsauffassung mit irgendwelcher Deutlichkeit ausgesprochen würde.

Dagegen ist an monistischen Darstellungen durchaus kein Mangel. Und da kann ich gleich an die erste Stelle erinnern, die ich aus der Bṛihad-Âraṇyaka-Upanishad mitteilte. Sie begann mit diesen Worten: [1])

> Im Anfang war diese Welt allein ein Ich in Gestalt eines Menschen. Das blickte um sich, da sah es nichts anderes als sich selbst. Da begehrte es nach einem Zweiten; nämlich es war so groß wie ein Weib und ein Mann, wenn sie sich umschlungen halten. Dies sein eigenes Ich zerfällte es in zwei Teile: da entstand ein Gatte und eine Gattin; da begattete sich der Gatte mit der Gattin, und daraus entstand der Mensch.

Ebenso entstehen dann die verschiedenen Tiere, und dann heißt es weiter:

> Also geschah es, dass das Ich alles, was sich paart, bis hinab zu den Ameisen erschuf. Da erkannte es: Wahrlich, ich selbst bin die Schöpfung; denn ich habe diese ganze Welt erschaffen, und so entstand die Schöpfung.

Hier ist es doch unzweifelhaft, dass eben aus dem Ich, dem Âtman, dem heiligen Urwesen, die ganze Welt hervorgegangen ist. Und ebenso heißt es in einer anderen alten Upanishad mit klaren Worten: [2])

> Aus dem Ich, fürwahr, ist der Luftraum entstanden; aus dem Luftraum der Wind, aus dem Wind das Feuer, aus dem Feuer das Wasser, aus dem Wasser die Erde, aus der Erde die Pflanzen, aus den Pflanzen die Nahrung, aus der Nahrung der Same, aus dem Samen der Mensch.

Und wiederum in der Châṇḍogya-Upanishad, in der großen Lehr-

---

1) I 4, 1-5; nach Deussen, 60 Up., S. 392ff.
2) Taitt. Up. II 1; nach Deussen, ebd., S. 228.

rede des *Uddâlaka Âruni* an seinen Sohn *Çvetaketu*, also in unmittelbarer Nähe jener Stelle, an der die Einheit des Ich und des Heiligen durch die berühmt, ja klassisch gewordene Formel „Das bist du" ausgedrückt wird: [1])

Im Anfang war allein das Seiende, nur eines, kein Zweites. Dieses eine Seiende beabsichtigte: Ich will vieles sein, will mich fortpflanzen; da schuf es die Glut. Diese Glut beabsichtigte: Ich will vieles sein, will mich fortpflanzen; da schuf es die Wasser. Diese Wasser beabsichtigten: Wir wollen vieles sein, wollen uns fortpflanzen; da schufen sie die Nahrung. Jenes Seiende beabsichtigte: Wohlan, ich will in diese drei Gottheiten Glut, Wasser und Nahrung mit diesem meinem lebenden Ich eingehen und will auseinanderbreiten Namen und Gestalten. Da ging es in diese drei Gottheiten mit diesem seinem lebenden Ich ein und breitete auseinander Namen und Gestalten.

An all diesen Stellen lässt sich nicht bezweifeln, dass die Welt, obwohl sie zunächst nicht als das Heilige erscheint, obwohl sie es vielmehr gerade verhüllt, doch aus eben diesem Heiligen hervorgegangen ist — gewissermaßen, wenn ich dies Bild gebrauchen darf, wie das Schneckenhaus oder die Muschel zwar nicht die Schnecke oder das Muscheltier ist, die sie ja vielmehr umhüllt, aber doch von der Schnecke oder dem Muscheltier hervorgebracht wird und ihnen gewiss nicht als etwas von ihnen Unabhängiges entgegensteht. Auch in der großen Lehrrede des *Yâjñavalkya* an *Maitreyî* heißt es: [2])

Es ist, wie wenn man ein Feuer mit feuchtem Holze anlegt und sich die Rauchwolken ringsumher verbreiten; ebenso, fürwahr, ist aus diesem großen Wesen ausgehaucht worden der Rigveda, der Sâmaveda, der Yajurveda, der Atharvaveda

sowie alle anderen heiligen Schriften und nach des Verfassers Meinung gewiss auch die ganze übrige Welt. Ja, es ist auch nichts Seltenes, dass das Brahman geradezu als der Schoß der Wesen bezeichnet wird, wie etwa an dieser Stelle einer jüngeren Upanishad: [2])

Ungreifbar, unentstanden, ohne Farbe,
Ohn' Aug' und Ohren, ohne Hand' und Füße,
Durchdringend, allverbreitet, schwer erkennbar
Ist jenes Ewige und Wandellose,

1) VI 2-3; nach Deussen, ebd., S. 160f.
2) Br. Ar. Up. II 4, 10; nach Deussen, 60 Up., S. 418.
3) Mund. Up. I 6-7; nach Deussen, ebd., S. 547.

Das als der Wesen Schoß die Weisen schauen.
Wie aus der Spinne sich der Faden windet,
Wie aus der Erde die Gewächse sprießen,
Wie auf des Menschen Haupt das Haar, so wächst auch
Die Welt hervor aus dem Unsterblichen.

Wir erinnern uns, dass in späterer Zeit die Merksprüche des *Bâdarâyana* den Vorgang, wie das Brahman eine Welt aushaucht und sie dann wieder in sich zurücknimmt, als einen regelmäßig wiederkehrenden beschreiben: zu Beginn einer jeden neuen Weltperiode geht aus dem heiligen Brahman eine Welt hervor, und am Ende jeder Weltperiode löst sie sich wieder in das Brahman auf. Grundsätzlich ist, wie mir scheint, eben dies die auch in den ältesten und alten Upanishaden herrschende Vorstellung. Allein sie ist nicht die einzige, denn wir finden daneben, ja zum Teil in denselben Texten, ja an denselben Stellen doch auch unverkennbare Anzeichen einer idealistischen Weltansicht. Wenn es z. B. in der Brihad-Aranyaka-Upanishad [1]) heißt, das heilige Urwesen sei

die Wirklichkeit des Wirklichen,

so liegt doch schon *darin*, dass diesem heiligen Urwesen mehr Wirklichkeit zugesprochen wird als allem anderen, dass die Welt, die wir gewöhnlich vor uns sehen, gedacht wird als die *weniger* wirkliche Welt gegenüber jenem Heiligen, das als die Wirklichkeit des Wirklichen bezeichnet wird. Und wenn es von dem erlösten Ich heißt, [2]) dass es nicht erkennt, aber doch ein erkennendes Ich ist, obschon es nicht erkennt,

denn für den Erkennenden ist keine Unterbrechung des Erkennens, weil er unvergänglich ist, *aber es ist kein Zweites außer ihm,* kein anderes, von ihm Verschiedenes, das er erkennen könnte,

so blitzt hier doch schon unzweideutig — sei's auch nur für einen Augenblick — die Vorstellung auf, dass eigentlich *nur* das Ich existiert, dass eigentlich, der Wahrheit nach, außer diesem Ich *gar nichts* da ist, was von ihm noch erkannt werden könnte. Und wenn dieselbe Bṛihad-Aranyaka-Upanishad sagt: [3])

Im Geist soll man dies merken sich:
Nicht ist hier Vielheit irgendwie!
Vom Tod stürzt sich in neuen Tod,
Wer mehr als eins hier meint zu seh'n,

---

1) II 1, 20.
2) Br. Âr. Up. IV 3, 30; nach Deussen, 60 Up, S. 418.
3) IV 4, 19; nach Deussen, ebd., S. 479.

so liegt auch hier zweifellos der Gedanke, wenn schon nicht auf der Oberfläche des Bewusstseins, so doch hart unter dieser Oberfläche, dass der ganzen, vielfältigen Welt, wie wir sie gewöhnlich wahrzunehmen glauben, wahre Wirklichkeit nicht zukomme, ja dass wir uns täuschen, wenn wir außer dem heiligen Brahman und dem ewigen Ich noch irgendetwas in der Welt als wahrhaft seiend annehmen. Ebenso auch, wenn Werden und Vergehen geleugnet werden. So heißt es z. B. in einer der jüngeren Upanishaden: [1])

> In blindes Dunkel fährt, wer glaubt,
> Dass je, was ist, in nichts vergeht;
> In blinderes noch fährt, wer glaubt,
> Dass je, was ist, aus nichts entsteht.
> Verschieden ist das Sein von allem Werden,
> Verschieden auch von jeglichem Vergeh'n.
> Nur wer es weiß, dass es kein wahres Werden
> Noch auch Vergehen gibt in Wirklichkeit,
> Der überwindet, eben durch dies Wissen,
> Den Tod, gewinnt sich die Unsterblichkeit.

Nun gibt es aber doch in der Welt, die wir mit unseren Augen sehen, ein Entstehen und Vergehen. Folglich — das muss doch wohl auch die Meinung des Verfassers gewesen sein — besteht diese Welt, die wir mit Augen sehen, in Wahrheit nicht, sie ist keine *wahre* Welt. Aber auch dass die Welt, wenn sie nicht wahrhaft wirklich ist, in Wahrheit nur in unserem Bewusstsein bestehen kann, ist ein Gedanke, der schon in diesen frühen Upanishaden Ausdruck findet. So sagt Yâjñavalkya: [2])

> Gleichwie die Spinne durch den Faden aus sich herausgeht, wie aus dem Feuer die winzigen Fünklein entspringen, also auch entspringen aus dem Ich alle Lebenshauche, alle Welten, alle Götter, alle Wesen.

Das könnte man ja nun zunächst monistisch verstehen: „aus dem Ich entsteht die ganze Welt"; allein wovon redet hier *Yâjnavalkya*? Davon, dass beim Erwachen aus dem Schlaf das Bewusstsein entsteht und mit diesem, für dieses Bewusstsein, alle Welten und alle Wesen. [3]) Und anderswo wird geradezu ausgesprochen, dass die einzelnen Arten der Wesen, z. B. Gestalten, Töne, Gerüche, Geschmäcke usw., nicht sein können ohne die entsprechenden Arten des Bewusstseins,

---

1) Içâ Up. 12-14; nach Deussen, ebd., S. 527.
2) Brih. Âr. Up. II 1, 20; nach Deussen, 60 Up., S. 411.
3) Vgl. auch Kaush. Up. IV 20.

ohne Augen, Ohren, Geschmack, Geruch usf. [1]) Ja, es gibt sogar eine Stelle in den alten Upanishaden, an der die ganz ausdrückliche Erklärung steht: [2])

Die fünf Elemente: Erde, Wind, Luftraum, Wasser, Himmelslichter, auch die lebenden Wesen und was ihnen etwa ähnlich ist: Rosse, Rinder, Menschen, Elefanten, kurz alles, was da lebt, geht und fliegt und auch was bewegungslos ist — all dies ist vom Bewusstsein gelenkt, im Bewusstsein gegründet; vom Bewusstsein also wird die Welt gelenkt, das Bewusstsein ist ihr Grund, *das Bewusstsein ist Brahman.*

Zum Schluss möchte ich hier noch darauf hinweisen, einen wie großartigen Ausdruck der idealistische Grundgedanke gelegentlich im *Mahâbhârata* findet: der Gedanke, dass die ganze Welt bis in ihre höchsten Höhen doch eigentlich etwas minder Wirkliches und minder Wertiges ist gegenüber dem einzigen Wirklichen, dem Heiligen oder dem Ich. Es wird dort einmal davon gesprochen, dass ein frommer Mann, der nicht die Erkenntnis des Ich, des Heiligen, des Brahman gewinnt, sondern bloß sein Opferwerk verrichtet, nach seinem Tod zur Hölle fahre. Darauf fragt der Zuhörer:

Was ist das für eine Hölle? Heißt es denn nicht im Veda, dass, wer das Opferwerk verrichtet, eingehen wird zu den Wohnsitzen der höchsten Götter?

Und darauf nun antwortet der Lehrer: [3])

Aber eben diese Wohnsitze der höchsten Götter mit ihren mancherlei Standorten und Farben, mit ihren mancherlei Gestalten und Früchten, eben jene himmlischen, nach Belieben zu durchwandernden Paläste und Hallen, jene mannigfachen Spielplätze und goldenen Lotosteiche, *die* eben sind, o Freund, die Höllen, die Verhüllungen der Stätte des höchsten Ich. Diese Stätte aber ist furchtlos, ursachlos, leidlos, frei von Lust und Unlust, frei von Freude, Leidenschaft und Trägheit, von Sehen, Hören, Schmecken, Riechen, Fühlen, von Wissen und Nichtwissen, frei von allem Erkannten, allem Erkennenden und allem Erkennen. Sie ist frei von Sichtbarkeit, Hörbarkeit, Denkbarkeit und Erkennbarkeit, frei von Wahrnehmung, Folgerung, Überlieferung und Vergleichung; sie ist ohne Freude und ohne Wonne, sie ist ohne Kummer und ohne

---

1) Kaush. Up. III 8.
2) Ait. Up. III; nach Deussen, 60 Up., S. 20.
3) Mokshadharma 198/3f.; nach Deussen, Vier Texte, S. 193f.

Ermüdung. Wer so das höchste Ich erkannt hat, der geht zu ihm ein und trauert nicht. Von dieser Art ist die höchste Stätte und die Höllen sind von jener Art. Und damit habe ich dir alle Höllen nach ihrem wahren Wesen erklärt: weil sie jene höchste Stätte *verhüllen*, darum werden sie *Höllen* genannt.

XXIII. DIE AUSBILDUNG DER DUALISTISCHEN WELTANSICHT

Im Lauf der Jahrhunderte, die seit der Abfassung der ältesten Upanishaden vergangen waren, hatten sich die wirtschaftlichen und gesellschaftlichen Zustände der Inder sehr verändert. Aus dem Nordwesten und Norden des Landes hatte sich der Schwerpunkt ihres geistigen Lebens weiter nach Osten in die Gegend des mittleren Ganges, etwa in die Landschaft von Benares, verschoben; aus den verstreuten Dorfsiedlungen im Walde waren volkreiche Städte geworden; statt hier und dort, wo es sich gerade traf, den Göttern ein Opfer darzubringen, verehrte man sie allenthalben in bestimmten, von alters her überkommenen Heiligtümern, und neben die alten heiligen Sprüche und Hymnen war ein ausgebreiteter Heldengesang getreten. Das Erlösungsstreben aber hatte bei all dem an Heftigkeit nicht ab-, vielmehr eher zugenommen. Die gesteigerte Gesittung und Verfeinerung verschärfte auch das Gefühl für die Leiden des Lebens und verstärkte mit ihnen auch den heißen Drang, wenigstens im Tod diesen Leiden zu entfliehen, wenigstens nicht auch noch in künftigen Lebensläufen sich immer neuen Qualen aussetzen zu müssen. Die strenge Bindung an die alten Vedalehren hatte sich aber mit der räumlichen Verschiebung des geistigen Schwerpunkts der Inder einigermaßen gelockert. Entsprechend den sehr verschiedenen Möglichkeiten, den Yoga zu üben und zu deuten, durchzogen die Büßer jener Zeit das Land in Schulen sehr verschiedener Richtung gegliedert, um sehr zahlreiche Lehrer geschart — jede Schar eifrig bemüht, auf die von ihrem Führer vorgeschriebene Art der Erlösung zuzustreben. Unter diesen Büßerscharen waren freilich nicht alle vedagläubig: manche setzten sich über die Autorität des überlieferten heiligen Wortes hinweg. Immerhin ruhte auch ihr Denken im Großen und Ganzen doch auf den Gedankenmassen, die in den Upanishaden zutage getreten waren. Daher darf man wohl sagen, dass auch die Weltansichten, für die die Lehrer dieser Zeit eintraten und nach denen sie auch ihre beim Yoga gemachten Erfahrungen deuteten, zum überwiegenden Teil aus den Grundgedanken der Upanishaden hervorgegangen sind.

Was nun diese Weltansichten betrifft, so lassen sie sich, wie ich schon sagte, der Hauptsache nach in drei Gruppen teilen. Fasste man nämlich die Welt, sofern sie das Alltägliche, das Grobe, Wahrnehmbare und Stoffliche, das Nichtheilige ist und uns das Ewige, Übersinnliche, Heilige verhüllt, als etwas von dem Ewigen, Heiligen von Grund aus Verschiedenes auf, als eine zweite Macht, die unabhängig neben dieser ersten steht, so gelangte man zu einer dualistischen Ansicht. Fasste man dagegen diese Alltagswelt auf als etwas, was doch selbst aus dem Ewigen und Heiligen hervorgegangen sei, so fußte man damit auf dem Boden einer monistischen Ansicht. Oder endlich man erblickte in dieser Alltagswelt überhaupt nur etwas Unwirkliches, etwas bloß scheinbar Bestehendes, Eingebildetes, etwas, was nur für den menschlichen Wahn vorhanden sei, und war der Meinung, in Wahrheit gebe es gar nichts als nur das Ewige und Heilige, und es sei nun eben unsere Aufgabe, den trügenden Wahn, der uns eine Alltagswelt vorspiegle, zu durchschauen und zu überwinden — dann hing man einer idealistischen Weltansicht an. In den ältesten und den alten Upanishaden, ja auch noch in der Hauptmasse der theosophischen Erörterungen des Heldengedichtes Mahâbhârata überwiegt nun, wie mir scheint, ohne Frage die monistische Auffassung: die Auffassung, dass zwar nicht nur das Brahman oder der göttliche Herr, das Ewige und Heilige, wirklich ist, vielmehr auch die ganze Welt, die uns umgibt, mit ihren Menschen, Tieren, Landschaften usf., dass aber diese ganze Welt selbst aus dem Ewigen und Heiligen, aus dem Brahman oder dem göttlichen Herrn, hervorgegangen ist. Diese Auffassung überwog ursprünglich; allein je mehr die Zeit fortschritt, desto mehr trat sie, einerseits zugunsten der dualistischen, andererseits zugunsten der idealistischen Auffassung zurück, und der entscheidende Grund hierfür lag, wie mir scheint, in dem Einfluss des Yoga.

Der Yoga nämlich ist ein Verfahren des Kampfes. Er leitet uns dazu an, unser Alltagsbewusstsein, unsere Gedanken an die uns umgebende Welt gewaltsam zu unterdrücken, zu bekämpfen. Diese feindselige Einstellung gegen die Welt des Alltags ist nun auf die Dauer sehr schwer verträglich mit der Vorstellung, dass diese Alltagswelt selbst nichts anderes sei als ein Sprössling aus der Wurzel des Ewigen. Jene Einstellung zwingt somit den Menschen auf die Dauer fast dazu, irgendwie diese Alltagswelt als etwas von dem Ewigen und Übersinnlichen von Grund aus Verschiedenes zu begreifen: entweder als eine zweite Macht, die neben dem Ewigen steht und nun einfach in seinem Dienste zu bekämpfen ist, oder aber als ein bloßes Trug- und Wahngebilde, das es zu durchblicken und zu überwinden gilt; insofern ist ja diese idealistische Auffassung selbst wieder eine dualistische.

Nun war, wie ich glaube, der Gang der Entwicklung im Wesentlichen der, dass, zunächst noch im Rahmen einer monistischen Auffassung, eine ganze Reihe von Anschauungen über das Hervorgehen der Alltagswelt aus dem Ewigen ausgebildet wurde und dass dann diese schon mehr oder weniger ausgebildeten Anschauungen entweder ins Idealistische oder ins Dualistische umgebogen wurden. Der Übergang zum Idealismus hat sich verhältnismäßig spät, aber auch einfach, vollzogen. Der Übergang zum Dualismus dagegen war ein langwieriger Vorgang. Er begann wohl damit, dass man *aufzuzählen* trachtete, was aus dem Ewigen zuerst und was dann an zweiter, dritter usw. Stelle aus ihm hervorgegangen sei — so lange, bis man gewissermaßen einen *Stammbaum* der Welt aufgestellt hatte; so erhielt man eine voll entwickelte *monistische* Lehre. Dann löste man an irgendeiner Stelle diese ganze Kette des Werdens von ihrem Ursprung im Ewigen, Heiligen ab und fasste diesen so gewonnenen neuen Ursprungspunkt, dieses nunmehr, nach der Ablösung, erste Glied der Kette als die feindliche Urmacht auf, aus der alles Nichtewige, Unheilige — die ganze Welt — hervorgegangen sei.

Eine Aufzählung heißt im Sanskrit *Sânkhya* und eine Lehre, die es unternimmt, die Welt in ihrem Bestände durch eine solche Aufzählung aus einander abgeleiteter Wesenheiten zu erklären, heißt eine *Sânkhya*-Lehre. Ich meine also, die *Sânkhya*-Lehren waren ursprünglich monistisch, d. h. sie führten die ganze Welt durch soundso viele Zwischenglieder hindurch auf das Brahman oder den göttlichen Herrn als auf das ewige Urwesen zurück. Erst später löste sich diese Kette allmählich von ihrem Ausgangspunkt ab, und es wurde nun die ganze Entwicklungsreihe als eine *neben* dem ewigen und heiligen Urwesen selbständig laufende aufgefasst.

Ein ganz einfaches Beispiel mag dies verdeutlichen. Nehmen wir an, was sich wohl freilich niemals gerade auf diese Art zugetragen hat, es hätte dereinst eine Lehre gegeben:

Aus dem Brahman entstand zunächst der Weltkeim, und aus dem Weltkeim ging dann die Welt hervor, demnach eine ausgesprochen monistische Aufzählungs-, d. i. Sânkhya-Lehre. Nun stellen wir uns vor, man hätte mit der Zeit vergessen, dass der Weltkeim selbst aus dem Brahman hervorgegangen war, und hätte nur auf den zweiten Teil der Lehre Bedacht genommen. Dann hätte man sich also vorgestellt: Einerseits gibt es das Brahman, andererseits den Weltkeim, die Wurzel dieser Welt, somit eine zweite, dem Brahman feindlich ge-

310

genüberstehende Macht. Damit wäre im Handumdrehen aus der monistischen eine dualistische Auffassung geworden. Nun hat sich dieser Vorgang wohl nicht gerade an dem Begriff „Weltkeim" abgespielt, indes z. B. an dem damit außerordentlich verwandten Begriff des „Unentfalteten". [1]) Zunächst, so scheint es, bestand die Auffassung:

Der göttliche Geist brachte vor allem ein Unentfaltetes hervor, aus diesem entfaltete sich dann die Welt.

Indem man nun hauptsächlich daran dachte, dass dies Unentfaltete doch Schuld trage an dem Bestand dieser ganzen entfalteten, von Leiden und Nichtigkeit erfüllten Welt, erschien dann das Unentfaltete als eine ursprüngliche, selbständig neben dem göttlichen Geiste stehende Macht. Ziemlich gleichbedeutend mit dem „Unentfalteten" [2]) wird dann auch der Ausdruck „Ursubstanz" [3]) gebraucht. Ursprünglich hieß es wohl auch da: Das Brahman oder der göttliche Herr brachte zuerst eine Ursubstanz hervor, daraus hat sich dann die ganze Welt entwickelt.

Mit der Zeit aber sprach man immer weniger davon, dass auch diese Ursubstanz von dem Herrn hervorgebracht worden sein sollte, und so trat denn schließlich die Ursubstanz als eine zweite, selbständige, ja ihm feindliche Macht dem Herrn zur Seite.

Diese Auffassung ist allerdings nicht unbestritten; sie wird wohl von einigen der hervorragendsten Kenner des Gegenstandes vertreten, [4]) von anderen, fast ebenso hervorragenden Kennern aber bekämpft. [5]) Diese meinen, dass seit uralten Zeiten neben dem Monismus der Upanishaden, der die ganze Welt auf Brahman zurückführt, ein ebenso alter oder doch fast ebenso alter Dualismus bestand, der neben dem Heiligen ein ebenso uranfängliches Unheiliges anerkannt hätte. Und wenn sich nun wirklich Darstellungen finden, die das Unentfaltete, die Ursubstanz aus dem Brahman oder dem göttlichen Geist hervorgehen lassen, dann beruht das, sagen die Vertreter dieser letzteren Ansicht, auf einer nachträglichen Vermischung der beiden, ursprünglich einander entgegengesetzten Lehren: anfänglich ließen die einen die Welt aus dem Ewigen, Geistigen, die *anderen* aus dem Unentfalteten, der Ursubstanz, hervorgehen; erst *spätere* Vermittler vermischten diese beiden Anschauungen und verfielen so auf die

---

1) Avyakta.
2) Avyakta.
3) Prâkriti.
4) Deussen, Oldenberg.
5) Jacobi, Garbe.

Vorstellung, die Welt sei wohl aus der Ursubstanz, diese selbst aber aus dem Geistigen entsprungen.

Nun ist es gewiss richtig, dass die Vertreter des Dualismus und des Monismus schon früh voneinander gewusst, teilweise sogar ihre Übereinstimmung in manchen Lehrstücken festgestellt haben, [1]) sowie dass später auch Vermischungen beider Lehren vorgekommen sind, wenngleich man diese von ursprünglicheren Bildungen gar nicht so sehr schwer unterscheiden kann. [2]) — Was trotzdem zugunsten jener Auffassung entscheidet, die den Dualismus nicht für etwas Ursprüngliches und die nicht jede Darstellung, nach der z. B. das Unentfaltete oder die Ursubstanz aus Brahman oder dem Herrn hervorgeht, für ein Ergebnis nachträglicher Lehrmischungen hält, das ist der Umstand, dass in der dualistischen Lehre selbst gewisse Lehrstücke vorkommen, die überhaupt unverständlich bleiben, solange wir sie nicht als Überreste einer älteren, monistischen Lehrform ansehen. Nur aus diesem Grund fühle ich mich auch berechtigt, den Gegenstand hier im Sinne jener ersteren Auffassung darzustellen. Den ältesten Versuch, die Welt aus dem Heiligen unter Aufzählung bestimmter Zwischenstufen abzuleiten, stellt wohl schon jene Stelle der Chândogya-Upanishad dar, [3]) an der gesagt wird, aus dem Seienden sei zuerst die rote Glut hervorgegangen, aus dieser sodann das weiße Wasser, daraus endlich die schwarze Erde, und seitdem bestehe in der Welt jedes Ding aus Rotem, Weißem und Schwarzem. So kindlich das klingen mag, es ist doch schon ein Versuch, die Alltagswelt und die hauptsächlichsten in ihr wirksamen Kräfte aus dem heiligen Urwesen in einer bestimmten Reihenfolge abzuleiten. Und wenn diese Ableitung später auch nur gelegentlich nachgeklungen hat, [4]) so hat sich, wie es scheint, doch eine andere Ableitung recht eng an sie angelehnt, die weiterhin zu außerordentlicher Verbreitung und Bedeutung gelangt ist. Ein zweiter Ableitungsversuch nämlich ging dahin, die Welt bestehe zwar nicht gerade aus Rotem, Weißem und Schwarzem, wohl aber aus drei anderen Faktoren oder Bestandteilen und sei insofern vergleichbar einem Strick, der aus drei Fäden zusammengedreht wäre. Und deswegen heißen dann diese drei Bestandteile auch geradezu *Gunas* oder Fäden. Die einzelnen Weltfäden aber, aus denen das ganze Weltall bestehen soll, heißen nun — soweit sich

---

1) Bh. G. XIII 4; Mokshadharma 350/81; 351/1.
2) Mokshadharma 310/7; vgl. Cûlikâ Up. 14; Mând. Kâr. II 26.
3) VI 2ff.
4) Cvetâçv. Up IV s.

diese urindischen Begriffe durch Worte unserer Zeit überhaupt ausdrücken lassen — das Beglückende, das Beunruhigende und das
Lähmende. In jedem Ding der Welt, so meinte man, ist, wenn auch in
ganz verschiedenem Verhältnis, etwas Beglückendes, aber auch etwas Beunruhigendes und etwas Lähmendes enthalten. In manchen
Dingen überwiegt das Beglückende, in andern wieder das Beunruhigende, wieder in andern das Lähmende. In der Sonne z. B. überwiegt
durchaus das Beglückende, weil sie Licht spendet und die Menschen
erfreut; allein diese selbe Sonne kann doch auch einen armen, müden
Wanderer durch Hitze und Durst quälen, daher muss in ihr auch etwas Quälendes, Beunruhigendes vorhanden sein; und dieselbe Sonne
kann auch wieder einen Dieb, der sich nur in der Dunkelheit sicher
fühlt, in sinnlose Bestürzung versetzen, insofern muss die Sonne
doch auch etwas Lähmendes enthalten. [1]) Diesen drei Faktoren oder
Fäden wird nun aber fast dieselbe Bedeutung zugeteilt, die bei uns
etwa den chemischen Elementen zufällt: sie bezeichnen für jene ganze Epoche indischen Denkens die allgemeinste Einteilung aller Dinge
überhaupt. Natürlich liegt dieser Einteilung die Wirkung der Dinge
auf den Menschen zugrunde, und das ist das Ursprüngliche, wenn
man will: das Unwissenschaftliche, an ihr; andererseits aber ist an ihr
doch auch wieder vieles selbst für uns noch beachtenswert.

Die Namen der drei Welt-Faktoren oder Fäden lauten: *Sattva,
Rajas* und *Tamas*. Sattva ist alles Beglückende, alles Lichte, alles
Vollkommene, alles Beruhigende; Rajas — und das ist merkwürdig
genug — ist alles Beunruhigende, Brennende, Erregende, daher einerseits alles, was weh tut, quält, andererseits aber auch alles, was
zur tut, zum praktischen Wirken treibt. In diesem Begriff des Rajas
wird daher schon etwas als selbstverständlich vorausgesetzt, was wir
Abendländer so selten ganz erfassen: dass nämlich Leben ohne
Schmerz undenkbar wäre, dass nur die Entbehrung der Sporn zum
Wirken und Schaffen ist, dass ohne Schmerz überhaupt nichts gewirkt und getan würde. Freilich bedeutet für den ruheliebenden Inder
dieser untrennbare Zusammenhang wohl weniger eine Rechtfertigung
des Schmerzes als vielmehr eine Entwertung do Handelns. Sein Ideal
ist ja das Sattva: Glück, Wonne, Ruhe, Untätigkeit. Dass es in der
Welt Schmerz gibt und ebendarum auch Tätigkeit geben muss, das ist
nach indischen Begriffen wohl schon ein Anzeichen dafür, dass diese
Welt eine minderwertige Welt ist. Aber als das Furchtbarste gilt allerdings nicht der Schmerz, die Wirkung des Rajas, sondern vielmehr

---

1) Anugitâ 39/11 ff.

das Lähmende, Finstere, Bedrückende, Verblendende, sinnlos Überwältigende: das Tamas! Man kann den Unterschied zwischen Tamas, Rajas und Sattva etwa noch an folgenden vier Gruppen von Begriffen klarmachen. Dem Aufsteigen vom Lähmenden über das Beunruhigende zum Beglückenden entspricht nämlich vielleicht annähernd das Aufsteigen von der Trägheit über den Eifer zur Ruhe oder von der Stumpfheit über die Leidenschaft zur Abgeklärtheit oder vom Unrecht über da Recht zur Gnade oder von der Torheit über die Klugheit zur Weisheit.

Nun müssen wir aber annehmen, dass ursprünglich Sattva, das Beglückende, mit dem Heiligen, dem Seienden selbst zusammenfiel.[1]) Tatsächlich ward das Sattva von manchen dem Ich gleichgesetzt; [2]) an einigen Stellen werden nur zwei Guṇas, nämlich Rajas und Tamas, dem Ich entgegengestellt; [3]) oder es wird auch von ihnen und nur von ihnen gesagt, dass sie aus dem Âtman, dem heiligen Ich der Welt, hervorgehen wie die Spinnenfäden aus der Spinne. [4]) Also auch diese Gedankenschöpfung der Guṇas wird dereinst eine monistische gewesen, es wird ursprünglich das Beunruhigende und das Lähmende aus dem Beglückenden, dem Heiligen hervorgegangen sein. Dann aber löste sich diese ganze Entwicklungsreihe von ihrem Ursprungspunkt ab, das Beglückende wurde vom Heiligen unterschieden, und in der Gestalt, in der uns die Lehre meistens [5]) entgegentritt, sieht sie gerade in der Verknüpfung aller drei Guṇas das kennzeichnende Merkmal der Alltagswelt in ihrem Gegensatz zum Ewigen: auf der einen Seite das Heilige, auf der anderen unsere Welt, gekennzeichnet durch die unaufhebliche Mischung, das endlose Durcheinander von Beglückendem, Beunruhigendem und Lähmendem, von Sattva, Rajas und Tamas!

Der zweite große Versuch, die Welt aus einem Urwesen abzuleiten, besteht nun darin, dass eine längere Folge, eine förmliche Stufenleiter von Wesenheiten aufgezählt wird, die sich nacheinander aus jenem Urwesen entwickelt haben sollen. Und auch da begegnen uns sehr viele Darstellungen, [6]) in denen an der Spitze jener Folge noch das Heilige, das Brahman oder der Geist des Herrn steht, und häufig

---

1) Anders Oldenberg, Die Lehre d. Up., S. 214.
2) Anugitâ 48/9.
3) Maitr. Up. III 5.
4) Mokshadharma 287/37.
5) Auch schon Bh. G. XIV 5.
6) Taitt. Up. II 1; Kâth. Up. III 10f.; Bh. G. III 42; VII 4; Mokshadharma 182/11ff.; 341/29.

geht dann aus diesem, wie ich schon sagte, zunächst das Unentfaltete oder die Ursubstanz, aus dieser aber weiterhin die Welt hervor. Insbesondere bei den Anhängern des göttlichen Herrn Vishnu, die ja immer die Neigung hatten, ihren Herrn noch über das Brahman zu stellen, das Brahman erst aus dem göttlichen Geist hervorgehen zu lassen, geschieht es dann, dass das Brahman geradezu mit dem Unentfalteten oder der Ursubstanz zusammenfällt. Tatsächlich wird bald der Geist des Herrn, bald das Brahman, bald das Unentfaltete als die Wurzel oder der Mutterschoß bezeichnet, aus denen die Welt erwachsen, hervorgegangen sei: [1]) das sind nicht verschiedene, miteinander unverträgliche Lehren, sondern je nachdem die Welt gerade mehr als heilig oder als unheilig empfunden wird, wird auch ihr Keim, das Unentfaltete, bald mehr als abhängig vom Ewigen, bald mehr als selbständige, von ihm unabhängige Wesenheit gedacht. Und ganz ähnlich erscheint auch die „Ursubstanz", [2]) die später dem Geist in völliger Unabhängigkeit, ja in ausgesprochenem Gegensatz gegenübersteht, gerade in den ältesten Texten als die Erscheinungsform des göttlichen Herrn, [3]) ja das Bewusstsein davon, dass sie dereinst mit dem Brahman zusammenfiel, ist auch den starrgläubigsten Dualisten nie völlig verlorengegangen. [4])

Was nun die Reihenfolge betrifft, in der sich die einzelnen Wesenheiten nacheinander entwickelt haben sollten, so wurde da das Denken offenbar durch zwei recht verschiedene Beweggründe bestimmt. Auf der einen Seite wirkte die alte mythologische Überlieferung nach: man erinnerte sich, dass man sich die Entstehung der Welt seit jeher durch die Annahm, eines schöpferischen Gottes erklärt und als solchen in grauer Vorzeit *Prajâpati*, dann später *Brahmán* betrachtet hatte. *Prajâpati* selbst aber ging nach einer alten Vorstellungsweise aus dem Brahman hervor, während *Brahmán* nach einer weitverbreiteten Anschauung aus dem göttlichen Geiste *Vishnus* entsprang: von diesem hervorgebracht, sitzt er nun in der Lotosblüte und denkt über die Schöpfung der Welten nach. Eine Ableitung der Welt aus dem Urwesen konnte daher zunächst diese Gestalt annehmen: es konnte aus dem höchsten Urwesen ein schöpferischer Gott hervorgehen und sodann dieser die Welt erschaffen. Einen ganz anderen Weg wiesen aber die Erfahrungen des Yoga. Beim Yoga nähert man sich

---

1) Bh. G. XV 4; XIV 3; Kâth. Up. VI 1; III 11; Anugitâ 35/201".
2) Prâkriti.
3) Bh. G. IV 6; VII 4; Cvetâçv. Up. IV 10.
4) Garbe, Sâmkhya-Philosophie [2], S. 267[2].

dem Urwesen, indem man durch eine Reihe von Bewusstseinszuständen hindurchgeht: man überwindet das Denken und versenkt sich in das Urwesen oder doch in eine seiner Erscheinungsformen. Und nun liegt natürlich der Gedanke nahe, dass so, wie man hier von den gröberen Erscheinungen zu den feineren vordringt, so auch umgekehrt die Welt aus dem Feinsten, Heiligsten durch fortschreitende Vergröberung hervorgegangen sei und dass die einzelnen Stufen dieser Vergröberung dieselben sein müssten, die der Geist beim Yoga, demnach bei seiner Rückkehr ins Urwesen, nur in umgekehrter Reihenfolge, durchläuft. Nun galten unter den seelischen Vermögen, die der Yogin nacheinander betätigt, folgende als die wichtigsten: zuerst das *Manas*, d. i. die Fähigkeit des Nachdenkens und Erwägens; dann aber, höher als dieses bloß vorbereitende Vermögen, die *Buddhi*, d. i. die Fähigkeit des Erkennens und Wollens. Wir könnten vielleicht „Manas" etwa durch „Überlegung", „Buddhi" durch „Entscheidung" wiedergeben. Wenn der Yogin seine Sinne bezwingt, versenkt er sich in die „Überlegung", wenn er die „Überlegung" zur Ruhe bringt, in die „Entscheidung". Erst wenn er auch die „Entscheidung" zur Ruhe gebracht hat, darf er hoffen, in seinem höchsten Ich, dem Âtman, aufzugehen. Bei der Ableitung der Welt aus dem Ewigen sollten daher womöglich auch die Vermögen der Entscheidung und Überlegung, Buddhi und Manas, nicht übergangen werden.

Wirklich gibt es nun Darstellungen, die bloß dieser letzteren Forderung genügen [1] somit etwa lehren: Aus dem Ich entstand Entscheidung, aus Entscheidung Überlegung, aus Überlegung Wahrnehmung, aus Wahrnehmung Stoff — sofern die „Entscheidung" nicht etwa gar mit dem Ich selbst gleichgesetzt wurde. [2]

In der Regel aber wurden Ableitungen dieser Art in der Richtung erweitert, dass auch eine schöpferische Wesenheit, ähnlich *Prajâpati* oder *Brahmán*, darin Platz finden konnte. Und einer solchen Erweiterung war nun der Umstand sehr förderlich, dass zwei eigenartige Begriffe sich sowohl bei der Darstellung der Weltschöpfung als auch bei der Aneinanderreihung der Seelenvermögen verwenden ließen: der Begriff des Ober-Ich, *Mahân-Âtman*, und der des Ichbildners, *Ahankâra*.

Ober-Ich, eigentlich Groß-Ich, mag in allerältester Zeit ein Name für die als besonderes Wesen gedachte Größe des Menschen gewesen

---

1) Bh. G. III 42; Mokshadharma 247/17; 276/17.
2) Mokshadharma 248/2.

sein [1]) und dann das göttliche oder Welt-Ich im Gegensatz zum Ich der einzelnen Menschen bezeichnet haben. Es wurde auch späterhin noch als göttliches Wesen aufgefasst und einzelnen Göttern gleichgesetzt. [2]) Andererseits aber ließ sich dieses „Ober-Ich" auch auffassen als ein Mittelding zwischen dem Urwesen und dem Vermögen der „Entscheidung": wenn der Yogin sein persönliches Entscheidungsvermögen beschwichtigt, jedoch noch nicht alles Bewusstsein überhaupt abgestreift hatte, so meinte er, mit seinem Geist in dem „Ober-Ich" aufgegangen zu sein. Und so lässt denn auch schon ein recht alter Text aus dem Geist des Herrn das Unentfaltete, aus diesem das Ober-Ich, daraus die „Entscheidung", aus dieser die „Überlegung" entstehen, [3]) während jüngere Texte diese Entwicklung mehr oder weniger ausgiebig kürzen. [4])

Noch vielseitiger und folgenreicher indes war die Anwendung, die man von der Gestalt des „Ahankâra" machte, d. i. des „Ichbildners" oder der ichbildenden Kraft. — So hieß offenbar ursprünglich ein schöpferischer, wirklich das Ich „bildender", d. i. schaffender Gott. [5]) Als solcher ward er denn auch mit *Prajâpati* oder *Brahmán* gleichgesetzt. [6]) Er kann daher auch bei der Ableitung der Welt die Stelle eines schöpferischen Gottes vertreten. Andererseits erscheint als „ichbildende Kraft" auch der Wille des Menschen, sofern dieser sich auf die äußere Welt richtet, auf Macht und Genüsse ausgeht, somit den Menschen in die Welt verstrickt, ihn dazu treibt, sich in sie gewissermaßen zu verbeißen, und so bewirkt, dass das Ich, statt zu erlöschen, erlöst zu werden, vielmehr wieder und wieder geboren wird. [7]) Eine „ichbildende Kraft" kann aber überdies auch noch jene heißen, die uns dazu bewegt, das, was sich eigentlich außerhalb unseres Ich ereignet, was nämlich nur unseren Leib oder den Inhalt unseres Bewusstseins betrifft, so anzusehen, als berührte es unser eigenes, innerstes Ich. In diesem Sinn ist dann die ichbildende Kraft auch als Ich-Wahn aufzufassen; denn sie erzeugt in uns den Wahn, solches auf unser Ich zu beziehen, was doch nur in der Welt, dem uns einhüllenden Nicht-Ich, vor sich geht. Ganz so sagt ja schon die Bhagavad-

---

1) Oldenberg, W. A. der Brâhmana-Texte, S. 51.
2) Mokshadharma 182/11; 304/15; Anugita 40/1 f.
3) Kâth. Up. III 10f.; VI 7ff.
4) Mokshadharma 232/21.; 341/29.
5) Mokshadharma 304/21; 341/41.
6) Anugitâ 41/2; Mokshadharma 341/62; 349/21; Garbe, Sâmkhya-Philosophie[2], S. 299.
7) Mokshadharma 213/15.

Gitâ: [1])

> Die Werke, wo sie auch immer geschehen, werden gewirkt
> durch die Kräfte der Welt; aber der Mensch, betört in seinem
> Ich durch den Ich-Wahn, wähnt: Ich bin es, der da handelt.

Endlich eignet sich die ichbildende Kraft auch noch darum ganz
besonders dazu, in den Ableitungen der Welt aus dem Urwesen eine
Stelle einzunehmen, weil das Urwesen nur eines ist, zur Welt dagegen zahlreiche lebende Wesen gehören, deren jedes einen besonderen
Leib und besondere Bewusstseinserlebnisse, mithin in diesem Sinn
ein besonderes Ich besitzt. Das innerste Ich all dieser Wesen mag ja
freilich nichts anderes sein als ein Strahl des einen, göttlichen Ur-
Ich, aber um jeden solchen Strahl, um jede einzelne Seele legt sich
doch ein besonderer Leib, zu dem besondere Sinne, nach indischer
Vorstellung auch eine besondere Überlegungskraft, gehören. Als die
Wesenheit nun, aus der all diese besonderen Einzelwesen unmittelbar
und zunächst hervorgehen, lässt sich wiederum sehr passend die
„ichbildende Kraft“, der „Ichbildner“, betrachten.

Aus all diesen Gründen also erscheint in den Texten die „Ichbildung“ sehr häufig als eine jener Kräfte, die, eine aus der anderen
hervorgehend, den Ursprung der Welt aus dem Urwesen bezeichnen.
Doch steht sie in der Reihenfolge dieser Kräfte bald an dieser, bald
an jener Stelle. Einmal wird folgende Reihenfolge angegeben oder
doch vorausgesetzt: [2]) Aus dem Herrn ging die Ursubstanz hervor,
aus dieser die Kraft der Ichbildung, aus der Ichbildungs- die Ent-
scheidungs-, aus dieser die Überlegungskraft, aus dieser die Stoffe.
Ein andermal heißt es: [3]) Aus dem Geiste des Herrn entstand das Unentfaltete, aus diesem das Ich, daraus die Entscheidung, aus dieser
die Ichbildung. Eine dritte Darstellung besagt: [4]) Aus dem Brahman
ward das Unentfaltete, aus diesem die Kraft der Entscheidung, aus ihr
die Kraft der Ichbildung. Eine vierte endlich [5]) unterscheidet sich
von der zuletzt angeführten nur dadurch, dass vom Brahman nicht die
Rede ist, die Entwicklung vielmehr mit dem Unentfalteten anhebt,
aus dem dann, in dieser Folge, Entscheidungs-, Ichbildungs-, Überlegungskraft usw. hervorgehen. Und eben diese Aufzählung, die dua-
listisch heißen muss, weil das Unentfaltete hier nicht mehr aus dem
Brahman hervorgeht, ihm vielmehr selbständig gegenübersteht, hat

---

1) III 27.
2) Bh. G. III 4.
3) Anugitâ 50/54f.
4) Anugitâ 35/20f.
5) Anugitâ 40ff.; Mokshadharma 312/8f; 210/27f.

schließlich allgemeine Verbreitung gefunden und ist zum eigentlichen Rückgrat der dualistischen Systeme Indiens geworden: die Welt stellte sich jetzt nicht mehr als Ausfluss einer heiligen, vielmehr als Erscheinungsform einer durch und durch unheiligen, in jedem Sinn „weltlichen" Urkraft dar!

So entstand also im Laufe der Zeit eine dualistische Weltansicht aus der alten monistischen. Allein ein Stück der alten Ansicht war dadurch gar nicht erschüttert worden: noch galt das Ich, der Geist, als ein und derselbe für alle Wesen. Insbesondere der Geist des göttlichen Herrn, *Vishnus* oder *Rudras*, erstreckte sich in alle Wesen: je ein Strahl dieses einen göttlichen Geistes bildete das Ich jedes dieser Wesen, das nur äußerlich umhüllt war von einem besonderen Leib und besonderen seelischen Kräften. Die Aufgabe eines solchen göttlichen Strahls ist es dann, zu seinem Ursprungspunkt, dem ewigen Welt-Ich, zurückzufinden. Die theosophischen Texte des Mahâbhârata kennen, soviel ich sehe, keine andere Auffassung. [1]) Und so wird auch jene Upanishad, in der der Herr und der einzelne Mensch einander häufig gegenübergestellt werden, [2]) so zu erklären sein, dass damit nur der noch der Welt verhaftete göttliche Strahl der über die Welt erhabenen Quelle all dieser Strahlen entgegengesetzt werden soll. So wird denn auch insbesondere der berühmte Vergleich des göttlichen und des menschlichen Geistes mit zwei Vögeln zu deuten sein, von denen der eine an den Genüssen dieser Welt noch hängt, indes sie über den anderen nichts vermögen: [3])

> Zwei Vögel weiß ich, Freunde und Genossen;
> Sie nisten beide auf demselben Baume:
> Der eine isst vom Baum die süße Beere,
> Der andre Vogel schaut und schaut und isst nicht.

> Solang des ersten Geist am Baume haftet,
> Betört ihn Süßigkeit, verzehrt ihn Sehnen;
> Wenn er den zweiten schaut in seiner Größe,
> Den Herrn, da weichen von ihm seine Qualen.

Erst spät trat hier eine merkwürdige Wandlung ein: die Einheit des Ich, dieses Band, das die Seelen aller Wesen zusammenhielt, zerriss! Und nun erst lieh man jedem Wesen seine besondere, für sich bestehende Seele. Der göttliche Geist erschien dann nur mehr als eine besondere einzelne Seele, die freilich nicht erst einer Erlösung be-

---

1) Bh. G. XIII 2; XV 16; Mokshadharma 352/23-353/4.
2) Cvet. Up. I 9; I 12; IV sf.; V 1.
3) Cvet. Up. IV sf.; nach Oldenberg, Die Lehre der Up., S. 277.

darf, da sie von Anbeginn an alles Leidens bar ist. Als solche war sie dann allen der Erlösung bedürftigen Seelen ein Vorbild. Aber auch nicht mehr als ein Vorbild: keine Möglichkeit besteht dafür, dass Gott etwa in die Erlösung der menschlichen Seele fördernd eingreifen könnte. Das ist die Weltanschauung des *Yogasystems*: jenes Systems, das der Yogin *Patañjali* in Merksprüche gebracht hat. Hier geht die Welt aus dem Unentfalteten, aus der Ursubstanz, hervor. In jedem Wesen wohnt ein Ich. Und dieses Ich verwechselt, solang es nicht erlöst ist, die Welt mit sich: es kann sein eigenes, rein geistiges Wesen noch nicht unterscheiden von dem Nicht-Ich, von dem es verhüllt wird. Es gibt *eine* solche Seele, ein solches Ich, das vollkommener ist als alle anderen. Das ist der Herr, der aber für die übrigen Seelen auch *nichts anderes* bedeutet als ein Vorbild der Vollkommenheit. *Patañjali* sagt: [1])

Der Herr ist ein einzelner Geist, der nicht berührt wird von den Hemmnissen der Vollkommenheit, nicht von Taten, nicht von Belohnung und Bestrafung der Taten, nicht von Drang und Trieb zur Tat. Ihm kommt Allwissenheit zu im höchsten Grade. Er ist auch der Lehrer der Altvorderen gewesen, denn er ist ewig und hat keinen Anfang. Ihn bezeichnet der heilige Laut Om. Diesen zu murmeln und seinen Sinn zu überdenken ist zur Erlangung der Versenkung förderlich.

Und dann ist, offenbar ganz spät, ein letzter Schritt geschehen: auch der Glaube an diesen göttlichen Geist wurde fallen gelassen. Das eine, besonders vollkommene Ich verschwand, und es blieb nichts übrig als eine Unzahl von einzelnen unvollkommenen Geistern, jeder umhüllt von einem Körper und von gewissen seelischen Vermögen, mit denen er sich verwechselt und von denen sich zu unterscheiden die ihm gestellte Aufgabe ist — eine Aufgabe, deren Erfüllung eben seine Erlösung ausmacht. Diese Lebens- und Weltansicht, die eine atheistische ist und nach der die Erlösung als reine Selbsterlösung jedem einzelnen Menschen aufgegeben ist, ohne dass er auf irgendwelche Unterstützung übermenschlicher Mächte hoffen dürfte, kennzeichnet das eigentliche Aufzählungs- oder *Sânkhya*-System in seiner endgültigen, „rechtgläubigen" Gestalt. — Diese Gestalt hat es aber wahrscheinlich erst zu Beginn des indischen Mittelalters angenommen. Während nämlich die „dualistische" Weltansicht sich allmählich ausbildete, trat ein Ereignis ein, das das Fortschreiten des indischen Denkens in den ihm seit alters gewiesenen Richtungen auf Jahrhunderte hin verlangsamte, wo nicht unterbrach.

---

1) I 24-28; nach Deussen, Allg. Gesch. d. Phil. 1/3, S. 515.

Eine der nichtvedagläubigen Büßergemeinden nämlich nahm einen raschen und entscheidenden Aufschwung und drängte alle anderen Strömungen des Glaubens und Denkens zurück: die Herrschaft des Buddhismus über das indische Geistesleben begann!

XXIV. GEGNER DER THEOSOPHIE

THEOSOPHISCHE EIGENBRÖTLER — DIE JAINAS

Die indischen Monisten erfassten die uns umgebende Welt des Alltags als die letzte Ausstrahlung eines heiligen und ewigen Urgrunds, mit dem auch jeder von uns seinem innersten Kern nach eins ist, und so stellten sie dem Menschen vor allem die Aufgabe, sich dieser Einheit bewusst zu werden, zu seinem Ursprungsquell zurückzufinden; eben damit wird er des Schicksals überhoben werden, getrennt von dem ewigen Urgrund aller Dinge und fern von ihm von Geburt zu Geburt zu eilen und in jedem künftigen Leben die Vergeltung des vergangenen zu erfahren.

Die indischen Idealisten wiederum meinten, diese ganze Alltagswelt als bloßen Schein, als bloßes Blendwerk zu durchschauen. Die Aufgabe des Menschen sei es dann, diesem Truggebilde allen Anteil, alle Beachtung zu entziehen, sich ganz und gar dem Einzigen zuzuwenden, das es in Wahrheit gibt: dem ewigen, heiligen Urwesen, mit dem zuletzt auch jeder von uns eins ist. Mit der Welt wird sich ihm dann ganz von selbst auch die Stätte alles verkörperten Lebens als nichtig erweisen; er wird erkennen, dass, wie jedes einzelne Leben, so auch die unendliche Folge vieler Leben, die dem Unerlösten zu drohen scheint, nichts ist als ein Blendwerk, ein Spuk, der für den Erlösten als unwirklich und nichtig hinwegfällt.

Die indischen Dualisten endlich führten die Welt des Alltags auf ein selbständiges Grundwesen zurück, aus dem sich jene entwickelt habe. Alles, was das rein Geistige, was das Ich umgibt und verhüllt, nicht nur die äußere Welt und der menschliche Leib, sondern auch alles menschliche Sehnen, alle Empfindungen und Vorstellungen, alle menschliche Lust, aber auch das so viel heftigere und so viel weiter verbreitete Weh gehören ausschließlich diesem ungeistigen Grundwesen an, sind nur aus ihm, aus dem Unentfalteten, der Ursubstanz hervorgegangen, berühren das eigentliche Ich, den Geist, in keiner Weise. Und nur weil wir uns hierüber täuschen, weil wir unserm Ich das zurechnen, was nicht zu ihm gehört, vielmehr ein Stück

Nicht-Ich, ein Stück Welt ist, weil wir an diesem Nicht-Ich, an dieser Welt haften und selbst nach dem Tod wieder und wieder zu ihr zurückkehren wollen und darum auch wirklich zu ihr zurückkehren, uns immer aufs Neue mit diesem ungeistigen Nicht-Ich umhüllen und es für einen Teil unseres eigenen Ich halten — kurz, nur weil wir das geistige Ich vom ungeistigen Nicht-Ich nicht gehörig unterscheiden, das nur das Nicht-Ich angehende Leid auf unser Ich beziehen, nur darum berührt uns dieses Leid, nur darum leiden wir, und nur darum vermögen wir diesem Leid auch im Tod nicht zu entfliehen. Wenn wir gelernt haben, Geist und Welt, Ich und Nicht-Ich auseinanderzuhalten, uns von diesem Nicht-Ich loszureißen, uns von ihm ein für alle Mal abzuwenden, dann werden mit der gesamten Welt für uns auch alle Wesen versinken, versinken nämlich in den Abgrund des Unbewussten und damit des Gleichgültigen und Wesenlosen: erst dann werden wir erlöst sein!

So verschieden demnach monistische, idealistische und dualistische Inder denken mochten, in zwei Dingen waren sie doch miteinander einig, und darin bestand eben das gemeinsame Vermächtnis, das sie alle mit dem Veda und den Upanishaden von den gemeinsamen Ahnen übernommen hatten: erstens in der Überzeugung, dass es, hocherhaben über die uns umgebende Welt, ein Ewiges und Heiliges gibt, und dass jeder von uns es auch in sich selbst als sein eigentliches, geistiges Ich zu finden vermag; zweitens darin, dass die höchste Aufgabe des Menschen eben darin besteht, dem Ungeistigen, der Welt, den inneren Anteil zu entziehen, sich ganz dem Ewigen und Heiligen, dem wahrhaft Geistigen zuzuwenden und eben dadurch sich von der Aussicht auf unzählige Wiedergeburten und damit von dem Ausblick auf endlose Leiden zu erlösen.

Ganz natürlich ist es aber, dass doch nicht alle denkenden Inder auch nur diese gemeinsamen Vorstellungen teilen und festhalten konnten. Wenngleich wir von diesen anders gerichteten geistigen Strömungen wenig unmittelbare Anschauung besitzen, so lernen wir sie doch aus den Darstellungen ihrer Gegner einigermaßen kennen. Als etwa zwischen dem sechsten und vierten Jahrhundert v. Chr. G. die ältesten Anhänger der beiden, eben neu gestifteten Lehren, die *Jainas* und die *Buddhisten*, die Lehrmeinungen ihrer Gegner übersichtlich zusammenzustellen versuchten, da sprachen sie wohl auch von einer Lehre vom Ich und einer Lehre vom Herrn, d. h. von den auf dem Boden der Upanishaden erwachsenen Vorstellungsweisen; daneben aber stellten sie noch sechs andere Lehren, die mit jenen beiden offensichtlich nicht aus derselben Wurzel erwachsen sind. Sie zählen auf: die Lehre vom Schicksal, die Lehre von der Natur, die Lehre von der Notwendigkeit, die Lehre vom Zufall, die Lehre von der Unwissenheit, endlich die Lehre von der Weltlichkeit. Und in fast wunderbarem Einklang damit stehen die ersten Verse einer der jüngeren Upanishaden, in der der Verfasser ebenfalls seiner Lehre, nämlich der Lehre vom göttlichen Herrn Rudra, die Lehrmeinungen seiner hauptsächlichsten Gegner entgegensetzt: [1])

> Was ist das höchste Brahman, woher sind wir?
> Wodurch besteh'n, worin sind wir gegründet?
> Von wem beherrscht bewegen wir, ihr Weisen,
> Uns in der Lust und Unlust Wechselständen?
>
> Schicksal, Natur, Notwendigkeit, der Zufall?
> Ist Stoff, ist Geist, ist die Verbindung beider
> Als Urgrund denkbar? Nein! es gibt ein Ich ja;
> Doch über's Ich auch herrschen Lust und Unlust.
>
> Wer lange nachdenkt, eifrig Yoga übt,
> Der endlich schaut den letzten Grund: den Herrn!
> Er ist's, der über allen diesen Gründen,
> Wie Zeit und Seele, thront als höchster Herrscher.

Ob es freilich eine in sich abgeschlossene Lehre vom Schicksal — oder wie die Inder sagen: von der „Zeit" — in Indien jemals gegeben hat, und ob sie nicht vielmehr nur von späteren Systematikern herausgelesen wurde aus einzelnen Hymnen und Erzählungen, die sich mit der Macht des Schicksals beschäftigten, [2]) dürfte man vielleicht bezweifeln. Nicht bezweifeln lässt sich dagegen, dass eine Lehre von der Natur bestanden hat und, wenn auch vielleicht in nicht allzu weiten Kreisen, vertreten worden ist: sie ging dahin, alle Dinge entwickelten sich aus innerer Notwendigkeit zu dem, wozu sie die keimhafte Anlage schon von jeher in sich tragen, wobei, wie es scheint, die einen diese keimhafte Anlage ausschließlich für etwas den Dingen selbst Einwohnendes, andere dagegen für etwas ihnen von einer höheren Macht Eingepflanztes gehalten haben. Die Gegner legten ihnen dann die Ansicht bei, alle moralische Anstrengung und Energie sei vergebens; ihre Meinung sei gewesen: [3])

---

1) Cvetâçv. Up. I 1-3; nach Deussen, 60 Up., S. 291; vgl. Schrader, Über den Stand der indischen Philosophie zur Zeit Mahâviras und Buddhas, Straßburg 1902, S. 43.

2) Atharvaveda XIX 53-54; Mokshadharma 223-226 usw.

3) Buddhacarita IX 5 3; nach Schrader, S. 32.

Wer gibt den Dornen ihre Schärfe,
Wer gibt Wild und Vögeln ihr buntes Gewand?
Aus der eigenen Natur ist all dies entsprungen,
Es gibt keinen freien Willen,
Wozu die Anstrengung?

Ja, vielleicht gehörte zum Kreis dieser Lehrer auch jener, den eine buddhistische Erzählung folgendermaßen sprechen lässt: [1])

Pûrana Kassapa sprach: Mag einer etwas tun oder tun lassen, einen anderen verstümmeln oder verstümmeln lassen, ihm Kummer bereiten, ihn bedrängen, ihn zittern machen, sein Leben vernichten, sich fremdes Gut aneignen, einbrechen, rauben, einsam stehende Häuser plündern, als Straßenräuber leben, zu eines andern Weib gehen — mit all dem tut er nichts Böses. Auch wenn man mit einer messerscharfen Wurfscheibe alle Lebewesen dieser Erde in eine einzige Fleischpastete verwandelte, es erwüchse daraus keine Schuld. Ginge einer südlich vom Ganges und tötete und ließe töten, verstümmelte und ließe verstümmeln, ihm erwüchse daraus keine Schuld. Und ginge ein anderer nördlich vom Ganges und spendete Almosen und ließe sie spenden, opferte und ließe opfern, ihm erwüchse daraus kein Verdienst.

Nicht ganz unähnlich dieser Lehre von der Natur war die von einem gewissen *Makkhali Gosâla* begründete Lehre von der Notwendigkeit. Sie wurde von ihren Gegnern in die Worte zusammengefasst:

Es gibt kein Werk, keine Tat, keinen Willen

und schien ganz ebenso wie die Lehre von der Natur die Eitelkeit und Nichtigkeit aller Verantwortung, alles ernstlichen Eifers einzuschärfen, weshalb ihr [2]) denn auch der Begründer der Jainalehre mit den Worten entgegentrat:

Es gibt Anstrengung, es gibt Tat, es gibt Kraft, es gibt Willen, Männlichkeit und Gewalt.

Und ebenso setzte ihr auch der Begründer des Buddhismus den sehr verwandten Ausspruch entgegen:

Ich verkünde das Handeln, das Schaffen, das Wollen. Doch kennen wir die Lehre des *Makkhali* etwas näher und wissen daher, dass sie durchaus nicht so gleichgültig gegen alle sittlichen Begriffe war, wie wir dies nach jenen Worten vielleicht glauben möchten: vielmehr war die eigentliche Meinung des *Makkhali* die, Verdienst und Lohn,

---

1) Digh. Nik. II 17; nach R. O. Franke, D. N., S. 54.
2) Schrader, S. 12.

Schuld und Buße seien zwar notwendig miteinander verknüpft, indes auch beide notwendig vorher bestimmt. Jede Seele nämlich durchlaufe in einer allerdings unfassbar langen Zeit — über zwanzigtausend Trillionen von Jahren! — *alle* fünfmalhunderttausend überhaupt möglichen Arten von Verdienst und Schuld, von jenseitiger und diesseitiger Belohnung und Sühnung. Zu dieser letzteren gehöre übrigens auch die Kasteiung, die deshalb von *Makkhali* eifrig betrieben und empfohlen wurde. Erst mit dem Ablauf jener Jahrtrillionen gelange die Seele an das ihr vorher bestimmte Ziel: sie werde vollkommen und allwissend und verlasse den Kreislauf der Geburten, um zur Stätte endgültiger Erlösung einzugehen. Und diese Lehre muss den *Makkhali* so hingerissen, ihn innerlich mit so umwandelnder Gewalt ergriffen haben, dass er allen Ernstes leugnete, mit jenem *Makkhali*, dem diese erleuchtende Erkenntnis noch *nicht* zuteil geworden war, ein und derselbe Mensch zu sein: in den Körper jenes ersten *Makkhali* sei eine zweite Seele, seine Seele, gefahren. Den Grundgedanken seiner Lehre aber lässt ihn die schon erwähnte buddhistische Erzählung folgendermaßen aussprechen: [1])

Makkhali Gosâla sprach: Es gibt nicht Grund noch Ursache für die Sündhaftigkeit der Menschen; ohne Grund und Ursache sind sie sündhaft. Es gibt nicht Grund noch Ursache für die moralische Reinheit der Menschen; ohne Grund und Ursache sind sie rein. Es gibt nicht eigenes Handeln, nicht fremdes Handeln, überhaupt kein menschliches Handeln. Es gibt nicht Stärke, nicht Energie, nicht menschliche Kraft, nicht menschliche Anstrengung. Alle Menschen, alle Geschöpfe, alle Wesen, alle Arten des Lebendigen haben ihre Daseinsform nicht kraft freien Willens, nicht aus eigener Kraft und Stärke, sondern nur infolge von Schicksalsbestimmung, Umgebung, angeborenem Wesen und erfahren nur so Glück und Leiden, nämlich als zugehörig zu der Klasse von Wesen, zu der sie eben gehören. Man darf nicht denken: Durch diese sittliche Zucht, diese Übungen, diese Kasteiungen, diesen heiligen Wandel werde ich die noch nicht vollkommen reife Vergeltung für meine Taten zur vollkommenen Reife bringen oder die schon vollkommen reife Vergeltung für meine Taten erschöpfen, indem ich sie in einer Reihe von Geburten ertrage.[2])

---

1) Digh. Nik. II I9f.; nach Franke, S. 50ff.
2) Angesichts dieser Worte kann ich es nicht für ausgemacht halten, dass La Vallée-Poussin im Recht ist, wenn er (The way to Nirvâna, Cambridge 1917, p. 63)

Nein, so ist es nicht! Glück und Leid sind uns zugemessen wie mit Scheffeln, und die Dauer der Seelenwanderung hat ihre bestimmte Zeit: für die gibt es keine Verkürzung und keine Verlängerung, keine Vergrößerung und keine Verkleinerung. Wie ein hingeworfenes Garnknäuel nur dadurch abläuft, dass es sich aufwickelt, geradeso werden Toren sowohl wie Weise nur dadurch an das Ende des Leidens gelangen, dass sie den Kreislauf der Seelenwanderung vollenden.

Gerade entgegengesetzt der Notwendigkeitslehre ist die Zufallslehre, von der wir freilich wenig genug wissen. Ihr Hauptgrundsatz wird folgendermaßen angegeben: [1])

Was nicht durch eine Absicht bedingt ist, das heißt Zufall. Die Krähe hat nicht die Erkenntnis: Auf mich wird die Palmnuss fallen, und die Palmnuss hat nicht die Absicht: Ich will auf die Krähe fallen, sondern dies geschieht eben aus Zufall. Und so ist, nach dem Beispiel von der Krähe und der Palmnuss, alles auf Erden: Geburt, Alter, Tod usw., als zufällig anzusehen.

Was nun die Lehre von der Unwissenheit betrifft, so wird sie in der schon erwähnten buddhistischen Erzählung von ihrem Vertreter folgendermaßen dargelegt: [2])

Sañjaya Belatthiputta sprach: Wenn du mich fragtest: Gibt es ein Jenseits, so würde ich, wenn ich der Ansicht wäre: Es gibt ein Jenseits, dir antworten: Es gibt ein Jenseits. Aber das ist nicht meine Ansicht; ich sage dazu weder ja noch nein, noch auch ist es meine Ansicht, dass es sich nicht so verhalte. Wenn du mich fragtest: Gibt es kein Jenseits? Gibt es sowohl ein Jenseits, wie es auch keines gibt? Gibt es weder ein Jenseits noch kein Jenseits? Gibt es ungezeugte Wesen im Jenseits? Gibt es keine solchen Wesen? Gibt es sowohl welche wie auch keine? Gibt es weder welche noch auch keine? — Gibt es eine Vergeltung der guten und bösen Werke ? Gibt es keine Vergeltung der guten und bösen Werke? Gibt es eine und auch keine? Gibt es weder eine noch keine? — Existiert der Erlöste nach dem Tod? Existiert er nach dem Tod nicht?

---

von Makkhali sagt, dass er jede Vergeltung geleugnet habe. Dies dürfte man doch auch von Calvin nicht sagen, und war Makkhali nicht nur, wie dieser, ein strenger Determinist?

1) Âcâratikâ I 1, 3; nach Schrader, S. 37.
2) Digh. Nik. II 32; nach Franke, S. 62.

Existiert er nach dem Tod und existiert auch nicht? Ist es so, dass er nach dem Tod weder existiert noch nicht existiert? — Wenn du mich so fragtest, so würde ich, wenn ich der Ansicht wäre: Weder existiert der Erlöste nach dem Tod noch existiert er nicht, dir antworten: Weder existiert der Erlöste nach dem Tod noch existiert er nicht. Aber das ist nicht meine Ansicht; ich sage dazu weder ja noch nein, noch auch ist es meine Ansicht, dass es sich nicht so verhalte.

Wenn wir auf diese Sätze etwas näher achten, so werden wir freilich bemerken, dass all diese Fragen, deren Beantwortung der Zweifler so vorsichtig ablehnt, das Feld der gemeinen Erfahrung überschreiten, Jenseitiges und Unerfahrenes zum Gegenstand haben. Es ist daher keineswegs ausgeschlossen, dass *Sañjaya* sich in den Dingen des Alltagslebens, der wissenschaftlichen Forschung, der praktischen Klugheit durchaus ebenso wie alle anderen Menschen verhalten und nur Fragen nach dem, was über diese Welt und dieses Leben hinausgeht, als jeder Antwort unfähig und vielleicht auch unwürdig abgewiesen haben mag. Andere Vertreter der Lehre von der Unwissenheit haben übrigens zur Bekräftigung ihrer Denkweise sich auch auf moralische Erwägungen berufen. Dem Menschen, sagten sie, [1] kann doch nur die wissentliche Schuld zugerechnet werden; je weniger er also weiß, desto besser für ihn! Überdies beweisen ja gerade die Zänkereien jener, die sich eines besonderen Wissens rühmen, dass dieses den Menschen nicht bessert, vielmehr in ihm Befleckheit des Geists und Verbohrtheit des Willens erzeugt.

Am häufigsten unter diesen dem allgemein indischen Erlösungsgedanken gegensätzlichen Lehren wird aber die Lehre von der Weltlichkeit genannt, die auch ihren Gegensatz gegen den Erlösungsgedanken selbst auf das schärfste zuspitzt, jedes Hinausgehen über das irdische Leben und seine Genüsse grundsätzlich ablehnt, weder an Unsterblichkeit noch an Wiedergeburt glaubt, daher erst recht nicht an die Notwendigkeit, sich durch die Erlösung gegen die immer wiederkehrenden Wiedergeburten zu sichern.

Darauf, dass es derart weltlich gesinnte Menschen gab, wird in den alten Priesterreden und Upanishaden gerade nur von ferne hingedeutet; [2] dagegen tritt uns diese Gesinnung im Mahâbhârata schon ausgebildet entgegen. Dort wird etwa von einem Lehrer erzählt, der

---

1) Schrader, S. 49.
2) Oldenberg, W. A. der Brâhmanatexte, S. 290[1]; Chând. Up. VIII 8f.; Kâth. Up. II 6.

seinen Standpunkt folgendermaßen vertritt: [1])
Wenn ein Mensch sich auflöst, so ist von einer Seele nichts zu
bemerken, sondern nur der Wind verlässt ihn, und die Kör-
perwärme geht verloren; wäre die Seele windartig, dann
müsste sie ja, anzusehen wie ein Wirbelwind, im Verein mit
den Scharen der Winde dahinfahren. Und wozu braucht man
bei diesem Körper, der aus den fünf Elementen besteht, noch
ein Leben anzunehmen, da doch, sobald das eine oder andere
von diesen fünf Elementen fehlt, die vier übrigen nichts Lebendiges mehr sind? Und ferner, wenn der Körper in die
Fünfheit der Elemente zerfällt, welchem von ihnen soll dann
die Seele nachlaufen? Wodurch macht sie sich überhaupt bemerklich? Hört sie vielleicht oder spricht sie? Und wenn einer
sagt: Diese Kuh, die ich den Brahmanen geschenkt habe, wird
mir in der anderen Welt zur Rettung dienen, wie sollen dann,
da doch sowohl die Kuh als auch der, der sie annahm und der,
der sie schenkte, alle zusammen schon hier der Vernichtung
anheimfallen, — wie sollen sie sich denn da im Jenseits wieder begegnen? Wenn einer von Vögeln verzehrt wurde oder
von einem Berg abstürzte oder durch Feuer vernichtet wurde,
woher soll er zu neuem Leben kommen? Wenn von einem ab-
gehauenen Baum die Wurzel nicht wieder ausschlägt, sondern
nur der Samen sich fortpflanzt, wie sollte da ein Toter wiederkommen? [2]) Nur der Same, der sich einst ergoss, ist's, der
hier seinen Kreislauf vollendet; die Toten sind tot und dahin;
nichts anderes geschieht, als dass sich aus Samen neuer Samen entwickelt.
Und dem entspricht recht genau die Darlegung der Weltlichkeitslehre in der schon mehrfach angeführten altbuddhistischen Erzählung: [3])
Ajita Kesakambali sprach: Der Mensch ist einfach eine Zusammensetzung aus den fünf Elementen. Wenn er stirbt, eint
sich die Erde wieder der Erde, das Wasser dem Wasser, das
Feuer dem Feuer, die Luft der Luft, der Raum dem Raum. Zu
fünft ziehen sie dahin, vier Männer und eine Bahre, mit dem
Leichnam; bis zum Verbrennungsplatz unterhalten sich die

---

1) Mokshadharma 186; nach Deussen, Vier Texte, S. 157f.; vgl. ebd. 218/228.
2) Kennt schon die Brih. Âr. Up. in den Versen III 9, 28 diesen Gedankengang?
Ja, sollten ihn am Ende diese Verse gar selber ausdrücken?
3) Digh. Nik. II 23; nach Franke, S. 59f.

Träger über den Toten; dann sind nur noch bleiche Knochen übrig, und seine Opfer enden dann in Asche. Nur von Toren wird Freigebigkeit gepredigt; die führen leere, falsche Reden, die von etwas Ewigem reden. Toren wie Weise werden mit dem körperlichen Ende vernichtet, vergehen und sind nach dem Tod nicht mehr.

Und auch noch in sehr viel späterer Zeit gab es förmliche Merksprüche, um die Grundzüge dieser Anschauung festzuhalten, insbesondere die schroffe Zurückweisung jeder Seelenlehre, jedes Unsterblichkeits-, jedes Erlösungsglaubens: [1])

Dass man die Lust, die aus der Sinnendinge
Berührung für den Sterblichen entspringt,
Aufgeben muss, weil sie mit Schmerz gemischt ist,
Ein solch Bedenken kann ein Narr nur haben.
Wer, der auf seinen Vorteil sich versteht,
Verschmäht den Reis, so weißer Körner voll,
Weil mit ein wenig Hülsen er behaftet?

Vier Elemente gibt es: Erde, Wasser,
Feuer und Luft, aus diesen vieren geht
Der Geist hervor, wie aus den Gärungsstoffen,
Wenn sie verbunden sind, des Rausches Kraft.

Wir glauben nicht an Himmel und Erlösung,
Nicht an die Seele in der andern Welt,
Auch nicht, dass die von Kasten und von Orden
Geübten Werke ihre Früchte bringen.
Durch Feueropfer und durch die drei Veden,
Des Büßers Dreistab und Mit-Asche-Schmieren,
Durch diese wird — für alle sorgt der Schöpfer! —
Von Leuten, denen Geist und Mannheit mangelt,
Nach ihrem Lebensunterhalt geangelt.
Wenn bei dem Rinderopfer das Stück Vieh,
Das man geschlachtet, in den Himmel eingeht,
Warum befördert nicht der Opf'rer auch
Den eignen Vater in die bess're Welt?

Schlürfe Fett und mache Schulden,
Lebe froh die kurze Frist,
Wo das Leben
Dir gegeben:
Musst du erst den Tod erdulden,

---

1) Mâdhavas Sarvadarçanasangraha p. 1ff.; nach Deussen, Allg. Gesch. d. Phil. I/3, S. 195f.; 202.

Wiederkommen nimmer ist.

Wenn einer aus dem Leib heraus
Hinzöge in des Himmels Haus,
Warum kommt er
Nicht wieder her,
Sehnsüchtig mit den Seinigen
Sich manchmal zu vereinigen?

Nichts andres sind die Spenden an die Ahnen
Als ein Erwerbsquell unserer Brahmanen.

Diese Weltlichkeitslehre ist nebenbei auch eine Stofflichkeits-
lehre; sie kennt in der Welt kaum etwas anderes als Stoffe, deren
Kräfte und Zustände. Allein diese letztere Auffassung hat nicht nur
auf die weltlich, vielmehr auch auf die geistlich gesinnten Lehrer
mächtigen Einfluss geübt. Wohl das lehrreichste Beispiel dafür bietet
uns die Lehre eines merkwürdigen Mannes, der auch sonst aus mehr
als einem Grunde unserer Beachtung würdig ist: er ist erstens einer
der wenigen Denker, durch deren Lehrgebäude man wie durch einen
dünnen Schleier auf die inneren Erlebnisse hindurchblicken kann, die
sie zur Aufstellung jener Lehrgebäude veranlassten; er ist zweitens
der Stifter einer noch heute bestehenden, Millionen von Anhängern
zählenden Religionsgemeinschaft, und er ist schließlich der genaue
Landsmann und Zeitgenosse eines Größeren, des Buddha, und aus
dem Vergleiche beider gewinnen wir wenigstens eine Ahnung davon,
was an Buddha zeitbedingt und was ihm ganz allein und persönlich
eigentümlich war.

Vardhamâna Jnâtiputra, der sich nach seiner Erleuchtung
Mahâvtra, d. h. großer Held, und *Jina*, d. h. Sieger, nannte, nach
welch letzterer Bezeichnung übrigens seine Anhänger noch heute
Jainas heißen, ward wohl etwa im sechsten Jahrhundert v. Chr. G. zu
Kundapuram — bei *Vesâlî* [1]) — am mittleren Ganges geboren als
Abkömmling eines adeligen Geschlechtes. Seine Eltern starben erst,
als er schon dreißig Jahre alt war, und bis dahin lebte er in ihrem
Hause. Allein schon zu dieser Zeit muss ihn — und das ist das erste
große Erlebnis, das in seiner Lehre unverkennbaren Ausdruck gefun-
den hat — ein heftiges, nicht zu überwindendes, alle seine Gedanken
einnehmendes Schuldgefühl erfüllt haben, über dessen besondere
Veranlassungen uns übrigens nichts Näheres berichtet wird. Dieses
Sündenbewusstsein nun, das sich geradezu in den Satz fassen ließe:

---

1) So wenigstens nennen die Buddhisten das Städtchen.

331

Alles, was der Mensch tut, ist schuld- und sündhaft,
fand seinen lehrhaften Ausdruck in der merkwürdigen Vorstellung, es
gebe einen durch das ganze All verbreiteten Tat- und Schuldstoff,
dessen feine Teilchen in die Seele eindringen, sooft diese durch ihre
Schwingungen *irgendwelche* körperliche Bewegung anregt, und die
nun die Seele durch und durch verunreinigen und sie um ihre natürliche Vollkommenheit bringen. Genauer ist es so, dass diese Teilchen
des Tat- oder Schuldstoffes sich an die Seele hängen und sie so ihrer
natürlichen Leichtigkeit berauben, kraft derer sie sonst in jedem Augenblick ganz von selbst zur himmlischen Stätte der ewigen Seligkeit
emporschweben würde. Denn nach Mahaviras Vorstellung hat die
stoffliche Welt die Gestalt eines Mannes, den von außen leerer Raum
umgibt; in den Beinen dieses Mannes befinden sich die Höllen, im
Unterleib die Erde, in der Brust, in den Armen, in Nacken und Kopf
die Himmel; hinter der Stirn ist die Stätte der Erlösten. Je nach seiner
Schwere oder Leichtigkeit verweile jedes Ding in diesem oder jenem
Teile der Welt. Nun wäre die Seele an sich leicht und würde nach
oben entweichen. Allein wie Erde an Wurzelknollen, so hängen sich
die kleinen Teilchen des Tat- oder Schuldstoffes an sie, halten sie
fest oder ziehen sie sogar in noch tiefer gelegene Höllen hinab. Denn
wie aller Stoff, so besteht auch dieser Tat- und Schuldstoff aus
kleinsten, nicht weiter teilbaren Teilchen, aus Atomen, und diese
Atome vermögen in die Seele einzudringen, sobald der Mensch irgendetwas, was es auch sei, tut; denn sobald er etwas tut, muss die
Seele schwingen, und in diesem Schwingungszustand ist sie eben
dem Eindringen jener Teilchen ausgesetzt. So gereicht denn dem
Menschen im gemeinen Weltleben jedes Tun zum Fluch; was immer
er tut, Gutes oder Böses, immer aufs Neue hängt sich neuer Sündenstoff an seine Seele, bleibt an ihr kleben, beschwert sie und zieht sie
nach unten. Jede einzelne Verunreinigung zehrt sich wohl mit der
Zeit auf, allein durch das fortgesetzte Handeln des Menschen wird
die Verunreinigung beständig erneuert, und auch nach dem Tod wird
darum die Seele, von dieser ihr schlammartig anklebenden Schuld-
menge belastet, abwärts sinken, um dort in mehr oder weniger pein-
vollen Höllen wiedergeboren zu werden. Woher, diese Frage beschäf-
tigte offenbar *Mahâvîras* ganzes Denken, könnte da Rettung kommen?

Mahâvîra betrat den zu dieser Rettung führenden Weg, indem er
im einunddreißigsten Lebensjahr den angeerbten Wohnort und die
überkommene Lebensweise verließ und, wie sich die Inder jener Zeit
ausdrückten, die Heimat mit der Heimatlosigkeit vertauschte. Zwölf

Jahre lang wanderte er nun, die Erlösung suchend, im Lande umher, und zwei große Erfahrungen muss er in dieser Zeit gemacht haben. Wer sein Gemüt beruhigt, den eigenen Willen beherrscht, sich selbst bezwingt, der fühlt allmählich seine Seele erleichtert: offenbar — so sagte sich *Mahâvîra* — dringt nun weniger Sündenstoff in die Seele ein, und der schon eingedrungene beginnt sich aufzuzehren. Allein man braucht diesen unendlich langwierigen Vorgang nicht einfach tatenlos abzuwarten: wer die Selbstbezwingung bis zur Unterdrückung der eigenen Empfindung und des eigenen Bewusstseins steigert und verschärft, wer ernste Kasteiung übt, sich der tiefen Versenkung ergibt, der *fühlt* es, wie seine Seele auch in kurzen Zeiträumen von kaum einer Stunde große *Massen* von Schuldstoff ausstoßen, sich auf einmal um vieles erleichtern kann. Und so durchläuft die Seele eines erfolgreichen Büßers im Laufe der Zeit vierzehn hauptsächliche Läuterungsstufen, [1]) freilich nicht ohne gelegentlich von einer schon erreichten höheren wieder auf eine tiefere Stufe herabzusinken und ohne dass die angegebene Reihenfolge gerade als die einzig mögliche anzusehen wäre. Und zwar teilt sich dieser Aufstieg in zwei Hauptabschnitte. Vom Irrglauben steigt der Büßer zunächst auf zu einer Ahnung des rechten Glaubens, von dieser zu einer Mischung von Irr- und rechtem Glauben, jedoch noch ohne Selbstbeherrschung, hierauf zur teilweisen, weiter zur völligen, unerschütterlichen Selbstbeherrschung. Offenbar wird *dieser* Teil des Läuterungsweges im Wesentlichen durch Beruhigung des Gemüts und durch Bezwingung des eigenen Willens zurückgelegt. Was dazu erfordert wird, lässt sich auch als die Befolgung von fünf Geboten beschreiben: Schonung, d. h. kein lebendes Wesen töten; keine Unwahrheit aussprechen; auf jeden Erwerb verzichten und nur von milden Gaben leben; kein Weib berühren; auf jeden persönlichen Besitz verzichten. Diese Gebote umschreiben, wie wir sehen, jenes Ideal eines bettelmönchischen Lebens, das auch dem griechischen Kyniker, dem christlichen Franziskaner einen ähnlichen Dienst geleistet hat; denn sicherlich bezeichnet es ein wirksames Mittel, um sich von den Hauptanlässen zur Erregung inneren Anteils an äußeren, weltlichen Dingen loszureißen, sich von diesem Anteil selbst zu befreien. In Indien übrigens haben diese Gebote fast unverändert auch schon lange vor *Mahâvîras* Zeiten für alle das Bettelleben erwählenden Waldeinsiedler gegolten. Die Jainas allerdings haben die Befolgung dieser Gebote mit besonderer Genau-

---

1) Vgl. Helmut v. Glasenapp, Die Lehre vom Karman in der Philosophie der Jainas, Leipzig 1915, S. 81 ff.

igkeit und Ausführlichkeit eingeschärft, insbesondere was die Schonung aller Lebewesen, daher auch der Kleintiere, betrifft. — Ein späteres Jainalehrbuch hat die Lebensweise, die sich aus der pünktlichen Befolgung dieser fünf Gebote ergibt, in folgenden Versen anschaulich geschildert: [1])

> Wenn man auf einer viel befahr'nen Straße,
> Die von der Sonne Strahlen wird geküsst,
> Aufmerkt, um keine Tiere zu beschäd'gen,
> So nennen Kund'ge dies das rechte Gehen.

> Befleiß'ge dich, wenn du darauf dich einlässt,
> Vor allen Leuten wohlgemess'ner Rede!
> Das ist den schweiggewohnten Büßern lieb
> Und heißt bei ihnen drum das rechte Reden.

> Wenn von den zweiundvierzig Fehlern, die man
> Begehen kann beim Betteln, frei sich haltend,
> Der Büßer Speise zu erbitten weiß,
> So heißen Weise dies das rechte Betteln.

> Dass man sich rings nach einem Sitze umblickt,
> Zu ihm sodann sich mit Bedacht verfügt,
> Sich ruhig niederlässt und meditiert,
> Das nennt, wer wohl belehrt, das rechte Sitzen.

> Dass man von Schleim, Harn, Unrat und dergleichen
> Auf einen Erdgrund, der von Tieren frei ist,
> Als edler Mensch bedachtsam sich entleert,
> Das heißt die rechte Weise der Entleerung.

Durch Kasteiung und Versenkung sind nun aber über diese ersten sieben Stufen hinaus noch weitere sieben Stufen der Seelenreinigung zu erklimmen: beginnende Reinigung der Seele durch Ausstoßen von Schuldstoffmassen; fortgesetzte Reinigung, jedoch noch verbunden mit heftigen Leidenschaften; eine Reinigung, die nur noch Reste von Leidenschaft zurücklässt; Unterdrückung aller Leidenschaften, deren Widerstreben gegen die Unterdrückung aber noch fühlbar bleibt; Vernichtung des letzten Restes von Leidenschaft, jedoch noch nicht von Allwissenheit begleitet; Eintreten der Allwissenheit, die aber die äußere Tätigkeit noch nicht aufhebt; endlich Allwissenheit ohne jede äußere Tätigkeit, das ist völliges Erlöschen und Vergehen: *Nirvâna!*
Den Augenblick, in dem er zu dieser höchsten Stufe der Läute-

---

1) Hemacandra bei Mâdhava; nach Deussen, Allg. Gesch. d. Phil. I/3, S. 252.

rung vorgedrungen war — und dieser Augenblick entschied und krönte offenbar sein ganzes Leben, es war zugleich der Augenblick, von dem an er sich „Held" und „Sieger" nannte — wusste *Mahâvîra* auf Tag, Stunde und Minute zu datieren. Insofern ist der Jainismus das Musterbeispiel einer geschichtlichen Religion: [1])

> Der ehrwürdige Büßer *Mahâvîra* verbrachte zwölf Jahre auf solche Art; aber im dreizehnten Jahr, im zweiten Monat des Sommers, am zehnten Tag des zunehmenden Mondes, in der ersten Stunde(?) nach Mittag, in der Umgebung der Stadt Grimbhikagrâma, am Nordufer des Flusses Rigupâlika, auf dem Felde des Bauern *Sâmâga*, nordöstlich vom Tempel Vigayâvartta, unweit eines *Sâlbaums*, in hockender Stellung mit geschlossenen Fersen in der Sonne sitzend, die Knie hinaufgezogen, den Kopf vorgeneigt, in tiefer Versenkung, erlangte er die Erlösung das vollkommene, hemmungslose, unendliche höchste Wissen und Schauen, genannt Allwissenheit.

Seine Seele war nun so leicht, wie er es sein ganzes Leben lang ersehnt hatte: nichts konnte sie mehr festhalten, und er wusste, noch in der Minute seines Abscheidens würde sie zur Stätte der höchsten Seligkeit hinaufschlagen mit der unwiderstehlichen Gewalt einer lodernden Flamme! Darum gilt für ihn der Spruch: [2])

> Auch heute noch zieh'n hin und kehren wieder
> Mond, Sonne und die andern Wandelsterne;
> Die Seele aber steigt nicht mehr hernieder,
> Wenn sie entrückt ward in des Weltraums Ferne.

Allein *Mahâvîra* hat nicht bloß sich erlöst; er erkannte nur einen Weg, den jeder Mensch zu gehen vermag. Manche sind ihn schon vor ihm gegangen, freilich vor undenklichen Zeiten, und sind gleich ihm „Sieger" geworden: dreiundzwanzig Jînas, so besagt die spätere Jainalehre, hat es vor *Mahâvîra* schon gegeben. Aber auch jetzt noch vermag diesen Weg jeder zu gehen, der den Willen und die Kraft dazu hat. Alle diese rief er nun auf, sich um ihn zu scharen, die Gemeinde seiner Nachfolger zu bilden; die aber nicht die Kraft hatten, sich völlig von der Welt zu lösen, die durften wenigstens hoffen, als bloße Laienfreunde oder Zugewandte des Ordens eine oder die andere der von *Mahâvîra* aufgezeigten Läuterungsstufen schon in diesem Leben zu erreichen. Der Orden hat sich zwar späterhin in eine stren-

---

1) Âkârânga Sûtra II 15, 25; frei nach Sacred Books of the East XXII 201; vgl. Oldenberg, Buddha[6], S. 104.
2) Mâdhava bei Deussen, Allg. Gesch. d. Phil. I/3, S. 254.

gere und eine mildere Richtung gespalten, doch haben sich beide Zweige bis zum heutigen Tag erhalten. *Mahâvîra* starb, zweiundsiebzig Jahre alt, zu *Pâvâ*; Spätere schmückten dann sein Leben mit einer Fülle von wunderbaren, übernatürlichen Zügen aus.

Mehr als man für wahrscheinlich halten möchte, hat *Mahâvîra* in seinem Leben wie in seiner Lehre mit seinem größeren Zeitgenossen, mit dem *Buddha*, gemein. Beide lebten zur selben Zeit, in derselben Gegend, beide entstammten einem adeligen Geschlecht, verließen aber um das dreißigste Jahr die Heimat und erwählten das Leben eines wandernden, der Erlösung nachstrebenden Büßers. Beiden ward zwölf Jahre nach ihrem Auszug in tiefer Versenkung die erlösende Erkenntnis zuteil, die ihnen dafür Gewähr bot, dass ihrer nach dem Tod kein neues Dasein mehr harrte, vielmehr endgültiges Verwehen: Nirvâna! Beide nahmen nach dieser Stunde einen neuen Namen an, sammelten einen engeren Kreis von Jüngern und einen weiteren von bloß Zugewandten um sich und verkündeten diesen als die Straße des Heils einen Pfad, der mit moralischen Vorschriften begann und sich dann zu yogaartigen Versenkungsübungen erhob. Beide starben im hohen Alter, und die Geschichte ihres Lebens ward von ihren Anhängern reich mit Legenden verziert.

Manches hiervon ist gewiss allgemein menschlich, noch mehr wird insbesondere indisch sein und kennzeichnend gerade für jene Entwicklungsstufe des indischen Geisteslebens. Jedenfalls ersehen wir daraus, dass an Buddhas Leben und Lehre nicht alles als persönlich und ihm ganz allein eigentümlich betrachtet werden darf. Wenn ich aber vorausblickend versuchen soll, einen Begriff davon zu geben, wodurch sich nun *Buddha* doch von *Mahâvîra* unterschied, damit dann bei der Darstellung von *Buddhas* Lehre gerade diese persönliche Eigentümlichkeit umso schärfer beachtet werden könne, so wage ich höchstens auf folgende Punkte hinzudeuten:

1. Zu *Mahâvîra*s Lehre gehören als Grundlage seiner Erlösungspredigt gewisse theoretische Voraussetzungen. Buddha hat solche so gut wie gänzlich beseitigt, hat seine ganze Predigt ausschließlich auf den Endzweck der Erlösung hingeordnet: er hätte nie gelehrt, dass die Welt die Gestalt eines Mannes hat, oder dass die kleinsten Teile des Schuldstoffes nicht weiter teilbar sind. Er hätte gewiss gesagt, das Wissen, ob es sich nun so oder anders verhalte, trage nichts bei zur Erlösung der Menschen!

2. Für *Mahâvîra* ist die Erlösung vor allem Erlösung von der *Schuld*, für *Buddha* vor allem Erlösung vom Leiden. Das bezeichnet trotz aller Verwandtschaft eine himmelsweite Kluft, die dadurch

336

nicht wieder ausgefüllt wird, dass natürlich auch für *Mahâvîra* die Schuld zum Leiden führt, auch nach *Buddha* das Leid kein unverschuldetes ist.

3. *Mahâvîra* lässt als Mittel zur Erklimmung der höchsten Läuterungsstufen neben der Versenkung die ganz eigentliche, mit Selbstpeinigung verknüpfte Kasteiung zu. *Buddha* lehnt sie grundsätzlich und vollständig ab.

4. Schon die beiden letzten Umstände lassen ahnen, dass neben allem, was beide verbindet, doch auch Wesenhaftes, wenn auch nicht leicht in Worte zu Fassendes, beide, gerade ihrer persönlichen Art nach, trennt. Vielleicht darf man fragen, ob nicht einer gewissen Schroffheit im Wesen *Mahâvîras* in dem *Buddhas* eine gewisse Weichheit gegenübersteht, ob er nicht begnadet war mit einem Zug zu Milde und Menschlichkeit, bei aller Strenge und Erhabenheit seines Ideals?

XXV. DIE JUGEND DES BUDDHA

Seit den Tagen der ältesten Upanishaden ruhte über allen oder doch fast allen indischen Seelen fest der Glaube an die Seelen Wanderung: der Glaube, dass das Ich nach dem Tod wieder geboren wird, und zwar immer wieder und wieder, dass sich sein Schicksal in jedem folgenden Leben nach dem Inhalt der vorhergehenden Lebensläufe richtet, und dass sich das natürlicher- und regelmäßigerweise ins Unendliche wiederholt. Dieser Glaube ruhte nicht nur über den indischen Seelen, er lastete auf ihnen! Denn es war die allgemeine, es war die so gut wie ausnahmslose und einstimmige Überzeugung des ganzen Volkes, dass eben dies ein Fluch sei, ja der Fluch aller Flüche, fort und fort da sein zu müssen, ohne jemals aus diesem Kreislauf der Geburten, aus dieser ewigen Wanderschaft erlöst zu werden. Und diese Empfindung für das Fluchbehaftete dieses Schicksals verschärfte sich noch mit der zunehmenden Gesittung, der zunehmenden Verfeinerung, der zunehmenden Schmerzempfindlichkeit des indischen Volkes. Immer unerträglicher erschien nun das Leben als solches; immer inbrünstiger wurde das Verlangen, diesem Leben, dem irdischen Dasein, irgendeinmal — wenn auch in ferner Zukunft — zu entfliehen, und eben dies verstand man unter dem Begriff der Erlösung: ausscheiden zu können aus diesem Dasein ewiger Wanderschaft, um auf irgendeine Art der Ruhe anheimzufallen. Damals kam für das Dasein des Erlösten der Ausdruck Nirvâna auf, der eigentlich „Erlöschen", „Verwehen" bedeutet. Diesem Erlöschen oder Verwehen suchten sich nun die Menschen zu nähern durch den Yoga oder durch ähnliche Verfahren; sie dürsteten nach einem Zustand gesteigerten Bewusstseins oder, vielleicht richtiger gesagt, beglückender Bewusstlosigkeit, in dem sie wenigstens den Vorgeschmack jenes künftigen erlösten Daseins zu kosten hofften und vermeinten. Diese Erlösungssehnsucht durchbrach denn auch die Schranken zwischen den theoretischen Weltanschauungen und zwischen den lehrhaften Ausdeutungen jener Erfahrungen eines gesteigerten Bewusstseins, einer beglückenden Bewusstlosigkeit. Ob man nun lehrhaft die Erlösung erhoffte von der Rückkehr in das eine Urwesen, aus dem alles hervorgegangen sei, oder von der endlichen Unterscheidung des geistigen Ich von allem bloß Weltlichen — man war doch einstimmig in der Hoffnung auf die Erlösung selbst. Ja diese Hoffnung, dieser Drang durchbrach auch noch andere Schranken. Die Upanishaden waren im Nordwesten Indiens entstanden, dort, am Oberlauf des Ganges, hatte das alte Kastenwesen, hatte der unbedingte Vorrang der Priesterkaste und die unbedingte Anerkennung der Autorität des alten, geheiligten Veda ihren Ursitz. Im Lauf der Jahrhunderte verschob sich der Schwerpunkt des indischen Lebens in den Nordosten, in die reichen Gefilde und volkreichen Städte des mittleren Ganges. Hier war die Anerkennung der Priesterkaste als der höchsten, die Anerkennung des von ihr behüteten heiligen Vedawortes als unbedingter und letzter Erkenntnisquelle keine unbedingte mehr: es fanden sich Lehrer, die abseits vom Veda dem Heil zustrebten; aber auch sie teilten fast ausnahmslos den Glauben an die Seelenwanderung und die Überzeugung von der Notwendigkeit der Erlösung. Etwa im sechsten Jahrhundert vor Beginn unserer Zeitrechnung — gerade in diese Zeit lassen uns unsere Quellen noch am ehesten einen Blick tun — war jene Landschaft von einer großen Zahl von Erlösungssuchern erfüllt, von heiligen Männern oder Büßern, [1]) die das Land durchzogen, um für ihre Seele das Heil zu finden.

Diese Büßer lebten im Allgemeinen scharenweise, indem sich um je einen Lehrer zahlreichere oder weniger zahlreiche Anhänger sammelten. Wenn indes einer dieser Anhänger in seiner Hoffnung, dass gerade dieser Lehrer ihm den seiner Natur gemäßen Weg zur Erlösung weisen werde, enttäuscht wurde, so konnte er ohne weiteres zu einem anderen Lehrer übertreten oder auch versuchen, auf eigenen Füßen den Weg des Heils zu gehen; denn in äußerer Beziehung herrschte eine bewunderungswürdige Duldsamkeit. Ich kann mich nicht erinnern, in jenem ganzen Schrifttum auch nur eine Erwähnung des Gedankens gefunden zu haben, es wäre möglich, gewaltsam jemanden von seiner Glaubens- oder Lebensweise abbringen und zu einer anderen herüberziehen zu wollen. Innerlich freilich waren jene Lehrer sehr zuversichtlich, sehr absprechend, jeder sehr überzeugt davon, dass nur sein Weg wirklich zum Heil führe; aber selbst im gegenseitigen Verkehr ließen sie eine gewisse Urbanität, man könnte fast sagen: eine gewisse Höflichkeit, nicht vermissen. Das hängt ja wohl zum Teil damit zusammen, dass alle diese Heilsbeflissenen, mochten auch ihre lehrhaften Anschauungen und Überzeugungen

1) Çramanas.

recht weit auseinandergehen, doch nach außen hin fast eine einheitliche Klasse bildeten. Sie bildeten eine solche einheitliche Klasse zunächst insofern, als Anhänger aller Kasten ihnen als heiligen, dem Ewigen zugewandten Männern den Vorrang überließen, sie als die Höherstehenden ehrten, ohne Rücksicht darauf, welcher Kaste sie, solange sie noch in der Welt lebten, angehört hatten. Für manchen, der ursprünglich einer niedrigeren Kaste angehört hatte, mag das wohl ein Anreiz gewesen sein, sein früheres Leben aufzugeben und als Büßer in die Welt hinauszuziehen, in der er sicher sein durfte, selbst von Kriegern, selbst von Priestern als ein Gleichgestellter, ja als ein Höherstehender betrachtet zu werden. Doch scheint es, dass die Mehrheit all dieser Büßer oder doch die Bedeutenderen unter ihnen den höheren Ständen entstammten: der Priester- und vor allem der Kriegerkaste. Wenn ein solcher wohlangesehener junger Mann das Leben in der angestammten Umgebung aufgab, um als Büßer in die Welt hinauszuziehen, so sagte man von ihm: Er geht aus der Heimat in die Heimatlosigkeit. Ein solcher Büßer lebte von milden Gaben, denn fest stand schon seit der Zeit der Upanishaden die Lehre, dass wer Vermögen besitzt, in die Interessen, in die Geschäfte der Welt verstrickt ist, unmöglich dem Ewigen jene seelische Spannkraft zuwenden könne, die unerlässlich ist, um das Ziel der Erlösung zu erreichen; nur der, der diesem ganzen Getriebe den Rücken kehrt, vermag das. Wurde er daher nicht gerade von reichen Leuten bewirtet, so musste sich der Büßer die tägliche Nahrung in den Dörfern von Haus zu Haus erbetteln; sein Abzeichen war daher die *Almosenschale*, in der er diese Nahrung aus dem Dorf zu seinem zeitweiligen Wohnort außerhalb des Dorfes brachte. Sein Abzeichen war ferner das geschorene Haupt- und Barthaar und, soweit seine Sekte nicht geradezu unbekleidet ging, ein gelbbraunes Gewand, das durch Schmutz nicht mehr allzu offensichtlich befleckt ward.

Für diese Büßer oder *Bhikshus*, d. h. Bettler — was wir im Deutschen nicht sehr glücklich durch „Mönche" wiederzugeben pflegen, indem wir dabei an die Mitglieder der Bettelorden denken — gelten denn auch jene Gebote, die schon die alten Priester den Heilsbeflissenen auferlegt hatten: Schonung aller lebenden Wesen, Keuschheit, Besitzlosigkeit, Wahrhaftigkeit; nur das fünfte Gebot wurde nicht ganz einstimmig anerkannt, denn in alten Zeiten hatte es eigentlich gelautet: Freigebigkeit; Freigebigkeit aber konnte man von den bettelnden Büßern naturgemäß nicht mehr verlangen; die eine Gruppe setzte dann an ihre Stelle Nüchternheit, andere wieder eine andere Tugend. Schloss sich irgendwer, der das weltliche Leben nicht gänzlich verlassen wollte oder konnte, innerlich einer solchen Mönchsgemeinde an, so hieß er ein Zugewandter, *Upâsaka*, oder, wie wir das im Deutschen gern ausdrücken, ein Laienfreund des betreffenden Mönchsordens. Für diese Laienfreunde galten jene Gebote nur mit gewissen Abschwächungen: für sie konnte das alte Gebot der Freigebigkeit in Kraft bleiben; statt voller Besitzlosigkeit verlangte man von ihnen nur Rechtschaffenheit, statt voller Keuschheit nur Enthaltung vom Ehebruch. Dafür konnte ein solcher Zugewandter, ein Laienfreund, nicht hoffen, noch in diesem Leben an das Ende alles Daseins überhaupt zu gelangen, schon nach diesem Tode nie wiedergeboren zu werden: dazu war er noch zu fest verstrickt in das Getriebe der Welt; er hoffte aber, sich wenigstens eine günstige Wiedergeburt zu sichern, die es ihm ermöglichen würde, dann in einem seiner nächsten Lebensläufe an das Ende seines qualvollen Daseins zu gelangen.

Selbstverständlicherweise gab es auch unter diesen Büßern oder Bettelmönchen führende und geführte Naturen — man könnte sagen: Führer und Folger; die letzteren waren es zufrieden, wenn der Führer ihnen den Weg wies, auf dem sie zur Erlösung zu gelangen hofften, den Weg auch zu den Zuständen, in denen sie sich dieser Erlösung versichert fühlten und wenn er ihnen auch die Lehren vermittelte, mit deren Hilfe sie sich dann jene mystischen Erfahrungen deuten konnten. Die Führer dagegen hatten den Ehrgeiz, nicht nur selbst zur Erlösung zu gelangen, sondern auch Anhänger zu werben und diese zu jenem Ziel zu führen, den Ehrgeiz, eine eigene Anschauung von der Welt zu gewinnen, eine eigene Lehre von der Erlösung und dem Weg zur Erlösung aufzustellen. Die Zustände, in denen dieses ihr Streben Befriedigung fand, waren daher nicht bloß Zustände gesteigerten, beseligenden Gefühls, es waren zugleich Zustände blitzartig auftretender, neugewonnener Erkenntnis.

Es war das ein gesteigertes Bewusstsein, offenbar vorbereitet durch lange Vorarbeit des Unbewussten, gesteigertes Bewusstsein, das zugleich eine beseligende Gewissheit und eine neue Ansicht von dem Wesen der Seele, ihrem Schicksal und den Mitteln, es zu wenden, in sich schloss.

Es ist daher sehr begreiflich, dass jene Führer, wenn sie dieses Ziel erreicht hatten, sich ihrem ganzen Wesen nach verwandelt, sich von diesem Augenblick an als neue Menschen fühlten. Einer dieser Führer erklärte, dass in dem Augenblick, da er die neue Erkenntnis erlangte, eine neue Seele in seinen Körper gefahren, er daher nicht mehr derselbe Mensch sei, der er früher war. Und von zwei anderen wissen wir, dass sie von diesem Zeitpunkt an ihren alten Namen ablegten und einen neuen annahmen. Es sind das gerade die Namen, unter denen diese beiden Männer weltberühmt geworden sind. Der eine, *Vardhamâna*, nannte sich von dem Augenblick an, da ihm, in heißer Mittagssonne auf dem Acker hockend, die wahre Gestalt der Welt, der wahre Grund der Verschuldung der Seele und die wahren Mittel der Erlösung offenbar wurden, *Mahâvîra*, d. i. „großer Held", und *Jina*, d. i. „der Sieger". Nach letzterem Namen heißen noch heute in Indien seine nach Millionen zählenden Anhänger *Jainas*. Der andere, der von Haus aus *Siddhârtha* hieß, nannte sich von dem Augenblick an, da ihm in nächtlicher Stille unter dem großen Feigenbaum die für das Schicksal der menschlichen Seele entscheidende Wahrheit offenbar wurde, *Tathâgata*, d. i. den Vollendeten, [1]) und *Buddha*, d. h. den Erwachten, und dieser Name ist es denn auch, nach dem sich noch heute die *Buddhisten* nennen, bekanntlich die zahlreichste Religionsgemeinschaft der Erde, deren heutiger Glaube allerdings mit dem Glauben ihres Stifters nicht viel mehr Ähnlichkeit haben wird als etwa der Glaube eines modernen Katholiken mit dem Glauben Jesu.

Ich muss nun, ehe ich versuche, über Leben und Lehre des *Buddha* das Nötigste mitzuteilen, einiges über die Bücher sagen, aus denen man sich über diese große und merkwürdige Gestalt — eine der wenigen, die in der Welt Epoche gemacht haben — näher unterrichten kann, wobei ich mich allerdings auf das Notwendigste beschränke.

Die Aussprüche und Unterweisungen des Buddha wurden von seinen Jüngern im Gedächtnis festgehalten und wieder auf deren Jüngern fortgepflanzt, wobei allerdings wahrscheinlich schon sehr früh zahlreiche Erweiterungen und Ergänzungen vorgekommen sein werden. Aussprüche und Unterweisungen aber, die Zusammengehöriges oder Verwandtes betrafen, wurden zu Sammlungen vereinigt, die als Ganzes auswendig gelernt wurden; diese Sammlungen wurden allmählich wieder zu einer großen Hauptsammlung zusammengeschlossen, die freilich ein einzelner Mensch wohl niemals im Gedächtnis behalten konnte. Diese Hauptsammlung, die, wie es scheint, schon zweihundert Jahre nach Buddhas Tod abgeschlossen war, stellte dann das heilige Wort des alten Buddhismus dar. Dieses heilige Wort nun, oder wie man sich auszudrücken pflegt: der buddhistische Kanon, wurde im dritten Jahrhundert v. Chr. G. von indischen Missionaren auf die Insel Ceylon gebracht, dort in der Sprache dieser Missionare, dem Päli, aufgezeichnet und in dieser heiligen Sprache dort weiter bewahrt, während andererseits aus der Volkssprache, in der der Kanon ursprünglich abgefasst war, auch Übersetzungen in die Schriftsprache, das Sanskrit, vorgenommen wurden, von denen einige Bruchstücke kürzlich in Turkestan aufgefunden worden sind. Eben aus der Übereinstimmung dieser Bruchstücke mit dem Wortlaut der ceylonesischen Überlieferung ersehen wir,

---

1) Eigentlich den, der den rechten Weg gegangen ist (?).

dass so ziemlich der ganze Kanon etwa im dritten Jahrhundert v. Chr. G. abgeschlossen gewesen sein muss. Weil er sich in seiner vollständigen Gestalt auf Ceylon, südlich von Indien, behauptet hat, spricht man auch vielfach von den heiligen Schriften des südlichen Buddhismus.

Doch verhält es sich nicht ganz so, wie man lange Zeit gemeint hat, als ob nämlich diese ceylonesische, in der Pâlisprache abgefasste Überlieferung die gute, alte Überlieferung wäre, jene Überlieferung dagegen, die sich in Nordindien, besonders in dem Himâlajaland Nepal, erhalten hat, die schlechte, junge Überlieferung. Diese in Nepal erhaltene Überlieferung ist allerdings zum großen Teil eine solche, die mit vielem Wunderbaren und Übernatürlichen ausgeschmückt ist. *Buddha* erscheint da vielfach nicht wie ein Mensch, sondern er erscheint wie ein himmlischer Geist, der aus Gnade, aus Mitleid zur Erde herabsteigt, menschliche Gestalt annimmt und nun hier — der Mensch den Menschen — die zur Erlösung nötigen Unterweisungen erteilt. So wird etwa erzählt, der Buddha sei schon im Himmel entschlossen gewesen, als Erlöser der Menschen auf die Erde herabzusteigen. Nun mahnt ihn himmlische Musik, dieses Vorhaben zu verwirklichen. Er wählt eine Fürstin, um als ihr Sohn, aus ihrem Leibe, geboren zu werden. Da wird in ihrem Haus von selbst alles blitzblank, in ihren Gärten beginnen die Bäume zu blühen, die Teiche bedecken sich mit Lotos, die Götter streuen Blumen auf ihren Palast, und jungfräuliche Himmelsgenien stimmen süße Gesänge an. Endlich wird der künftige Buddha geboren, und sofort spricht er: [1])

Ich bin der Erste in der Welt, ich bin der Größte in der Welt, dies ist meine letzte Geburt, enden werde ich das Leiden von Geburt, Alter und Tod.

Und überall, wohin der künftige *Buddha* seinen Fuß setzte, wuchs ein Lotos aus der Erde. Die Erde erbebte, himmlische und irdische Saiteninstrumente erklangen von selbst, Bäume blühten zur Unzeit, bei klarem Himmel vernahm man Donnerrollen, und leichter Regen rieselte hernieder. Sanfte Winde wehten, mit himmlischen Sandeldüften beladen, tiefes Psalmodieren ertönte aus dem oberen Luftraum, aus allen Weltgegenden entwich die Finsternis, und unermesslicher Lichtglanz durchdrang die ganze Welt.

Wenn wir indes schärfer zusehen, so finden wir, dass sich dieselbe Auffassung auch im ceylonesischen Kanon geltend gemacht hat, [2]) und dass andererseits auch die in Nepal erhaltenen Schriften manches ganz einfach und schlicht erzählen. Die Sache steht also vielmehr so, dass *sowohl* die verhältnismäßig schlicht menschliche Auffassung als auch die legendenhaft ausgeschmückte alt sind und beide schon vor das dritte Jahrhundert v. Chr. G. zurückgehen.

Es gibt Forscher, die besonders scharfsinnig zu sein glauben, indem sie das Überraschende behaupten: dass nämlich die legendenhaft ausgeschmückten Erzählungen vom Leben des *Buddha* älter seien als die schlicht-menschlichen Berichte; denn sagen sie — der *Buddha* hat überhaupt nie gelebt, es gab ursprünglich nur Sagen von ihm, und je wunderbarer diese Sagen sind, desto älter

---

1) Lalita Vistara 3; nach Beckh, Buddhismus I, 36.
2) Etwa Sutta Nipâta 37, bes. Vers 679, 682, 686-688; dann Mahâvagga I 3, 2; Digh. Nik. XVI 5, 2; 6, 16; 6, 23; vgl. auch XVI 4, 6; 5, 11 usw.

mögen sie sein; die scheinbar schlicht-menschlichen Berichte haben erst spätere Zweifler aus jenen alten Sagen zurechtgemacht. Das könnte ja nun alles sein, wenn nur nicht der Inhalt des Buddhalebens selbst laut dagegen zeugte; denn wenn ein frommer Mann sich eine Sage ausdenkt von einem erlösenden himmlischen Geistwesen, das auf die Erde herabsteigt, um den Menschen die Wahrheit zu offenbaren, warum sollte dann diese Verkörperung eines himmlischen Wesens dreißig Jahre nichtsahnend im Weltleben beharren? Warum sollte sie zunächst ganz in die Irre gehen und sich Lehrern anschließen, deren Lehre sie nicht befriedigt? Warum sollte sie sich vergebens mit Kasteiungen quälen, bis sie endlich den rechten Weg findet und ihr, spät genug, im zweiundvierzigsten Lebensjahr das Auge der Wahrheitserkenntnis aufgeht? Das ist doch ein Lebenslauf, der offenbar schon ursprünglich der Lebenslauf eines Menschen war und erst nachträglich zum Lebenslauf eines himmlischen Geistwesens gemacht worden sein wird.

Tatsächlich besitzen wir übrigens in deutscher Sprache Übersetzungen fast nur von den in Ceylon fortgepflanzten Reden des Buddha. [1]) Diese Übersetzungen aber muss ich doch mit einer gewissen Vollständigkeit aufzählen. Es ist zunächst die Sammlung langer Lehrvorträge, *Dîgha-Nikâya*, von der wir im Deutschen zwei Übersetzungen haben, erstens eine solche in drei Bänden von Karl Eugen *Neumann*, München 1905-1908, und dann eine auszugsweise Übersetzung in einem Band von R. Otto *Franke*, Göttingen 1913. Aus der Übersetzung von Neumann ist der Abschnitt, der das Lebensende des Buddha behandelt, auch besonders abgedruckt unter dem Titel: „Buddhas letzte Tage", München 1911. Dann besitzen wir die Sammlung der mittelgroßen Lehrvorträge, ebenfalls in vollständiger, dreibändiger Übersetzung von Karl Eugen *Neumann*, München 1888-1902. Dann gibt es eine Sammlung der nach der Zahl der in ihnen behandelten Gegenstände angeordneten Lehrvorträge, *Anguttara-Nikâya*, aus der ein europäischer Buddhist, der sich mit dem indischen Namen *Nânatiloka* bezeichnet, drei Bücher übersetzt hat, nämlich das Einer-Buch, das Zweier-Buch und das Vierer-Buch. [2]) Diese Bücher, Einer-Buch, Zweier-Buch und Vierer-Buch, sind in Breslau in deutscher Übersetzung 1910-1912 herausgekommen. Dann gibt es ein Büchlein *Khuddaka-Pâtha*, d. h. Kurze Texte, das in der Übersetzung von Seidenstücker in Breslau 1910 erschienen ist, und dann das berühmte Büchlein der Lehrsprüche, *Dhammapâda*, von dem mehrere deutsche Übersetzungen vorhanden sind. Einmal hat es der eben verstorbene Indologe Leopold v. *Schroeder* unter dem Titel „Worte der Wahrheit" übersetzt, dann Karl Eugen Neumann unter dem Titel „Der Wahrheitspfad". [3]) Ferner gibt

---

1) Die nordindische, wunderreiche Überlieferung wird vertreten durch den bei Reclam in Leipzig erschienenen Band: „Buddhas Leben und Wirken. Nach der chinesischen Bearbeitung von Açvagoshas Buddha-Carita und deren Übersetzung ins Englische durch *Samuel Beal* in deutsche Verse übertragen von Th. Schultze." — „Verse" ist aber ein wenig zu viel behauptet!

2) Das sind Sammlungen von Lehrreden, die nach dem Gesichtspunkt zusammengestellt sind, dass immer jene *Reden* Buddhas beisammenstehen, die z. B. im Vierer-Buch etwa so beginnen: „Vier Dinge gibt es, ihr Mönche, die man sich merken muss", oder „Vier Mittel gibt es, die zum Heil besonders dienlich sind" usw.

3) Beide Übersetzungen erschienen in Leipzig, jene 1892, diese 1893.

es noch die „Sammlung der Bruchstücke", die Karl Eugen Neumann in Leipzig im Jahre 1911 herausgegeben hat. Und eben jetzt ist erschienen: *Udâna*, Das Buch der feierlichen Worte des Erhabenen, deutsch von *Seidenstücker*, Augsburg 1920. Schließlich eine merkwürdige Sammlung nicht von Aussprüchen des *Buddha*, sondern von Gedichten seiner ersten Anhänger und Anhängerinnen, die, von Neumann übersetzt, unter dem Titel „Lieder der Mönche und Nonnen" in Berlin 1892 erschienen. Endlich wären im Anschluss hieran noch zwei Übersetzungen zu nennen: die des *Jâtaka*, der Geburtsgeschichten, das ist eine Sammlung von Erzählungen, die aber mit *Buddha* nur dadurch zusammenhängen, dass *Buddha* in einem seiner früheren Lebensläufe dabei gewesen sein soll, als sich die einzelnen Geschichten zutrugen, so dass es sich eigentlich mehr um ein Märchenbuch als um ein Erzeugnis des religiösen Schrifttums handelt. Dieses *Jâtaka* ist eine große Sammlung, deren Übersetzung *Dutoit* in den Jahren 1908 bis 1921 zu Leipzig in sieben Bänden veröffentlicht hat. Andererseits hat *Nânatiloka*, Breslau 1910, das „Buch der Charaktere" herausgegeben, das einen Abriss der buddhistischen Psychologie darstellt. Aus den meisten dieser Übersetzungen, die zum Teil sehr umfangreich und, besonders heute, auch kostspielig sind, gibt es einen für manche Zwecke sehr brauchbaren Auszug, der alle jene Abschnitte zusammenstellt, in denen Ereignisse aus dem Leben des Buddha erzählt werden. Das ist das außerordentlich nützliche Büchlein von Julius *Dutoit*, „Das Leben des Buddha", Leipzig 1906. Da *Dutoit* dem „Leben" auch die hauptsächlichsten Lehrvorträge zugerechnet hat, so kann man sagen, dass bis zu einem gewissen Grad sein Buch uns die Benützung der anderen Sammlungen vertreten kann.

Was nun die neueren Darstellungen betrifft, so ist vor allem das Werk von Hermann *Oldenberg* zu nennen, „Buddha", Ausgabe letzter Hand, Berlin 1921. Es ist ohne Zweifel die beste Darstellung und wegen ihrer vorsichtigen Haltung, ihres feinsinnigen Eingehens auf die Nuancen sowohl gefühlsmäßiger als lehrhafter Art nie genug zu rühmen. Allerdings hat sich gerade in den letzten Jahren ein wenig das Gefühl geltend gemacht, dass *Buddha* in dieser Darstellung vielleicht doch etwas zu aufgeklärt erscheint, etwas zu sehr Weiser und etwas zu wenig Inder ist. Es ist das große Verdienst eines jüngeren Forschers, Hermann *Beckh*, in seinen zwei Bänden der Sammlung Göschen: ‚Buddhismus‘, 1916, gerade diese Einseitigkeit ausgeglichen zu haben. *Beckh* gibt eine Darstellung des Buddha, die durchaus auf die indische, uns fremde, dem Yoga verwandte Seite seines Denkens das Hauptgewicht legt, wobei man aber wohl den Eindruck hat, dass *Beckh* der modernen Theosophie nicht fernsteht, und dass er auch in seiner Darstellung des *Buddha* fast bis hart an die Grenze geht, jenseits deren man sagen müsste, dass man es überhaupt nicht mehr mit einem Erzeugnis rein wissenschaftlicher Gesinnung zu tun hat. [1]) Wenn jemand sich kurz über das Wesentliche in Buddhas Leben oder Lehre unterrichten will, so

---

1) Beckh hat seither diese Grenze überschritten in dem Aufsatz „Rudolf Steiner und das Morgenland", München 1921: wenn man liest, was der treffliche Forscher hier etwa S. 281 über die „urindische, vorgeschichtliche Kulturperiode" oder gar S. 297 über das Verhältnis des Buddha zum Planeten Merkur niedergeschrieben hat, dann krampft sich einem förmlich schmerzhaft das Herz zusammen.

eignet sich zu solchen Zwecken vorzüglich das Büchlein von Richard *Pischel*, „Leben und Lehre des Buddha", das 1917 in dritter Auflage in der Sammlung „Aus Natur und Geisteswelt" erschienen ist. Die schwierigeren Fragen der buddhistischen Glaubenslehre allerdings scheinen mir in diesem Büchlein des ausgezeichneten Indologen nicht gerade mit ganz ausreichender Vertiefung behandelt zu sein. Ich muss dann noch ein sehr geschätztes Werk von Edmund *Hardy*: „Der Buddhismus", empfehlen, von dem 1919 eine neue Ausgabe, bearbeitet von Richard *Schmidt*, erschienen ist. Die Darstellung ist sehr eingehend, gründlich und gediegen. Im Schlussabschnitt zeigt es sich, dass der erste Verfasser, der ein katholischer Geistlicher war, seine gegen den Buddhismus zugunsten des Christentums polemische Tendenz nicht ganz unterdrücken konnte, was der Darstellung im ganzen aber nicht wesentlich zum Schaden gereicht. Viel störender macht sich diese katholisierende Tendenz in dem Werke von Jos. *Dahlmann*, Mitglied der Gesellschaft Jesu: „Buddha", 1898, geltend; denn *Dahlmann*, der sonst auf dem Gebiet der Geschichte des indischen Denkens große Verdienste hat, wird hier gegen *Buddha* ganz entschieden einseitig und ungerecht. Schließlich muss ich zwei ältere Werke nennen, die heutzutage nicht so sehr für die Darstellung Buddhas selbst wichtig sind als vielmehr für die Darstellung der Entwicklung der buddhistischen Religion. Es ist erstens das Werk von *Köppen*: „Die Religion des Buddha", Berlin 1857-1859, in zwei Bänden, von denen 1906 ein anastatischer Neudruck hergestellt wurde. Das ist die einzige Darstellung, die über den Buddhismus in den nördlichen Ländern, besonders in Tibet, halbwegs ausführliche und eingehende Auskunft gibt. Und dann das Werk von *Kern*, einem Holländer: „Der Buddhismus und seine Geschichte in Indien", ins Deutsche übersetzt von *Jacobi*, Leipzig 1884, ebenfalls in zwei Bänden. Und dies ist wieder das einzige Werk, das die äußere Geschichte des Buddhismus in Indien, besonders die Geschichte seiner Herrschaft über die anderen Religionen und seiner Vertreibung aus Indien, ausführlich behandelt. Die sogenannte neubuddhistische Literatur, welche von Europäern herrührt, die da glauben, den Buddhismus als Religion, womöglich als Ersatz des Christentums, bei uns einführen zu können, möchte ich im Allgemeinen übergehen, aber doch bemerken, dass gerade die in den letzten Jahren erschienenen Schriften des Schweizers Georg *Grimm* einen verhältnismäßig ruhigen, sachlichen und ernsten Eindruck machen, womit ich natürlich nicht sagen will, dass ich glaube, dass *Grimm* den Buddhismus durchaus richtig auffasst und noch weniger, dass ich mit ihm den so aufgefassten Buddhismus für eine Religion hielte, die man einfach der bisherigen europäischen Geistesgeschichte aufpfropfen könnte.

Buddha war der Sohn eines Ehepaares, dessen Namen *Çuddhodana* und *Mâyâ* lauten. Die Überlieferung macht aus ihnen König und Königin, jedenfalls waren es große Herren. Er stammte aus der Familie der Gautama und wird daher in den heiligen Schriften von Nichtanhängern meist als der „Büßer Gautama" bezeichnet. *Buddha* wurde geboren in der Stadt Kapilavastu im nordöstlichen Indien, nahe der Grenze von Nepal, im Angesicht der Schneeberge des Himâlaya. Ich möchte hier die Bemerkung nicht unterdrücken, dass mir, als ich im

Heiligen Land war, etwas aufgefallen ist, was ich mich nirgends gelesen zu haben erinnere, dass man nämlich auch von den Höhen um
Nazareth aus die schneebedeckten Gipfel des Antilibanon und überdies auch das Mittelländische Meer sieht — so dass also gerade an
den Stätten, an denen die Stifter der größten Religionen aufgewach-
sen sind, sich im buchstäblichen Sinne des Wortes ein „weiter Blick"
eröffnet —, eine Tatsache, die vielleicht immerhin verzeichnet zu
werden verdient.

Nach der vorherrschenden Meinung der Forscher ist Buddha um
das Jahr 480 v. Chr. G. gestorben, wäre somit, da er achtzig Jahre alt
wurde, um 560 v. Chr. geboren. [1])

Buddha wächst nun als der Sohn seiner fürstlichen Eltern auf.
Die spätere Überlieferung lässt den Entschluss, aus der Welt in die
Heimatlosigkeit hinauszuziehen, in ihm durch vier Ausfahrten wach-
gerufen werden. Bei der ersten Ausfahrt begegnet er einem verfallenen Greis, bei der zweiten sieht er einen sich in Krämpfen windenden
Kranken, bei der dritten eine Leiche. Durch jeden dieser Eindrücke
wird seine unbefangene Freude am Leben mehr und mehr untergra-
ben; er fragt sich, welchen Zweck es eigentlich hat, so vor sich hin-
zuleben, wenn man doch nicht dem Schicksal entrinnen kann, alt und
krank zu werden und zu sterben. Bei der vierten Ausfahrt begegnet er
einem heiter und selig dreinblickenden Büßer und beschließt nun,
dessen Beispiel zu folgen. In den heiligen Schriften, wie sie uns in
Ceylon erhalten sind, wird uns dieses ganze Erlebnis viel einfacher
und natürlicher mit Worten erzählt, die *Buddha* in den Mund gelegt
werden und die sehr wohl auch wirklich von ihm gesprochen sein
könnten. Buddha spricht zu seinen Anhängern, den Mönchen: [2])

Ich war vornehm, ihr Mönche, ich war sehr vornehm. Für
mich waren bei den Palästen meines Vaters Lotosteiche ge-
graben; da blühten Wasserlilien, da blühten Wasserrosen, da
blühte weißer Lotos, soviel ich nur wollte. Aus feiner Baumwolle war mein Turban, aus feiner Baumwolle meine Jacke,
aus feiner Baumwolle mein Gewand, aus feiner Baumwolle
mein Oberkleid. Bei Tag und bei Nacht wurde über mich ein
weißer Sonnenschirm gehalten, denn man dachte: Dass ihn
nur ja nicht Kälte oder Hitze oder Staub oder Gras oder Tau

---

1) Diese Zeitbestimmung ist wohl neuerdings angezweifelt (z. B. von R. O.
Franke, Deutsche Lit. Ztg. vom 14. 6. 1919), jedoch auch wieder eindrucksvoll verteidigt worden (Winternitz, Gesch. d. ind. Literatur II/2, S. 3S7ff.).

2) Ang. Nik. III 38 u. Majjh. Nik. 36; nach Dutoit, Leben des Buddha, S. 14-17.

berühre! Und ich besaß drei Paläste, einen für den Winter, einen für den Sommer und einen für die Regenzeit. Da ich nun, ihr Mönche, mit solcher Macht ausgestattet war und mit so unendlicher Pracht, da kam mir dennoch folgender Gedanke: Wenn ein unwissender Weltmensch, der doch selbst dem Alter unterworfen ist und ihm nicht entgeht, einen Greis sieht, so wird er dadurch betroffen, fühlt sich zurückgestoßen, ja empfindet Ekel. Nun bin doch auch ich dem Alter unterworfen und entgehe ihm nicht. Würde nun auch ich, wenn ich einen sähe, der ein Greis ist, dadurch betroffen sein, mich zurückgestoßen fühlen, ja Ekel empfinden? Das wäre nicht recht von mir. Und während ich das so bei mir erwog, schwand gänzlich meine Freude an der Jugend, wie man sie sonst in der Jugend empfindet. Dann dachte ich: Wenn ein unwissender Weltmensch, der doch selbst den Krankheiten unterworfen ist und ihnen nicht entgeht, einen anderen sieht, der krank ist, so wird er dadurch betroffen, fühlt sich zurückgestoßen, ja empfindet Ekel. Nun bin doch auch ich den Krankheiten unterworfen und entgehe ihnen nicht; würde nun auch ich, wenn ich einen Kranken sähe, dadurch betroffen sein, mich zurückgestoßen fühlen, ja Ekel empfinden? Das wäre doch nicht recht von mir. Und während ich so bei mir erwog, schwand gänzlich meine Freude an der Gesundheit, wie man sie sonst empfindet, wenn man gesund ist. Endlich dachte ich: Wenn ein unwissender Weltmensch, der doch selbst dem Tod unterworfen ist und ihm nicht entgeht, einen Toten sieht, so wird er dadurch betroffen, fühlt sich zurückgestoßen, ja empfindet Ekel. Nun bin doch auch ich dem Tod unterworfen und entgehe ihm nicht; würde nun auch ich, wenn ich einen sähe, der tot ist, dadurch betroffen sein, mich zurückgestoßen fühlen, ja Ekel empfinden? Das wäre doch nicht recht von mir; und während ich so bei mir erwog, schwand gänzlich meine Freude am Leben, wie sie sonst die Lebenden empfinden. Und ich, der ich jung war, ein Knabe mit schwarzem Haar, der eine glückliche Jugend verlebt hatte und eben im ersten Mannesalter stand, schor mir, obwohl Vater und Mutter damit nicht einverstanden waren, sondern Tränen in den Augen hatten, Haar und Bart, zog gelbe Gewänder an und begab mich aus der Heimat in die Heimatlosigkeit.

Buddha tritt nun zunächst bei zwei Yogalehrern als Schüler ein, von denen einer ihn soweit führt, dass er sich vertiefen lernt in die

Vorstellung des Nichts, der andere aber soweit, dass er sich vertiefen lernt in einen weder bewussten noch unbewussten Zustand. *Buddha* aber fühlte sich dadurch nicht befriedigt, diese Erlebnisse machten auf ihn keinen dauernden Eindruck, und er beschließt nun, auf eigenen Füßen den Weg des Heils zu beschreiten. [1])

Indem ich nun so forschte, wo das Glück sei, und nach dem unübertrefflichen Weg zum Frieden suchte, kam ich, während ich im Lande Magadha von Ort zu Ort wanderte, in die Nähe der Stadt Uruvela. Da sah ich ein reizendes Fleckchen Erde, einen lieblichen Wald und einen klar dahinfließenden Fluss, der gute Badegelegenheit bot und ganz entzückend war, und auf allen Seiten Wiesen und Dörfer. Da dachte ich: Reizend ist dieses Fleckchen Erde, lieblich ist der Wald, klar fließt der Fluss, gute Badegelegenheit bietet er, ganz entzückend ist er, und auf allen Seiten sind Wiesen und Dörfer. Passend ist dies als Stätte des Strebens für einen edlen Jüngling, der sich des Ringens um das Heil befleißigen will. Und ich ließ mich dort nieder, indem ich dachte: Dies ist ein passender Ort. Und ich dachte bei mir: Wie, wenn ich nun, um das Heil zu finden, die Zähne aneinanderpresste, die Zunge an den Gaumen anlegte und so mit dem Willen den Verstand unterwürfe, unterdrückte, zermarterte? Und ich presste die Zähne aneinander, ich legte die Zunge an den Gaumen und unterwarf so mit dem Willen den Verstand, unterdrückte und zermarterte ihn. Wie wenn ein starker Mann einen schwachen Mann beim Kopf packt oder an den Schultern und ihn niederwirft, niederdrückt und niederquält, so brach mir, als ich die Zähne aneinanderpresste, die Zunge an den Gaumen anlegte und mit dem Willen den Verstand unterwarf, unterdrückte, zermarterte, der Schweiß aus den Achselhöhlen heraus, aber rege war dabei meine Kraft und ungebeugt, gespannt mein Denken und unbeirrt, und auch mein Körper blieb sehr rege und wurde nicht beruhigt durch die schmerzliche Bemühung und das schmerzliche Gefühl, das ich empfand, machte auf mein Gemüt keinen bleibenden Eindruck. Da dachte ich: Wie, wenn ich mich nun in atemlose Versenkung versenkte? Und ich hemmte das Ein- und Ausatmen durch Mund und Nase. Wie, wenn ein Schmiedeblasebalg geblasen wird, ein übermäßiges Geräusch entsteht, so entstand, als ich das Ein- und Ausatmen durch

1) Majjh. Nik. 36; nach Dutoit, S. 36-44.

den Mund und Nase hemmte, in meinen Ohren ein übermäßiges Geräusch durch die herausfahrenden Luftströmungen. Und wie wenn ein starker Mann mit einer scharfen Schwertspitze mir den Kopf zerriebe, so trafen, als ich das Ein- und Ausatmen durch den Mund, Nase und Ohren hemmte, übermäßige Luftströmungen auf meinen Schädel. Und wie wenn mir ein starker Mann eine feste Riemenschnur rings um den Kopf herumzöge, so entstand, als ich das Ein- und Ausatmen durch den Mund, Nase und Ohren hemmte, in meinem Haupt übermäßiger Kopfschmerz. Und wie wenn ein geschickter Metzger oder Metzgerlehrling mit scharfen Metzgermessern mir den Bauch durchstochen hätte, so durchstachen, als ich das Ein- und Ausatmen durch Mund, Nase und Ohren hemmte, übermäßige Qualen meinen Bauch. Und wie wenn zwei starke Männer einen schwächeren Mann an beiden Armen ergreifen und ihn in eine Grube voll glühender Kohlen stoßen und er nun dort verbrennt, so entstand, als ich das Ein- und Ausatmen durch Mund, Nase und Ohren hemmte, in meinem Körper übermäßiges Brennen. Aber rege war dabei meine Kraft und ungebeugt, gespannt mein Denken und unbeirrt, und auch mein Körper blieb sehr rege, wurde nicht beruhigt durch die schmerzliche Bemühung und das schmerzliche Gefühl, das ich empfand, machte auf mein Gemüt keinen bleibenden Eindruck. Da dachte ich: Wie, wenn ich nun jedes Mal nur ganz wenige Speise zu mir nähme, nur eine Handvoll Bohnenbrühe, Erbsenbrühe, Wickenbrühe? Und ich nahm jedes Mal nur ganz wenig Speise zu mir. Da ich nun jedes Mal nur ganz wenig Speise zu mir nahm, gelangte mein Körper zu übermäßiger Magerkeit. Und wie an einem verfallenen Haus die Dachsparren abgebrochen und auseinandergebrochen sind, so waren meine Rippen wie abgebrochen und auseinandergebrochen. Und wie man in einem tiefen Brunnen den Wasserspiegel ganz in der Tiefe, wie eingegraben, sieht, so sah man in meinen Augenhöhlen die Augensterne tief zurückliegend, wie eingegraben. Und wie ein bitterer Kürbis, der in rohem Zustand gespalten wird, durch Wind und Sonnenschein zusammengeschrumpft und verdorrt, so schrumpfte meine Kopfhaut zusammen und verdorrte. Und wenn ich Kot oder Harn lassen wollte und mich niederbeugte, so fiel ich der Länge nach hin. Und um meinen Körper etwas zu beleben, rieb ich meine Glieder mit der Hand; wenn ich mir aber mit der Hand meine Glieder rieb, fielen mir die an der Wurzel verfaulten Haare aus dem Körper infolge meiner geringen Nahrungsaufnahme.

Und weiter erzählt *Buddha* in höchst merkwürdigen Worten, [1]) wie er seine Zurückgezogenheit von den Menschen aufs äußerste zu treiben suchte, so dass er, wenn er in einem Wald war und einen Ziegenhirten oder einen Waldarbeiter kommen sah, von Wald zu Wald eilte oder von Gebüsch zu Gebüsch, nur erfüllt von dem einen Gedanken:

Dass sie mich nur ja nicht sehen und ich sie nicht sehe, denn zurückgezogen will ich leben.

So also versuchte *Buddha* ein Äußerstes an Kasteiung, ein Äußerstes an Selbstqual, denn er dachte, wenn ihn die Yogalehrer, bei denen er zuerst eingetreten war, nicht zum Heil führen konnten, so müsse es daran liegen, dass sie die Kasteiung, die Selbstpeinigung selbst noch nicht weit genug getrieben hatten. Aber all das war umsonst, und *Buddha* kam zu dem Schluss, dass auf dem Weg der Selbstqual, der Kasteiung, das Heil nicht zu finden sei: [2])

Da dachte ich nun: Welche Büßer und Priester auch immer in der Vergangenheit unangenehme, stechende, beißende Gefühle empfanden, dieses ist das Äußerste, und es gibt nichts darüber, und doch gelange ich mit all dieser schmerzlichen Bemühung, mit diesen schweren Abtötungen nicht in das Bereich der ausreichenden edlen Erkenntnis und Einsicht, die alle menschliche Lehre übertrifft. Könnte es nicht noch einen anderen Weg zur Erleuchtung geben? Und es kam mir der Gedanke: Ich erinnere mich, dass ich einmal, während mein Vater beschäftigt war, im kühlen Schatten eines Rosenapfelbaumes saß und da mich frei fühlte von aller Lust der Sinne und aller Unreinheit und damals die erste Stufe der Versenkung erreichte. Dieses könnte der Weg zur Erleuchtung sein. Und ich dachte: Warum fürchte ich mich vor diesem Glück, das abseits liegt von aller Lust der Sinne und aller Unreinheit? Aber weiter dachte ich: Dieses Glück ist nicht leicht zu erreichen für einen solchen, dessen Körper zu so übermäßiger Abmagerung gelangt ist. Wie, wenn ich nun reichlich Speise zu mir nähme, Reisbrei und sauren Schleim? Und ich nahm reichlich Speise zu mir, Reisbrei und sauren Schleim. Zu der

1 Majjh. Nik. 12; nach Dutoit, S. 46.
2) Majjh. Nik. 36; nach Dutoit, S. 59-64.

Zeit waren fünf Mönche mir beigesellt, die dachten: „Wenn der Büßer *Gautama* zur Wahrheit gelangen wird, dann wird er sie uns mitteilen." Als ich aber reichlich Speise zu mir zu nehmen begann, Reisbrei und sauren Schleim, da verloren die fünf Mönche den Gefallen an mir und verließen mich, indem sie sprachen: „In Überfluss lebt der Büßer *Gautama*, vom Ringen hat er abgelassen und hat sich dem Überfluss zugewandt." Nachdem ich nun reichlich Speise zu mir genommen und wieder Kräfte gewonnen hatte, machte ich mich los von aller Lust der Sinne und aller Unreinheit und gelangte zur ersten, dann aber auch zur zweiten, zur dritten und endlich zur vierten Stufe der Versenkung. Nachdem nun so mein Gemüt beruhigt war, gereinigt, geläutert, befreit von Lust, losgelöst von Unreinheit, sanft, fügsam, fest und unveränderlich, wandte ich mein Denken auf die Erinnerung und Erkenntnis meiner früheren Lebensläufe, und ich erinnerte mich an so manches frühere Dasein, das ich vollendet hatte. In *einem* Dasein hatte ich diesen Vornamen, diesen Familiennamen, diese Gestalt, diese Nahrung, ich empfand dieses Glück und jenes Unglück, erreichte dieses Alter, und nachdem ich dieses Dasein beendet hatte, gelangte ich zu einem anderen. Auf solche Weise erinnerte ich mich an so manches frühere Dasein mit seinen bezeichnenden Zügen und Ereignissen. Dieses erste Wissen erlangte ich in der ersten Nachtwache einer Nacht. Und nun wandte ich mein Denken auf das Vergehen und Entstehen der Wesen. Und ich sah mit göttlich klarer, übermenschlicher Einsicht, wie die Wesen vergehen und entstehen; ich erkannte die niedrigen Wesen und die hohen, die schönen und die hässlichen, die frommen und die unfrommen, wie es ihnen, je nach ihren Taten, erging. Diese Wesen, die von ihrem Körper, ihrem Reden und Denken schlechten Gebrauch gemacht hatten, haben nach der Zerstörung ihres Körpers, nach ihrem Tod Unglück, Unheil, Verderben, die Hölle erlangt; jene Wesen, die von ihrem Körper, ihrem Reden und ihrem Denken guten Gebrauch gemacht hatten, die haben nach der Zerstörung ihres Körpers, nach dem Tod das Heil, den Himmel erlangt. Dieses zweite Wissen kam mir in der mittleren Nachtwache dieser selben Nacht.

Nun aber wandte ich mein Denken auf die Erkenntnis vom Vernichten der Sünde. Und ich erkannte: Dies ist das Leiden . . ., sowie es sich verhält; und ich erkannte: Dies ist

der Ursprung des Leidens . . ., so wie es sich verhält; und ich
erkannte: Dies ist das Aufhören des Leidens . . ., so wie es
sich verhält; und ich erkannte: Dies ist der Weg, der zum
Aufhören des Leidens führt . . ., so wie es sich verhält. Während ich nun dies erkannte und einsah, wurde mein Geist befreit von dem Übel des Durstes nach Leben, befreit von dem
Übel des Daseins, befreit von dem Übel der Unwissenheit.
Und als mein Geist von diesen Übeln befreit war, kam mir die
Erkenntnis: Er ist befreit, und ich erkannte: Zerstört ist die
Wiedergeburt; ich führe den Wandel der Heiligkeit; getan ist.
was zu tun war; nicht gibt es für mich mehr etwas anderes
nach diesem Dasein. Dieses dritte Wissen kam mir in der letzten Nachtwache dieser selben Nacht: die Unwissenheit war
besiegt, das Wissen erlangt; das Dunkel besiegt, die Einsicht
erlangt.

Welches nun aber diese Einsicht eigentlich war, was diese Erkenntnis:

Dies ist das Leiden, dies ist der Ursprung des Leidens, dies ist
das Aufhören des Leidens, dies ist der Weg, der zum Aufhören des Leidens führt,

im Grunde besagen soll, das wird sich erst aus der Fortsetzung der
Erzählung deutlicher herausstellen.

XXVI. DAS GESETZ DES BUDDHA

Der *Buddha* hatte sein Ziel erreicht: in der letzten Nachtwache einer Nacht war ihm, wie so vielen anderen Heilsbeflissenen jener Zeit, die erlösende Erkenntnis aufgegangen — nach seinem Tod hatte er nun, dessen fühlte er sich gewiss, keine Wiedergeburt mehr zu besorgen. Allein als er sich nun am Ende des langen, von ihm zurückgelegten Weges fühlte, da hatte er einen Gedanken, der ihn in gewissem Sinn doch von seinen Zeitgenossen unterscheidet. Viele von diesen Zeitgenossen werden ja Jünger um sich gesammelt haben. Aber die Festigkeit des Entschlusses, die Unerschütterlichkeit des Willens, diese eben jetzt neugewonnene Erkenntnis in der Welt auszubreiten und zum Sieg zu führen, ist doch etwas für den *Buddha* Kennzeichnendes und ihm Eigentümliches und beweist, dass er, wenn er auch ein Ideal der Loslösung von der Welt, der Weltflucht, geschaut hatte und verkündete, dabei doch ein Mann der Tat war, entschlossen, für den Sieg dieses seines Gedankens jede Regung seiner Seele und jede Minute seines Daseins einzusetzen. Das ist es doch zum großen Teil, was ihn von den Zeitgenossen scheidet und dem Fortgang seines Lebens sein eigentümliches Gepräge gibt.

In einem alten buddhistischen Bericht heißt es: [1])

Nun kam dem Erhabenen folgender Gedanke: Wem könnte ich wohl zuerst die Lehre verkünden? Wer wird wohl diese Lehre schnell verstehen? Da dachte der Erhabene: Da sind doch jene fünf Mönche, die mir in vielem behilflich waren, die mich unterstützten, als ich mich dem Ringen nach Vollkommenheit hingab. Wie, wenn ich zuerst den fünf Mönchen meine Lehre verkündete? Und weiter dachte der Erhabene: Wo halten sich denn die fünf Mönche auf? Da sah der Erhabene mit seinem göttlich reinen, übermenschlichen Auge, dass die fünf Mönche bei Benares verweilten in dem Tierpark Isipatana. Und der Erhabene wanderte gen Benares. Da sah ein nackter Büßer namens *Upaka* den Erhabenen des Weges da-

---

1) Mahâvagga I 6; nach Dutoit, Leben des Buddha, S. 76-84.

herkommen, und als er ihn gewahrte, sprach er zum Erhabenen: „Heiter, Freund, sind deine Züge, ganz rein und licht ist dein Aussehen. Durch wen bist du, Freund, Mönch geworden? Wer ist dein Lehrer? Wessen Lehre bekennst du?" Auf diese Worte hin redete der Erhabene den nackten Büßer *Upaka* mit folgenden Worten an: „Ich bin es, der alle übertroffen hat; ich bin allwissend; mich befleckt kein Ding mehr. Alles habe *ich* verlassen, aller Durst hat mich verlassen; seitdem bin ich frei. Und da ich selbst die Erkenntnis gewann, wen könnte ich meinen Lehrer nennen? Keinen Lehrer hab' ich, keinen mir Ähnlichen gibt es; in der Welt der Geister und Menschen ist keiner, der mir ebenbürtig wäre. Ich bin der Heilige, der höchste Meister: ich allein bin völlig erleuchtet, leidenschaftslos und erlöst. Nach der Stadt Benares gehe ich, um das Rad der Lehre in Bewegung zu setzen: in der blinden Welt will ich die Trommel der Unsterblichkeit schlagen." *Upaka* versetzte: „Wie du es auffasst, mein Lieber, wärest du also heilig und siegreich?" *Buddha* aber entgegnete: „Sieger sind die, die bis ans Ende der Leidenschaft vorgedrungen sind. Besiegt sind von mir die bösen Dinge: deswegen, *Upaka*, bin ich der Sieger." Nach diesen Worten sprach der nackte Büßer *Upaka* zum Erhabenen: „Es könnte ja sein, mein Freund", und er schüttelte sein Haupt und schlug einen anderen Weg ein.

Ich will die Bemerkung nicht unterdrücken, dass mir dieser Ausgang der Erzählung doch eine recht starke Vermutung dafür nahezulegen scheint, dass es sich hier um die Erinnerung an einen tatsächlichen Vorgang handelt; denn die Erzählung schließt nicht mit einem besonderen Triumph des Erhabenen: der erste Mensch, dem er seine Sendung verkündet, glaubt nicht an sie! Ist es sehr wahrscheinlich, dass das ein begeisterter Anhänger des Meisters so erfunden hätte?

Der Erhabene gelangte nun in den Tierpark Isipatana, und die fünf Mönche kamen ihm zunächst mit großen Bedenken und Vorbehalten entgegen, ließen sich aber schließlich doch dahin bringen, die Worte des *Buddha* anzuhören. Und er hielt nun an sie eine Anrede, die als die sogenannte Predigt von Benares weltberühmt geworden ist und in der er zum ersten Mal jene großen Hauptgrundsätze seiner Lehre darlegt, die er die vier edlen Wahrheiten nennt:

Darauf erklärte der Erhabene den fünf Mönchen dieses: „Folgende zwei Gegensätze, ihr Mönche, sind von dem, der die Welt verlassen hat, zu meiden. — Welche zwei ? Der erste besteht in der Neigung zu Vergnügungen. Das ist niedrig, gemein, passt nur für einen Unbekehrten, ist unedel und führt zum Verderben. Der zweite besteht in übermäßiger Selbstqual. Das ist voll von Leiden, aber *auch* unedel und führt ebenfalls zum Verderben. Diese zwei Gegensätze also sind zu vermeiden. Der mittlere Wandel aber, wie er von dem Vollendeten erklärt wurde, bringt Einsicht und Verständnis und führt zur Ruhe, zur Erkenntnis, zur Erleuchtung, zum Nirvâna. Welches ist nun dieser mittlere Wandel? Es ist dieser edle achtteilige Pfad: rechtes Glauben, rechtes Entschließen, rechtes Reden, rechter Wandel, rechtes Leben, rechtes Streben, rechtes Denken, rechtes Versenken.

Folgendes, ihr Mönche, ist die edle Wahrheit vom Leiden: Geburt ist Leiden, Alter ist Leiden, Krankheit ist Leiden, Tod ist Leiden, Vereinigung mit Unliebem ist Leiden, Trennung von Liebem ist Leiden; wenn einer etwas wünscht und es nicht erlangt, auch das ist Leiden; endlich Körperlichkeit, Empfindungen, Gedanken, Triebe und Bewusstsein — auch all dies ist Leiden.

Folgendes, ihr Mönche, ist die edle Wahrheit vom Ursprung des Leidens: Der Durst, der zur Wiedergeburt führt, mit Gefallen und Verlangen verbunden ist und sich an dem und jenem erfreut, ist der Ursprung des Leidens: nämlich der Durst nach Genuss, der Durst nach Macht, der Durst nach Dasein.

Folgendes, ihr Mönche, ist die edle Wahrheit vom Aufhören des Leidens: Die gänzliche Vernichtung und das Aufhören des Durstes hebt auch das Leiden auf, das Aufgeben des Durstes, das Verzichten auf den Durst, die Befreiung vom Durst, das Freisein vom Durst.

Und folgendes ist die edle Wahrheit von dem Weg, der zum Aufhören des Leidens führt: Es ist eben dieser edle, achtteilige Pfad: rechtes Glauben, rechtes Entschließen, rechtes Reden, rechter Wandel, rechtes Leben, rechtes Streben, rechtes Denken, rechtes Versenken. Solange mir nun, ihr Mönche, von diesen vier edlen Wahrheiten die Einsicht und Erkenntnis, wie es sich damit verhält, noch nicht ganz klar war, solange merkte ich, ihr Mönche, dass ich noch nicht der höchsten, völligen Erleuchtung in der Welt der Geister und Menschen teilhaft geworden war. Als mir aber, ihr Mönche, von diesen vier edlen Wahrheiten, die Einsicht und Erkenntnis, wie es sich damit verhält, ganz klar geworden war, da merkte ich, ihr Mönche, dass ich der höchsten, völligen Erleuchtung in der Welt der Geister und Menschen teilhaft geworden war, und vor mein Auge trat die Erkenntnis: Unveränderlich ist nun die Loslösung meines Geistes, dies ist mein letztes Dasein; nicht gibt es für mich eine Wiedergeburt." So sprach der Erhabene; erfreut und entzückt aber waren die Mönche über das, was der Erhabene geredet hatte.

Wenn wir uns fragen, was denn diese vier edlen Wahrheiten eigentlich besagen sollen, so lässt sich kurz antworten:

Die erste Wahrheit: Leben heißt Leiden.

Die zweite Wahrheit: Das Leiden entsteht aus dem Lebensdurst, d. h. aus dem Durst, einerseits in diesem Leben das Leben zu erhöhen, zu steigern, Genuss und Macht an sich zu ziehen und zu erleben, andererseits nach dem Ende dieses Lebens ein neues Dasein zu beginnen: wiedergeboren zu werden.

Die dritte Wahrheit: Zum Aufhören des Leidens führt kein anderer Weg als der, den Lebensdurst zu ersticken — in diesem Leben den Durst nach Genuss und Macht, nach dem Ende dieses Lebens den Durst nach Wiedergeburt, nach Wiederverkörperung, nach Fortleben.

Die vierte Wahrheit: Den Weg zu dieser Überwindung des Lebensdurstes bezeichnen jene acht Ausdrücke, die mit dem rechten Glauben beginnen und mit dem rechten Versenken enden. Man kann die acht Abschnitte dieses edlen Pfades mit *Beckh* zu drei Gruppen ordnen. Die erste Gruppe bildet der rechte Glaube. Dieser rechte Glaube besteht darin, dass ein Ungläubiger die vier edlen Wahrheiten wenigstens insoweit als Wahrheiten annimmt, dass er den Pfad beschreitet, der zur Aufhebung des Leidens führt.

Die zweite Gruppe umfasst die sechs mittleren Abschnitte des Weges, das rechte Entschließen, Reden, Wandeln, Leben, Streben und Denken. Diese Gruppe entspricht dem, was im Yoga die Zucht hieß. Es ist die Summe der Vorschriften, denen sich der Mensch unterwerfen muss, um planmäßig den Lebensdurst in sich zu ertöten. Man kann dieses Gebot der Zucht auch erklären, indem man es in die fünf einzelnen Gebote oder Vorschriften zerlegt, denen sich der Buddhist unterwerfen muss. Das sind die Gebote der Nüchternheit; der Wahrhaftigkeit; der Keuschheit, an deren Stelle für den bloßen Laienfreund die Enthaltsamkeit vom Ehebruch tritt; dann das Gebot der vollen Besitzlosigkeit, für den bloßen Laienfreund aber Wenigstens der Redlichkeit; endlich das Gebot der Schonung aller lebenden Wesen. Der Wille zur ungehemmten Entfaltung des eigenen Lebens soll durch diese

Schranken eingedämmt und allmählich zum Absterben gebracht werden: durch das Verbot der Berauschung, der Lüge, alles oder doch des
ungemessenen Geschlechtsgenusses, durch das Verbot irgendwelcher
oder doch der unredlichen Bereicherung, endlich durch das Verbot,
die eigene Macht auf Kosten anderer Wesen auszudehnen. Dem Gebot
der Schonung entspricht die oft wiederholte Empfehlung von vier Gesinnungsweisen, die schon den Yogins ans Herz gelegt worden waren
und die der Anhänger des Erhabenen allen Wesen gegenüber beobachten soll, das ist Wohlwollen, Milde, Heiterkeit und Gleichmut. Es
werden förmliche Übungen dieser vier Gesinnungsweisen vorgeschrieben: [1]) der Mönch soll sich hinsetzen und soll sich darin üben,
die in ihm wohnende Kraft des Wohlwollens zunächst auf alles zu
übertragen, was sich in einer bestimmten Weltrichtung befindet, ebenso dann auch für die drei anderen Weltrichtungen, bis er endlich auf
alles, was es überhaupt in der Welt gibt, dieses Wohlwollen erstreckt
hat; ebenso dann mit der Milde; ebenso dann mit der Heiterkeit; ebenso mit dem Gleichmut. Uns, denen der christliche Begriff der Liebe
vertraut ist, liegt es nahe, die Vorschrift, allen Wesen Wohlwollen
entgegenzubringen, dem Gebot der Liebe anzunähern. Es ist richtig,
dass besonders im späteren Buddhismus dieses pflichtmäßige Wohlwollen geradezu den Charakter einer leidenschaftlichen Hingebung
und Fürsorge angenommen hat. Umso mehr muss man sich dessen bewusst bleiben, dass in der älteren Zeit dies Gebot des Wohlwollens
aufs allerengste mit dem des Gleichmuts verknüpft, ja diesem, wie es
scheint, sogar untergeordnet wird. Was dem Gläubigen aufgegeben ist,
das ist, dass er sich aus der Welt löse, dass er an nichts mehr hänge,
dass sein Lebenswille, sein Lebensdurst zum Absterben gelange — es
ist somit der Gleichmut. Gleichmütig soll er allem gegenüberstehen,
nichts — keinen Menschen, kein Ding, keine Lage — soll er vorzie-
hen: es soll für ihn nichts Unliebes geben, mit dem vereint zu sein ihm
Qual bedeutete; es soll aber auch für ihn nichts Liebes geben, von dem
getrennt zu sein ihm eine Pein wäre. Allen Menschen also, allem Lebenden, soll er Wohlwollen, Milde, Heiterkeit zuwenden, dabei aber
doch vor allem seinen Gleichmut bewahren. Sein Wohlwollen soll
selbst eine gleichmäßige Haltung allen Dingen in der Welt gegenüber
sein: das Wohlwollen, das er ihnen zuteil werden lässt, ist ein gemes-
senes Wohlwollen aus beträchtlicher Entfernung. Wohl hat der *Buddha* immer wieder vor dem Hass gewarnt, weil der Hass Leidenschaften entfacht und nicht nur den Hassenden selbst in Qualen verstrickt,

---

1) Oldenberg, Buddha[6], S. 342f.

sondern auch auf Seiten des Gehassten wieder neue Leidenschaft und neues Leid hervorruft, wie das ja so schön die buddhistische Spruchsammlung ausdrückt: [1])

„Er hat mich gescholten; er hat mich geschlagen; er hat mich bedrückt; er hat mich beraubt" — die solchen Gedanken nachhängen, bei denen kommt Feindschaft nicht zur Ruhe; die solchen Gedanken nicht nachhängen, bei denen kommt Feindschaft zur Ruhe. Denn nicht durch Feindschaft kommt je Feindschaft hienieden zur Ruhe, durch Nichtfeindschaft kommt sie zur Ruhe; das ist die Ordnung von alters her.

Allein was er an die Stelle solchen Hasses setzen will, ist unterschiedslos ruhiges, gleichmütiges, von aller persönlichen Vorliebe, Erregung und Leidenschaft freies Wohlwollen. Denn persönliche Vorliebe, leidenschaftliche Zu- oder Abneigung, ist die Urquelle alles Elends: [2])

Alle Schmerzen und Klagen, alle Leiden in der Welt von mancherlei Gestalt, sie kommen in die Welt durch das, was einem lieb ist: wo es nichts Liebes gibt, da entstehen auch keine Qualen. Darum sind freudenreich und von Schmerzen frei, die nichts Liebes haben in der Welt, und darum möge, wer dahin strebt, wo es nicht Schmerz noch Düsternis gibt, nichts in der Welt sich lieb sein lassen.

Der dritte Hauptabschnitt des edlen Pfades, der zur Erlösung führt, ist nun das rechte Versenken, und es ist das große Verdienst des schon genannten Buddha-Darstellers Hermann *Beckh*, mit allem Nachdruck darauf hingewiesen zu haben, dass eben am Schluss des edlen achtteiligen Pfades die Versenkung steht, dass es zuletzt das Versenken ist, das zur Erlösung führt, dass sich also im Großen und Ganzen die buddhistische Lehre in den Rahmen des Yoga einfügt. Und gewiss ist es ja auch kein Zufall, dass der edle Pfad gerade acht Teile hat, so wie das Yogaverfahren acht Kettenglieder. Wenngleich also *Buddha* das Wort „Yoga" wohl nicht gebraucht, sondern von Versenkung gesprochen hat, so ist seine Lehre im Großen und Ganzen doch als eine Sonderart der Yogalehre zu beurteilen: in der Versenkung ist dem Meister selbst die erlösende Erkenntnis aufgegangen, in der Versenkung soll sie sich auch seinen Nachfolgern erschließen. [3]) Aber

---

1) Dhammapâda 3ff; nach Oldenberg, Buddha[6], S. 337.
2) Udâna VIII 8; nach Oldenberg, S. 336.
3) Dass die Versenkung ursprünglich wesentliche Bedingung für die Erlösung durch Erkenntnis der vier edlen Wahrheiten gewesen sei, wie das die unten wiedergegebenen Stellen des Sâmaññaphala-Sutta, Digh. Nik. II, darstellen, bezweifelt H.

freilich, auch eine ganze Reihe bedeutsamer Unterschiede ist hervorzuheben und festzuhalten.

Das Verfahren, das Bewusstsein mehr und mehr allen Inhalts zu entleeren und das höchste Ziel in einer Art von Bewusstlosigkeit zu suchen, wird im Buddhismus allerdings nicht verworfen, es wird vielmehr geübt, und zwar in der Gestalt jener schon bei einer früheren Gelegenheit dargestellten „abstrahierenden Phantasietätigkeit", die den Mönch von irgendeiner sinnlichen Vorstellung zur Vorstellung des unendlichen Raums hinaufführt, dann zur Vorstellung der Unendlichkeit, zur Vorstellung des Nichts, zu einem Zustand jenseits von Bewusst und Unbewusst, endlich zur Vernichtung aller Bewusstseinserscheinungen: diese Vernichtung aller Bewusstseinserscheinungen ist der einzige Vorgeschmack, den es in diesem Leben von dem künftigen Erlöschen, dem Nirvâna, gibt. Aber dieses ganze Verfahren spielt doch nicht die entscheidende Rolle. [1]) Der Buddha hatte seine Erkenntnis der vier edlen Wahrheiten nicht in einem solchen Zustand der Bewusstlosigkeit gewonnen ; was er seinen Anhängern zunächst und vor allem einschärft, ist nicht, dass sie einem Zustand der Bewusstlosigkeit, vielmehr dass sie der Erkenntnis der vier edlen Wahrheiten zustreben sollen, und auch er selbst ist, wie wir noch hören werden, am Ende seines Lebens nicht aus dem Zustand der Bewusstlosigkeit in das Nirvâna eingegangen, vielmehr aus jenem Zu-

---

Zimmer, Dtsch. Lit. Ztg. 1922, Sp. 150f. (vgl. *La Vallée-Poussin, The way to Nirvâna*, p. 161 unten) unter Berufung darauf, dass Mahâvagga I 6, 47; 7, 15; 9, 4 u. 10 schon die einmal gründlich Belehrten „Arhants" genannt werden. Allein das mag ein abkürzender Ausdruck sein, der nur darauf hinweisen soll, dass jene Neubekehrten bald nach ihrer Bekehrung (wie etwa Subhadda Digh. Nik. XVI 5, 30 oder Sunito Theragâthâ 626 ff.) in der Versenkung zu völliger Erkenntnis durchdrangen. Keinesfalls aber lässt sich die Versenkung als eine bloß nebensächliche „Hilfe auf dem Wege zur Erlösung" deuten; denn Buddha selbst hat die erlösende Erkenntnis in der Versenkung gefunden, und der Wortlaut der edlen Wahrheit von dem edlen, achtteiligen Pfad zeugt unwidersprechlich dafür, dass ihm dieser Weg zur Erlösung auch für seine Jünger als der gewöhnliche und regelmäßige galt. Wäre die Ansicht von Zimmer richtig, der Bekehrte regelmäßig auch schon erlöst, so wäre ja die edle Wahrheit von dem edlen achtteiligen Pfad überhaupt jeder Anwendung auf schon bekehrte Gläubige unfähig, zuletzt also gegenstands- und sinnlos!

1) Was Heiler, Die buddhistische Versenkung, gegen seine Heilsbedeutung nach buddhistischer Auffassung sagt, bzw. aus Seidenstücker anführt, geht aber ohne Zweifel viel zu weit: den „acht Loslösungen", wie die Digh. Nik. XVI 3, 33 heißen, kommt Heilsbedeutung schon darum zu, weil sie ohne Zweifel einen Bestandteil des edlen achtteiligen Pfads ausmachen; sie stellen übrigens die größte irdische Annäherung an das Nirvâna dar, ja die achte Loslösung heißt gelegentlich selbst Nirvâna: Ang. Nik. V bei Beckh, Buddhismus II, S. 51 u.

stand, aus jener vierten Stufe der Versenkung, in der ihm die Erkenntnis der vier edlen Wahrheiten aufgegangen war.

Wenn also die Erkenntnis der vier edlen Wahrheiten einerseits am Anfang des achtteiligen Pfades steht, wenn sich niemand auf diesen Pfad begeben würde, der nicht schon *glaubte*, dass es der Pfad zur Aufhebung des Leidens ist, so steht die Erkenntnis der vier edlen Wahrheiten doch auch an seinem Ende: es ist die höchste Frucht der Versenkung, dass dem Gläubigen die vier edlen Wahrheiten aufgehen, aber aufgehen nicht mehr als geglaubte, sondern als *geschaute*. So wie man in klarem Wasser Steine und Fische sieht, sagt der Erhabene, so sieht auf der vierten Stufe der Versenkung der Mönch das Leiden, die *Entstehung* des Leidens, die *Aufhebung* des Leidens und den Weg zur Aufhebung des Leidens. Und das ist die erste große Kluft, die das Gesetz des *Buddha* von dem Verfahren des Yoga trennt, dass es in erster Linie nicht *darauf* angelegt ist, sich durch ästhetische Eindrücke, durch Spekulationen allmählich hinauf- zu steigern und zu läutern in einen schlafartigen Zustand, sondern dass es in erster Linie darauf angelegt ist, durch Sammlung des Geistes und Anspannung des Bewusstseins sich ganz und gar in diese für das Leben entscheidende, die Erlösung bedingende Erkenntnis, in die vier edlen Wahrheiten, zu vertiefen.

Damit hängt zusammen, dass die Regelung der Atmung zwar gleichfalls nicht verworfen wird, aber in der buddhistischen Lehre von der Versenkung doch eine sehr herabgesetzte Rolle spielt: dort jedenfalls, wo die Anleitung gegeben wird zur Erkenntnis der vier edlen Wahrheiten, ist davon, dass der Mönch seinen Atem verlangsamen oder beschleunigen oder regeln müsste, überhaupt nicht die Rede. [1])

Der letzte große Unterschied zwischen Buddhismus und Yoga ist endlich der, dass die Gegenstände, mit denen der buddhistische

---

1) Der buddhistische Mönch soll sich seiner einzelnen Atemzüge bewusst sein (z. B. Digh. Nik. XXII = Neumann II 425), ebenso wie auch aller sonstigen Handlungen (z. B. Digh. Nik. II 65 = Franke, S. 70f.). Das ist aber doch kaum mehr als ein Überlebsel alter Yoga-Überlieferung, hier neu gerechtfertigt unter dem Gesichtspunkt der Herrschaft des Geistes über den Leib. Wenn neuerdings die Forderung, „unbewusste Bildekräfte zum Bewusstsein zu erheben", als ein Hauptpunkt buddhistischer Lehre hingestellt worden ist, so vermisse ich ausreichende Belege für diese Behauptung. Auch spricht gegen sie die Stellung der „unbewussten Regungen" im „Abhängigkeitsgesetz", wo sie dem Bewusstsein vorangehen und nur dem „Wahn" folgen. Sie können danach, sollte ich denken, nur dann, wenn der Wahn aufgehoben wird, mit ihm aufgehoben werden, nicht aber durch irgendwelche Veranstaltung des Bewusstseins, dessen Dasein ja vielmehr selbst durch das der „unbewussten Regungen" bedingt ist.

Mönch in seiner Versenkung seinen Geist beschäftigt, doch andere sind als die Symbole des Brahman oder des Herrn, in die sich der Yogin versenkt: dieser vertieft sich in die unerschöpflichen Geheimnisse der heiligen Silbe, verdeutlicht sich an ihnen die Beschaffenheit der Welt und ihres Urgrunds; der Buddhist vertieft und versenkt sich in das Elend, in die Vergänglichkeit und Nichtigkeit des menschlichen Daseins, und aus diesen Meditationen steigt er auf zu jenem gesteigerten Zustand des Bewusstseins, in dem ihm die vier edlen Wahrheiten anschaulich werden. Immer wieder geht der Buddha von der Einschärfung der Vergänglichkeit und Nichtigkeit des Lebens aus. Der Leib des Lebenden schon ist ein Sack voll Unreinlichkeit: [1]

Der Mönch betrachtet sich diesen Körper da von der Sohle bis zum Scheitel, den hautüberzogenen, den unterschiedliches Unreine ausfüllt: dieser Körper trägt einen Schopf, hat Nägel und Zähne, Haut und Fleisch, Sehnen und Knochen und Knochenmark, Nieren, Herz und Leber, Zwerchfell, Milz, Lungen, Magen, Eingeweide, Weichteile und Kot, hat Galle, Schleim, Eiter und Blut, Schweiß, Lymphe, Tränen, Serum, Speichel, Rotz, Gelenköl, Harn. Und gleichwie, ihr Mönche, wenn da ein Sack wäre, an beiden Enden zugebunden und mit verschiedenem Korn gefüllt, etwa mit Reis, Bohnen, Sesam . . ., und ein scharfsichtiger Mann bände ihn auf, untersuchte den Inhalt und spräche: „Das ist Reis, das sind Bohnen, das ist Sesam" — ebenso, ihr Mönche, betrachtet sich der Mönch diesen Körper da von der Sohle bis zum Scheitel, den hautüberzogenen, den unterschiedliches Unreine ausfüllt.

Wie viel grauenerregender noch ist aber erst die Leiche: [2]

Der Mönch stelle sich einen Leib vor, der auf der Leichenstätte liegt, einen Tag nach dem Tod oder zwei oder drei Tage nach dem Tod: aufgedunsen, blauschwarz gefärbt, in Fäulnis übergegangen; und nun ziehe er den Schluss auf sich selbst: „Auch mein Körper ist so beschaffen, wird so werden, kann dem nicht entgehen." Und er stelle sich einen Leib vor, der auf der Leichenstätte liegt, von Krähen oder Raben oder Geiern zerfressen, von Hunden oder Schakalen zerfleischt oder von vielerlei Würmern zernagt; und er ziehe den Schluss auf sich selbst: „Auch mein Körper ist so beschaffen, wird so werden, kann dem nicht entgehen." Er stelle sich einen Leib

1) Digh. Nik. XXII; nach Neumann II, S. 427.
2) Neumann II, S. 428.

vor, der auf der Leichenstätte liegt: ein Knochengerippe, noch
fleischbehangen, blutbesudelt, von den Sehnen zusammengehalten;
oder ein Knochengerippe, schon fleischentblößt, aber noch blutbe-
fleckt, von den Sehnen zusammengehalten ; oder ein Knochengerippe, ohne Fleisch, ohne Blut, aber noch von den Sehnen zusammengehalten; oder aber die Gebeine, ohne Sehnen hierhin und dorthin ver-
streut, da ein Handknochen, dort ein Fußknochen, da ein Schienbein,
dort ein Schenkel, da das Becken, dort Wirbel, da der Schädel; und
nun ziehe er den Schluss auf sich selbst: „Auch mein Körper ist so
beschaffen, wird so werden, kann dem nicht entgehen." Er stelle sich
einen Leib vor, der auf der Leichenstätte liegt: Gebeine, blank, mu-
schelfarbig; oder Gebeine, zuhauf geschichtet, nach Verlauf eines
Jahres; oder endlich Gebeine, verwest, schon in Staub zerfallen; und
nun ziehe er den Schluss auf sich selbst: „Auch mein Körper ist so
beschaffen, wird so werden, kann dem nicht entgehen."

Es verhält sich ebenso, wie alte buddhistische Verse es feststellen: [1])

Unbestimmbar, unerkennbar
Ist des Menschen Erdenleben;
Unbeständig, voll von Kummer,
Immerzu mit Leid verbunden.

Und der Klügste weiß kein Mittel,
Dass Geborene nicht stürben;
Denn dem Altern folgt das Sterben
Nach des Lebens ew'ger Ordnung.

Oft auch fällt die Frucht, noch eh' sie
Ausgereift und stürzt zu Boden:
Auch noch eh' der Mensch gealtert,
Droht der Tod ihm unablässig.

Jeder Topf, den Töpferhände
Aus der feuchten Erde formen,
Früher oder später bricht er,
Und ihm gleicht das Menschenleben. [1])

Junge, Starke, Alte, Schwache,
Toren, Weise, alle Menschen –
Alle sind dem Tod verfallen,

---

1) Suttanipâta 574ff; nach Neumann, S. 195ff., u. Heiler, Die buddh. Versenkung, S. 13f.
2) Vgl. Brahmabindu Up. 14.

Tod ist jedes Lebens Ende.

Und um jeden klagen, weinen
Eltern, Kinder, Gatten, Freunde,
Aber einen nach dem andern
Führt der Schlächter Tod zur Schlachtbank.

Und kein Grämen kann, kein Jammern
Je dem Geiste Frieden bringen:
Wie den Körper es verzehrt,
So der Seele Leid es mehrt!

So wissen wir denn auch von vielen Mönchen und Nonnen, die
eben dadurch in die Gemeinde des Erhabenen gekommen sind, dass
ihnen die allgemeine Hinfälligkeit und Nichtigkeit des menschlichen
Lebens aus eigenster Erfahrung klar wurde. Eine schöne buddhistische Legende etwa erzählt von der mageren *Gautamî*, [1]) die ihren
kleinen Sohn verlor und, das tote Kind im Arm, zum Erhabenen trat
und zu ihm sprach: Weißt du nicht, o Herr, ein Mittel, dies Kind wieder lebendig zu machen? Und der Erhabene sprach: Gewiss weiß ich
ein Mittel: nur eine Handvoll Senfkörner brauchst du über dies Kind
zu schütten; aber nimm sie aus einem Haus, in dem noch keiner gestorben ist! Und die magere *Gautamî* ging von Haus zu Haus, und in
jedem Haus ward ihr die Antwort:

O *Gautamî*, der Lebenden sind wenig, aber der Toten sind viel!
Und in der Sammlung der Lieder der ältesten Mönche und Nonnen ist
uns das schöne Lied der *Ubbirî* erhalten, die ihre Tochter *Jiva* verloren hatte und die nun hinausging in den Wald, an die Stelle, wo, wie
auf unseren Friedhöfen, die Asche der Verbrannten beigesetzt wurde,
und dort den Namen ihrer Tochter in den Wald rief: [2])

O süße Jiva, klagt' ich einst
Im Wald; der Wächter sprach zu mir:
„An vierundachtzigtausend, Weib,
Geheißen alle Jiva, hat
In diesem Hain man schon verbrannt;
Um welche weinst du heute hier?"

Vom Stachel ward ich so geheilt,
Der tief im Herzen mich zerstach:
Getötet hätt' mich fast das Weh;
An Narben reich, genas ich doch.

---

1) Pischel, Leben und Lehre des Buddha, S. 52f.
2) Therigâthâ 51-53; nach Neumann, Lieder der Mönche und Nonnen, S. 285.

Kein Stachel sticht mich heute mehr;
Erloschen bin ich, lebenssatt;
Mein Hort und Helfer ist der Herr,
Des Herren Lehre, sein Gesetz!

Die Beschäftigung mit diesen Gedanken ist nun wohl auch jenes „Suchen und Überdenken der Wahrheit", von dem der Erhabene dort redet, wo er die Lehre von der Versenkung ausführlich darstellt. Ich will diese Darlegung mit wenigen Auslassungen mitteilen; es gibt kaum eine andere, die uns ein so lebendiges Bild von der Denk- und Gefühlsweise des ältesten Buddhismus vermitteln könnte. Wir werden daraus ersehen, dass wir in *Buddha* einen Yogin vor uns haben, fest überzeugt von der Tatsächlichkeit der Seelenwanderung, fest überzeugt davon, dass man in tiefer Versenkung übernatürliche Kräfte erwirbt, aber auch die Fähigkeit, den eigenen Lebenswillen zu ertöten und sich damit vom Schicksal, vom Fluch, der Seelenwanderung zu befreien. Deshalb, weil uns ein Teil dieses Glaubens als Aberglaube erscheinen mag, diese zusammengehörigen Dinge auseinanderzureißen und, wenn *Buddha* etwa sagt, dass der gläubige Mönch auf der vierten Stufe der Versenkung die Sonne mit der Hand anfassen und streicheln kann, sich darüber mit der leeren und darum zuletzt unehrlichen Phrase hinwegzusetzen, er spreche von „rein geistigen Erscheinungen", ist töricht und heißt im Grunde auch die gebotene Ehrfurcht gegen den großen Mann außer Acht lassen. Wir müssen ihn nehmen, wie er war, wie ihn seine Zeit hervorgebracht hat: mit allem Missglauben dieser Zeit ist er der geworden, der er war, und je tiefer er in diesem Missglauben stak, desto bewunderungswürdiger ist es, wie er zum Schluss doch all diesen Neben- und Aberglauben beiseite schiebt und in den Mittelpunkt der Betrachtung nur jene vier edlen Wahrheiten stellt, von denen sich in diesem Nebenglauben so wenig findet und die die Kraft gehabt haben, über Jahrtausende hinweg eine Welt um die Fahne dieser Lehre zu sammeln.

Der Erhabene sprach: [1]) Wenn der Mönch soweit gekommen ist, um sich der Versenkung hinzugeben,

> dann sucht er eine weltentrückte Wohnstätte auf, eine Einöde, den Raum unter den Luftwurzeln eines Baumes, einen Berg, eine Schlucht, eine Felsenhöhle, einen Bestattungsplatz, ein ödes Waldgestrüpp, eine Stelle unter freiem Himmel oder einen Strohhaufen. Dort setzt er sich nach der Mahlzeit, vom

---

1) Digh. Nik. II 67-98; nach Franke, S. 71-84.

Almosengang zurückgekehrt, mit gekreuzten Beinen nieder, mit gerade aufgerichtetem Oberkörper, und erweckt in seinem Innern ernste Sammlung, so dass auch in seinem Antlitz dieser Ernst sich spiegelt. Er unterdrückt die Liebe zur Welt, tut von sich ab Böswilligkeit und Lust, zu schaden, legt Trägheit und Schlaffheit ab, überwindet Ängstlichkeit und Unruhe und macht sich frei von Zweifeln.

Sobald er nun wahrnimmt, dass diese aus seinem Innern getilgt sind, erwacht in ihm Wonne und Genuss, das Gefühl von Körperlichkeit kommt in ihm zur Ruhe, im Besitz dieser Ruhe empfindet er Glück, und indem er sich glücklich fühlt, gelangt auch sein Geist zur Sammlung. Indem er sich loslöst von aller Lust der Sinne und von aller Unreinheit, erreicht er die von eifrigem Suchen und Überdenken der Wahrheit erfüllte, wonne- und genussreiche erste Stufe der Versenkung, die eben nur durch Loslösung erreicht werden kann, und hält diesen Zustand fest. Er tränkt seinen Körper, überschüttet ihn vollständig, erfüllt ihn ganz und durchdringt ihn von allen Seiten mit der Wonne und dem Genuss, die aus der Loslösung erwachsen, so dass kein einziges Winkelchen seines Körpers von dieser Wonne und diesem Genuss undurchdrungen bleibt.

Dann aber erreicht der Mönch, indem er alles Suchen und Überdenken der Wahrheit hinter sich lässt, die von diesen freie, wonne- und genussreiche zweite Stufe der Versenkung, die ihm tiefen, inneren Frieden und Einklang des Geistes bringt und nur durch Sammlung erreicht werden kann, und hält diesen Zustand fest und tränkt seinen Körper mit der Wonne und dem Genuss, die aus der Sammlung erwachsen. Es verhält sich damit wie mit einem Teich, der von einer Quelle in ihm selbst gespeist wird, von außen aber keinen Zufluss hat und in den es auch nicht regnet. Diesen Teich speist der in ihm selbst quellende kühle Wasserstrom mit kühlem Wasser, durchströmt und umflutet ihn ganz und gar, so dass kein einziges Winkelchen des Teiches vom kühlen Wasser undurchdrungen bleibt. Und gerade so tränkt ein solcher Mönch seinen Körper mit der Wonne und dem Genuss, die aus der Sammlung erwachsen.

Dann aber erreicht der Mönch, indem er die Wonne in sich beschwichtigt und in Gleichmut dahinlebt, ernst besonnen und klar bewusst, und diesen Zustand körperlich genießt, die dritte Stufe der Versenkung, jene, die die Auserwählten meinen, wenn sie sagen: „Gleichmütig, ernst, besonnen und genussreich", und hält diesen Zustand fest und tränkt seinen Körper mit dem Genuss, der jenseits aller Wonne ist. Wie in einer Gruppe blauer, weißer oder roter Lotosblüten manche mit allen ihren Teilen, mit Wurzel, Stiel und Blüte, unterhalb der Oberfläche des Wassers bleiben und von der Wurzel bis zur Spitze von der kühlen Feuchtigkeit getränkt, umspült, geschwellt und benetzt werden, so dass auch nicht die kleinste Stelle an ihnen unbenetzt bleibt, gerade so tränkt ein solcher Mönch seinen Körper mit dem Genuss, der jenseits aller Wonnen ist.

Dann aber wird endlich der Mönch frei von Genuss wie von Qual, und nach dem Erlöschen jeder Empfindung für Lust und Leid erreicht er die vierte Stufe der Versenkung, die frei ist von Genuss, frei von Qual und erfüllt von lauterem Gleichmut und ernster Besonnenheit, und hält diesen Zustand fest. Er sitzt da und durchdringt seinen Körper mit innerer Lauterkeit und Geisteshelle, so dass nicht das kleinste Winkelchen seines Körpers von ihr undurchdrungen bleibt. Wie wenn einer vom Kopf bis zu den Füßen weißgekleidet dasitzt, so dass keine einzige Stelle seines ganzen Körpers nicht weiß umhüllt wäre, gerade so sitzt ein solcher Mönch da und durchdringt seinen Körper mit innerer Lauterkeit und Geisteshelle, so dass nicht das kleinste Winkelchen seines Körpers von ihr undurchdrungen bleibt.

Das entspricht nun jener Stufe im Yoga, auf der der Yogin sein Ich ausgeschaltet oder, wie wir sagten, Geistesfreiheit gewonnen hat, worauf er nun, je nachdem er diese „Geistesfreiheit" dem einen oder anderen Gegenstand zuwendet, die verschiedensten übernatürlichen Fähigkeiten ausüben kann. So nun auch hier:

Wenn aber jenes Mönches Geist so gesammelt, lauter, hell, vom Dunstkreis des Irdischen frei, fleckenlos, empfänglich, geschickt, beständig und unerschütterlich geworden ist, dann wendet er ihn hin und richtet ihn erstens auf das erkennende Schauen, und er erkennt: Dieser mein Körper ist aus den vier Elementen zusammengesetzt, von Vater und Mutter gezeugt, aufgebaut aus der genossenen Nahrung, vergänglich, der Vernichtung, der Aufreibung, dem Zerfall und Untergang geweiht, und doch befindet sich in ihm mein Bewusstsein und ist an ihn gebunden.

Oder der Mönch, dessen Geist so gesammelt ist, richtet

ihn *zweitens* auf die Hervorbringung eines aus Geist bestehenden Körpers und so ruft er aus diesem seinem Körper einen anderen, aus Geist bestehenden Körper hervor, mit allen Haupt- und Nebengliedmaßen und Vermögen. Es ist, wie wenn jemand einen Grashalm aus seiner Blattscheide herauszieht und dabei denkt: „Das ist die Blattscheide des Grases, dies ist der Halm, Blattscheide und Halm sind zweierlei, aber der Halm ist aus der Blattscheide herausgezogen."

Oder der Mönch, dessen Geist so gesammelt ist, richtet ihn *drittens* auf die verschiedenen übernatürlichen Kräfte der Heiligkeit. Aus der einen Person, die er ist, wird er zu einer Vielheit von Personen und aus der Vielheit wieder zu einer einzigen; bald lässt er sich sehen, bald verschwindet er; ungehemmt geht er durch Wände und Berge, als wären sie leere Luft, taucht in die Erde und wieder hervor, als wäre sie Wasser, und auf dem Wasser wandelt er, ohne einzusinken. Er schwebt mit gekreuzten Beinen sitzend durch die Luft wie ein Vogel, und jene beiden gewaltigen Himmelskörper, Mond und Sonne, fasst er mit der Hand und streichelt sie. Ja, in körperlicher Gestalt vermag er bis in die Brahmanwelt zu gelangen. Und wie ein tüchtiger Töpfer oder Töpferlehrling aus gut zubereitetem Ton Gefäße bereitet und vollendet, von welcher Form immer es ihm beliebt, so übt der Mönch von den verschiedenen übernatürlichen Kräften der Heiligkeit bald die eine, bald die andere aus, ganz wie es ihm beliebt.

Oder jener Mönch, dessen Geist so gesammelt ist, richtet ihn *viertens* auf die Ausübung des himmlischen Gehörs: mit diesem geläuterten, himmlischen Gehör, das das menschliche weit übertrifft, vernimmt er beiderlei Töne, solche der Götter- und solche der Menschenwelt, aus der Ferne wie aus der Nähe.

Oder jener Mönch, dessen Geist so gesammelt ist, richtet ihn *fünftens* auf das Durchschauen der Herzen und erkennt von Leidenschaft erfüllte Herzen als voll von Leidenschaft und leidenschaftsfreie als frei von Leidenschaft, hasserfüllte als voll von Hass, hasslose als frei von Hass.

Und nun kommen schließlich jene drei übernatürlichen Kräfte, die auch dem Erhabenen selbst in *der* Nacht zuteil geworden sind, in der ihm die erlösende Erkenntnis aufgegangen ist:

Oder jener Mönch, dessen Geist so gesammelt ist, richtet ihn *sechstens* auf die in der eigenen Erinnerung wurzelnde

Erkenntnis seiner früheren Lebensläufe. Und er erinnert sich seiner mannigfachen früheren Lebensläufe, erinnert sich an eine Geburt, an zwei, an drei Geburten, an zehn, zwanzig, fünfzig, hundert, tausend Geburten, an viele tausend, viele hunderttausend Geburten. „Da führte ich den und den Eigennamen, den und den Familiennamen, gehörte der und der Kaste an, lebte von dem und dem, erfuhr das und das Glück und Leid und wurde so und so alt. Und als ich aus jenem Dasein abschied, erschien ich wieder in dem und dem anderen." Es ist, wie wenn ein Mann aus seinem Heimatsdorf nach einem anderen Dorf geht und von da wieder nach einem anderen und von dort wieder in sein Heimatsdorf zurückkehrt; der denkt dann bei sich: „Ich kam aus meinem Heimatsdorf in das und das Dorf, da stand, saß, sprach und schwieg ich unter den und den Umständen, und dann kam ich nach dem und dem Dorf, stand, saß, sprach und schwieg dort unter den und den Umständen, und dann bin ich wieder in mein Heimatsdorf zurückgekehrt." Ebenso erinnert sich der Mönch, dessen Geist so gesammelt ist, seiner mannigfachen früheren Lebensläufe.

Oder jener Mönch, dessen Geist so gesammelt ist, richtet ihn siebentens auf die Kenntnis des Abscheidens und der Wiederkehr der Wesen. Mit dem klaren, übermenschlichen, himmlischen Auge überschaut er die Wesen, wie sie abscheiden und wieder erscheinen, die niedrigen und die hohen, die zu Schönheit und zu Hässlichkeit, zu Glück und zu Unglück je nach ihren Werken bestimmten: „Die und die Wesen sind behaftet mit dem Bösen, das sie mit dem Körper, mit Worten oder Gedanken begangen haben, die geraten nach dem körperlichen Ende, nach dem Tod, in ein unglückliches, leidvolles Dasein, in die Verdammnis, in die Hölle; die und die Wesen dagegen sind reich an Verdienst, das sie sich mit dem Körper, mit Worten oder Gedanken erworben haben, die kommen nach dem körperlichen Ende, nach dem Tod, in ein glückliches Dasein, in den Himmel." Es ist, wie wenn auf dem Söller eines Hauses, das mitten in der Stadt auf einem freien Platz emporragt, ein Mann stünde, der nicht blind ist, und der sieht nun, wie manche Menschen in ein Haus hineingehen, andere wieder herauskommen, manche auf der Straße sich bewegen, andere mitten auf dem Platz stehen, und er denkt: „Die da gehen ins Haus hinein, die hier kommen heraus, die dort bewegen sich auf der Straße, diese stehen mitten auf dem

Platz." Ebenso überschaut der Mönch, dessen Geist so gesammelt ist, mit dem klaren, übermenschlichen, himmlischen Auge die Wesen, wie sie abscheiden und wieder erscheinen.

Oder endlich jener Mönch, dessen Geist so gesammelt ist, richtet ihn *achtens* auf die Erkenntnis davon, wie die falsche, weltliche Auffassung des Lebens zu beseitigen ist, und er erkennt der Wahrheit gemäß: „Dies ist das Leiden, dies ist der Ursprung des Leidens, dies ist des Leidens Ende, und dies ist der Pfad, der zu des Leidens Ende führt." Und indem er das sieht und erkennt, wird sein Geist erlöst von der Schwäche des Begehrens, von dem Elend des Daseins und dem Fluch der Unwissenheit, und dem so Erlösten kommt die Erkenntnis: „Die Erlösung ist eingetreten; aufgehoben ist alle Zukunft; hinter mir liegt die Notwendigkeit heiligen Wandels; gelöst ist die Aufgabe; keine Wiederkehr gibt es mehr." Und es ist wie bei einem Gebirgssee mit reinem, klarem, ungetrübtem Wasser: ein Mann, der an seinem Ufer steht und nicht blind ist, der erkennt in ihm Perlmuscheln und andere Muscheln, Geröll- und Steinschutt und den Schwärm der Fische, wie sie teils umherschwimmen, teils still stehen; und er denkt bei sich: „Da ist ein See mit reinem, klarem, ungetrübtem Wasser, und in dem sind Perlmuscheln und andere Muscheln, das Geröll und der Steinschutt und die Schwärme der Fische, die teils darin umherschwimmen, teils stillstehen." Ebenso richtet der Mönch, dessen Geist so gesammelt ist, ihn auf die Erkenntnis davon, wie die falsche Lebensauffassung zu beseitigen ist, und er erkennt: „Dies ist das Leiden; dies ist der Ursprung des Leidens; dies ist des Leidens Ende; und dies ist der Pfad, der zu des Leidens Ende führt." Und das ist unter den irdischen Früchten des mönchischen Lebens jene, die schöner und besser ist als alle anderen; denn eine andere, die noch schöner und besser wäre als diese, die gibt es nicht.

XXVII. DER TOD DES BUDDHA

Im einundvierzigsten Lebensjahr sind dem *Buddha* die vier edlen Wahrheiten aufgegangen: die Wahrheit, dass das Leben Leiden bedeutet; die Wahrheit, dass das Leiden aus Lebensdurst entsteht; die Wahrheit, dass durch die Abtötung des Lebensdurstes und nur durch diese Abtötung das Leiden aufgehoben werden kann; und die Wahrheit, dass zur Abtötung des Lebensdurstes nur der edle achtteilige Pfad führt, d. h. in Kürze: rechter Glaube, rechte Selbstbezwingung und rechte Versenkung; denn nur der Glaube an die vier edlen Wahrheiten bringt den Menschen dazu, die rechte Selbstbezwingung zu üben; nur durch die rechte Selbstbezwingung wird der Mensch soweit geläutert, dass er zur rechten Versenkung fähig wird; und nur in der rechten Versenkung leuchten ihm die vier edlen Wahrheiten wirklich ein: er sieht das Leiden in seiner Leibhaftigkeit, die Entstehung dieses Leidens aus dem Lebensdurst, die Möglichkeit der Aufhebung des Lebensdurstes und des Leidens anschaulich vor sich. Und nur wer den Inhalt der vier edlen Wahrheiten auf solche Art anschaulich vor sich sieht, in dem erlischt dieser Lebensdurst wirklich. Wer aber den Inhalt der vier edlen Wahrheiten in dieser Weise, nicht nur an ihre Wahrheit glaubend, sondern ihre Wahrheit *schauend*, erlebt, der *hat* damit schon den Lebensdurst in sich getötet und hat die Gewissheit, dass er nach seinem Abscheiden aus diesem Leben zu keinem anderen Dasein mehr geboren werden wird; er weiß, wie *Buddha* oft sagt, dass getan ist, was zu tun war, dass die Notwendigkeit des Ringens hinter ihm liegt, und dass es für ihn keine Wiedergeburt gibt nach diesem Leben. Wer nun dies erlebt hat und um dieses Erlebnis, um die errungene und gesicherte Erlösung weiß, der ist ein Heiliger, ein *Arhat*.

Dem Augenblick, in dem er dieses Erlebnis hat, in dem er durchdringt zum endgültigen Erlöschen und Verwehen, zum Nirvâṇa, diesem Augenblick harrt der buddhistische Mönch entgegen, und wenn er ihm zuteil geworden ist, so jubelt er. Und es sind wohl die schönsten unter den „Liedern der Mönche", die uns in die Seelen also harrender und also jubelnder Mönche Einblick gewähren. Ein solcher

Mönch singt etwa:[1])

> Wenn die Donnerwolke die Trommel rührt,
> Auf der Vögel Pfaden der Regen rauscht,
> Und in stiller Bergesgrotte der Mönch
> Der Versenkung pflegt, kein Glück wie dies!
>
> Wenn am Ufer von Strömen, blumenumblüht,
> Die der Wälder bunte Krone kränzt,
> Er in seliger Ruh' der Versenkung pflegt,
> Kein Glück wie dies; kein Glück wie dies!

Oder ein anderer Vers: [2])

> Wenn vorn und hinten rings kein Wesen ist zu schau'n,
> Wie lieblich weilt man dann im tiefen Wald allein.
> Wohlan, allein geh' ich zum Wald, den Buddha preist,
> Des Mönches Aufenthalt, des einsam strebenden.
> Zum Walde, den durchtobt der Elefanten Brunst,
> Zum Wald, der hohe Lust dem fromm Versenkten schafft.
> Im duftig blüh'nden Wald, in Bergesgrotten kühl
> Will baden ich den Leib und wallen einsam still.
> Allein, genossenlos im weiten, schönen Wald —
> Wann ist erreicht mein Ziel, das Dasein abgetan?

Und ein Mönch, der diesen Augenblick erlebt hat und für den der Stolz dieses Erlebnisses sein ganzes früheres, in Niedrigkeit und Demut hingebrachtes Leben aufwog, hat das folgende Lied verfasst, das wohl den Preis unter den Liedern der alten buddhistischen Mönche verdient: [3])

> Geboren unter niederem Dach,
> In Armut und in Dürftigkeit,
> Fiel mir gemeine Arbeit zu:
> Verwelkte Blumen las ich auf.
>
> Verachtet, eines jeden Knecht,
> Verstoßen, höhnisch weggejagt,
> Beugt' ich in Demut meinen Sinn
> Und grüßte hier und grüßte dort.
>
> Da sah ich den erweckten Herrn,
> Gefolgt von seiner Jünger Schar,
> Einziehen einst als Siegesfürst
> Zur Königsstadt von Magadhâ.

---

1) Theragâthâ 522f.; nach Oldenberg, Buddha[6], S. 360.
2) Theragâthâ S 37f.; nach Oldenberg, Buddha[6], S. 360.
3) 620ff; nach Neumann, Lieder der Mönche und Nonnen, S. 143ff.

Das Bündel warf ich ab von mir,
Zu frohem Gruße schritt ich hin,
Aus Mitleid stand der Meister still,
Um meinetwill'n, der höchste Mann!

Ich küsste seiner Füße Staub
Und trat an seine Seite dann
Und flehte: „Nimm mich auf, o Herr,
Du Schützer aller Wesenheit!"

Und er, der keinen von sich stößt,
Erbarmer einer ganzen Welt,
„Willkommen, Jünger!" sprach der Herr,
So gab er mir den Weihegruß.

Im Walde weilt' ich einsam dann,
Getreu der strengen Ordenszucht,
Dem Meisterworte folgt' ich nach,
Wie mir's der Sieger kundgetan.

Im ersten Dunkel einer Nacht
Erkannt' ich Sein und Wiedersein;
Um Mitternacht ward himmlisch hell

Mein Antlitz, innen abgeklärt;
Und als der junge Tag erschien,
Da brach ich alles Wähnen durch.

Die nacht'gen Nebel flössen auf,
Im Osten zog das Frührot an,
Die Himmelsgötter neigten sich
In heller Andacht zu mir her:

„Heil, Edler, dir, wie grüßen dich,
Verehrung dir, du heil'ger Mann,
Der alle Sünden ausgelöscht;
Gepriesen sei'st du, lieber Sohn!"

Der Meister aber sah den Glanz,
Die Huldigung der Götterschar,
Ein Lächeln spielt' ihm um den Mund,
Ermunternd sprach er diesen Spruch:

„Ein heißer Ernst, ein keuscher Sinn,
Genügsamkeit und Selbstverzicht,
Das macht des Menschen Vornehmheit,
Das seinen höchsten Adel aus."

Sofern ein Heiliger, ein Arhat, das Ziel der Erlösung erreicht hat und weiß, dass mit dem Tod sein Dasein zu Ende geht, dass es für ihn keine Wiedergeburt mehr gibt, insofern hat er das Höchste erreicht, was überhaupt Menschen, ja beseelte Wesen erreichen können — viel mehr erreicht, als die Götter erreicht haben, die noch nicht erlöst sind, denen noch ferneres Dasein in anderen Geburten bevorsteht; insofern hat er auch ebenso viel erreicht wie der *Buddha* selbst. In anderem Sinn aber ist der Buddha doch wieder mehr als jeder andere Heilige, als jeder Arhat; denn dem Heiligen ist der edle achtteilige Pfad zu diesem Ziel *gewiesen* worden; er konnte diesen Pfad betreten, geleitet durch den rechten Glauben an die vier edlen Wahrheiten, die der *Buddha* für ihn wie für alle Welt erschaut hatte. Der *Buddha* selbst musste die vier edlen Wahrheiten erst erschauen, er musste den edlen achtteiligen Pfad selbst *finden* und das dem *Buddha* eigentümliche Werk, die ihm eigentümliche Aufgabe ist es, eben diese von ihm zuerst erschaute Wahrheit allen anderen Wesen, den Menschen wie auch den Göttern und den Dämonen, zu weisen.

Das eben ist das eigentümliche Wesen eines Buddha, dass er das Gesetz des heiligen Wandels auf dem edlen achtteiligen Pfad der Welt verkündet. Um eben dieses Gesetz schart sich dann die Gemeinde der Jünger, der Mönche und später, halb widerwillig zugelassen, auch der Nonnen. Und die Hingegebenheit an diese Aufgabe füllt denn auch den noch übrigen Teil des Lebens des *Buddha* aus. Von seinem einundvierzigsten Jahr, in dem ihm die erlösende Erkenntnis aufgegangen ist, bis zu seinem einundachtzigsten Jahr, in dem er aus der Welt abschied und in das höchste Nirvâna einging, durchzog er die Landschaften an beiden Seiten des mittleren Ganges, immerwährend das Gesetz verkündend, die Gemeinde ausbreitend: Unzähligen ans Herz greifend, die sich dann der Gemeinde anschlössen mit der heiligen Formel:

Ich nehme meine Zuflucht zum *Buddha*; ich nehme meine Zuflucht zum Gesetz; ich nehme meine Zuflucht zur Gemeinde der Mönche.

Über dieses vierzigjährige Wanderleben besitzen wir keinen zusammenhängenden Bericht. Wohl aber besitzen wir einen solchen über die letzten Lebensmonate des *Buddha*, und diesen Bericht möchte ich einigermaßen ausführlich mitteilen. Er gibt nicht nur ein Bild und einen Begriff von der Lebens- und Lehrweise des *Buddha*, er gibt, soweit dies möglich ist, auch ein Bild und einen Begriff von seinem Wesen, wenigstens sofern sich dieses in der zweiten Hälfte seines Lebens, nach Gewinnung der erlösenden Erkenntnis, ausgesprochen hat. Was offensichtlich späte Zutat ist, erfunden teils aus Wundersucht, teils zur nachträglichen Rechtfertigung und Anpreisung gewisser lehrhafter Anschauungen [1]) oder frommer Andachtsformen, [2]) lasse ich mit Fleiß weg. Aber auch in dem, was ich mitteile, lässt sich Wahrheit von Dichtung nicht sauber trennen. Wir sehen auch in diesen Abschnitten die überlebensgroße Gestalt des *Buddha* schon umsponnen von den Anfängen der Legende. Das wird ja jedem selbst einleuchten, ich brauche auf das sicher Legendenhafte nicht immer besonders hinzuweisen. Wichtiger scheint es mir, sich durch dieses Rankenwerk der aufsprießenden Sage den Blick nicht trüben, ihn nicht ablenken zu lassen von den großen Hauptzügen im Wesen des *Buddha*: von der unerschütterlichen Überzeugung, mit der er seiner einmal gewonnenen Erkenntnis anhing; von der unbedingten Hingebung an die Aufgabe, diese Überzeugung zu lehren und auszubreiten; von der gleichförmig schwankungslosen Ruhe, die ihn erfüllt, verbunden mit allumfassender, aber unterschiedsloser Freundlichkeit und dabei, auf höchst merkwürdige Art hier und da aufblitzend mitten in dieser sonst so starren Bewegungslosigkeit, mit Zügen von menschlicher Weichheit — das eine Mal von Empfänglichkeit für die Schönheit einer Landschaft, das andere Mal für das Weh einer Trennung oder für den Wert persönlicher Hingebung und Treue. Der Bericht ist abgefasst in einer altertümlichen Erzählungsweise: Prosa, in die von Zeit zu Zeit Merkverse eingestreut sind: [3])

Einst wanderte der Erhabene mit einer großen Schar von Mönchen nach Kotigâma; dort nahm der Erhabene Aufenthalt. An diesem Ort sprach der Erhabene zu den Mönchen: „Mönche, weil wir zur Erkenntnis der vier edlen Wahrheiten noch nicht durchgedrungen waren, darum haben wir, ich und ihr, diesen langen Weg der Wiedergeburten ohne Ruh' und Rast durchwandern müssen. Welcher vier Wahrheiten? Wir haben ohne Ruh' und Rast den langen Weg der Wiedergeburten durchwandern müssen, weil wir, ich und ihr, nicht durchgedrungen waren zur Erkenntnis der edlen Wahrheit vom Leiden, der edlen Wahrheit vom Ursprung des Leidens, der edlen

---

1) Digh. Nik. XVI 4, 8ff.; vgl. das allen vernünftigen Zusammenhang durchbrechende Anordnungsprinzip des Ang. Nik. in den Abschnitten Digh. Nik. XVI 3,21ff.

2) XVI 5, 11ff.

3) Digh. Nik. XVI 2, 1-6, 16; nach Franke, S. 193-248. Die Eigennamen erscheinen größtenteils in der Pâli-Form, aus der ich sie fast niemals in das Sanskrit zurückübersetze.

Wahrheit vom Ende des Leidens und der edlen Wahrheit von dem Pfad, der zum Ende des Leidens führt. Mönche! Jetzt bin ich durchgedrungen zur Erkenntnis dieser edlen Wahrheit vom Leiden, dieser edlen Wahrheit vom Ursprung des Leidens, dieser edlen Wahrheit vom Ende des Leidens und dieser edlen Wahrheit von dem Pfad, der zum Ende des Leidens führt. Vernichtet, verflogen ist das Verlangen nach Sein; nun gibt es keine Wiederkehr mehr zum Dasein." So sprach der Erhabene, und er fuhr fort:

> Der edlen Wahrheitsvierzahl Licht
> War hell und klar erschaut noch nicht,
> Drum hörte unsrer Wandrung Lauf,
> Des Werdens Kette, noch nicht auf.

> Doch jetzt sind sie erschaut, die vier,
> Vernichtet ist die Daseinsgier:
> Das Leid hat keine Wurzel mehr,
> Zum Sein gibt's keine Wiederkehr.

Als dann der Erhabene, solange es ihm gefiel, in Kotigâma geweilt hatte, sprach er zum ehrwürdigen *Ânanda*: „Komm, *Ânanda*! Wir wollen uns zum Dorf Beluva begeben." „Ja, Herr", erwiderte zustimmend der ehrwürdige *Ânanda*. Da wanderte der Erhabene mit einer großen Schar von Mönchen zum Dorfe Beluva und blieb daselbst. Dort richtete er diese Worte an die Mönche: „Wohlan, ihr Mönche, haltet die Regenzeit irgendwo in der Umgebung der Stadt Vesâlî, wo ihr gerade Bekannte, Freunde und euch zugetane Leute wohnen habt. Ich meinerseits will hier im Dorf Beluva die Regenzeit abwarten." Sie antworteten: „Jawohl, Herr", und hielten die Regenzeit in der Umgebung der Stadt Vesâlî, wo sie gerade Bekannte, Freunde und ihnen zugetane Leute wohnen hatten. Der Erhabene aber hielt die Regenzeit im Dorfe Beluva. Während der Regenzeit aber befiel den Erhabenen eine ernste Krankheit. Er hatte heftige Schmerzen zu erdulden, als solle es zu Ende gehen. Der Erhabene aber ertrug sie mit besonnenem und klarem Geist, und da stieg der Gedanke in ihm auf: „Es wäre doch nicht recht von mir, ohne Abschiedsworte an die, die mir gedient haben, und ohne die Mönche noch einmal gesehen zu haben, von hinnen zu gehen. Ich will diese Krankheit mit Energie bezwingen und in dem, was man das Leben nennt, noch eine Weile verharren." Und so tat er. Da legte sich die Krankheit des Erhabenen. Und der Erhabene stand vom Krankenlager auf, und nicht lange danach verließ er das Haus und setzte sich in dessen Schatten auf einen für ihn bereiteten Sitz. Da kam der ehrwürdige Ânanda herzu und sprach zu ihm: „Herr, welch ein Glück, dass es dem *Erhabenen* wieder besser geht! Ich war wie vor den Kopf geschlagen durch die Krankheit des Erhabenen. Aber ich hatte wenigstens den einen tröstenden Gedanken: Der Erhabene wird nicht von hinnen gehen, eh' er über die Gemeinde der Mönche eine Bestimmung getroffen hat." Der Erhabene sprach: „*Ânanda*, was erwartet die Gemeinde der Mönche noch von mir? Ich habe die Lehre verkündet, ohne Geheimes oder öffentliches zu unterscheiden; denn der Vollendete geizt nicht, wo es sich um die Lehre handelt, wie sonst wohl Lehrer zu tun pflegen. Wer den Hintergedanken hat: ‚Ich will es sein, der die Gemeinde der Mönche leitet', oder: ‚Die Gemeinde der Mönche soll auf mich angewiesen sein', der hätte vielleicht irgendwelche Bestimmungen zu treffen über die Gemeinde der Mönche. Der Vollendete aber hat keine solchen Hintergedanken. Ich bin jetzt gebrechlich, alt, betagt, am Ende meines Lebensweges, bin ein Greis, achtzig ist die Zahl meiner Jahre. Und wie ein altersschwacher Karren nur noch mit Hilfe von Stricken zusammengehalten wird, so wird auch der Körper des Vollendeten gewissermaßen nur noch von Stricken zusammengehalten. So sucht denn, *Ânanda*, hienieden Leuchte und Zuflucht in euch selbst und in dem Gesetz der Wahrheit, nirgends sonst." Dann ging der Erhabene mit Almosenschale und Obergewand um die Almosenspeise nach Vesâlî, und als er seinen Bettelgang gemacht hatte und wieder zurückgekehrt war, sprach er zum ehrwürdigen *Ânanda*: „*Ânanda*, nimm die Sitzmatte, ich möchte zum Câpâla-Heiligtum gehen und dort den Tag zubringen." „Jawohl", antwortete willfährig der ehrwürdige *Ânanda*, nahm die Sitzmatte und ging den ganzen Weg hinter dem Erhabenen her.

Und der Erhabene gelangte zum Câpâla-Heiligtum und ließ sich auf den hingebreiteten Sitz nieder, und auch *Ânanda* nahm etwas abseits von dem Erhabenen Platz, nachdem er sich ehrerbietig vor ihm verneigt hatte. Und als er so saß, sprach der Erhabene zu ihm: „Das sind liebliche Stätten, *Ânanda*, dieses Vesâlî, dieses Udena-, dieses Gotamaka-, dieses Câpâla-Heiligtum. *Ânanda*, jeder, der die Grundlagen übernatürlicher Kräfte gelegt hat, könnte, wenn er wollte, eine Weltperiode lang oder den noch übrigen Teil einer Weltperiode am Leben bleiben. Der Vollendete nun, *Ânanda*, hat die Grundlagen übernatürlicher Kräfte gelegt; er könnte also, wenn er wollte, eine Weltperiode lang oder den noch übrigbleibenden Teil einer Weltperiode am Leben bleiben." Aber obwohl der Erhabene ihm einen so handgreiflichen Wink gab und es ihm so deutlich sagte, war *Ânanda* trotzdem nicht imstande, die Absicht des Erhabenen zu erkennen. Und er unterließ es, den Erhabenen zu bitten: „Herr, möge also doch der Erhabene, der Pfadvollender, eine Weltperiode lang verziehen zum Segen und Wohl für viele, der Welt zuliebe, zum Heil und Segen und Wohl für Götter und Menschen", weil *Mâra*, der böse Geist des Todes, sein Herz beherrschte. Aber als der ehrwürdige *Ânanda* noch nicht lange fortgegangen war, da nahte sich *Mâra*, der Böse, dem Erhabenen, blieb etwas abseits stehen und sprach zum Erhabenen: „Herr, möge der Erhabene, der Pfadvollender, doch jetzt von hinnen scheiden; es wird Zeit für den Erhabenen, abzuscheiden." Darauf antwortete der Erhabene *Mâra*, dem Bösen: „Gib dich zufrieden, du Böser, nicht fern mehr ist das Hinscheiden des Vollendeten: in drei Monaten wird der Vollendete abscheiden." So also tat der Erhabene beim Câpâla-Heiligtum mit Bedacht und klaren Geistes auf das, was man das Leben nennt, Verzicht, und als das geschah, da trat ein großes, ein furchtbares und schaudererregendes Erdbeben ein, und vom Himmel krachte der Donner. Und in dem Augenblick, als der Erhabene dessen inne ward, tat er den feierlichen Ausspruch:

> „Das Dasein, wie man's nennt, hat abgetan der Weise
> Und neues Werden, ob es hoch ob niedrig heiße:
> In sich gesammelt, voll von inn'rer Seligkeit,
> Zerbricht die äußere Form er wie ein Panzerkleid."

Und der ehrwürdige *Ânanda* ging hin zum Erhabenen, verneigte sich ehrfurchtsvoll vor ihm, nahm etwas abseits von ihm Platz und sprach zu ihm: „Seltsam und wunderbar! Das war ein starkes, ein sehr starkes, ein furchtbares und schaudererregendes Erdbeben, und dazu krachte der Donner vom Himmel. Was mag der Grund und die Ursache dieses großen Erdbebens sein?" „*Ânanda*, wenn ein Vollendeter mit Bedacht und klarer Überlegung auf das Leben, wie man es nennt, verzichtet, dann bringt er diese Erde ins Wanken, erschüttert sie, lässt sie erzittern und erbeben. Nun trat jetzt eben *Mâra*, der Böse, hier beim Câpâla-Heiligtum zu mir, stellte sich etwas abseits hin und sprach zu mir: ‚Möge, Herr, der Erhabene jetzt von hinnen scheiden', und auf diese Worte erwiderte ich, *Ânanda*, *Mâra*, dem Bösen: ‚Gib dich zufrieden, du Böser, nicht fern mehr ist das Hinscheiden des Vollendeten: in drei Monaten wird der Vollendete abscheiden. So hat also, *Ânanda*, eben jetzt beim Câpâla-Heiligtum der Vollendete mit Bedacht und klarem Geist auf das, was man das Leben nennt, Verzicht geleistet." Als der Erhabene geendet hatte, sprach *Ânanda* zu ihm: „Herr, wolle doch der Erhabene, der Pfadvollender, eine Weltperiode lang verziehen zum Segen und Wohl für viele, der Welt zuliebe, zum Heil und Segen und Wohl für Götter und Menschen." Der Erhabene sprach: „Es ist, Ânanda, dein Versehen und deine Schuld, dass du, obwohl der Vollendete dir einen so handgreiflichen Wink gab und es dir so deutlich sagte, trotzdem seine Absicht zu erkennen nicht vermochtest und es, unterließest, den Vollendeten zu bitten: ‚Möge, Herr, der Erhabene, der Pfadvollender, noch eine Weltperiode lang verziehen, zum Segen und Wohl für viele, der Welt zuliebe, zum Heil und Segen und Wohl für Götter und Menschen.' Ânanda, hättest du damals den Vollendeten gebeten, so hätte er deine Bitte gewährt. Dein Versehen also ist es, Ânanda, und deine Schuld. Aber, Ânanda, hab' ich nicht schon früher gesagt, dass wir von allem, was uns lieb und angenehm ist, uns einmal trennen und Abschied nehmen müssen? Dass es zwischen uns und ihm nicht ewig so bleiben kann? Wie wär' es wohl möglich, dass das, was entstanden, geworden, bloße Erscheinung und seinem Wesen nach dem Zerfall geweiht ist, nicht zerfiele? Das ist ein Unding, und ein Unding ist es auch, Ânanda, dass der Vollendete das bestimmt ausgesprochene Wort, mit dem er das Leben aufgab, es von sich warf, sich davon löste, ihm entsagte und darauf verzichtete, dass er „das Wort: ‚Nicht mehr fern ist das Hinscheiden des Vollendeten: in drei Monaten wird der Vollendete abscheiden', dass er dieses Wort dem Leben zulieb wieder zurückschlucken sollte. Und nun komm, Ânanda, wir wollen uns zum Kuppelhaus im großen Wald begeben." Und der ehrwürdige Ânanda, damit einverstanden, sagte: „Jawohl, Herr." Da begab sich der Erhabene mit dem ehrwürdigen Ânanda zum Kuppelhaus im großen Wald, und dort richtete er an Ânanda diese Worte: „Geh, Ânanda, und rufe alle Mönche, die bei Vesâlî siedeln, in den Empfangssaal zusammen." „Wie der Herr befiehlt", antwortete dem Erhabenen folgsam der ehrwürdige Ânanda, ließ alle Mönche, die bei Vesâlî wohnten, im Empfangssaal sich versammeln, begab sich dann zum Erhabenen, verneigte sich ehrfürchtig vor ihm, stellte sich etwas abseits auf und sprach zu ihm: „Die Gemeinde der Mönche ist versammelt; wolle der Erhabene nun tun, was ihm angemessen erscheint." Da ging der Erhabene in den Empfangssaal, ließ sich dort auf den für ihn zurechtgemachten Sitz nieder und sprach zu den Mönchen: „Wohlan, hört jetzt, was ich euch zu sagen habe. Alles Seiende ist seinem Wesen nach unbeständig. Rüstet euch aus mit Wachsamkeit. Nicht fern ist das Hinscheiden des Vollendeten: in drei Monaten wird der Vollendete abscheiden." So sprach der Erhabene, und er fuhr fort:

> „Der Reife schon mein Alter naht,
> Nur kurz noch ist mein Lebenspfad.

Ich lasse euch und ziehe fort
Zum selbstgefundnen Zufluchtsort.
Lebt, Mönche, stets in Ernst und Zucht,
Des rechten Wandels Wege sucht!
Mit straffem Zügel wachsam lenkt.
Das, was ihr wollt und was ihr denkt!
Wer, wie's die Lehre fordert, lebt
Und Sinnenwacht zu halten strebt,
Dem hört des ewigen Werdens Lauf
Und alles Daseinsleiden auf."

Am nächsten Tag ging der Erhabene mit Almosenschale und Obergewand nach Vesâlî auf den Almosengang. Und als er zurück-kehrte, wandte er den Oberkörper um, blickte auf Vesâlî zurück und sprach zum ehrwürdigen *Ânanda*: „*Ânanda*, dies wird des Vollende-ten letzter Blick auf Vesâlî gewesen sein; komm, *Ânanda*, wir wollen nach Bhandagâma gehen." Der ehrwürdige *Ânanda*, damit einver-standen, erwiderte dem Erhabenen: „Jawohl", und da begab sich der Erhabene mit einer großen Schar von Mönchen nach Bhandagâma. Als dann der Erhabene, solange es ihm gefiel, bei Bhandagâma ge-weilt hatte, sprach er zum ehrwürdigen *Ânanda*: „Komm, *Ânanda*, wir wollen nach Pâvâ gehen", und der ehrwürdige *Ânanda* erwiderte, damit einverstanden: „Jawohl, Herr." Da begab sich der Erhabene mit einer großen Schar von Mönchen nach Pâvâ, und dort nahm er Auf-enthalt im Mangowald des Schmiedes *Cunda*. *Cunda*, der Schmied, aber hörte, dass der Erhabene in Pâvâ angekommen sei und in seinem Mangowald wohne. Da machte er sich auf den Weg zum Erhabenen, verneigte sich, bei ihm angelangt, ehrfurchtsvoll vor ihm, nahm et-was abseits Platz, und als er saß, belehrte, ermahnte, erhob und er-freute ihn der Erhabene mit der Predigt des Gesetzes. Dann richtete der Schmied *Cunda* an den Erhabenen die Bitte: „Wolle, Herr, der Erhabene mit seiner Schar von Mönchen für morgen meine Einladung zum Mahle annehmen." Und der Erhabene gab durch Schweigen sei-ne Zustimmung zu erkennen. Als der Schmied *Cunda* der Zustim-mung des Erhabenen sich versichert hatte, erhob er sich von seinem Sitz, verneigte sich ehrfurchtsvoll vor dem Erhabenen und ging rechtshin um ihn herum. Und am anderen Morgen ließ er bei sich zu Hause erlesene Speisen, feste und flüssige, zubereiten und auch ein großes Stück saftiges Schweinefleisch und ließ dem Erhabenen zur Essenszeit melden: „Herr, es ist Essenszeit, das Mahl ist bereitet." Da nahm der Erhabene, der sich in der Früh angekleidet hatte, Almosen-schale und Obergewand und machte sich, begleitet von seiner Mönchsschar, zum Haus des Schmiedes *Cunda* auf. Dort angekommen, ließ er sich auf den für ihn zurechtgemachten Sitz nieder, und dann sprach er zum Schmiede *Cunda*: „Das Schweinefleisch, das du besorgt hast, trage mir auf; den Mönchen aber das, was du sonst an fester und flüssiger Speise bereitet hast." „Jawohl", erwiderte gehorsam *Cunda*, der Schmied, und tat, wie ihm geheißen. Der Erhabene aber belehrte, ermahnte, erhob und erfreute ihn mit der Predigt des Gesetzes. Dann erhob er sich und ging von dannen. Nachdem er vom Mahl des Schmiedes genossen hatte, befiel ihn eine schwere Krankheit, die Ruhr, und er hatte starke Schmerzen, als ginge es zu Ende. Aber der Erhabene ertrug sie mit klarem Geiste, ohne seine Stimmung beeinflussen zu lassen, und er sprach zum ehrwürdigen *Ânanda*: „Komm, *Ânanda*, wir wollen nach Kusinârâ gehen." „Jawohl", erwiderte, damit einverstanden, Ânanda dem Erhabenen.

> Nachdem er *Cundas* Mahl verzehrt,
> Des Schmieds, so habe ich gehört,
> Erkrankte bald der Weise schwer,
> Als ob es schon sein Ende wär'.
> Dass er vom Schweinefleische hat genommen,
> Daher des Meisters Krankheit ist gekommen.
> Noch war er frei kaum von der Krankheit Wehen,
> Da wollte er nach Kusinârâ gehen.

Zu dieser Geschichte vom Schweinefleisch möchte ich folgendes bemerken: Die ältesten Buddhisten waren keine grundsätzlichen Vegetarianer: sie verpönten nicht *jeden* Fleischgenuss, sondern nur den Genuss des Fleisches von Tieren, die *zu dem Zweck* getötet worden wären, um für Mönche Speise zu bereiten. [1]) Trotzdem ist es sehr unwahrscheinlich, dass in alter Zeit Anhänger des *Buddha* diese Erzählung von dem von Buddha genossenen Schweinefleisch erfunden hätten; es ist wohl wahrscheinlicher, dass sich hier eine geschichtliche Erinnerung an einen tatsächlichen Vorgang erhalten hat. Die Aufforderung des *Buddha* aber, ihm das Schweinefleisch vorzusetzen, ist wohl so zu verstehen, dass unter diesen ganz wesentlich an pflanzliche Kost gewöhnten Mönchen das fette Fleisch des Schweins als eine schwer verdauliche, daher geringwertige Nahrung galt, und dass also der Erhabene sich diese geringste Nahrung vorbehält und den anderen Mönchen die höherwertige Pflanzenkost zuteilt. [2])

Unterwegs ging dann der Erhabene abseits unter einen Baum und sprach zum ehrwürdigen *Ânanda*: „*Ânanda*, bitte, lege

---

1) La Vallée-Poussin, Bouddhisme, Opinions sur l'histoire de la dogmatique, p. 338.

2) Vgl. den hier übergangenen Vers XVI 4. 19.

mir mein Kleid vierfach zusammengefaltet hin, denn ich bin müde und möchte etwas sitzen." „Jawohl, Herr", erwiderte gehorsam der ehrwürdige *Ânanda* und legte das Gewand vierfach zusammengefaltet hin. Der Erhabene setzte sich auf den so zurechtgemachten Sitz und sprach dann: „*Ânanda* bitte, hole mir Wasser, denn ich habe Durst und möchte trinken." Der ehrwürdige *Ânanda* aber erwiderte: „Herr, eben sind fünfhundert Wagen vorbeigekommen; das Wasser in dem Flüsschen da ist von den Rädern zerfahren, aufgerührt und fließt ganz trüb. Aber dort, Herr, nicht weit von hier, strömt der liebliche Fluss Kakutthâ, der hat klares, kühles, angenehmes Wasser und ist leicht zugänglich. Dort könnte der Erhabene Wasser trinken und seine Glieder kühlen." Aber zum zweiten Mal sprach der Erhabene zum ehrwürdigen *Ânanda*: „Bitte, *Ânanda*, hole mir Wasser, denn ich habe Durst und möchte trinken." Da antwortete der ehrwürdige *Ânanda* dem Erhabenen folgsam: „Jawohl", nahm das Wassergefäß und ging zum kleinen Flüsschen, und siehe da: als *Ânanda* herankam, da floss das Wasser in dem von Rädern zerfahrenen, aufgerührten und eben noch trüben Flüsschen klar, rein und ungetrübt dahin. Und da trank der Erhabene das Wasser.

In diesem Augenblick kam ein Mann vom Stamme der Mallas, namens *Pukusa*, ein Jünger des Yogins *Alâra Kâlâma*, dessen Schüler eine Zeitlang auch der Buddha selbst gewesen war, auf der Straße von Kusinârâ nach Pâvâ gegangen. Auch er hatte die fünfhundert Wagen vorbeifahren sehen und dies hatte ihm ein früheres Erlebnis ähnlicher Art ins Gedächtnis gerufen:

Als er nun den Erhabenen unter einem Baume sitzen sah, ging er auf ihn zu, verneigte sich ehrerbietig vor ihm, ließ sich etwas abseits von ihm nieder und sprach zum Erhabenen: „Herr, es ist doch ganz eigentümlich und wunderbar, über welche Seelenruhe diese weltentsagenden Büßer verfügen. Als *Alâra Kâlâma* einmal unterwegs war, verließ er die Straße und setzte sich während der heißen Tageszeit unter einen Baum. Da kamen fünfhundert Wagen ganz nahe bei *Alâra Kâlâma* vorbei, und hinter diesen fünfhundert Wagen kam ein Mann, der ging auf *Alâra Kâlâma* zu und fragte ihn: ‚Hast du die fünfhundert Wagen gesehen?' ‚Nein, lieber Freund.' ‚Hast du den Lärm gehört?' ‚Nein, lieber Freund.' ‚Dann hast du wohl geschlafen?' ‚Nein, lieber Freund.' ‚Bist du denn bei Bewusstsein gewesen, Herr?' ‚Ja, lieber Freund.' ‚Du hast also, Herr, bei vollem Bewusstsein und im wachen Zustand die fünfhundert Wagen weder gesehen noch gehört, obwohl sie ganz nahe bei dir vorbeikamen; auf deinem Gewände liegt sogar noch der Staub von ihnen.' ,So ist es, lieber Freund.' Da stieg in dem Mann der Gedanke auf: ,Wie eigentümlich, wie wunderbar! Was haben doch diese Weltentsagenden für eine Seelenruhe, dass einer bei vollem Bewusstsein und im wachen Zustand fünfhundert Wagen, die ganz nahe bei ihm vorbeikommen, weder sieht noch hört!'" Da erwiderte der Erhabene dem Pukusa das folgende: „Nun, *Pukusa*, ich wohnte einmal in Bhusâgâra bei der Stadt Atumâ. Da kam ein Regenwetter, es goss, blitzte und schlug krachend ein: zwei Bauern von Bhusâgâra, die Brüder waren, wurden erschlagen und außerdem vier Ochsen. Und es sammelte sich eine große Menge Volks aus Atumâ an der Stelle, wo die zwei erschlagenen Bauern und die vier Ochsen lagen. Ich war gerade aus Bhusâgâra herausgekommen und ging vor dem Tor spazieren, da ging einer aus der Volksschar auf mich zu, grüßte mich ehrerbietig, stellte sich zur Seite hin, und ich fragte ihn: ,Was hat denn dieser große Volksauflauf zu bedeuten?' ,Herr, als es regnete, goss, blitzte und krachend einschlug, sind zwei Bauern, die Brüder waren, und vier Ochsen erschlagen worden. Wo bist denn aber du gewesen, Herr?' ,Hier war ich, lieber Freund.' ,Herr, hast du denn da nicht alles selbst gesehen ?' ,Nein, lieber Freund.' ,Oder gehört?' ,Auch nicht gehört, lieber Freund.' Ja, hast du denn geschlafen, Herr?' ,Nein, lieber Freund.' ,Bist du denn bei vollem Bewusstsein gewesen ?' Ja, lieber Freund.' ,So hast du also, Herr, obgleich du bei vollem Bewusstsein und im wachen Zustand warst, weder gesehen noch gehört, dass es regnete, goss, blitzte und krachend einschlug?' ,So ist es, lieber Freund!' Und, *Pukusa*, da stieg in dem Mann der Gedanke auf: ,Wie eigentümlich, wie wunderbar! Was haben doch diese Weltentsagenden für eine Seelenruhe, dass einer bei vollem Bewusstsein und im wachen Zustand weder etwas davon sieht noch etwas davon hört, wenn es regnet, gießt und mit Krachen einschlägt!'" Da befahl der Malla *Pukusa* einem Begleiter: „Höre, was ich sage: Hole mir ein Paar glänzende, goldfarbige Stoffstücke." „Jawohl", antwortete der Begleiter und holte die Stoffstücke, und *Pukusa* überreichte sie dem Erhabenen mit den Worten: „Herr, wolle der Erhabene mir die Gnade erweisen, dieses Paar glänzende

Stoffstücke zum Tragen anzunehmen." Der Erhabene nahm die Stoffstücke an, belehrte, ermahnte, ermunterte, erhob und erfreute den *Pukusa* mit der Predigt des Gesetzes, und danach ging *Pukusa* weg. Als er nun weggegangen war, legte der ehrwürdige *Ânanda* die goldfarbigen Stoffstücke dem Erhabenen an; aber an dessen Körper sahen sie aus, als ob sie an Glanz verloren hätten. Da sprach der ehrwürdige *Ânanda* zum Erhabenen: „Überraschend ist es und ein Wunder, wie hell und strahlend die Hautfarbe eines Vollendeten ist; denn dieses Gewand, das ich dem Erhabenen angelegt habe, ist doch goldig und glänzend, aber am Körper des Erhabenen sieht es aus, als hätte es seinen Glanz verloren." Da sprach der Erhabene: „Bei zwei Gelegenheiten wird eines Vollendeten Hautfarbe überaus rein und strahlend: in der Nacht, in der er zur höchsten, vollkommenen Erkenntnis durchdringt, und in der Nacht, in der er ins Nirvâna restloser Erlösung eingeht. Und in der letzten Nachtwache der heutigen Nacht, *Ânanda*, wird im Erholungspark bei Kusinârâ im Walde der Mallas zwischen zwei Zwillings-*Sâl*-Bäumen des Vollendeten Hinscheiden vor sich gehen. Komm, *Ânanda*, wir wollen zum Fluss Kakutthâ gehen." „Jawohl", antwortete folgsam der ehrwürdige *Ânanda* dem Erhabenen.

> Es wurden von dem Stoff von Gold
> Für *Pukusa* zwei Stück geholt.
> Der Meister ward, damit geschmückt,
> Wie Gold selbst strahlend da erblickt.

Der Erhabene ging dann mit einer großen Schar von Mönchen zum Fluss Kakutthâ, stieg in dessen Wasser hinab, badete sich, trank, erstieg dann das andere Ufer und kam zum Mangowalde. Dort sprach er zum ehrwürdigen *Cundaka*: „Bitte, *Cundaka*, leg' mir mein Kleid vierfach zusammengefaltet hin. Ich bin müde und möchte ruhen." „Ja, Herr", antwortete gehorsam der ehrwürdige *Cundaka* und legte das Kleid vierfach zusammengefaltet hin, und der Erhabene streckte sich darauf aus, legte sich auf die rechte Seite, den einen Fuß über den anderen, und lag da wie ein Löwe. Er war gefasst und klaren Geistes.

> Als Buddha zum Kakutthâ-Fluss gekommen war
> Und sah, dass dessen Wasser gut war, rein und klar,
> Ging müd' hinein der Meister, der vollkomm'ne Held,
> Desgleichen keiner noch erblickt hat in der Welt.
> Erfrischt durch Bad und Trank er dann den Fluss durchschritt,
> Und, von ihm angeführt, die ganze Mönchsschar mit.

Die Lehre trug er vor auf dieser ganzen Reise.
So kam zum Mangowald der hocherhab'ne Weise.
Er wandt' an *Cundaka*, an seinen Jünger, sich:
„Leg' vierfach doch mein Kleid als Lager hin für mich."
Und *Cundaka*, da ihn der seelisch Abgeklärte
So bat, legt' vierfach schnell das Zeugstück auf die Erde.
Der Meister streckt' zur Ruh' darauf die müden Glieder,
Cundaka ließ sich vor dem Bett zum Sitzen nieder.

Darauf sprach der Erhabene zum ehrwürdigen *Ânanda*: „Komm, wir wollen uns an das jenseitige Ufer des Flusses Hiraññavati nach dem Erholungspark von Kusinârâ, nach dem Wald der Mallas begeben." „Jawohl", erwiderte zustimmend der ehrwürdige *Ânanda*, und da begab sich der Erhabene mit einer großen Schar von Mönchen dahin, und, am Ziel angekommen, sprach er zum ehrwürdigen Ânanda: „Bitte, mach' mir zwischen zwei Zwillings-*Sâl*-Bäumen ein Lager zurecht, mit dem Kopfende nach Norden; ich bin müde, ich möchte mich niederlegen." „Jawohl", erwiderte folgsam der ehrwürdige *Ânanda*, und der Erhabene legte sich klaren und besonnenen Geistes hin, auf die rechte Seite, einen Fuß über den anderen. Da waren die Zwillings-*Sâl*-Bäume von unten bis oben ganz mit Blüten bedeckt, obwohl ihre Blütezeit nicht war. Diese bestreuten und überschütteten, um dem Vollendeten Ehre zu erweisen, seinen Körper und deckten ihn gänzlich zu, und aus der Luft regnete es himmlische Blüten und himmlisches Sandelpulver. Und dazu ertönte in den Lüften himmlische Musik und Gesang zu Ehren des Vollendeten. Der Erhabene aber sprach zum ehrwürdigen *Ânanda: „Ânanda*, die Zwillings-*Sâl*-Bäume sind von unten bis oben ganz mit Blüten bedeckt, obwohl ihre Blütezeit nicht ist, und von oben regnet es himmlische Blüten, aber durch so etwas wird dem Vollendeten keine Ehre, Hochachtung, Anerkennung, Huldigung oder Verehrung erwiesen. Der vielmehr, sei es Mann oder Weib, Mönch oder Laienfreund, der das Gesetz hält und den Pfad des Gesetzes wandelt, der erweist dem Vollendeten Ehre, Hochachtung, Anerkennung und höchste Huldigung. Darum müsst ihr, *Ânanda*, euch bemühen, das Gesetz zu halten und den Pfad des Gesetzes zu wandeln."

Nun komme ich zu einer merkwürdigen Szene, der ich eine kurze Bemerkung vorausschicken will. Auch diese Szene nämlich wird wahrscheinlich nicht nachträglich erfunden sein; dazu wird wohl in ihr das Verhältnis zwischen Göttern und Menschen zu urtümlich und naiv aufgefasst. Sicher ist jedenfalls, dass *Buddha* an das Dasein von Göttern und Dämonen geglaubt hat; denn so, wie allen Erlösungsgläubigen in Indien das Dasein von Göttern nicht zweifelhaft war, diese Götter ihnen aber keineswegs als erlösende, vielmehr als selbst der Erlösung bedürftige Wesen galten, so natürlich auch ihm. Es mag wohl auch sein, dass er auf den verschiedenen Stufen der Versenkung Götter verschiedener Art zu sehen und mit ihnen zu sprechen glaubte, wie das in der heiligen Schrift des öfteren ausgeführt wird. Dass aber diese Erfahrungen in der Entrücktheit der Versenkung die einzige Wurzel seines Götterglaubens gewesen wären, das wird schon durch die hier eingeschaltete Geschichte selbst widerlegt, da hier *Buddha* eine ungeheure Anzahl von Göttern sieht, obwohl er sich durchaus nicht in einem Entrücktheitszustand befinden kann. Wer sich daran erinnert, wie *Buddha* in der Nacht der Erkenntnis alle Wesen mit ihren Schicksalen vor seinem Geist vorüberziehen lässt, der wird nicht daran zweifeln, dass in ihm eine glühende Einbildungskraft lebendig war, eine Einbildungskraft, die der Gegenstände, der Wesen, bedurfte, um sich mit ihnen zu erfüllen, und wird es durchaus begreifen, wenn *Buddha* den Inhalt dieser seiner Gesichte der Überlieferung entlehnte. Nur soll man seine Größe nicht darin sehen, dass er seine Vorstellungen der Überlieferung entlehnte, vielmehr umgekehrt darin, dass er auf allen maßgebenden Höhepunkten seines Lebens die Kraft besaß, solche Vorstellungen zur Seite zu stoßen und allgemeingültige Anschauungen, die Erkenntnis der vier edlen Wahrheiten, in die Mitte seiner Lehre zu stellen und sie dort festzuhalten!

Währendem stand der ehrwürdige *Upavâna* vor dem Erhabenen und fächelte ihn. Da wies der Erhabene ihn fort mit den Worten: „Geh' weg, Mönch, stell' dich nicht so vor mich hin." Da befragte der ehrwürdige *Ânanda* den Erhabenen also: „Herr, dieser ehrwürdige *Upavâna* ist doch lange in dienender Fürsorge um den Erhabenen bemüht gewesen. Und nun weist noch zu guter Letzt der Erhabene ihn fort und spricht zu ihm: ‚Geh' weg, Mönch, stell' dich nicht so vor mich hin!' Was ist der Grund, die Veranlassung dazu?" „Ânanda, die Götter aller zehn Welten haben sich fast alle hier zusammengeschart, um den Vollendeten zu sehen. Rings um den Wald der Mallas, um den Erholungspark von Kusinârâ, ist auf zwölf Meilen im Umkreis kein Fleckchen, so klein wie die Spitze eines Pferdehaars, zu finden, das nicht von einer großmächtigen Gottheit eingenommen würde. Und die Gottheiten murren, *Ânanda*: ‚Von weither sind wir gekommen, den Vollendeten zu sehen; denn nur höchst selten erstehen Vollendete, vollkommen Erleuchtete, in der Welt. Und in der letzten Nachtwache dieser Nacht wird des Vollendeten Hinscheiden vor sich gehen. Und nun steht dieser riesengroße Mönch gerade vor dem Erhabenen und verdeckt ihn, und es wird uns unmöglich gemacht, bei dieser letzten Gelegenheit den Vollendeten zu sehen!' So murren die Gottheiten, *Ânanda*." „Welcher Art sind denn diese Gottheiten, denen der Erhabene seine Aufmerksamkeit schenkt?" „*Ânanda*, es gibt Gottheiten des Luftraums, die doch irdisches Bewusstsein haben. Die weinen laut mit aufgelösten Haaren und, die Arme von sich streckend, stürzen sie jäh zur Erde und wälzen sich hin und her, vor Schmerz darüber, dass so bald schon der Erhabene, der Pfadvollender, das Zeitliche segnen und das Auge der Welt erlöschen soll. Es gibt auch Gottheiten der Erde, die irdisches Bewusstsein haben. Auch die weinen laut mit aufgelösten Haaren und, die Arme von sich streckend, wälzen sie sich hin und her vor Schmerz darüber, dass so bald schon der Erhabene, der Pfadvollender, das Zeitliche segnen und das Auge der Welt erlöschen soll. Die Gottheiten aber, die von Leidenschaft frei sind, die nehmen das Bevorstehende mit besonnenem und klar urteilendem Geiste hin; denn sie sagen sich: ‚Vergänglich ist alles Erscheinende; wie wär' es auch anders möglich?'"

Da ging der ehrwürdige *Ânanda* in das Unterkunftshaus hinein, blieb, an den Schließbalken der Türe gelehnt, stehen und weinte und klagte: „Ich habe noch so viel zu lernen und an mir zu arbeiten, und schon soll der Meister, der um mein Wohl besorgt war, in das höchste Nirvâna eingehen." Da forderte der Erhabene einen Mönch auf: „Geh' und bestell' in meinem Namen dem *Ânanda*: ‚Lieber Freund *Ânanda*, der Meister lässt dich rufen!'" „Da ging der Mönch hin und sprach zum ehrwürdigen Ânanda: „Lieber Freund *Ânanda*, der Meister lässt dich rufen." Und der Erhabene sprach zum ehrwürdigen *Ânanda*: „Lass gut sein, *Ânanda*, härm' dich nicht und klage nicht. Hab' ich dir nicht schon früher gesagt, dass wir von dem Lieben und Angenehmen uns einmal trennen müssen, dass es nicht ewig so bleiben kann? Wie wär' es wohl möglich, dass das, was entstanden, geworden, Erscheinung und seinem Wesen nach dem Zerfall geweiht ist, dass das nicht zerfiele? Das ist ein Unding, *Ânanda*. Lange bist du dem Vollendeten sorgend nah und in immer gleichbleibender Treue, mit grenzenloser Liebe in Werken, Worten und Gedanken nur auf sein Wohl und Behagen bedacht gewesen. Du hast Verdienstliches getan; aber jetzt sei auf ernstes Heilsstreben bedacht, dann wirst du bald von weltlichen Schwächen frei sein."

Damals wohnte ein fremder Wandermönch namens *Subhadda* in Kusinârâ. Der hörte, dass in der letzten Nachtwache der kommenden Nacht der Büßer Gautama in das Nirvâna eingehen würde. Da ging der Wandermönch *Subhadda* zum Erholungspark von Kusinârâ, bis er den *Ânanda* traf, und sprach zu ihm: „*Ânanda*, mir ist ein Zweifel aufgestiegen, und ich habe das Vertrauen zum Büßer Gautama, dass er mir die Lehre so klar darlegen kann, dass ich diesen Zweifel los werde. Darum möchte ich der Vergünstigung teilhaftig werden, den Büßer Gautama zu sehen." Aber der ehrwürdige *Ânanda* antwortete ihm: „Kein Wort davon, Freund *Subhadda*, belästige den Vollendeten nicht, der Erhabene ist müde." Aber der Erhabene hörte dieses Zwiegespräch, und er rief dem *Ânanda* zu: „Lass es gut sein, Ânanda, weise den *Subhadda* nicht ab; dem *Subhadda* soll sein Wunsch, mich zu sehen, erfüllt werden. Was er mich auch zu fragen haben wird, er wird nur von dem Verlangen nach Erkenntnis getrieben, er will mich nicht belästigen; und was ich ihm auf seine Fragen zu antworten haben werde, das wird er sofort verstehen." Da sprach der ehrwürdige *Ânanda* zum Wandermönch *Subhadda*: „Tritt näher, der Erhabene erlaubt es." Da ging der Wandermönch Subhadda zum Erhabenen, und sie begrüßten sich freundlich und tauschten die üblichen Höflichkeitsworte, und der eine fragte nach dem Befinden des anderen. Dann setzte sich *Subhadda* etwas abseits hin und sprach zum Erhabenen: „Verehrter Gautama, haben alle Büßer, die an der Spitze einer Büßerschar stehen und eine Anzahl Schüler um sich sammeln, so, wie sie es behaupten, samt und sonders die Erkenntnis gewonnen, oder haben sie samt und sonders die Erkenntnis nicht gewonnen, oder haben einige von ihnen die Erkenntnis gewonnen, andere aber nicht?" „Hör' auf, *Subhadda*, diese Frage wollen wir auf sich beruhen lassen. Das Gesetz will ich dir vortragen, *Subhadda* ‚hör' zu und achte wohl auf das, was ich dir sage, *Subhadda*! Wenn in einer Lehre der edle achtteilige Pfad keine Stelle hat, so gibt es in dieser Jüngerschar auch keinen wirklichen Lehrer. Wenn aber in einer Lehre der edle achtteilige Pfad eine Stelle hat, dann gibt es in dieser Jüngerschar einen wirklichen Lehrer.

Büßer ward ich mit neunundzwanzig Jahren,

Subhadda, um den Heilsweg zu erfahren,
Und mehr als fünfzig Jahre sind verstrichen,
Seit ich, *Subhadda*, bin dem Heim entwichen.
Wer meines Wegs ein Stück durchmaß als Wandrer,
Nur der nennt Lehrer sich mit Recht, kein andrer!

Auf diese Worte erwiderte der Wandermönch *Subhadda* dem Erhabenen,

und diese Worte sind nicht dem *Subhadda* eigentümlich, sondern sie stellen die stets wiederkehrende Formel dar, die immer von jenen angewandt wird, die sich durch eine Belehrung des Buddha bekehrt fühlen:

„Herrlich, Herr, ganz herrlich, Herr! Wie jemand etwas Umgestürztes aufrichtet, etwas Verschleiertes enthüllt, einem Verirrten den Weg weist oder eine Lampe bringt, wenn es finster ist, damit die, die Augen haben, die Dinge sehen können, gerade so hat der Erhabene auf mancherlei Weise das Gesetz beleuchtet. Darum nehme ich, Herr, meine Zuflucht beim Erhabenen, bei dem Gesetz und bei der Gemeinde der Mönche." Und der Wandermönch *Subhadda* wurde der Aufnahme in die Gemeinde gewürdigt, und schon bald nach der Aufnahme lebte der ehrwürdige *Subhadda* für sich allein und zurückgezogen, wachsam und innerlich aufs Ziel gerichtet. Und es dauerte nicht lange, so hatte er das höchste Endziel frommen Lebens, um dessentwillen Männer aus den edelsten Geschlechtern auf immer aus der Heimat in die Heimatlosigkeit gehen, schon hier auf Erden erkannt, geschaut und zu dauerndem Besitz gewonnen. Und es war ihm klar geworden: „Aufgehoben ist alles Werden, hinter mir liegt die Notwendigkeit des Ringens, gelöst ist die Aufgabe, eine Wiederkehr gibt es nicht." Und so war der ehrwürdige *Subhadda* ein Vollendeter geworden. Er war der letzte Jünger, dessen Aufnahme durch den Erhabenen vor sich gegangen war.

Dann richtete der Erhabene an den ehrwürdigen Ânanda die Worte: „*Ânanda*, es könnte euch der Gedanke kommen: Der Lehrer, der uns das Wort verkündete, ist dahingegangen; wir können uns auf keinen Lehrer mehr berufen. Aber so dürft ihr die Sache nicht ansehen. Die Lehre und das Gesetz, die ich euch gepredigt und vorgezeichnet habe, die sind euer Lehrer nach meinem Ende. Aber wenn die Gemeinde es wünscht, mag sie nach meinem Ende die nebensächlichen, auf Kleinigkeiten bezüglichen Gebote beseitigen. Ferner sollt ihr nach meinem Ende über den Mönch *Channa* eine geistliche Strafe verhängen; er mag zu euch sagen, was er will, ihr dürft nicht zu ihm reden, ihn nicht ermahnen, ihn nicht belehren." Dann richtete der Erhabene das Wort an die Mönche: „Mönche, vielleicht hat einer von euch noch einen Zweifel oder ein Bedenken wegen des *Buddha*, des Gesetzes, der Gemeinde oder des Pfades. Fragt, Mönche, damit ihr euch nicht hinterher den Vorwurf zu machen braucht: Der Meister weilte unter uns, und wir brachten es nicht fertig, ihn selbst zu befragen." Die Mönche aber schwiegen. Da sprach der ehrwürdige *Ânanda*: „Seltsam und wunderbar, Herr! Ich habe das sichere Gefühl, dass in dieser Schar von Mönchen kein einziger Mönch Zweifel und Bedenken hegt wegen des Buddha, des Gesetzes, der Gemeinde oder des Pfades." Der Erhabene sprach: „*Ânanda*, du sprichst so, nur weil du es so fühlst. Der Vollendete aber weiß es, dass in dieser Schar von Mönchen kein einziger Mönch Zweifel oder Bedenken hat wegen des *Buddha*, des Gesetzes, der Gemeinde oder des Pfades. Denn von diesen fünfhundert Mönchen hat selbst der Zurückgebliebenste die Bahn des Heils betreten, sicher davor, wieder herabzusinken an die Stätte der Pein, und ist mit unablenkbarer Entschiedenheit darauf bedacht, sich für die Erlösung reif zu machen." Dann sprach der Erhabene noch zu den Mönchen: „Wohlan, Mönche, höret, was ich euch noch zu sagen habe: Alles Seiende ist seinem Wesen nach vergänglich; rüstet euch aus mit Wachsamkeit." Und das war des Vollendeten letztes Wort. Denn der Erhabene gelangte nun zur ersten Stufe der entrückten Versenkung, von dieser zur zweiten, von der zweiten zur dritten, von der dritten zur vierten und unmittelbar von dieser aus erreichte dann der Erhabene das höchste Nirvâna.

Als aber der Erhabene verschied, im selben Augenblick erbebte die Erde mit so schrecklicher Gewalt, dass ein Schauer die Menschen überlief, und vom Himmel krachte der Donner. Gott *Brahmán* aber sang:

> Es werfen ab die Leiblichkeit
> Die Wesen alle mit der Zeit,
> Wie dieser Meister, Buddha, tat,
> Der nirgends seinesgleichen hat,
> Vollendet und an Kräften groß,
> Der einging in Nirvânas Schoß.

Und der Götterkönig *Indra* rief:

> Was nur Erscheinung ist, vergeht,
> Es schwindet hin, wie es entsteht,
> Und kaum entstanden, hat's ein End';
> Des Scheinseins Ende Glück man nennt.

Der ehrwürdige *Anuruddha* sprach:

> Des Atems Schwund den Tod erweist;
> Beständig war des Meisters Geist,
> Als, wunschbefreit, der Weise starb,
> Der das Nirvâna sich erwarb.
> An nichts mehr haftete sein Herz,
> Er trug gefasst den Todesschmerz,
> Sein Geist war frei von jedem Band,
> Und er verlosch wie Feuersbrand.

Der ehrwürdige Ânanda aber sagte:

> Ein Schauer überlief uns da,
> Da manches Schreckliche geschah,
> Als Buddha dieses Sein verließ,
> Der alles Edlen Träger hieß.

Und als der Erhabene verschieden war, da weinten von den Mönchen, die von Leidenschaft noch nicht frei waren, manche laut, indem sie die Arme ausstreckten, jäh zur Erde niederstürzten, sich hin und her wälzten und klagten: „Zu früh hat der Vollendete das Zeitliche gesegnet, zu früh ist das Auge der Welt erloschen." Die aber, die schon von Leidenschaft frei waren, nahmen alles besonnen und mit klar urteilendem Geiste hin; denn sie sagten sich: „Vergänglich ist alles Erscheinende; wie wär' es auch anders möglich?" Kusinârâ aber war in diesem Augenblick knietief von Blüten überschüttet, selbst die Schmutz- und Kehrichthaufen, und es ehrten ebenso die Götter wie die Einwohner von Kusinârâ den Leichnam des Erhabenen mit himmlischen und menschlichen Tänzen und Gesängen, mit Musik, Blumen und Wohlgerüchen.

XXVIII. DAS GESETZ
DER ABHÄNGIGKEITEN

DAS ICH — DAS NIRVÂNA

Die Summe der vier edlen Wahrheiten ist die, dass der Mensch durch Glauben, Selbstbezwingung und Versenkung den Lebensdurst abtöten und sich so aus der immerwährenden Verstrickung in das Leiden des Daseins befreien kann. Er leidet dann schon nicht mehr oder fast nicht mehr in diesem Leben, er hat auch im Jenseits keine Vergeltung seiner guten oder bösen Werke mehr zu befürchten; vor allem aber wird er nicht mehr wiedergeboren werden, sondern für alle Zeiten in das Nirvâna eingehen.

Die Aufgabe, die diese Lehre, dieses Gesetz, dem Menschen stellt, ist also, soweit zu kommen, dass er mit einem oft angeführten Vers des „Wahrheitspfades" zum Lebensdurst folgendermaßen sprechen kann: [1]

> Stets wieder ward und wieder ich geboren;
> Den langen Weg durchirrt' ich, stets vergeblich
> Den suchend, der ein Leben nach dem andern
> Aufbaut — denn voller Qualen war ein jedes.
> Nun fand ich dich, der du das Haus erbaut hast:
> Und niemals wieder wirst ein Haus du bauen.
> Die Balken deines Baues sind zerbrochen,
> Zu Boden stürzten krachend seine Zinnen!
> Denn hinter mir liegt alles, was vergänglich:
> Mein Herz lebt dort, wo alles Wollen endet.

Das ist die Aufgabe, die *Buddha* seinen Anhängern stellt, und es ist die *einzige* Aufgabe, die er ihnen stellt: [2]

> Wie der Ozean nur einen Geschmack hat, den Geschmack des Salzes, so hat auch das Gesetz nur einen Geschmack, den Geschmack der Erlösung.

Alles, was von dieser Aufgabe ablenken, aber auch alles, was

---

1) Dhammapâda 153f.; nach Oldenberg, Buddha[6], S. 220.
2) Nach Oldenberg, ebd., S. 306f.

über die Lösung dieser Aufgabe hinausführen könnte, ist vom Übel. Alle Fragen, deren Beantwortung nicht unmittelbar die Abtötung des Lebensdurstes, die Annäherung an das Ziel, an das Eingehen ins Nirvâna, befördert, sollen nicht gestellt und sollen, wenn gestellt, nicht beantwortet werden.

Unter allen Religionsstiftern der Erde wird es kaum einen gegeben haben, der so nachdrücklich, so bewusst seine Lehre auf das, was ihm das Wesentliche schien, eingeschränkt hat, und der so planmäßig das Entstehen aller Spekulationen, aller Streitfragen über Nebenpunkte zu verhindern gesucht hat — Spekulationen und Streitfragen, die keinen anderen Erfolg haben könnten, als die Menschen zu veruneinigen und sie von der großen Hauptaufgabe abzulenken, über die sie einig sein sollten. Solche Spekulationen sind übrigens ganz müßig; denn jeder Mensch sieht doch immer nur *eine* Seite der Wahrheit. Und wenn daher die Menschen über die Wahrheit streiten, so benehmen sie sich wie Blinde, die um einen Elefanten herumstehen[1]. Der, der nur den Kopf des Elefanten berührt, sagt: Ein Elefant gleicht einem Wassereimer; der, der nur die Ohren des Elefanten berührt, sagt: Ein Elefant gleicht einer Futterschwinge; der, der den Rüssel des Elefanten berührt, sagt: Ein Elefant gleicht einem Stößer; der, der die Hauer des Elefanten berührt, sagt: Ein Elefant gleicht einer Pflugschar; der, der die Haare des Elefanten berührt, sagt: Ein Elefant gleicht einem Besen; der, der die Beine eines Elefanten berührt, sagt: Ein Elefant gleicht einem Pfeiler. Solche Blinde könnten trotzdem über die Frage, wem der Elefant gleiche, miteinander handgemein werden, und einem solchen Faustkampf von Blinden gleicht der Streit der Gelehrten,

der armen Leute, die immer nur eine Seite des Schildes sehen!

Wenigstens nach unserer Überlieferung ist der Buddha sogar so weit gegangen, die Selbstbeschränkung, die er von anderen forderte, auch sich selbst aufzuerlegen. Er hat nicht alles, was er erkannt zu haben glaubte, den Menschen verkündet; denn nicht alles hätte ihnen zur Erreichung ihres Ziels, zur Abtötung des Lebensdurstes, zur Annäherung an das Nirvâna dienlich sein können:[2]

Einst weilte der Erhabene zu Kosambî in einem Wald. Und der Erhabene nahm wenige Blätter in seine Hand und sprach zu den Jüngern: „Was meint ihr, ihr Jünger, was ist mehr, die-

---

1) Udâna VI 4; nach La Vallée-Poussin, Bouddhisme, p. 133f.; vgl. Oldenberg, Buddha[6], S, 230.
2) Samyutta Nik; nach Oldenberg, ebd., S. 229.

se wenigen Blätter, die ich in die Hand genommen habe oder die anderen Blätter droben im Wald? So auch, ihr Jünger, ist das viel mehr, was ich erkannt und euch nicht verkündet habe, als das, was ich euch verkündet habe. Und warum, ihr Jünger, hab' ich euch jenes nicht verkündet? Weil es euch, ihr Jünger, keinen Gewinn bringt, weil es nicht den Wandel in Heiligkeit fördert, weil es nicht zur Abkehr vom Irdischen, zum Untergang alles Durstes, zur Abwendung von allem Vergänglichen, zum Frieden, zur Erkenntnis, zur Erleuchtung, zum Nirvâna führt. Deshalb hab' ich euch jenes nicht verkündet. Und was, ihr Jünger, hab' ich euch verkündet? Was das Leiden ist, ihr Jünger, das hab' ich euch verkündet; was die Entstehung des Leidens ist, ihr Jünger, das hab' ich euch verkündet; was die Aufhebung des Leidens ist, ihr Jünger, das hab' ich euch verkündet und was der Weg zur Aufhebung des Leidens ist, ihr Jünger, das hab' ich euch verkündet.

Oder wie *Buddha* das ein andermal in dem berühmt gewordenen Gleichnis von dem Verwundeten ausdrückt, in dem Gespräch mit dem wissensdurstigen Jünger *Mâlunkyâputta*, von dem die Schrift berichtet:[1])

Der ehrwürdige *Mâlunkyâputta* kam zum Erhabenen und sprach: „Ist die Welt ewig oder ist sie zeitlich begrenzt? Ist die Welt unendlich oder hat sie ein Ende? Dass der Erhabene darüber nichts lehrt, das gefällt mir nicht und scheint mir auch nicht recht; und darum bin ich zum Erhabenen gekommen, ihn über diese Zweifel zu befragen. Denn wenn jemand etwas nicht weiß und es nicht kennt, dann sagt ein gerader Mensch: Das weiß ich nicht, das kenn' ich nicht." Der Erhabene sprach: „Wie hab' ich früher zu dir gesagt, *Mâlunkyâputta*? Hab' ich gesagt: Komm und sei mein Jünger, ich will dich lehren, ob die Welt ewig oder nicht ewig ist, begrenzt oder unendlich?" „Das hast du nicht gesagt, Herr." „Oder hast du zu mir gesagt: Ich will dein Jünger sein, offenbare mir, ob die Welt ewig ist oder nicht ewig ist?" „Auch das nicht, Herr!" „Sieh, *Mâlunkyâputta*, ein Mann wurde von einem Pfeil getroffen. Da riefen seine Freunde und Verwandten einen kundigen Arzt. Wenn nun der Kranke sagte: Ich will meine Wunde nicht behandeln lassen, solange bis ich weiß, wer der Mann ist, von dem ich getroffen worden bin; ob er ein

---

1) Majjh. Nik. 62; nach Oldenberg, S. 315f.

Adeliger ist oder ein Priester, ein Freier oder ein Knecht — oder wenn er sagte: Ich will meine Wunde nicht behandeln lassen, solange bis ich weiß, wie der Mann *heißt*, der mich getroffen hat; ob er lang ist oder kurz oder mittelgroß, und wie die *Waffe* aussieht, mit der er mich getroffen hat — was würde das Ende sein? Der Mann würde an seiner Wunde sterben!"

Dass man also müßige Fragen nicht erörtern, dass man sie abweisen soll und sich ganz und gar auf die Aufgabe beschränken, sich aus dem Leben herauszulösen, indem man den Lebensdurst in sich erstickt und sich dadurch der Erlösung versichert, das ist feststehende Lehre des Buddhismus. *Welche* Fragen aber müßig und welche nicht müßig sind, darüber ist natürlich damit noch nichts entschieden, und es lässt sich nicht leugnen, dass auch schon die ältesten Buddhisten diese Grenze vielleicht etwas anders gezogen haben, als wir erwarten würden. Es sind hauptsächlich drei Fragen, die in jener Zeit aufgeworfen und erörtert worden sind:

Erstens, was ist das Nirvâna? Ist der Erlöste im Nirvâna, geht er dort ein zu einer höheren, besseren Form des Seins? Oder ist er im Nirvâna *nicht*, hört mit der Erlösung sein Dasein überhaupt auf?

Zweitens, gibt es ein unvergängliches *Ich*, verschieden von allem, was am Menschen vergänglich ist, oder gibt es keines?

Drittens, *wie* entsteht aus dem Lebensdurst das Leiden; wie entsteht aus der Aufhebung des Lebensdurstes die Aufhebung des Leidens?

Nach der uns aufbewahrten Überlieferung haben sich nun die ältesten Buddhisten und vielleicht schon der Stifter selbst zu diesen drei Fragen recht verschieden verhalten: die dritte Frage soll *Buddha* ausführlich beantwortet, die zweite Frage, wenngleich nicht ohne Vorbehalte, verneint, die Beantwortung der ersten Frage dagegen unbedingt abgewiesen haben, und wir können höchstens aus den Begründungen, die er für diese Abweisung gegeben hat, herauszuhören glauben, dass sich seine Überzeugung mehr der einen oder der anderen Antwort zugeneigt habe.

Die Frage, wie entsteht aus dem Lebensdurst das Leiden und aus der Aufhebung des Lebensdurstes die Aufhebung des Leidens — diese Frage beantwortet eine zwölfgliedrige Formel, das sogenannte Gesetz der Abhängigkeiten, das ich folgendermaßen wiederzugeben versuche: [1]

---

1) Vgl. Oldenberg, Buddha[6], S. 251 ff.; Jacobi, Der Ursprung des Buddhismus aus dem Sânkhya-Yoga, Nachr. d. Ges. der Wiss. zu Göttingen, 1896; La Vallée-Poussin, Theorie des douze causes, Gent 1913; Beckh, Buddhismus II, S. 94ff.

Aus Wahn entstehen Regungen, aus Regungen entsteht Bewusstsein, aus Bewusstsein entsteht Ichheit, aus Ichheit entsteht sinnliche
Empfänglichkeit, aus sinnlicher Empfänglichkeit entsteht Wahrnehmung, aus Wahrnehmung entsteht Gefühl, aus Gefühl entsteht Lebensdrang, aus Lebensdrang entsteht Verkörperung, aus Verkörperung entsteht Entwicklung, aus Entwicklung entsteht Geburt, aus Geburt entstehen Alter und Tod, Schmerz und Klagen, Leid, Kümmernis
und Verzweiflung.

Man kann kaum bezweifeln, dass diese Formel wirklich auf den
Buddha zurückgeht: er soll sie erfasst haben, noch eh' ihm die vier
edlen Wahrheiten aufgegangen waren; [1]) die Heilige Schrift beginnt
mit ihr, [2]) und der erste Gedanke des *Buddha*, als er daranging, seine
Lehre den Menschen zu predigen, war: [3]) Wie schwer wird es ihnen
werden, dieses Gesetz der Abhängigkeiten zu verstehen! In der Tat
bereitet auch uns noch das Gesetz große Schwierigkeiten. Diese
Schwierigkeiten rühren hauptsächlich daher, dass man zunächst un-
willkürlich dazu neigt, die hier ausgesprochene Abhängigkeit als eine
zeitliche Folge aufzufassen. Dann erstrecken sich aber die genannten
Erscheinungen über mehr als eine Lebensdauer; denn ganz spät, erst
an vorletzter Stelle, erscheint die Geburt, lange vorher aber, noch vor
der Verkörperung, vor dem Lebensdrang, das Gefühl und die Wahrnehmung. Wessen Gefühl, wessen Wahrnehmung? Gefühl und Wahrnehmung eines früheren Daseins? Dann könnte auch die Erlösung nur
in einem künftigen Dasein wirksam werden, es könnte einer dadurch,
dass er in seinem jetzigen Dasein sein Gefühl und seinen Lebensdrang aufhebt, zwar seine Wiedergeburt zu einem künftigen Leben
verhindern, in diesem Leben aber könnte er sich von Schmerz, Leid,
Kümmernis und Verzweiflung nicht befreien. [4]) Oder das Gefühl, die
Wahrnehmung der Seele in der Zeit zwischen Tod und Wiedergeburt?
Das widerspräche dem Gesetz der Vergeltung! Denn wenn irgendetwas, was die Seele zwischen Tod und Wiedergeburt erlebt, auf das
kommende Leben von Einfluss sein könnte, dann brauchten wir uns
nicht in diesem Leben um die Erlösung zu mühen: wenn die Seele

---

1) Oldenberg, S. 2531.
2) Mahâvagga I 1, 2.
3) Mahavagga I 5, 2; Oldenberg, S. 139.
4) Überdies lassen sich auch Wahn . . . Bewusstsein, Ichheit . . . Wahrnehmung
kaum nacheinander in ein Leben einordnen, so dass man das Geltungsbereich des
Gesetzes schließlich auf drei Lebensläufe ausdehnen müsste, was undenkbar ist, da ja
das Wesen der buddhistischen Erlösung darin besteht, die Wiedergeburt auch schon
in einem nächsten — nicht etwa erst in einem übernächsten! — Leben zu verhindern.

nach dem Tod losgelöst sein wird von irdischen Regungen, muss es ihr ja viel leichter fallen, diese irdischen Regungen zu unterdrücken! Schließlich kommt noch dazu, dass es auch Darstellungen gibt, in denen dem Gesetz der Abhängigkeiten ein urzeitlicher, geschichtlicher Vorgang zu entsprechen scheint: [1])

Nach Ablauf langer Zeiträume kommt endlich irgendwann doch einmal die Zeit, wo diese Welt vergeht. Wenn das geschieht, dann werden die Wesen größtenteils zu Strahlenwesen. In dieser Daseinsform leben sie als Geist, ihre Nahrung ist Freude, sie strahlen in eigenem Licht, bewegen sich in der Luft, wohnen in Glanz und Herrlichkeit, und ihr Leben dauert sehr lange. Dann kommt aber nach Ablauf sehr langer Zeiträume irgendwann wieder einmal die Zeit, wo diese Welt sich aufs Neue entfaltet. Wenn das geschieht, dann schwindet die Mehrzahl der Wesen aus jenem Strahlendasein dahin und gelangt hienieden zu neuem Leben. Alles ist dann Wasser und Finsternis, dunkle Finsternis. Es scheinen nicht Sonne noch Mond, es leuchten nicht Tierkreisbilder noch Sterne, es gibt nicht Tag noch Nacht, nicht Halbmonate noch Monate, nicht Jahreszeiten noch Jahre, nicht Weib noch Mann, nur Wesen kennt man. Als nun für diese Wesen ein langer Zeitraum abgelaufen war, da spannte sich irgendeinmal über das Wasser rahmgleich eine Erdhaut. Wie auf gekochter Milch, wenn sie sich abkühlt, eine Haut entsteht, gerade so kam sie zum Vorschein. Diese Erdhaut hatte Aussehen, Geruch und Geschmack. Und da war ein Wesen von leckeriger Natur, das dachte: „Sieh da, was mag das sein?" und es kostete mit dem Finger die Rahm-Erde. Sie schmeckte ihm, und so lernte es die Begierde kennen. Da machten sich diese Wesen daran diese Rahm-Erde geradezu zu essen, indem sie mit den Händen bissengroße Klumpchen daraus ballten. Seit sie das taten, erlosch ihr eigener Glanz, und als ihr Glanz erloschen war, kamen Sonne und Mond zum Vorschein, und da erschienen auch die Tierkreisbilder und die Sterne. Jene Wesen verbrachten dann, indem sie von der Rahm-Erde aßen, bei dieser Nahrung eine sehr lange Zeit. Im Lauf dieser Zeit aber entwickelten sich immer stärker gewisse Säuren in ihrem Körper, und ihre Schönheit wandelte sich in Hässlichkeit. Weil sie aber auf ihre Schönheit stolz waren, ging den Hochmütigen die Rahm-

1) Digh. Nik. XVII 10-25; nach Franke, S. 277-284.

Erde aus. Und als ihnen die Rahm-Erde ausgegangen war, entstand Borken-Erde: wie Pilze, so stemmte sie sich empor. Sie hatte Farbe, Geruch und Geschmack. Da begannen die Wesen die Borken-Erde zu genießen und lebten bei dieser Nahrung sehr lange Zeit. Als ihnen aber auch die Borken-Erde ausgegangen war, kam eine Gemüsepflanze zum Vorschein. Wie ein Kohlkopf wuchs sie hervor. Auch sie hatte Farbe, Geruch und Geschmack. Da begannen die Wesen diese Pflanze zu genießen und verbrachten bei dieser Nahrung sehr lange Zeit. Als dann jene Wesen auch ihre Gemüsepflanze verloren hatten, kam wild wachsender Edelreis zum Vorschein, ohne Staub und Hülsen, rein, voll Wohlgeruch, mit hülsenlosen Körnern. Und was die Wesen davon abends zum Abendessen holten, das war am Morgen schon wieder nachgewachsen und nachgereift: eine Schnittstelle war nicht zu bemerken. Und auch bei dieser Nahrung verbrachten sie sehr lange Zeit. Aber da entwickelten sich immer mehr Säuren in ihrem Körper, ihre Schönheit wandelte sich in Hässlichkeit und es entwickelten sich die weiblichen und die männlichen Geschlechtsteile. Und das Weib betrachtete zu lange den Mann und der Mann das Weib. Und dadurch erwachte die Leidenschaft, eine heiße Brunst entstand in ihrem Körper und getrieben von diesem Fieber der Leidenschaft frönten sie dem Liebesgenuss. Damals aber galt der Liebesgenuss noch für unrecht, während er jetzt als berechtigt anerkannt wird. Darum durften die Wesen, die damals dem Liebesgenuss frönten, ein oder zwei Monate lang nicht in ein Dorf oder in eine Stadt kommen. Weil sie aber ihr unschickliches Tun verbergen wollten, verfielen sie darauf, Häuser zu bauen. Da kam ein trag veranlagtes Wesen auf den Gedanken: „Ach, warum mach' ich mir denn die Mühe, den Reis abends für das Abendessen und morgens für das Frühstück jedes Mal besonders zu holen? Ich will ihn doch lieber für Abendessen und Frühstück auf einmal holen." Und es tat so. Dann aber tat dieses Wesen noch einen Schritt weiter und holte auf einmal gleich für zwei Tage Reis, dann für vier Tage, endlich gleich für acht Tage auf einmal Reis. Als aber so die Wesen sich gewöhnten, von dem Reis, den sie genießen wollten, Vorräte anzulegen, da schlossen sich an das Reiskorn Reisstaub und Hülsen an; abgeschnitten, wuchs der Reishalm nicht wieder und das Reisfeld stand als Stoppelfeld da. Da versammelten sich die Wesen und jammerten: „Weh, wie haben sich die Dinge verschlechtert! Wohlan, wir wollen jetzt die Fläche, auf der der Reis wächst, unter uns teilen und Grenzen festsetzen!" Da teilten sie die Fläche und setzten Grenzen fest. Da nahm ein Wesen, das von habgieriger Art war, während es sein Feld schonte, von dem Feld eines anderen, ohne von ihm dazu ermächtigt zu sein, und aß. Seitdem weiß man, was Diebstahl, Verwarnung, falsches Versprechen und Strafe ist. Denn es begaben sich die Wesen zu dem Wesen, das von ihnen das schönste, ansehnlichste, angenehmste und bedeutendste war, und sprachen zu ihm: „Wesen, komm, übernimm es, jedes Wesen, das es verdient, zur Rede zu setzen, jedes, das es verdient, zu verwarnen, jedes, das es verdient, auszuschließen! Wir aber wollen dir je einen Teil von unserem Reis steuern." „Einverstanden", erklärte jenes Wesen und setzte von da an jedes Wesen, das es verdiente, zur Rede, verwarnte es und schloss es aus. Die anderen aber steuerten ihm je einen Teil von ihrem Reis. Weil nun so dieses Wesen und seine Nachkommen so viel Reis kriegten, darum wurden sie Krieger genannt. Der Name Krieger war ein Wort von bleibender Bedeutung, das aus diesem Anlass entstand. Einigen Wesen aber kam der Gedanke: Böse Eigenschaften sind an den Wesen zum Vorschein gekommen, wir lernten Diebstahl kennen, falsches Versprechen, Verwarnung, Strafe, Ausweisung. Wir wollen doch die bösen, unguten Eigenschaften beseitigen und die guten zu Ehren bringen. Das taten sie denn auch, und weil sie so eifrig die guten Eigenschaften priesen, daher erhielten sie den Namen *Priester*. Auch der Name Priester war ein Wort von bleibender Bedeutung, das aus diesem Anlass entstand. Sie errichteten sich nun Blätterhütten in der Einöde und trachteten darin nach der Versenkung. Von diesen Wesen aber kamen einige, die in den Blätterhütten in der Einöde zur vollen Versenkung durchzudringen nicht imstande waren, in die Umgebung der Dörfer und Städte und verfassten dort Erklärungen der heiligen Wahrheiten. Als die Leute das bemerkten, sprachen sie: „Diese Wesen da, die zur vollen Versenkung durchzudringen nicht imstande waren, lassen jetzt ihre Blätterhütten leer stehen." Wegen dieser Bemerkung wurden jene Wesen dann Lehrer genannt. Und auch der Name *Lehrer* war ein Wort von bleibender Bedeutung, das aus diesem Anlass entstand. Und damals wurde diese Beschäftigung als Lehrer niedrig bewertet, während sie jetzt aufs höchste geschätzt ist. Von diesen Wesen ließen sich aber manche, nachdem sie mit dem Geschlechtsgenuss vertraut geworden waren, mit mancherlei Geschäften ein, indem sie sagten: „Diese Geschäfte sollen uns für unseren Lebensunterhalt *bürgen*." Daher wurden sie Bürger genannt, und auch der Name *Bürger* war ein Wort von bleibender Bedeutung, das aus diesem Anlass entstand. Die übrigen unter jenen Wesen aber wurden Jäger. Ein solcher Jäger muss Tag und Nacht im Wald umherstreifen. Weil nun jene keine Tage und keine *Nächte* in Ruhe verbringen konnten, nannte man sie Knechte, und auch der Name *Knecht* war ein Wort von bleibender Bedeutung, das aus diesem Anlass entstand.

Es ist klar, dass auch die hier geschilderte Entwicklung dem Gesetz der Abhängigkeiten weithin entspricht. Sollen wir nun darin die eigentliche Bedeutung dieses Gesetzes sehen, oder wie sollen wir es sonst auffassen?

Ich glaube, es bezeichnet ein Abhängigkeitsverhältnis ganz allgemeiner Art zwischen Mächten, die in der Welt vorhanden und wirksam sind!

Wenn es daher heißt: Aus der einen dieser Mächte entsteht die andere, so soll damit, scheint mir, nichts anderes gesagt sein als dies, dass es diese zweite Macht *ohne* jene erste nicht geben könnte. Das ist ein Verhältnis, das ja freilich durch die Erfahrungen des Lebens und der Geschichte bestätigt, ja vielleicht *aus* diesen Erfahrungen überhaupt erst erkannt wird, an sich aber doch ganz allgemeiner Art ist und ausgesagt werden kann, ohne dass daran, ob diese Mächte schon in einem Lebenslauf oder erst in mehreren Lebensläufen wirksam werden, ob sie sich schon in der Vergangenheit geäußert haben oder erst in Zukunft äußern werden, überhaupt gedacht werden müsste. Der Sinn des Gesetzes scheint mir daher etwa folgender zu sein.

Alter und Tod, Schmerz und Klagen, Leid, Kümmernis und Verzweiflung wären nicht vorhanden, wenn es keine Geburt gäbe. Allerdings wird ja der Mensch *zuerst* geboren, und erst *später* wird er alt; aber nicht das soll in diesem Satz ausgesagt werden, sondern bloß dies: Alter und Tod sind undenkbar, wenn es keine Geburt gibt.

Ebenso nun ist Geburt undenkbar, wenn es keine Entwicklung, d. h. kein Reifen der Leibesfrucht, gibt.

Entwicklung der Leibesfrucht ist undenkbar, wenn es keine Verkörperung gibt.

Verkörperung ist undenkbar, wenn es keinen Lebensdrang gibt.

Lebensdrang ist undenkbar, wenn es kein Gefühl gibt, d. h. keine lust- oder unlustvoll betonte Empfindung, keinen Genuss und keinen Abscheu, die eben die Bedingungen jedes Lebensdranges sind.

Gefühl ist undenkbar, wenn es keine Wahrnehmung gibt; denn man kann nicht an etwas Genuss haben oder etwas verabscheuen, ohne es wahrgenommen zu haben. [1])

Wahrnehmung ist undenkbar, wenn es keine sinnliche Empfänglichkeit gibt: ich kann einen Gegenstand nicht wahrnehmen, wenn ich nicht so eingerichtet bin, dass ich von ihm einen Eindruck zu empfangen vermag. [2])

Sinnliche Empfänglichkeit ist undenkbar, wenn es keine Ichheit gibt — von einem anderen Eindrücke empfangen, das kann nur ein in sich ab: geschlossenes Ich, ein Individuum. [3])

Ichheit ist undenkbar, wenn es kein Bewusstsein gibt; denn jedes Ich hat ein Bewusstsein, und ein Ich, ein Individuum, bildet sich nur dort, wo es ein Bewusstsein gibt. [4])

Bewusstsein ist undenkbar, wenn es keine Regungen gibt, deren sich das Bewusstsein bewusst sein könnte. [5])

Und Regungen sind undenkbar, wenn es keinen Wahn gibt; denn dass sich überhaupt etwas regt, etwas entfaltet, dass etwas geschieht, bis hinab zu Alter und Tod, Leid, Kümmernis und Verzweiflung, das ist eine Entwicklung zum Bösen, weil sie eben zu nichts anderem führen kann als zu Alter und Tod, Leid, Kümmernis und Verzweiflung. Somit ist sie ein Fehlgriff: es *sollte* sich eben nichts regen, es

---

1) Indisch eigentlich: ohne es berührt zu haben. Denn nach indischer Auffassung kommen die anderen Wahrnehmungen zustande, indem die Dinge in den Körper eindringen, der Blick aber dringt in die Dinge ein.

2) Statt der sinnlichen Empfänglichkeit nennt hier der Inder die „sechs Gebiete" dieser Empfänglichkeit, nämlich die fünf Sinne und die Fähigkeit, sich der Vorgänge des eigenen Innern bewusst zu werden.

3) Ich fasse Nâmarûpa als Ichheit, Individualität, nicht als Körperlichkeit wie in der Lehre von den Skandhas. Denn erstens ist Nâmarûpa in dieser Lehre von Vijñâna, dem Bewusstsein, durch Gefühl, Denken und Trieb getrennt, während es nach dem Abhängigkeitsgesetz unmittelbar daraus hervorgeht. Und zweitens wäre es unlogisch, Körperlichkeit und Verkörperung, Upâdâna, soweit auseinanderzureißen.

4) Vijñâna doch wohl eher Bewusstsein als Erkenntnis. Denn Erkenntnis ist eher dem Wahn entgegengesetzt als sein Erzeugnis. Dass dagegen Bewusstsein eigentlich nicht sein sollte, ist alte Erbweisheit aus der Zeit der Upanishaden. Das Verhältnis Vijñâna: Nâmarûpa sehr ähnlich dem von Buddhi: Ahankâra im Sânkhya-System!

5) Samskâra hält hier in Bezug auf Allgemeinheit etwa die Mitte zwischen „Samskâra", als Skandha (Trieb) und „Samskâra" = Dharma (Entfaltung): gedacht ist wohl an (an sich) unbewusste seelische Regungen, die aber zugleich alle überhaupt zu einem Geschehen drängenden Kräfte vertreten sollen.

sollte nichts geschehen. Dass sich aber etwas regt, ist nur denkbar, weil in der Welt, in der diese Regungen doch notwendig zum Unheil führen müssen, ein Wahn herrscht. Dieser Wahn äußert sich insbesondere darin, dass die vier edlen Wahrheiten nicht erkannt sind. Denn diese sprechen es ja aus, dass Leben Leiden ist. Allein der Wahn, von dem alles Übel ausgeht, ist nicht die Unkenntnis der vier edlen Wahrheiten in diesem oder jenem Menschen, vielmehr das allgemeine Weltprinzip, das diese Entwicklung überhaupt in Gang bringt, obwohl sie nur zum Bösen führen kann oder, wie Hermann *Beckh* es richtig ausdrückt: [1]) Der Wahn ist „diejenige Irrtumsmacht, die da, wo sie sich im Individuum spiegelt, als das Nichtwissen der Wahrheit vom Leiden erscheint".

Wenn daher die vier edlen Wahrheiten erkannt sind, dann ist der Wahn aufgehoben, und dann bewährt sich das Gesetz der Abhängigkeiten in neuem, umgekehrtem Sinne: Wird der Wahn aufgehoben, so werden auch die Regungen aufgehoben; werden die Regungen aufgehoben, so wird auch das Bewusstsein aufgehoben; wird das Bewusstsein aufgehoben, so wird auch die Ichheit aufgehoben; wird die Ichheit aufgehoben, so wird auch die sinnliche Empfänglichkeit aufgehoben; wird die sinnliche Empfänglichkeit aufgehoben, so wird auch die Wahrnehmung aufgehoben; wird die Wahrnehmung aufgehoben, so wird auch das Gefühl aufgehoben; wird das Gefühl aufgehoben, so wird auch der Lebensdrang aufgehoben; wird der Lebensdrang aufgehoben, so wird auch die Verkörperung aufgehoben; wird die Verkörperung aufgehoben, so wird auch Entwicklung aufgehoben; wird Entwicklung aufgehoben, so wird auch Geburt aufgehoben; wird Geburt aufgehoben, so werden auch aufgehoben Alter und Tod, Schmerz und Klagen, Leid, Kümmernis und Verzweiflung.

Solange sich nun etwas regt, solange das Gesetz der Abhängigkeiten aus dem Urwahn Regungen, aus den Regungen Bewusstsein usw. bis ans Ende der traurigen Kette hervortreibt, solange besteht die ganze Welt aus einem Strom vorüberrauschender, vergänglicher Zustände. Etwas Dauerndes gibt es in dieser Welt nicht, und gerade darin besteht ja zum großen Teil das Leiden. Der Mensch stirbt, alles ist vergänglich; die einzig rechte Art, die Welt anzusehen, ist die, sie eben als vergänglich anzusehen oder, wie der „Wahrheitspfad" in drei kurzen Sprüchen sagt: [2])

Nicht im Luftreich, nicht in des Meeres Mitte, nicht wenn du

---

1) Buddhismus II, S. 105f.
2) Dhammapâda 128; 146; 170; nach Oldenberg, S. 247.

in Bergesklüfte dringst, findest du auf Erden die Stätte, wo dich des Todes Macht nicht ergreifen wird . . . Wie mögt ihr scherzen, wie mögt ihr der Lust pflegen? Immerdar brennen die Flammen, Finsternis umgibt euch, wollt ihr das Licht nicht suchen? . . . Nur wer auf die Welt hinabschaut, als sah' er eine Schaumblase, als sah' er ein Luftbild, den erblickt nicht der Herrscher Tod.

Diese vergänglichen Erscheinungen können sich in gewissen Gruppen anordnen, sie können in gewissen Reihen aufeinanderfolgen, es gibt also in der Welt allerdings Gestaltungen und Entfaltungen. [1]) Aber auch diese Gestaltungen und Entfaltungen selbst sind vergänglich, etwas Unvergängliches hat in der Welt überhaupt, hat auch im Leben keine Stelle; eben darum vor allem ist ja das Leben Leiden. Wie ist es nun mit dem Menschen? Besteht auch er nur aus solchen vergänglichen Gestaltungen und Entfaltungen, oder trägt er ein unvergängliches, ein ewiges Teil in sich, wie es doch die Upanishaden, wie es das Sânkhya, der Yoga, wie es die Anhänger *Vishnus* und *Çivas* alle gleichmäßig angenommen und gelehrt hatten?

Bei der Erörterung dieser Frage setzt der *Buddha* eine Einteilung voraus, die er offenbar schon vorgefunden, vielleicht volkstümlichen Anschauungen entlehnt hat: dass nämlich *das Vergängliche am Menschen* aus fünf Stücken bestehe: Körperlichkeit, Empfindungen, Gedanken, Triebe und Bewusstsein. [2])

Die Frage ist also, ob es *außer* diesen fünf vergänglichen Stücken am Menschen noch etwas Unvergängliches, etwas Ewiges gibt, ein Ich im alten Sinn der Upanishaden, ein Ich, das aus dieser Masse von Vergänglichkeit herausgelöst und erlöst werden soll, ein Ich, das befähigt wäre, in das Nirvâna einzugehen und dort fortzudauern? Es ist nun höchst eigentümlich, wie *Buddha* — ich kann gar nicht sagen: diese Frage beantwortet, aber doch auf sie *antwortet:* [3])

Der Erhabene sprach zu den fünf Jüngern also: „Die Körperlichkeit, ihr Jünger, ist nicht das Ich. Wäre die Körperlichkeit das Ich, ihr Jünger, so könnte diese Körperlichkeit nicht der Krankheit unterworfen sein, und man müsste bei ihr sagen können: So soll mein Körper sein; so soll mein Körper nicht

---

1) Wörtlich: Anordnungen und Entwicklungen, Dharmas und Samskâras.
2) Oder: Erkenntnis; nach der ersteren Auffassung von Vijñâna würden Empfindungen, Gedanken und Triebe, wie im Sânkhya, an sich unbewusst gedacht; den „Geist", der dort des Menschen unvergängliches Teil ausmachte, hätte dann der Buddhismus zu einem der fünf vergänglichen Stücke, der Skandhas, herabgesetzt.
3) Mahâvagga I 6, 38; nach Oldenberg, S. 239.

sein. Die Empfindungen, ihr Jünger, sind nicht das Ich. Wären die Empfindungen das Ich, so könnten die Empfindungen nicht der Krankheit unterworfen sein, und man müsste sagen können: So sollen meine Empfindungen sein; so sollen sie nicht sein. Und aus demselben Grund sind die Gedanken nicht das Ich, sind die Triebe nicht das Ich, ist das Bewusstsein nicht das Ich. Was meint ihr nun, ihr Jünger: ist die Körperlichkeit beständig oder unbeständig?" „Unbeständig, Herr." „Was aber unbeständig ist, ist das Leiden oder Freude?" „Leiden, Herr." „Was nun unbeständig, voll von Leiden, dem Wechsel unterworfen ist, kann man, wenn man das betrachtet, sagen: Das ist mein, das bin ich, das ist mein Ich?" „Das kann man nicht, Herr." „Deshalb, ihr Jünger, was für Körperlichkeit, was für Empfindungen, Gedanken, Triebe, was für Bewusstsein es auch immer gegeben hat, geben wird und gibt, gleichviel ob in uns oder in anderen, gleichviel ob stark, schwach, gering, hoch, fern oder nah, all das ist nicht mein, bin nicht ich, ist nicht mein Ich. So muss es in Wahrheit von dem, der die rechte Erkenntnis besitzt, angesehen werden."

Es wird hier also gar nicht geleugnet, dass es ein Ich, verschieden von Körperlichkeit, Empfindungen, Gedanken, Trieben und Bewusstsein, geben *könnte*; es wird nur gesagt: Körperlichkeit, Empfindungen, Gedanken, Triebe und Bewusstsein sind *nicht* das Ich. Sollte der *Buddha* an ein solches ewiges Ich geglaubt und es nur darum nicht gelehrt haben, weil er etwa fürchtete, das Bewusstsein, etwas Unvergängliches in sich zu tragen, würde die Menschen damit aussöhnen, in einer vergänglichen Welt zu leben? Man kommt wohl auf solche Gedanken, wenn man folgenden Bericht liest: [1])

Einst ging der Wandermönch *Vacchagotta* dahin, wo der Erhabene verweilte. Als er zu ihm gelangt war, begrüßte er sich mit dem Erhabenen. Als er begrüßende, freundliche Rede mit ihm gewechselt hatte, setzte er sich zu seiner Seite nieder. Zu seiner Seite sitzend, sprach der Wandermönch *Vacchagotta* zum Erhabenen: „Wie verhält es sich, geehrter Gautama: gibt es ein Ich?" Da er also redete, schwieg der Erhabene. „Wie denn nun, geehrter Gautama: gibt es kein Ich?" Und abermals schwieg der Erhabene. Da erhob sich der Wandermönch *Vacchagotta* von seinem Sitz und ging davon. Der ehrwürdige *Ânanda* aber sprach zum Erhabenen, als der Wandermönch

1) Samyutta Nik.; nach Oldenberg, S. 313.

Vacchagotta sich entfernt hatte: „Warum, Herr, hat der Erhabene auf die Frage, die der Wandermönch *Vacchagotta* tat,
nicht geantwortet?" „Wenn ich, Ânanda, als der Wandermönch *Vacchagotta* mich fragte: Gibt es ein Ich?,
geantwortet hätte: Es gibt ein Ich, so würde das, Ânanda, die Lehre jener
Lehrer und Brahmanen, die an die Unvergänglichkeit glauben,
bekräftigt haben. Wenn ich, Ânanda, da der Wandermönch
Vacchagotta mich fragte: Gibt es kein Ich?, geantwortet hätte:
Es gibt kein Ich, so würde das, Ânanda, die Lehre jener Lehrer und Brahmanen, die an die Vernichtung glauben, bekräftigt haben. Wenn ich, Ânanda, als der Wandermönch *Vacchagotta* mich fragte: Gibt es ein Ich?, geantwortet hätte: Es gibt
ein Ich, hätte mir das wohl, Ânanda, gedient, in ihm die Erkenntnis zu wirken: Alle Gestaltungen sind Nicht-Ich?" „Das
hätte es nicht, Herr!" „Wenn ich aber, Ânanda, da der Wandermönch *Vacchagotta* mich fragte: Gibt es kein Ich ?, geantwortet hätte: Es gibt kein Ich, so hätte das, Ânanda, nur
bewirkt, dass der Wandermönch *Vacchagotta* aus Verwirrung
in noch größere Verwirrung gestürzt worden wäre, denn er
hätte gedacht: Wie ist das mit meinem Ich? Hatte ich nicht
früher eins, jetzt aber hab' ich kein's mehr?"

Mag es nun mit den Gründen, warum der Buddha ein Ich nicht
gelehrt hat, wie immer stehen, Tatsache ist, dass schon die ältesten
Buddhisten ihm die Lehre beilegten, es gäbe kein Ich, kein unvergängliches Teil des Menschen neben seinen vergänglichen Bestandteilen. [1]) Und wir hören, dass, als einer der Jünger ihn fragte: Ja,
wenn es kein Ich gibt, wer ist es denn dann, der wahrnimmt und
fühlt, da doch in dem Gesetz der Abhängigkeiten von Wahrnehmung
und Gefühl die Rede ist?, — dass da der *Buddha* folgende, von Spitzfindigkeit gewiss nicht freie Antwort gegeben habe: [2])

Diese Frage ist nicht zulässig. Ich sage ja nicht: Er nimmt
wahr! Wenn ich sagte: Er nimmt wahr, dann wäre die Frage
zulässig: *Wer* nimmt wahr, Herr? Da ich aber das nicht sage,
so ist es mir gegenüber, der ich das nicht sage, nur zulässig,
mich zu fragen: Woraus, Herr, geht die Wahrnehmung hervor? Und darauf ist die Antwort: Aus der sinnlichen Emp-
fanglichkeit entsteht Wahrnehmung; aus der Wahrnehmung
entsteht Gefühl.

---

1) Majjh. Nik. 22; I 228 Neumann.
2) Samyutta Nik.; nach Oldenberg, S. 296f.

Nun hat man in alter und neuer Zeit gefragt: Wenn es kein Ich gibt, wie kann es denn dann eine Seelenwanderung geben? Wenn der Mensch vergänglich ist, wenn alles, was in diesem Leben zu uns gehört, mit dem Tod zugrunde geht, wozu brauchen wir uns denn dann vor der Wiedergeburt zu sichern? Was wiedergeboren wird, das sind ja dann gar nicht wir; dann wird ja höchstens ein anderer wiedergeboren, nicht wir selbst. Auch manche Gelehrte unserer Zeit halten diesen Widerspruch für ganz unlösbar. [1])

Ich bin eigentlich nicht dieser Meinung. Denn die richtige Antwort auf jene Frage ist wohl diese: Wenn sich in diesem Leben ungeachtet der beständigen Vergänglichkeit alles dessen, was in uns ist und geschieht, unsere Persönlichkeit fortsetzt, warum sollte sie sich denn nicht auch über den Tod hinaus fortsetzen können? [2]) Wenn man sagt: Wir erinnern uns doch dessen, was wir in unserer Jugend erlebt haben, aber in einem künftigen Leben werden wir uns dessen, was wir in *diesem* Leben erlebt haben, nicht mehr erinnern, so ist *beides* nicht durchaus richtig. Wir erinnern uns ja *nicht* alles dessen, was wir in unserer Jugend erlebt haben, und in der Versenkung erinnert sich der Mönch auch früherer Lebensläufe. Also das Verhältnis zwischen diesem Leben und dem künftigen Leben unterscheidet sich nur dem Grad, nicht dem Wesen nach von dem zwischen Jugend und Alter. Wenn einmal angenommen wird, dass sich der Mensch in einem und demselben Leben beständig erneuert, warum soll er nicht auch während vieler aufeinanderfolgender Lebensläufe derselbe bleiben?

Diese Antwort, die erst von einer späteren buddhistischen Sekte [3]) zur vollen wissenschaftlichen Bestimmtheit erhoben worden ist, bildet auch den Hauptinhalt der Darlegungen jenes merkwürdigen Gesprächs, das zwischen dem König *Milinda*, der von griechischer Abkunft war und eigentlich *Menandros* hieß, und dem buddhistischen Mönch *Nâgasena* stattgefunden haben soll.

Milinda lebte um das Jahr 100 vor Beginn unserer Zeitrechnung, und der Bericht über dieses Gespräch dürfte seinem ältesten Teil nach etwa hundert Jahre später abgefasst worden sein. Eine Übersetzung dieses Gesprächs hat F. Otto *Schrader* herausgegeben unter dem Titel „Die Fragen des Königs Menandros", Berlin 1905.

---

1) Vgl. La Vallée-Poussin, Bouddhisme, p. 54f.
2) Ähnlich auch La Vallée-Poussin, The way to Nirvâna, p. 50ff.
3) Den Sautrântikas; vgl. La Vallée-Poussin, Bouddhisme, p. 178f.; 183ff.

Die allerwesentlichsten Grundgedanken dieses Gesprächs sind nun die folgenden: [1])

Es richtete der König *Menandros* an den ehrwürdigen *Nâgasena* diese Worte: „Wie heißt du, Hochwürdiger? Was ist dein Name?" „Nâgasena heiße ich, großer König. Nâgasena reden mich meine Glaubensgenossen an; aber wenn auch Mutter und Vater einem Namen geben, wie Nâgasena, Sûrasena, Virasena, Sihasena, so ist doch, großer König, dieses Nâgasena nur ein Name, eine Benennung, eine Bezeichnung, ein Ausdruck, ein bloßes Wort; an ein bleibendes Ich ist dabei nicht zu denken." Da sprach der König *Menandros*: „Dieser Nâgasena sagt: An ein bleibendes Ich ist dabei nicht zu denken; was ist denn dann aber das für ein Nâgasena, von dem du sagst: ‚Nâgasena, großer König, reden mich meine Glaubensgenossen an.'" Hierauf sprach der ehrwürdige *Nâgasena* zum König Menandros: „Großer König, erkläre mir einen Wagen. Sind Deichsel, Achse, Räder, Wagenkasten, Fahnenstock, Joch, Zügel und Stachelstock der Wagen?" „Nein, Meister; Deichsel, Achse, Räder, Wagenkasten, Fahnenstock, Joch, Zügel und Stachelstock geben den Anlass zu dem Namen, der Benennung, der Bezeichnung, dem Ausdruck, dem Wort ‚Wagen'." „Richtig, großer König, verstehst du den Wagen; und gerade so, großer König, geben auch mein Haar, meine Nägel, mein Gehirn, meine Körperlichkeit, meine Empfindungen, meine Gedanken, meine Triebe und mein Bewusstsein den Anlass zu dem Namen, der Benennung, der Bezeichnung, dem Ausdruck, dem bloßen Wort ‚Nâgasena'. Für den höchsten Gesichtspunkt aber ist hierin ein Ich nicht zu erfassen. Eben dies, großer König, hat auch die Nonne *Vajirâ* in Gegenwart des Erhabenen ausgesprochen mit den Worten: ‚Wie sich infolge der Zusammenfügung der Bestandteile des Wagens das Wort Wagen ergibt, ebenso nimmt, wo die fünf Stücke beisammen sind, die gemeine Meinung ein Ich an.'„ Der König sprach: „Meister Nâgasena, ist also der, der neu geboren wird, derselbe, der vorher lebte, oder ein anderer?" Der Meister sprach: „Weder derselbe noch ein anderer! Denn was meinst du, großer König: als du ein kleines Kind warst, jung, zart, ohne Kenntnis von der Welt, warst du da derselbe wie jetzt, da du groß bist?" „Nein, Meister, verschieden ist

1) Mil. Pañh. II 1,1; II 2, 1; II 2, 6; nach Schrader, S. 11-16; 35-37; 45-49.

jenes junge, zarte, unwissende Kindlein von mir, dem Erwachsenen." „Wenn es so ist, großer König, so hast du also keine Mutter gehabt, keinen Vater, keinen Lehrer! Ist es also ein anderer, der die Schule besucht, und ein anderer, der aus ihr entlassen wird? Ist der Verbrecher verschieden von dem, der für das Verbrechen bestraft wird?" „Gewiss nicht, Meister. Aber wie würdest denn du dies erklären?" Der Meister sprach: „Ich, o großer König, war jenes junge, zarte, unwissende Kindlein, und ich bin jetzt der Erwachsene; denn im Hinblick auf diesen ohne Unterbrechung fortbestehenden Körper werden im Denken alle jene zu einer Einheit verbunden. Stell' dir vor, großer König, dass jemand eine Lampe anzündet. Könnte diese wohl die ganze Nacht hindurch brennen?" „Gewiss, Meister!" „Wie nun, großer König, ist die Flamme in der ersten Nachtzeit dieselbe wie die in der mittleren Nachtzeit?" „Nein!" „Und die in der mittleren Nachtzeit dieselbe wie die in der letzten Nachtzeit?" „Nein." „Wie denn, großer König? Es ist also eine andere Lampe, die in der ersten, eine andere, die in der mittleren, eine andere, die in der letzten Nachtzeit brannte?" „Nein, Meister; an dieselbe Lampe gebunden hat das Licht die ganze Nacht hindurch gebrannt." „Und in derselben Weise, großer König, erneuert sich das Dasein der Wesen und Dinge. Einer entsteht; ein anderer vergeht; ohne Pause erneuert sich das Dasein und so gelangt weder als derselbe noch als ein anderer der Mensch bis zu seinem letzten Atemzug. Es ist damit wie mit Milch, die, nachdem sie einmal der Kuh entnommen ist, nach einiger Zeit zu Rahm wird; dieser wird dann zu Butter, endlich die Butter zu Schmalz. Wenn nun, großer König, jemand so spräche: Die Milch ist ein und dasselbe wie der Rahm, wie die Butter oder das Schmalz — könnte man ihm wohl recht geben?" „Nein, Meister! In Abhängigkeit von jenem ist dieses entstanden: das wäre die richtige Antwort!" „Und in derselben Weise, großer König, erneuert sich das Dasein der Wesen und Dinge: einer entsteht; ein anderer vergeht; ohne Pause erneuert sich das Dasein, und so gelangt weder als derselbe noch als ein anderer der Mensch bis zu seinem letzten Atemzug." „Gut, Meister Nâgasena! Was ist es aber, das wiedergeboren wird?" Der Meister sprach: „Das geistig-leibliche Wesen, großer König, wird wiedergeboren." „Ja, ist es dieses selbe geistig-leibliche Wesen, das wiedergeboren wird?" „Nein, großer König, nicht dieses selbe geistig-leibliche Wesen wird wiedergeboren! Sondern durch dieses geistig-leibliche Wesen werden Werke vollbracht, gute und schlechte, und durch diese Werke wird ein anderes geistig-leibliches Wesen wiedergeboren." „Wenn, Meister, nicht dasselbe geistig-leibliche Wesen wiedergeboren wird, wird man dann nicht durch den Tod von den Folgen seiner schlechten Werke befreit?" Der Meister sprach: „Denke dir, großer König, es sei einer mit seiner Lampe auf die Dachkammer gegangen und verzehrte dort sein Mahl. Die flammende Lampe setzt das Stroh in Flammen, dies dann das Haus und dieses dann das ganze Dorf. Das Dorfvolk ergreift jenen Mann und spricht zu ihm: ‚Kerl, was hast du unser Dorf anzuzünden?' Der aber antwortet: Ich habe nicht das Dorf angezündet. Die Lampenflamme, bei deren Licht ich aß, hat nichts zu tun mit dem Feuer, das das Dorf in Brand gesteckt hat'. Wenn sich nun die Streitenden an dich wenden, wessen Partei wirst du ergreifen?" „Die Partei des Dorfvolks, Meister." „Und warum?" „Weil, was auch jener Mann sagen mag, doch von ihm das Feuer ausgegangen ist." „Und ebenso, großer König, ist es zwar ein anderes geistig-leibliches Wesen, das stirbt, und ein anderes, das wiedergeboren wird. Aber doch ist dieses aus jenem hervorgegangen, und darum von dessen Sünden nicht befreit. Stell' dir vor, großer König, dass ein Mann sich ein junges Mädchen als künftige Frau wählt, den Eltern den Preis für sie bezahlt und fortgeht. Nach einiger Zeit wäre nun das Mädchen in das heiratsfähige Alter gekommen, und nun bezahlt ein anderer Mann den Eltern den Preis und führt sie in die Ehe. Nun käme der erste wieder und spräche zum zweiten: ‚Wie kannst du dich unterstehen, mein Weib fortzuführen?' Der aber antwortete: ‚Ich nehme dir nicht dein Weib: das junge, zarte Mädchen, das du gewählt und bezahlt hast, ist ja verschieden von diesem großen, erwachsenen Mädchen, das ich gewählt und bezahlt habe'. Und streitend kämen die Leute zu dir: wessen Sache, großer König, würdest du unterstützen?" „Die Sache des ersten Mannes, Meister!" „Und aus welchem Grund?" „Weil, was auch jener sagen mag, doch dieses erwachsene Mädchen aus jenem Kind sich entwickelt hat." „Und gerade so, großer König, ist zwar der Mensch, der stirbt, verschieden von dem, der wiedergeboren wird; aber doch ist dieser aus jenem entstanden und darum von dessen Sünden nicht befreit." „Gut, Meister Nâgasena!"

Und nun die dritte Frage: Was ist eigentlich das Nirvâna? Wenn jemand befreit wird von der Wiedergeburt, wenn er eingeht zur endgültigen Erlösung, hört er dann einfach auf, zu sein, oder fängt dort erst ein neues, besseres, höheres Dasein an? [1]) Man möchte glauben, diese Frage müsste mit der zuletzt besprochenen eng zusammenhängen: wenn es ein ewiges, unvergängliches Ich gibt, dann kann dieses ewige, unvergängliche Ich, auch nachdem es alles Vergängliche hinter sich gelassen hat, weiter leben; wenn es aber kein ewiges, unvergängliches Ich gibt, was wäre denn dann da, was noch weiterleben könnte? Und trotzdem hat Buddha oder hat wenigstens der älteste Buddhismus die beiden Fragen etwas verschieden behandelt. Dass es ein ewiges, unvergängliches Ich gebe, wird geleugnet; dagegen auf die Frage nach dem Wesen des Nirvâna wird jede Antwort verweigert. Es gibt allerdings wohl keine Stelle, an der der Buddha mit Bestimmtheit leugnen würde, dass im Nirvâna der Mensch noch ist; wohl aber gibt es sehr viele Stellen, an denen er es ablehnt, sich über diese Frage zu äußern, und an den meisten von ihnen weist er oder weisen seine hervorragendsten Schüler darauf hin, dass die Frage überhaupt keinen Sinn hat, weil alle unsere Begriffe, alle unsere Worte von dieser Welt hergenommen sind, und weil wir gar keine Begriffe, gar keine Worte haben, in denen wir über eine andere Art des Seins als über ein Sein in dieser Welt irgendetwas aussagen könnten. Sehr merkwürdig sind schon die folgenden kurzen Verse, die Buddha gesprochen haben soll: [2])

> Keiner weiß, wohin das Feuer gegangen,
> Wenn vom niedersausenden Eisenhammer
> Weg der Funke sprüht und langsam verlischt.
> So vom völlig Befreiten, der den Fesseln der Sinne,
> Der der Lüste Flut entronnen, der des Nirvâna
> Wonne erreicht, weiß keiner, wohin er gegangen."

Sâriputta, der vornehmste Jünger des Erhabenen, soll einmal ausgerufen haben: [3])

> Seligkeit ist das Nirvâna, Seligkeit ist das Nirvâna.

---

1) Für die Auffassung, dass Nirvâna für Buddha selbst ein Nichts schlechthin bedeutete, Pischel, Leben und Lehre des Buddha[3], S. 71; für die Auffassung, es habe ihm ein höheres Sein bedeutet, Schrader, Fragen, Anm. 137, S. 153ff.; Heiler, Die buddhistische Versenkung, S.40; vermittelnd La Vallée-Poussin, Bouddhisme, p. 89 ff.; Oldenberg, S. 308 ff. — Schraders Ansicht scheint mir die größere innere Wahrscheinlichkeit für sich zu haben.
2) Udâna VIII 10; nach Winternitz, Gesch. d. ind. Literatur II/1, S. 67.
3) Ang. Nik.; nach Oldenberg, S. 304f.

Da fragte ihn einer:
Wie kann denn dort Seligkeit sein, *Sâriputta*, da doch dort keine Empfindung ist?
Doch da antwortete er:
Eben dies, o Freund, ist die Seligkeit, *dass* dort keine Empfindung ist! Das folgende poetische Zwiegespräch aber zwischen *Buddha* und seinem wissbegierigen Jünger *Upasîva* leuchtet schon tief hinein in die Abgründe dieses Problems und gibt einen Begriff davon, warum der Buddha es unterlassen haben mag, diese Frage zu beantworten: [1])

Buddha:
> Gleichwie das Licht, vom Windeshauch getroffen,
> Zur Ruhe eingeht und dem Blick entschwindet,
> So geht der Weise, dieses Sein verlassend,
> Zur Ruhe ein, entschwindet jedem Blicke.

Upasîva:
> Ist, wer zur Ruhe ging, dem Sein entnommen?
> Gehört ihm ew'ges Sein, befreit vom Leiden?
> Das wollest du mir, Meister, offenbaren;
> Denn kund ist dir, dem Weisen, alle Wahrheit.

Buddha:
> Den, der zur Ruhe ging, — kein Maß ermisst ihn;
> Von ihm zu sprechen, gibt es keine Worte.
> Verweht ist, was das Denken könnt erfassen
> Und so der Hede jeder Pfad verschlossen.

Und etwas näher ausgeführt wird dies in dem folgenden Gespräch zwischen *Buddha* und *Vaccha*: [2])

„Was meinst du wohl, *Vaccha*, wenn da vor dir ein Feuer brennt, weißt du dann: Vor mir brennt ein Feuer?" „Ja, Freund Gautama." „Und wenn nun, *Vaccha*, jemand dich fragt: Jenes Feuer, das da vor dir brennt, wodurch brennt es? So gefragt, *Vaccha*, was würdest du antworten?" „Also gefragt, Freund *Gautama*, würde ich antworten: Das Feuer, das da vor mir brennt, brennt dadurch, dass es Heu und Stroh ergreift." „Und wenn nun, *Vaccha*, das Feuer vor dir erlischt, weißt du dann: Das Feuer vor mir ist erloschen?" „Gewiss, Freund Gautama." „Wenn aber nun, *Vaccha*, dich jemand fragte: Jenes vor dir erloschene Feuer, nach welcher Richtung ist es von hier gegangen, nach Osten, Westen, Norden oder Süden? So gefragt,

---

1) Sutta Nipāta 1074fr.; nach Oldenberg, S. 325.
2) Majjh. Nik. II 3, 2; nach Schrader, Fragen, S. 159f.

Vaccha, was würdest du antworten?" „Das kann man doch nicht sagen, Freund *Gautama*! Weil ja, Freund Gautama, das Feuer dadurch brennt, dass es Heu und Stroh ergreift und, nachdem es sich desselben bemächtigt hat und anderes nicht mehr erreichen kann, ohne Nahrung eben *ausgegangen* genannt wird." „Und genau so, *Vaccha*, verhält es sich mit der Körperlichkeit, mit den Empfindungen, den Gedanken, den Trieben und dem Bewusstsein, das man nach dem Tod dem Vollendeten etwa zuschreiben wollte. Denn jene Körperlichkeit, jene Empfindungen, Gedanken und Triebe, jenes Bewusstsein hat ja der Vollendete durch sein Eingehen in das höchste Nirvâna abgeworfen, mit der Wurzel ausgerissen, einem Palmstumpf gleichgemacht, zum Aufhören gebracht, so dass sie nicht mehr erstehen können. Der von aller Körperlichkeit, allen Empfindungen, Gedanken und Trieben, von allem Bewusstsein befreite Vollendete aber, *Vaccha*, der ist tief, unmessbar, schwer zu ergründen, gleich dem großen Ozean. Dass er erstehe, kann man nicht sagen; dass er nicht erstehe, kann man nicht sagen; dass er sowohl erstehe wie auch nicht erstehe, kann man nicht sagen; dass er weder erstehe noch nicht erstehe, kann man auch nicht sagen. [1])

Schon darin liegt ja wohl vernehmlich angedeutet die Überzeugung, dass das Nirvâna nicht einfach bloßes Erlöschen sei. Aber noch mehr! Es ist uns ein Gespräch überliefert zwischen dem vornehmsten Jünger des Erhabenen, *Sâriputta*, und einem Mönch namens Yamaka,[2]) in dem dieser *Yamaka* die Lehre aufstellt,

dass ein Mönch, der alle Verderbnis von sich abgetan hat, wenn sein Leib zerbricht, der Vernichtung anheimfällt, dass er vergeht und nicht mehr ist jenseits des Todes.

Und darauf nun sagt *Sâriputta*, das sei eine ketzerische Lehre.

„Denn was meinst du, Freund *Yamaka*, ist der Vollendete nichts anderes als seine Körperlichkeit? Siehst du es so an?" „Nein, Freund!" „Ist er nichts anderes als seine Empfindungen?" „Nein, Freund!" „Nichts anderes als seine Triebe, seine Gedanken, sein Bewusstsein?" „Nein, Freund!" „Was meinst du, Freund *Yamaka*, ist der Vollendete in seiner Körperlichkeit, in seinen Empfindungen, seinen Gedanken, seinen Trieben, in seinem Bewusstsein enthalten, siehst du es so an?"

---

1) Samyutta Nik. bei Oldenberg, S. 320f.
2) Samyutta Nik.; nach Oldenberg, S. 323.

„Nein, Freund!" „Ist der Vollendete getrennt von der Körperlichkeit, den Empfindungen, den Gedanken, den Trieben, dem Bewusstsein? Siehst du es so an?" „Nein, Freund!" „Was meinst du, Freund *Yamaka*, machen Körperlichkeit, Empfindungen, Gedanken, Triebe, Bewusstsein *zusammen* den Vollendeten aus? Siehst du es so an?"

Und hier hätte *Yamaka* vielleicht von seinem Standpunkt aus „Ja" antworten sollen; aber er antwortet:

„Nein, Freund!" „Was meinst du, Freund Yamaha, ist der Vollendete körperlos, empfindungslos, gedankenlos, trieblos, bewusstseinslos? Siehst du es so an?" „Nein, Freund!" „So ist also, Freund *Yamaka*, schon hier in der sichtbaren Welt der Vollendete für dich nicht in Wahrheit und Wesenhaftigkeit zu erfassen. Hast du da ein Recht zu sagen: Ich verstehe die vom Erhabenen verkündete Lehre dahin, dass ein Mönch, der alle Unreinheit von sich abgetan hat, wenn sein Leib zerbricht, der Vernichtung anheimfällt, dass er vergeht, dass er nicht mehr ist jenseits des Todes?" „Das war zuvor, Freund *Sâriputta*, die ketzerische Meinung, die ich Unwissender hegte, jetzt aber, da ich den ehrwürdigen *Sâriputta* die Lehre habe verkünden hören, ist diese ketzerische Meinung von mir gewichen, und ich habe die Lehre erkannt."

Und in der Tat fehlt es nicht ganz an Anhaltspunkten für die Meinung, dass *Buddha* zuletzt unter dem Nirvâna doch ein von allem weltlichen Sein grundverschiedenes, aber darum doch nicht mit dem Nichtsein zusammenfallendes Sein verstand; dass er, mit anderen Worten, bei dem Nirvâna sich doch etwas Ähnliches dachte wie das, was sich die Lehrer der frühen Upanishaden beim Brahman dachten. Ja, es fehlt nicht einmal an Stellen, an denen *Buddha*, wenn auch vorsichtig, das Nirvâna mit dem Brahman gleichzusetzen scheint. [1]) Und so mochte ich denn zum Abschluss zwei kurze Sprüche mitteilen, die ganz aus dem Geist jener Upanishaden heraus gedacht und gesprochen sind, und die jedenfalls das eine beweisen, dass zuletzt doch auch der Buddhismus eine Frucht ist an jenem Baum, den einst die Verfasser der Brihad-Âranyaka-Upanishad gepflanzt hatten und der seitdem für alle Zeiten das indische Denken getragen oder doch gestützt hat. Der eine Spruch lautet: [2])

Es gibt, ihr Jünger, eine Stätte, wo nicht Erde noch Wasser

---

1) Digh. Nik. XIII 38; 77; 81.
2) Udâna VIII 1; nach Oldenberg, S. 326.

ist, nicht Licht noch Luft, nicht Unendlichkeit des Raumes noch Unendlichkeit des Bewusstseins, weder das Nichts noch Erhabenheit über Bewusst und Unbewusst, nicht diese Welt noch jene Welt, weder Sonne noch Mond. Das heiße ich, ihr Jünger, weder Kommen noch Gehen noch Stehen, weder Sterben noch Geburt. Ohne Grundlage ist es, ohne Fortgang, ohne Halt, und das ist des Leidens Ende.

Und der andere Spruch: [1])

Es gibt, ihr Jünger, ein Ungeborenes, Ungewordenes, Nichtgemachtes, Nichtgestaltetes. Gäbe es, ihr Jünger, dies Ungeborene, Ungewordene, Nichtgemachte, Nichtgestaltete nicht, dann würde es für das Geborene, Gewordene, Gemachte, Gestaltete keinen Ausweg geben.

1) Udâna VIII 3; nach Oldenberg, S. 326.

XXIX. DER BUDDHISMUS
„WEITER FAHRT"

NAGÂRJUNA

Es ist das tragische Schicksal jedes erfolgreichen Glaubens-
lehrers, dass im Lauf der Zeiten der Glaube an seine Lehre
immer mehr an Bedeutung verliert gegenüber der Verehrung, die seiner Person entgegengebracht wird. Auch der *Buddha* ist vor diesem
Schicksal nicht bewahrt geblieben, und der heutige Buddhismus ist
gewiss in höherem Maß Verehrung des *Buddha* als Befolgung des
von ihm gepredigten Gesetzes. Aber auch schon in den ältesten
Schriften der Buddhisten finden sich eingehende Auseinandersetzungen über die Aufbewahrung, über die Verehrung der von dem Erhabenen übriggebliebenen Knochenreste: sie wurden in acht Teile geteilt, denen sich als Gegenstand der Verehrung die Asche des Schei-
terhaufens anschloss, auf dem sein Leib verbrannt worden war, sowie
der Topf, der jene Knochenreste vor ihrer Teilung enthalten hatte. [1])
Sogar dem Erhabenen selbst legte man Darlegungen darüber in den
Mund, welche Gründe die Verehrung dieser Überreste rechtfertigen.[2])
Allein für die Fortbildung der buddhistischen Lehre ist ein besonderer Umstand noch folgenreicher geworden.

Schon in den ältesten uns erhaltenen buddhistischen Schriften
tritt mehrfach die Vorstellung zutage, es hätte nicht nur dieses einzige Mal in der Welt einen Buddha gegeben, vielmehr sei in jeder der
zahlreichen aufeinanderfolgenden Welten ein Buddha aufgetreten, so
wie Prinz *Siddhârta* in dieser unserer Welt. Es hätte somit schon in
der Vergangenheit zahllose Buddhas gegeben, und auch in der Zukunft seien zahllose andere zu erwarten. So lesen wir etwa: [3])

Der ehrwürdige *Sâriputta* kam zum Erhabenen und sprach:
„Herr, ich habe die sichere Überzeugung, dass es keinen an-

---

1) Digh. Nik. XVI 6, 27.
2) Ebd. 5, 12.
3) Digh. Nik. XVI 1, 16; nach Franke, S. 186.

deren Büßer oder Brahmanen gegeben hat, jetzt gibt oder jemals geben wird, der über ein größeres Maß erleuchteten Wissens verfügte als der Erhabene." Der Erhabene sprach: „Ein großes Wort hast du geredet, *Sâriputta*, und hast den Mund recht voll genommen. Hast du denn mit dem Auge des Geistes das Innere all der erhabenen, vollendeten, vollkommenen Buddhas durchschaut, die in den Zeiträumen der Vorzeit aufgetreten sind, oder bist du imstande, mit dem Auge des Geistes das Innere all der erhabenen, vollendeten, vollkommenen Buddhas zu erforschen, die in den Zeiträumen der Zukunft auftreten werden, oder vermagst du mit dem Auge des Geistes in meinem, des erhabenen, vollendeten, vollkommenen Buddha Inneren zu lesen? Du hast also, *Sâriputta*, kein durch geistige Anschauung gewonnenes Wissen von den erhabenen, vollendeten, vollkommenen Buddhas der Vorzeit, der Zukunft und Gegenwart. Wie also kannst du den Mund so voll nehmen und mit solcher Sicherheit und Kühnheit sprechen?"

Bei der tiefen Neigung des indischen Geistes, das Weltgeschehen in regelmäßig wiederkehrende, einander gleichende Abschnitte zu gliedern, ist es wohl nicht einmal ausgeschlossen, dass die Lehre von der Vielzahl der Erlöser wirklich auf *Buddha* selbst zurückgeht, wie sie sich ja auch in der dem Buddhismus so nahe verwandten Lehre der Jainas findet. Jedenfalls waren schon die Buddhisten der alten Zeit davon überzeugt, dass der *Buddha* sogar schon die Person des nächsten Buddha, der in der Welt auftreten würde, im Voraus bezeichnet habe: *Maitreya* („Liebreich") würde er heißen, und seine Verehrung ist ja späterhin in manchen Buddha-Schulen fast bedeutungsvoller geworden als die des Erhabenen selbst. Mit folgenden Worten soll Buddha sein Kommen vorhergesagt haben: [1]

Zu jener Zeit wird in der Welt der erhabene *Maitreya* als Vollendeter, vollkommen Erleuchteter erscheinen, kundig des rechten Weges, als Pfadvollender, Weiterkenner, unvergleichlicher Menschenerzieher, Lehrer von Göttern und Menschen, als erhabener Buddha, geradeso wie in der Gegenwart ich. Er wird das Wesen dieser Welt samt dem der Götter und Menschen offenbaren, nachdem er es selbst erkannt und durchschaut hat, geradeso wie in der Gegenwart ich. Er wird das Gesetz predigen, das schön am Anfang, schön in der Mitte

---

1) Digh. Nik. XXVI 25; nach Franke, S. 270.

und schön am Ende ist, voll Bedeutung nach seinem inneren Gehalt und voll Sorgfalt in der äußeren Form, den lückenlosen, vollständig reinen, heiligen Wandel, geradeso wie in der Gegenwart ich. Aber er wird eine Gemeinde von vielen tausend Mönchen leiten, so wie in der Gegenwart ich eine Gemeinde von vielen hundert Mönchen leite.

Diese Vorstellung von der Vielzahl der Buddhas bot nun dem religiösen Denken und Hoffen der Gläubigen einen Anknüpfungspunkt höchst eigentümlicher Art. In den Bekennern aller Glaubenslehren ist ja das Verlangen lebendig, sich mit den großen Glaubenshelden so eng wie möglich zu verbinden, irgendwie sogar mit ihnen eins zu werden. Unzählig sind ja auch im Christentum die frommen Betrachtungen über den Heiland als den Bräutigam der Seele; ja durch den Genuss der heiligen Mahlzeit hofft die Mehrzahl der Christen, eine noch engere Einheit zwischen sich und dem Erlöser herzustellen. Allein der Glaube an die Seelenwanderung verhieß diesem Verlangen Erfüllung über alles Erwarten hinaus. Auch die Seele eines Buddha hat ja naturgemäß zahlreiche frühere Lebensläufe hinter sich. Mit einem gleichfalls alten Ausdruck [1]) heißt der zur Buddhaschaft Bestimmte in all diesen früheren Lebensläufen — ja noch in seinem letzten, solang er die erlösende Erkenntnis der vier edlen Wahrheiten noch nicht gewonnen hat — ein „künftiger Buddha" oder „Bodhisattva". Sollen nun in der Zukunft noch unzählige Buddhas auftreten, so muss es auch heute schon zahllose „künftige Buddhas" geben, ja von keinem von uns steht es von vornherein fest, dass er nicht selbst einmal ein Buddha werden könnte. Was bedeutet aber jede andere Art inniger Verbindung mit einem großen Glaubenshelden gegen diese Aussicht, selbst einmal Heiland der Welt zu werden?

Kann nun der einzelne Gläubige etwas dazu tun, dass sich ihm diese Aussicht verwirkliche? Freilich, auf dem geraden Pfad des buddhistischen Gesetzes liegt diese Verwirklichung gewiss nicht. Der treue Jünger des Erhabenen hat nur an das eine zu denken, wie er den Lebensdurst möglichst rasch abtöten, so bald wie möglich in das Nirvâna eingehen kann. Die Aussicht, in Millionen von Jahren vielleicht einmal ein Buddha zu werden, dafür aber auch noch durch Millionen von Jahren die Qualen des Daseins fortzuschleppen, scheint den Absichten der ursprünglichen und reinen Buddha-Lehre durchaus entgegen zu sein. Wirklich hat sich auch die Gemeinde an diesem Punkte gespalten. Jene, die an dem Geist der alten Lehre festhielten,

---

1) Digh. Nik. XVI 3, 15f.

und zu ihnen gehörten alle Gemeinden Ceylons, erblickten ihr Ziel nach wie vor darin, von der Qual des Daseins so bald wie möglich, wenn irgend tunlich schon zugleich mit dem Ende dieses ihres irdischen Lebens, erlöst zu werden. Künftige Buddhaschaft in einer unendlich entfernten Zukunft konnte ihnen demgegenüber nicht als erstrebenswertes Ziel erscheinen. Andere aber — und ihre Lehre breitete sich besonders im Norden Indiens aus und eroberte von da aus Tibet und China, ja die ganze übrige buddhistische Welt — sahen auf eine solche altväterische Gesinnung verächtlich herab. Diesem Buddhismus der „nahen Ziele" [1]) setzten sie stolz ihren Buddhismus der „weiten Fahrt" [2]) entgegen: Lieber zunächst noch endlose Zeiten des Leidens, dann aber nicht bloß Erlösung des eigenen, armseligen Ich, vielmehr Buddhaschaft, Erlösung einer ganzen Welt!

Um zu verstehen, wie eine solche Wendung möglich werden konnte, müssen wir zweierlei beachten.

Des *Buddha* eigenes Leben fügte sich eigentlich in den Rahmen seiner Lehre niemals mit voller Folgerichtigkeit ein. Nach dieser Lehre hat ja jeder, dem die vier edlen Wahrheiten aufgegangen sind und der sich damit seines Eingehens in das Nirvâna unmittelbar nach seinem Ableben versichert hat, eben damit sein Ziel erreicht. Ihm bleibt nur übrig, gleichmütig, ruhig und heiter dem Tod entgegenzuharren. Warum hat nun der Erhabene, als ihm die vier edlen Wahrheiten anschaulich geworden waren, sich hiermit nicht begnügt? Warum hat er das Gesetz verkündet, das Rad der Lehre in Bewegung gesetzt, die Mönche um sich gesammelt, die Gemeinde gestiftet? So begreiflich es ist, dass der *Buddha* selbst darüber nicht viel nachgedacht haben wird, ebenso begreiflich ist es doch auch, dass eine solche Folgewidrigkeit auf die Nachwelt einen Schatten werfen musste, einen Schatten, der sich umso größer zeigt, je ferner diese Nachwelt der Lebenszeit des Erhabenen lag. *Buddha*, obwohl er eine Lehre der Weltflucht verkündete, war dabei doch ein Mann der Tat, und seine Predigt war seine Tat. Allein da der Drang zu äußerer Wirksamkeit aus dem Inhalt seiner Lehre nicht ableitbar schien, mussten die Buddhisten nach einem anderen Erklärungsgrund suchen. Und wenn nun der Erhabene, seiner eigenen Erlösung bereits sicher, sein ganzes übriges Leben der Aufgabe weihte, auch seine Mitmenschen an das Ziel der Erlösung zu führen, wie anders hätte man das erklären sollen als aus seinem Mitleid mit diesen seinen Mitmenschen, aus seiner Liebe

---

1) Eigentlich des „kleinen Fahrzeugs", Hinayâna.
2) Des „großen Fahrzeugs", Mahâyâna.

zu aller Kreatur? Ja, sogar *dem* Gedanken bot schon die alte Überlieferung wenigstens einen geringen Anhaltspunkt, dass dieses Mitleid, diese Liebe unter Umständen den Erhabenen selbst dazu hätte bestimmen können, seine endgültige Erlösung, sein Eingehen in das höchste Nirvâna hinauszuschieben. Wir erinnern uns ja, dass *Buddha* zu *Ânanda* gesprochen haben sollte: [1])

> Jeder, der die Grundlagen übernatürlicher Kräfte gelegt hat, könnte, wenn er wollte, eine Weltperiode lang oder den noch übrigen Rest einer Weltperiode am Leben bleiben. Der Vollendete nun hat, *Ânanda*, die Grundlagen übernatürlicher Kräfte gelegt, er könnte also, wenn er wollte, eine Weltperiode lang oder den noch übrigen Rest einer Weltperiode am Leben bleiben.

Und der Text fährt fort:

> Und obwohl der Erhabene ihm einen so handgreiflichen Wink gab und es ihm so deutlich sagte, war *Ânanda* trotzdem nicht imstande, seine Absicht zu erkennen und unterließ es, den Erhabenen zu bitten: „Herr, möge der Erhabene, der Pfadvollender, doch eine Weltperiode lang verziehen zum Segen und Wohl für viele, der Welt zuliebe, zum Heil und Segen und Wohl für Götter und Menschen."

Und *Buddha* fügt [2]) ausdrücklich hinzu, er hätte eine solche Bitte gewährt, wäre sie von *Ânanda* ausgesprochen worden.

Somit hielt man es schon in jenen alten Zeiten für denkbar, dass ein Buddha aus Liebe zu seinen Mitgeschöpfen den Zeitpunkt der eigenen endgültigen Erlösung hinausschieben könnte. Nun aber hatte sich — und das ist der bedeutsamste Zug in dieser ganzen religiösen Entwicklung — im Lauf der Jahrhunderte der buddhistische Begriff des Wohlwollens und der Milde außerordentlich verfeinert und vertieft. Gewiss nicht, als ob der alte buddhistische Grundsatz, sich an nichts in der Welt zu hängen, jemals aufgegeben worden wäre! Aber doch ist das Gebot, allen Geschöpfen Wohlwollen und Milde entgegenzubringen, über seine ursprüngliche Bedeutung allmählich hinausgewachsen und hat jetzt eine andere, ungleich größere Eigenbedeutung gewonnen. War schon in der älteren Zeit der Spruch aufgekommen: [3])

> Wie den einz'gen Sohn die Mutter

---

1) Digh. Nik. XVI 3, 3f; nach Franke, S. 205.
2) Ebd. 3, 40.
3) Sutta Nipâta 149; nach Oldenberg, Buddha[6], S. 336.

Schützt selbst mit dem eig'nen Leben,
So für alle Wesen wecke
In dir unbegrenztes Fühlen!

so geht die Opferwilligkeit, die jetzt von einem wahrhaft Gläubigen
verlangt wird, weit über alles Menschenmaß hinaus und stößt hart an
die Grenze des Grotesken. In einer buddhistischen Legende des vierten Jahrhunderts n. Chr. wird erzählt, wie der *Buddha* in einem seiner
früheren Lebensläufe als frommer Einsiedler im Walde weilt; wie er
eines Tages, sich im Walde ergehend, eine Felsklippe betritt und tief
unter sich eine Tigerin sieht, die, vom Hunger gepeinigt, eben im Begriff ist, ihre Jungen, die sich vergebens durstig an ihre trockenen Zitzen drängen, zu zerreißen und zu verzehren. Und wie nun der fromme
Mann die Gefahr sieht, in der die jungen Tigerkälber schweben, da
geht in ihm vor, was der Dichter folgendermaßen beschreibt: [1])

Als der künft'ge Buddha sie erblickte,
Da erbebt' er trotz gewalt'gen Mutes
Voll von Mitleid ob des Nächsten Leiden,
Wie ein Berg bebt, wenn die Erd' erzittert.
Wunderbar, wie doch die Mitleidsvollen
Tapfer bleiben, wenn auch großes eignes
Leid sie trifft, jedoch bei fremdem Leide,
Mag's auch kleiner sein, erschüttert werden!

Und der fromme Einsiedler beschließt, von der Felsklippe hinab-
zuspringen und seinen eigenen Leib zu zerschmettern und ihn der Tigerin zum Fraße darzubieten, nur um von jenen Tigerjungen die
ihnen drohende Gefahr abzuwenden. Doch eh' er seinen Entschluss
ausführt, beteuert er noch die Reinheit seiner Beweggründe mit folgenden merkwürdigen Versen: [2])

Aus Ehrgeiz nicht und nicht aus Ruhmbegierde,
Um Himmelsglück und Königsherrschaft nicht,
Nicht um des eig'nen ew'gen Heiles willen —
Ich tu's, um meinen Nächsten wohlzutun.
So wahr dies ist, so sei es mir beschieden,
Hinwegzunehmen alles Leid der Welt
Und ihr das Heil zu bringen, wie die Sonne
Den Tag heraufführt, wenn das Dunkel weicht.

Ja schon in einer um zweihundert Jahre älteren Erzählung beweist der künftige *Buddha*, und zwar selbst in der Hölle, auf folgende
Art seinen alle Begriffe übersteigenden Edelmut. [3]) Wegen einer Ver-

---

1) Aryacûra, Jâtakamâla 1; nach Winternitz, Gesch. d. ind. Lit. II/1, S. 213.
2) Ebd., S. 214.
3) Avadânacataka nach Winternitz, ebd., S. 220.

fehlung gegen seine Mutter ist er in die Hölle gekommen und dazu verurteilt worden, ein glühendes Eisenrad auf dem Kopf zu tragen; während er aber diese furchtbare Qual erduldet, wird ihm verkündet, er werde das Rad sechsundsechzigtausend Jahre tragen müssen, bis ein anderer kommen wird, den eine ebenso große Sünde belastet. Da fühlt er Mitleid mit den Wesen und beschließt, damit nicht ein anderer dieselben Schmerzen erdulden müsse, lieber selbst das Rad in alle Ewigkeit auf dem Kopf zu tragen. Infolge dieses mitleidsvollen Gedankens verschwindet dann allerdings das Rad von seinem Kopf.

Da ist es begreiflich, dass in buddhistischen Köpfen jener Gedanke aufblitzen konnte, den wir als Grundlage des Buddhismus „weiter Fahrt" betrachten dürfen: Es verstößt gegen die gebotene Teilnahme an dem Geschick unserer Mitgeschöpfe, wenn wir der eigenen Erlösung zueilen und uns so der Möglichkeit berauben, künftig einmal selbst Buddhas zu werden und als solche eine ganze Welt zu erlösen. Vielmehr sollen wir unsere eigene Erlösung so lange hinausschieben, wir sollen die Qualen des Daseins so lange weiter tragen, bis jene Stunde gekommen ist, da wir selbst die Buddhaschaft erringen und so eine Unzahl anderer Wesen erlösen können. Daher besteht denn nach dieser Auffassung der eigentlich entscheidende Fortschritt des religiösen Lebens darin, dass der Gläubige das Gelöbnis der Buddhaschaft ablegt, demnach sich feierlich verpflichtet, seine eigene Erlösung so lange hinauszuschieben, bis ihm Gelegenheit geboten sein wird, selbst als Buddha Erlöser einer Welt zu werden. Ein solches Gelöbnis hat dann etwa folgenden Wortlaut: [1])

Ich N. N. erzeuge in mir in Gegenwart aller Buddhas aller Welten den Gedanken der Buddhaschaft. Möge mir alles Verdienst meines Sündenbekenntnisses, meiner Zuflucht zum Gesetz und des Gedankens der Buddhaschaft dazu verhelfen, ein vollkommener Buddha zu werden! Möge ich dereinst zu einer Zeit, wo kein anderer Buddha erscheint die Zuflucht, der Hort, das Heil der Geschöpfe sein! Mög' ich sie hindurchsteuern durch die Sturmflut der Geburten zur Insel Nirvâna! Jegliches Geschöpf will ich ansehen als meine Mutter, meinen Vater, meinen Bruder und Sohn, meine Schwester und Verwandte. Hinfort will ich mit all meinen Kräften, meinen Gaben, meiner Geduld, meinem Gleichmut, meinen Versenkungen, mein Wissen und Können zum Glück aller Wesen

---

1) Nach La Vallée-Poussin, Bouddhisme, Opinions sur l'histoire de la Dogmatique, p. 302f.

gebrauchen. Ich bin ein künftiger Buddha!

Wir werden ja nicht daran zweifeln, dass diese Glaubensform vielfach auch der sittlichen Trägheit, dem geringen Ernst des Alltagsmenschen entgegengekommen ist; denn ohne Zweifel ist es ja bequemer, sich zunächst nicht besonders eifrig um die eigene Erlösung zu bemühen, und aus welchem Beweggrund einer das unterlässt, das könnte nur der Kenner aller Herzen ergründen. Allein noch weniger lässt sich bezweifeln, dass der Beweggrund, der ursprünglich zu dieser Lehre geführt hat, durchaus ernst und rein war. Die folgende Fassung des Gelübdes mag dies noch mehr außer Zweifel stellen: [1])

Ich nehme das Leiden aller Wesen auf mich und bin fest entschlossen zu dieser Übernahme. Ich ertrage sie, ich kehre nicht um, ich fliehe nicht, ich schaudre nicht, ich bebe nicht, ich fürchte mich nicht, ich weiche nicht zurück und verzage nicht. Und warum? Es ist notwendig, dass ich die Last aller Wesen auf mich nehme. Es liegt nicht etwa in meinem Belieben; denn ich habe das Gelübde getan, alle Wesen zu erretten. So muss ich alle Wesen befreien aus dem Urwald der Geburten, aus dem Urwald des Alters, aus dem Urwald der Krankheit, dem dichten Urwald der Ketzerei und der Unwissenheit. Ich bin nicht bloß auf meine eigene Erlösung bedacht, alle Wesen muss ich in dem Boot des Entschlusses zur Buddhaschaft aus der Sturmflut der Geburten erretten. Ich bin entschlossen, an jedem einzelnen Ort der Qual endlose Myriaden von Weltzeitaltern zu verweilen. Und warum? Weil es besser ist, dass ich allein leide, als dass all diese Wesen hinabsinken an die Stätten der Qual. So geb' ich mich selbst als Lösegeld . . .

Und auch die folgenden Verse dürfen als merkwürdiges Zeugnis für diese Gesinnung angeführt werden: [2])

> Durch das Verdienst, das jemals ich erworben
> Durch gute Tat, mög' allen Wesen ich
> In allen Leiden Trost und Lindrung bringen!
> Denn allen Kranken möcht' ich Arzenei,
> Möcht' ihnen Arzt zugleich und Wärter sein
> Die ganze Zeit, die ihre Krankheit währet.
> Den Schutzbedürftigen möcht' ich ein Schützer,

---

1) Angeführt von Çântideva im Çiksasamuccaya; nach Winternitz II/1, S. 261; vgl. La Vallée-Poussin, p.322f.
2) Bodhicaryâvatâra III 6ff.; nach Winternitz II/1, S 264.

Den Wüstenwanderern ein Führer sein,
Und Schiff und Steg und Brücke denen, die
Das Ufer suchen. Lampe möcht' ich sein
Für die, die einer Lampe, Ruhebett
Für die, die eines Ruhebetts bedürfen,
Und allen Sklave, die da Sklaven brauchen.

Mit diesen außerordentlich hochgespannten Anforderungen an die Selbstlosigkeit der Gläubigen gingen aber nun eigentümliche Vorstellungen vom Wesen der Welt Hand in Hand, deren Zusammenhang mit jenen Anforderungen wohl nicht auf den ersten Blick einleuchten mag. Wir dürfen nämlich kurz sagen: je entschiedener sich unter den Anhängern des Erhabenen der Buddhismus der „weiten Fahrt" ausbildete, desto näher kam auch ihr lehrhafter Weltbegriff der Vorstellung, dass alle Dinge nur scheinbares Sein haben, dass es in Wahrheit nichts Wirkliches gebe. Erscheint dies nicht als eine höchst unerwartete Zusammenkoppelung miteinander gar nicht verträglicher Auffassungen? Wenn es keine wirklichen Dinge gibt, also auch keine wirklichen Geschöpfe, welchen Sinn hat dann die Forderung, dem Wohl dieser gar nicht wirklichen Geschöpfe sogar die eigene Seligkeit aufzuopfern? Offenbar wird sich ein Verständnis dieser Gedankengänge nur von anderen Ausgangspunkten aus gewinnen lassen.

Von Anfang an lag in der Lehre des *Buddha* eine sehr niedrige Einschätzung der Welt auch in Hinsicht auf den Grad ihrer Wirklichkeit. Alles sollte ja nichtig, nichts sollte beständig sein: Gestaltungen und Entfaltungen, flüchtig wie Sternschnuppen, wie Schaumblasen — das war das Um und Auf dessen, dem das Gesetz Dasein zuerkannte. Ja noch mehr! Wir erinnern uns des Gesetzes der Abhängigkeiten. Es führte das Leiden auf die Geburt, die Geburt auf die Entwicklung der Leibesfrucht, diese auf die Verkörperung, weiter Verkörperung auf Lebensdrang, Lebensdrang auf Gefühl, Gefühl auf Wahrnehmung, Wahrnehmung auf sinnliche Empfänglichkeit, sinnliche Empfänglichkeit auf Ichheit, Ichheit auf Bewusstsein, Bewusstsein auf unbewusste Regungen, unbewusste Regungen auf Wahn zurück und verlangte vom Gläubigen, dass er diesen Wahn aufhebe, damit dann in umgekehrter Reihenfolge auch die Regungen, das Bewusstsein, die Ichheit, die sinnliche Empfänglichkeit, die Wahrnehmung, das Gefühl, der Lebensdrang, die Verkörperung, die Entwicklung der Leibesfrucht, dadurch auch die Geburt und so endlich auch das Leiden aufgehoben werde. Lag nun nicht der Gedanke nahe, dass der Inbegriff alles dessen, was hier aus dem Wahn abgeleitet, dessen

Aufhebung also gefordert wird, den Inbegriff des Wirklichen überhaupt ausmacht, oder doch mindestens den Inbegriff all des Wirklichen, von dem wir überhaupt etwas wissen, somit alles Seienden bis etwa auf jenes außerhalb aller Erfahrung gelegene Nirvâna, von dem wir mit unseren Worten nicht einmal zu reden, das wir mit unseren Gedanken nicht einmal zu denken vermögen? Und wenn also all das, was unser Leben einschließt, wenn Regungen, Bewusstsein, Ichheit, sinnliche Empfänglichkeit, Wahrnehmung, Gefühl, Lebensdrang, Verkörperung, Entwicklung der Leibesfrucht und dadurch die Geburt sowie endlich das Leiden, wenn all dies nur aus bloßem Wahn entspringt, lag da nicht der weitere Gedanke nahe, dass all dies auch kein wahres Sein haben, dass die Forderung, es aufzuheben, zuletzt wohl den Sinn haben werde, wir sollten uns davon überzeugen, all dies sei nichts wahrhaft Wirkliches, sei in Wahrheit gar nicht wirklich vorhanden? Nicht als ob diese Folgerung aus dem Gesetz der Abhängigkeiten gerade notwendig und unausweichlich wäre! Man konnte ja annehmen, das Gesetz rede nur von jenen Gestaltungen und Entfaltungen, die unser Sein ausmachen; daneben gebe es die von ihm ganz unberührten Gestaltungen und Entfaltungen der Natur. Man konnte sich überdies auch vorstellen, Regungen, Bewusstsein usw. gingen zwar aus dem Wahn hervor: sie gingen aber eben *wirklich* aus ihm hervor, seien nach diesem Hervorgehen in aller Wirklichkeit und Wahrheit in der Welt vorhanden und sollten durch die Aufhebung des Wahnes ebenso wirklich und tatsächlich beseitigt werden. Endlich konnte man auch annehmen, unberührt von der Nichtigkeit der Gestaltungen und Entfaltungen bestehe jenseits unserer Erfahrungswelt, wenn auch nicht erfassbar durch unsere Reden und Gedanken, das wahre Sein, das Nirvâna.

Über den Sinn, in dem die Welt „wirklich" heißen darf, waren somit Streitigkeiten unter den Buddhisten kaum zu vermeiden. In diesen Streitigkeiten aber zeigt sich nun die eben erwähnte auffallende Erscheinung, dass im Allgemeinen die Welt umso entschiedener für unwirklich erklärt wird, je siegreicher sich der Buddhismus der „weiten Fahrt", das Ideal der Selbstlosigkeit, durchsetzt. Und das stärkste Band, das diese beiden Gedankenreihen miteinander verknüpft, scheint die Geringschätzung der eigenen Leiblichkeit gewesen zu sein. Ist mein Körper etwas in aller Wahrhaftigkeit Wirkliches, und bin ich an dieses Wirkliche, wenigstens für die Dauer meines Lebens, unlöslich gekettet, dann kann man von mir kaum erwarten, dass ich mich um fremdes Wohl und Wehe ebenso bekümmern soll wie um mein eigenes. Ganz anders, wenn dieser mein Körper gar nicht wirklich vorhanden ist, ich von ihm nur weiß, was ich von ihm sehe, taste usf. Denn gesehen, betastet usw. wird ja von mir auch der Körper anderer Menschen, ja selbst den Schmerz, der diese Körper durchzuckt, empfindet mein Mitgefühl, wenn es gehörig geübt wird, nicht minder als jenes Wesen, das ihn selbst erlebt. Daher sagt der buddhistische Dichter, und seine Worte sind wohl im tiefsten Sinn aufzufassen: [1])

> Fremdes Leid muss ich vernichten,
> Denn es schmerzt wie eignes Leid;
> Gutes tun muss ich den andern:
> Wesen sind sie ja wie ich.

Noch immer aber gab es sehr verschiedene Arten, diese Unwirklichkeit oder doch nicht volle Wirklichkeit des eigenen Körpers und aller anderen Dinge zu verstehen. Man konnte annehmen: es gibt zwar Wirkliches, doch fällt es nicht mit dem zusammen, was wir sehen, wahrnehmen und erleben. Man konnte annehmen, nur unsere Erlebnisse seien wirklich. Man konnte endlich auch annehmen: nicht einmal unsere Erlebnisse sind wirklich, in Wahrheit gibt es überhaupt nichts Wirkliches, die Welt ist leer. Demgemäß unterscheidet ein mittelalterliches Handbuch vier verschiedene Formen der buddhistischen Lehre: [2])

> Vier Schulen gibt es der Buddhistenmönche.
> Die erste glaubt an Dinge und dass wir
> Mit der Erkenntnis richtig sie erfassen.
> Die zweite lehrt, dass es wohl Dinge gebe,
> Doch dass Empfindung uns allein bewusst sei.
> Die dritte kennt nicht Dinge noch Empfindung,
> Als einzig wirklich gilt ihr das Bewusstsein.
> Die vierte lehrt: Es gibt nichts Wirkliches,
> Die Welt ist leer, und dies allein ist Wahrheit. [3])
> Doch darin sind sie einig alle vier,
> Dass die Erlösung nur darin bestehe,
> Dass alle Wünsche ausgerottet werden
> Mit allem Werden und mit allem Wähnen.
> Die Regel der Buddhistenmönche ist:
> Der Lederschurz, der Wassertopf, der Kahlkopf,
> Das Lumpenkleid, die morgendliche Mahlzeit,
> Die Mönchsversammlung und die rote Tracht.

---

1) Çântideva nach Winternitz, Gesch. der ind. Liter. II/1, S. 265.

2) Mâdhava; nach Deussen, Allg. Gesch. d. Phil. I/3, S. 230.

3) „Dass nichts Bestand hat als nur die Empfindung", Mâdhava. Hier ist ihm aber ein unbegreifliches Versehen begegnet. Denn in dem von Deussen, S. 216f. wiedergegebenen Abschnitt stellt er die Lehre dieser Schule ganz richtig dar.

Die erste dieser Schulen [1]) hielt die Dinge um uns her, die Gestaltungen und Entfaltungen, die wir um uns sehen, unbeschadet ihrer Flüchtigkeit und Vergänglichkeit, für wirklich; denn [2])

> Die Wahrnehmung, da sie die Willkür ausschließt
> Sowie den Irrtum, ist unzweifelhaft

Vielleicht ist es dieselbe Schule, die auch als die der Ichlehrer [3]) bezeichnet wurde, weil sie ein unvergängliches Ich annahm, ohne sich übrigens über dessen Verhältnis zu den fünf vergänglichen Stücken auszusprechen, aus denen der Mensch besteht. So schlecht wir über ihre Lehre unterrichtet sind, mögen sie doch dem ursprünglichen Standpunkt des *Buddha* nahe genug geblieben sein.

Die zweite Schule [4]) leugnet ein unvergängliches Ich und ersetzt es, ähnlich wie *Nâgasena* in seinem Gespräch mit dem König *Menandros*, durch eine bloße Kette von Erlebnissen. Auch von den Dingen außer uns wissen wir nach dieser Lehre nur durch die Empfindungen, die sie in uns erregen, aber als Erreger dieser Empfindungen müssen doch äußere Dinge, wenn gleich auch diese natürlich nur sehr flüchtig und vergänglich sein können, angenommen werden. Denn erstens: Das Wesen des Bewusstseins bleibt immer das gleiche, die Empfindungen dagegen wechseln, sie können demnach nicht bloß aus dem Wesen des Bewusstseins hervorgehen, Erzeugnisse des Bewusstseins vorstellen, sondern müssen eine andere, dem Bewusstsein äußerliche Ursache haben. Zweitens: Es wäre falsch, zu meinen, dass wir unter einem Ding gar nichts anderes verstehen als die Empfindungen, die es uns erregt. Im gewöhnlichen Leben achten wir ja nur auf das Ding. Dass es Empfindungen gibt, auf Grund deren wir von diesem Ding wissen, darauf müssen wir besonders aufmerksam gemacht werden. Dasjenige aber, worauf wir immer achten, kann doch nicht dasselbe sein wie das, worauf wir besonders aufmerksam gemacht werden müssen. Drittens endlich: Wird behauptet, in Wahrheit gebe es nur Empfindungen, die wir aber irrtümlich für außer uns befindliche Dinge halten, so ist zu erwidern, dass diese Behauptung nur dann einen Sinn hat, wenn wir schon andere, außer uns befindliche Dinge kennen, mit denen wir dann jene Empfindungen verwechseln; denn ich kann ein Ding nur verwechseln mit dem, wovon ich schon vor dieser Verwechslung etwas wusste. Ich kann einen Mann mit einem

---

1) Vaibhâshikas, wörtlich: Opponenten.
2) Nach Mâdhava bei Deussen I/3, S. 228.
3) Puggalavâdins, „Personalisten", La Vallée-Poussin, Bouddhisme, p. 163.
4) Die der Sautrântikas.

Weib verwechseln, aber ich kann ihn nicht verwechseln mit dem Sohn eines kinderlosen Elternpaares! Die dritte Schule, die der buddhistischen Yogalehrer, [1]) leugnet, dass es ein Ich, leugnet aber auch, dass es außer uns befindliche Dinge gibt. Die eine wie die andere Annahme gehört zu jenem Wahn, den das Gesetz zu zerstören befiehlt. Das Bewusstsein oder die Erkenntnis nämlich täuscht sich selbst eine Welt vor. Eine Welt aber ist notwendig voll von Leiden. Daher ist es von äußerster Wichtigkeit, einzusehen, dass es diese Welt gar nicht gibt: so wenig ein Ding, dessen sich ein Ich, wie ein Ich, das sich eines Dings bewusst sein könnte. Bewusstsein oder Erkenntnis [2]) ist vielmehr an und für sich weder irgendjemand Bewusstsein oder Erkenntnis noch Bewusstsein oder Erkenntnis von irgendetwas, sondern ist Bewusstsein oder Erkenntnis an und für sich, ist also gegenstandloses oder leeres, wir dürfen wohl auch sagen: reines Bewusstsein, reine Erkenntnis: [3])

> Nichts gibt es, das das Wissen wissen könnte,
> Und auch kein Wissendes, von ihm verschieden.
> Es gibt kein Wissendes und kein Gewusstes:
> Das Licht des Wissens leuchtet aus sich selber!

Dieses reine Bewusstsein, diese reine Erkenntnis lässt sich indes nur in der tiefsten Versenkung vollziehen. — Offenbar verstehen ja diese buddhistischen Yogalehrer unter leerem oder reinem Bewusstsein eben jenes Bewusstsein der Bewusstlosigkeit, das allen Yogins als höchstes Ziel erscheint. Nur fällt für diese *buddhistischen* Yogalehrer naturgemäß das Ziel des Yoga mit dem des Buddhismus zusammen. Die höchste Stufe des Yoga ist erst dann erklommen, wenn auch die Erleuchtung, das Nirvâna erreicht ist. Die Unterdrückung aller Vorstellungen von etwas ist eben die vom Erhabenen vorgeschriebene Aufhebung des Wahnes und zieht als solche unmittelbar die Aufhebung des Leidens nach sich: [4])

Nur im Bewusstsein gibt es Vorstellungen, d. h. Bilder, die den Schein einer Vielgestaltigkeit von Dingen erzeugen, das

---

1) Yogâcâras.
2) Buddhi: ich gebe dies hier durch „Bewusstsein oder Erkenntnis" wieder, um nicht entscheiden zu müssen, ob die von den Yogacaras ersehnte „reine Buddhi" mehr von leidender Hingebung an das Erlebnis oder mehr von tätiger Geistesanspannung an sich hat, und ob, dementsprechend, ihre Erkenntnistheorie in unserer Sprache eher als phänomenalistischer oder als transzendentaler Idealismus zu bezeichnen wäre.
3) Nach Mâdhava bei Deussen, Allg. Gesch. d. Phil. I/3, S. 219.
4) Nach Mâdhava, ebd., S. 220.

steht fest. Und daher besteht der einzige Weg zum Heil darin, dass man diese Vorstellungen sämtlich ausrottet und dadurch den Schein einer Vielgestaltigkeit von Dingen zum Zerrinnen bringt; dann erst erlebt man jenes Aufstrahlen der reinen Erkenntnis, das das große Aufstrahlen genannt wird. [1]

Widersinnig aber ist es, wenn manche behaupten wollen, dass auch Bewusstsein, Erkenntnis selbst nicht wahrhaft wirklich sei, sondern nur auf Täuschung, auf Wahn beruhe.

Das Bewusstsein selbst,

so lautet die Antwort, [2]

muss man doch als wahr anerkennen; denn sonst würde Weltblindheit die Folge sein,

d. h. wenn all unser Erleben an und für sich trügerisch ist, dann sind alle Aussagen überhaupt unzulässig, jedes Denken und Reden ist vergebens. — Diese Bemerkung richtet sich gegen die vierte und merkwürdigste der buddhistischen Schulen, hält ihr aber freilich als abschreckende Folgerung etwas entgegen, was sie wohl gerade selbst behaupten will: dass nämlich alle Aussagen über irgendetwas grundsätzlich unzulässig und unmöglich seien.

Diese vierte Schule ist zugleich die unter den Buddhisten „weiter Fahrt" am meisten verbreitete. Ihr bedeutendster Vertreter, *Nagârjuna*, dürfte im zweiten Jahrhundert n. Chr. gelebt haben.

Sein Hauptwerk ist auch in deutscher Sprache erschienen unter dem Titel: „Die mittlere Lehre des Nagârjuna", übertragen von Max *Walleser*, Heidelberg 1911 und 1912, [3] dürfte sich aber für die meisten Leser kaum als genießbar erweisen; in noch höherem Grad gilt dies allerdings von einem anderen Werk derselben Richtung: „Die Vollkommenheit der Erkenntnis", [4] das gleichfalls Walleser ins Deutsche übersetzt hat. [5] Das liegt daran, dass *Nagârjuna* zwar zu den folgerechtesten, aber auch zu den kühnsten Denkern aller Zeiten gehört, ja den Anschein der Sinnwidrigkeit eher herausfordert als meidet.

Schon der Grund- und Kernsatz seiner Lehre klingt verblüffend genug: „Das All ist leer, in Wahrheit gibt es überhaupt nichts Wirkliches." Nicht nur die von der ersten Schule als wirklich angenomme-

---

1) Vgl. zu diesen Lehrstücken der Yogâcâras außer der ganzen Darlegung des Mâdhava, ebd., S. 218-220, noch La Vallée-Poussin, Bouddhisme, p. 202; Winternitz II/1, S. 255.

2) Nach Mâdhava bei Deussen I/3, S. 217.

3) Der Text, aus der uns erhaltenen, ursprünglichen Sanskritfassung übertragen, bietet dem Verständnis große Schwierigkeiten, die durch den aus dem Tibetischen und Chinesischen übersetzten Kommentar nur selten gemildert werden.

4) Prajnâpâramitâ.

5) Göttingen 1914.

nen Dinge außer uns haben kein wirkliches Sein, sondern sind bloße Täuschung; nicht nur gibt es, wie auch die zweite Schule annahm, in Wahrheit kein Ich, das sich irgendeines Dings oder auch nur irgendeiner Täuschung bewusst sein könnte, sondern auch das Bewusstsein, die Erkenntnis, die der dritten Schule als das einzig Wirkliche erschien, ist nichts Wirkliches, ist ebenfalls ein bloßes Wahngebilde. In Wahrheit gibt es überhaupt nichts; das All ist leer. Die einzig wahre Lehre ist die Lehre von der allgemeinen Leere. [1])

So verblüffend diese Lehre klingt, so lässt es sich doch wohl verstehen, dass sie als folgerechte Ableitung aus den Voraussetzungen des Buddha, ja überhaupt des indischen Denkens erscheinen konnte. Immer wieder hat der Buddha seinen Jüngern die Vergänglichkeit, die Erbärmlichkeit und Nichtigkeit alles Diesseitigen eingeschärft, alles dessen, was wir zu nennen, was wir zu erkennen vermögen, solange wir nicht ins Jenseits, ins Nirvâna eingegangen sind. Ob aber das Eingehen ins Jenseits den Übergang zu wahrem Sein bedeute und nicht vielmehr zu völligem Nichtsein, darüber hat er jede Erklärung abgelehnt. Ja er schien diese ganze vergängliche, erbärmliche, nichtige Welt geradezu auf einen bloßen Wahn zurückzuführen, indem er aus diesem Wahn ausdrücklich alle Regungen, alles Bewusstsein, alle Ichheit, alle sinnliche Empfänglichkeit, alle Wahrnehmung, alles Gefühl, allen Lebensdrang, alle Verkörperung, alle Entwicklung der Leibesfrucht, alle Geburt, alles Leiden hervorgehen ließ. Darf man nun eine Welt, die aus dem Wahn hervorgeht, wirklich nennen? Und ist es nicht ganz folgerecht, zu schließen, sie sei in Wahrheit nur ein Truggebilde, zuletzt etwas Unwirkliches?

Aber noch mehr! Seit den Tagen der Upanishaden galt als das höchste Ziel des Menschen die Bewusstlosigkeit. Erst wo alles Bewusstsein und Erkennen aufgehört hat, da sollte das Erfassen des wahrhaft Seienden beginnen: [2])

> Nur jener kennt es, der es nicht erkennt,
> Wer's zu erkennen glaubt, der kennt es nicht:
> Nicht wird erkannt es vom Erkennenden,
> Er wird erkannt vom Nichterkennenden!

Ist aber Bewusstlosigkeit nicht ein Bewusstsein von nichts? Und wenn das Bewusstsein von nichts die Erkenntnis des wahrhaft Seienden ist, liegt darin nicht schon die Einsicht, das wahrhaft Seiende sei eben in Wahrheit das Nichts; in Wahrheit also sei nichts vorhanden?

---

1) Der Çûnyavâda.
2) Kena Up. II 11; nach Deussen, 60 Up., S. 206.

Ich zweifle nicht daran, dass dem *Nagârjuna* die Erfahrungen tiefster Versenkung als die entschiedensten, jeden Zweifel niederschlagenden Bekräftigungen seiner Lehre erschienen sein werden.

Zunächst freilich suchte er diese Lehre rein verstandesmäßig zu beweisen, und zwar, (wie dies auch schon die buddhistischen Yogalehrer unternommen hatten, um die Unwirklichkeit der äußeren Dinge darzutun [1]) durch Aufdeckung der Widersprüche, von denen das vorgeblich Seiende voll sein und aus denen eben seine Unwirklichkeit hervorleuchten sollte, da doch das in sich Widersprechende nicht wirklich sein könne.

Die Widersprüche, die *Nagârjuna* in der Wirklichkeit aufzuspüren glaubte, waren freilich nur Erzeugnisse eines noch durch keinen logischen Zügel gehemmten Missbrauchs der Rede- und Denkformen. Der folgende Schluss mag genügen, seine Folgerungsweise zu kennzeichnen: [2])

Das Sehen sieht sich selbst nicht. Was sich aber nicht einmal selbst sieht, wie könnte das etwas anderes sehen?

Wichtiger ist es für unseren Gesichtspunkt, dass *Nagârjuna* und seine Anhänger das Nichtsein, die Leere der Welt auch unmittelbar aus der von Buddha aufgezeigten Vergänglichkeit, Nichtigkeit, Abhängigkeit aller Dinge zu erweisen suchten. So singt ein Dichter dieser Richtung: [3])

Da alles Sein so leer und nichtig ist,
Was kann gewonnen, was verloren werden?
Wo gab' es Freud' und Leid, wo Hass, wo Liebe?
Wo gab's auch nur Begehren, wo Entsagen?
Wo immer du sie suchst, du find'st sie nicht!

Und *Nagârjuna* selbst glaubt seine Grundüberzeugung höchst einfach folgendermaßen begründen zu können: [4])

Wo nichts ist, das aus sich selbst Dasein hätte, da ist Leerheit. Da es nun nichts gibt, das aus sich selbst Dasein hätte, so gibt es auch nichts als Leerheit.

Wenn aber überhaupt nichts wirklich, wenn alles ohne Ausnahme bloßer Wahn ist, dann kann doch hiervon — und die Vermessenheit dieses Gedankens ist es, die *Nagârjunas* Größe begründet —, dann kann doch hiervon auch der Inhalt des heiligen Gesetzes und der hei-

---

1) Mâdhava bei Deussen, Allg. Gesch. d. Philos. I/3, S. 218.
2) Mittlere Lehre des Nagârjuna III 2; nach Walleser, Buddh. Phil. II, S. 22.
3) Çântideva, Bodhicaryâvatâra IX 152f.; nach Winternitz, Gesch. d. ind. Lit. II/1, S. 266.
4) Mittlere Lehre XXIV 18f.; nach Walleser II, S. 153.

ligen Geschichte keine Ausnahme machen. Wenn es nichts Wirkliches gibt, kann es auch keine wirklichen Geschöpfe geben; wenn aber keine wirklichen Geschöpfe, dann auch kein wirkliches Leiden; wenn kein wirkliches Leiden, dann auch keine wirkliche Erlösung; wenn keine wirkliche Erlösung, dann doch auch keinen wirklichen Erlöser. Also auch der Buddha, auch des Buddha Predigt, auch des Buddha Gesetz, sie können nichts wahrhaft Wirkliches sein, müssen zuletzt der Welt des Wahnes angehören. Wenn wir sagen, dass aus den guten oder bösen Taten Lohn oder Strafe erfolgt, dass die Erlösung das Leiden aufhebt, so bezieht sich das alles auf unwirkliche Vorgänge in der Welt des Wahns; in Wahrheit gibt es nichts, daher auch weder Taten noch Vergeltung, weder Leiden noch Erlösung. *Nagârjuna* sagt: [1])

> Wie durch vollkommene Zauberkraft der Meister einen Zaubermenschen schafft, dieser Zaubermensch, selbst zaubernd, einen anderen Zaubermenschen, dieser Zaubermensch selbst auch wieder andere, so ist auch des Menschen Tat nur wie ein Blendwerk. Die Qualen, die Taten, die Leiber, das Ich, der Lohn und die Strafe, sie gleichen einer Geisterstadt, einer Luftspiegelung, einem Traum.

Und in einem Lehr- und Erbauungsbuch dieser Schule lesen wir: [2])

> Nicht hat der Vollendete irgendjemand das Gesetz gelehrt; nicht hat er irgendetwas mit höchster Erkenntnis erkannt; nicht hat er irgendein Wesen erlöst; wie Sterne, wie die Nacht, wie eine Lampe, wie ein Gespenst, ein Tautropfen, eine Seifenblase, wie ein Traum, ein Blitzstrahl, eine Wolke — so ist die Welt!

Und in einem anderen Lehrbuch: [3])

> Nicht gibt es eine Vollkommenheit des Schenkens, nicht gibt es eine Vollkommenheit des Wandels, nicht gibt es eine Vollkommenheit der Tatkraft, nicht gibt es eine Vollkommenheit der Versenkung, nicht gibt es eine Vollkommenheit der Erkenntnis. Nur eine Bezeichnung ist das Wort „Vollkommenheit".

Das ist nun freilich nicht so zu verstehen, als wäre die Überlieferung von der Predigt des Erhabenen schlechthin und in jeder Bezie-

---

1) Mittlere Lehre XVII 31-33; nach Walleser II, S. 101.

2) Diamantenscharfe Erkenntnis-Vollkommenheit 21; 22; 25; 32; nach Sacred Books of the East 49/II, p. 137-144.

3) Walleser, Prajnâpâramitâ, S. 110.

hung falsch. Falsch ist sie nur für den höchsten Gesichtspunkt, nur für den Denker, der bereits erkannt hat, dass es überhaupt nichts Wirkliches gibt, dass die Welt leer ist. Die Aufforderung aber, dies zu erkennen, bildet ja gerade den Inhalt der Predigt des Erhabenen, wie *Nagârjuna* sie versteht. Diese Predigt ist also *inhaltlich* vollkommen richtig; nur dass sie je *stattgefunden* hat, kann man, streng genommen, nichtsagen, da ja ihr selbst zufolge in der leeren Welt eigentlich *überhaupt nichts* stattfinden kann. Ja mehr als das! Die Predigt des Erhabenen ist nicht nur inhaltlich richtig, sie ist auch das einzige Mittel, durch das die wahnbefangene Erkenntnis dahin geführt wird, den Wahn zu durchschauen. Es steht damit so, wie wenn einer aus seinen Träumen nur erwachen könnte, nachdem er im Traum den Ruf gehört hat: „Du träumst; erwache!" Dieser Zuruf wäre inhaltlich richtig, und er wäre das einzige Mittel, den Träumer zu erwecken; aber freilich, einmal erwacht, müsste er sich sagen, dass er auch diesen Zuruf nur geträumt hat, dass auch dieser Zuruf nicht wirklich erklungen ist. [1]) Und ganz so nun, wie ein solcher Ruf, ist nach *Nagârjuna* die Predigt des Erhabenen zu beurteilen. Vom Standpunkt der gemeinen Wahnbefangenheit aus angesehen enthält diese Predigt die volle Wahrheit; vom Standpunkt der Wahnfreiheit aus angesehen enthält sie zwar auch noch Wahrheit, gehört aber doch selbst noch der Welt des Wahns an. *Nagârjuna* sagt: [2])

Des *Buddha* Gesetz setzt zwei Wahrheiten voraus: die weltliche, verhüllte Wahrheit und die höchste Wahrheit. Wer den Unterschied dieser zwei Wahrheiten nicht erkennt, erkennt nicht des Buddhagesetzes Tiefe.

Das Gesagte gilt aber nun insbesondere von dem Gesetz des Erhabenen auch insofern, als dieses Gesetz ein Gesetz des Mitleidens ist. Von der Unwirklichkeit aller Dinge wird sich niemand überzeugen, der seinen eigenen Leib noch für wirklich hält, das diesem Leib Zuträgliche ersehnt, das ihm Abträgliche verabscheut. Über diese Gewohnheit des Alltags hinaus führt allein das Mitleid, als welches uns das eigene Leiden nicht für wirklicher zu halten lehrt als das Leiden der anderen. Später werden wir dann freilich erkennen, dass auch die anderen nicht wirklicher sind als wir selbst. Ein Anhänger *Nagârjunas* lehrte, [3]) wenn der Spender eines Almosens den Empfänger noch für wirklich hält, sei dies nur die gemeine, niedrigste Form

---

1) Vgl. Dschuang Dsi II 9 (S. 20 Wilhelm).
2) Mittlere Lehre XXIV 8-9; nach Walleser II, S. 150.
3) Madhyâmakâvatâra nach La Vallée-Poussin, Bouddhisme, p. 312.

des Mitleids; eine höhere sei es schon, wenn der Spender nur das Leiden des Empfängers mitfühlt, ohne ihm deswegen wirkliches Dasein zuzuerkennen; auf einer noch höheren Stufe durchschaut er dann auch das Leiden als unwirklich, es bleibt nur mehr das Mitleid, ein Mitleid ohne Grund und Gegenstand, ein Mitleid an sich, zurück. Zu aller Letzt aber (so dürfen wir wohl ergänzen) müsste auch dieses Mitleid verschwinden, müsste sich wie alles Übrige in das Nichts auflösen — in die völlige Leere! Den Anhänger Nagârjunas führt nur das Mitleid aus der wahnhaften Befangenheit in dem Glauben an die Wirklichkeit der Welt heraus. Indem er aber das Bereich der Befangenheit verlässt, fällt ein Stück seines Bewusstseins nach dem anderen von ihm ab. Das Mitleid aber bleibt bis ans Ende erhalten, Mitleid ist die letzte Regung, deren er sich bewusst ist. Endlich freilich verlässt ihn auch das Mitleid, aber erst in dem Augenblick, in dem sein Bewusstsein überhaupt erlischt, um dem einzig wahrhaft Wirklichen, der vollendeten Öde und Leere, dem Nichts, Raum zu geben.

Wir müssen aber nun zu diesem Begriff der Leere noch einmal zurückkehren. Ich hab' ihn bisher so dargestellt, als bedeute Leere dasselbe wie Unwirklichkeit oder Nichtsein. Doch gibt das nach *Nagârjuna* von dem eigentlichen Inhalt des Begriffs „Leere" nur eine vorläufige, ungenaue Vorstellung. Wenn wir sagen, die Wahrheit sei nichts Wirkliches, so zeigen wir damit nur an, sie sei nicht jene Welt, die wir in unserem Wahn für wirklich halten. Damit ist aber doch noch nichts darüber gesagt, was sie in Wirklichkeit ist. Ja, dieser Begriff „Nichtwirklich" ist ja offenbar auch nur etwas, was wir denken. Wirkliches Denken aber gibt es ebenso wenig wie irgendwelches andere Wirkliche. Auch dass die Welt in Wahrheit unwirklich, nichtseiend sei, darf man daher eigentlich nicht sagen. Die Welt und die Dinge in der Welt sind ebenso wenig unwirklich wie wirklich. [1])

Nagârjuna lehrte: [2])

Dass ein Ich wirklich wäre, trifft auf keine Weise zu, dass ein Ich unwirklich wäre, trifft auf keine Weise zu. Wie könnten da Qualen wirklich sein — oder unwirklich sein?

Noch mehr: die Dinge sind nicht „wirklich" und nicht „unwirklich", sind aber erst recht nicht „wirklich und unwirklich" oder „weder wirklich noch unwirklich"; denn alles das sind nur Gedanken, die

---

1) Gerade deswegen nennt Nagârjuna seine Lehre die „mittlere Lehre", Mâdhyamika-Çâstra: sie soll zwischen der Lehre von der Wirklichkeit und der von der Unwirklichkeit der Welt die Mitte halten!

2) Mittlere Lehre XXIII 3; nach Walleser II, S. 142.

unser selbst nicht wirkliches Denken erzeugt: [1])

Die Wahrheit aber liegt außerhalb des Vierecks: Sein, Nichtsein, Sein und Nichtsein, Weder Sein noch Nichtsein. Die Wahrheit ist das Nichts;

denn in Wahrheit sind alle Dinge unvergleichlich, alle Dinge unaussprechlich. [2])

Eben nur diese Unvergleichlichkeit und Unaussprechlichkeit soll nun der Ausdruck „leer" bezeichnen, und nur in diesem Sinn, als eine Denkhilfe, ist sein Gebrauch erlaubt. An und für sich dürfte man ebenso wenig „leer" sagen wie „wirklich" oder „seiend". *Nagârjunas* eigene Worte lauten: [3])

„Leer" soll man nicht sagen. „Nicht-leer" soll man nicht sagen. „Leer und Nicht-Leer" soll man nicht sagen. „Weder Leer noch Nicht-Leer" soll man nicht sagen. Nur soweit es zum Erkennen hilft, soll man *dies* sagen, soll man *jenes* sagen.

Hieran schließt sich aber nun noch ein letzter, auch nach allem Bisherigen wohl noch überraschender Gedanke. All das bisher Gesagte gilt von dieser unserer wohlbekannten Welt, der Welt, in der sich ein Lebenslauf nach dem anderen abzuspielen scheint — wie der Inder das ausdrückt: von der Welt des *Samsâra*, des Diesseits. *Diese* ist so vergänglich, erbärmlich, nichtig, dass ihr kein wahres Sein, ja nicht einmal wahres Nichtsein usw. zugesprochen werden darf.

Wie aber steht es nun mit der uns unbekannten Welt, in die wir als Erlöste einzugehen hoffen, mit der Welt des Nirvâna, des Jenseits? Von dieser Welt hatte ja schon der Erhabene selbst gelehrt, es gebe in ihr weder „Sein" noch „Nichtsein", weder „Sein und Nichtsein" noch „Weder Sein noch Nichtsein", das Nirvâna sei unvergleichlich, unaussprechlich. So ist also das Diesseits seiner wahren Beschaffenheit nach dem Jenseits vollkommen gleich geworden, und in der Tat spricht dies *Nagârjuna* in der schärfsten Form aus: [4])

Es gibt nicht irgendwelchen Unterschied des *Samsâra* vom Nirvâna; es gibt nicht irgendwelchen Unterschied des Nirvâna vom *Samsâra*; die Grenze des Nirvâna ist auch die Grenze des *Samsâra*: zwischen diesen beiden gibt es auch nicht den geringsten Unterschied.

---

1) Mâdhava bei Deussen I/3, S. 216.
2) Walleser, Prajnâpâramitâ, S.83;S. 110.
3) Mittlere Lehre XXII 11; nach Walleser II, S. 139.
4) Mittlere Lehre XXIV 19-20; nach Walleser II, S. 162f.

Wie sollen wir das nun verstehen? Bloß so, wie unser volkstüm-
liches Wort es andeutet, dass in der Nacht alle Katzen grau sind, indem vom Diesseits, wenn man von ihm alles wegnimmt, nicht mehr
übrig bleibt, als von einem Jenseits, unter dem man sich nichts Bestimmtes zu denken wagt? Rein gedanklich verhält es sich wohl so
oder doch ähnlich. Allein gefühlsmäßig liegt in dieser Lehre des
Nagârjuna doch wohl mehr. Ihm schwebt — und darin unterscheidet
er sich nicht wesentlich von Buddha oder auch von den Verfassern
der Upanishaden — ein bestimmter Zustand vor als jener der höchsten Seligkeit, der Erlösung: Nichts empfinden, nichts fühlen, aufhören zu denken, aufhören zu sein! Das ist es im Grunde, was er mit
dem Ausdruck „leer" bezeichnen will. Er sagt es fast mit ausdrückli-
chen Worten: [1])

> Erlösung bedeutet Verschwinden von Taten und Qualen;
> durch Denken aber werden Taten und Qualen zur Entfaltung
> gebracht; nur durch Leerheit werden sie zerstört.

Da bedeuten ihm denn das Jenseits und das wahre Diesseits im
Grunde dasselbe. Er ersehnt kein anderes Jenseits als das volle und
endgültige Erlöschen und auch am Diesseits erscheint ihm eben das
als erbärmlich, nichtig und unwahr, dass es nicht Erlöschen, dass es
Entfalten ist. So denkt er sich das Diesseits, wie er es wünscht, und
kann auch an kein anderes Jenseits glauben — umso weniger, als er
auch den Unterschied von Diesseits und Jenseits nicht für einen
wahrhaften halten kann; denn in Wahrheit gibt es nur Einheit, nur
Ruhe — keinen Gegensatz, keine Verschiedenheit: [2])

> Unvermittelt, erloschen, unentfaltet, frei von Unterscheidung,
> frei von Mannigfaltigkeit — so ist die Wahrheit!

Die Summe seines Sehnens, Glaubens und Denkens aber fasst
Nagârjuna wohl in den folgenden merkwürdigen Spruch zusammen: [3])

> Alle Wahrnehmung ist erloschen, alle Entfaltung ist gestillt,
> beruhigt: nie ward irgendwo irgendwem durch den Buddha
> das Gesetz verkündet!

---

1) Mittlere Lehre XVIII 5; nach Walleser II, S. 104.
2) Mittlere Lehre XVIII 9; nach Walleser II, S. 208.
3) Mittlere Lehre XXV 24; nach Walleser II, S. 164.

XXX. DAS SÂÑKHYA-SYSTEM

Das indische Denken, das in den Upanishaden für viele Jahrhunderte seine Grundlage gefunden hatte, hatte sich von dem dort errungenen Standpunkt aus teils in der Richtung gegen eine dualistische, teils in der Richtung gegen eine monistische, teils in der Richtung gegen eine idealistische Weltanschauung hin entwickelt. Eh' indes diese Weltanschauungen noch die Gestalt fester, in sich abgeschlossener Systeme gewonnen hatten, breitete sich über Indien die Herrschaft der neuen Lehre des *Buddha* aus und drängte alle jene Schulen zurück in eine Haltung bloßer Abwehr, bloßer Selbstbehauptung, aus der sie erst nach einem Jahrtausend, nach der Vertreibung des Buddhismus aus Indien, etwa zwischen dem vierten und achten Jahrhundert unserer Zeitrechnung, wieder heraustraten. Die Führung in dem Kampf gegen den Buddhismus fiel naturgemäß den *volkstümlichen* Formen des indischen Glaubens zu. Der angestammte Trieb zur Verehrung leibhaftiger, menschenähnlicher Gottheiten war es, der des *Buddha* Anleitung zu Heiligung und Weltflucht einerseits von innen her aushöhlte, andererseits von außen her zurückdrängte, ja zuletzt vertrieb; an der Spitze einer unermesslichen Götterschar zog *Çiva*, der zerstörende und doch gnädige Herr der Welten, aufs Neue in Indien ein. Als seine Schützlinge aber erhoben sich auch die mehr geistigen Richtungen vorbuddhistischen Denkens wieder; ja zum größten Teil gediehen sie erst jetzt zu ihrer letzten Ausgestaltung und höchsten Blüte.

Denn wenn auch die Gedankengebäude, die nach Vertreibung des Buddhismus in Indien entstanden sind, auf vorbuddhistischer Grundlage stehen, so hatte sich der Charakter des indischen Denkens inzwischen doch einigermaßen gewandelt. Die spekulative Richtung des Buddhismus, wie sie *Nagârjuna* vertrat, hatte mit den Formen des Denkens unleugbar Missbrauch getrieben, sie hatte geglaubt, aus Schwierigkeiten, die der sprachliche Ausdruck der Gedanken bietet, die kühnsten Schlüsse ziehen, ja auf sie gestützt das Zeugnis der gemeinsten Erfahrung umstürzen zu können: sie hatte sich mit einem Wort in dasjenige verirrt, was man „Dialektik" nennt, und nun machte sich der Rückstoß gegen diesen Missbrauch der Denkformen, gegen diesen Versuch, alles nur irgend Mögliche zu beweisen, in den ersten Jahrhunderten unserer Zeitrechnung darin geltend, dass allmählich eine wissenschaftliche Logik geschaffen und eine systematische Übersicht und Einteilung aller Begriffe wenigstens angestrebt wurde. So entstand damals zu allererst das, was wir heutzutage „Philosophie als Wissenschaft" zu nennen gewohnt sind. Aber dem Anspruch auf eine gewisse Strenge der Begriffsbildung und Beweisführung, der Forderung, für die eigene Behauptung die Voraussetzungen wie auch die Art der Ableitung anzugeben, konnte sich fürderhin kaum mehr irgendeine Richtung des indischen Denkens gänzlich entziehen — weshalb denn das Denken dieser nachbuddhistischen Zeit einen weit schulmäßigeren Charakter aufweist als das aller früheren Jahrhunderte, so dass eigentlich erst in dieser Zeit von Systemen des Denkens, der Weltanschauung oder auch der Theosophie gesprochen werden kann.

Im Mittelalter unterschieden die Inder sechzehn derartige Systeme; davon erklärten jene, die den Veda vorbehaltlos als das heilige Wort der Offenbarung anerkannten, sechs Systeme für rechtgläubig und neun für irrgläubig. Bei dem sechzehnten System schien es selbst ihnen nicht so ganz einfach, es in eine dieser beiden Gruppen einzureihen: es war das nämlich das System der indischen Grammatik, das sich freilich, als unentbehrliches Hilfsmittel zum Verständnis der heiligen Texte, selbst durchaus für ein System der Erlösungswissenschaft ausgab. Von den neun sogenannten irrgläubigen Systemen ist eines das der Buddhisten, eines das der Jainas, eines das der ungläubigen Weltlichkeitslehrer; die sechs anderen sind theistische Systeme: begrifflich ausgearbeitete Weltanschauungen von Anhängern des Herrn *Vishṇu* oder des Herrn *Çiva* und als solche mit dem Geist der neuen, nachbuddhistischen Zeit, des indischen Mittelalters, am engsten verwachsen, am unmittelbarsten für ihn bezeichnend. Mit einem Blick auf diese Systeme wird daher unsere Darstellung passend schließen.

Unter den „rechtgläubigen" Systemen ist eines im Wesentlichen eine Logik, eines eine Begriffssystematik: [1] beide bleiben hier, wo sich's in erster Linie um Theosophie, also um Weltanschauung, handelt, wohl besser außer Betracht. Zwei dienen der Erklärung des Veda, und zwar eines seiner Erklärung vom gottesdienstlichen, litur-

---

1) Jenes der „Nyâya" des Gotama, dieses das „Vaiçeshika" des Kanada — beide etwa im 4. Jahrhundert n. Chr. G. entstanden.

gischen, das andere seiner Auslegung vom theosophischen, spekulativen Standpunkt aus: es ist dies das System, in dem die idealistische Weltanschauung ihren Abschluss gefunden hat, der sogenannte Vedânta, mit dem wir uns demnächst werden beschäftigen müssen. Die beiden noch übrigen Systeme sind die ausgesprochen dualistischen: das Yogasystem, des *Patañjali*, eine bestimmte Ausdeutung der Yogaerfahrung, und das *Sânkhyasystem*, das nun vor allem zu besprechen ist.

Wie erinnerlich, bedeutet *Sânkhya* eigentlich Aufzählung. Solche Aufzählungen wurden nun ursprünglich von Monisten vorgenommen: man zählte nämlich die verschiedenen Wesenheiten auf, die sich nacheinander in dieser bestimmten Reihenfolge aus dem heiligen Urwesen, dem unpersönlichen Brahman oder dem persönlich gedachten Herrn der Seele des Weltalls — entwickelt haben sollten; so hoffte man die Entstehung der Alltagswelt aus dem heiligen Urgrund begreiflich machen zu können. Eine solche „Aufzählung" führte etwa aus, es sei zunächst aus dem Geist ein unentfalteter Weltkeim entstanden, aus diesem Weltkeim hätte sich dann zunächst die Entscheidungskraft [1]) entwickelt, aus dieser in zunehmender Vergröberung die ichbildende Kraft, [2]) aus der Ich-heit endlich seien einerseits die einzelnen Seelen vermögen hervorgegangen, andererseits die einzelnen Stoffarten bis herab zu den gröbsten Bestandteilen der uns um gebenden Welt. Da jedoch der Yogin alles, was Welt und nicht Geist ist, in sich unterdrücken, bekämpfen soll und muss, so lag es ihm nahe, *allen* Gliedern einer solchen Entwicklungsreihe gegenüber eine ablehnende Stellung einzunehmen, sie demnach nicht als Ausfluss des heiligen Weltgrunds zu betrachten, vielmehr sie von diesem ihrem Ursprungspunkt abzulösen und nun den Standpunkt einzunehmen: „Der unentfaltete Weltkeim, aus dem diese ganze unheilige Alltagswelt hervorgegangen ist, kann doch nicht das heilige Brahman selbst sein; er lässt sich nur begreifen als ein vom heiligen Brahman unabhängiges, selbständig neben ihm stehendes Urwesen." Auf diese Weise verwandelte sich im Laufe der Jahrhunderte der ursprüngliche Monismus in einen Dualismus: die Welt geht jetzt nicht mehr aus dem Geist hervor, sondern neben dem Geist besteht von jeher eine Ursubstanz, aus der sich die Welt Schritt für Schritt entwickelt.

Dabei wurde der „Geist" in der älteren Zeit zumeist noch als ein göttlicher Geist gedacht und das einzelne Ich jedes einzelnen Men-

---

1) D. i. die Erkenntnis- und Tatkraft, die Vernunft.
2) Die Ichheitskraft oder Ichheit.

schen galt nur als ein Strahl dieses einen göttlichen Hauptgeists. Zu dieser Zeit war also die bei den Dualisten herrschende Weltanschauung diese: Die einzelnen Geister, statt sich ihrer Zugehörigkeit zu dem einen göttlichen Geist bewusst zu bleiben, haben dies ihr Wesen vergessen, halten sich für eins mit der sie umgebenden, sie in konzentrischen Schichten rings umhüllenden Welt, werden aber dadurch auch in all das Leiden dieser Welt verstrickt. Die Welt nämlich entwickelt sich aus einer unentfalteten, feinen, unstofflichen zu einer immer gröberen, stofflicheren Wesenheit — bis herab zu den ganz groben Stoffen, die uns umgeben, und umhüllt so in vielen Schichten jeden einzelnen Strahl des göttlichen Geistes. Da ist, als die äußerste Hülle des Ich, der Leib des Menschen; in diesen eingeschlossen sind die Vermögen des Wahrnehmens, des Tuns und des Überlegens. Noch näher gegen den geistigen Kern des Menschen zu liegt die ichbildende Kraft; als innerste Hülle aber umhüllt jenen geistigen Kern das Vermögen der vernünftigen Entscheidungen, d. i. die Erkenntnis- und Tatkraft. Das innerste Ich aber, der Strahl des göttlichen Geistes, eingeschlossen in all diese Hüllen, sieht nichts anderes vor sich als eben nur diese Hüllen: es vergisst, dass es eigentlich etwas ganz anderes ist als sie und meint, dass alles, was diese Hüllen, diese gröberen oder feineren Bestandteile der Welt, erleiden, damit auch ihm, dem wahren Ich selbst, widerfahre. So vergisst das geistige Ich seines göttlichen Ursprungs, wird in das Leiden der Welt hineingezogen und bleibt darin verstrickt — so lange, bis es wieder lernt, sich von der Welt zu unterscheiden, sich seines göttlichen Ursprungs aufs Neue bewusst zu werden. Diesen Standpunkt drücken sehr schön einige Verse des Mahâbhârata aus: [1])

> Weh' mir, der ich unweise war,
> Der ich, verstrickt in blinden Wahn,
> In vieler, vieler Mütter Schoß
> Einging, mein Wesen ganz vergaß.

> Der Herr allein ist mir verwandt,
> Bei ihm allein nur kann ich sein,
> Ihm gleich, verschmelzend mich mit ihm;
> Denn so wie er ist, bin auch ich.

> Nicht nah' ich je der Argen mehr, [2])
> Wenn ich, der Wandellose, auch
> Mich lange durch das Gaukelspiel

---

1) Mokshadharma 309/26ff.; nach Oldenberg, Die Lehre der Up., S. 242.
2) Nämlich der Welt.

Der Wandelreichen täuschen ließ.

Und doch war es nicht ihre Schuld:
Der Schuld'ge bin ich ganz allein,
Der ich, als wär' ich blind und dumm,
Zu ihr trat und mich an sie hing.

Dann aber kam, wie ich schon einmal darlegte, der Zeitpunkt, in dem die Einheit des göttlichen Geistes preisgegeben wurde, so dass von da an die einzelnen Strahlen des göttlichen Geistes als selbständige Geister galten: nun schien es so viele Geister zu geben, als es Menschen, überhaupt Geschöpfe gibt: jedem Geschöpf eignet nun ein besonderes Ich. Von dem göttlichen Urgeist blieb dann nur ein „einzelner, besonderer Geist" zurück, der „Herr" genannt wird, weil er niemals seines Wesens vergaß, daher auch keiner Erlösung bedürftig ist und insofern allen anderen Geistern als Vorbild voranleuchtet, ohne übrigens ihre Erlösung noch sonst irgendwie, außer etwa durch eine in alter Zeit erfolgte Uroffenbarung, zu befördern. — Das ist der Standpunkt des Yogasystems, wie es in den Merksprüchen des *Patañjali* vorliegt. [1])

In noch weiterer Entwicklung verschwand endlich auch dieser göttliche Geist — vielleicht übrigens erst unter der Einwirkung des Buddhismus. Jetzt gab es mithin einen einheitlichen, ewigen Urgeist überhaupt nicht mehr — nur mehr die einzelnen Geister der Menschen. [2]) Und diesen war die Aufgabe gestellt, ganz allein, aus eigener Kraft sich von der Welt, die sie umhüllt, zu unterscheiden, sich der Verschiedenheit ihres Wesens von dem dieser Welt bewusst zu werden und damit ihre Erlösung zu vollziehen. Das aber ist der eigentümliche Standpunkt des Dualismus, wie er in dem nachbuddhistischen Sânkhya- System seinen Ausdruck gefunden hat.

Die theosophischen Systeme jener Zeit knüpfen sich im Allgemeinen je an ein Grundbuch, das entweder aus prosaischen Merksprüchen, Sûtras, besteht oder aber die Form eines in Versen abgefassten Leitfadens, einer Kârikâ, hat. Das Grundbuch des Sânkhya-Systems ist nun ein solcher Leitfaden, die Sânkhya-Kârikâ, deren Verfasser *Içvarakrishna* [3]) etwa um das Jahr 500 unserer Zeitrechnung gelebt zu haben scheint. Diese Kârikâ ist vollständig ins Deutsche übersetzt in *Deussens* „Allg. Geschichte der Philosophie" I/3, S. 413ff.; die viel späteren Sânkhya-Sûtras mit dem Kommentar des *Vijñânabhikshu*

---

1) Yoga Sûtras I 24ff.; vgl. Cûlikâ Up. 6.
2) Genauer: der Pflanzen, Tiere und Menschen sowie der im Veda erwähnten, vergänglichen und selbst der Erlösung bedürftigen Götter.
3) Wörtlich: „Herr ist Krishṇa."

übersetzte *Garbe* (Leipzig 1889). Die Anhänger des Sânkhya führten die Begründung ihrer Lehre wohl auch auf noch ältere Denker zurück, die indes eher den Eindruck sagenhafter als geschichtlicher Persönlichkeiten machen. In deutscher Sprache besitzen wir zwei Darstellungen des Sânkhya-Systems. Der Titel der einen, verfasst von Josef *Dahlmann*, Mitglied der Gesellschaft Jesu, lautet: Die Sâmkhya-Philosophie als Naturlehre und Erlösungslehre nach dem Mahâbhârata, Berlin 1902; die andere rührt von Richard Garbe her und heißt: Die Sânkhya-Philosophie, eine Darstellung des indischen Rationalismus, 2. Auflage, Leipzig 1917. Dahlmann hat das große Verdienst, als erster die Entwicklung der Sânkhya-Philosophie aus einer monistischen Urgestalt erkannt zu haben. Er stellt aber auch vornehmlich nur diese monistische Urgestalt der Sânkhya-Lehre dar, wie er sie aus dem Heldengedicht Mahâbhârata entnimmt; überdies werden seine Anschauungen über Entstehungszeit und -weise dieses Heldengedichts wohl mit Recht heftig bestritten. Andererseits ist die Darstellung von Garbe in jeder Einzelheit völlig zuverlässig; nur ist Garbe innerlich so eng mit der streng dualistischen Sânkhya-Dogmatik verwachsen, dass er für die Entstehung dieser Lehre aus einer älteren, monistischen Gestalt kein Auge hat; auch ist er, wie mir scheint, in der philosophischen Deutung und daher auch in der deutschen Wiedergabe der Kunstausdrücke des Systems nicht immer besonders glücklich.

Das Sânkhya-System ist ein dualistisches System. Es gibt daher für dieses System zwei voneinander vollständig unabhängige Urwesen: einerseits den Geist, oder genauer gesprochen: all die einzelnen Geister, die es in der Welt gibt; andererseits die Ursubstanz, aus der sich die Welt in einer bestimmten Stufenfolge entwickelt. Diese beiden Urwesen sind voneinander völlig verschieden; keines von ihnen ist aus dem anderen hervorgegangen.

Der Geist nun ist Ich in dem strengen Sinn der alten Upanishaden, d. h. zu diesem Geist gehört gar nichts von alledem, was wir in unserem Bewusstsein finden. Das Ich ist das, was Erlebnisse hat; was aber erlebt wird, ist nicht Geist, sondern gehört zur Welt. Das Sânkhya insbesondere vergleicht das Ich oder den Geist mit einem Licht: das Ich oder der Geist ist nichts anderes als das Licht der Bewusstheit, das auf gewisse Stücke der Welt fällt. Diese werden dadurch bewusst. Aber nicht das, was bewusst wird, ist Geist, sondern nur die Bewusstheit, die einem Stück der Welt dadurch zuteilwird. Alle unsere Vorstellungen und Gedanken also, all unsere Genüsse und Leiden, all unser Wünschen, Wollen, Sehnen und Tun gehört nicht dem Geist an; all das ist nur ein Bestandteil der Welt, auf den der Geist das Licht der Bewusstheit strahlt, wodurch dann diese Stücke des Weltgeschehens bewusst werden. All diese Erscheinungen (das Denken, Fühlen und Wollen) sind nämlich an sich unbewusst; sie werden nur dann und nur für so lange bewusst, als sie von einem Ich beleuchtet

werden. Aber sie werden dadurch nur bewusst, sie werden nicht zu
Geist: sie bleiben Nicht-Ich — Nicht-Ich, das vom Ich geschaut wird.
Der Geist ist also nicht selbst Denker, nicht selbst Genießer und nicht
selbst Täter — und eben darin besteht seine unendliche Erhabenheit
über alles, was in der Welt vorgeht, dass ihn dies alles, zuletzt und
eigentlich, gar nicht trifft und berührt: ist er doch bei alledem, bei
allem Denken, bei allem Genießen, bei allem Leiden und Tun im
Grund nur Zuschauer. Und wenn er das immer wüsste und sich gegenwärtig hielte, so gäbe es gar kein Leid. Allein die Beziehung des
Geistes zur Welt wird beherrscht von einem Wahn. Dieser Wahn besteht darin, dass der Geist immer wieder und wieder *vergisst*, dass er
bloßer Zuschauer ist, dass er das, was in Wahrheit nur vor ihm, als
ein Schauspiel, aufgeführt wird, was vor ihm nur vorüberzieht wie
eine Wandeldekoration, dass er dies für sein eigenes Erleben und
Wirken hält, während es sich doch nur um das Erleben und Wirken
eines Stückes Weltgeschehen handelt, das von ihm beleuchtet und
daher auch geschaut wird. Und eben darin besteht nun seine Aufgabe,
dass er diesen Wahn überwinde und die Dinge wieder so sehe, wie
sie in Wahrheit sind: nämlich all dies Geschehen als etwas, was bloß
an ihm vorüberzieht, und sich selbst nur als den Zuschauer, vor dem
diese Dinge geschehen und durch dessen Bewusstseinslicht sie beleuchtet werden.

Bewusstsein ist daher nach dieser Ansicht nur möglich, wenn
beides zusammentrifft: Erscheinungen des Weltgeschehens und ein
geistiges Ich, das sie beleuchtet. Das Weltgeschehen allein ist unbewusst: das geistige Ich allein besitzt zwar die Fähigkeit der Bewusstheit, solange aber nichts da ist, *dessen* es sich bewusst sein könnte,
verbindet sich mit dieser Bewusstheit kein Bewusstsein. Und so wird
es auch sein, wenn sich der Geist erlöst haben wird: seine Verbindung mit dem Weltgeschehen wird dann aufgehoben sein, er wird daher zwar als Bewusstheit bestehen, jedoch wird es für ihn nichts mehr
geben, dessen er sich bewusst sein könnte.

Wir sehen: das ist das alte Ideal der Upanishaden! Schon dort
hieß es ja: Wo das Ich eins geworden ist mit dem heiligen Brahman,
dort gibt es zwar noch einen Erkenner, aber nichts mehr, was von
ihm verschieden wäre, nichts mehr, was er erkennen könnte; daher
wird sein Zustand ähnlich sein wie der eines in tiefen Schlaf Versun-
kenen. Eben dieses Ideal einer bewusstlosen Bewusstheit oder, was ja
so ziemlich dasselbe ist, einer bewussten Bewusstlosigkeit, wie es ja
auch dem Yogin vorschwebt, erscheint mithin als das Ideal auch im
Sânkhya-System. Als *Ideal* stellt es sich aber dar, weil in allem Be-

wusstsein das Leiden weitaus überwiegt und weil daher nur dadurch, dass das Bewusstsein aufgehoben wird, auch das Leiden zu Ende kommen kann. Das Bewusstsein aber kann nur aufgehoben werden, wenn die Verbindung des geistigen Ich mit dem unbewussten Weltgeschehen gelöst wird, und wenn infolgedessen auf der einen Seite das Weltgeschehen unbewusst bleibt und auf der anderen dem geistigen Ich kein Inhalt mehr gegenübersteht, dessen sich's noch bewusst sein könnte.

Woher kommt nun dieses Weltgeschehen, das dem Ich gegenübersteht? Es geht aus der Grund- oder Ursubstanz, der *Prâkriti*, hervor. Diese Grund- oder Ursubstanz ist an sich ein Unentfaltetes, ein *Avyakta*, d. h. sie ist ein allerunwahrnehmbarstes, allerfeinstes Wesen — ein Wesen also ganz von der Art wie das Brahman, nur dass dieses Wesen hier im Sânkhya-System als der Entstehungsgrund, der Keim der unheiligen Alltagswelt betrachtet wird. Und darum ist es, glaub' ich, wenig glücklich, wenn man „Ursubstanz", Prâkriti, oder „Unentfalteter Weltkeim", Avyakta, im Deutschen durch „Materie" oder durch „Stofflichkeit" wiedergibt. Wäre die Ursubstanz Stofflichkeit, dann müssten aus ihr zuerst die Stoffe hervorgehen; allein in der Tat verhält es sich gerade umgekehrt. In der langen Reihe von Wesen, die aus der Ursubstanz hervorgehen, sind die Stoffe die letzten: die ganze Reihe ist eine solche von abnehmender Feinheit, von zunehmender Vergröberung. Und das erste Wesen, das aus dem unentfalteten Weltkeim hervortritt, ist die Erkenntnis- und Tatkraft, das Entscheidungsvermögen, die Vernunft. Der Weltkeim ist daher noch feiner, noch unwahrnehmbarer als die Vernunft, demnach ohne jeden Zweifel auch noch unstofflicher. Die Ursubstanz ist also nichts weniger als Stoff oder Stofflichkeit, sie ist gerade das Allerunstofflichste, was in der Welt überhaupt gedacht werden kann.

Das Unentfaltete ist nach alledem ein unwahrnehmbarer, höchst feiner, unstofflicher Weltkeim, ein gleichförmiges Etwas, in dem jedoch, wie die Sânkhya-Lehrer meinen, doch schon die drei Hauptseiten alles Weltdaseins anzunehmen sind, nämlich jene drei „Guṇa's" oder Faktoren, von denen schon die Rede war und aus denen sich, wie ein Strick aus drei Fäden, der unentfaltete Weltkeim zusammensetzen soll. Diese drei Gunas oder Faktoren waren: das Beglückende, das Beunruhigende und das Lähmende. Da sich nun die ganze *Welt* aus dem Beglückenden, Beunruhigenden und Lähmenden zusammensetzt, so muss angenommen werden, dass diese drei Bestandstücke auch schon in dem unentfalteten, unendlich feinen *Weltkeim* vorhanden waren — nur noch in vollständigem Gleichgewicht, so dass keines von ihnen irgendwie einseitig hervortrat. Indem dann dieses Gleichgewicht der drei Bestandstücke gestört wird, entstehen nacheinander die einzelnen Weltentwicklungsstufen, wobei — so stellte man sich das vor — zunächst das Beglückende vorwiegt, dann allmählich das Beunruhigende und das Lähmende mehr und mehr in den Vordergrund treten, so dass auch in dieser Beziehung die ganze Entwicklungsreihe eine Reihe zunehmender Vergröberung ist.

Das erste Wesen, das sich so aus dem unentfalteten Weltkeim entwickelt, ist nun das Entscheidungsvermögen, die *Buddhi*, d. i. die Kraft des vernünftigen Denkens und Handelns, die übrigens, als das höchste Vermögen des Ich, auch als Groß- oder Ober-Ich bezeichnet wird.

Aus diesem vernünftigen Entscheidungsvermögen, dem Feinsten, was es, abgesehen vom Geist, überhaupt gibt, geht nun die ichbildende oder Ichheits-Kraft, der *Ahankâra*, hervor — d. i. der Inbegriff aller Kräfte, die das Dasein beseelter Einzelwesen bewirken und befördern: einerseits also der Wahn, dass jene Bestandteile der Welt, die ein geistiges Ich umhüllen, mit diesem geistigen Ich eins seien — denn dieser Wahn ist ganz eigentlich der Kitt, der Geistiges und Weltliches, Ich und Nicht-Ich zur Einheit eines bewussten Einzelwesens zusammenklebt; andererseits der Lebensdrang, der jedes solche Einzelwesen treibt, sich zu erhalten und zu behaupten, ja sich sogar nach dem Ende seines Lebens in immer wiederholten Geburten zu erneuern.

Aus dieser im Ichwahn und Lebensdrang der bewussten Einzelwesen sich äußernden Ichbildungskraft geht nun weiterhin auch all das hervor, was ein solches bewusstes Einzelwesen und insbesondere einen Menschen zusammensetzt, und das sind nach indischer Auffassung einundzwanzig Stücke, nämlich zehn Vermögen, zehn Stoffe und die Kraft der Überlegung.

Die zehn Vermögen, die man mit einem nicht sehr glücklichen Ausdruck im Deutschen auch Sinne nennt, sind Sehen, Hören, Riechen, Schmecken, Fühlen; Reden, Greifen, Gehen, Entleeren und Zeugen. Dazu kommt die Kraft der Überlegung, das *Manas*, das die Wahrnehmungen zu Gedanken verarbeitet und die Tätigkeiten durch Wünsche vorbereitet. Die zehn Stoffe endlich setzen sich aus fünf Fein- oder Reinstoffen und fünf Grob- oder Mischstoffen zusammen.

Die fünf Rein- oder Feinstoffe [1]) sind: das Hörbare, das Fühlba-

---

1) Tanmâtras; zuerst Maitr. Up. III 2.

re, das Sichtbare, das Schmeckbare und das Riechbare. [1]) Die fünf
Grob- oder Mischstoffe [2]) sind: Luft, Wind, Feuer, Wasser und Erde.
Da die letzteren viel zu grob und stofflich sind, als dass sie unmittelbar aus einer so feinen und unstofflichen Wesenheit wie der Ichheitskraft hervorgehen könnten, bilden sie sich nach der Sâhkhya-Lehre
aus den Reinstoffen, und zwar nach einem merkwürdigen Gesetz.
Während nämlich der erste Mischstoff nur einen Reinstoff enthält, besteht der zweite Mischstoff schon aus zwei Reinstoffen, der dritte aus
drei, der vierte aus vier, der fünfte aus allen fünf Reinstoffen. Die bloße bewegungslose Luft nämlich ist eigentlich nichts anderes als eine
andere Form des Hörbaren; denn unbewegte Luft nehmen wir — das
war die Meinung der Inder — mit keinem anderen Sinn wahr als mit
dem Gehör. Dagegen *hört* man den Wind nicht nur, sondern fühlt ihn
auch; er besteht somit aus Hörbarem und Fühlbarem. Das Feuer hört,
fühlt und sieht man: es besteht also aus Hörbarem, Fühlbarem und
Sichtbarem. Das Wasser hört, fühlt, sieht und schmeckt man: es besteht aus Hörbarem, Fühlbarem, Sichtbarem und Schmeckbarem. Feste
Körper kann man überdies auch noch riechen; sie bestehen daher aus
Hörbarem, Fühlbarem, Sichtbarem, Schmeckbarem und Riechbarem.

Das also sind die einundzwanzig Bestandteile des Menschen, die
aus der Ichheitskraft hervorgehen. Zählt man diese und das Entscheidungsvermögen mit, so sind es im Ganzen dreiundzwanzig. Von diesen dreiundzwanzig Bestandteilen gehen jedes Mal achtzehn, nämlich
alle bis auf die fünf Grobstoffe, eine beständige Verbindung ein, in
der sie nun je ein Ich während seiner ganzen Wanderung begleiten.
Mit dem Tod nämlich fallen zwar die Grobstoffe weg, aber die von
der Ichheitskraft geschaffene Individualität bleibt erhalten. Sie besteht aus den zehn Vermögen, aus der Überlegungs-, der Ichheits-
und der Entscheidungskraft, [3]) und alle diese dreizehn unstofflichen

---

1) Es ist wohl doch nur ein wortreicherer Ausdruck, wenn Praçna Up. IV 8 nebeneinander einerseits „Erde und Erdstoff", andererseits „Geruch und Riechbares"
usf. erscheinen. Oder verstand der Verfasser unter dem Erdstoff etwas anderes als
das Riechbare?

2) Mahâbhûtas; zuerst Taitt. Up. II 1; Ait. Up. III 3.

3) Wieso Buddhi und Ahankâra, die doch der Individualisierung vorausliegen sollten, trotzdem Merkmale der Individität sein, zum Linga gehören können, ist eine be-
rüchtigte Streitfrage. Die von Garbe[2], S. 298f., angeführte Erklärung: „wegen Verschiedenheit der Werke" ist eine offenbare Verlegenheitsauskunft: der Purusha ist nicht Täter, setzt kein Werk; auf Seiten der Prâkriti aber kann es, solange keine Individualisierung stattgefunden hat, doch auch keine Verschiedenheit der Werke geben. — In Wahrheit gehört der Ahankâra ursprünglich einer kosmologischen, Buddhi und Manas dagegen gehören einer psychologischen Entwicklungsreihe an, deren Verschmelzung im
Sânkhya-System nur unvollständig geglückt ist.

Kräfte werden durch die fünf Reinstoffe zusammen gehalten, so wie — ein oft gewähltes Bild — die Farben des Malers, um sich dauernd zu erhalten, auf Leinwand aufgetragen werden müssen. Diese achtzehn Kräfte, die Entscheidungs-, die Ichheits- und die Überlegungskraft, die zehn Vermögen und die fünf Reinstoffe als Kitt, bilden also zusammen das, was die Inder „Liṅga" nennen, d. i. die Seelenbestimmtheit, Persönlichkeit oder Individualität. Sie wird dargestellt durch jene beharrende Gruppe von Weltbestandteilen, die, so lange eine Weltperiode dauert, mit einem Ich verknüpft bleiben, die dieses eine Ich umhüllen und mit denen sich dieses eine Ich verwechselt — worin eben die Unseligkeit besteht, von der es sich erlösen soll. Dieses Gebilde heißt Seelenbestimmtheit oder Individualität, weil nur durch dieses Gebilde sich ein Ich vom anderen unterscheidet. Denn das rein geistige Ich, als bloßes Licht der Bewusstheit, ist natürlich für alle Geschöpfe gleich. Die Geister unterscheiden sich nicht dadurch, *dass* sie bewusst, sondern dadurch, wessen sie sich bewusst sind, durch die Gedanken, Gefühle, Wünsche und Handlungen, denen sie Bewusstheit verleihen. Diese sind von Mensch zu Mensch verschieden, gehören aber zu *dem* am Menschen, was von der Welt stammt; sie sind an sich unbewusst. Bewusstheit dagegen strahlt jedes Ich in gleicher Weise aus, und eben nur durch das an ihnen, was nicht Bewusstheit, *nicht* Geist ist, unterscheiden sich die Menschen voneinander.

Allein die Menschen *unterscheiden* sich nicht nur durch das *Liṅga*, die Individualität oder Seelenbestimmtheit; einzig und allein dieses *Liṅga verknüpft* auch ein späteres Leben mit einem früheren nach dem Gesetz der Vergeltung. Der Geist (das Ich) ist ja nicht Täter; er verdient also auch weder Lohn noch Strafe in diesem oder einem künftigen Leben. Er hat ja nichts getan, war ja nur Zuschauer vor einer Wandeldekoration; wer die Tat begangen, Lohn oder Strafe verdient hat, das ist die Seelenbestimmtheit, d. h. je eine beharrliche Gruppe von Weltbestandteilen, die ein Ich umhüllen: Entscheidungs-, Ichheits-, Überlegungskraft, die zehn Seelenvermögen und die fünf Reinstoffe als Kitt.

Von der Verwechslung mit dieser Individualität soll sich nun das Ich frei machen. Jedem Ich, jedem Geist steht ja zunächst dieser Teil der Welt vor Augen: die Gedanken, Gefühle, Wünsche, die sein Bewusstsein erfüllen! Sie sind es, die er immerwährend schaut, von ihnen glaubt er daher fälschlich, sie seien mit ihm eins, machten sein wahres Wesen aus — eben von diesem falschen Glauben, von diesem Wahn kann und soll er erlöst werden! Und an diesem Punkt hat die Sânkhya-Lehre die logische Strenge ungewöhnlich weit getrieben.

Sie hat nämlich die Frage aufgeworfen: Wie kann sich denn das Ich erlösen, da es doch nicht denken, nicht handeln kann? Und ganz folgerecht lautet ihre Antwort: Im Grunde erlöst sich gar nicht das Ich; was die Erlösung bewirkt, das ist die Persönlichkeit, die Individualität, das Liṅga. Innerhalb des Verbandes der den Geist umhüllenden, an sich unbewussten Weltbestandteile nämlich, somit in dem von ihm beleuchteten Bewusstsein spielt sich unter der Einwirkung dieser Beleuchtung der Erlösungsvorgang ab, indem sich in dieser Persönlichkeit der Gedanke bildet: „Das Ich, der Geist, ist etwas von allem bloßen *Bewusstseinsinhalt*, daher auch von allem Tun und Leiden durchaus Verschiedenes." Und indem nun das Ich diesen erlösenden Gedanken beleuchtet, erhebt es ihn zu einem bewussten Gedanken, stellt ihn als solchen sowohl vor sich selbst als auch vor die aus der Weltsubstanz hervorgegangene Persönlichkeit hin. Und daraufhin zieht sich nun diese Persönlichkeit, ja überhaupt die ganze Welt von dem Ich zurück, es tritt zwischen ihnen eine immer weitergehende Trennung ein. Zunächst erzeugt sich in dem Bewusstsein des Erlösten das Wissen: „Mein Geist ist nicht das, was in meinem Bewusstsein vorgeht; was in meinem Bewusstsein vorgeht, ist nicht mein Ich." Nach dem Tod aber treten dann die beiden Urwesenheiten auch dauernd, ja auf ewig auseinander. Die Weltsubstanz kehrt in sich zurück: im Grunde hat sie sich — ohne es zu wissen — nur zu dem Zweck entfaltet, um sich von einem Geist beleuchten und dadurch zur Rückentwicklung bewegen zu lassen. Das Ich aber geht in jenen Zustand bewusster Bewusstlosigkeit über, in dem es zwar noch der Bewusstheit fähig bleibt, sich jedoch keines Dinges mehr bewusst ist und daher in ungetrübter Seligkeit bis ans Ende der Zeiten verharrt. Die Sânkhya-Denker vergleichen diesen Vorgang der Weltrückbildung gern mit dem Verhalten eines schamhaften Mädchens, das einmal, da es unverhüllt tanzte, von einem Mann erblickt wurde. So wie dies Mädchen sich jenem Mann kein zweites Mal mehr zeigen, vielmehr voll Scham in die Einsamkeit fliehen wird, so verhält sich auch die Welt, wenn sie erst einmal der Geist ihrem wahren Wesen nach erkannt hat. Dann geht ihm die Erkenntnis auf: „Das bin nicht ich." Ihr aber die andere: „Es ist nicht gut, dass ich beleuchtet werde." Dann gehen beide auseinander für immerwährende Zeiten.

Zum Schluss seien hier die Verse mitgeteilt, in die das Grundbuch der Sânkhya-Lehre, die Sânkhya-Kârikâ, ausklingt: [1])

---

1) S. K. 57; 59; 61; 65; 64; 65; 66; 68; nach Deussen, Allg. Gesch. d. Phil. I/3, S. 459-464.

Wie, um des Kalbes Wachstum zu befördern,
Die Milch sich bildet, obgleich unbewusst,
So bildet auch die Welt sich zu dem Zwecke,
Um unsern Geist von Leiden zu befrei'n.

Der Jungfrau, deren zücht'ge Scheu die größte,
Ihr, sag' ich, gleicht das Wesen dieser Welt;
Wenn hüllenlos einmal er sie erblickt hat,
Zeigt nie und nimmer sie dem Geist sich mehr!

Der Geist wird nicht erlöst, ist nicht gebunden,
Der Geist stirbt nicht und wird nicht neu geboren:
Was wandert, was gebunden und erlöst wird,
Das ist allein die Welt, des Halts entbehrend!

Nur wenn der Grund der Welt und ihre Stufen
Erkannt sind, sprießt das hohe Wissen auf,
Das alles andre Wissen unter sich lässt:
Das bin nicht ich! Das ist nicht mein! Ich bin nicht!

Zufrieden blickt, entrückt in ferne Höhen,
Der Geist hernieder dann noch auf die Welt,
Die, weil gestillt ihr Sehnen, sich zur Ruhe
Begibt und nichts mehr bildet, nichts mehr schafft.

„Sie ist erkannt!", so spricht er und verschmäht sie;
„Ich bin erkannt!", so spricht sie — und verschwindet
Wohl blickt der Geist noch auf die Welt hernieder,
Doch nur noch kurze Frist, nur bis zum Tod noch!

Zerfällt der Leib, dann ist der Preis errungen:
Es kehrt die Welt zurück nun in sich selber,
Der Geist lebt fort in einsamer Vollendung,
Die keines Dings bedarf und ewig dauert!

XXXI. DAS VEDANTA-SYSTEM

Jene indischen Denker, die die ganze uns umgebende Welt aus einem von ihnen angenommenen heiligen Urwesen, dem Brahman oder dem Welt-Ich, dem Geist oder dem göttlichen Herrn, ableiteten, können wir als Monisten bezeichnen. Die Auffassung, dass alles in der Welt, auch das Alltägliche, das Unheilige, letztlich aus einem heiligen Urwesen, einer heiligen Urmacht, abzuleiten sei, hatte aber mit der den indischen Büßern und Waldeinsiedlern gewohnten Übung des Yoga zu kämpfen, die darauf abzielte, durch gewaltsame Unterdrückung des Alltagsbewusstseins den Geist zum Überirdischen, zum Heiligen emporzureißen; denn wo das Alltägliche gewaltsam unterdrückt werden soll, da fällt es den an diese Forderung gewöhnten Menschen schwer, sich dauernd bei der Ansicht zu beruhigen, es sei dies Alltägliche selbst nichts anderes als ein notwendiger Ausfluss, ein notwendiges Erzeugnis des Heiligen und Überirdischen. Daher hat der indische Monismus im Laufe der Zeit fast durchgehends in eine andere Weltanschauung umgeschlagen. Jener Monismus, der vorwiegend auf freiem Nachdenken beruhte — wir dürfen ihn vielleicht als den spekulativen bezeichnen, weil er sich ohne Anhalt in einer heiligen Überlieferung die Stufenfolge der Wesenheiten zurechtlegte, nach der, wie er meinte, sich die Welt aus dem Urwesen entwickelt haben sollte —, dieser spekulative Monismus ist schon ziemlich früh in einen Dualismus übergegangen, indem er jenes Urwesen, aus dem er die Alltagswelt hervorgegangen dachte, von dem heiligen Brahman abtrennte und es als eine besondere Weltsubstanz auffasste, die neben dem Brahman, unabhängig von diesem, bestehe. Und dieser Dualismus hat sich dann, etwa gegen das Ende der buddhistischen Herrschaft über Indien, im Sânkhya-System niedergeschlagen. Neben diesem spekulativen Monismus gab es indes noch einen anderen, der sich enger an den Wortlaut der altüberlieferten heiligen Texte hielt, durch Auslegung des Veda und der Upanishaden den Hervorgang der Alltagswelt aus dem heiligen Urwesen zu erkennen suchte. Dieser Monismus, den wir den auslegenden oder exegetischen nennen könnten, hat etwas später die umgekehrte Entwicklungsrichtung eingeschlagen: er ist übergegangen in einen Idealismus, d. h. fortgeschritten zu der Überzeugung, dass die Alltags weit überhaupt nicht wirklich besteht, dass sie nur ein Truggebilde, ein Blendwerk sei, dass es in Wahrheit überhaupt gar nichts anderes wirklich gäbe als das heilige Urwesen, das Ich der Welt, das Brahman oder den Âtman. Und auch dieser Idealismus hat sich dann nach der Beendigung der buddhistischen Herrschaft über das indische Geistesleben zu dem *Vedânta*-System verfestigt.

Vedânta bedeutet eigentlich nichts anderes als Veda-Ende. Als nämlich Jahrhunderte nach dem Abschluss der Upanishaden diese und die Priesterreden, von denen sie einen Teil bildeten, an Heiligkeit den alten Lieder-und Spruchsammlungen, die ursprünglich allein den Veda gebildet hatten, gleichgestellt, als die Priesterreden und mit ihnen die Upanishaden in den Veda aufgenommen wurden, war die naturgemäße Anordnung der heiligen Texte die, dass zunächst die alten Hymnen-, Lieder- oder Spruchsammlungen standen, dann die Priesterreden, die jede dieser Sammlungen erläuterten, und am Schluss dieser Priesterreden die Geheimlehre oder Upanishad, die den höheren, spekulativen Sinn der heiligen Texte enthüllte; so kamen ganz naturgemäß die Upanishaden an das Ende des Veda zu stehen und hießen fortan *Vedânta*. Auch *Vedânta*-System heißt also eigentlich nichts anderes als ein System, das sich zu seiner Rechtfertigung auf den Vedânta, die Upanishaden, beruft. Nun gab es ja, wie wir schon sahen, in den Upanishaden allerdings Ansätze sowohl zu einem ausgesprochenen Dualismus als auch zu einem ausgesprochenen Idealismus; als vorherrschend aber müssen wir in den alten und ältesten Upanishaden doch eigentlich die Auffassung bezeichnen, die die Welt aus dem heiligen Urwesen hervorgegangen denkt, somit eine monistische Lehrauffassung. Auch ein *Vedânta*-System konnte daher schon aus diesem Grund ganz wohl ein Lehrgebäude des Monismus sein. Nun kommt aber noch ein besonderer Umstand hinzu. Die Erklärung der Upanishaden stand nicht für sich allein, sie war ein Teil der Erklärung des Veda überhaupt oder, um das indisch auszudrücken, sie war ein Teil der *Mîmânsâ*. Nun handelt der Veda in seinen ältesten Teilen wie auch in den Priesterreden vor allem von Opferhandlungen und von den Vor- und Nachteilen, die das Darbringen oder Unterlassen solcher Opferhandlungen dem Gläubigen gewährt. Er handelt davon, inwiefern der Mensch sich durch die Art seines Gottesdienstes im Diesseits wie im Jenseits günstige Schicksale sichern kann. Es ist nun klar, dass die Erläuterung eines heiligen Textes, in dem hauptsächlich von Opferhandlungen und ihren Wirkungen auf das Ergehen des Opferers die Rede ist, nicht gut idealistisch schlechthin sein kann; wer einen heiligen Text dieser Art zu erklären hat, kann nicht einfach sagen: Es gibt keine Welt, wie wir sie vor uns sehen, daher gibt es auch keine Opfer, keine Seele, keinen Tod, kein Diesseits, kein Jenseits, keine Wiedergeburt, keine Erlösung. Einem solchen Erklärer würde ja jeder Schüler mit der Frage antworten, wozu er ihm dann den heiligen Text, der sie offenbar beide nichts angehe, erklären wolle? Auch aus diesem Grunde ist es daher vollständig begreiflich, ja fast notwendig, dass der *Vedânta*, die theosophische Erklärung der Upanishaden, ursprünglich vorwiegend eine monistische war. Und das zeigt sich denn auch deutlich in dem Haupt- und Grundwerk dieser *Vedânta*-Theosophie, in den Sûtras oder Merksprüchen des *Bâdarâyana*, dessen Lebenszeit zwar nicht näher bekannt ist, dessen Werk aber, nach den Gegnern zu schließen, die er bekämpft, [1] kaum älter sein kann als etwa das Jahr 400 n. Chr.

Dieses Werk hat Deussen unter dem Titel „Die Sûtras des Vedânta" zu Leipzig 1887 deutsch herausgegeben.

Bâdarâyana vertritt darin etwa folgenden Standpunkt.

Die Welt, die wir gewohnt sind, vor uns zu sehen, ist wirklich. Sie ist durchwaltet und beseelt von einem geistigen Urwesen, dem göttlichen Herrn. In dieser Welt bringen die Menschen Opfer dar, und je nach diesen Opfern gestaltet sich ihr Schicksal nach dem Tod, indem der Herr je nach ihrem Verdienst über sie eine günstigere oder ungünstigere Wiedergeburt verhängt. Wenn aber jemand den Herrn selbst seinem Wesen nach erkennt, so wird er davon losgesprochen, immer wieder geboren zu werden: er kann zum Herrn eingehen und für alle Zeiten mit ihm vereint bleiben. Eben darin besteht die Erlösung, und dieser Erlösung sind von den freien Ariern aufwärts alle beseelten Wesen fähig, nämlich Freie, Krieger, Priester, Dämonen und Götter. [2] Denn auch die Götter — nämlich die im Veda vorkommenden Einzelgottheiten wie *Indra, Varuna* usf. — sind nur für eine bestimmte Zeit Götter, und mit dem Ende eines gewissen Weltabschnitts wird auch ihre Göttlichkeit zu Ende gehen: ihre Seele hat dann eine neue Geburt, ein neues Leben zu erwarten, und da es das oberste Ziel jedes Lebewesens sein muss, sich der künftigen Wiedergeburt zu entziehen, so sind auch die Götter der Erlösung bedürftig. Ausgeschlossen von der Erlösung sind nur die Wesen von den freien Ariern abwärts, d. i. Knechte, Tiere und Pflanzen, und zwar deshalb,

---

1) Bes. II 2, 11-17 die Lehre des Kanada.
2) I 3, 26.

weil zur Erlösung nichts anderes führt als die Erkenntnis der heiligen Wahrheit, wie sie im Veda offenbart ist; [1]) den Veda aber können Tiere und Pflanzen nicht lesen, und Knechte dürfen ihn nicht lesen: sie würden ihn ja verunreinigen.

Diese ganze Welt nun mit dem sie durchwaltenden und beseelenden göttlichen Herrn, den opfernden oder nichtopfernden, aus günstigeren oder ungünstigeren Mutterschößen wiedergeborenen lebenden Wesen" ist hervorgegangen, ausgehaucht worden aus dem heiligen Urwesen, dem Brahman, und wird nach Ablauf einer gewissen Zeit, einer Weltperiode, in dieses heilige Urwesen wieder eingehen, von ihm wieder eingehaucht werden. Solange die Welt besteht, ist sie wirklich. [2]) Insofern kann man daher *nicht* sagen, dass das Brahman das einzig Wirkliche wäre. Wenn es im Veda heißt, dass allein das Brahman wirklich sei, dass es neben ihm kein Zweites gäbe, so bezieht sich das auf die Zeit *vor* der Hervorbringung einer Welt oder *nach* ihrer Zurücknahme. Es bezieht sich also auf die Zeiten, in denen keine Welt besteht. Während des Bestandes einer Welt dagegen gibt es neben dem Brahman auch noch die von dem göttlichen Herrn beseelte Welt. Der göttliche Herr selbst aber ist nichts anderes als das Brahman, das in die Welt, als ihre Seele, eingegangen ist. Insofern nun das Brahman in die Welt als ihre Seele eingegangen ist, ist es vergänglich: denn insofern besteht es nur solange, wie eine Weltperiode dauert. Mit der Welt endet demnach auch die Weltseele, der göttliche Herr. Und auch alle erlösten Einzelseelen, die zu diesem göttlichen Herrn eingegangen sind, sind somit eigentlich nur für die Dauer einer Weltperiode erlöst — wobei allerdings die Möglichkeit vorbehalten bleibt, dass die Seelen, während sie mit dem göttlichen Herrn eins sind, auch die vollkommene Erkenntnis des Brahman gewinnen und zu diesem eingehen könnten. Es gibt nämlich eine doppelte Erlösung. Wenn die Seele das Brahman nur erkennt, sofern es der Herr ist, geht sie zu diesem ein und wird für den Rest der Weltperiode erlöst. Wenn dagegen die Seele das Brahman erkennt, wie es *an sich* ist, auch vor Hervorbringung einer Welt, kurz wie es seinem unvergänglichen Wesen nach ist, dann geht sie zu diesem höchsten Brahman ein und ist für *alle* Zeit *erlöst*. Es gibt also ein höchstes, unvergängliches Brahman, d. i. das Brahman, aus dem die Welt hervorgeht

---

1) Weder gute Werke (III 4, 1) noch eigenes Nachdenken (I 1, 11).

2) Keine bloße Erscheinung, kein bloßer Traum, wie die Buddhisten wollen (II 2, 29-32; III 2, 3); indem Çankara auch diese Merksprüche zustimmend erklärt, gleicht sein Vorgehen etwa dem Kants, wo dieser gegen Berkeley die „empirische Realität" der Welt verteidigt.

und in das sie wieder zurückkehrt. Auf dieses Brahman bezieht sich die höchste Erkenntnis. Und es gibt ein nicht-höchstes Brahman, das während einer Weltperiode die Welt als ihr göttlicher Herr beseelt, und auf dieses nicht-höchste Brahman richtet sich die nicht-höchste Erkenntnis, die die Menschen oder eigentlich die Seelen nur auf die Dauer einer Weltperiode erlöst. [1]) Solange aber eine Welt besteht, ist diese Welt und der sie beseelende göttliche Herr ebenso wirklich wie das höchste, unvergängliche Brahman.

Zu diesen durchaus monistischen und realistischen Merksprüchen schrieb nun um das Jahr 800 n. Chr. G. *Çankara* eine Erläuterung, einen Kommentar, der das Haupt- und Grundwerk des indischen Idealismus geworden ist.

Diesen Kommentar hat *Deussen* samt den Merksprüchen in dem S. 418 erwähnten Werk ins Deutsche übersetzt und überdies die in ihm dargelegte Lehre schon vorher systematisch dargestellt in dem Buche: „Das System des Vedânta", Leipzig 1882 — ohne allerdings so entschieden, wie es mir notwendig scheint, zwischen dem realistischen Standpunkt der Merksprüche und dem idealistischen Standpunkt des Kommentars zu unterscheiden. Lehrreich sind auch die Darlegungen eines Anhängers des *Çankara*, die der Vishnuit *Râmânuja* in der Einleitung zu seiner Erklärung des Bâdarâyaṇa anführt und bestreitet. Man findet sie deutsch in dem Buch von Rudolf *Otto*, „Der Siddhânta des Râmânuja", Jena 1917.

Wie hat es nun *Çankara* zuwege gebracht, zu realistischen Merksprüchen eine idealistische Erklärung zu schreiben? Seine freilich oft nur eben angedeutete, nicht wirklich ausgeführte Grundauffassung ist die, dass die Welt samt dem sie beseelenden Herrn nicht wirklich aus dem höchsten Brahman hervorgegangen sei und wieder in dieses höchste Brahman zurückkehren werde, sondern dass diese ganze Welt samt dem sie beseelenden göttlichen Herrn nur ein Truggebilde, eine Wahnvorstellung sei oder, genauer gesprochen, ein Versuch, sich das unanschauliche Wesen des höchsten Brahman zu dem Zweck anschaulich zu machen, um es zu verehren. Nach *Çankara* geht also aus dem höchsten Brahman, aus dem heiligen Urwesen oder Ur-Ich [2]) überhaupt nichts wirklich hervor, sondern dieses Urwesen oder Ur-Ich unternimmt nur einen Versuch, sich sein eigenes Wesen anschaulich zu machen. Und da die Erkenntnis etwas ist, was nach außen geht, da man nur etwas von dem Erkennenden Verschiedenes erkennen kann, so führt das heilige Urwesen gewissermaßen außer sich ei-

---

1) Bâdarâyaṇa führt freilich diese Unterscheidungen lange nicht so folgerecht durch wie etwa der von ihm IV 3, 7 angeführte Bâdari.

2) Dessen Wirklichkeit Çankara ähnlich wie Cartesius durch sein „Cogito, ergo sutn" beweisen möchte: zu Sûtra I 1, 1 u. II 3, 7; S. 9 u. 389 Deussen.

ne Konstruktion aus: es denkt sich etwas, was ebenso grenzenlos nach seiner zeitlichen Dauer, nach seiner räumlichen Ausdehnung und nach seinem Reichtum an Kraft wäre, wie es selbst ist; und dieses Etwas nun, das sich das heilige Urwesen denkt, aber auch nur denkt, um sich von seinem eigenen Wesen einen Begriff zu geben — dieses Etwas wäre die Welt. Da aber dieses Etwas auch noch eines geistigen Kerns bedarf, weil ja das Ur-Ich selbst auch etwas Geistiges ist, so denkt sich dieses Ur-Ich, die Welt habe eine göttliche Seele, werde von einem göttlichen Herrn beherrscht. [1]

Nun aber geschieht das Unbegreifliche. Es macht sich nämlich etwas geltend, was *Çaṅkara* die Unwissenheit oder den Wahn nennt und was bewirkt, dass dies bloß gedachte Etwas, die Welt, die eigentlich nur ein Bild, ein Symbol ist zur Veranschaulichung des Brahman, für etwas Wirkliches gehalten wird, für ebenso wirklich wie das Brahman oder Ur-Ich selbst. Die Wirkung des Wahns ist also — wie *Çaṅkara* dies ausdrückt [2] —, dass die Eigenschaften des Ich auf das Nicht-Ich übertragen werden, indem nämlich das bloß gedachte, unwirkliche Nicht-Ich, die Welt samt ihrem göttlichen Herrn, für ebenso wirklich gehalten wird wie das wahrhaft Seiende, das heilige Brahman selbst.

Wahrheit freilich ist das alles nicht; und der Wahn, so mächtig er ist, kann zwar fast unwiderstehlich, aber doch nicht ganz unwiderstehlich heißen. [3] Denn es ist möglich, ihn zu durchschauen. Man kann zu der Erkenntnis gelangen, dass diese ganze Welt eigentlich etwas Unwirkliches ist, nicht wirklicher als ein Traumbild oder als ein von einem Zauberer vorgetäuschtes Blendwerk, eine *Mâyâ*, wie der Inder das nennt. [4] Und wie die Welt nur etwas Geträumtes, etwas

---

1) Dass auch der „Herr" als eine der Welt gegenübergestellte, von ihr unterschiedene Macht nichts wahrhaft Wirkliches ist, betont Çaṅkara oft und gern, so z. B. zu Sûtra III 2, 38.

2) Einleitung; S. 3ff. Deussen.

3) Der Wahn selbst ist nicht eigentlich wirklich, sonst könnte er von dem Erlösten nicht als nichtig erkannt werden; aber auch nicht eigentlich unwirklich, sonst würde es zu seiner Aufhebung nicht eines so ungemeinen Vorgangs, wie es die Erlösung ist, bedürfen: s. Otto, S. 99, u. vgl. Sarvopanishadsâra 23 u. Nrisimha-uttaratâpanîya Up. 9.

4) Mäyä heißt ursprünglich überhaupt jede zauberische Leistung, insbesondere die Zauberkraft der Götter, die den Himmel zusammenhält, z. B. Taitt. Br. III 12, 6, 1ff.; Oldenberg, W. A. der Brâhmanatexte, S. 130. So entstehen auch die menschlichen Verkörperungen des Herrn Vishṇu durch seine Mâyâ, Bh. G. IV 6, ja auch die Welt entsteht durch die Mâyâ des Herrn Rudra, Çvetâçv. Up. IV 10, ohne dass deren Wirklichkeit damit in Zweifel gezogen würde. Allein die durch Vishnus Zauberkraft hervorgebrachte Welt verhüllt ihn doch zugleich: wer sie für das letzte Wirkliche

Gewähntes ist, so sind mit der Welt auch alle Einzelseelen in ihr etwas bloß Geträumtes und Gewähntes: in Wahrheit gibt es nur das eine heilige Ur-Ich, das Brahman. Und mit den Einzelseelen sind etwas bloß Geträumtes oder Gewähntes auch all ihre Geburten, ihre ganze Wanderschaft, ihr ganzes Leiden; ja es ist letztlich auch ihre Erlösung etwas bloß Geträumtes, Gewähntes; denn die dem einzig wahren Ur-Ich bloß vorgespiegelte, vorgegaukelte Irrfahrt einer gar nicht wahrhaft wirklichen einzelnen Seele in einer gar nicht wahrhaft wirklichen Welt kann doch nicht wahrhaft und wirklich zu Ende gehen! In Wahrheit und Wirklichkeit war ja nie etwas anderes vorhanden als das heilige Ur-Ich, das Brahman. Und so kann *Çaṅkara* es mit aller Schärfe aussprechen, dass es eigentlich, der letzten Wahrheit nach, kein Leiden gibt und keine Erlösung, ja nicht einmal den Veda, der ja nichts anderes ist als die Anleitung zur Erlösung. Er sagt: [1])

Das Brahman erkennen, heißt zur Einsicht gelangen: „Das Brahman kann seinem Wesen nach nichts wirken und nichts erleiden. Es hat nie etwas gewirkt oder erlitten und erleidet nichts und wird nie etwas wirken oder erleiden. Und darum habe auch ich nie etwas gewirkt oder erlitten, wirke und erleide nichts und werde nie etwas wirken oder erleiden." Nur so ist Erlösung möglich.

Und an einer anderen Stelle: [2])

Vor der Erweckung wird die Wanderschaft der Seele als gültig angenommen. Aber der Veda lehrt, dass nach erfolgter Erweckung die Welt der Wahrnehmung für den Erweckten zunichte wird. Werft ihr nun ein, dass mit der Vernichtung der wahrgenommenen Welt auch der Veda zunichte werden müsste, so ist dies kein Einwand, indem wir es selbst so annehmen. Denn an der Stelle des Veda: [3]) „Dann ist der Vater nicht mehr Vater", heißt es weiter: „Dann ist der Veda nicht mehr Veda", und aus diesem Wort ist ersichtlich, dass wir

hält, sieht am Herrn vorbei: Bh. G. VII 14. Und so kann sich das feste Vertrauen auf das doch nur von ihm Hervorgezauberte, als wäre es etwas an sich und aus sich selbst Bestehendes, geradezu zu der Verblendung steigern, die der Urquell alles Unheils wird: Mokshadharma 212/2f. Und so tritt denn das Moment des Trügerischen in dem Begriff der Mâyâ mehr und mehr hervor — so lange, bis Mâyâ endlich nur mehr ein Blendwerk bezeichnet und als Vorbild alles Unwirklichen gilt: Mänd. Kar. I 7; Cūl. Up. 3 u 6.

1) Zu Sûtra IV 1, 13; S. 706 Deussen.
2) Zu Sûtra IV 1, 2; S. 692 Deussen; vgl. S. 138 Otto.
3) Brih. Ar. Up. IV 3, 22.

selbst den Veda für den Zustand der Erweckung nicht mehr als bestehend erachten.

Sieht das nun nicht doch gar zu zugespitzt aus? *Çaṅkara* predigt also eine Lehre von der Erlösung, und diese Lehre selbst besagt schließlich, dass es eine Erlösung gar nicht gibt — ebenso wenig das Leiden, von dem es eine Erlösung geben könnte, und ebenso wenig den heiligen Text, der die Anleitung zu dieser Erlösung enthält! In Wahrheit ist es recht folgerichtig gedacht. [1]) Machen wir, wie schon einmal, folgende Annahme: Ein Mann schläft und träumt; und es wäre nun die Bedingung gesetzt:

Aus diesem Traum und Schlaf erwacht nur der, der im Traum das Wort „Erwache!" gehört hat.

Dann wäre doch dies Wort: Erwache! die unerlässliche Bedingung dafür, dass der Träumende erwacht. Und doch gilt das nur vom Standpunkt des Träumenden aus; wenn dagegen der Erwachte nachträglich zurückdenkt, dann muss er sich sagen, dass ebenso wie alles, was er geträumt hat, auch das Wort: Erwache! unwirklich war. Das bedeutet keinen Widerspruch; das Wort: Erwache! war im höchsten Sinn unwirklich, es war nur geträumt, gehörte noch zum Traum, es war ja der Ausklang des Traums; und doch wäre der Träumer, wenn er dies Wort nicht geträumt hätte, nicht erwacht. Genau so denkt sich *Çaṅkara* die Stellung des Veda bzw. der Erlösung in der Welt: aus dem Traum von der Wirklichkeit der Welt erwacht niemand, der nicht darüber belehrt worden ist, dass die Welt ein bloßer Traum ist und dass er aus diesem Traum erwachen kann und soll. Wenn er aber einmal aus ihm erwacht ist und die Welt hinter sich gelassen hat, dann allerdings weiß er, dass, wie die ganze Welt nicht wirklich besteht, so auch die Belehrung, dass er aus dem Traum von dieser Welt erwachen könne und solle, ihm nicht wirklich zuteil geworden ist. Die Lehre von der Unwirklichkeit und bloßen Traumhaftigkeit der Welt einschließlich des Leidens in ihr und der Erlösung von diesem Leiden beschränkt sich keineswegs auf *Çaṅkara* und seine Nachfolger. Wie wir schon hörten, sind ja die Buddhisten ihrerseits zu einem sehr verwandten Idealismus gelangt, und auch nichtbuddhistische Idealisten haben schon vor *Çaṅkara* ganz dieselben Schlussfolgerungen aus ihren Voraussetzungen gezogen. Besonders nachdrücklich wird diese Auffassung insbesondere in jenem nicht allzu umfangrei-

---

1) Vgl. S. 71 Otto: Dass der unwirkliche Veda zur Erkenntnis des wirklichen Brahman führt, ist nicht wunderbarer, als dass ein geträumter Elefant das wirkliche Bevorstehen eines Glücksfalles anzeigt.

chen Lehrgedicht vertreten, das uns unter dem Namen des *Gaudapâda* überliefert ist [1]) und etwa im sechsten Jahrhundert n. Chr. G. abgefasst sein dürfte. [2])

Eine deutsche Übersetzung dieser Dichtung findet sich in den, „60 Upanishaden" von *Deussen*. Über die Geschichte des indischen Idealismus vor *Gaudapâda* wissen wir nicht viel. So wird es ja wohl nicht sein, dass sich etwa schon zur Zeit der älteren Upanishaden ein ausgesprochener, entschiedener Idealismus ausgebildet und sich durch all die vielen Jahrhunderte bis auf *Gaudapâdas* Zeiten unverändert erhalten, dabei aber doch in unserem Blickfeld nur ganz vereinzelte Spuren hinterlassen hätte. Eher ließe sich noch der Idealismus außerhalb des Buddhismus überhaupt als bloße Auswirkung des buddhistischen Idealismus begreifen. Dieser ist ja weit älter als das Lehrgedicht des *Gaudapâda*, das mit ihm auch das Verfahren gemein hat, die Unwirklichkeit der Welt durch Aufzeigung ihrer angeblichen Widersprüche beweisen zu wollen. [3]) Überdies finden sich in dem Lehrgedicht selbst einige auffallende buddhistische Ausdrücke. [4]) Andererseits fühlt sich *Gaudapâda* durchaus als Yogin: nur in der durch das Yoga-Verfahren beförderten Versenkung gewinnt der Mensch die erlösende Erkenntnis, erwacht er aus dem Traum von der Welt. Nun gibt es unter den älteren Yoga-Schriften wenigstens eine kleine Upanishad, die dem Idealismus des *Gaudapâda* mindestens sehr nahekommt, und das ist eine solche, die wahrscheinlich schon in frühbuddhistischer Zeit bekannt war. [5])

---

1) Vgl. Walleser, Der ältere Vedânta, Heidelberg 1910.

2) „Wenn nicht früher", ebd., S. 19.

3) Auch der Vergleich der Welt mit einer durch rasches Schwingen eines glühenden Punktes vorgetäuschten Gestalt, Mând. Kar. IV 47ff., kommt nach Walleser, S. 36, wenigstens in späteren buddhistischen Schriften vor.

4) Dharma IV 10; Buddhaih IV 19; Adibuddha IV 93; Buddha IV 99; vgl. auch die Rolle der Avidyâ im Buddhismus und im Vedânta.

5) Über Zitate aus der Brahmabindu-Up. in der Maitrâyana-Up. s. Deussen, 60 Up. S. 645. Brahmabindu-Up. 10 wird die Wirklichkeit des Erlösungsvorgangs ganz ebenso wie Mând. Kar. II 32 in Abrede gestellt; der Vergleich der einzelnen Seelen mit bloßen Spiegelbildern des Ur-Ich, Brahm.-Up. 12 (Str.7) findet sich noch bei späten Vedantisten (S. 29 Otto); die Erläuterung des Verhältnisses zwischen beiden aber durch das zwischen dem Raum im Topf und dem einen, allgemeinen Weltraum, Vers 13 (Str. 8) f., scheint Gaudapâda geradezu übernommen zu haben, Mând. Kar. III 3ff.; nach Deussen, 60 Up., S. s87f.:

> Es gleicht das Ich, der Herr, dem Weltenraume,
> Dem Raum in einem Topfe gleicht die Seele
> Und kann, wie er, nicht werden noch vergehen:
> Dem Topfe selbst vergleicht sich unser Körper.

> Fällt nun ein Topf in Scherben auseinander,
> Was wird dann aus dem Raum, der in dem Topf war?
> Er wird ein Teil des großen Weltenraumes -
> Ein Teil des großen Welt-Ich wird die Seele!

> Du fragst: Wenn alle Seelen eins nur wären,
> Wie kam's, dass eine nicht der andern Leid fühlt?
> Doch schwärzt auch Ruß nicht darum alle Töpfe,
> Weil Rauch in einem Topfe sich befindet.

Die Möglichkeit also, dass *Gaudapâdas* entschiedener Idealismus auch außerhalb des Buddhismus seine Wurzeln haben konnte, ist gewiss vorhanden. Dürfte man nun nicht weitergehen und mutmaßen, die Lehre von der Welt als bloßem Traumbild werde ursprünglich doch wohl eher einer Weltansicht zugehört haben, die in diesem Traum den Traum eines geistigen Wesens, eines Ich sah, wie das ja bei *Gaudapâda* und im Vedânta überhaupt der Fall ist, als einer Weltansicht wie der des *Nagârjuna*, für die das, was träumt, das Nichts, die absolute Leere sein soll? Ist es nicht doch leichter, sich vorzustellen, dass die Auffassung der Welt als eines Traumes von Ichlehrern zu Nichtslehrern gekommen sei, als dass sie umgekehrt zuerst von Denkern ausgegangen wäre, die die Welt als Traum eines Nichts gedeutet hätten, *nachträglich* aber dann von Denkern angenommen wurde, die unter dem Träumenden ein Ich verstanden? Tatsächlich war auch *Nagârjuna*, der buddhistische Hauptvertreter dieser Ansicht, mit nichtbuddhistischen Lehren wohl vertraut. [1]) Und so will mir schließlich als die glaubhafteste Vermutung doch die erscheinen, dass sich innerhalb der vedagläubigen Yogaschulen allmählich eine immer stärkere idealistische Überzeugung ausbildete, die aber freilich wohl erst unter der Rückwirkung des buddhistischen Idealismus jene bestimmte und systematische Gestalt angenommen haben wird, die uns im Vedântasystem, aber auch schon im Lehrgedicht des *Gaudapâda* entgegentritt. Denn dieses steht in allem Wesentlichen schon auf dem Standpunkt des über zweihundert Jahre jüngeren *Çankara*, stellt indes die gemeinsame Lehre kürzer, eindringlicher, ja wohl überhaupt fasslicher dar.

Gaudapâda entwickelt seinen Grundgedanken und damit zugleich den des Vedântasystems in folgenden Versen: [2])

Die Seele schläft in anfangslosem Wahne,
Der eine Welt ihr zeigt. Erwacht sie jemals,
Dann wacht in ihr das ewig einzig Eine,
Das jenseits alles Schlafs dem Traum entrückt bleibt.

Dem Einen Raum zu geben, müsste sich
Die Welt auflösen, wenn sie wirklich wäre;
Doch alles, was nicht eins, ist bloße Täuschung
Das Wirkliche kann mehr nicht sein als Eines.

Der Dinge Vielheit, [3]) die im Traum wir schauen,
Sie ist nicht wirklich, sagen uns die Weisen:
All dies hat nur in uns sein wahres Wesen,
Die Welt des Traums, sie liegt in uns beschlossen.

Der Dinge Vielheit, die wir wach erblicken,
Sie ist von gleicher Art wie dort im Traume:

---

1) Winternitz, Gesch. d. ind. Literatur II/1, S. 253.
2) Mând. Kâr. I 16f.; nach Deussen, 60 Up., S. 580.
3) II 1ff.: nach Deussen ebd., S. 582ff.

Eins wie das andere ist nur Gedanke,
Eins wie das andre nur in uns beschlossen . . .

Was immer nun des Menschen Geist im Traume
Aus seinem Innern bildet, ist nicht wirklich:
Ob er gleich meint, er fass' es an da draußen –
Es ist nicht draußen, und es ist nicht wirklich.

Und so auch, was des Menschen Geist im Wachen
Aus seinem Innern bildet, ist nicht wirklich:
Ob er gleich meint, er fass' es an da draußen –
Es ist nicht draußen, und es ist nicht wirklich.

Wer ist es nun, der all' dies, das nicht wirklich,
In Traum und Wachen denkt in seinem Geiste?
Das Ich, der Herr, im argen Wahn befangen,
Versucht, sein eignes Wesen sich zu denken:

Da wandelt sich's für ihn, und er betrachtet,
Als wär' es draußen, was doch nur in ihm ist;
Als Äußeres gilt ihm das eigne Inn're
Und als verschieden, was doch nur sein Ich ist!

„Undeutlich, sagst du, schau' ich nur mein Inn'res,
Die äuß're Welt liegt deutlich mir vor Augen"?
Verschieden ist die Deutlichkeit des Schauens:
Das, was du schau'st, stammt stets aus deinem Geiste!

Drum wie ein Traumbild, wie ein Gaukelspiel,
Ein Truggesicht, das Wüstenglut erzeugte,
Erscheint die ganze Welt, die uns umgibt,
Dem, der die Lehre des Vedânta fasste.

In Wahrheit gibt's kein Werden noch Vergehen,
In Wahrheit gibt's kein Wirken und kein Leiden,
Gibt den nicht, der sich nach Erlösung sehnt,
Und gibt auch jenen nicht, der sie gefunden! . . .

Durch rasches Schwingen [1] eines glüh'nden Punktes
Entsteht der Anschein leuchtender Gestalten;
So schafft des Geists Bewegung auch den Anschein
Von vielen Seelen und von vielen Welten.

Es ist nicht so, als würde durch das Schwingen
Nur sichtbar die Gestalt, die schon vorhanden,

---

1) IV 47-50; nach Deussen, 60 Up., S. 598f.

Als würde, wenn das Schwingen endet, nur
Unsichtbar die Gestalt, die noch bestünde.

Von all den G'raden, all den Kreisen gibt es
Nichts als den bloßen Anschein nur beim Schwingen;
So gibt's von allen Seelen, allen Welten
Nichts als den bloßen Anschein nur beim Denken.

Was du im Traum, [1]) durch alle Welten streifend,
Im Norden, Süden, Osten oder Westen
An Tieren, Vögeln, Schlangen oder Fischen
Mit deinen Augen deutlich glaubst zu schauen.

Das alles, alles hat Bestand in Wahrheit
Doch nur in deinem Geiste, der du träumest;
Denn mag's dein Sinn auch noch so deutlich fassen,
Es ist doch nur dein Träumen, nur dein Denken!

Auch was du wach, durch alle Welten streifend,
Im Norden, Süden, Osten oder Westen
An Tieren, Vögeln, Schlangen oder Fischen
Mit deinen Augen deutlich glaubst zu schauen.

Das alles, alles hat Bestand in Wahrheit
Doch nur in deinem Geiste, der du wachest;
Denn mag's dein Sinn auch noch so deutlich fassen,
Es ist doch nur dein Wachsein, nur dein Denken!

Es bleibt die Frage zurück: wie kommt das Erwachen zustande?
Wie kommt der Mensch dahin, einzusehen, dass diese ganze Welt
unwirklich, dass sie nur ein Traum, ein Blendwerk ist? *Gaudapâdas*
Meinung ist: Einerseits erkennt man das mit dem Verstand, indem
man der Widersprüche inne wird, die die Welt durchsetzen und insbesondere in den Begriffen des Wirkens und Werdens hervortreten.
Wenn die Welt wirklich wäre, so dürfte sie nicht widerspruchsvoll
sein. Sie ist aber widerspruchsvoll. Denn der Begriff des Werdens
z. B. lässt sich nicht zu Ende denken; kann es doch kein Werden geben aus etwas, was schon ist, aber auch kein Werden aus etwas, was
noch nicht ist: [2])

> „Entstehung gibt es nur aus dem Vorhandnen",
> So lehren manche, andere aber meinen:
> „Entstehen kann nur, was noch nicht vorhanden",
> Und also widersprechen sie einander.

---

1) IV 63-66; nach Deussen, ebd., S.600.
2) IV 3-4; nach Deussen, ebd., S. 590.

„Was schon vorhanden, braucht nicht erst zu werden";
„Aus dem, was nicht vorhanden, kann nichts werden."
Indem sie so einander widerlegen,
Bezeugen sie: kein Werden gibt's in Wahrheit,
und da unsere Welt eine Welt des Werdens ist, so kann es diese unsere Welt in Wahrheit überhaupt nicht geben, sondern in Wahrheit gibt
es nur ein Unveränderliches, das heilige Brahman!

Allein die Unwirklichkeit der Welt kann nicht bloß erkannt, sie
kann auch *erlebt* werden, und zwar im Yoga; denn wenn der Yogin
auf dem Gipfelpunkt seiner Versenkung in Bewusstlosigkeit verfällt,
so ist diese Bewusstlosigkeit eigentlich nicht aufzufassen als wahre
Bewusstlosigkeit, sondern vielmehr als *gegenstandslose* Bewusstheit.
Nämlich — und das dürfen wir wohl aus späteren Vedântatexten [1])
ergänzen — wenn wir fragen: Was ist denn eigentlich das heilige Ur-
Ich?, so können wir nur antworten: Bewusstheit überhaupt ohne irgendeinen Inhalt. Denn alles, was sich in unserem Bewusstsein rindet, gehört schon zur geträumten, zur unwirklichen Welt. Und sehr
ähnlich wie im Sânkhya-System verhält sich nun diese „Bewusstheit
überhaupt" zu den einzelnen Dingen, deren sie sich bewusst ist oder
von denen sie doch träumt, wie das Licht zu den beleuchteten Gegenständen oder, noch genauer, zu spiegelnden Flächen. Wie nämlich
Licht durch spiegelnde Flächen in seinen Ausgangspunkt zurück-
geworfen wird und so nicht nur die Flächen sichtbar macht, sondern
auch von sich selbst ein Bild erzeugt, während Licht, das in leeren
Raum ausstrahlt, überhaupt nichts sichtbar macht und von nichts ein
Bild gibt, so ist es auch hier. Die Bewusstheit als solche hat keinen
Inhalt, und doch ist sie das Licht, das überhaupt erst irgendwelche
Dinge zum Bewusstsein zu erheben vermag. Und ein solches Bewusstsein entsteht, indem das Ur-Ich gewissermaßen Spiegel um sich
her träumt: dadurch entsteht in ihm nicht nur ein Bewusstsein der
Welt, von der es träumt, sondern auch Selbstbewusstsein: an der geträumten Welt hat die Bewusstheit auch ein Wissen um sich selbst
gewonnen. Wenn dagegen diese spiegelnden Flächen entfernt werden, wenn die Welt dahinfällt, dann bleibt zwar wohl noch die Bewusstheit übrig, die ja unvergänglich ist, aber nichts mehr, dessen sie
sich noch bewusst sein könnte. Und es tritt dann das ein, was dem
Inder allezeit als das Höchste gegolten hat: gegenstandslose Bewusstheit oder, anders ausgedrückt, bewusste Bewusstlosigkeit. Und so
deutet denn der Vedânta auch die Bewusstlosigkeit des Yogins als das

---

1) S. 37; 39f. Otto.

Zumutesein des ganz allein bei sich seienden Absoluten, wir dürfen wohl geradezu sagen: als das Selbstbewusstsein des heiligen Ur-Ich oder Brahman, neben dem es ja in Wahrheit nichts gibt, *dessen* es sich bewusst sein könnte. *Gaudapâda* sagt: [1])

> Der Dinge Vielheit, die uns hier umgeben,
> Sie fließt nur aus dem Wesen unsres Denkens:
> Drum, wenn der Geist des Denkens sich entäußert,
> Verlischt der Dinge Vielheit und verschwindet.
>
> Entäußerung des Denkens, der Empfindung —
> Der Yoga leitet zu dem hohen Ziele,
> Doch freilich den nur, den nicht Bangen bindet
> Vor dem, was alles Bangen überwindet.
>
> Denn höher als Empfindung ist, als Denken,
> Was durch den Yoga Weise sich erringen:
> Aus endlos bangem Traume das Erwachen –
> Das wird für alle Zeit sie selig machen!

1) III 31ff; nach Deussen, 60 Up., S. 591.

XXXII. INDISCHE THEISTEN

Seit der Zeit der Upanishaden wird das religiöse Denken Indiens beherrscht von der Sehnsucht der menschlichen Seele, irgendeinmal, sei's auch in ferner Zukunft, von ihrem Sonderdasein erlöst zu werden und zu der Vereinigung mit dem heiligen Urgrund aller Dinge zu gelangen — eine Vereinigung, die man sich als unbewusste Seligkeit, als eine alle Wonnen an Wonne überbietende Bewusstlosigkeit dachte. An dieser Vorstellung bewusstloser Seligkeit hielten selbst die Vertreter des Sânkhya- und Yogasystems fest, die im Übrigen dem Menschen die Aufgabe stellten, dieses Ziel aus eigener Kraft zu erreichen, ohne dass er dazu der Einswerdung mit einem heiligen Welt-Urgrund bedürfte. Bei den Buddhisten möchte es zweifelhaft scheinen, wieweit das Eingehen in das Nirvâna als reine Selbsterlösung, wieweit es als eine Wiedervereinigung mit einem Urwesen anzusehen ist. Für die große Mehrheit aller übrigen Inder aber war der Gedanke der Erlösung unabtrennlich von dem eines heiligen Ur-wesens: mit diesem eins zu werden, das machte eben den Inhalt ihrer Erlösungshoffnung aus. Ein solches Urwesen nun war das Brahman, ein solches Urwesen war aber auch der über alle Menschen, Götter und Welten unermesslich erhabene höchste Herr.

Nun ist die Vorstellung, die Hoffnung, das höchste Ziel des Daseins sei in der innigsten Verbindung mit einem heiligen Urwesen zu finden, nichts eigentümlich Indisches. Auch unsere abendländische Frömmigkeit wird von demselben Gedanken, demselben Antrieb bewegt. Innigste Verbindung mit Gott gilt ja auch hier als das höchste Gut, als der letzte Endzweck. Und doch wagen es hier nur mehr oder weniger vereinzelte mystische Kreise, sich diese Verbindung geradezu als Einswerden zu denken. Die Mehrzahl der Frommen steckt ihren Jenseitshoffnungen kein höheres Ziel als das, dem Herrn in Treue und Verehrung, in Anbetung und Liebe verbunden zu sein.

Einem Anhänger *Çankaras* würde dies ohne Zweifel als etwas verhältnismäßig Geringes erscheinen: er war ja überzeugt, im tiefsten Kern seines Wesens *selbst* das heilige Brahman zu sein, und keine andere Aussicht genügte ihm als die, diese Einheit werde dereinst in unverhüllter Deutlichkeit erstrahlen; alles, was nicht Brahman zu sein scheint, werde einstmals von ihm abfallen, er werde dann im strengsten Sinn des Wortes nichts anderes mehr sein als das heilige Brahman selbst.

Es läge nahe, wäre aber doch nicht richtig, zu meinen, der Unterschied dieser beiden Erlösungsvorstellungen sei nur dadurch bedingt, dass der Europäer Gott als ein persönliches, der Inder das Brahman als ein unpersönliches Urwesen denkt. Gewiss hätte es seine Schwierigkeiten, ein unpersönliches Urwesen anzubeten; dagegen mit einem persönlichen Gott im tiefsten eins zu sein, davon waren unzählige Menschen überzeugt; mit ihm dereinst eins zu werden, haben unzählige gehofft. Diese Überzeugung, diese Hoffnung ist ja gerade das, was die abendländische Mystik im engsten Sinne dieses Worts bezeichnet. Dieser Überzeugung, dieser Hoffnung gibt etwa *Angelus Silesius* Ausdruck, wenn er singt: [1])

> Soll ich mein letztes End' und ersten Anfang finden,
> So muss ich mich in Gott und Gott in mir ergründen
> Und werden das, was er: ich muss ein Schein im Schein,
> Ich muss ein Wort im Wort, ein Gott im Gotte sein.

Fragen wir uns, woher dem Menschen das eine, woher das andere Bild erlösender Seligkeit kommen mag, so liegt ja die Antwort nicht fern. Die sich Gott unterwerfen, ihn anbeten und lieben möchten, nennen ihn mit besonderer Vorliebe „Gott den *Vater*". Sinnbild ihrer Hoffnung ist ihnen demnach die Kindheitserfahrung, sich in der Hut eines mächtigeren, vornehmeren, auf ihr Wohl bedachten, all ihre Liebesfähigkeit auf sich lenkenden, dabei ihnen aber als ein durchaus Anderes gegenüberstehenden Wesens geborgen und glücklich zu wissen. Und neuere Forschungen mögen damit recht haben, dass wir nur in derselben Richtung noch weiter zurückzugehen brauchen, um auch auf ein Vorbild der anderen Form der Erlösungshoffnung zu stoßen. Die ursprüngliche Einheit des Kindes mit der Mutter wird ja kaum einem Menschen in Erinnerung geblieben sein; allein im Verhältnis des Säuglings zu ihr, das die erste Lebenszeit eines jeden von uns erfüllt und halb bewusst seinen ganzen Lebensinhalt eröffnet, mag sich doch von jenem ursprünglichen Einheitsgefühl noch viel erhalten, und wenn Menschen es als letztes Ziel ihrer Sehnsucht betrachten, in einem heiligen Urwesen aufzugehen, so mag es wohl sein, dass sie damit eigentlich jene Art des Daseins zurückwünschen, die ihnen von der Zeit her in dunkler Erinnerung geblieben ist, als sie

---

1) Cherub. Wandersmann I 6.

noch, vom mütterlichen Arm umschlossen, an der Brust der Mutter lagen und zu eigenem, selbständigem, persönlichem Sein überhaupt noch nicht erwacht waren. Bezeichnen wir nun das Sehnen, einstmals in den mütterlichen Schoß eines heiligen Urwesens zurückzukehren, als die mystische, die Hoffnung, diesem Urwesen in kindlicher Treue und Ergebenheit zu dienen und dafür von ihm beschützt und vor allen Gefahren und Schmerzen geborgen zu werden, als die nichtmystische Ausprägung des Erlösungstriebes, so dürfen wir sagen, dass in Indien der Erlösungsbegriff ohne Zweifel ursprünglich ein durchaus mystischer war: die alten Priesterreden, die alten Upanishaden ringen sich langsam, aber entschieden durch zu der Vorstellung, das heilige Urwesen, das Brahman, sei nirgends anders zu suchen, sei mit nichts anderem gleichzusetzen als mit dem Âtman, unserem eigenen, innersten Ich. Ebenso zweifellos aber ist es, dass die volkstümlichen Glaubensvorstellungen in Indien ebenso wenig mystisch waren wie irgendwo sonst. Das Volk verlangt nach Göttern, von denen es Glück erflehen, von denen es die Abwendung drohenden Unheils erbitten kann, nach Göttern also, die ihm als selbständige, von seinem eigenen Ich verschiedene Wesenheiten gegenüberstehen.

Als sich nun aus der Lehre vom Ur-Ich die Vorstellung von einem göttlichen, höchsten Herrn entwickelte, mag sich schon in dieser Entwicklung ein gewisses Entgegenkommen gegenüber den volkstümlichen Glaubensbedürfnissen kundgegeben haben. Das Verhältnis des Herrn zur Seele aber wurde nichtsdestoweniger durchaus mystisch gedacht. Die Seele erschien überall als ein bloßer Teil, ein bloßer Strahl des göttlichen Herrn, mag nun dieser Herr in der Bhagavad-Gîtâ als *Vishnu* oder in der Cvetâcvatara-Upanishad als *Çiva* bezeichnet werden. Das schließt freilich nicht aus, dass diesem Teil oder Strahl seinem göttlichen Ursprungsquell gegenüber die Pflicht zu verehrungsvoller Gefolgschaft, zu hingebender Treue („Bhakti") oblag. Ward doch solch treuer Anhänglichkeit als höchster Lohn nicht bloß irgendwelche Glückseligkeit in Gottes Nähe, vielmehr das volle Aufgehen in Gott verheißen: der bewährte Diener des Herrn sollte aller ferneren Geburten überhoben sein, sollte in den Herrn selbst zurückkehren, mit ihm eins werden für alle Zeiten.

Die Mystik der Upanishaden nun hat den Buddhismus nicht aus eigener Kraft überwunden. Was ihn aus Indien vertrieben hat, war gewiss nicht irgendein Vorzug, den erlesene Geister dem Brahman vor dem Nirvâna eingeräumt hätten, es war zuletzt doch das unausrottbare Bedürfnis der indischen Volksmassen nach leibhaftigen Göttern, zu denen man beten, von denen man Wundertaten erwarten durfte. Im Gefolge dieses Bedürfnisses erhob sich wohl auch die Mystik der Upanishaden, sogar auch die dualistische Selbsterlösungslehre aufs Neue. Der eigentliche Sieger aber im Kampf gegen den Buddhismus war weder das Sânkhya- noch das Vedânta-System; es waren vielmehr die theistischen Systeme der Vishṇu-und Çivaverehrer. Erstaunlich genug, wie lange diese ihre mystische Eigenart zu wahren vermochten, und nichts begreiflicher, als dass sie dem volkstümlichen Bedürfnis im Verlauf der Jahrhunderte doch mehr und mehr Rechnung tragen, die Lehre von der Einheit der Seele mit Gott schrittweise preisgeben, endlich sogar entschieden verleugnen mussten. Grundsätzliche Unterschiede zwischen vishnuitischen und çivaitischen Systemen scheinen in dieser Beziehung kaum stattgefunden zu haben: die Entwicklung hat beide Richtungen so ziemlich gleichmäßig erfasst. Auch ich möchte daher hier diesen Unterschied nicht besonders hervorheben, vielmehr in Kürze vier, teils vishnuitische, teils çivaitische Systeme wenigstens ihren Umrissen nach vorführen, die sich im indischen Mittelalter vom zehnten bis ins dreizehnte Jahrhundert ausgebildet haben und an denen sich jenes allmähliche Abrücken von der eigentlich mystischen Grundvoraussetzung, von der Wesenseinheit von Ich und Gott, in lehrreicher Weise verfolgen lässt.

Zu Beginn des zehnten Jahrhunderts unserer Zeitrechnung begründete in Kaschmir *Somânanda* die Lehre von der Selbsterkenntnis. [1]) Wie für *Çaṅkara*, so ist auch für ihn die gesamte Welt etwas Unwirkliches. Das einzig Wirkliche aber ist ihm nicht das unpersönliche Heilige, das Brahman, vielmehr ein persönliches Geistiges, *Çiva*, der Herr. Alles, was es neben *Çiva* noch zu geben *scheint*, ist bloß in seinem Geist, bloß als seine Vorstellung vorhanden. Auch der einzelne Mensch ist nichts als eine Vorstellung Gottes, zuletzt also selbst ein Stück von Gott. Des Menschen Unheil besteht nur darin, dass er sich nicht als ein bloßes Stück von Gott erkennt. Und das Einzige, was ihm überhaupt nottut, ist eben dies: sich als einen Gedanken *Çivas* und das unendliche Wesen *Çivas* in sich selbst zu erkennen — ist also dies, den Gedanken zu fassen: Ich selbst bin Gott! Dieser Gedanke aber ist's auch allein, der uns zu erlösen vermag: nur von innen her kann er uns aufleuchten, kein äußeres Handeln, kein eigenes Verhalten kann ihn uns näher bringen. *Daher verwirft*

---

1) R. B. Bhandarkar, Vaisnavism, Saivism and minor religious Systems, Strassburg 1913, p. 130f.; Mâdhava bei Deussen, Allg. Gesch. d. Phil. I/3, S. 326ff.

Somânanda Opfer und Versenkung, Kasteiung und Atemregelung: nur die erlösende Erkenntnis allein ist geboten und bringt das Heil! Man kann den Grundgedanken aller Mystik nicht entschiedener festhalten, als es hier geschieht. Einige Stellen aus einem von einem Schüler des *Somânanda* verfassten Lehrgedicht mögen seinen Gedankenkreis noch etwas deutlicher umschreiben: [1])

Wenn auch der Liebende mit flehenden Gebärden
Sich niederwirft zu Füßen seiner Lieben,
So kann er ihr zur Lust nicht mehr als andere werden,
Solang ihr unerkannt sein Ich geblieben.

So bleibt verborgen auch der Welt nach seinem Wesen
Der höchste Gott, obgleich in ihr enthalten
Als Aller Seele. Dass er euch sich mög' entfalten,
Ist seine Selbsterkenntnis hier zu lesen . . .

Denn wär' mit ihm die Einheit nicht, so fände
Durchs Leben kein Bewusstsein seinen Weg;
Weil alles Licht nur eins, ist er nur Eines
Und steht als einziger Erkenner da.

Weil aller Dinge Mannigfaltigkeit
Unter Gesetzen steht, muss Gott er sein,
Und alles reine Wirken und Erkennen
Ist nur ein geistiges Betasten Gottes . . .

Wenn erst einmal durch der Erkenntnis Kraft
Oder Belehrung durch des Lehrers Wort
Das allenthalben gegenwärt'ge Wesen
Des Çiva ward erkannt und aufgefasst
Verständnisvoll in treu ergeb'nem Geiste,
Dann ist zu tun nichts weiter nötig mehr,
Ja auch zu denken bleibt dann nichts mehr übrig;
Denn wer die höchste Gottheit hat erkannt,
Der mag das Tun aufgeben und das Denken.

Nachdem mit Mühe ich erreicht
Des höchsten Gottes Dienerschaft,
Möcht' ich verwenden meine Kraft,
Auch andern es zu machen leicht,
Und tu' als aller Seligkeiten Grund
Des höchsten Gottes Selbsterkenntnis kund.

---

1) Sûtras des Udayâkara, angef. v. Mâdhava bei Deussen, ebd., S. 335; 33of.; 328; 327

Im elften Jahrhundert lebte der größte Vertreter vishnuistischer Spekulation, *Râmânuja*. Dem Lehrgehalt nach bekannte er sich im Ganzen zu denselben Anschauungen, die auch schon die theosophischen Abschnitte des Mahâbhârata beherrschen. Nur glaubte er diese Anschauungen auch schon in den ältesten Upanishaden aufzeigen, ja sie sogar als die wahre Meinung des *Bâdarâyana* erweisen zu können, der in seinen Sûtras den angesehensten Leitfaden der Upanishad-Erklärung verfasst hatte. So stellt er dem idealistischen Kommentar des *Çankara* zu diesen Sûtras den seinen entgegen, in dem er unter Aufgebot einer großen Fülle von Gelehrsamkeit, Scharfsinn und Spitzfindigkeit seinen großen Vorgänger zu widerlegen sucht. Die Einleitung dieses Werkes, in der er seinen Standpunkt („Siddhânta") gegen die Vedantisten verteidigt, hat Rudolf Otto ins Deutsche übersetzt unter dem Titel: „Siddhânta des Râmânuja", Jena 1917. [1])

Es ist ein spannendes Turnier zweier fast ebenbürtiger Gegner und höchst lehrreich für den Standpunkt der späteren Vedantisten, aber für *Râmânujas* eigene Lehre verhältnismäßig wenig ergiebig. Doch ist etwa die Bemerkung sehr bezeichnend, wenn die Vedantisten recht hätten und die Erlösung das Aufhören des persönlichen Seins, das Aufgehen in ein bloß erkennendes, unpersönliches Ich bedeutete, so würde sich kein Mensch um die Erlösung bemühen: [2])

Wer sich selbst als behaftet erkennt mit Übeln und darum urteilt: „Ich bin unglücklich", in dem wird der Wunsch nach Erlösung rege, und er spricht: „Wie kann ich all dies Unheil auf Nimmerwieder abtun und zur Ruhe bringen?" Und so ergreift er die Mittel dazu. Würde er aber erkennen: „Durch Gebrauch dieser Mittel werde ich selbst einmal nicht sein", wahrlich, er würde sich auf und davon machen, sobald er fürder das Wort „Erlösung" auch nur nennen hörte! Es würde bald keinen Heilsbeflissenen mehr geben, und die ganze Heilslehre würde ihr Ansehen verlieren.

Demgegenüber geht nun *Râmânujas* eigene Überzeugung dahin, der innerste Kern, das innerste Wesen sowohl der unbelebten Natur wie auch der menschlichen Seelen — ihr innerer Lenker, wie *Râmânuja* gern sagt — sei ein persönlicher Geist, *Vishṇu*, der Herr.

---

1) Vgl. Bhandarkar, p. 53ff.; Mâdhava bei Deussen, Allg. Gesch. d. Phil. I/3, S. 259-383; ferner Otto, Dipikâ des Nivâsa, Tübingen 1916, und Schomerus, Indische Erlösungslehren, S. 95 ff.
2) Otto, Siddhânta, S. 67.

Gott also sei das einzig selbständig Vorhandene; alle Dinge, alle Wesen seien nur Erscheinungsformen dieses einen, einzigen Wirklichen. Nicht als ob die Welt bloß scheinbares Dasein hätte; allein sie ist aus Gott hervorgegangen und wird von ihm beseelt. Sie ist also nichts anderes als sein Gewand oder sein Leib, er durchdringt sie, und die einzelnen Seelen sind nichts als seine einzelnen Ausstrahlungen: in jeder dieser Seelen steckt Gott als ihr innerstes, wesenhaftes Ich. Die Seele — heißt es einmal [1]) — ist zwar dem Leib gegenüber Seele, dem Herrn gegenüber dagegen ist sie Leib. Auch *Râmânuja* also duldet keinen Zweifel an der Einheit der Seele mit Gott, wenngleich bei ihm der Seele immerhin ein etwas selbständigeres Sein zukommen mag als etwa nach der Lehre des *Somânanda*.

Das Merkwürdige ist, dass *Râmânuja* dem Herrn, den er doch in sich zu tragen, ja mit dem er innerlich eins zu sein meint, Empfindungen entgegenbringt, jenen Empfindungen überaus verwandt, die abendländischen Frommen die Vorstellung eines in unermesslicher Ferne über ihnen thronenden, von ihnen wesenhaft verschiedenen Gottes einzuflößen pflegt. In so hohem Maße sind doch Frömmigkeit und Glaubenslehre voneinander unabhängig! Seit alters forderte *Vishṇu* von seinen Anhängern „Bhakti", d. i. Treue, Anhänglichkeit und Gefolgschaft, Verehrung und Hingebung. Wer ihm diesen Zoll entrichtet, nur ihn allein anbetet, dem erlässt er dafür den ferneren Kreislauf der Geburten und nimmt ihn in sein eigenes Wesen auf. *Bhakti* ist also ein Treuverhältnis, das immerhin nicht jeder Wechselseitigkeit entbehrt: wer dem Herrn Vishṇu die geforderte Treue entgegenbringt, der hat doch ein gewisses Recht darauf, dafür auf Gnade, auf Erlösung zu hoffen! Zu *Râmânujas* Zeit hatte sich das menschliche Sündenbewusstsein sehr vertieft. Man begann sich, auch wenn man ein treuer Anhänger und Bekenner des Herrn war, seiner Gnade, der Erlösung, unwürdig zu fühlen. Schon *Râmânujas* Lehrer, *Yâmuna*, hatte dieser Empfindung in einem Gebet Ausdruck gegeben, das wir, wenn wir es nicht besser wüssten, leicht für ein abendländisches halten könnten: [2])

Endlosen, anfangslosen, unaufhörlichen, übermächtigen Sündenwandels bin ich,
Ein Tier in Menschenform, des Unrechts Stätte.
O Gnadenflut, o Vater, o unerschöpfter Güte Meer!
Dein gedenken, dein gedenken, des Tugendreichen, möchte ich, frei von Furcht.
Und da ich möchte so und wieder möchte nicht,

---

1) Otto, Dipikâ. S. 57; vgl. ebd., S. 66; Siddhânta, S. 82; 89; H3f.; 127-131.
2) Nach Otto, Vishṇu-Nârâyana, Jena 1917, S. 51ff.

Hab' ich, in Leidenschaft und Dunkelheit verhüllt,
Dies schlechte Lied mit Stammeln dir verfasst.
So schlecht es ist, nimm es in Gnaden an
Und kläre du, des Grundes Grund, mir den so ganz verwirrten Sinn!
Obschon so hochgebor'n in deiner Gläubigen adligem Geschlecht,
Bin selber ich doch ganz in Sünden, Herr, in Finsternis versunken:
Bin zügellos und schlecht, unsteten Sinns, zum Murren stets gestimmt,
Mordlustig, tückevoll, zu Wollust und Unredlichkeit geneigt;
Bin bös, der Sünder Größter.
Wie könnte ich, aus solcher Übel Tiefe entwindend mich zur Höh',
In deiner Füße reiner Nähe steh'n?
O Held, hast du als Kṛishṇa nicht dich eines armen Sünders einst erbarmt,
Beleidigung verzieh'n? War etwa nicht
Bei dir zur Gnade Raum für sein Vergeh'n?
Wenn ich nun kurzerhand dir nahe, flehend: „Herr,
Dein bin ich" und dich mahne deines Schwurs,
Versagst du mir allein die Treu'?
Blick auf den weisen Nâtha hin, der Ahnherr mir
Und der in laut'rer Lieb' dir einst gedient; um ihn
Genade mir und rechne nicht die Schuld!

Râmânuja ging noch weiter. Nicht jeder Mensch — lehrte er — ist dem Herrn *Bhakti* schuldig, und nicht jeder, der von ihr ausgeschlossen ist, muss deshalb auch der Hoffnung auf Erlösung entsagen. Die Knechte vor allem, denen das Studium des Veda untersagt und daher auch die auf Offenbarung gegründete Erkenntnis Gottes verschlossen ist, sind in diesem Fall; indes wohl auch Hochgeborene, die gleich *Yâmuna* ihrer Sündhaftigkeit wegen sich einer Stelle in Gottes Nähe, in seinem Gefolge gleichsam, nicht würdig fühlen. Solchen steht nun nach *Râmânuja* ein anderer Weg zum Heil offen. Sie können sich auf Gnade und Ungnade in Gottes Ratschluss ergeben, und diese blinde, bedingungslose Ergebung, *Prapatti*, wird ihnen des Herrn Gnade nicht minder erwerben, als es *Bhakti*, die treue Anhängerschaft und Gefolgschaft, getan hätte.

Prapatti,
sagt ein Lehrbuch aus *Râmânujas* Schule[1]),

> besteht aus fünf Stücken: dem festen Entschluss, sich Gottes Willen freudig zu unterwerfen; der Unterdrückung jeder diesem Willen etwa widerstrebenden Regung; der Zuversicht: „Gott wird mich retten"; dem innigen Wunsch: „Möge Gott mich lenken, wie ein Hirt das Vieh lenkt"; endlich der demütigen Ergebung in Gottes Ratschluss.

---

1) Otto, Dipikâ, S. 54.

Es ist kaum möglich, von dieser Lehre zu hören, ohne sich durch sie an *Luthers* Lehre von der Rechtfertigung durch den Glauben gemahnt zu fühlen. Und in der Tat hat die Entwicklung der Lehre in der Schule des *Râmânuja* einen Gang genommen, der zur Geschichte der christlichen Glaubenslehre die auffälligste Beziehung zeigt. Wie nämlich die christliche Kirche immer wieder zerrissen ward durch den Streit zwischen den Anhängern des *Pelagius,* die als Vorbedingung göttlicher Begnadung das Wohlverhalten des Menschen ansahen, und den Anhängern des Augustinus, die menschliches Wohlverhalten ohne vorhergehende göttliche Begnadung schlechthin für unmöglich erklärten, so spaltete sich auch die Schule *Râmânujas* in zwei Parteien. [1]) Seine Anhänger im Norden Indiens wollten Prapatti, die bedingungslose Ergebung in Gottes Ratschluss, nur als ausnahmsweisen Notsteg zur Erlösung gelten lassen, regelmäßiger Hauptweg bleibt ihnen Bhakti, die treue Gefolgschaft; denn den ersten Schritt zur Erlösung muss der Mensch tun, er muss sich der göttlichen Begnadung würdig zeigen nach dem Wort:

Die Seele gewinnt sich Gott,

oder wie dies jene Inder mit einem höchst bezeichnenden Gleichnis ausdrücken:

Die Seele muss sich an Gott festhalten wie das Affenjunge am Bauch der Äffin.

Râmânujas Anhänger im südlichen Indien dagegen sahen in Prapatti, der bedingslosen Ergebung, eine notwendige Vorbedingung der Erlösung; denn der Mensch — dachten sie — ist der göttlichen Gnade niemals würdig, nur Gott kann sie ihm, unverdient, in seiner unergründlichen Barmherzigkeit schenken und kann im Menschen die Zuversicht zu dieser seiner Barmherzigkeit erzeugen nach dem Wort:

Gott gewinnt sich die Seele,

oder im Gleichnis:

Die Seele wird von Gott getragen wie das Katzenjunge von der Katze. Die Ähnlichkeit aller dieser Gedankengänge mit den abendländischen ist ja unverkennbar; allein die breite Kluft zwischen der vishnuitischen und der christlichen *Glaubenslehre* wird dadurch nicht überbrückt. Unangezweifelt blieb bei allen Anhängern *Râmânujas* die Grundansicht, die Seele sei nichts anderes als eine Ausstrahlung Gottes, ihrem Wesen nach mit ihm eins. Allein es wird uns nicht wundernehmen, zu sehen, dass schon wenige Jahrhunderte später eine andere, ebenso einflussreiche und vielleicht noch ausgebreitetere

---

1) Otto, Vishṇu-Nârâyana, S. 126; Bhandarkar, p. 56.

Glaubenslehre das Band, das das Ich mit dem Herrn verbindet, schon weit lockerer geknüpft hat.

Etwa im neunten und zehnten Jahrhundert unserer Zeitrechnung bekehrten die großen „Çiva-Lehrer" das südliche Indien vom Buddhismus und Jainismus zum Dienst des Herrn *Çiva*. Sie brachten heilige Schriften mit, die sogenannten *Âgamas*, die ihnen als ebenso heilig galten wie der Veda und die schon damals tausend Jahre alt sein mochten, auch heute aber noch nicht vollständig bekannt sind. Es waren dies Sanskritschriften. Die neu bekehrte, dunkelfarbige Bevölkerung Südindiens aber bediente sich der tamulischen Sprache, und in dieser fassten denn auch im dreizehnten Jahrhundert der größte Denker dieser Glaubensrichtung, *Meykandadeva*, und seine Nachfolger ihre Darstellungen des çivaitischen Standpunkts, des *Çaiva-Siddhânta*, ab.

Auf Grund ihrer Werke hat dann der evangelische Missionär H. W. Schomerus diese Lehre dargestellt in dem vortrefflichen Buch: „Der Çaiva-Siddhânta, eine Mystik Indiens, nach den tamulischen Quellen bearbeitet und dargestellt", Leipzig 1912.

Schomerus nennt die Lehre *Meykandadevas* mit Recht eine Mystik; denn sie setzt der Seele das Ziel, sich von der Kraft des Herrn, ja von ihm selbst, ganz und gar durchdringen zu lassen, so ganz und gar, wie der Geschmack die Frucht, die Hitze das Heiße, die Seele den Leib durchdringt. [1]) Und doch hält *Meykandadeva* an der wesentlichen Einheit des Ich mit dem Herrn nicht fest. Vielmehr denkt er die Seele, das Ich, als ein vom Herrn verschiedenes, jedoch völlig eigenschaftsloses Wesen. Da nämlich das Ich, ganz ähnlich wie im Sânkhya und Vedânta, nur in der Fähigkeit der Bewusstheit besteht, so muss ihm alles, dessen es sich bewusst sein kann, von außen kommen. Es kann sich, wenn es sich Gottes und nur Gottes bewusst ist, ganz allein mit ihm erfüllen wie ein Schwamm mit Wasser; ebenso freilich aber mit dem Gott entgegengesetzten, verneinenden Prinzip, wenn dies den alleinigen Inhalt seines Bewusstseins ausmacht. Dieses Gott entgegengesetzte, verneinende Prinzip, eine der eigentümlichsten Gedankenschöpfungen des Çivaglaubens, verhält sich zu unserem Satan etwa wie das Brahman zu unserem Gott: es ist ein unpersönlich Böses, „das Unheilige". Dies Unheilige ist zuletzt dem Tamas, dem lähmenden Prinzip der Gunalehre, verwandt, ist gleich diesem eine unpersönliche Macht der Finsternis, Untätigkeit, Be-

---

1) Schomerus, S. 81 ff.; 389; 395.

wusstlosigkeit. Im Grunde ist es das Nichts. Und wenn die Seele von diesem Nichts erfüllt ist, dann ist in der Tat in ihr alles Bewusstsein, ja jede Regung erstorben. Und sie ist von diesem Nichts erfüllt: eben damit hebt die Weltentwicklung an. Nicht als ob es dem Ich an einem Gegenstand des Wissens und Wollens fehlte! Çiva, der Herr, die Fülle alles Seins, die Quelle alles Lichts und aller Tat, ist ja vorhanden, ja er umgibt die Seele von allen Seiten, ist auch in ihr selbst gegenwärtig und lebendig. Allein wie undurchdringliche Finsternis, wie unwiderstehliche Lähmungskraft legt sich das Nichts um sie, verdeckt ihr den Herrn, hindert sie selbst daran, sich dieser Hinderung, dieser Hemmung bewusst zu werden; erstickend, tötend zwingt es ihr völlige Starrheit, Bewusstheitslosigkeit, Regungslosigkeit auf. [1])

Die Seele aus diesem Zustand herauszuführen, zu bewirken, dass sie sich statt mit dem Nichts vielmehr mit dem Herrn durchdringe und erfülle, ist nun der Zweck der gesamten Weltentwicklung. Diese Entwicklung setzt Çiva ins Werk durch seine Wirkungskraft, Çakti, die aus ihm hervorbricht wie ein Sonnenstrahl aus der Sonne und die in ihm ruhende Erleuchtungskraft und Liebesmacht zur Erscheinung bringt; denn seinem Wesen nach ist der Herr Erleuchtung, ist Liebe nach dem merkwürdigen

Spruch: [2])

> Es denkt der Tor, zwei seien Çiva und Liebe,
> Nicht wissend, dass dasselbe Lieb' und Çiva;
> O wüsst' er, dass nur eines Çiva und Liebe,
> Dann hätt' er schon erlangt die Lieb' und Çiva.

Diese erleuchtende, begnadigende Wirkungsmacht des Herrn bringt nun das Ur-Nichts dazu, sich zu entwickeln. Was bei solcher Entwicklung aus ihm werden kann, das liegt vorgezeichnet in seinem Wesen: nur Wahn, Weh und Sünde kann daraus hervorgehen. Und doch lässt Gottes Wirkungsmacht diese Entwicklung zu, ja sie bringt sie in Gang. Denn indem aus dem Nichts eine Welt hervorgeht, wenngleich eine von Wahn, Weh und Sünde erfüllte, erhält doch die Seele einen Inhalt, ihre Fähigkeiten werden geweckt, sie wird die Welt — diese Erscheinungsform des Nichts — kosten, wird dadurch ihre Wertlosigkeit einsehen, und so wird es geschehen, dass sie sich endlich von dem Nichts ab- und dem einzig wahrhaft Seienden, dem Herrn, zuwenden wird. Nur dadurch also, dass Gottes Kraft das Nichts zur Entfaltung bringt und die Seele mit diesen seinen Entfal-

---

1) Schomerus, S. 209-212; vgl. S. 105-114.
2) Tirumûlâr bei Schomerus,

tungen stets aufs Neue erfüllt, vermag sie sie von seiner Herrschaft, der Herrschaft des Nichts, endlich zu erlösen und sie für die Gnade des Herrn empfänglich zu machen, wie ja auch schmutzige Wäsche mit Kuhdünger eingeschmiert und solange gerieben werden muss, bis endlich reines Wasser mit dem Dünger auch den Schmutz wegzuspülen vermag. [1])

Aus dem Ur-Nichts entsteht somit die Welt. Sie ist freilich nur ein entfaltetes Nichts; denn wie jenes Ur-Nichts verdeckt auch sie noch den Seelen das einzig wahrhaft Seiende und Lebendige, den Herrn! Allein sie verdeckt es doch nicht mehr völlig. Sie ist wie eine Hülle, die hier und da Ritzen und Spalten aufweist, und durch diese Ritzen und Spalten erblickt nun die Seele doch schon die Herrlichkeit des Herrn. Je weiter sich nämlich die Welt entwickelt, desto mehr Leid fügt sie dem Ich zu. Je mehr Leid das Ich erfährt, desto heftigere Wünsche regen sich in ihm. Je heftiger seine Wünsche sind, desto höher entwickelte Körper weist ihm das Gesetz der Vergeltung als Aufenthaltsort zu. Indem es aber diese durchdringt und ihre Zustände erfährt, wird es sich in immer steigendem Maße des Unwerts alles dessen, was nicht Gott ist, bewusst. [2])

Im Einzelnen hat nun *Meykandadeva* die Entwicklung der Welt höchst weitschichtig dargestellt; [3]) eigentlich sind es sogar zwei Welten, die sich so entwickeln: die körperliche Welt der Dinge und die gedankliche Welt der Wahrheiten; beide aber entstammen dem Nichts und verhüllen im Grunde den Herrn! In der Welt der Dinge aber durchläuft die Seele in unendlichen Zeiträumen zahllose Verkörperungen in all den Millionen Arten von Pflanzen, Wassertieren, Kriechtieren, Vögeln, Vierfüßlern, Menschen und Göttern. Und auch unter den Menschen ist ihr wieder eine bestimmte Stufenfolge vorgezeichnet. Auf dass sie nacheinander der Wertlosigkeit der Sinne, der Vernunft, des Ich, der frommen Werke, der Natur inne werde, soll die Seele nacheinander den Leib eines Anhängers der Weltlichkeitslehre, dann des Buddhismus, des Vedânta, der Liturgik des *Jaimini*, endlich eines Vishṇu-Anbeters beseelen und soll auch jedes Mal nach dem Tod die Seligkeiten kosten, die diese Lehren ihren Anhängern verheißen. Erst wenn sie durch all dies hindurchgegangen ist, wird sich die Seele dem einzig Wahren zuwenden, dem Herrn Çiva, [4]) indem sie

---

1) Schomerus, S. 221; vgl. S. 112ff.; 188; 196.
2) Schomerus, S. 115fr.; vgl. S. 150.
3) Schomerus, S. 134ff.
4) Schomerus, S. 166ff.

sich endlich davon überzeugt, dass sie ja seit jeher von dem umgeben war, was allein all ihr Begehren und Sehnen zu stillen vermag, während sie durch unzählige Jahrmillionen all ihre Kraft auf wertlose im Grunde nichtige Dinge vertun musste. Es ist ihr dabei ergangen wie einem Fisch, der in einem Meer von Milch umherschwämme, das ihn ohne weiteres zu sättigen vermöchte, der aber, seinem angeborenen Trieb gemäß, mühsam auf andere Fischlein Jagd machte, ohne die Milch auch nur zu bemerken, die ihn so viel reichlicher ernähren würde. [1])

Ist nun das Ich endlich für die erleuchtende Kraft des Herrn empfänglich geworden, so verehrt es ihn zunächst nach Art des Knechtsdienstes durch äußere Ehrenbezeigungen und Darbringungen, hierauf nach Art des Kindesdienstes durch Frömmigkeit und Andacht, endlich nach Art des Freundesdienstes, indem es sich im Yoga selbst zu ihm erhebt. Damit ist der entscheidende Wendepunkt seiner Entwicklung eingetreten. Bisher nämlich ist die Seele aus der Starrheit des Nichts auf zweimal fünf Stufen zur Lebendigkeit der Gotteserkenntnis emporgestiegen: von der allertiefsten Bewusstlosigkeit des Anfangszustandes ist sie allmählich fortgeschritten zur Bewusstlosigkeit der Ohnmacht, deren man sich auch nicht einmal später als solcher erinnert, weiter zur Bewusstlosigkeit des tiefen Schlafs, die doch wenigstens nachher als Bewusstlosigkeit erkannt wird, sodann zum Bewusstsein des Traums, endlich zu dem des Wachens. Alle diese Stufen durchmaß sie, ehe sie die Stufe menschlichen Lebens erreichte. Dann aber schritt sie aufs Neue fünf Stufen hinan, indem sie zunächst den Herrn gar nicht einmal ahnte, dann ihn zu suchen begann, weiter darüber nachdachte, wo er wohl sein möge, hierauf ihn ahnte, endlich ihn erkannte. Nun aber muss das Ich all die Gaben, die es entwickeln musste, um zu dieser Erkenntnis zu gelangen, wieder von sich abtun; denn sein Ziel ist ja, sich so ganz und gar vom Herrn durchdringen und erfüllen zu lassen, wie es dereinst vom Nichts erfüllt war, und diesem Ziel kommt es durch seine der Welt zugewandten Fähigkeiten des Denkens, Begehrens und Handelns auf keine Weise näher. So durchläuft denn das Ich im Yoga abermals, nur in verkehrter Richtung, fünf Zustände von der Art jener vorigen, indem der Yoga mit traumartigen Versenkungen anhebt, um sich allmählich zu solchen von der Art des tiefen Schlafs und der Ohnmacht zu vertiefen und endlich bei vollster Bewusstlosigkeit anzulangen. Nach Eintritt der Erlösung wird sich dieser Vorgang noch einmal als ein endgültiger

---

1) Schomerus, S. 260.

wiederholen, und die Seele wird so schließlich einen Zustand erreichen, der ihrem Anfangszustand genau entspricht, nur dass sie nicht mehr vom Nichts erfüllt und durchdrungen ist, sondern vielmehr von dem einzig wahrhaft Seienden, dem Herrn Çiva. [1])

Die eigentliche Erlösung wird dadurch eingeleitet, dass sich die Wirkungskraft des Herrn auf die Seele herabsenkt. [2]) Dadurch wird sie für die endgültige Erleuchtung reif; dazu aber, ihr diese zuteil werden zu lassen, bedient sich der Herr — und dieses Lehrstück ist für das indische Mittelalter bezeichnend — eines menschlichen Lehrers (Guru), in dem er sich verkörpert. [3]) Nur durch einen so den Herrn verkörpernden Lehrer kann der Mensch völlig erlöst werden. Den Ungläubigen erscheint dieser Lehrer wohl als ein bloßer Mensch; dem Gläubigen strahlt insbesondere aus dem Leuchten seines Auges die ihm innewohnende Gotteskraft entgegen, und vor ihr schmelzen die letzten Widerstände der Weltlichkeit dahin. Ja als förmliche Menschwerdung des Herrn deuten die Anhänger Meykandadevas diesen Vorgang, und wir lesen: [4])

> Weil er wünscht, uns in die unvergängliche Allseligkeit zu versetzen, ist der nie geborene Höchste geboren worden, hat der Namenlose einen Namen angenommen, isst wie die Menschen, schläft wie sie, fürchtet wie sie, genießt Freuden wie sie. Gepriesen sei diese Gnade!

Wie der Lehrer, so wird aber nun beim Eintreten der Erlösung auch der Schüler völlig mit dem Herrn eins, und sogar von den Wirkungen seiner vorherigen Taten wird er dadurch frei; ja man darf sagen, die ihm bestimmte Vergeltung gleitet von ihm ab und trifft den Herrn selbst, der sie aufhebt und trägt, freilich nicht, um sie selbst zu erleiden, sondern nur, um sie jenem abzunehmen: [5])

> Es ist angemessen, dass nur die, die ihn sehr lieben, den finden, der die Last aufhebt und trägt.

> Çiva wird alle ihre Taten als seine Taten betrachten und alles, was der Seele widerfährt, als widerführe es ihm. Damit die Wiedergeburt beseitigt werde, wird er aus Liebe mit der Seele sich vereinigen: wenn einer Sünde begeht, macht er sie zum Gottesdienst.

---

1) Schomerus, S. 237ff.; 286.
2) Schomerus, S. 282.
3) Schomerus, S. 299-304; 311; 315ff.; 322; 352ff.
4) Kṛodai II; nach Schomerus, S. 292; vgl. S. 293.
5) Payân VII 5; Siddhiâr X 1; nach Schomerus, S. 352f.

So ist nun die Seele an ihr Ziel gelangt, ganz und gar von Gottes Wirkungskraft durchdrungen: wie ein Kristall, solange die Sonne verdeckt ist, nur die Umgebung widerspiegelt, wird er aber von der Sonne bestrahlt, selbst leuchtend erglänzt, so ergeht es auch der Seele: nichts mehr weiß sie von den Dingen der Welt, ist nur mehr ein Gefäß des göttlichen

Glanzes. Und diese Durchdringung mit Gottes Kraft führt sie endlich zur völligen Einheit mit Gott *selbst* und damit zur letzten und unüberbietbaren Seligkeit; die aber ist freilich über jede Beschreibung erhaben; sie kann nur erlebt, nicht zergliedert werden: [1])

Nur die den Höchsten in seiner hochseligen Vereinigung mit der hochseligen Gotteskraft geschaut haben, haben in Wirklichkeit die höchste Seligkeit erfahren. Nur die die süße, aus dem Meer emporsteigende Ambrosia gekostet haben, nur die kennen ihre Süßigkeit.

Ein kleines Mädchen kennt nicht die Süßigkeit der Liebe; es ist unmöglich, ihr die Süßigkeit zu beschreiben, die aus der Verbindung von Mann und Weib entsteht. Liebende allein wissen es.

Obgleich man Erfolg damit haben mag, das Meer zu durchschwimmen, so wird man doch nie dahin kommen, es auszumessen.

Für *Meykandadeva* war die Seele zwar etwas anderes als Gott, aber doch ist es auch nach ihm ihre Bestimmung, sich so eng als möglich mit Gott zu verbinden, mit ihm, soweit es überhaupt nur denkbar ist, eins zu werden. Sein Zeitgenosse, der Vishnuit *Pûrnaprajña*, [2]) trat als erster dieser Grundvoraussetzung aller Mystik bewusst und schroff entgegen. Es schien ihm, dass derjenige der Majestät des Herrn zu nahe tritt, der von einer Einheit der Seele mit ihm auch nur zu träumen wagt. Eben darin vielmehr besteht des Menschen Aufgabe, sich seiner Wesensverschiedenheit von Gott, der unendlichen Erhabenheit des Herrn über allem Menschlichen bewusst zu werden. Sagt daher die Upanishad: [3])

Das bist du,

so darf man hierin auf keine Weise eine Einheit des Ich und Gottes ausgesprochen finden: [4])

---

1) Padiâr 77; Siddhiâr VIII 36; Padiâr 90; nach Schomerus, S. 407.
2) Auch Madhva oder Anandatirtha genannt; Bhandarkar, p. 57-61; Deussen, Allg. Gesch. d. Phil. 1/3, S. 384-301.
3) Chând. Up. VI 8, 7ff.
4) Mâdhava bei Deussen I/3, S. 284f.

Das Wörtchen „das" in seiner Unbestimmtheit
Bezeichnet, was von dieser Welt verschieden,
„Du" aber lebst und webst in dieser Welt.
Wie wär' daher die Einheit beider möglich?
Wie in dem Satz „Der Pfosten ist die Sonne",
So meint auch hier die Schrift nur Ähnlichkeit.

Der Seele Einheit mit dem Herrn bedeutet,
Dass sie ihm alles, was sie denkt, entlehne,
Und dass bei ihm allein sie Ruhe finde,
Nicht aber Einheit der Natur mit ihm,
Von dem auch die erlöste noch verschieden;

Denn Gott ist frei und groß, die Seele aber
Unfrei und klein, da gibt es keine Gleichheit!
Vielleicht ward auch die Stelle nur verschrieben
Und lautet richtiger: „Das bist du nicht."
So wie der Vogel und das Band des Fadens,
So wie die Flüsse und der Ozean,
Wie reines Wasser und des Salzes Zusatz,
So wie der Mensch und das, was ihn umgibt,
So sind zu scheiden auch Gott und die Seele,
Da sie durchaus sich als verschieden zeigen.
Wer beide als verschieden hat erkannt,
Der wird erlöst; wer nicht, der bleibt gebunden.

So entschieden *Pûrnaprajña* den mystischen Gedanken *Çaṅkaras*
widerspricht, ebenso entschieden auch seinem Idealismus. Dem
wahrhaft wirklichen Gott steht nach seiner Lehre eine ebenso wahrhaft wirkliche Welt gegenüber. Sie steht ihm gegenüber nicht nur
ebenso wirklich, sondern auch von ihm unabhängig; denn wenn es
wider Gottes Würde wäre, mit der Seele eins zu sein, so wär' es nicht
minder wider seine Würde, wenn aus ihm, dem geistigen Wesen, die
stoffliche, ungeistige Welt hervorgegangen wäre. Denn aus Geist, so
hatte auch *Meykandadeva* gelehrt, [1]) entsteht nie Ungeist. Seit jeher
hat daher die Welt bestanden; *Vishṇu*, der Herr, hat sie nicht geschaffen, hat nur ihre Entfaltung angeregt, und ebenso wird sie nach seinem Willen auch wieder in ihren Anfangszustand zurückgehen: [2])

Die Welt ist wirklich und ist anfangslos:
Was einen Anfang hat, hat auch ein Ende,
Ein Ende aber gibt es nicht des Weltalls.
Auch kann sie nicht auf Irrtum bloß beruhen,

---

1) Siddhiâr I 14; nach Schomerus, S. 133.
2) Mâdhava bei Deussen I/3. S. 292.

Weil, was auf ihm beruht, zugrunde geht
Und nimmermehr geht diese Welt zugrunde.
Dass somit eine Vielheit nicht vorhanden,
Ist nur Behauptung solcher, die nicht weise.
Der Weisen Lehre ist vielmehr, dass *Vishṇu*
Der Schöpfer und der Walter dieser Welt ist.

Es ist sehr bemerkenswert und für den Unterschied indischer und europäischer Denkart bezeichnend, dass der indische Geist, solange er sich selbst überlassen war, den Gedanken eines wahrhaft schöpferischen (Welt und Seele aus dem Nichts erzeugenden) Gottes niemals hervorgebracht hat. *Pûrnaprajña*, der als erster die Einheit der Seele mit dem Urgrund aller Dinge leugnete, leugnete in demselben Augenblick auch dies, dass die Welt aus dem Herrn hervorgegangen sei. Indem er auf der einen Seite Gott über alle Dinge erhob, sprach er ihm auf der anderen die schöpferische Welturheberschaft ab und erklärte die Welt für etwas vom Herrn Unabhängiges, allezeit neben ihm Vorhandenes!

Im Großen und Ganzen mag wohl die schöpferische Kraft des indischen Denkens etwa im dreizehnten Jahrhundert unserer Zeitrechnung erlahmt sein. Was es nach dieser Zeit noch hervorgebracht hat, sind doch mehr Ausklangserscheinungen, die ältere Gedanken nach der einen oder anderen Richtung hin bis zum äußersten zuspitzen. Es hat nicht an Lehrern gefehlt, die den Erlösungsgedanken in eine Art zauberhafter Gesundheitslehre ausarten ließen. Ein recht ergötzliches Beispiel solcher Geistesart bietet uns ein vielleicht dem dreizehnten Jahrhundert entstammendes Lehrgedicht, das der Verherrlichung eines gewissen Heilsaftes „Pârada" gewidmet ist, den die neueren Darsteller als „Quecksilbersaft" bezeichnen. Von diesem Trank weiß der Verfasser folgendes zu rühmen: [1]

Die sechs Systeme der Gelehrten lehren,
Wie nach des Leibs Zerfall der Mensch erlöst wird.
Nur ist dies leider durch den Augenschein,
Wie in der Hand die Frucht, nicht wahrzunehmen.
Darum soll man den Leib sich konservieren
Mit Säften und mit Lebenselixieren.

Das Wesen, das aus Geist und Seligkeit
Besteht, vor dem des Zweifels Macht zerfällt,
Das jeder Schule Lehrbegriff enthält,
Fiel' es uns zu, jedoch zu einer Zeit,
In der noch nicht verklärt die Leiblichkeit,

---

1) Mâdhava bei Deussen I/3, S. 337; 340; 342.

Was hülf es uns, den Kindern dieser Welt?
Wen ich von Alter abgezehrt,
Durch Hustenreiz und Atemnot beschwert,
In Geist- und Sinngebrauch gehemmt erblicke,
Von dem denk' ich, dass er
Sich zur Versenkung nicht wohl schicke.
Ein Jüngling, schon mit sechzehn Jahren
Durch sinnliche Genüsse ganz zerfahren,
Ein Greis, bei dem die Urteilskraft schon schwindet,
Glaubt ihr, dass der noch die Erlösung findet?

Als Stützpunkt aller Wissenschaft,
Als Wurzel aller Schaffenskraft,
Mag sich's um Pflicht, um Lust, um Vorteil handeln,
Mag man die Pfade der Erlösung wandeln —
Ein Leib, der ohne Altern, ohne Sterben,
Was mag man Besseres als den erwerben?

Und folgendermaßen wird nun der Glückliche geschildert, dem es vergönnt war, dies Elixier zu gebrauchen: [1])

Ein Licht erglänzt ihm zwischen seinen Brauen
Wie Feuerflamme, Blitz und Sonnenschein,
Die Welt erleuchtend ist es dort zu schauen,
Doch stellt es nur bei wenigen sich ein;
Auf ihrem edel blickenden Gesicht
Zeigt wie ein Auge sich dies Geisteslicht:
Als höchster Wonne Strahl stellt es sich dar,
Entstammt dem höchsten Licht, unwandelbar,
Von aller Erdennot durchaus geschieden;
Man muss ihn selbst empfinden, diesen Frieden!
Wer diesem Licht das Herz gewendet zu,
Durchschaut im Geist die ganze Welt im Nu;
Der Werke Fessel ist bei ihm geschwunden,
Hienieden hat das Brahman er gefunden.
Er, dessen Dienst vor allem zu ergreifen,
Um unsrer Seele Fesseln abzustreifen,
Er, der, wenn er zuteil geworden, bleibt,
Kein Spiel mit dem erweckten Geiste treibt,
Er, der, entstanden, andre nicht betrübt,
Der uns das Selbstlicht aus uns selber gibt,
Der selbst das Brahman ist, durch seine
Kraft Rettung aus der Geburten Kreisgang schafft,
Ist Pârada, ist der Quecksilbersaft!

Auf der anderen Seite hat es naturgemäß auch an Überspannun-

---

1) Mâdhava bei Deussen 1/3, S. 343 f.

gen eigentlich religiöser Gesinnung nicht gefehlt. Eine Schule von Çivaverehrern, die damit urälteste Formen der Geisterverehrung erneuern mochte, hielt es für einen wesentlichen Bestandteil würdiger Gottesverehrung, dass die Gläubigen durch Lachen, Singen, Tanzen, Brüllen, Anrufen und Murmeln den Herrn erfreuen und ihm ihre Dienstwilligkeit durch Schnarchen, Zucken, Hinken, Verliebttun, Unsinn machen und Unsinn reden ausdrücken sollten. [1])

Der Vishnuit *Vallabha* (gestorben 1479) verkündete, [2]) dass im wahren Gläubigen die Liebe zum Herrn die Heftigkeit einer verzehrenden Leidenschaft annehmen müsse. Dieser Gottesminne sei dann im Jenseits als höchste Belohnung das Los verheißen, dass ihre Jünger als Bach, Baum oder Kuh an den Spielen des Hirtengottes *Kṛishṇa* teilnehmen dürfen. Mit Verachtung dagegen blickte *Vallabha* auf jene alltägliche Frömmigkeit herab, die Gott bloß (!) kindliche Ehrfurcht entgegenbringt und deren Anhänger daher auch auf nichts anderes (!) hoffen dürfen, als nur darauf, dereinst mit Gott eins zu werden.

Im sechzehnten Jahrhundert aber begründete *Caitanya* (gestorben 1533) eine Sekte heulender Derwische. [3]) Hierin mag sich aber wohl auch schon ein gewisser Einfluss des Islam kundtun, der schon geraume Zeit vorher in Indien eingedrungen war.

Denn seit dem elften Jahrhundert stand ein großer Teil Indiens unter der Botmäßigkeit kriegerischer Mongolenstämme, die sich zum Islam bekannten, und wenngleich deren Verhältnis zu den eingeborenen Indern zunächst meist ein gegnerisches war, so war doch auf die Dauer gegenseitige Beeinflussung auch auf dem Gebiet der religiösen Vorstellung unvermeidlich. So scheint es mir keineswegs ausgeschlossen, dass schon der doch recht unindisch anmutende Eifer *Pûrṇaprajñas*, die Kluft zwischen dem Herrn und den Menschen so weit als möglich aufzureißen, auf eine gewisse Einwirkung mohammedanischer Denkweise zurückweist. Aber auch in den Islam drangen indische Begriffe ein: so die Lehre von der Seelenwanderung und die von der ursprünglichen Einheit Gottes und der Menschenseele. Der Mohammedaner *Kabîr* (gestorben 1518) trat förmlich zum vishnuitischen Glauben über und gründete auf diesen sein etwas phantastisches System. [4]) Ja Kaiser *Akbar* (1542—1605) soll sich des

---

1) Mâdhava bei Deussen I/3, S. 308.
2) Bhandarkar, p. 82.
3) Bhandarkar, p. 84.
4) Vgl. Bhandarkar, p. 67-73.

Nachts von dem Brahmanen *Debî* in der Lehre der Upanishaden haben unterweisen lassen, [1]) wobei der indische Priester, um nicht die Gemächer eines Ungläubigen betreten zu müssen, sich angeblich außen an der Mauer des kaiserlichen Palastes emporziehen ließ und nun, frei in der Luft hängend, den am Fenster sitzenden Monarchen belehrte. Jedenfalls suchte der Kaiser schließlich die Grundlehren indischer und arabischer Weisheit geradezu zu einer neuen Glaubenslehre, einem reinen „Gottesglauben", zu verschmelzen [2]) — ein Unternehmen, das freilich nicht über die Begründung einer kurzlebigen Hofreligion hinaus gedeihen konnte! Umso wirkungsvoller war der Einfluss, den umgekehrt der Islam und vor allem seine bildlose Gottesverehrung auf gewisse, namentlich volkstümliche Prediger indischer Weisheit geübt hat. So verkündete schon um das Jahr 1400 unserer Zeitrechnung *Nâmdev* oder *Nâma* den Dienst des Herrn *Vishṇu*, zeigt sich aber dabei eifrig beflissen, diesen Dienst nach dem Vorbild des Islam von aller Bilderverehrung und allen bloß äußerlichen Gebräuchen zu reinigen. [3]) Allein so unverkennbar der mohammedanische Einfluss auf *Nâmdev* ist, so hat dieser doch den Grundgedanken altindischer Mystik mit seltener Entschiedenheit erkannt und festgehalten, und einige Sprüche, in denen er diesen Grundgedanken ausspricht, gehören zu den ergreifendsten Zeugnissen indischer Frömmigkeit: [4])

Ein steinerner Gott spricht nicht. Wie könnte er das Leiden des Weltlebens heilen? . . . Wenn ein steinerner Gott Wünsche erfüllen kann, wieso zerbricht er selbst, wenn man ihn zerschlägt?. . . Die die Größe eines solchen Gottes verherrlichen und sich seine Verehrer nennen, die soll man gering achten, und das Ohr soll ihr Wort nicht hören . . . Sei ein Heiligtum groß oder klein, es ist dort kein Gott, nur Steine und Wasser. Mein Lehrer hat mich gelehrt: „Keine Stätte gibt es, da Gott nicht wäre." So wurde Gott dem Nâma in seinem Herzen gezeigt, und so hat *Khecar*, sein Lehrer, ihn gesegnet.

Dein Herz ist voller Sünden, was nützen dir Wallfahrten? Was nützt dir Kasteiung ohne Reue? Das Wesen der Sache ist einfach: Sünde wird ausgetilgt durch Reue.

---

1) Garbe, Kaiser Akbar von Indien, Leipzig 1909, S. 32 ff.
2) Garbe, ebd., S. 43 ff.
3) Vgl. freilich die oben erwähnten, sehr ähnlichen Bestrebungen des Somânanda, auf den das mohammedanische Vorbild wohl noch nicht eingewirkt haben kann.
4) Nach Bhandarkar, p. 89-92.

Gelübde, Fasten, Kasteiungen, Wallfahrten tun nicht not: sei wachsam in deinem Herzen und singe den Namen des Höchsten! Hunger und Durst tun nicht not: gedenke des Höchsten! Versenkungen, Opfer, Peinigungen tun nicht not: liebe den Höchsten!

Wellen, Schaum, Wasserblasen sind nichts anderes als Wasser. Diese ganze Welt ist ein Spiel des höchsten Geistes und ist, wenn wir uns nur besinnen, von ihm nicht verschieden.

Wasser wird gebracht, um das Götterbild zu baden. In dem Wasser sind zweiundvierzighunderttausend Arten von Tieren. In ihnen allen ist Gott: wen soll ich baden? — Blumen werden gebracht und Kränze geflochten, um den Gott zu kränzen. An den Blumen haben die Bienen gerochen. In den Bienen war Gott: wen soll ich kränzen? — Milch wird gebracht, sie dem Gott darzubringen. Die Milch ward geleckt von den Kälbern. In den Kälbern war Gott: wem soll ich opfern? — Hier ist Gott, dort ist Gott, nichts in der Welt ist ohne Gott. Diese Stätte hast du erfüllt und jene Stätte, die ganze Welt hast du erfüllt!, spricht *Nâma* in Demut.

Nâmdev ähnlich als volkstümlicher Prediger, sonst aber doch sehr von ihm verschieden, war im siebzehnten Jahrhundert *Tukârâm* oder *Tukâ* (gestorben 1648). Auch er war unverkennbar vom Islam beeinflusst, aber von dem mohammedanischen Gottesbegriff doch schon unvergleichlich tiefer und inniger durchdrungen. Schon seine ganze Redeweise verrät das Vorbild des Koran, ja der Psalmen: [1])

Ich will den Mund der Brahmankenner wässern machen, und die Erlösten sollen aufhorchen! Wie ich Lob singe, wird mein ganzer Leib mit Brahman durchtränkt, und mein Gewinn ist es, Gott zum Schuldner zu haben . . . Ich will, dass der Büßer ablasse von seiner Qual, und dass Opfer und Almosen zuschanden werden. Ich will das große Ziel des Lebens erreichen, Liebe und Hingabe, Brahmans wahre Schätze, und die Leute sollen sagen, ihr Gewinn war, dass sie *Tukâ* sahen und gesegnet wurden von ihm.

Ich messe den Unendlichen mit dem Maß der Liebe; keine andere Art gibt es, ihn in Wahrheit zu messen. Du bist nicht zu finden durch Versenkungen, Opfer, Bußübungen, Kasteiungen oder Wissen; o Herr, nimm den Dienst an, den

---

1) Nach Bhandarkar, p. 92—99.

wir dir weihen in der Einfalt unseres Herzens!

Der Unendliche ist jenseits. Zwischen ihm und mir erheben sich die hohen Berge Begehrlichkeit und Zornmut. Ich vermag sie nicht zu ersteigen und finde keinen Übergang ... Welche Hoffnung bleibt mir, o mein Freund, *Nârâyana* zu erreichen? Der Herr ist mir verloren. So spricht *Tukâ*: „Jetzt ist es mir klar, dass all mein Leben umsonst war!"

Ich bin kundig worden im Wortemachen, zur Wurzel bin ich nicht gedrungen. Darum, o König, ist meine Seele traurig. Wer kennt mein Herz? Man achtet mich, man verehrt mich; da wurde ich stolz, und mein Fortschreiten war gehemmt. So spricht *Tukâ*: „Ich kenne den rechten Weg nicht und bin gebunden in der Hand der Selbstsucht."

Ich habe dir meine Seele übergeben und habe dann diese Stätte verlassen; nun herrscht hier allein deine Macht. Ich bin tot, du hast dich hier niedergelassen; nichts ist zurückgeblieben, das an „Ich" oder „Mein" gemahnt.

Faste nicht, siedle nicht im Walde! In all deinem Dulden und Genießen denk' an *Nârâjana*! Ein Kind, das auf der Mutter Schulter sitzt, fühlt kein Unbehagen. Mach' ein Ende mit allem Denken, das nicht ist wie dies! Verwickle dich nicht in die Vergnügungen der Welt und meide sie nicht; weih' all dein Tun Gott, und damit gut! So spricht *Tukâ*: „Frag' mich nicht wieder und wieder, keine andere Lehre gibt es als diese!"

Tukârâm ist ein inniger Gotteskünder von schlichter, zu Herzen gehender Frömmigkeit. Aber ist diese Frömmigkeit noch indisch? Wenngleich er den Gott, den er sucht, vor dem er sich demütigt, noch Vishṇu nennt, im Grunde ist es doch schon *Allah*, der Gott *Mohammeds*!

INHALT